天台年鉴

TIAN TAI NIAN JIAN

（2022）

中共天台县委党史研究室
（天台县地方志编纂室） 编

方志出版社
Publishing House of Local Records

图书在版编目（CIP）数据

天台年鉴. 2022 / 中共天台县委党史研究室（天台县地方志编纂室）编. —北京 : 方志出版社, 2022.12
ISBN 978-7-5144-5695-0

Ⅰ. ①天… Ⅱ. ①中… Ⅲ. ①天台县—2022—年鉴
Ⅳ. ①Z525.54

中国国家版本馆 CIP 数据核字(2023)第 016698 号

责任编辑：李志瑜
责任校对：刘玉霞
责任印制：梅中英
出 版 者：方志出版社
地　　址：北京市朝阳区潘家园东里 9 号（国家方志馆 4 层）
邮　　编：100021
网　　址：http://www.zgfzcb.cn
发　　行：方志出版社图书营销中心（010-67110500）
印　　刷：浙江经纬印业股份有限公司
开　　本：889 毫米×1194 毫米　1/16
印　　张：30
字　　数：681 千字
版　　次：2022 年 12 月第 1 版
印　　次：2022 年 12 月第 1 次印刷
定　　价：180.00 元

《天台年鉴（2022）》编纂委员会

《天台年鉴（2022）》编辑部

编辑说明

一、《天台年鉴》坚持以马克思列宁主义、毛泽东思想、邓小平理论、“三个代表”重要思想、科学发展观、习近平新时代中国特色社会主义思想为指导，坚持辩证唯物主义和历史唯物主义的立场、观点和方法，是全面逐年记载天台政治、军事、经济、科技、文化和社会发展的具有公报性、权威性的大型资料图书，旨在为各级领导和广大读者了解天台，为各部门之间、行业之间互为知情，提供全面可靠的年度信息，也同时记载天台各行各业的新变化、新成就、新经验、新问题，客观地反映社会主义物质文明、政治文明、精神文明、社会文明和生态文明建设，特别是经济建设的历史进程，使之既为现实服务，又为历史存档。

二、《天台年鉴（2022）》由天台县地方志编纂室承编，记录2021年（特载及相关图片例外）天台县自然、政治、经济、文化和社会等方面的概况和发展情况。

三、《天台年鉴（2022）》采用条目编辑法，以条目作为记述的基本形式，便于读者查阅，条目以黑体字加【 】标记。全书设特载、特辑、大事记、县情概况、中国共产党天台县委员会、天台县人民代表大会、天台县人民政府、中国人民政治协商会议天台县委员会、中国共产党天台县纪律检查委员会（天台县监察委员会）、群众团体、军事、法治、经济管理、工业、农业、商贸服务业、金融·保险、交通·邮电、城建·环保、科教、文旅、卫生、社会事务、乡镇·街道、光荣榜、名录、文件选录、文件目录（部分）、统计公报等。

四、《天台年鉴（2022）》中数字用法、标点符号、计量单位分别执行国家标准《出版物上数字用法》（GB/T 15835—2011）、《标点符号用法》（GB/T 15834—2011）、《国际单位制及其应用》（GB 3100—1993）和《有关量、单位和符号的一般原则》（GB/T 3101—1993）。由于数据来源、口径、方式、时间的不同，有存在不一致者，请读者以统计局提供的统计公报为准。

五、《天台年鉴（2022）》资料及图片由县级机关各部门、乡镇街道和其他有关单位提供，并经相应单位审核后，由《天台年鉴》编辑部编纂成书。

▲ 2021 年 2 月 13 日，天台县委书记杨玲玲（右）在《中国地名大会》上推介天台山

▲ 2021 年 11 月 26 日，天台县委召开全县领导干部会议

▲ 2021 年 3 月，天台创新中心建成

▲ 2021 年 10 月 1 日，天台山大瀑布景区会仙桥正式启用

▲ 浙江天铁实业股份有限公司新厂房

（2021 年 11 月摄）

▲苍山产业集聚区

（2021 年 5 月摄）

▲ 后岸片区风光——首批农业农村共同富裕案例

（2021 年 4 月摄）

▲ 三合镇共同富裕示范区镇域样本

（2021 年 10 月摄）

▲ 龙溪乡始丰源村银杏大道

（2021 年 11 月摄）

▲三州茶叶梯田

（2021 年 6 月摄）

▲万魁双塔

（2021 年 7 月摄）

▲宝华禅寺

（2021 年 6 月摄）

▲ 2021 年 5 月 8 日，浙江省森林旅游节暨第 24 届天台山云锦杜鹃节开幕式在华顶国家森林公园举行

▲ 2021 年 12 月 9 日，“2021 和合文化全球论坛”以线上线下相结合的方式在天台县举行

▲ 2021 年 7 月，中国农民丰收节暨雷峰乡“云上集‘柿’· 共享共富”文化节活动现场

▲ 2021 年 10 月 30 日，浙江省第二届生态运动会举行开幕式

▲ 2021 年 5 月 6 日，浙江自然 (605080）上市

▲ 2021 年 10 月 20 日，严牌股份 (301081 ）上市

▲ 2021 年 4 月 30 日，绿城 · 天台山雪乐园正式开园（全景图）

▲ 2021 年 6 月 7 日，星野集团天台山嘉助酒店开业

▲龙溪乡始丰源村

（2021 年 4 月摄）

▲三州潭景色

（2021 年 7 月摄）

▲始丰溪畔 · 未来乡村“和合咖啡”

（2021 年 6 月摄）

▲ 2021 年 1 月 13 日，杭绍台高铁天台山站雨棚封顶

▲ 2021 年 2 月 27 日，杭绍台铁路铺轨进入临海与天台交界的笔架山隧道，天台段正式铺轨

▲ 2021 年 3 月 1 日，天台段铺轨进入天台山站

▲ 2021 年 3 月 8 日，在九龙山隧道随着铺轨机将最后一条铁轨安装入无砟轨道，杭绍台铁路天台段完成铺轨任务

▲ 2021 年 4 月 18 日，杭绍台铁路在天台县开始架设第一条接触网导线，标志着杭绍台铁路电气化工程进入核心技术施工阶段

▲ 2021 年 5 月 29 日，架设接触网导线即将结束

目　录

特　载

特　辑

大事记

县情概况

中国共产党天台县委员会

天台县人民代表大会

天台县人民政府

中国人民政治协商会议天台县委员会

中国共产党天台县纪律检查委员会 天台县监察委员会

群众团体

军　事

法　治

经济管理

工　业

农　业

商贸服务业

金融·保险

交通·邮电

城建·环保

科　教

文　旅

卫　生

社会事务

乡镇·街道

光荣榜

名　录

文件选录

文件目录（部分）

统计公报

特　载

聚力“五翻番”推动新跨越 阔步迈进现代化和合之城美好时代

——在中国共产党天台县第十五届代表大会第一次会议上的报告

中共天台县委书记　杨玲玲

（2021 年 12 月 29 日）

这次大会的主要任务是：深入学习贯彻习近平新时代中国特色社会主义思想，总结县十四届一次党代会以来特别是今年的工作，部署今后五年工作和明年重点任务，选举产生中共天台县第十五届委员会和纪律检查委员会，动员全县上下聚力“五翻番”，推动新跨越，阔步迈进现代化和合之城美好时代。

一、2021 年及过去五年的发展成就

今年是现代化和合之城建设的起步之年，各项工作扎实有效，实现了“十四五”发展的良好开局，为十四届县委工作画上了圆满的句号。预计全年地区生产总值超 330 亿元、增长 10% 左右；一般公共预算收入 22.74 亿元、增长 11.5%；三季度，地区生产总值增速全市第二，市对县考核综合成绩全市第三。我县入选全省唯一的国家水系连通和水美乡村建设试点，上榜全国投资潜力百强县、全国县域旅游综合实力百强县、中国最具发展潜力百佳县、中国最美乡村百佳县，山区 26 县考核优秀、全省第六，就业创业工作获得省政府督查激励，企业上市等 12 项工作得到省部级以上领导批示肯定，党建联盟等 20 余项工作得到中央媒体聚焦报道。

这一年，我们形成了争抢拼闯的奋进态势。始终以党史学习教育为引领，高标准开展“深化三服务、对标勇争先”讨论实践活动，形成勇开新局的同心合力。“五争”行动成果丰硕，争得全国农村创业创新典型县等国家、省部级项目 10 个，争到乡村振兴集成创新等省部级奖补资金 12.3 亿元，获批 6 个省部级、55 个市厅级试点。“五个一批”活动成效明显，创新开展重大项目谋划擂台赛，谋划数字经济产业园等项目 82 个，入选全省多跨场景重大应用 9 个，住院服务一体办等 4 个项目中榜“揭榜挂帅”，“摊省心”成为全省最佳应用、在全省数字化改革推进会上典型发言。“三为”专题实践扎实推进，办结民生实事240项，破解企业难题181个，纳税人满意度全国第三，构建亲清政商关系做法获新华社报道点赞。

这一年，我们实现了优化升级的全面突破。始终把“强产业”摆在突出位置，创新举办企业英雄汇，打造头部企业，实现经济发展逆势上扬。工业企业茁壮成长，银轮获省政府质量管理创新奖，大自然、严牌成功上市，永贵等3家企业列入省首批单项冠军培育库，奥锐特等4家企业入围国家“小巨人”“隐形冠军”，天成入选省信息技术与制造业融合发展示范企业。农业发展提质增效，“天和农”通过国家商标核准注册，获批全国绿色种养循环农业试点、省首批农业农村领域推进共富实践试点，现代农业园区入选省农村产业融合发展示范园创建名单。服务业提档升级，入选省首批现代服务业创新发展区创建名单，列入省“供富大篷车”试点县，电商销售总额全市第一。

这一年，我们激活了创新创造的强劲动能。始终坚定对标新昌，强化科技创新，赋能高质量发展。科技攻关取得突破，中冷器等3个项目列入省首台（套）产品，汽车零部件产业工程师协同创新中心正式启用，获批产业用布行业首个“浙江制造”标准，新增国家高新技术企业16家、省级科技型中小企业57家。产学研合作不断深入，南科大智能制造研究院启动建设，圣达生物、天台药业等入选省重点研发计划，新增省级院士专家工作站和博士后工作站各1家。创新生态不断优化，企业码多码融合入围省数字经济应用试点，洪畴创业园入选省数字化示范小微园，技师学院获批筹建，第四届全球高端装备创新创业大赛成功举办，入选浙江工匠6人、市500精英计划16人。

这一年，我们打下了支撑发展的厚实基础。始终坚持每季集中开工，全程晾晒比拼，靶向督查倒逼，实现了重大项目数量、体量新突破。项目招引成效显现，双箭项目成功落地，新签约5亿元以上项目20个、总投资280亿元，落地率100%。项目建设提速推进，总部经济大楼等66个重大项目开工、总投资342亿元，已立项项目100%开工、开工率全市第一，万胜智能仪表、祥和轨道交通等37个项目竣工投产。项目攻坚势如破竹，完成三星科创园等114个项目攻坚任务，攻克颐养小镇、天桐路寒山路夹角等15个区块政策处理难题，水南城中村等4个安置项目建成，苍山上市产业园加快建设、5家上市企业入驻。总投资107亿元的天台抽蓄项目前期工作把不可能变为可能，8个月完成常规需3年的核准程序，动工建设，成为天台历史上投资规模最大的项目。

这一年，我们开创了诗路文旅的良好局面。始终融入全省诗路文化带建设，打造诗路明珠，讲好天台故事。文化传承创出品牌，天台山易筋经列入国家非遗代表性项目名录，和合文化全球论坛成功举办、永久性会址正式落户天台。全域旅游深入推进，超五星级星野酒店、华东最大室内滑雪场——天台山雪乐园、全国首座双跨玻璃悬索桥——会仙桥开放运营，创成AAA级景区镇4个、A级景区村50个，入选省旅游业“微改造、精提升”行动试

党代会会场

点县，天台山上榜5A级景区品牌100强。文旅融合亮点频现，电影《长津湖》取景地寒山湖成为网红打卡地，国庆期间景区收入同比增长3倍，央视《中国地名大会》《中国诗词大会》点赞推介天台山。

这一年，我们彰显了美丽天台的独特韵味。始终坚持以人为核心推进新型城镇化，联动城乡提能和乡村提质，扮靓美丽天台，积极迎接高铁时代。城市品质持续提升，天台山综合客运枢纽项目入选国家“十四五”项目库，百花路西拓工程年前投用，百里和合唐诗廊城区段形象呈现，赭溪历史文化街区一期主体完成。美丽乡村增色添彩，寒山神隐共富示范带启动建设，南屏入围中国乡村振兴示范乡镇，“十美共富”入选省农村综合改革集成建设项目，获评国家级四好农村路示范县、全省美丽乡村（农村人居环境提升）工作优胜县。生态环境全面优化，百威（台州）啤酒获评全市唯一省首批“无废工厂”，成功举办省第二届生态运动会（天台站），创成省首批大花园示范县，获评省运动休闲基地，生态环境公众满意度全市第一。

这一年，我们走出了民生优享的坚实之路。始终通过借势借力、扩供提质，推动民生改善，增进幸福质感。教育医疗事业优先发展，通过全国义务教育优质均衡发展县省级初评，与学军小学结亲办学，南洋幼儿园开工建设，特殊教育中心迁建项目主体通过验收，上海红房子技术指导的月子中心引进落地，县域健康管理入选国家5G+医疗健康应用试点，被授予国家加速康复外科骨科试点。文体事业全面发展，天台博物馆完成改造，《济公之降龙降世》获金鸡奖提名，荣获全国群众体育先进单位、省农村文化礼堂建设示范县，三合获评省民间文化艺术之乡。平安天台建设不断深化，全县火灾发生数、交通事故亡人数同比分别下降13.5%、30.4%，社区矫正心理矫治列入省最佳实践案例培育项目，平安工作经验全省交流，“数智网格”获《人民日报》点赞报道。

这一年，我们在党的建设上取得了新成效。认真贯彻党的十九届六中全会精神，始终把党的政治建设摆在首位，压实主体责任，推进全面从严治党。全面提高“政治三力”，举办庆祝建党百年系列活动，天台山入选省首批习近平新时代中国特色社会主义思想研究中心调研基地。守牢意识形态阵地，“温暖有约”列入省首批重点应用场景，“同心圆”主题日做法全市推广，涌现出“中国好人”“浙江好人”以及省级道德模范等一批先进典型。高质量完成乡镇领导班子和村级组织换届，创新实施村社党组织书记工作交流会，两新党建工作经验全省交流，入选省巾帼助力共富试点县，全市党建联盟引领乡村共富现场会、乡村旅游推动共富现场会在我县召开。深化清廉天台建设，扎实推进政法队伍教育整顿，完成十四届县委巡察，一批腐败案件得到查处。人大、政协充分履行职能，群团组织建设得到新加强，武装、对台、档案、工商联、老干部、关心下一代等工作取得新进展。

今年是五年的一个缩影。县十四届一次党代会以来的五年，我们面对严峻复杂的经济形势、全面小康的艰巨任务、新冠疫情的严重冲击，在发展的道路上迈出了坚实的步伐，取得了显著的成绩。地区生产总值从202亿元增长到301亿元，工业总产值从370.8亿元增长到417.6亿元，城乡居民人均可支配收入分别从38526元、18947元增长到50746元、26370元，高水平建成全面小康，历史性实现市对县经济社会发展目标责任制考核连续三年优秀，先后获得了中国最美县域、中国创新百强县、国家生态文明建设示范县、国家卫生县城等50余项国家级荣誉，获评美丽浙江建设工作考核优秀县、省扩大有效投资考核优秀县等100余项省级荣誉。

五年来，大家一起奋斗、一起收获，我们深深体会到，加强党的全面领导是最大的政治优势，改革创新是不竭的动力，前瞻谋划是发展的关键，苦干实干是最好的行动，人民幸福是永恒的追求。在具体工作中形成的理念、思路和方法，值得继续坚持和发扬。

一个城市客厅的变迁启示我们，精品方能成就精美。坚持环湖开发、拥湖发展，以打造精品的理念，高起点规划，高标准建设，推动人产城文景融合，环湖两岸功能日趋完善、形象日益丰满，成为老百姓亲水休闲、漫享时光的城市客厅。实践证明，只有始终坚持精品理念，才能打造宜居宜业宜游的精美城市。

两场诗路文旅现场会启示我们，扬长方能实现扬名。以文化为纽带与灵魂，借力高端平台，全省诗路文化带建设启动大会奠定了浙东唐诗之路目的地的标志性地位，和合文化全球论坛永久会址打开了天台走向世界的窗口。实践证明，只有扬好文化和生态优势，才能使天台在全国乃至全球提升知名度和影响力。

五幅美丽乡村蝶变画启示我们，颜值方能创造价值。以处处有诗意、步步入画卷的愿景，实施片区组团发展，幸福塔后、古韵张思、富裕后岸、水韵安科、龙溪共富示范带美丽蝶变，使资源变资产、资金变股金、农民变股民。实践证明，只有深入践行“两山”理念，才能在神山秀水间走出富民强县路。

十家企业上市发展路启示我们，赋能方能壮大产能。创新组建上市赋能团，助推企业裂变发展，在银轮引领下，永贵、天成、天铁、圣达、祥和、万胜、奥锐特、大自然、严牌接续上市，山区县飞出10只“金凤凰”，走出了借力多层次资本市场之路。实践证明，只有坚持上市赋能，才能开创民营经济高质量发展新格局。

百项千亿工程实景图启示我们，量变方能引发质变。坚持大抓项目、抓大项目，杭绍台高速开通，新人民医院投用，三力士项目落地，五年实施265个亿元以上项目、总投资1564亿元。实践证明，只有坚持项目为王，才能注入发展新动能。

五年来取得的成绩，靠的是上级党委的正确领导，离不开历届县委打下的良好基础，得益于县四套班子的精诚团结，凝聚着广大党员干部群众的拼搏担当。五年的奋斗，更加铭记为天台作出奠基性、开创性贡献的各级干部、各位前辈和各界人士，更加铭记与这座城市一路同行、一路打拼、一路向前的天台人民。在此，我代表中共天台县第十四届委员会，向所有关心支持天台经济社会发展的同志们、朋友们，表示衷心的感谢和崇高的敬意！

二、今后五年的总体思路

站在向第二个百年奋斗目标进军的历史节点上，习近平总书记赋予浙江高质量发展建设共同富裕示范区的历史重任，省委支持26县加快跨越式高质量发展。对天台来说，今后五年是充满机遇的五年，也是充满挑战的五年。能不能在危机中争先机、变局中开新局，实现加速赶超、裂变跨越，这五年非常关键。

今后五年要裂变跨越，我们凭什么？看大势，随着“双循环”“双碳”“四大建设”等重大战略深入实施，有助于我们推动优势产业进入国内国际市场，有利于我们借势借力加快发展，有待于我们推进绿色低碳转型。看机遇，“十四五”我们将进入科创驱动提速期，有利于走出创新驱动新路子；进入上市赋能高峰期，有利于做大资本市场天台板块；进入诗路文化建设期，有利于打造更多天台印记，彰显更多天台特质；进入绿色发展关键期，有利于把美丽风景变成美丽经济；特别是迈入高铁时代黄金期，会更加高效地集聚人流、物流、资金流，承接大都市圈产业和人才溢出效应，天台文化生态的优势更加凸显。看现状，通过近几年的快速发展，天台的产业、交通、生态基础都得到了进一步夯实，我们新的竞争优势正在逐步形成。

今后五年要裂变跨越，我们缺什么？对照高质量发展、现代化先行、竞争力提升，天台发展不平衡、不充分的矛盾依然比较突出。从经济实力看，总量不大、产业层次不高，实现跨越的瓶颈亟待打破；从赶超动力看，大项目少，优质产业项目更是屈指可数，支撑跨越的动能远远不足；从发展张力看，科创能级不高，文旅品牌不响，“两山”转化的通道尚未完全打开，驱动跨越的势能亟需激活。

今后五年要裂变跨越，我们做什么？新一轮的发展比拼已开启，不进则退，慢进也是退，必须加压奋进、全面突破。裂变跨越要有“核反应”，跳出惯性，打破常规，以裂变的思维推进发展，与未来比、比未来。裂变跨越要有“引爆点”，瞄准产业新定位、文旅新品味、共富新模式，点燃引擎。裂变跨越要有“踏跳板”，谋划招引一批标志性引领性大项目、好项目，撬动经济跃升增长，改变发展格局。我们干部要有新状态，扛起裂变跨越重任，开启奔跑模式，以天台式硬气争抢拼闯，再创天台力度、天台速度。

基于上述认识，今后五年工作的指导思想是：高举习近平新时代中国特色社会主义思想伟大旗帜，深入贯彻党的十九大和十九届历次全会精神，忠实践行“八八战略”、奋力打造“重要窗口”，围绕裂变跨越主题，紧扣“五区”“五高”“五翻番”和“六大计划”，加快建设现代化和合之城，争当全省共同富裕示范区标杆县，为浙江现代化先行省、台州现代化先行市建设提供天台经验、天台样本。

今后五年的总体目标是：经济社会发展主

要指标增幅高于全省、全市平均水平。**经济实力更强**：力争地区生产总值突破500亿元，规上工业总产值达到450亿元，文旅产业增加值达到33亿元。**科技创新更快**：R&D经费支出占比达到2.7%以上，高新技术企业、科技型中小企业数量增长高于全省平均。**城乡面貌更美**：城镇化率达到68%以上，美丽乡村建成率100%，森林覆盖率、空气、水质等主要指标迈向国际先进水平。**民生共享更优**：城乡居民人均可支配收入分别超8.2万元、4.3万元，创成平安浙江示范县、全国文明城市。**党建质量更高**：政治信仰更加坚定，基层堡垒更加坚固，政治生态更加风清气正。

根据这一指导思想，今后五年，我们必须以美好的愿景凝聚人心、以明确的目标指引奋进、以有力的抓手推动落实，做到“三个坚持”：

坚持“建设现代化和合之城”的战略定位不动摇。县委确立建设现代化和合之城战略定位以来，全县上下从工作的体制机制上系统优化，从精美城市、产业强县上重点突破，从队伍建设上予以保障，现代化和合之城建设已经全面起势，取得初步成效。实践证明，现代化和合之城战略定位，符合上级的政策导向，契合天台的发展实际，是全县人民的共同意志和共同愿望，必须保持战略定力，循序渐进，久久为功，一张蓝图绘到底。

坚持“五个翻番”的奋斗目标不放松。县委提出上市企业数、规上工业、数字经济、旅游收入、教育卫生投入总量翻番的奋斗目标，源自于上级对天台的更高要求，源自于天台实现跨越发展的战略安排，考虑天台经济总量小、投入不足实际而进行的自我加压。全县上下思想上要高度统一，行动上要步调一致，为实现这一目标而奋斗。

坚持“六大计划”的工作路径不改变。县委提出创新驱动、产业倍增、城乡提能、开放融合、项目攻坚、民生幸福的“六大计划”，是目标和措施的有机结合、发展与特色的相互融合，是建设现代化和合之城的有力抓手和有效载体。必须持之以恒、不断完善，一条心、一股劲、一盘棋，全力以赴狠抓落实。

“三个坚持”是天台今后一个时期发展的总要求、总方向，在大的框架下，面对纷繁复杂的宏观形势和艰巨繁重的发展任务，我们必须抓住全局中的重点、重点中的关键、关键中的具体，努力实现“三大跨越”：

——打造“智造天台”，拉动经济总量大跨越。天台要跨越，首先经济总量要突破，要突破经济总量，核心在产业，关键靠工业。把产业作“头版”、工业作“头条”、园区作“题眼”，走高端产业发展之路，带动经济总量大突破。以大平台支撑产业发展，打造苍山上市产业园、中德科技产业园、数字经济产业园等高能级平台，构建以新兴产业为先导、先进制造业和文旅产业为主体、现代农业为基础的现代产业体系。走科创、上市、数字、项目、人才赋能之路，推动优势企业向“高峰”挺进、传统产业向“高端”攀升、新兴产业向“高速”发展，以质量提升带动总量跃升，实现“五年三个翻一番，总量挺进千百亿”。

——打造“始丰明珠”，撬动文旅发展大跨越。天台要跨越，亮点在文旅，关键看业态。以始丰湖夜游为引爆点，把这颗明珠做亮，引入新业态，刺激新消费，推动吃住游乐购等业态大跨越。带动始丰溪两岸和高铁区块开发，串起赭溪、金融中心、高铁区块，形成一条珍珠链，点亮天台城，打造最具魅力的城市封面。撬动浙东唐诗之路目的地建设，深化文旅融合，打造心灵旅游线及产品，把诗路文化带建设成美丽经济带。牵引和合文化，串联“十地”文化，握指成拳打响和合文化金名片，讲好天台故事，让和合文化走出国门、走向世界。

——打造“精美乡村”，推动城乡共富大跨越。天台要跨越，共富是必答题，实现共富重点在乡村、难点在乡村。建设令人向往的精美乡村，绘就乡村共富新图景，推动城乡融合、乡村振兴、共富共美。围绕村美、业兴、民富，迭代乡村发展模式，把美丽风景转化为美丽经济，让产业增值效益增进农民口袋里。围绕以人为核心的新型城镇化，建设美丽城市、美丽城镇，带动美丽乡村建设。围绕既富口袋又富脑袋，扩大高品质文化产品和服务供给，提升公共服务质量，建设群众看得见、摸得着、真实可感的富美城乡。

三、2022年重点任务

五年看头年，关键干当前。要坚定“闯新路、开新局”的决心，拿出“谋大事、创大业”的气魄，开拓创新、全速奔跑，奋力实现新一届县委工作开门红。

（一）聚力优化升级，推动绿色发展。没有新型工业化就没有现代化，要大力发展高端产业，系统重塑现代产业体系。提升企业竞争力。育强头部企业和专精特新企业，大力推进“小升规、规改股、股上市、市做强”，新增报会2家、10亿元企业1家、规上企业20家、“单项冠军”“小巨人”5家，让企业募投、并购重组项目留驻天台高质量发展。培育“品字标”品牌企业2家，争创省政府质量奖企业、全国质量强县示范县。提升产业集群影响力。加快机电、橡塑、产业用布等产业优化升级，打造1个双百亿、3个单百亿、2个合百亿的“132”产业集群。用好“一县一策”，深化产业链链长制，建强大车配标志性产业链，培育生命健康、轨道交通等“新星”产业。提升平台承载力。加速苍山上市产业园建设，启动三期矿地综合开发利用，拓展工业用地空间3000亩以上。加快把中德园打造成高新技术产业园，新增省级认定小微园2家，在南太湖新区、台州湾新区建设“飞地”产业园。

（二）加快要素集聚，推动创新发展。始终坚定全面学新昌、重点学科创。激发科创活力。谋划建设始丰溪绿色科创带，提速孵化中心二期，投用研发中心、大车配创新服务综合体，争取在杭州城西科创大走廊建设“科创飞地”，争创全省26县创新型标杆县。推进科技企业“双倍增”，新增高新技术企业5家，科技型中小企业20家，R&D经费支出占比达到市均水平。深化与南科大、杭电等高校合作，开展研究生科技专项攻关，建成省级重点研发中心1家。加快数字赋能。投产炬源物联网，推进银轮、万胜“产业大脑+未来工厂”试点培育，新增省级数字化车间1个，数字经济核心产业增加值增长15%。启动数字经济产业园建设，盯引物联网、人工智能等产业项目，培育省级工业互联网平台1个。打造人才高地。

引入院士项目、院士工作站和高校院所，建立创业创新共享模式，争创省级人才创业园。启动技师学院建设，落地台州职业技术学院北部校区，加强技能型人才培育。迭代政企服务。以数字化改革为牵引，推进群众、企业全生命周期“一件事”改革，升级企业码等应用场景。深化企业服务直通车，完善政企协商、银企对接机制，新建一批“企业办事不求人”的制度，为企业减负降本12亿元以上，打造最优营商环境。

（三）放大诗路魅力，推动文旅升级。围绕既要高大上又有新品味，大力推进文旅融合发展，创成国家全域旅游示范区。擦亮金名片。开发始丰湖夜游，升级景观亮化，推出实景演艺，建设高端步行街和时尚夜市，打造夜间经济示范区。围绕世界级旅游景区建设，加快推进天台山景区二期改造、“一心三苑”等项目，谋划开发苍山顶高山旅游、大华顶景区、天台山水世界。推进和合文化三年行动计划，谋划和合文化国际传播基地，实质性启动天台山申报世界文化遗产。开发新业态。推出心灵旅游线路，升级温泉疗养、森林康养等产品，发展诗路文创产业，实施景区、酒店、景区村等“微改造、精提升”，启动创建省级旅游度假区。放大影响力。策划“乘高铁·游天台”活动，推出“高铁游”线路，创新举办中国旅游日、济公文化节，打响“神山秀水心归处”品牌，扩大文旅客源半径。

（四）铸造精美品质，推动城市蝶变。精美城市离不开精致打造，要以文化为魂，高起点规划、高标准建设、高效能管理，下足绣花功夫，留住城市记忆。彰显城市气质。突出宜生活、有回忆、新时尚，加快百里和合唐诗廊、赭溪历史文化街区、水系连通和水美乡村建设，加大中山路历史文化街区保护力度。开发始丰湖北岸高端商住区块，投用国际和合文化中心、金融中心。高起点开发高铁区块，完善规划设计，谋划城市创新产业园，打造最具活力的高铁门户。提升城市温度。加快25个安置区建设和老旧小区改造，推进滨溪未来社区、天元未来社区建设，打造城市风貌提升样板区。健全“大城管”体制，推动“大综合一体化”改革。畅通城市循环。打通站前大道，启动水南路征迁，改造提升人民路，加快上三高速天台东互通及连接线工程、104国道响岩至至界岭工程建设，突破金台城际铁路、甬金衢上高速等项目前期工作。

（五）大抓项目建设，推动投资突破。项目是今天的投入、明天的产出，要抓住项目“牛鼻子”，谋划、招引、建设一批能改变发展格局的重大项目。用心谋项目。继续开展项目谋划擂台赛，谋深一批大文旅、大健康、数字经济等项目，谋实一批社会事业、农林水利、城镇建设等项目，谋好第三抽水蓄能电站、通用机场等一批打基础管长远的大项目，争取更多项目进入上级盘子。精准引项目。“一把手”领衔，创新招商模式，主动对接国央企、上市企业，引进“链主型”企业，布局科技含量高的未来产业，新引进5亿元以上产业项目25个、制造业项目15个。强力攻项目。继续开展项目攻坚擂台赛，县级领导挂帅，乡镇部门组团，赛马比拼，形成破竹之势，开工奥锐特等25个项目，投产天台药业、宝科机械等30个项目。加快推进天台抽蓄项目，联动苍山上市产业园开发，带动东部乡镇崛起。全面强保障。高质量完成县域国土空间总体规划，垦造耕地600亩，工业供地1000亩以上；加快国有平台转型，发行企业债、境外债，积极向上争政策、争项目，争取专项债、一般债，让土地、指标、资金跟着重点项目走。

（六）培育美丽经济，推动乡村共富。乡村是实现共富的重中之重，要突出原生态、乡土味和年轻态、时尚味，打造3.0版未来乡村，推动乡村全面振兴。加快乡村提质。启动坦头电商、石梁诗路文化、三州古道茶叶等7条示范带建设，创建寒山神隐、始丰溯源省级共富示范带。迭代片区组团发展，创成市级美丽乡村示范区，新增省级精品村25个、A级景区村30个。开展农村人居环境整治提升五年行动，推进垃圾分类全覆盖，打好蓝天、碧水、净土保卫战。发展现代农业。加快万亩粮食功能区改造提升，完成“非粮化”专项整治，创成省级农业科技园区。建设里田农业等数字农场，申报“天台黄精”地理标志证明商标、“天台山云雾茶”国家地理标志农产品登记保护，打响农业品牌，争创国家数字乡村示范县。推动农民增收。迭代飞地抱团模式，新建共富物业园1个、抱团项目3个以上。推进农民持股计划，新增持股项目10个以上，带动低收入农户增收16%以上。建设白鹤、坦头、石梁等直播基地试点，让农民变成新主播、手机变成新农具、直播变成新农活，促进更多农产品出村进城、提高附加值。运行“两山银行”，引入社会资本和专业团队，发展高端民宿群、升级版研学、沉浸式康养等产业，吸引年轻人到乡村创业创新，吸引更多城里人到乡村寻找诗和远方。

（七）聚焦优质共享，推动民生改善。群众的小事就是民生的大事，要用心用情用力办好百姓“急难愁盼”，让人民群众看见变化、得到实惠、感受温暖。打响“学在天台”品牌。围绕教育投入翻番目标，建设学军小学天台分校等15个项目，新增7所乡村名校，引进杭州初中名校，深化天台中学与学军中学、大公中学与浙师大的战略合作，落实“双减”政策，加大名师名校长培养和激励力度，全市率先创成全国义务教育优质均衡发展县。打响“健康天台”品牌。围绕卫生投入翻番目标，加快医共体防控中心等5个项目建设，完成中医院搬迁，改造乡镇卫生院2个，与上海六院合作建设特色专科，引进上海中医药大学发展大健康产业，让群众在家门口享受优质医疗服务。打响“温暖天台”品牌。加强就业创业、城乡低保、扶残助残、社会慈善、优抚安置等工作，建设市民中心、职工活动中心，投用福利中心。启动全国文明县城创建，推动农村文化礼堂全覆盖，开展文明实践活动，让人人都成为天台形象代言人。打响“和合智治”品牌。加快“县乡一体、条抓块统”改革，升级“一中心四平台一网格”，推进“四治融合”。锁定“平安连创、金鼎加星”，加大安全生产、道路交通、消防安全等重点领域整治。把和合理念融入社会治理全过程，建设和合好班子、和合好搭档、和合好家庭，引领和合议事、和合成事。慎终如始抓好疫情防控，构筑全民防疫屏障，守护百姓岁月静好。

四、不断提高党的建设质量

天台要裂变跨越，关键在党，关键在人。

提高党的建设质量，把党建优势转化为发展优势，把党建活力转化为发展活力，把党建成果转化为发展成果，以高质量党建引领裂变跨越。

（一）铸造绝对忠诚的政治品格。坚持以党的政治建设为统领，持续锤炼政治判断力、政治领悟力、政治执行力，争做“两个确立”忠诚拥护者、“两个维护”示范引领者。建立“第一议题”制度，建好用实习近平新时代中国特色社会主义思想研究中心调研基地，完善基层宣讲工作体系。加快党政机关整体智治改革，健全抓大事、促改革、定政策、管队伍、创氛围等重大应用，使管党治党向制度、治理、智慧转变。支持人大、政府、政协、监委、法院、检察院依法依章程履行职责、开展工作。推动意识形态领域整体智治、迭代升级，压实党委（党组）意识形态工作责任制。发挥好统一战线重要法宝作用，画好最大同心圆。

（二）打造坚强有力的基层堡垒。围绕实施“红色根脉强基工程”，下移重心、下沉力量，加快建设变革型组织，推动基层党建全面进步、全面过硬。深入实施“十乡晋位、百村过硬”工程，建立村级“一肩挑”运行新机制，深化党建联盟引领乡村共同富裕，常态化开展村社书记交流会。推动城市社区党组织体系向下延伸，推进国企、两新组织等领域党的建设，把党的领导嵌入发展全过程各环节。围绕树品牌、创特色、争一流，探索党建统领先富带后富的有效路径，打造蕴含天台元素、和合基因的基层党建品牌。

（三）锻造担当作为的干部队伍。高铁跑起来了，发展也要跑起来，干部更要跑起来。天台裂变跨越的重任落到了我们肩上，各级干部要有敢干事的担当，树立山一样的崇高信仰、增强海一样的为民情怀、锤炼铁一样的责任担当、激发火一样的奋斗激情，把天台式硬气转化为争抢拼闯的干劲，精心谋事、用心干事、专心成事。各级干部要有能干事的本领，既会“十个指头弹钢琴”，系统谋划、统筹推进，也会“一个指头敲重音”，攻坚克难，重点突破，特别是年轻干部要在火线经风雨、长才干，提高服务大局、应对变局、开拓新局的能力和水平。各级干部要有干成事的执着，对确定的任务、定下的事情，不讲条件、不找理由，说一件、干一件、成一件；对急难险重问题，不回避、不绕道，不达目的不罢休。全县各级要树牢重实绩重实干导向，激励干部敢干，为敢于担当的干部负责，让敢干者有“舞台”；激励干部实干，注重在工作一线上识别干部，让实干者有“平台”；激励干部快干，用好考核指挥棒，引导干部在工作“赛马场”上跑起来，让快干者有“擂台”；激励干部会干，立标杆、树榜样，让会干者有“奖台”。

（四）营造风清气正的政治生态。全面从严治党永远在路上，必须把严的主基调长期坚持下去，把惩治震慑力、制度约束力、教育感染力有机统一起来，打造拒腐防变的“免疫系统”。严查违反中央八项规定精神问题，严防“四风”隐形变异，深化漠视侵害群众利益问题专项治理，以优良党风促政风带民风。加强“关键少数”日常监督，开展新一轮政治巡察，加快派驻监督集成改革，统筹推进村居、学校、医院、企业等清廉单元建设，形成更大的治理成效。按照“是不是符合发展方向、是不是经过集体讨论、是不是谋私利拿好处、是不是社会效果好”的要求，更大力度容错纠错、澄清正名，让天台的发展环境像天台山水一样清新亲近。

历史总是在继往开来中谱写，蓝图总是在创新实干中实现。今天手执接力棒的我们，没有理由不为天台的美好明天而拼搏担当。在新的赶考路上，让我们更加紧密地团结在以习近平同志为核心的党中央周围，保持奋斗之志、奋发之力、奋进之势，为建设现代化和合之城而努力奋斗，以优异成绩迎接党的二十大胜利召开！

天台县人民代表大会常务委员会工作报告

——在天台县第十七届人民代表大会第一次会议上

天台县人民代表大会常务委员会主任　林　峰

（2022年2月18日）

五年来的工作回顾

过去的五年，是我县直面挑战、决胜小康、勇毅前行，取得显著成就的五年，也是全县各级人大务实作为、与时俱进、开创新局，不断发展进步的五年。五年来，县人大常委会在县委的正确领导下，坚持以习近平新时代中国特色社会主义思想为指导，坚持党的领导、人民当家作主、依法治国有机统一，紧紧围绕全县工作大局，认真履行宪法和法律赋予的职责，圆满完成了县十六届人大常委会的各项目标任务。届内共召开常委会会议53次，主任会议83次，听取和审议专项工作报告161项，作出决议、决定87项，组织开展专题询问、视察、调研72次，开展集中评议12次，依法任免国家机关工作人员496人次，为全县经济社会发展和民主法治建设做出了积极贡献。

五年来，我们紧扣中心大局，在依法开展监督上更加精准有力

常委会始终坚持围绕中心、服务大局，把推动县委重大决策部署落实作为着力点，精准发力，务实作为，有效促进全县经济社会高质量发展。

助力产业发展提速。始终支持政府抓产业促转型、抓项目增后劲、抓环境优服务。推动产业转型升级。围绕科技创新、数字经济、企业上市、安全生产等工作开展监督，组织视察工业平台和人才中心建设，助力打造我县传统产业优化升级“高速路”。推动项目建设落地。积极落实县委狠抓项目的决策部署，听取工业重点项目实施、特色小镇建设等专项报告，组织代表视察杭台铁路、高铁天台山站、杭绍台高速、天台抽水蓄能电站、苍山产业园、中德产业园、小微园区以及诗路文化带、大琼台、大瀑布等重点工程的建设，为项目建设提速助力。推动营商环境优化。积极贯彻中央支持民营经济发展战略，开展“最多跑一次”改革工作和促进民营经济高质量发展专题询问会，审议金融助力民营经济高质量发展专项报告，努力为企业发展营造良好环境。

助力生态建设提级。始终恪守“绿水青山就是金山银山”的发展理念，围绕治水、治气、治土中面临的突出问题，以一抓到底的韧劲开展监督，推动生态环境持续改善。坚持把推进生态优先、绿色发展摆在更加突出位置，审议通过《天台县生态文明建设规划》，出台《天台县乡镇街道生态环境状况报告制度实施办法》，听取审议环境质量状况和生态环境保护目标任务完成情况报告，开展生态环保工作专题询问，督促县政府及相关部门抓好生态环境治理和问题整改。聚焦美丽天台建设，作出《关于促进美丽天台建设的决定》，听取审议美丽天台建设、美丽乡村建设、美丽乡村片区化组团发展、“五水共治”、垃圾分类处理等工作报告，开展“美丽天台建设、人大代表在行动”主题活动，围绕群众高度关注的始丰溪流域综合治理、垃圾焚烧厂项目、小城镇环境综合治理开展视察、调研，擦亮美丽天台底色。

助力城乡建设提质。始终坚持以人为核心，全力助推城市品质持续提升。推动高起点规划。专题听取审议国土空间规划编制和县域总体规划实施情况的汇报，开展高铁区块、交通路网、医疗教育布局等重点规划编制落实的督查、视察和审议，努力为城市建设和经济发展拓展空间创造条件。听取审议历史文化名城保护工作和平桥镇张思村、南屏乡山头郑村历史文化名村保护规划的报告，助推历史文化和现代生活深度融合，彰显天台历史文化深厚底蕴。推动高标准建设。关注环始丰湖、高铁新区、赭溪改造等重点区块建设，听取审议规划、征迁、改造等专项工作报告，全过程监督推进区块高标建设。推动高效能管理。监督推进城市综合管理水平，听取审议城市综合管理专题询问审议意见落实和物业管理情况的报告，助力打造宜居宜业的品质城市。

助力财政管理提效。依法履行人大预决算审查监督职责，每年听取审议预决算、审计、政府投资项目以及国民经济和社会发展计划执行等工作报告。突出重点“查”。依法对预算编制、执行、调整及决算实行全口径审查、全过程监督，不断推进人大预算审查监督重点向支出预算和政策拓展，实现全面监督和重点监督常态化。深化绩效“评”。通过推动预算编制、绩效评价、绩效审计等管理方式改革，不断扩大评价范围，创新试点乡镇街道绩效评价，推动财政资金使用效益提高。增强审计“改”。注重提前介入，邀请专家和代表参与重点审查，加强对问题整改的跟踪监督，督促部门落实审计发现问题整改情况向常委会报告制度，有效推动整改工作落实。同时，首次听取审议国有资产监督管理情况综合报告，推动国有资产监管全流程、全覆盖，在防止国有资产流失、实现保值增值等方面发挥了积极作用。

五年来，我们践行法治理念，在加快法治进程上更加蹄疾步稳

常委会深入贯彻全面推进依法治国的战略部署和习近平法治思想，积极发挥人大在法治天台建设中的职能作用，努力为全县经济社会发展创造良好的法治环境。

依法决定重大事项。围绕经济社会发展中全局性、根本性、长远性的重大问题，依法行使决定权，切实增强重大决定的针对性、科学性，及时对涉及财政经济保障、贯彻实施法律法规、社会事业发展等方面的重大事项，依法作出决议、决定，保证了党委的重大决议决策通过法律程序成为全县人民的共同意志。围绕保障财政健康运转，每年作出关于批准财政决算及预算调整等相关决议。围绕加强法治宣传教育，听取审议县政府关于“七五”普法实施和“八五”普法编制情况报告，作出“八五”法治宣传教育的决议。着眼长远，加强调研，在开门问策、问计于民的基础上，依法审议“十四五”规划和二〇三五年远景目标纲要等专项报告，作出相关决议，为规划纲要实施提供了法治保障。

依法进行人事任免。坚持党管干部与依法行使任免权相统一，确保党组织推荐的人选经过法定程序成为国家机关工作人员。认真做好任前法律知识考试、供职发言、颁发任命书、宪法宣誓等工作，切实增强选举任命干部的法治意识和人大意识。强化干部任后监督，不断丰富和完善立体式评议工作方法。开展“两官”和人民陪审员履职评议以及政府工作部门主要负责人述职评议，指导乡镇人大和人大街道工委开展对同级政府（办事处）和基层站所负责人的评议工作，实现县乡两级评议对象届内全覆盖。

依法开展法律监督。始终把法律监督作为维护社会公平正义的有力手段。推进执法司法监督常态化。听取审议“一府两院”扫黑除恶专项工作、司法改革、公益诉讼、行政机关负责人出庭应诉、县公安局“最多跑一次”改革、公安辅警管理等工作报告，整体推进法治政府建设。推进执法检查实效化。发挥“法律巡视”监督利剑作用，对《中华人民共和国水土保持法》《中华人民共和国城乡规划法》《浙江省粮食安全保障条例》《浙江省华侨权益保护条例》等10余部法律法规在我县贯彻执行情况开展执法检查。推进备案审查规范化。共完成规范性文件备案163件，有力维护了法治统一。推进社会治理现代化。听取审议法律援助、公证、村（居）社区治理、打击防范电信网络诈骗以及重复信访治理等工作报告，助力构建社会治理现代化新体系。努力探索增强人大信访工作实效的途径，共接待群众来访82批次，受理群众来信179件次，及时进行转办、持续跟踪督办，有效促进群众合理诉求问题得到解决。

五年来，我们坚定人民立场，在改善民生福祉上更加用心用力

常委会坚持把实现好、维护好、发展好最广大人民根本利益作为人大工作的出发点和落脚点，依法支持补齐民生短板，持续增进民生福祉。

聚焦回应群众重大关切。坚持把群众呼声作为第一信号，推动群众“急难愁盼”问题解决。针对近年新出现的“疫情防控”问题，坚决扛起非常时期的政治责任，及时就疫情防控工作增设议题，开展公共卫生服务专题询问和动物防疫法执法检查，全力助推复工复产，为全县统筹推进疫情防控和经济社会发展贡献人大智慧和力量。针对群众高度关注的“食品安全”问题，开展食品安全工作专题询问，检查部分学校及周边商铺的食品安全情况，努力保障人民群众“舌尖上的安全”。针对群众高度关注的“饮水”问题，在上一届努力解决的基础上，又连续五年将城乡供水一体化建设纳入监督议题，推动项目工程加速建设，让更多城乡居民用上放心水。针对群众高度关注的“民生实事项目建设”问题，不断深化民生实事项目人大代表票决制，通过审议报告、调研视察、满意度测评等方式，监督推动了幼儿园扩容、低收入农户医疗保险、停车位建设等一大批惠民项目落地，真正做到了将实事办好、好事办实。

聚焦决战决胜脱贫攻坚。坚持把脱贫攻坚作为重大的政治任务，抓住切入点精准发力，助推高质量打赢脱贫攻坚战。紧盯农民持续增收。扎实开展脱贫攻坚常态化监督，坚持一年一个重点，听取审议脱贫攻坚、消除集体经济薄弱村、低收入农户帮扶、《〈浙江省农村集体资产管理条例〉实施办法》实施、气象防灾减灾能力建设等工作报告，县人大社会建设委员会受县人大常委会委托，首次以专门委员会名义对县民政局开展脱贫攻坚兜底保障专项工作评议，并进行满意度评测，有效推动有关部门建立健全脱贫增收长效机制，在全县精准脱贫中发挥了人大作用。紧盯农业产业发展。深入开展绿色生态农业发展调研，听取审议畜牧业持续健康发展、“三位一体”农合联改革推进、农业产业振兴、天台大农场建设、田园综合体建设等工作报告，组织视察现代农业园区建设、绿色农产品物流园建设和运营情况，力促农业产业发展壮大。

聚焦推动社会事业进步。坚持把助推社会事业发展摆在突出位置。促进更满意的基础教育。围绕推动教育优质均衡发展，听取审议

人大会场

教育现代化县以及义务教育优质均衡发展县创建、学前教育、职业教育、特殊教育等工作报告，省市县三级联动开展《浙江省学前教育条例》执法检查，努力满足人民群众对优质教育的需求。促进更健全的医疗服务。着眼构建更公平更高效的医疗卫生服务体系，听取审议医疗卫生“双下沉、两提升”、医共体建设运行、医疗保障等工作报告，组织视察人民医院新院区等卫生重点工程建设，专题调研中医院、城关卫生院等医院搬迁问题，让人民群众享受高质量的医疗卫生服务。促进更全面的权益保障。高度重视特殊人群的民生需求，听取审议退役军人权益保障、劳动者权益保护、《工伤保险条例》实施等报告，组织视察居家养老服务中心运行情况，围绕下山移民、城中村改造等工作开展审议、视察、调研，促进改革发展成果更好地惠及全体人民。

五年来，我们强化服务保障，在发挥代表作用上更加创新有为

常委会始终牢固树立尊重代表、依靠代表、服务代表的工作理念，努力创新代表工作机制，丰富代表活动形式，全力支持和保障代表依法履职。

全过程保障人民选举权利。认真贯彻落实中央和省委、市委、县委部署要求，研究提出做好县乡人大换届选举工作的意见，报请县委批转实施，明确换届选举时间、人大代表名额和常委会组成人员名额，指导做好疫情防控背景下代表选举工作，确保选举各环节各步骤依法有序进行。首次使用县乡人大换届选举应用场景，全县共在线登记选民480915人，户籍人口登记率达99.87%，有效解决“重登”“错

登”“漏登”问题，保证选民参选率，提高选举工作质量和效率。依法选举产生264名县十七届人大代表和803名乡镇十八届人大代表，选民投票率97.98%，县乡两级人大换届选举工作圆满完成。

全链条强化代表履职服务。夯实履职基础。始终把加强代表学习培训作为提高履职水平的基础性工作来抓，先后在苏州大学、浙大城市学院、大陈岛等地举办了履职能力提升培训班，实现代表任期内学习培训全覆盖。拓展履职途径。坚持“双联系”制度，持续开展“代表活动月”活动，常态化邀请代表列席常委会会议、参加常委会开展的视察调研、执法检查等活动，畅通代表知情知政、监督建言渠道。丰富履职内容。广泛发动人大代表积极投身县委中心工作，在防汛防台、战疫抗疫、项目攻坚等“大考”中扛起责任、展现风采。特别是面对突如其来的疫情，全县各级人大代表积极响应、众志成城，全力参与疫情防控，捐款捐物总计价值2000余万元，有力践行了“人民代表为人民”的庄严承诺。

全天候筑牢代表履职平台。坚持把构筑履职平台作为基础工作来抓。始终坚持并不断完善代表监督小组，充分发挥监督小组业务专长、联系广泛的优势，分头监督政府部门、代表建议办理、民生实事项目实施等工作，有效助推政府各项工作落实。县人大代表监督小组工作荣获全省人大系统最高荣誉“浙江人大工作与时俱进奖”。始终按照规范化建设、科学化管理、精细化服务的目标，持续推进人大代表联络站提档升级。共建成线下代表联络站（点）61家、线上15家，成立全国首家外选代表联络站，全省首创杭州、苏州两家异地代表联络站，成功创成16家台州市五星级代表联络站，杭州联络站成为全市唯一的异地五星级人大代表联络站，全市率先实现市五星级代表联络站县域全覆盖，代表联络站建设走在省市前列。

全方位抓好议案建议督办。坚持把提高代表建议办理质量作为激发代表活力、回应人民群众关切的有效载体。紧扣“内容高质量”，坚持从源头上把好代表建议质量关，围绕县委中心工作，指导和服务代表依法依规提出关于推进重点区片和城中村改造、高铁区块建设、始丰溪流域综合治理、传统产业优化升级、天台抽水蓄能电站开工等高质量建议。紧扣“办理高质量”，年初召开县人大县政府议案建议面商会抓及时交办，年中听取审议议案、重点督办建议办理工作情况的报告抓办结进度，年底组织视察相关建议办理情况抓督办难点。不断创新举措，构建由常委会领导领衔督办、委办归口督办、监督小组重点督办、领衔代表及附议代表跟踪督办的立体式建议督办体系。五年来，共办理代表建议1120件，切实做到了件件有着落、事事有回音。

五年来，我们立足担当作为，在加强自身建设上更加从严从实

常委会主动适应新常态下人大工作的新特点，全面加强自身建设，努力建设对党忠诚的政治机关、践行宗旨的权力机关、依法履职的工作机关、密切群众的代表机关。

切实加强政治建设。始终把党的政治建设摆在首位，坚持用习近平新时代中国特色社会主义思想武装头脑，通过专题学习会、集中交流研讨等多种形式，促进人大机关党员干部理论武装往深里走、往实里走、往心里走，不断增强忠诚核心、拥戴核心、维护核心、紧跟核心的高度自觉。充分发挥党组把方向、管大局、促落实的作用，以高度的政治自觉履行全面从严治党主体责任，推进“清廉机关、模范机关”建设。扎实开展“不忘初心、牢记使命”主题教育和党史学习教育，大力弘扬伟大建党精神，坚定不移做“两个确立”忠诚拥护者、“两个维护”示范引领者。

切实提高履职能力。完善提升天台人大网站、微信公众号等宣传平台，举办纪念地方人大设立常委会40周年专题活动，成功出版首部《天台人大志》，拍摄完成全省首部反映人大代表业绩电影故事片《多彩田园》，信息宣传工作始终走在省、市前列，连续多年全市第一。扎实开展人大数字化改革，高标准加快建设“数字人大”，提升人大整体智治水平。加强工作创新，组织开展“乡镇（街道）人大工作与时俱进奖”评选，进一步打开人大干部思想空间、认知空间、发展空间，打造了代表监督小组、外选代表联络站、异地代表联络站、立体式评议等一批具有天台人大辨识度的特色品牌。

切实增强整体实效。坚持系统观念、系统方法，密切上下级人大之间的工作联系，加强与“一府一委两院”之间的沟通协调，增强工作合力。协助县委召开人大工作会议、出台意见、开展督查，力促会议和文件精神的落地见效。贯彻落实机构改革部署，将县人大法制（内务司法）委员会更名为县人大监察和司法委员会，设立县人大社会建设委员会，充实人大专委力量，夯实履职基础。健全完善县乡（街道）人大工作协同联动机制，指导乡镇（街道）人大在宪法和法律框架内开展工作创新实践，全面建立街道选民代表会议制度，有力畅通了基层民主“最后一公里”。加强人大老干部工作，鼓励并支持老干部在建言献策、红色宣讲、重点项目、关心下一代、爱心慈善等方面继续发挥余热，老干部工作受到了各方面的好评。

五年春华秋实，五年风雨兼程。五年来，我们坚持依法监督、认真监督、有效监督，为助推全县经济社会发展作出了不懈的努力；我们推动有法必依、执法必严、违法必究，为加速天台民主法治建设进程贡献了人大的力量。这些成绩的取得，是中共天台县委坚强领导的结果，是常委会组成人员和全体人大代表共同努力的结果，是县人民政府、县监察委员会、县人民法院、县人民检察院和乡镇街道人大配合支持的结果，是全县离退休老干部、县政协委员、各民主党派、各人民团体和社会各界热情帮助的结果。在此，我谨代表县十六届人大常委会，表示衷心的感谢！

回顾五年来的工作历程，总结五年来的实践经验，我们深刻体会到：

第一，始终坚持党的领导，是做好人大工作的根本保证。五年来，常委会始终坚持正确政治方向，认真贯彻落实县委重大决策部署，有力推动天台经济发展、民生改善、社会进步。实践充分证明，唯有始终坚持党的领导毫不动摇，人大工作才能确保方向正确。

第二，始终坚持人民至上，是做好人大工作的根本宗旨。五年来，常委会始终坚持民有所呼、我有所应，民有所需、我有所为，竭尽全力解决群众身边的操心事、烦心事、揪心事，人民群众幸福指数显著攀升。实践充分证明，唯有始终坚持人民立场，人大工作基础才能得到夯实。

第三，始终坚持依法履职，是做好人大工作的根本准则。五年来，常委会始终坚持言必讲法、行必依法、办事靠法，切实用法治思维和法治方式来谋划推动工作。实践充分证明，唯有始终坚持依法履职，人大工作才能有力有效。

第四，始终坚持依靠代表，是做好人大工作的根本要求。五年来，常委会始终注重发挥代表主体作用，积极为代表开展工作创造条件，代表履职积极主动。实践充分证明，唯有始终尊重、依靠代表，代表作用才能充分发挥。

第五，始终坚持开拓创新，是做好人大工作的根本动力。五年来，常委会主动适应新形势新要求，大力探索人大工作新机制新举措，推动监督机制在创新中健全，代表服务在创新中增效，履职能力在创新中提升。实践充分证明，唯有矢志不渝推动创新，人大工作才能永葆生机活力。

今后五年的工作建议

县十五届党代会规划了天台未来发展的宏伟蓝图。今后五年，全县上下将在县委的坚强领导下，朝着“加快建设现代化和合之城，争当全省共同富裕示范区标杆县”这一奋斗目标阔步迈进。县委有号召，人大有行动。

在此，向新一届县人大及其常委会提出如下建议：

（一）坚持党的领导，在彰显制度优势上展现新作为

要牢牢把握人大是党领导下的政治机关这一根本属性，旗帜鲜明、坚定不移贯彻落实坚持党的领导这一最高政治原则，自觉把人大工作置于党的领导之下。坚持依法履职行权与落实县委决策相统一。践行全过程人民民主，正确行使宪法和法律赋予的监督权、重大事项决定权和人事任免权，依法将县委决策部署转化为全县人民的共同意愿和行动自觉。坚持依法履职行权与加强党的建设相统一。充分发挥党组织核心领导作用，扎实推进常委会党组、机关党组、机关党支部规范化、标准化建设，严格执行党的领导各项制度，争做“两个确立”忠诚拥护者、“两个维护”示范引领者。

（二）坚持围绕中心，在促进经济发展上实现新跨越

紧紧围绕县委工作重心确定人大履职重点，切实做到县委工作重心指向哪里，人大工作就跟进到哪里，作用就发挥到哪里。始终锚定“争当全省共同富裕示范区建设标杆县”目标，紧扣经济社会发展的重点任务、重大举措、关键领域，综合运用听取审议专项报告、执法检查、视察、调研、专题询问、工作评议等方式，打好人大监督“组合拳”。坚持“高站位”“小切口”“可操作”，聚焦共富建设、创新驱动、产业倍增、城乡提能、开放融合、项目攻坚、优化营商环境等具体工作精准选题，以小见大、以点带面，建立健全审议、交办、反馈、评价相衔接的“闭环式”监督机制，构建人大监督“全链条”，以务实有效的监督助力经济高质量发展。

（三）坚持人民至上，在增进民生福祉上取得新成果

始终秉持发展依靠人民、发展为了人民、

发展成果由人民共享的理念，积极回应社会关切。坚持从群众“急难愁盼”问题入手，在推动民生工程、助力民生保障、回应民生热点上下功夫，在推动乡村振兴、促进绿色发展、关注环境保护、落实防疫措施、聚焦食品安全和居家养老等方面出实招。注重在补齐优质教育卫生短板上着力，注重在筑牢社会保障体系上着力，注重在提升社会治理效能上着力。精选民生议题，探索建立人大代表与政协委员联动机制，加强跟踪监督，强化效果导向，进一步提升群众的安全感、幸福感和获得感。

（四）坚持服务保障，在发挥代表作用上营造新环境

立足提高代表的履职能力和水平，组织好新一届人大代表的培训工作，推动代表迅速进入角色、增强履职意识、提高履职能力。充分发挥代表联络站作用，完善代表工作机制，健全和落实保障代表履职的各项制度，高标准推进乡镇街道人大工作规范化建设提档升级，持续推进代表闭会期间履职活动常态化、规范化。进一步探索建议办理的评价机制、公开机制和跨年度衔接机制，畅通闭会期间代表建议督办渠道，集中精力推动重点建议和“反复提”建议办理，确保人民群众关注关心的问题真正得到解决。持续激发代表参与中心工作热情，积极引导代表聚力现代化和合之城，发挥参政议政、推动监督和模范带头等作用。

（五）坚持争先创优，在加强自身建设上树立新形象

紧扣“四个机关”定位要求，强化政治、思想、组织、作风、纪律、制度建设高效衔接融合，努力打造让党放心、让人民满意的模范机关。围绕建设变革型组织，全力推进人大数字化改革工作，坚持“找得准、有特色、快建设”的原则，高标准加速人大数字化改革多跨场景应用和综合应用系统开发利用，倾力打造天台人大数字化改革新品牌，以数字赋能促进人大履职行权提质提效。围绕建设务实型干部，坚持唯实惟先、争先创优导向，健全人大干部“选、育、管、用”全链条机制，强化思想淬炼、政治历练、实践锻炼、专业训练，不断提升人大干部履职能力。

新目标催人奋进，新征程任重道远。让我们更加紧密地团结在以习近平同志为核心的党中央周围，在中共天台县委的坚强领导下，凝心聚力、砥砺奋进，奋力开创人大工作新局面，为加快建设现代化和合之城作出新的更大贡献，以优异成绩迎接党的二十大胜利召开！

政府工作报告

——在天台县第十七届人民代表大会第一次会议上

天台县人民政府代县长 王欣东

（2022年2月17日）

一、2021年和过去五年发展成就

一年来，面对错综复杂的外部环境和艰巨繁重的改革发展任务，县政府坚持以习近平新时代中国特色社会主义思想为指导，全面贯彻党的十九大和十九届历次全会精神，在上级党委政府和县委的坚强领导下，在县人大和县政协的监督支持下，以新发展理念统领高质量发展，全力推进现代化和合之城建设，争当全省共同富裕示范区标杆县，各项工作再上新台阶，“十四五”实现良好开局。全县生产总值339.55亿元、增9.8%，增速全市第二；一般公共预算收入22.74亿元、增11.5%，增速全市第二；城乡居民人均可支配收入分别增8%、9.6%；荣获市对县经济社会和党建工作考核双优秀。全县人民翘首以盼的杭台高铁建成通车，天台迈入高铁新时代；我县历史上投资最大的项目——天台抽水蓄能电站开工建设；和合文化全球论坛成功举办，永久会址落户天台。

一年来，我们坚定不移抓转型促提升。工业保持较快增长，规上工业增加值增13.3%，入选全国最具发展潜力百佳县。苍山产业集聚区矿地综合利用、双箭等项目开工建设，三力士、天台药业等项目加快推进。中德产业园研发中心、孵化中心一期建成，祥和轨道交通、万胜智能仪表等项目投产。新建成小微园27.6万平方米，洪畴创业园入选省数字化示范小微园。大自然、严牌成功上市，银轮获省政府质量管理创新奖，圣达等2家企业入选国家“小巨人”，奥锐特等2家企业入围省“隐形冠军”，永贵等3家企业列入省首批“单项冠军”培育名单，天成获评省信息与制造融合发展示范企业。新增省首台（套）3个、“浙江制造”标准4项，建成数字化车间5个，数字经济核心产业增加值增13.4%。“五个一批”活动扎实开展，创新举办企业英雄汇，破解企业难题181个，减免税费14亿元，纳税人满意度全国第三，新增规上企业37家。旅游三产亮点纷呈，国内首座双跨玻璃悬索桥——会仙桥、华东最大室内滑雪场——天台山雪乐园、超五星级酒店星野嘉助建成运营，新增A级景区村50个，泳溪等4个乡镇创成AAAA级景区乡（镇），天台山上榜AAAAA级景区品牌100强，精彩亮相央视《中国地名大会》《中国诗词大会》，入选省旅游业“微改造、精提升”行动试点。房地产业平稳发展，餐饮、住宿持续回暖，白鹤入选省数字生活新服务特色镇，我县列入省首批现代服务业创新发展区创建名单，获批省“供富大篷车”试点。现代农业提质增效，完成粮食播种17.6万亩，举办全国茶产业研讨会，入选省首批农业农村共富实践试点、全国农民合作社质量提升整县推进试点，山区26县考核全省优秀。

一年来，我们不遗余力抓改革强创新。数字化改革门户上线运行，获批数字化改革试点41个，入围省多跨场景重大应用9个，成功“揭榜挂帅”6个，“摊省心”入选省最佳应用。项目竣工联合验收全市首创，“证照并销”“一业一证”改革全省领先，企业开办3小时办结，市场主体增19.6%。新增高新技术企业16家、科技型中小企业71家，建成省级重点实验室1家、市级6家，天铁获中国力学工程科技进步特等奖。技师学院获批筹建，全球高端装备创新创业大赛成功举办，新引育高端以上人才24人，入选“浙江工匠”6人。

一年来，我们千方百计抓项目扩投资。项目攻坚成效明显，完成153个攻坚任务，攻克天桐路—寒山路夹角等15个区块政策处理难题。项目建设快步推进，66个重大项目开工，已立项项目开工率全市第一，入选全国投资潜力百强县。招商引资成果丰硕，成功举办第五届天台商人大会暨新乡贤大会，新落地5亿元以上重大产业项目23个。要素保障有力有效，争得国家、省部级项目10个、各类专项资金13.9亿元、地方政府债券9.9亿元，完成城镇低效用地再开发701亩、产业供地1455亩。

一年来，我们持之以恒抓统筹提品质。城市品位不断提升，始丰溪“两廊一带”形象初展，总部经济大楼、市民中心加快推进，文化中心、金融中心完成主体工程，物流中心、综合交通枢纽站建成投用，站前大道、九龙大道、和合南路、百花路西拓建成通车。改造老旧小区2个、受益群众1218户，完成安置房分房4个、2129套，福溪滨溪未来社区列入省创建名单。城市精细化管理扎实有效，新增停车位2169个，垃圾分类做法全市推广，赤城生活垃圾分类全省示范。镇村面貌精彩蝶变，始丰、平桥创成美丽城镇省级样板镇，坦头通过省卫生乡镇复审，三州获评省美丽乡村示范乡镇，龙溪乡村振兴集成创新示范项目列入省级试点，石梁、雷峰入选全国森林康养建设试点，南屏入围全国乡村振兴示范乡镇，新建成新时代美丽乡村达标村110个、精品村37个，荣获省首批大花园示范县、省美丽城镇建设优秀县、省美丽乡村工作优胜县、中国最美乡村百佳县。至界岭隧道顺利贯通，城前线建成通车，创成全国“四好农村路”示范县。生态环境持续改善，认真抓好系列环保督察反馈问题整改，垃圾焚烧厂、飞灰填埋场建成投用，环境空气优良率达99.5%，出境断面水质达Ⅱ类，生态环境公众满意度全市第一，入选省幸福河湖建设试点，荣获省森林休闲养生城市、“大禹鼎”银鼎。

一年来，我们倾心倾力抓民生增福祉。慎终如始抓好常态化疫情防控，累计接种疫苗102万剂次，有效巩固防疫成果。就业创业工作获省政府督查激励。南洋幼儿园落地开工，实验小学始丰校区、特教中心完成主体工程，天台小学飞鹤山校区、闻莺幼儿园建成投用，南区小学与杭州学军小学建立战略合作，全国义务教育优质均衡发展县通过省级初评。公共卫生防控中心开工建设，中医院搬迁改造加快推进，县域健康管理入选国家“5G+医疗健康”应用试点，获健康浙江工作考核优秀。三合入选省民间文化艺术之乡，街头获评省文化强镇，易筋经列入国家非遗名录，获批省农村文化礼堂建设示范县。举办全国女子围棋公开赛，荣获“和合之城·围棋名山”称号，获评全国体育先进单位。中心陵园一期基本建成，福利中心完成建设。认真办理人大议案建议188件、政协提案166件，2021年确定的十方面民生实事全面完成。县矛调中心高效运转，创成省无信访积案县。扫黑除恶专项斗争有力推进，安全生产“遏事故”攻坚战深入开展，事故起数、交通事故亡人数分别下降33%、36%，圆满完成建党百年大庆安保维稳任务。东西部扶贫协作、山海协作取得新成效。国防动员、民兵工作和双拥优抚不断加强，妇女、儿童、慈善、残疾人、老干部、关心下一代、老年体协等事业有了新发展，民族宗教、外事侨务、流动人口、公积金、红十字等工作取得新成绩。

去年全县主要目标任务顺利完成，为前五年政府工作画上了圆满句号。五年来，我们坚持一张蓝图绘到底、一任接着一任干，战胜了诸多困难，经受住了重大考验，全面建成了小康社会，较好完成了各项工作任务，为天台裂变跨越奠定了坚实基础。

过去五年，综合实力显著增强。地区生产总值从213.28亿元提升到339.55亿元；一般公共预算收入从17.04亿元提高到22.74亿元；银行存贷款余额从598亿元增加到1204亿元；累计完成固定资产投资803亿元；网络零售额连续7年全市第一；城乡居民人均可支配收入分别达到5.48万元、2.89万元，年均增7.3%、8.8%。

过去五年，发展质效不断提升。“万亩大平台、千亩小微园”基本成型，高新技术产业占规上工业增加值达74.5%，上市企业由3家增加到10家、居全省26县之首。全域旅游蓬勃发展，天台山大瀑布等一批旅游重点项目建成开放，连续4年获评中国县域旅游竞争力百强县。新增高标准农田10.75万亩，创成全市首家省级现代农业园区，获评全国平安农机示范县、全国农村创业创新典型县。

过去五年，县域活力持续迸发。累计完成科技投入22.6亿元、年均增19.2%，高新技术企业、科技型中小企业分别增长1.6倍、4.8倍，万人发明专利拥有量增长1.5倍，获评全国创新百强县。数字化改革扎实推进，行政审批、商事登记制度改革成效显著，机构改革、事业单位改革全面完成，四大国有集团完成市场化转型。

过去五年，城乡面貌焕然一新。完成城市征迁160万平方米，始丰湖公园建成开放，环湖、高铁区块初展英姿。“片区化组团发展”经验写入省委《决定》，创成全市首个省美丽乡村示范县，获评国家生态文明建设示范县、国家卫生县城、中国最美县域。杭台高铁、杭绍台高速建成通车，新改建农村公路555公里，群众出行更加便捷。

过去五年，人民生活明显改善。财政民生投入连年加大，累计支出217亿元，是前五年的2.2倍。新改建中小学、幼儿园17所，新增学位5750个，教育质量稳居全市前列。新人民医院建成投用，医共体、医联体建设扎实有效，基层就诊率从55.35%提高到67.73%。基本实现城乡同质饮水。城乡低保从每月660元提高到950元，城乡居民基本养老保险基础养老金从每月120元提高到235元，企业退休人员养老金实现“17连涨”。基层治理能力不断加强，高分夺取平安金鼎。

回顾五年奋斗历程，我们夺取了脱贫攻坚战的全面胜利，取得了抗疫重大成果，解决了一批长期想解决而没有解决的难题，办成了一批过去想办而没有办成的大事，经济实力一年更比一年强，城乡面貌一年更比一年美，百姓生活一年更比一年好。荣获“国字号”荣誉50余项、“省字头”100余项，历史性实现市对县经济社会考核四连优。这是习近平新时代中国特色社会主义思想科学指引的结果，是上级党委政府和县委坚强领导的结果，是县人大、县政协和社会各界共同努力的结果。

我们也清醒地看到，经济社会发展中仍存在不少短板和问题。主要有：经济总量不大，创新动能不强，产业层次不高，文旅、农业品牌不响；大项目、好项目少，引领性重大产业项目更少；城市功能品质、镇村建设还需提升；教育、医疗、养老、安全等领域短板不少；一些干部能力水平有待提升，服务意识还需增强。对此，我们一定高度重视，认真加以解决。

二、今后五年主要目标任务

未来五年，对天台来说既是充满机遇的五年，也是充满挑战的五年。习近平总书记赋予浙江高质量发展建设共同富裕示范区的历史重任，省委支持26县加快跨越式高质量发展，长三角一体化纵深推进，天台进入了高铁时代黄金期，迈入了更加开放、更宽平台、更大机遇的发展新赛道。我们要乘势而上、努力奔跑，下好先手棋、打好主动仗，进一步把特色优势转化为发展胜势，努力推动天台经济社会跨越赶超。

今后五年政府工作的指导思想是：高举习近平新时代中国特色社会主义思想伟大旗帜，认真贯彻落实中央、省市和县委决策部署，立足新发展阶段，贯彻新发展理念，融入新发展格局，忠实践行“八八战略”、奋力打造“重要窗口”，围绕裂变跨越主题，紧扣“五区”“五高”“五翻番”，实施“六大计划”，做到“三个坚持”，实现“三大跨越”，加快建设现代化和合之城，争当全省共同富裕示范区标杆县。

今后五年的总体目标是：经济社会发展主要指标增幅高于省市平均，努力实现经济总量大跨越、文旅发展大跨越、城乡共富大跨越。到2026年，全县生产总值突破500亿元，规上工业总产值达到450亿元，文旅产业增加值达到33亿元；R&D经费支出占比达2.7%以上；城镇化率达68%以上，美丽乡村建成率达100%；城乡居民人均可支配收入分别超8.2万元、4.3万元；完成上级下达的能耗和环境指标计划任务。

为实现上述目标，重点抓好以下四方面工作：

第一，坚持创新驱动，推动高质量发展。产业强则经济强，对天台而言，工业是关键，文旅是亮点，农业是基础。必须坚持工业强县、文旅兴县双轮驱动，做大总量与优化结构并重，走高端产业发展之路，夯实共同富裕的经济基础。激发科创活力，做强发展动能。围绕“省级高新技术产业园区创建”这一重点，建强以企业、人才为支撑的创新主体，建设始丰溪绿色科创带，建成创新中心，引育一批高层次高技能人才，实现规上工业企业研发活动、研发机构、发明专利全覆盖。深化与高校院所产学研合作，引入院士合作项目，推动更多科研成果在天台落地转化。突出智造天台，做大制造业。围绕“五年三个翻一番、总量挺进千百亿”这一目标，打好“腾笼换鸟、凤凰涅槃”攻坚战，建设苍山万亩上市产业园、中德科技产业园、数字经济产业园等高能级平台，实现工业总产值超千亿。用好“一县一策”，深化产业链链长制，建强大车配标志性产业链，培育生命健康、轨道交通等“新星”产业，机电产值突破200亿元，橡塑、产业用布、汽车用品产值均突破100亿元，生物医药、食品饮料产值合计突破100亿元，形成“132”产业集群。育大企业方阵，培育百亿企业1家、五十亿企业2家、十亿企业10家，规上企业总数超260家，上市企业数达16家。大力发展数字经济，加快“产业大脑+未来工厂”建设，数字经济核心产业增加值突破10亿元。依托文化优势，做优文旅三产。围绕“留住游客”这一关键，突出以文促旅、以旅彰文，在景区开发、产品研发、项目建设中融入天台山文化元素，打造一批沉浸式、年轻态的文旅产品，吸引更多游客留下来、住下来。提升大瀑布核心景区，擦亮始丰明珠，开发苍山顶高山旅游、大华顶景区，推进天台山申报世界文化遗产，争创省级旅游度假区，打造浙东唐诗之路目的地、和合文化国际传播基地、世界级旅游景区。深化省现代服务业创新发展区建设，推动生产性服务业向专业化和价值链高端延伸，生活性服务业向高品质多样化升级。聚力品牌兴农，做特现代农业。围绕“价值提升”这一核心，打响区域公用品牌，做强茶叶、高山蔬菜等特色农产品，做优铁皮石斛、乌药、黄精等道地药材，变“种得好”为“卖得好”。大力推行科技强农、机械强农，争创全国农产品质量安全放心县、国家特色农产品优势区。

第二，坚持开放接轨，拓展赶超空间。对外开放是活力所在，接轨融入是大势所趋。必须抢抓国家长三角一体化、省“四大建设”和高铁时代的机遇，冲破大山阻隔，全县域、全方位接轨大上海，融入双循环。构建同城通勤圈。加快建设“一纵两横”铁路网、“两纵两横”高速网、“两纵三横”国省道网，努力把天台打造成浙东南重要交通枢纽。加快通用机场、甬丽城际铁路、铁路货运连接线、宁天临高速公路等项目前期，争取开工台金城际铁路、甬金衢上高速公路、207省道、316省道，建成314省道、104国道响岩—至界岭改建工程。融入区域一体化。聚焦新能源、新产业、新基建等重点领域，积极承接上海、杭州、宁波等都市区的产业资本溢出，谋划推进第三抽水蓄能电站等一批重大项目，引进落地一批“大好高”项目，建设南太湖新区、台州湾新区“飞地”产业园和杭州城西“科创飞地”。深化通关一体化改革，做好外贸风险预警应对，优化出口产品结构，推进跨境电商建设，推动外贸多元化发展。集聚发展要素。积极向上争取政策红利，精准配置土地、资金、能耗等要素，全力保障重大项目落地建设。增强城市经营意识，善于运用市场化方式实现资源要素有效配置。

第三，坚持城乡融合，建设美丽天台。一座品质城市既要高大上，也要有烟火气、文化味和温度。必须坚持以人为核心，高标建设、高效管理，加快推动城乡蝶变，绘就共富共美新图景。突出规划引领，以国土空间规划编制为契机，做优城市、镇村规划设计，合理布局生产、生活、生态空间，做到还空间于城市、还绿地于市民、还公共配套于社会。留住城市记忆，以赭溪历史文化街区建设带动中山路、古民居等保护开发利用，传承历史文脉，争创国家历史文化名城，让千年古城活起来。打造活力新城，高标准建设环始丰湖两岸，打造最具魅力的城市封面；高起点开发高铁区块，打造最具活力的城市门户；大力发展城市经济，培育时尚新业态。提升城市温度，以“未来社区”理念推进重点区块、老旧小区更新改造，打通城市外环线、畅通城区微循环，加快补齐功能短板，提高人性化智慧化管理水平，打造“15 分钟生活圈”，让广大市民感受到城市的温暖。建设精美镇村，迭代片区组团发展，创建新时代美丽城镇，打造未来乡村，打通“两山”转化通道，推动乡村全面振兴，争创国家“两山”实践创新基地，实现村美、业兴、民富。凸显生态之美，科学有序推进碳达峰碳中和，加强里石门水源地保护，争创国家森林城市，争取森林覆盖率、空气、水质等主要指标进入国际先进行列。

第四，坚持民生至上，共享发展成果。群众想什么，我们就干什么。必须办好群众牵肠挂肚的民生大事，抓好群众天天有感的关键小事，让群众的笑脸成为最美的市容。围绕“共富天台”，把缩小三大差距作为主攻方向，通过共同奋斗把“蛋糕”做大做好，通过制度安排把“蛋糕”切好分好；实施居民收入和中等收入群体双倍增计划，推进“扩中”“提低”改革，加快形成以中等收入群体为主体的橄榄型社会结构。围绕“学在天台”，把办好群众满意的教育放在优先位置，深化城乡教育共同体建设，推进教育均衡发展，加强合作办学，落实“双减”政策，争创省教育现代化县。围绕“健康天台”，把群众在家门口就能看好病作为追求，深化县域医共体建设，引进高端医疗资源，健全公共卫生防控应急体系，推动医疗环境和医疗质量双提升。加大名医名师名校长培养力度，打造一支道德高尚、业务精湛的名家队伍。围绕“温暖天台”，把兜牢社会保障作为底线，健全公共文化服务体系，提升养老育幼服务能力，完善社会保险、社会救助、社会福利、优抚安置、慈善公益制度，启动县体育中心建设，争创全国文明城市、省体育现代化县、省双拥模范城。围绕“和合智治”，把和合理念融入社会治理全过程，用数字手段撬动治理方式重塑，加快县域社会治理体系现代化，争创平安浙江示范县。

三、2022 年重点工作安排

2022 年是党的二十大召开之年，也是新一届政府的开局之年，必须牢牢把握稳进提质、除险保安、塑造变革的要求，迈好第一步、展现新气象。建议今年全县经济社会发展预期目标为：生产总值增7.5%以上；一般公共预算收入增7.5%以上；固定资产投资增11.5%以上；R&D经费支出占比2.35%以上；城乡居民人均可支配收入分别增8%、8.5%。重点抓好以下五方面工作：

（一）聚焦产业发展，持续壮大实体经济

推进制造业扩量增效。强化集群培育，机电行业重点深化省级试点建设，加快链式整合、集群带动。发挥智能橡胶产业园引领作用，带动橡塑行业整合提升。推进医化企业搬迁转型，鼓励支持企业向制剂发展。做大食品行业，擦亮产业用布、汽车用品国字号品牌。**提升平台能级，**推进经济开发区优化提升，上线智慧平台。提速苍山产业集聚区开发，加快矿地综合利用项目二期、启动三期，推进征迁安置区建设，完成上山村征迁，拓展工业用地空间3000亩以上；开工110裘凤变工程，建成园区一期综合管网、苍山污水处理厂二期、苍山供热管网。加快中德产业园建设，开工孵化中心二期，完善道路等配套设施。深化小微园省级试点建设，新增省级小微园2家。**壮大企业主体，**新增上市报会2家、辅导备案2家、亿元企业3家、十亿元企业1家、“单项冠军”“小巨人”5家。**强化数字赋能，**实施数字化转型项目10个，支持银轮、万胜申报省“未来工厂”，创建省级数字化车间、省级工业互联网平台各1个。发展智能仪表、通信设备等数字产业，开工数字经济产业园，数字经济核心产业增加值增15%以上。**突出质量提升，**新增“品字标”企业2家、“浙江制造”标准2项，争创省政府质量奖企业。加强外贸监测运行，确保外贸出口总额增7.5%以上。

推进文旅融合提质。深入开展旅游业“微改造、精提升”行动，创成国家全域旅游示范区。深化浙东唐诗之路目的地建设，发展诗路文创产业，加快一心三苑建设，建成投用诗路文化博览馆。推进天台山景区二期改造提升，加快和合小镇、寒山集聚区建设，谋划天台山水世界。实施“一百家一百分”旅游全要素品质提升行动，开发心灵旅游线路，发展禅修养生、森林康养、影视文化、研学旅行等业态。开展“乘高铁·游天台”活动，办好和合文化全球论坛、中国旅游日、中华济公文化节，打响“神山秀水心归处”品牌。

推进现代服务业提速发展。精心培育始丰湖夜经济，建设始丰二桥景观廊、寒山市集，引入休闲新业态，打造夜间经济示范区。发展楼宇经济、总部经济，开工精品家居产业园。促进房地产业健康发展，培育科技服务、现代物流、创意设计等产业，建成投用金融中心。深化国家电子商务进农村示范县建设，打造白鹤、坦头、石梁等直播基地，推进快递进村进厂，打通消费品下乡、农产品进城“最后一公里”。

（二）聚焦项目带动，持续扩大有效投资

抓项目建设。实施项目百日攻坚擂台赛，打好六大区块征迁战，拓展发展新空间。全力推进天台抽水蓄能电站、始丰溪全流域综合治理等重大项目，完成水系连通及水美乡村建设，确保省市县长项目、市前期攻坚项目开工率均达50%以上。开工银轮波楞、天铁三期、奥锐特等制造业项目25个以上，提速推进众联科创、圣达生物、三力士、双箭等一批项目，建成投产天成二期、天台药业、炬源物联网等项目30个以上，确保全年完成工业性投资30亿元以上。

抓项目招引。紧盯国央企、上市企业，上海、杭州等重点区域，强化产业链招商、以企引企，精准招引“链主型”企业和上下游配套项目。强化平台招商、市场化招商，引进一批新兴产业。强化乡贤招引，进一步发挥异地商会、招商大使作用，吸引更多乡贤回归。健全招商考核机制，新引进5亿元以上产业项目25个以上、制造业项目15个以上。

抓要素保障。深化全域土地综合整治，复垦建设用地100亩以上，盘活城镇低效用地500亩以上，垦造耕地600亩以上，处置批而未供、供而未用土地800亩以上，工业供地1000亩以上。整合优化资源资产，做大做强国有平台。积极向上争取各类资金，做好省重大产业项目申报，用足地方政府债券，抓好企业债和境外债发行。统筹用能需求，用好能源新政，积极争取用能指标。加大政策处理力度，确保项目无障碍施工。

（三）聚焦改革创新，持续激发发展活力

强化科技创新。走深走实科技创新之路，争创26县创新型标杆县。推进科创平台提能，启动建设杭电数字产业研究院，投用南科大智能制造研究院、大车配产业创新服务综合体。做大创新主体，新增高新技术企业5家、科技型中小企业20家、市级以上企业研发机构12家。加强科技合作，实施重点科技项目6项以上、完成产学研合作项目20项以上。深化人才引育留，开工技师学院，落地台州职业技术学院北部校区，研发中心争创省级人才创业园，培养高技能人才1000人。

纵深推进改革。聚焦数字政府、数字社会、数字法治等领域，健全完善一体化智能化公共数据平台，迭代升级数字化改革门户，做深做实“摊省心”等应用，开发打造一批管用实用又有天台辨识度的应用场景，争取更多全省最佳应用。以数字化改革撬动重点领域改革，推进要素市场化配置改革，深化“亩均论英雄”，完善评价体系。健全“大城管”体制，推动“大综合一体化”改革。

优化营商环境。深化营商环境“10+N”便利化行动，打造营商环境最优县。推动“一件事”集成改革，推进“证照分离”“证照并销”，常态实施“标准地+承诺制”、施工图自审备案制、竣工联合验收，促进审批再提速。积极争取省“五大政策包”“四张要素清单”等系列优惠政策，精准制定出台配套措施，千方百计稳主体稳投资稳增长。引导金融系统加大对市场主体支持力度，全年为企业减负降本12亿元以上。健全直通车机制，办好企业英雄汇，用好企业码，新建一批“企业办事不求人”制度，让企业家专心搞经营、潜心强创新。

（四）聚焦全域美丽，持续打造宜居环境

提升城市品质。加快环湖开发，开工滨溪未来社区、天元未来社区，推进总部经济大楼、市民中心建设，建成投用国际和合文化中心。加快高铁区块开发，谋划城市创新产业园。实施玉湖洪、水南路、中医院周边等区块征迁，改造老旧小区1个。提速安置房建设，开工1个，加快建设8个，建成3个，完成分房7个。推进飞鹤山公园建设，基本建成沙坑山公园，新增绿道10公里，争创国家园林县城。开工建设始丰—平桥风貌带，争创新时代富春山居图县域样板。深化物业小区综合治理，加强垃圾分类，全面推广“撤桶并点”。强化全域治堵，严管重点路段、时段，新增城区停车位2000个以上。

振兴集镇乡村。加强粮食稳产保供，稳妥推进“两非”整治，新建高标准农田8000亩，加快北干渠节水配套项目前期，基本建成粮油物资储备中心。培育数字农业企业2家，新增市级示范合作社1家、家庭农场10家，争创省农业科技园、省农村产业融合发展示范园。加强平桥、白鹤、坦头等中心镇建设，提升辐射带动能力，创建美丽城镇省级样板镇1个、达标镇3个。建成新时代美丽乡村达标村76个、精品村25个，新增A级景区村30个，创成市级美丽乡村示范区。加快坦头电商、石梁诗路文化、三州古道茶叶等7条共富示范带建设，寒山神隐、始丰溯源争创省级共富示范带。巩固消薄成果，推广农民持股、飞地抱团等模式，新开工共富物业园1个，新增抱团项目3个以上、农民持股项目10个以上，带动低收入农户增收16%以上。加强东西部扶贫协作，深化山海协作。

完善基础设施。打通城市外环线，开工上三高速东互通及连接线，加快八都至梅坦段建设，推进60—62省道连接线、平桥至高铁站等项目前期。畅通城区内循环，加快人民路改造，打通始丰中路、广安路、丰裕路等断头路，建成百花路东延，完成天台山东路改造提升。开工寺前至洋头公路改造工程，新改建农村公路40公里以上。巩固提升城乡同质饮水成果，完成街头水厂扩容，新增城区供水管网8公里以上。深化“污水零直排”，完成污水专项规划编制，启动西区污水厂建设，提标改造农村生活污水处理设施155个，新增城镇污水管网10公里。新建成5G基站514个，实现县域5G信号全覆盖。

守护绿水青山。深入打好污染防治攻坚战，抓好系列环保督察反馈问题整改，完成生活垃圾填埋场生态修复。深化“无废城市”建设，开工再生资源、建筑垃圾分拣中心。深化“五水共治”，加快现代化水网建设，建成美丽河湖2条，完成水库除险加固12座、病险山塘整治9座。大力开展植树造林，新增国土绿化2500亩。

（五）聚焦共建共享，持续加强民生保障

健全公共服务体系。新建南区小学、恩美幼儿园城西分园等8所学校，完成南洋幼儿园主体，投用实验小学始丰校区、特教中心，新增乡村名校7所，创成全国义务教育优质均衡发展县。深化与浙师大、学军中学、学军小学等战略合作，引进杭州初中名校。深化县域医共体改革，推进县域卫生健康信息一体化，加快公共卫生防控中心建设，完成中医院搬迁，谋划城关卫生院搬迁，与上海六院、浙江中医药大学等合作建设特色专科，引进上海中医药大学发展大健康产业。启动全国文明县城创建，新建文化礼堂18家。办好世界女子围棋锦标赛等活动，开工职工活动中心。加强移风易俗，深化爱国卫生运动，做好国家卫生县城复审。

健全社会保障体系。加强技能培训，抓好就业困难人员、高校毕业生等重点群体就业帮扶，新增城镇就业7500人，实现零就业家庭动态清零。加强新业态从业人员社会保障，推动社会保险扩面提质，构建多层次医疗保障体系。发展医养结合产业，完善居家养老服务网络，推进困难老人家庭适老化改造，加强老年活动设施建设。健全生育保障政策，扩大普惠托幼服务供给。加强社会救助，强化残疾人等困难群体生活保障。

健全社会治理体系。时刻绷紧疫情防控这根弦，全面落实常态化疫情防控各项措施，强化平战结合，落细七大机制，抓好疫苗接种，坚决筑牢全民防疫屏障。加强“县乡一体、条抓块统”改革，升级“一中心四平台一网格”，深化平安乡村创建、行业片区长制，平安护航党的二十大、杭州亚运会等重大活动，实现“平安连创、金鼎加星”。加强社会治安防控，严厉打击治理电信网络诈骗等突出违法犯罪活动，常态化推进扫黑除恶。强化流动人口服务管理，推进“八五”普法宣传。深化信访源头治理，确保信访积案动态清零。健全“大安全、大应急、大减灾”工作体系，深入开展“遏事故”攻坚战，统筹抓好安全生产、消防、道路交通、城镇燃气、食品药品等各领域安全隐患排查整治，投用县应急指挥中心，坚决遏制较大以上事故发生。切实做好国防动员、双拥等工作。

县政府高度重视民生实事项目，经过公开征集、网上评选和反复征求意见，提出了包括放心厨房、幼儿园扩容等12个候选项目，提请会议票决。我们将加大力度，确保把实事办实办好。

四、建设人民满意政府

新使命要有新担当。我们将始终坚持党的全面领导，强化整体智治、唯实惟先，提升工作质效，努力建设人民满意政府。

（一）坚定政治立场，做到忠诚为政。始终把政治放在第一位，全面贯彻习近平新时代中国特色社会主义思想，不断提高政治判断力、政治领悟力、政治执行力，坚定不移做“两个确立”忠诚拥护者、“两个维护”示范引领者，坚决做到中央有号令、省市有部署、天台见行动，确保上级党委政府和县委各项决策部署落到实处。

（二）牢记初心使命，做到为民施政。始终把群众的安危冷暖放在心上，用心用情解决好群众的操心事、烦心事、揪心事，做到民有所呼、必有所应。坚持节用裕民，严格控制和压减一般性支出，以政府“紧日子”换取群众“好日子”。

（三）坚持秉公用权，做到依法行政。始终把依法行政贯穿于政府治理全过程，依法接受人大监督，自觉接受政协民主监督，支持监察监督、司法监督，加强审计监督。认真听取群众意见建议，高质量办好建议提案。严格规范公正文明执法，持续深化政务公开，让权力在阳光下运行。

（四）勇于担当作为，做到实干勤政。始终把实干担当作为政府工作的生命线，知责于心、担责于身、履责于行。发扬真抓实干、一抓到底的作风，说了就算、定了就干、干就干好，推动各项工作落地落实。健全容错免责机制，激励干部勇挑重担、敢打硬仗。

（五）狠抓正风肃纪，做到廉洁从政。始终把纪律规矩挺在前面，认真履行全面从严治党主体责任，严格执行中央八项规定精神，持之以恒纠“四风”。紧盯公共资金、公共资源、公共工程等重点领域和关键环节，严防权力腐败，打造清廉政府。

实干赢得未来，奋斗成就梦想。让我们更加紧密地团结在以习近平同志为核心的党中央周围，在上级党委政府和县委的坚强领导下，奔跑新征程，逐梦新时代，加快现代化和合之城建设，以优异成绩迎接党的二十大胜利召开！

中国人民政治协商会议
天台县委员会常务委员会工作报告

——在政协第十一届天台县委员会第一次会议上

天台县政协主席　卢益民

（2022年2月16日）

过去五年工作回顾

过去五年，是天台经济社会高质量发展、城乡面貌欣欣向荣的五年，也是我县政协工作砥砺奋进、各项事业蒸蒸日上的五年。五年来，十届县政协在中共天台县委的坚强领导下，坚持以习近平新时代中国特色社会主义思想为指导，深入学习贯彻党的十九大、十九届历次全会和习近平总书记系列重要讲话精神，认真履行政治协商、民主监督、参政议政三大职能，坚持建言资政与凝聚共识双向发力，在围绕中心、服务大局、关注民生、助推发展中干出了新时代人民政协的新样子！

一、担当实干，书写了履职实践的精彩篇章

协商主业更突出。牢牢把握“协商”主业，针对全县前瞻性、全局性工作开展政治协商，组织召开政协全体会议5次。每年组织召开县委县政协政治协商会、县政府县政协工作对接会，围绕党政重大决策部署开展协商，使政协与党委政府工作无缝对接。组织召开县政协常委会22次，围绕国民经济和社会发展情况、法检两院工作、党风廉政建设、提案办理情况等开展协商，推动工作落实。建好用好“请你来协商·委员对话会”[1]平台，按照“6+X”[2]模式，围绕公共卫生应急体系建设、上三高速东互通建设、校网布局优化等议题组织协商对话，有效凝聚委员与党政部门共识，助推问题解决。推进政协协商向基层延伸，各乡镇（街道）合计开展各类协商议事活动300余次，始丰、平桥、白鹤、石梁4个乡镇（街道）“民生议事堂”[3]揭牌运行，全县首家“协商驿站”[4]在安科新村成立。

民主监督更有力。开展专项集体民主监督，围绕经济发展、民生保障、“最多跑一次”改革等主题，对县教育局、县卫健局等11个重点部门开展监督，县政协常委会定期听取专题汇报，组织开展民主评议，督促推动重点工作落实。开展委派民主监督员工作，选派140名民主监督员进驻全县20个重点部门，进行常态化监督。省、市、县三级政协委员就“五水共治”“垃圾分类”等工作深入各乡镇（街道）进行联动监督，助力城乡环境持续改善。紧扣重点开展视察监督，五年累计开展视察

24 次，为我县各项重点工作建言献策。坚持提案办理监督，五年来共立案 933 件，团体提案比例较九届提升了 18 个百分点，提案整体质量不断提高。通过带案视察、“回头看”、民主评议等举措，持续提升提案办理质量，A 类提案占比高于全市平均值，重点提案办理满意率实现 100%。

参政议政更有为。紧扣党政重点工作精准建言，47 篇大会参政议政发言得到县委书记批示肯定。坚持领导带头、委办牵头、重点调研，形成了《杭绍台高铁开通后“同城效应”下天台经济发展的思考与建议》《关于抓住国土空间规划修编契机重塑“一溪两岸水韵山城”新格局的建议》等高质量调研文章 46 篇，为县委、县政府科学决策提供重要参考。社情民意信息工作领跑全市，本届以来，累计被全国政协采用 69 篇，省政协采用 132 篇，有望实现台州市政协信息工作对县考核特等奖“八连冠”。

二、精准发力，取得了服务大局的丰硕成果

聚焦产业谋振兴。助推工业经济高质量发展，围绕工业平台建设、产业转型升级、项目投资、小微企业园建设、数字经济、跨境电商等课题深入调研，就破解企业用地、用工等实际困难积极建言献策。助推高新技术产业发展，广大委员围绕高新技术产业积极撰写提案，内容涉及资金、能源、人才等方方面面，为我县工业实现高质量发展提供助力。重点关注农业农村，围绕特色农业产业、松线虫病防治、城乡均衡发展等议题深入调研，发挥委员主观能动性，努力破解三农难点堵点，助力乡村振兴。围绕和合街经营业态、始丰湖夜游经济等课题深入调研，为文旅产业发展把脉开方，获县委、县政府主要领导批示肯定。

聚焦项目谋发展。围绕事关全县改革发展的大项目开展履职活动。持续关注杭绍台高铁建设，组织视察高铁项目工程，围绕高铁新区建设开展协商，通过提案持续建言献策，助力我县迈入高铁时代。积极参与大交通项目谋划，提出《关于接轨大上海，实质性启动甬金衢上高速公路项目前期的建议》，得到了县委、县政府的高度重视。关注重大文旅项目建设，组织委员调研天台山大瀑布、会仙桥等，为景区工程建设、文化元素植入、经营业态培育等提供意见参考，助力核心景区打造。

聚焦文化谋突破。创新文化工作路径，首创“文化高铁”[5]新概念，推动天台山文化组团发展。积极宣传“佛宗道源”品牌，助力传教院、修禅寺、桐柏宫、浙江道教学院等宗教场所建设，为“宗教中国化天台实践高地”建设提供支撑。开展“浙东唐诗之路目的地”考察协商研讨。助推和合文化建设，协助举办“2021’和合文化全球论坛”，支持机关干部出版“和合四部曲”系列丛书。弘扬济公文化，参与制作的《小济公》动画片获浙江省“五个一工程”奖、亚洲旅游影视艺术周评委会特别奖等荣誉。做响天台山徐霞客文化品牌，促成徐霞客《游天台山日记》编入高中语文教材，配合开展中国旅游日系列活动，协办三届中国徐霞客诗歌散文奖，并以霞客文化为载体，在全国两会、“学习强国”、央视等平台宣传天台山，提升了我县对外知名度。

三、关注民生，彰显了履职为民的真挚情怀

城市提能增福祉。以政协大会名义提出《关于完善我县城市道路网络建设的建议案》，将优化城市路网作为十届政协的重点工作，后续跟进提交相关提案22件、开展视察5次、召开协商会3次，并对县交通局等相关单位开展专项集体民主监督。通过持续推动，促进城区路网不断完善，城市交通能力得到有效提升。着眼全局，助推“新老五大区块”征迁工作，通过重点提案等形式持续助推始丰湖项目及环湖景观建设，有效提升城市品质。关注城市内涝防治、城区停车难等民生热点难点问题，组织委员开展专题视察和协商对话，加速问题解决，城市功能日趋完善。

和合调解助善治。积极参与基层治理，2021年3月创新成立天台县政协委员和合调解团工作室，遴选20名政协委员组成专业调解团队，常驻县矛调中心轮流值班调解。截至去年年底，工作室累计接待来访群众180余人次，开展协商130余次，成功调解各类纠纷108起，在维护社会和谐稳定中彰显了政协新作为。和合调解团工作成果被浙江政协信息、联谊报、台州日报等多家媒体报道，得到了省市县各级领导的点赞肯定，推动了“把人民政协制度优势转化为国家治理效能”在我县的生动实践。

大会会场

服务提质暖民心。同心勠力抗疫情，开展政协系统“防疫情、助复产、送温暖”活动，重点对95家委员所在企业开展结对帮扶。县政协领导带头深入联系乡镇、企业、社区（村居）指导抗疫，广大委员和政协机关干部或慷慨捐资捐物，或参加志愿服务，多名委员获省市县各级表彰。驰援湖北抗疫的陈统献委员获评省抗击新冠疫情先进个人、省政协“最美政协人”等多项荣誉。广泛发动委员参与社会公益活动。五年来，各界别小组累计开展送医送药、科技下乡、扶贫帮困、文化走亲等活动逾210次，服务群众近10万人次。政协机关干部主动开展“三服务”，走村访户、宣讲政策、驻企服务，推动民生实事落到实处。

四、团结联谊，汇聚了助推发展的强大合力

党建引领凝共识。坚持党对政协工作的全面领导，深入贯彻落实中央《关于加强新时代人民政协党的建设工作的若干意见》；充分发挥政协党组把方向、管大局、保落实的领导核心作用，建立政协机关党组，完善党的领导体系。完善政协系统党的制度，出台党员委员“双重管理”[6]、政协“三联结对”[7]等制度，增强各界委员的向心力、凝聚力。强化学习教育，先后组织政协委员和机关干部赴井冈山、大陈岛等地开展红色教育，扎实开展党史学习教育及“两学一做”“不忘初心，牢记使命”等主题教育，提高委员和政协干部的政治意识。

广泛联谊促团结。画好最大同心圆，坚持民主协商、平等议事、求同存异、体谅包容的原则，不断加强同各民主党派、无党派人士和人民团体的合作共事，广泛组织各方面代表人士参与政治协商，鼓励引导围绕中心工作，开展调查研究，并在重要会议上建言发声，进一步巩固发展了多党合作的良好政治局面。加强对民族宗教界人士的团结引领，有力促进了民族团结、宗教和睦、社会和谐；加强与港澳台侨重点人士联系，充分激发港澳台侨人士爱国爱乡之情。发挥政协文史工作“存史、资政、团结、育人”的独特作用，编印《天台县民国商贸口述史》《小珠逢春闯五洲——天台县坦头汽车用品产业发展纪实》《天台语丝——金耀基先生的学术与乡情》等书著。举办庆祝新中国和人民政协成立70周年系列活动，进一步增进了团结联谊。

平台搭建聚合力。充分发挥台州健康产业委员会客厅、台州非物质文化遗产委员会客室对外联络功能，举办海归金融精英助力台州民营企业转型升级论坛、“优化营商环境”座谈会、关爱侨界女性健康公益宣讲等活动，台州健康产业委员会客厅被省政协评为四星级委员会客厅，团结联谊功能进一步增强。积极发挥联谊会的桥梁纽带作用，协助县委、县政府开展招商引智工作。建立经济、教育、医药卫生、文旅文史体育等5个界别委员工作室，拓展了界别委员学习交流、协商议政、联谊联络、凝聚共识的渠道。

五、改革创新，营造了和合政协的良好氛围

多措并举强履职。重视委员履职能力提升，采用多种形式对全体政协委员开展培训，着力提升委员政治素质和履职能力。完善履职制度建设，建立委员分批次列席常委会、协商会制度，健全委员履职双向选择、线上线下同步履职机制；坚持无调研不协商，实行重要履职活动调研先行制度；优化界别小组和委员履职考评体系；完善提案办理评价方式，在全省率先出台《不满意提案二次办理实施细则》。通过这些措施，委员履职水平不断提升。

激发活力谋创新。政协工作数字化改革初见成效，全市首个县级政协委员掌上履职综合平台成功上线，委员参与省政协“高质量发展建设共同富裕示范区”及县政协“助推共同富裕标杆县建设”网络主题议政，参与度和活跃度全省领先。创建“天台政协和合苑”微信公众号，每年发布各类报道100余篇，被省政协联谊报和微信公众号等转发报道达30余篇，多篇工作信息被人民日报公众号、人民政协报、浙江新闻网等媒体专题报道。开设“委员故事汇”，讲述委员履职故事，唱响政协好声音，扩大政协的影响力。

固本强基尚和合。配合召开县委政协工作会议，出台《中共天台县委关于新时代加强和改进人民政协工作的实施意见》，争取县委重视，着力解决“两个薄弱”问题，对政协专委会职能和组成人员进行调整优化。机关党支部工作有效开展，主题党日内容不断丰富，机关干部凝聚力不断增强。“和合政协”创建取得阶段性成果，市社科课题《建设“和合政协”的理论与实践研究》成功结题，读“一赋一记一诗”[8]、建“一廊一坛一苑”[9]的目标初步达成，其中，和合讲坛自去年开设至今已成功举办6期，和合政协文化廊建成揭牌。

过去五年，人民政协事业达到了新的高度，县政协工作取得了可喜的成绩。这是习近平新时代中国特色社会主义思想科学指引的结果，是上级政协关心指导和中共天台县委坚强领导的结果，是县人大、县政府和各乡镇（街道）、各部门、历届政协老领导、社会各界大力支持的结果，是政协各参加单位、广大政协委员共同努力的结果。

回顾本届政协工作，我们深刻地体会到：

必须始终坚持党的领导。人民政协是中国共产党领导的多党合作和政治协商的重要机构，加强党的领导是人民政协事业发展进步的根本保证。要走好新时代赶考路，就必须坚定不移地把县政协工作置于县委的坚强领导下，与县委在思想和行动上同心同德、同频共振、同轴共转，确保政治方向正确。**必须始终坚持围绕中心发挥优势。**实践证明，政协工作与中心工作贴得越紧，政协职能作用的发挥就越充分，产生的社会影响就越大。因此，政协要充分发挥自身优势，始终把党委政府中心工作作为自己的履职着力点，做到中心工作推进到哪里，政协工作就跟进到哪里。**必须始终坚持建言资政与凝聚共识双向发力。**建言资政与凝聚共识是人民政协工作的应有之义，两者相辅相成、相互促进，共同彰显了人民政协的独特优势。要坚持把加强思想政治引领、广泛凝聚共识作为履职工作的根本环节，双向发力、同步提升，全面改进和提高政协工作的水平。**必须始终坚持发挥委员主体作用。**政协委员是人民政协的履职主体，政协作用发挥在委员、活力展现看委员、事业发展靠委员。必须充分调动委员的履职积极性，用事业凝聚委员、用实践锻炼委员、用机制激励委员、用感情温暖委员，营造“有话想在政协说、能在政协说、会在政协说”的民主氛围。**必须始终坚持改革创新。**习近平总书记指出：“变革创新是推动人类社会向前发展的根本动力。”人民政协事业同样需要改革创新，要通过不断改革创新，使政协工作更好地契合时代、顺应趋势、把握规律，使人民政协事业充满生机、永葆活力。

回眸五年，我们也清醒地看到，县政协的工作同新时代新任务的要求相比，仍有一定差距。主要是：思想政治引领的针对性和实效性有待进一步增强，凝聚共识的广度深度还需持续拓展；政协协商向基层延伸还需进一步推进，协商民主体系还需深化完善；“数字政协”平台的功能还有待进一步增加，以数字化改革推动政协工作的整体提升还需深入探索；委员主体作用和界别优势还有待进一步发挥，委员履职能力建设还需不断加强。这些都需要我们高度重视、认真研究，并在今后工作中加以改进。

今后五年及2022年工作建议

今后五年，是我县加速赶超、裂变跨越的关键时期。面对新时代新征程，做好政协工作意义重大。为此，建议十一届县政协工作的指导思想是：高举习近平新时代中国特色社会主义思想伟大旗帜，深入学习贯彻习近平总书记系列重要讲话及中央关于《加强和改进新时代市县政协工作的意见》精神，在中共天台县委的坚强领导下，按照县十五届一次党代会的决策部署，牢牢把握团结和民主两大主题，认真履行政治协商、民主监督、参政议政三大职能，坚持建言资政与凝聚共识双向发力，充分发挥专门协商机构作用，积极践行全过程人民民主，着力构建“1235”工作体系，为全面建成现代化和合之城贡献政协的智慧和力量。

“1235”工作体系即：紧握一个抓手。以助推共同富裕示范区标杆县建设为总的抓手，全面落实《关于凝心聚力助推天台共同富裕示范区标杆县建设若干意见》的十五条措施。突出两大重点。深入调研，建言献策，助力“工业强县”，积极助推我县补齐工业短板；深度挖掘，当好参谋，助力“文旅兴县”，努力化文化资源优势为经济增长优势。深化“三个政协”。依托“浙政钉”数字化履职平台，深入推进“数字政协”[10]建设；丰富文化阵地，深入推进“书香政协”[11]建设；增强同心合力，深入推进“和合政协”[12]建设。实施五大工程。实施党建引领工程。深入推进政协系统党的建设，充分发挥政协党组的领导核心作用、政协各级党组织的战斗堡垒作用和党员委员的先锋模范作用，以党建促进履职，以党建凝聚合力。实施协商体系建设工程。充分发挥专门协商机构作用，积极践行全过程人民民主，擦亮“请你来协商”品牌，构建县级协商中心、乡镇（街道）民生议事堂、村居（社区）协商驿站三级协商体系。实施民生服务工程。针对群众最关心、最直接、最现实的问题，在教育、医疗、养老、就业、人居环境等领域，开展调查研究、民主监督、帮扶服务。实施助力和合善治工程。积极参与基层治理，依托政协委员和合调解团工作室，进一步发挥政协优势和委员特长，协助社会矛盾化解，促进社会和谐稳定。实施履职能力提升工程。建好用好委员会客厅（室）、界别委员工作室等履职平台，加强政协委员和常委培训，届期内实现委员轮训全覆盖，每年组织一次政协常委培训，着力提升委员的政治把握能力、调查研究能力、联系群众能力、合作共事能力。

“1235”体系是在深入总结县政协打造“团结、民主、亲和、有为”的和合政协实践基础上，结合新时代新形势新任务，提出的今后五年工作的总目标总载体。2022 年是新一届政协的开局之年，起好步、开好局至关重要。为此，建议十一届县政协重点做好以下工作：

一、强化理论学习，巩固共同思想政治基础

重视理论学习是人民政协的优良传统。在新形势下，政协参政议政的领域不断拓展，任务更加繁重，更需要加强理论学习，提高建言资政的质量。要持续学懂弄通做实习近平新时代中国特色社会主义思想，深入学习贯彻十九届六中全会精神，把学习宣传贯彻党的二十大精神作为重大政治任务，筑牢共同思想政治基础，在忠诚拥护“两个确立”、坚决做到“两个维护”上体现更高站位。要深入学习贯彻中央《关于加强和改进新时代市县政协工作的意见》，学习政协章程，不断提高我县政协工作水平。认真贯彻落实县十五届一次党代会精神，团结引导全体委员和社会各界人士，始终与县委同心同向同行。

二、聚焦裂变跨越，围绕中心献计出力

坚持紧扣中心谋划工作，突出重点开展协商、建言资政。通过政协提案、调研报告、参政议政发言等形式，助推党委政府科学决策。聚焦“工业强县”，对苍山产业集聚区、平桥镇数字经济产业园等工业平台建设情况开展视察，帮助解决平台建设中遇到的问题；针对“双碳”目标，组织委员围绕工业垃圾和生活垃圾处理议题深入开展调研；围绕助企惠企政策落实情况、激发创新主体活力、构筑创业创新平台体系、打通科创项目转化通道、优化人才支撑等方面进行调研、建言献策，助推我县经济裂变跨越，实现高质量发展。聚焦“文旅兴县”，推进“文化高铁”建设，助力天台山文化高速传播；挖掘天台山文化当代价值，解码“十地”文化品牌，加强文物保护，推动天台山申遗；弘扬和合文化，助力打造“宗教中国化天台实践高地”；助推“浙东唐诗之路目的地”建设，助力打造诗路经济带；打好济公文化牌，助推海峡两岸文化交流；做好《游天台山日记》进教材后续文章，配合举办中国旅游日活动；关注赭溪历史文化街区、始丰湖夜游经济等项目，围绕景观打造、城市功能布局完善、老城改造等积极作为。大力助推“六大区块”征迁工作，为城市和产业发展进一步拓展空间。

三、助推共同富裕，切实增进民生福祉

人民有所呼，政协有所应；人民有所盼，政协有所为。我们要深刻牢记“政协”前面还有“人民”两字，真正把“人民”两字融进血脉里，落实在行动里。完善民意调研机制，认真做好调研和反映社情民意信息工作，形成上通下达的民意反映渠道。探索建立与人大代表联动监督机制，围绕民生实事开展履职活动。围绕农业标准地建设、农业产业发展、粮食安全、“四好农村路”建设、村庄规划编制等献计出力。围绕乡村旅游、片区化组团发展开展视察，助力我县“精美乡村”建设。关注职业教育、中小学生劳动教育，提升我县整体教育水平。围绕医共体建设开展调研视察，为提高偏远山区医疗水平献计出力。围绕发展康养产业、中医药产业开展视察协商，助力我县打造中医名县。针对寒山湖、龙溪水库的水源地保护工作开展民主监督，促进供水体系进一步完善合理。做强做大政协委员和合调解团工作室，围绕“一中心四平台一网格”开展调研，助力平安天台建设。积极引导委员服务基层，继续开展送医送教、扶贫帮困等志愿服务活动，使人民群众更加真切地感受到政协委员就在身边、人民政协离自己很近。

四、深化团结联谊，广泛汇聚各方合力

更好地发挥人民政协作为爱国统一战线组织的作用，积极做好团结引领工作，寻求最大公约数，画出最大同心圆，汇聚最大正能量。拓展工作领域，努力为民主党派、工商联和人民团体参政议政创造条件；依托界别委员加强同党外知识分子、少数民族人士、宗教界人士、港澳台同胞和海外侨胞的团结联谊；密切与民营企业家、新社会阶层人士等的沟通联系，畅通民主渠道，扩大民主参与。组织委员会客厅、委员会客室及各界别工作室开展“喜迎二十大”系列活动。进一步加强与在外乡贤的联络，协助做好引才、引智、引资工作。继

续做好文史资料编纂工作，着手编写《烽火回眸——天台抗战老兵的口述与实录》《赤城寄怀——高汉先生的文事与乡愁》等书著，唤起海内外各界人士共同历史记忆，凝聚共建天台的强大合力。

五、加强自身建设，推动政协事业创新发展

“和合”是天台现代化建设的主旋律，也是天台政协自身建设的主旋律。建好三级协商平台，谋划建设县级协商中心，全面推广乡镇（街道）“民生议事堂”，指导建立一批村级“协商驿站”，着力推进政协协商向基层延伸。加强委员队伍建设，充分发挥委员主体作用，广大政协委员要以“懂政协、会协商、善议政、守纪律、讲规矩、重品行”为要求，加强学习，尽快适应履职需要。加强界别委员工作室建设，推动实现各界别组全覆盖。加强专项集体民主监督，完善委派民主监督员工作。完善委员管理制度，加强委员教育培训，建立履职不合格委员届中劝退制度。做好提案工作，突出抓好重点提案、团体提案，做实提案撰写调研，加强提案协商办理，完善提案督办机制，切实提高提案办理质量。着力建设好“三个政协”。深入推进政协数字化迭代升级，建好浙政钉“天台政协·掌上履职”平台，开展网络议政，丰满政协履职的数字化元素。筹建政协文史书画院，举办读书沙龙、讲书讲学等活动，让读书成为政协一道亮丽的风景，让书香成为政协浓浓的味道。以“五型机关”[13]为抓手，加强机关党的建设，关心关爱机关干部职工，提高政协机关服务保障水平。加强工作协调，修改完善相关规章制度，统筹推进各专委会工作和各界别组工作，增强政协工作的和合味、凝聚力，让“和合政协”成为天台政协的一张金名片。

县委已经吹响了阔步迈进现代化和合之城美好时代的号角，天台大地气象更新，政协事业前景广阔。新征程需要新担当，新时代呼唤新作为。我们要倍加珍惜难得的人生际遇和履职时光，倍加珍惜光荣的委员身份和政治使命。让我们更加紧密地团结在以习近平同志为核心的党中央周围，在中共天台县委的坚强领导下，继往开来，担当作为，凝心聚力，再创佳绩，不断推动我县人民政协事业蓬勃发展，为建设现代化和合之城贡献政协的智慧和力量，以实际行动迎接党的二十大胜利召开！

名词解释

1.“请你来协商·委员对话会”：是县政协根据浙江省政协“请你来协商”平台建设要求，结合自身实际搭建的县级综合性常态化专门协商平台，该平台通过邀请委员和部门面对面座谈交流的方式助推问题解决。

2.“6+X”：“6”指每年举行6次由县政协主席牵头，相关专委会和界别具体实施，邀请县委、县政府负责同志参加的协商活动；“X”指由相关专委会和界别牵头负责，每年开展若干次相对小型的协商活动。

3.“民生议事堂”：是省政协深化“请你来协商”平台建设，推动市县政协协商向基层延伸的一个重要载体。该平台依据“不建机构建机制”的原则，把协商平台搭建在群众的家门口，重点围绕切口小、关联广、与群众利益密切相关的事项，通过政协委员、乡镇（街道）及部门负责人、群众三方的协商对话，助解群众急难愁盼事项。

4.“协商驿站”：系县政协指导创建的村级协商平台，形式上较“民生议事堂”更加灵活，由村党支部书记为负责人，政协委员或者“民生议事堂”成员以及村民代表等参加，围绕村里发展以及群众身边小事开展协商。

5.“文化高铁”：由县政协办公室主任林国干首先提出，指的是能够快速度、大容量传播天台山文化，提升天台山文化知名度的快捷途径——特殊的无形的“高铁”。

6.“双重管理”：即党员委员“一方隶属、双重管理”制度，该制度要求党员委员在不脱离原单位党支部隶属关系的基础上，必须自觉接受政协党组织教育管理和参加政协党组织活动，进行党性锻炼，强化政治引领。

7.“三联结对”：是指以政协党组成员结对联系党员常委、党员常委结对联系党员委员、党员委员结对联系党外委员为主要内容的，包括政协党组成员重点结对联系党外委员中的界别代表人士、宗教界人士、社团协会负责人的政协系统结对联系制度。“三联结对”制度是政协系统党的建设工作的重要组成部分。

8.“一赋一记一诗”：是指孙绰的《游天台山赋》、徐霞客的《游天台山日记》、有关天台山的唐诗。

9.“一廊一坛一苑”：是指和合政协文化廊、和合讲坛、天台政协和合苑微信公众平台。

10.“数字政协”：2021年由浙江省政协提出，旨在建设线上履职平台，通过将政协职能数字化、信息化，实现委员实时履职的功能。

11.“书香政协”：系2020年4月23日第25个“世界读书日”期间，全国政协主席汪洋在“全国政协委员读书活动”启动仪式上首先提出，要求广大政协委员多读书、读好书、善读书，努力建设书香政协。

12.“和合政协”：系九届、十届县政协领导班子针对天台建设“和合圣地”的实际，而提出以建设“团结、民主、亲和、有为”为主要内涵的和合政协目标。

13.“五型机关”：系2021年1月20日新当选的浙江省政协主席黄莉新提出，要着力推进学习型、服务型、创新型、智慧型、清廉型“五型机关”建设，不断提升政协系统现代化能力。

关于天台县2021年国民经济和社会发展计划执行情况及2022年国民经济和社会发展计划草案的报告

——在天台县第十七届人民代表大会第一次会议上

天台县发展和改革局局长　鲍先壮

（2022年2月17日）

一、2021年我县国民经济和社会发展计划执行情况

2021年是中国共产党成立100周年，是“十四五”开局之年，也是全面建设社会主义现代化国家新征程开启之年。在县委的坚强领导下，在县人大、政协的关心和支持下，我县坚持以习近平新时代中国特色社会主义思想为指导，认真落实上级各项决策部署，积极拥抱高铁时代，统筹推进疫情常态化防控和经济社会发展工作，攻坚克难、争先创优，推动跨越式高质量发展，加快现代化和合之城建设，争当全省共同富裕示范区建设标杆县。

（一）鼓足干劲奋勇争先，跨越赶超再启新征程

2021年，我县综合实力稳步提升，县十六届人大五次会议确定的一系列主要预期目标基本完成（见表一）。一是经济运行开局良好。生产总值达339.55亿元，同比增长9.8%。一、二、三产分别同比增长5.7%、11.0%、9.3%，三大产业比重调整为4.7∶40.5∶54.8。一般公共预算收入达22.74亿元，同比增长11.5%。“三驾马车”持续发力，固定资产投资达158.88亿元，同比增长0.3%。社会消费品零售总额达144.59亿元，同比增长11.3%。外贸出口达72.7亿元，同比增长30.3%。二是社会发展和谐稳定。城乡居民收入分别同比增长8.0%和9.6%，城乡差距逐步缩小，城乡收入比为1.9，城镇登记失业率为0.73%，控制在目标任务范围以内，教育卫生投入平稳增长，完成年度目标任务。人居环境不断改善，环境空气质量优良天数比率达99.5%，减排目标顺利完成。疫情防控有力有效，“十个从严”防控措施全面落实，18周岁以上常住人口中，全程接种率达99.99%。三是比学赶超亮点纷呈。荣获市对县经济社会和党建工作考核双优秀。通过开展“深化三服务、对标勇争先”讨论实践活动，增强争抢拼闯的工作干劲，以专班运作推动“共富”提速。我县列入全省唯一的国家水系连通和水美乡村建设试点，上榜全国县域旅游综合实力百强县、中国最具发展潜力百佳县市、中国最美乡村百佳县市、“四好农村路”全国示范县，

获评全省第一批大花园示范县，26县考核进入全省优秀行列，就业创业工作获省政府督查激励，获评美丽浙江建设工作考核优秀县，成功入选全省农业农村领域高质量发展推进共同富裕首批实践试点，入围省级农村产业融合发展示范园创建名单。

表一：2021年天台县国民经济和社会发展主要目标完成情况

序号	指标名称	2021年目标	2021年完成情况		增长速度全市排名
			绝对值	同比增幅	
1	全县生产总值（GDP）	增长7.5%	339.55亿元	9.8%	2
2	其中：一产增加值	增长3%	16.12亿元	5.7%	1
3	二产增加值	增长8%	137.52亿元	11.0%	3
4	其中：工业增加值	增长8.5%	113.68亿元	11.8%	4
5	三产增加值	增长7.5%	185.91亿元	9.3%	2
6	规上工业总产值	增长8%	272.72亿元	16.1%	—
7	全员劳动生产率	增长6%	暂未出数	暂未出数	—
8	常住人口城镇化率	59.68%	暂未出数	—	—
9	一般公共预算收入	增长7%	22.74亿元	11.5%	2
10	固定资产投资	增长8%	158.88亿元	0.3%	7
11	其中：民间投资	增长10%	105.36亿元	-9.5%	7
12	制造业投资	增长10%	24.63亿元	32.0%	3
13	高新技术产业投资	增长10%	18.59亿元	28.1%	3
14	生态环保、城市更新和水利设施投资	增长10%	18.45亿元	14.8%	6

续表

序号	指标名称	2021年目标	2021年完成情况		增长速度全市排名
			绝对值	同比增幅	
15	交通投资	增长10%	14.50亿元	-38.8%	8
16	社会消费品零售总额	增长8.5%	144.59亿元	11.3%	2
17	上市公司数	增加2家	增2家共10家	—	—
18	R&D经费支出占GDP比重	2.2%	2.05%（2020年）	—	—
19	数字经济增加值占GDP比重	3.3%	暂未出数	—	—
20	其中：数字经济核心产业增加值占GDP比重	1.76%	暂未出数	—	—
21	旅游总收入	26亿元	暂未出数	—	—
22	文化及相关产业增加值	增长10%以上	暂未出数	—	—
23	货物贸易进出口额	增长12.7%	76.1亿元	30.4%	4
24	其中：出口	增长13.5%	72.7亿元	30.3%	4
25	服务贸易进出口额	达1600万元	766万元	—	—
26	实际使用外资额	达2000万美元	150万美元	—	—
27	单位GDP能耗降低	下降3%	—	预计下降2.99%	预计第1
28	单位GDP二氧化碳排放降低	“十三五”五年累计下降14%（错年指标）	截至2020年累计下降14.05%	较2019年下降1.18%	4
29	万元GDP用水量降低	下降2%	下降4.11%	—	—
30	化学需氧量减排量	76吨	675.25吨	—	—
31	氨氮减排量	4.5吨	42.89吨	—	—
32	挥发性有机物减排量	73吨	75.03吨	—	—

续表

序号	指标名称	2021年目标	2021年完成情况		增长速度全市排名
			绝对值	同比增幅	
33	氮氧化物减排量	24吨	42.89吨	—	—
34	空气质量优良天数比率	96%以上	99.5%	—	—
35	细物颗粒（PM2.5）平均浓度	25ug/m^3	23ug/m^3	—	—
36	达到或优于III类水体占地表水比例	100%	100%	—	—
37	森林覆盖率	70.45%	70.49%	—	—
38	教育卫生投入	3.89亿元	3.96亿元	—	—
39	每千人拥有3岁以下婴幼儿托位数	1.56个	2.57个	—	—
40	劳动年龄人口平均受教育年限	13.3年	15年	—	—
41	城镇登记失业率	3.5%以内	0.73%	—	—
42	居民人均可支配收入	适当高于GDP增速（城乡居民收入分别增长8%和8.5%）	城镇收入：54800元；农村收入：28909元	城镇收入：8.0%；农村收入：9.6%	城镇:8;农村:5
43	每千人执业（助理）医师数（常住人口）	4.3人	3.55人	—	—
44	每千人医疗机构床位数	6.46张	4.8张	—	—
45	基本养老保险参保率	98%	98.74%	—	—
46	每万老人拥有持证养老护理员数	18人	19.54人	—	—
47	人均体育场地面积	3.20平方米	2.75平方米	—	—
48	人均预期寿命	81岁	暂未出数	—	—

续表

序号	指标名称	2021年目标	2021年完成情况		增长速度全市排名
			绝对值	同比增幅	
49	亿元GDP生产安全事故死亡率	0.01以内	0.0118	—	—
50	粮食综合生产能力	1.99亿公斤	1.99亿公斤	—	—

（二）项目建设靶向发力，夯实基础助力新跨域

重大项目扎实推进。集思广益抓谋划、凝心聚力强攻坚，创新开展重大项目谋划擂台赛，谋划金台城际铁路等项目82个，并坚持“要素跟着项目走”，营造大抓项目、大谋项目的浓厚氛围，助力县域经济高质量发展。12个省市县长项目已开工8个，开工率66.7%；43个省市重点建设项目完成投资81.08亿元，完成率147.4%；17个六个千亿元项目完成投资19.92亿元，完成率152.4%。17个省市“4+1”项目完成投资46.06亿元，完成率162.2%。共参加省市县集中开工活动7次，天成航空产业园二期等66个重大项目开工、总投资342.5亿元，开工率全市第一，37个项目竣工投产。推行项目全生命周期服务，每季集中开工，全程晾晒比拼，靶向督查倒逼，形成项目建设破竹之势，集中攻坚260个项目，完成万胜智能仪表、水南城中村一期二期等153个项目攻坚任务，攻克天桐路—寒山路夹角等15个区块政策处理难题；总投资107亿元的抽水蓄能项目仅用8个月完成核准程序，动工建设，成为天台历史上投资规模最大的项目；杭台高铁建成通车，让天台正式告别“无铁县”时代。

项目招引全面深入。建立“一把手”领衔招商机制，依托机电、轨道交通、橡塑等重点产业链，着力引进“强链、补链、延链”型项目，引进潘得路、三一重工等一批制造业项目，双箭、艾普科、蓝德、鼎昌实业等项目落地开工，加强与东方龙、中关村信息谷、临港开发区、浦东金融促进会等平台建立合作关系。全年累计对接亿元以上项目171个，其中86个为新对接项目，累计签约5亿元以上项目23个，总投资350亿元，落地率100%，其中20亿元以上项目1个，30亿元以上项目5个，50亿元以上项目1个，超额完成年度目标。10亿元以上重特大产业项目落地开工质量排名全市前列。

要素争取全力突破。积极开展“五争”行动，以争先恐后的意识、争先进位的决心争得更多工作的条件和基础，共向上争取各类专项资金13.9亿元，争取地方政府债券9.9亿元，发行公司债10亿元、企业债9.5亿元；争得乡村振兴集成创新等国家、省部级项目10个，申报省重大产业项目2个（预选类）；获批市厅级及以上试点55个，争到试点资金12.3亿元。山区26县跨越式高质量发展加快推进，“一县一策”精准补短，共同富裕重大改革诉求全面谋划，形成42个央企合作重大项目，总投资约1189亿元，成功与中铁建大桥局就上三高速东互通项目签订合作框架协议。“产业飞地”与台州湾新区签订合作框架协议。土地供应加快推进，向上争取到新增建设用地指标1026.8亩，全年完成供地2046亩，其中工业供地1002亩，城镇低效用地再开发701亩，消化历年已批未供土地1280亩。实施“青年英才聚天台”计划，开展人才引育留用十大行动，全球高端装备创新创业大赛成功举办，新引育高端以上人才24人，入选“浙江工匠”6人，新入选市“500精英计划”人才16名，天台技师学院获准筹建。

（三）产业发展提质扩量，动能培育取得新成效

现代农业稳步发展。我县完成农林牧渔业增加值16.12亿元、同比增长5.7%，增速全市第一。农业供给水平不断提升。粮食生产保持稳定，5000亩非粮耕地改种粮食任务、1.27万亩“非粮化”整治任务均超额完成，6个高标准农田项目完工验收，新建高标准农田2.31万亩任务全面完成，共完成粮食播种面积17.6万亩。天台县粮油物资应急储备中心加快建设，粮食收储工作有序推进。农业产业加快发展。新引进投资3000万元以上农业项目9个、乡村振兴项目3个，华统十万头生猪养殖项目建成投产，石梁镇种猪生态养殖场项目即将投产。品牌建设力度加大，新增“三品一标”绿色食品认证主体20家，产品30个，天台乌药农产品地理标志通过部级专家评审。组建黄精产业农合联，启动天台山云雾茶农产品地理标志申报，成功承办2个国家级茶叶会议。

工业产业持续壮大。全县实现规上工业增加值77.98亿元，同比增长13.3%，增速全市第四。创新动能加快激活。始终坚定对标新昌，以科技创新赋能高质量发展，2020年全县创新指数排名达全省26县第一梯队，26县第4名。汽车零部件产业工程师协同创新中心正式启用，银轮紧凑安装型高性能两级水空中冷器获省首台（套）装备认定，我县获评产业用布行业首个“浙江制造”标准，新增国家高新技术企业16家、省级科技型中小企业71家。产学研合作成果明显，南科大智能制造研究院启动建设，圣达药物、天台药业等入选省重点研发计划，3家企业项目（奥锐特、祥和、新银象）列入省级“领雁”研发攻关计划。研发中心、孵化中心建成，大车配综合体大楼启用，始丰溪绿色科创走廊完成规划编制。企业培育迈出新步伐。围绕做大产业蛋糕，深入推进雄鹰行动、凤凰计划等企业培育行动，制定推进企业对接多层次资本市场五年行动计划，组建“上市赋能团”服务企业上市，浙江自然、严牌股份成功上市，上市总数达10家，数量位居全省26县第一。深入实施小升规三年行动计划，全年新增规上企业37家。2家企业入围国家“小巨人”，银轮、永贵、德斯泰进入省级“单项冠军”培育库，四海新材料、康和机械列入浙江省小微企业成长之星选树名单。平台载体加快建设。苍山产业集聚区一期一标、苍山大道二标段等基础设施项目建成投用，双箭、奥锐特地块的场地平整建设全面加速、提前完成，5家上市（拟上市）企业顺利入驻。中德交通科技产业园一纵三横主道路工程已全面完工，相关基础设施建设不断加快，支一路（研发中心段）、官塘支路等项目顺利完工。高质量打造小微企业产业生态圈，新增省级认定小微园3个，新增标准厂房建筑面积27.56万平方米，三星科创园开工建设，百汇小微企业创业园、坦头镇消薄园正式投用，红石梁园区完成数字化改造，洪三园区中小企业创业园入围省级数字化示范小微企业园。传统产业加快转型。深化亩均论英雄改革，实施差别政策“激励倒逼”，积极减免税费，支持用能4717.82吨标煤，征收差别化电费172.49万元。加快低效企业“腾笼破旧”，完成全县第一批10家高耗低效企业整治提升，完成49家亩均税收5万元以下企业改造提升，累计盘活用地129.08亩，腾出用能2742吨标煤。引导企业积极开展绿色创建，大自然成功创建省级绿色工厂，4家企业（祥和、大自然、万胜、严牌）成功创建市级绿色工厂，百威公司荣获省级第一批“无废工厂”。

现代服务业发展提档升级。全年实现服务业增加值185.91亿元，同比增长9.3%，增速全市第二。入围省首批服务业创新发展区创建名单，总部经济大楼项目开工建设，多功能智能物流综合园项目、农商行大楼完成主体工程。国家电子商务进农村综合示范县建设有序推进，3村入选省级电商示范村，全县网络零售总额291亿元，全市第一。全面融入全省诗路文化带建设，天台山易筋经被列入第五批国家级非遗代表性项目名录，和合文化全球论坛成功举办，永久性会址正式落户我县，寒山湖景区成为电影《长津湖》取景地，天台山雪乐园入选省运动休闲旅游优秀项目，央视《中国地名大会》《中国诗词大会》点赞天台山。全域旅游深入推进，入选旅游业“微改造、精提升”行动试点县，连续四年入选全国县域旅游竞争力百强县，上榜AAAAA级景区品牌100强。全国首座双跨玻璃悬索桥——会仙桥正式启用，诗路博览馆、文化中心完成主体工程建设，星野酒店正式营业，博物馆提升改造，寻佛问道旅游公交专线开通，“一心三苑”项目有序推进，贞一苑（洞天宫）正式开工。

（四）城乡发展加速融合，共富共美构建新格局

城市能级不断提升。统筹老城有机更新和新城环湖发展，加速人口内聚外迁，城市承载能力和辐射带动能力不断增强。高铁区块城市规划、城市设计加快完善，城乡风貌整治提升行动方案获评省优秀方案，城乡风貌整治提升试点工作扎实推进，中山东路、中山西路历史街区保护规划启动编制。百里和合唐诗廊城区段形象呈现，始丰湖“城市封面”美丽升级，赭溪历史文化街区一期主体完成，中山东路市政基础设施提升改造项目、上三高速天台互通口转盘和合文化改造提升工程全面完成，历史建筑测绘成果完成验收。丰泽小区、桥南小区老旧小区改造全面完成。天台县综合客运枢纽工程、百花路西拓工程建成投用，104国道至界岭隧道已贯通，向阳隧道工程开工建设，甬金衢上高速公路已完成项目线位方案论证报告送审稿。

美丽农村抱团共富。乡村片区化组团发展深入推进，台州市乡村旅游推动共同富裕工作现场会在天台召开。制订三年实施计划，实施项目226个，3村入选省级休闲乡村，泳溪知青古道、龙溪寒山研学精品线被列为省100条休闲农业和乡村旅游精品线，投资5亿元的寒山神隐共富示范带启动建设，“十美共富”入选省农村综合改革集成建设项目，三州茶园亮相中国国际进口博览馆。深入推进生态产品价值实现机制示范县试点建设，“两山银行”挂牌运营，农村“三资”数据库完成搭建，农村闲置资源开发利用水平不断提升。扎实推进省低收入农户同步现代化试点建设，实施巩固脱贫攻坚成果项目8个，低保、残疾人生活补贴水平稳步提升。村级集体经济不断壮大，新增26个行政村参加抱团项目，总计304个项目村已收到分红。持续加大乡村建设力度，成功列入省乡村建设评价试点（台州唯一）。

绿色发展有力有序。生态环境全面优化，石梁入选首批“气候康养乡村”，成功举办省生态运动会。蓝天、碧水、净土、清废保卫战深入推进，生态环境质量公众满意度排名全市第一。活性炭再生中心年产2万吨项目建成投运，重点污染行业深度治理，千吨万人水源地规范化建设提升工作有序开展，我县PM2.5平均浓度达23微克/米^3，出境断面水质保持Ⅱ类，集中式饮用水源水质达标率100%，未发生重大环境污染事件，成功捧回“大禹鼎”银鼎。助力实现“双碳”目标，成立碳达峰碳中和工作领导小组，启动《碳达峰总体方案》编制，能耗双控、减污降碳、财税支持等系列配套政策不断完善。探索绿色金融，台州首笔碳排放配额质押贷款落地天台，成功入选国家能源局整县（市、区）屋顶分布式光伏开发试点。

（五）改革开放逐步深化，激发活力打造新优势

数字化改革深入推进。数字化改革门户上线运行，获批数字化改革试点41个。民生服务不断完善。“摊省心”入选省数字社会最佳应用，相关做法在《浙江日报》《人民日报》等主流媒体宣传报道。社区矫正心理矫治列入省最佳实践案例培育项目。“诗路e站”、刑事案件辅助办理、司法拘留“一件事”入选省试点。“云上医共体”入选省数字社会“揭榜挂帅”项目，乡村名校云系统列入省教育信息化专项课题，社保卡“一卡通”集成、政务服务好易办等项目加快推进。产业效率不断提升。工业企业大数据应用场景建成上线，建立县级数字化车间、智能工厂、未来工厂培育库，汽车零部件（热交换器）产业大脑列入市级培育库。成功打造工模设备全生命周期管理工业互联网平台，能源大数据中心平台启动建设，入围“企业码多码融合”数字经济省级应用项目示范试点。推广运行农村集体“三资”管理系统，创新开发建设“民宿一件事”“天农优品”等平台，2 家省级数字牧场启动建设，5 个省农业数字化应用试点加快建设。

营商环境不断优化。以打造全省营商环境最优地为目标导向，坚持高标准定位，打好营商环境集成改革“组合拳”。项目审批改革全面深化。一般企业投资项目“标准地 + 承诺制 + 全包服务”、规划许可阶段“多合一”“巡回审批官”等模式全面推行，工业项目“极简审批”加快探索，项目审批不断提速。年度共主动介入投资项目 91 个，办结 67 个。率先落实提前服务破解竣工验收事项整改难题，竣工验收事项并联快速办理。共完成联合竣工验收项目 19 个，平均竣工验收所需时间由最多数月缩短至最多 9 天。企业服务加快升级。以全面推进企业办事集约化、便利化为导向，在全市先行打造企业服务区，梳理企业全生命周期“一件事”清单 138 件 800 余项，吸纳 10 个部门 300 余条惠企政策，共办理各类涉企业务 3818 件，并建成洪三园区、金恒德、花前 3 家企业服务中心。知识产权保护提效。成立全市首个县级知识产权司法保护服务中心，启动中国（天台汽车用品）知识产权快速维权中心创建。率先在省内开发天台县专利云服务平台，对全省首个专利奖励云服务平台进行迭代升级，接入“浙里办”，实现“掌上办”。

（六）民生福祉持续增进，社会事业迈上新台阶

围绕打造共同富裕美好社会愿景，以推动人的全面发展和社会进步为目标，组建社会建设委员会，加速社会事业全面发展。民生保障水平持续提高。扎实落实就业惠民政策，通过搭建“就业互助社”、实施“互联网 +”创业培训工程等举措，吸纳群众就近灵活就业，积极构建“互联网 + 创富”新业态，城镇新增就业 15249 人。深入实施全民参保登记计划，目前基本养老保险参保率超过 98%。城乡最低生活保障标准增至每人每月 950 元，新建居家养老服务中心 7 家，15 个乡镇（街道）社会工作站全面建成，中心陵园项目一期公墓投入运营，社会福利中心项目主体工程完工。教育事业优先发展。通过全国义务教育优质均衡发展县省级初评，乡村教育工作经验通过“中国教育改革发展论坛”向全国推广。技师学院获批筹建，福溪小学与学军小学协作办学顺利签约，南洋幼儿园开工建设，实验小学始丰校区、特殊教育中心迁建项目主体通过验收，始丰小学、平桥小学获评省现代化学校。优质卫生资源加速扩容。上海红房子技术指导的月子中心引进落地，县域健康管理入选国家 5G+ 医疗健康应用试点，被授予国家加速康复外科骨科试点。中医院搬迁改造工程完成投资5000万元，新建后勤楼主体验收、门诊住院楼内部改造及墙体建设基本完成。医共体公共卫生防控中心项目完成投资1亿元，福溪、坦头分中心已完成试桩，平桥分中心进场试桩。乡镇卫生院改造加快推进，13个项目已竣工，16家新建村卫生室已完成建设。

这些成绩来之不易，是县委坚强领导，县人大、县政协监督指导，全县上下共同努力的结果。同时，我们也要看到，当前我县经济社会发展依然面临诸多困难。从外部环境看，全球疫情起伏不定，世界经济艰难复苏，全国疫情时有反复，电力供应出现阶段性短缺，发展环境更趋复杂严峻，面临不确定性因素依然较多；从自身条件看，我县经济转型依旧任重道远，企业经营面临困难依旧不少，科技创新能力仍需大幅提升，经济增长内生动力尚待增强，部分领域风险防范不容忽视，经济持续向好的基础尚不稳固，教育、卫生、养老等各类社会事业的发展离群众期盼仍有一定距离。面对困难和问题的挑战，全县上下必须坚定信心、保持定力，逢山开路、遇水架桥，披荆斩棘、乘风破浪，确保经济社会平稳健康运行。

二、2022年我县经济社会发展主要目标和工作举措

2022年是党的二十大召开之年，是我县“十四五”规划实施、全省共同富裕示范区建设标杆县打造关键之年，做好各项工作意义重大。根据上级党委、政府工作部署，结合天台实际，并与“十四五”规划纲要相衔接，提出2022年天台县经济社会发展的主要目标建议（见表二）。

表二：2022年我县国民经济和社会发展主要目标建议

序号	指标名称	计算单位	2022年目标
1	全县生产总值（GDP）	%	7.5以上
2	一产增加值	%	4以上
3	二产增加值	%	7.5以上
4	工业增加值	%	8以上
5	三产增加值	%	7以上
6	规上工业总产值	亿元	290
7	全员劳动生产率	万元/人	13.4
8	常住人口城镇化率	%	64.5
9	一般公共预算收入	%	7.5以上
10	固定资产投资	%	11.5以上
11	民间投资	%	12
12	制造业投资	%	12
13	高新技术产业投资	%	12
14	生态环保、城市更新和水利设施投资	%	12
15	交通投资	%	12
16	社会消费品零售总额	%	8.5
17	上市公司数	家	新增报会2家
18	R&D经费支出占GDP比重	%	2.35
19	每万人发明专利拥有量	件	16.4
20	数字经济核心产业增加值占GDP比重	%	4.2
21	旅游总收入	亿元	30
22	文化及相关产业增加值	%	11
23	外贸进出口额	%	5

续表

序号	指标名称	计算单位	2022 年目标
24	外贸出口	%	7.5
25	服务贸易进出口额	万元	150
26	实际使用外资额	万美元	2000
27	单位 GDP 能耗降低	%	达标
28	单位 GDP 二氧化碳排放降低	%	达标
29	万元 GDP 用水量降低	%	达标
30	化学需氧量减排量	%	达标
31	氨氮减排量	%	达标
32	挥发性有机物减排量	%	达标
33	氮氧化物减排量	%	达标
34	空气质量优良天数比率	%	96 以上
35	细物颗粒（PM2.5）平均浓度	ug/m3	25 以内
36	达到或优于III类水体占地表水比例	%	100%
37	森林覆盖率	%	70.46 以上
38	教育卫生投入	亿元	8.72（教育 5.77，卫生 2.95）
39	每千人拥有 3 岁以下婴幼儿托位数	个	3 以上
40	劳动年龄人口平均受教育年限	年	13.38 以上
41	新增城镇就业人口数	人	5900 以上
42	居民人均可支配收入	%	8（城镇收入：8；农村收入：8.5）
43	每千人执业（助理）医师数（常住人口）	人	4.41 以上
44	每千人医疗机构床位数	张	6.47 以上
45	基本养老保险参保率	%	98% 以上
46	每万老人拥有持证养老护理员数	人	20 以上
47	人均体育场地面积	m2	2.85 以上
48	人均预期寿命	岁	81.8 以上

续表

序号	指标名称	计算单位	2022 年目标
49	亿元 GDP 生产安全事故死亡率	人 / 亿元	低于 0.0075
50	粮食综合生产能力	亿公斤	保持 1.99 亿公斤

为完成以上目标，我们将认真落实县十五届一次党代会精神，按照县政府工作报告的统一部署，努力保持全年经济运行在合理区间。建议重点做好以下工作：

（一）坚持产业提级，夯实“稳”的基础，畅通国民经济循环

稳定农业发展基本盘。确保农林牧渔业增加值增长 4% 以上、农村常住居民人均可支配收入增长 8.5% 以上。严守保供底线。扛稳粮食安全重任，稳定粮食生产政策，新建 8000 亩高标准农田，完成粮食生产功能区“非粮化”专项整治任务。建成 7 个粮食绿色高产高效千亩片，建设冬季小麦高产示范方，全年粮食播种面积 16.27 万亩以上。稳定蔬菜生产，争取 2 个省级特色畜牧产业振兴项目，保护生猪产能，加强重大动物疫病防控措施落实。深耕优势产业。通过培优品种、提升品质、擦亮品牌，推动农业产业高质高效，重点扶持黄精、黄茶等特色产业。新增黄精种植 2000 亩，升级黄精栽培技术规程，国家农业标准化示范区（中黄 1 号）茶叶项目通过中期验收，争取将天台黄牛列入国家畜禽遗传资源，力争“天台山云雾茶”国家地理标志农产品登记保护和“天台黄精”地理标志证明商标申报成功。延长产业链条。加快推进农村小镇等农创平台建设。发展农产品初加工和精深加工，育强休闲旅游、特色民宿等富民产业，力争乡村休闲旅游营业收入同比增长10%以上。实施主体培育工程，抓好全国农民合作社质量提升整县推进试点，计划创建1家全国农民专业合作社示范社，新培育市级规范化农民合作社2家、家庭农场10家。推动农业绿色发展，实施好全国绿色种养循环农业试点，新建省级水稻绿色防控示范区2个，培育“肥药两制”改革试点主体29家。

推进工业高质量发展。围绕“十四五”时期制造业高质量发展“五年三个翻一番，总量挺进千百亿”目标，争取2022年工业增加值增长8%，新增规上企业20家以上。打造产业集群。以“链长制”为牵引，深化汽车零部件制造业改造提升省级试点，推进产业链重构升级，建强“大车配”标志性产业链。积极融入全省产业链，重点培育生命健康、轨道交通等产业。融入长三角，招引一批当地产业溢出的重大产业项目。2022年，力争机电行业总产值突破160亿元，橡塑制品行业突破90亿元，产业用布行业、汽车用品行业产值均突破70亿元，食品和生物医药产业产值合计突破40亿元。抓好企业培育。育强头部企业和专精特新企业，大力推进“小升规、规改股、股上市、市做强”，力争新增报会2家、10亿元企业1家、亿元企业3家、规上企业20家以上。引导企业积极开展“无废工厂”“绿色工厂”等绿色创建工作。落实“亩均论英雄”综合评价，深化资源要素市场化配置改革，持续优化产业结构。筑牢产业平台。加快小微园数字化提升，运用数字化小微园县域总平台，争创五星级园区1个，省数字化示范小微企业园1个，省级认定小微企业园数字化应用实现全覆盖。深入推进工业园区等功能区安全生产三年整治行动。提升小微园建设，全年新投用小微园2个，推进建设5个，新建成建筑面积15万平方米，新增入园企业130家，力争通过省级认定小微园2家以上。加强企业服务。以“高质量发展英雄汇”为平台，畅通政企交流渠道，完善问题发现、部门联动、进度督促等机制，提升部门协同服务的效率，从点上服务向系统集成转变，形成常态化企业诉求办理模式。加大《浙江省人民政府办公厅关于进一步深化企业减负担降成本改革的若干意见》等优惠政策宣传和落实力度，推广浙里办“一指减负”专区，力争全年减负降本12亿元以上。

促进现代服务业创新发展。打造高能级现代服务业创新发展区，形成“一心五区”发展格局，确保2022年服务业增加值增长7%以上。有序推进冷链物流基础设施短板补齐、高端康养业态培育，谋划冷链中心项目，推进文旅融合，争创国家全域旅游示范区。精心谋划始丰湖夜游项目，建设高端步行街和时尚夜市，打造夜间经济示范区。围绕世界级景区建设目标，谋划开发苍山顶高山旅游、大华顶景区、天台山水世界，加快推进天台山景区二期改造、“一心三苑”、始丰溪“两廊一带”、归宗禅谷、寒明岩景区游步道系统等项目建设，建成投用文化中心、诗路文化博览馆。谋划和合文化国际传播基地，启动天台山申报世界文化遗产。深入实施推进“微改造、精提升”绣花工程，全年微改造项目不少于100个。推出心灵旅游路线，升级温泉疗养、森林康养、康复养老等产品，谋划天台山旅游度假区、宝华山康养社区等一批高端休闲度假基地，启动创建省级旅游度假区。围绕“神山秀水心归处”品牌建设，发展诗路文创产业，创新举办中国旅游日、济公文化节，打造国家级、省级研学营地，建设一批文化主题民宿。

（二）坚持创新驱动，创造“进”的条件，加速经济提质增效

提升创新主体活力。推进科技企业“双倍增”，加强政策引导与扶持，力争新增高新技术企业5家、省级科技型中小企业20家，R&D经费支出占GDP比重达2.35%。推进规上工业科技型企业研发机构全覆盖，鼓励企业建立异地研发机构，力争新增市级以上企业研发机构12家。引导企业围绕成为全球细分领域领军者的目标，实施产业“卡脖子”技术攻坚，力争实施重点科技项目6项、研发投入补助项目60项以上。加快科技成果转化，确保年度技术交易额4亿元以上。

完善创新平台。谋深谋实始丰溪绿色科创走廊，提速孵化中心二期，投用研发中心、大车配创新服务综合体，争取在杭州城西科创大走廊建设“科创飞地”，争创全省26县创新型标杆县。深入实施双创服务行动，构建众创空间、星创天地、科技孵化器等多层次的创业创新平台，深化众创空间等创业创新平台建设，引导众创空间及入驻项目提质增效，加快初创型企业向实体经济转型的步伐。2022年推动各类创业创新活动10场次以上，孵化毕业企业5家。

优化创新生态。积极融入长三角创新体系，推进现有11家高校合作平台建设，开展研究生科技专项攻关，建好南科大研究院新型研究机构，建成省级重点研发中心1家，力争新增学研合作平台1家、完成产学研合作项目20项以上。鼓励校企联合组建产业技术创新联盟，推动银轮工业联合研究院、银轮众联双创建设。引入院士项目、院士工作站和高校院所，建立创业创新共享模式，争创省级人才创业园。启动技师学院建设，落地台州职业技术学院北部校区，深入实施“千人计划”“万人计划”“500精英计划”，力争全年新增市级以上海外工程师2名、引智项目2项以上。

（三）坚持城乡共富，塑造“优”的格局，促进区域协调发展

推动城市蝶变。以人民群众对城市建设的需求为导向，以项目建设为抓手，不断完善城市功能、提升城市形象，提高群众幸福感和满意度。加快百里和合唐诗廊、赭溪历史文化街区、水系连通和水美乡村建设，推进赭溪城市传统风貌样板区建设，加大中山路历史文化街区保护力度。开发始丰湖北岸高端商住区块，投用国际和合文化中心、金融中心。完善高铁区块规划设计，谋划城市创新产业园。加快25个安置区建设和老旧小区改造，推进滨溪未来社区、天元未来社区建设，打造城市风貌提升样板区。稳步推进城镇排水与污水处理项目建设。启动跃龙社区邻里中心停车场建设。基本完成沙坑山公园建设，完成百花路东延、天台山东路提升改造工程，坚持依法、有序推进六大区块征迁工作，启动人民路综合提升改造工程房屋征收（中医院周边及人民西路北侧三井殿区块改造项目），开工建设玉湖路项目，谋划西山中路、云锦隧道、丰泽路改造工程、福溪北路（工人路至赤城路段）贯通工程。打通站前大道，加快上三高速天台东互通及连接线工程、104国道响岩至至界岭工程建设，落实省交通厅对26县交通项目扶持政策，加快推进207省道、315省道建设，突破金台城际铁路、甬金衢上高速、平桥至高铁站等项目前期工作。

推动乡村振兴。坚持把乡村振兴放到共同富裕大场景中谋划，争创省级美丽乡村标杆县。美化乡村环境。开展农村人居环境整治，创建省级高标准垃圾分类示范村2个、市级垃圾分类“三化”示范村6个以上，让“洁净美”成为农村底色。提升城乡风貌。开展城乡风貌提升整治行动，创建省级美丽宜居示范村3个，市级传统村落1个，“始丰漫游”风貌样板区争创新时代富春山居图县域样板区。塑造精品片区。深耕片区化组团模式，打造1—2个市级精品片区，培育寒山神隐共同富裕新时代美丽乡村示范带，美化高铁沿线、高速沿线美丽乡村风貌，擦亮“天台窗口”形象。深入推进历史文化村落重点村保护利用工作，加快黄水村项目，新启动上联新村项目。推动农民增收。巩固拓展脱贫攻坚成果，严防出现年收入万元以下农户，对“两不愁三保障”等突出问题进行动态清零。迭代飞地抱团模式，新建共富物业园1个、抱团项目3个以上。扎实推进“扩中提低”工作，争取省级乡村振兴综合试点项目1个，推进农民持股计划，新增持股项目10个以上，带动低收入农户增收16%以上。开启新一轮天台—路桥山海协作，推动20个以上村获得项目返利。扎实推进“两山银行”建设，研究“两山银行”支持政策，吸引社会资本和专业团队，发展高端民宿、沉浸式康养等产业，吸引人才回归，拓宽农民增收渠道。

坚持绿色发展。统筹推进碳达峰碳中和，探索多领域、多层级、多样化低碳零碳化发展模式，提档升级大花园建设，完成碳达峰行动方案编制，加强与省市达峰目标任务衔接，协同推进各领域绿色低碳转型，严格落实能效约束、能源产供销体系建设任务，有序推进节能降碳技术改造项目，提速我县绿色能源规模化开发。谋深谋实第三抽蓄电站项目，积极争创第二批省低碳试点县。深入实施最严格水资源认证管理制度，深化蓝天、碧水、净土、清废行动，持续打好污染防治攻坚战，确保空气质量优良率达到96%以上，PM2.5控制在25微克/米^{3}以内。建设改造农村生活污水处理设施48个，新增城镇污水管网10公里。继续推进国家森林城市创建，加强生物多样性保护，有序推进湿地保护、林地保护与利用、天然林保护修复等相关工作。

（四）坚持以人为本，落实“保”的要求，筑牢民生保障底线

完善社保制度。完善重点群体就业支持体系，实施高校毕业生就业创业促进计划、就业困难人员精准帮扶计划、多渠道灵活就业支持计划，做好下山移民后续就业帮扶工作。围绕“扩中提低”，探索薪酬分配、政策引导分配两大改革，鼓励企业多措并举加大员工激励。推动低收入劳动者工资合理增长，拉动居民可支配收入增长。完善促进创业带动就业、多渠道支持灵活就业的保障机制，推进乡村合作创业，建设共同富裕就业创业村。深入实施参保扩面，加快实现法定人员全覆盖，并推动城乡居保提档补缴，稳步提高养老金水平。做好社会保险制度与最低生活保障制度和社会救助制度的有效衔接，助力治理相对贫困。

提升公共服务水平。坚持教育优先。聚焦教育投入“翻番”目标，以创成台州首个全国义务教育优质均衡发展县为总抓手，强化项目带动，推动天台教育现代化再上新台阶。有序推进实验小学始丰校区、特教中心、学前教育扩容、南区小学新建工程等14个项目实施，总投资30.22亿元。新增7所乡村名校，深化与浙师大、学军中学、学军小学合作办学力度，加大教育资源引进力度，落实“双减”政策，加大名师名校长培育和激励力度，进一步打响“学在天台”品牌。提质扩容优质医疗资源。有序推进项目建设，2022年计划总投资1.76亿元。持续推进中医院搬迁改造工程，计划投资4756万元，6月底前完成项目建设并启动整体搬迁，加快医共体公共卫生防控中心建设，计划投资1亿元，乡镇卫生院改造项目计划投资240万元，启动卫生健康信息一体化项目，计划投资2200万元。健全惠民体系。实现救助“一件事”惠民联办率达到100%，城乡居民最低生活保障年标准达到11400元，加快推进福利中心营运，全面启动殡仪馆改扩建工程，加强敬老院服务能力建设，做好各类困境儿童基本生活和残疾人权益保障工作，完善住房保障制度，有序推进保障性安居工程建设。推进全民健身设施建设。推动全民健身场地建设，力争完成3个多功能运动场、5个百姓健身房、1个体育设施进公园和环浙步道天台段建设，有序推进体育公园建设。提升文化活力。拓展公共文化场馆服务功能，完善“15分钟品质文化生活圈”，文化中心项目搬迁投用，新增和合书吧2家以上，推进各级文化场馆免费开放，加强文化保护，谋划非遗馆搬迁，争取“寒山拾得传说”列入国家非遗名录，争创天台山和合文化传承生态保护区。

（五）坚持改革开放，激发“活”的潜力，推动改革扩大成果

扎实推进数字化改革。以数字化转型整体驱动生产方式、生活方式和治理方式变革。推进产业数字化。投产炬源物联网，推进银轮、万胜“产业大脑+未来工厂”试点培育，新增省级数字化车间1个，数字经济核心产业增加值增长15%以上。启动数字经济产业园建设，盯引物联网、人工智能等产业项目，培育省级工业互联网平台1个。培育数字文旅产业，以“互联网+旅游”为重点，推动旅游业与数字文化、数字科技相融合。加快建设诗路文化博览馆，做优“诗路e站”平台，开展天台山智慧景区认定工作，完成AAAA级以上智能化改造升级。坚持“数字惠民”。聚焦数字政府、数字社会、数字法治等领域，健全完善一体化智能化公共数据平台，做好“摊省心”应用的迭代升级，打造一批具天台辨识度的应用场景。以打造全生命周期的群众健康管理服务为目标，完善“健康管家”等应用平台，丰富医疗掌上服务功能。以全域健康管理为目标，搭建天台县全面健康信息平台，实现县域所有医疗机构业务系统的一体化应用与同质化管理。深入推进“乡村名校云系统”建设，实现优质教育资源共建共享。

持续营商环境改革。对标“裂变跨越”的要求，全面提升优化营商环境，确保我县营商环境便利度稳居全省前列，力争进入全省前10。加强整合资源、共享数据、优化流程，重点深化“一件事”集成改革，全面推进“极简审批”改革，继续在“减环节、压时间、降成本”等方面切实有效开展改革。实行企业代办一对一联系模式，设立企业“帮代办”专区，前台综合受理、后台专员“帮代办”，根据企业开工计划，订制办理计划，实现全程跟踪服务。进一步统筹协调，实现项目竣工验收流程最优。深化商事登记制度改革，继续推进“证照分离”改革，探索出台“照章联办”注销机制和简易注销自动预检机制，实现营业执照注销后，许可证、公章备案信息同步注销，税务注销同步预检，“一次申请、联动注销”。打造“法务信息港”，通过提前介入的形式，实现法制审核全流程参与，按即办件、一般件、重大案件进行分级审核审批。深入推进市场化改革，稳步推进“全国质量强市示范城市”创建。持续深化环评审批制度改革，实施“区域环评+环境标准”改革扩面试点。深化知识产权保护，推进中国（天台汽车用品）知识产权快速维权中心项目落地，全年实现外观专利预审量400件。创建知识产权服务园，依托县创新中心增强知识产权代理服务水平。

提升开放合作水平。主动对接宁波“一带一路”综合试验区等高能级对外开放平台，大力拓展“一带一路”沿线市场，加快推进长三角一体化项目签约等工作，深化区域合作。用好“一县一策”，拔尖特色产业，推进我县轨道交通及汽车零部件产业发展，打造全国有影响力的轨道交通及汽车零部件产业生产基地和示范基地。加快推进“产业飞地”“消薄飞地”等各类飞地建设。围绕省委政策支持，与台州湾新区积极探索飞地共赢模式，签订建设协议，完成项目引进并正式开工建设。聚焦绿色科创走廊建设，积极推进省级高新技术产业园区创建，力争在杭州、嘉兴等地布局建设“科创飞地”。注重平台共建，进一步加强与湖州经济技术开发区的合作，打造苍山产业集聚区4平方公里的特色生态产业平台，重点推进医药、智能橡胶等主导产业布局建设。加快打造山海协作产业园标志性项目，重点推进白鹤颐养项目，争取开工建设。

（六）坚持条块结合，推进“实”的举措，完善社会治理体系

加强重大风险防范。构建完善公共卫生应急体系，持续抓好常态化疫情防控工作。健全完善进口冷链食品“物防”体系，形成“人物同防”工作闭环。着力推进安全生产、应急管理、防灾减灾等工作体制改革，构建“大安全、大应急、大减灾”体系。建立完善食品安全体系。切实防范各类金融风险，加大金融犯罪打击力度，保持金融资产质量稳定向好。坚持“房住不炒”定位，完善长效调控机制，有效引导市场预期。加强建筑市场风险预警，密切关注企业资金链和债务风险情况。

共建和谐平安天台。围绕北京冬奥会、杭州亚运会、党的二十大等重大活动和敏感节点，持续开展各类专项行动，坚决守牢平安稳定底线。坚持问题导向、效果导向，补齐短板，打赢各类维稳安保攻坚战、打好维护政治安全整体战。扎实做好拥军优属拥政爱民工作，营造良好社会环境，推进军地融合深度发展。以平安短板攻坚滚动机制、平安乡村创建、行业风险闭环管控大平安机制为特色载体，强化常态化平安暗访，压实工作责任，坚决遏制各类重特大事故。推进食品药品安全治理能力和治理体系现代化建设。

打造良好治安环境。聚焦深化治理体制性机制性难题、基层基础工作短板、影响县域治理突出问题，以健全完善“一中心四平台一网格”工作体系为抓手，有效贯通“141”“152”工作体系，持续深化县域社会治理现代化建设，落实规定动作，重点盯牢112个基础建设任务，6月底前，县域社会治理各项建设指标完成度达100%。打好新型电信网络诈骗攻坚战，持续深入打击治理电信网络新型违法犯罪，坚决遏制此类犯罪多发高发态势。

三、着力扩大有效投资

（一）主要工作目标

把握新形势下中央基础设施投资“超前发力”的工作导向，充分发挥项目投资对于经济高质量发展的牵引作用，运用好政策窗口期，放眼长远谋项目、抢抓机遇上项目，在全县上下掀起新一轮的大抓项目、抓大项目的热潮。聚焦总量更大、结构更优、项目提速、服务增效这四个方面工作，提出具体目标如下：固定资产投资增长11.5%，民间投资、制造业投资、高新技术产业投资、生态环保以及城市更新和水利设施投资、交通投资这五项结构性指标快于面上投资，增速达12%。目前共安排政府投资和国有企业投资项目151个，总投资497.69亿元，年度计划投资64.32亿元。重点建设项目230个，总投资1295.56亿元，年度计划投资152.1亿元。安排前期项目259个，总投资1246.4亿元。

（二）重点工作举措

拓展思路谋项目。对标国家、省、市政策导向，深入谋划一批打基础、管长远的大项目、好项目，加强地方政府专项债券常态化储备。重点围绕长三角一体化发展、共同富裕、26县跨越式高质量发展等工作，大力谋划城市经济、数字经济、健康产业等更具增长力的项目，让项目投资成为我县稳定经济增长的重要抓手，加快我县发展格局的提升和面貌的重大改变，支撑我县跨越赶超。从我县需求出发谋项目，聚焦城市提能，着重谋划重大基础设施项目，聚焦高质量发展，着重谋划提升产业链的大好高项目，聚焦公共服务设施完善和升级，围绕“优质”和“均衡”这两大关键词，加大高层次教育、高水平医疗、高端养老等项目的谋划力度，持续改善我县民生福祉，促进物质和精神双提升。

全力以赴推项目。抓紧抓实省“4+1”重大项目计划、省市县长项目工程、省重点建设项目、“六个千亿”产业投资工程等计划。开展项目“百日攻坚”擂台赛，重点加快推进天台抽水蓄能电站用地报批、新城精品家居、天桐路寒山路夹角区块、南区小学迁建、滨溪未来社区、始丰中路等政策处理项目22个；加快推进上三高速东互通、粮油物资储备中心、站前大道（九龙大道—玉龙路）建设、沙坑区块综合提升改造工程、银轮未来工厂等督促开工项目33个；加快推进天台抽水蓄能电站、总部经济大楼、智能橡胶产业项目（三力士）、水系连通及水美乡村建设试点县等投资放量项目26个。开工双箭、天铁三期、圣达生物、三力士等一批项目，建成投产天台药业、炬源物联网、宝科机械等项目30个以上，确保全年完成工业性投资30亿元以上。确保年内计划开工项目一季度开工占比达30%以上，上半年达60%以上，前三季度达80%以上、力争100%。

想方设法引项目。紧盯省外重大产业项目，聚焦制造业招大引强，全年新引进5亿元以上市外产业项目25个以上，制造业项目不少于15个，落地开工项目15个以上，实际利用外资到位2000万美元以上。一季度重点加快始丰湖夜游、金家塘区块城市创新产业园、大瀑布水上乐园、洪三园区等招引项目15个。深化产业链招商。依托汽车配件、轨道交通、电子信息、橡塑等四个产业链，发挥上市企业集聚效应，招引更多链主型企业、产业项目，同时狠抓“两新一重”、制造业投资，推进一批引领性、带动性、标志性项目。盯引高新技术产业项目。加强与上广深等科技型项目集中对接，加快轨道交通、新能源、智能装备、生命健康等领域高科技项目招引，着力引进一批高科技、高成长性、高产出效益的符合主导产业需求的项目。谋划文旅康养项目。突出天台山特色自然禀赋和文化资源，做深做细项目谋划。深入谋划始丰溪夜游、和合小镇等文旅项目招引，瞄准超5星酒店、特色民宿项目，引进一批高端文旅、康养项目。完善项目招引机制。建立一把手领衔制度，充分发挥县领导在项目招引当中的示范引领作用。以虎口夺食的拼抢精神，加快在谈项目前期推进步伐，确保项目尽早顺利签约。

（三）加强要素保障

全力争资金、争政策。围绕“共同富裕”“26县跨越式高质量发展”等中心工作，积极向上对接，争取更多项目进入国家、省盘子，争取更多上级财政、政策支持。扎实债券发行前期工作，抓好债券项目谋划，建立滚动管理机制，用足用好专项债券任务额度，积极做好第一批5.7亿元专项债券以及第二批17.6亿元专项债券项目管理调度工作，加快谋划落实第三批专项债35亿元项目储备工作。培育涵养优质税源，加大对政府性资源资产资金的统筹力度，做大可用蛋糕。坚持政府过“紧日子”思想，继续严格控制和压减一般性支出，抓好开源节流。全力保供地、挖潜力。充分运用省重大产业项目用地保障、全要素精准直达最优项目机制，争取更多项目列入省重点。开展千亩低效用地更新行动，加大挖潜力度，盘活存量，重点推进始丰湖两岸、赤城街道丰泽路两侧等城中村改造项目。开展万亩耕地垦造提质行动，确保耕地占补平衡。深化全域土地综合整治，复垦建设用地100亩以上，盘活城镇低效用地500亩以上，垦造耕地600亩以上，处置批而未供、供而未用土地800亩以上，工业供地1000亩以上，重点有序推进经济开发区、洪三园区等区块工业用地供而未用、用而未尽专项整治。有序推进丰泽路两侧、家具市场拾得路以北等地块出让工作。全力聚人才、强队伍。构建完善人才多元评价体系，创造人才成长土壤，为天台发展集聚“人气”。深入“500精英计划”“青年英才聚天台计划”“博士后集聚增效工程”，以创业创新园、人力资源服务产业园等平台为支撑，为各类人才回归天台发展创优环境。深入实施“技能天台”行动，开展新时代工匠培育工程、“金蓝领”职业技能提升行动和“台州技工”星级评价，引导企业完善员工职业通道，构建“产教训”融合、“政企社”协同、“育选用”贯通的技能人才培养体系。

做好2022年经济社会发展工作意义重大，任务繁重。全县上下将认真贯彻落实县十五届一次党代会精神，自觉接受县人大的监督和指导，认真听取县政协的意见和建议，不忘初心、牢记使命，保持奋斗之志、奋发之力、奋进之势，为建设现代化和合之城而努力奋斗，以优异成绩迎接党的二十大胜利召开！

名词解释

1.“四好农村路”：是习近平总书记提出的，要求农村公路建设要因地制宜、以人为本，与优化村镇布局、农村经济发展和广大农民安全便捷出行相适应，要进一步把农村公路建好、管好、护好、运营好，逐步消除制约农村发展的交通瓶颈，为广大农民脱贫致富奔小康提供更好的保障。

2.“五争”行动：把握当前向上争取的新形势，积极向上争政策、争指标、争资金、争项目、争试点。

3.“一县一策”：为加快山区26县跨越式高质量发展，省委、省政府根据各县具体情况，为每个县量身定制发展方案，实现精准支持。

4.“三品一标”：无公害农产品、绿色食品、有机农产品和农产品地理标志统称“三品一标”，是政府主导的安全优质农产品公共品牌。

5.“微改造、精提升”：不搞大拆大建，立足原有建筑环境，通过“微小处”的整治，进而提升整体品质。

6.“一心三苑”：天台山国际道文化交流中心，贞一苑、葛仙苑、证道苑。

7.“两山银行”：是生态资源资产开发经营的服务平台和生态产品市场化交易平台，它借鉴商业银行“分散式输入、集中式输出”的模式，对分散、零碎的生态资源进行集中收储和管理，推动生态资源变资本、变资产。

8.农村“三资”数据库：农村集体资金、资产、资源集中管理的数据库。

9.“摊省心”：是我县数字化项目，目前全省唯一纳入“浙里城事共治”重大应用的流动摊贩管理场景，旨在通过数字化方式规范流动摊贩经营、加强城市管理，促进群众服务增质提效。

10.“云上医共体”：构建以我县人民医院为核心，覆盖全县120家基层医疗机构的信息服务网络。

11.“巡回审批官”：为方便企业和群众办事，我县组建专门队伍，开展巡回审批、集成服务，积极为企业和群众解难帮困。

12.“科创飞地”：让科创园区、科创平台跨越区域限制，实现科创要素和产业要素的对接，更好服务地方企业，助力经济发展。

13.“两不愁三保障”：“两不愁”就是稳定实现农村贫困人口不愁吃、不愁穿，“三保障”就是保障其义务教育、基本医疗和住房安全。是农村贫困人口脱贫的基本要求和核心指标。

14.“扩中提低”：即扩大中等收入群体规模，提高低收入群体收入，旨在加速形成以中等收入群体为主体的橄榄形社会结构。

15.“双减”：指要有效减轻义务教育阶段学生过重作业负担和校外培训负担。

16.“141”体系：“1”即县级社会治理中心，“4”即乡镇（街道）基层治理“四个平台”，“1”即村社网格。

17.“152”体系：“1”即一体化智能化公共数据平台；“5”即五个综合应用，分别是党政机关整体智治综合应用、数字政府综合应用、数字经济综合应用、数字社会综合应用和数字法治综合应用；“2”即数字化改革的理论体系和制度规范体系。

关于天台县2021年预算执行情况和2022年预算（草案）的报告

——在天台县第十七届人民代表大会第一次会议上

天台县财政局局长　戴敏华

（2022年2月17日）

一、2021年预算执行情况

2021年，财政部门在县委的正确领导和县人大、县政协的监督支持下，牢固树立“财为政服务”理念，坚持稳中求进工作总基调，围绕稳企业、增动能、补短板、保平安，落实政府过“紧日子”要求，厉行节约，反对浪费，优化支出结构，守牢风险底线，统筹抓好疫情防控和经济社会发展，全力支持“六稳”“六保”工作，全县财政收支总体平稳运行，为全力推进现代化和合之城建设和争当全省共同富裕示范区标杆县提供坚实的财政保障。

（一）一般公共预算执行情况

2021年，全县一般公共预算收入227432万元，为调整后预算的96.95%，增长11.49%。加上上级税收返还收入17225万元，转移支付收入289000万元，地方政府一般债券收入55000万元，调入资金136874万元，预算稳定调节基金30585万元，上年结余39975万元，收入合计796091万元。

2021年，全县一般公共预算支出661308万元，为调整后预算的97.30%，增长24.16%。加上上解上级支出60627万元，援助其他地区支出820万元，安排预算稳定调节基金20000万元，结转下年53336万元，支出合计796091万元。

预计全县一般公共预算收支平衡。

（二）政府性基金预算执行情况

2021年，全县政府性基金预算收入330431万元（其中新增专项债券收入44000万元、国有土地使用权出让收入266310万元），为调整后预算的104.61%，增长46.97%。加上上级补助收入3048万元，从历年结余资金调入2900万元，上年结余23974万元，收入合计360353万元。

2021年，全县政府性基金预算支出176629万元（其中国有土地使用权出让收入安排的支出114619万元），为调整后预算的83.77%，下降10.49%。加上上解上级支出11万元，调出资金133010万元，地方政府专项债务还本支出12000万元，结转下年38703万元，支出合计360353万元。

预计全县政府性基金预算收支平衡。

（三）社会保险基金预算执行情况

2021年，全县社会保险基金预算收

入216621万元，为预算的100.12%，增长13.58%，加上上年结余172754万元，转移收入2267万元，上级补助收入732万元，收入合计392374万元。

2021年，全县社会保险基金预算支出194014万元，为调整后预算的99.20%，增长18.97%，转移支出486万元，上解上级支出486万元，结转下年197388万元，支出合计392374万元。预计全县社会保险基金预算收支平衡。

（四）国有资本经营预算执行情况

2021年，全县国有资本经营预算收入778万元，为预算的259.33%，增长32.54%，上级转移支付收入16万元，上年结余5万元，收入合计799万元。2021年全县国有资本经营预算支出211万元，为预算的95.48%，下降21.27%，调出资金90万元，结转下年498万元，支出合计799万元。预计全县国有资本经营预算收支平衡。

（五）地方政府债务管理情况

1. 规模和结构。2021年我县债务限额73.58亿元，其中一般债券限额45.62亿元，专项债券限额27.96亿元。

2. 使用。2021年新增债券收入9.9亿元，其中一般债券5.5亿元，专项债券4.4亿元。用于污水零直排、农村生活污水治理、教育基础设施、卫生基础设施、市政基础设施建设等县重点项目支出。

3. 偿还。2021年安排专项债务还本支出1.2亿元。

（六）“三公”经费执行情况

2021年全县“三公”经费支出1902万元，其中因公出国境费用0万元，公务接待费用544万元，公车运行维护费774万元，公车购置费584万元。

（七）认真抓好2021年预算执行

1. 财政收支管理取得新成绩。一是把握好组织收入的力度和节奏，加强税源培植，认真落实减税降费，全年减免税费14亿元，更好地培育涵养可持续发展的优质税源、重大税源。2021年，全县财政总收入39.93亿元，增长16.5%，增幅全市第一；一般公共预算收入22.74亿元，增长11.5%，增幅全市第二。二是积极向上争取专项资金13.89亿元，其中水系连通及水美乡村试点项目资金1.6亿元为全省唯一；省级乡村振兴集成创新示范建设项目0.7亿元，有力地助推全县乡村振兴建设。三是用足用好地方政府债券，及时谋划债券项目，全年争取新增债券9.90亿元，并积极推动债券项目形成实物工作量。四是牢固树立过“紧日子”思想，坚持尽力而为、量力而行，全年压减一般性支出4831万元，压减10.01%；严控“三公”经费、会议费、培训费。五是加快国企改革，推动全县国有企业资金统筹调剂使用，节约资金成本；探索多渠道筹集资金，发行公司债10亿元，企业债9.5亿元，提高国资运营能力，破解发展难题。

2. 财政数字化改革实现新突破。一是预算管理一体化系统投入使用，全县所有部门、乡镇街道依托预算管理一体化系统编制2022年预算，预算编制科学化、精细化水平进一步提高。二是“政采云”“资产云”等信息化系统逐步完善，“浙里缴费”为群众足不出户办理缴费手续。全面上线政府采购管理系统，实现采购预算编制、采购预算执行全过程线上贯通，提升政府采购管理水平。三是全面推进财政电子票据管理改革，全县所有公立医院（包括乡镇基层卫生院）医疗票据全流程电子化，目前已累计开票量达110多万张。四是全面推进“乡镇公共财政服务平台+一卡通”建设，协调软件运维公司、社保中心、县农商银行等单位，打通了社保卡跨省域、跨银行发放的堵点，所有分配到人（户）的涉农补助和民生补贴财政资金，发放到社保卡中，真正实现了“一卡通”。

3. 富民惠民安民形成新格局。深入实施富民惠民安民行动计划，统筹财力支持民生事业发展和政府十方面实事实施。一是优先支持教育事业发展。全年教育支出15.49亿元，各学段生均支出均增长，支持“双减”政策落地，助力全国义务教育优质均衡发展县通过省级初评，实验小学始丰校区、特教中心主体工程完工，天台小学飞鹤山校区、闻莺幼儿园等建成投用。加快教育“两直”资金落地见效，教育“两直”资金支付率达100%。二是支持卫生事业发展。完成基层医疗卫生机构补偿机制保障清算工作，补助资金1亿元，有力地保障了基层卫生院的运行。支持医共体防控中心建设和中医院搬迁改造，打造健康天台品牌。三是充分保障疫情防控工作，全年落实疫情防控经费3997万元，用于疫苗接种、免费核酸检测和添置新冠检测设备等支出。四是支持社会保障事业发展。筹措资金推进养老保险改革，认真落实被征地农民养老保险新政策，完善社会保险缴费补贴资金筹集办法，保障被征地农民的合法权益。落实就业优先政策，多渠道筹措就业资金，做好重点群体就业扶持工作。做好各类民生项目补助资金保障，全年拨付最低生活保障金8368万元、残疾人补贴4111万元、优抚支出3914万元。

4. 保障重点工作展现新作为。一是全力支持工业强县，全年兑现涉企奖励资金13541万元，助力工业经济质效齐升。二是加强财政科技经费投入，全年科技投入1亿元，增长17.51%，支持校地合作、科技创新奖励、“机器换人”技术改造等。三是全面推进乡村振兴。农林水支出84493万元，增长27.46%，强化乡村振兴投入保障，重点支持农业农村领域推进共富实践；健全村干部基本报酬稳定增长机制，落实村级组织保障经费，全力保障基层政权正常运转。四是支持文化旅游事业快速发展。人均文化支出不断提高，支持文化中心建设，保障和合文化全球论坛、中华济公文化节经费，支持诗路文化带建设、农村文化礼堂、历史传统村落保护等建设；落实旅游业发展专项资金3000万元，重点支持全域旅游发展。五是落实人才新政2.0，做好人才项目资金保障，全年兑现人才奖励资金2483万元。六是用足用好“两山”资金，推进生态文明建设，支持垃圾焚烧厂、飞灰填埋场等建设。在取得成绩的同时，我们也清醒地看到，在复杂形势下推进财政高质量发展存在一些问题和短板，财政收支平衡难度较大。从收入端看，疫情不确定性叠加经济下行压力，财政收入可持续增长的基础还不稳固；从支出端看，开启新征程后，县委、县政府加快建设现代化和合之城，争当全省共同富裕示范区标杆县，财政需要保障的大事很多，支出需求很大。在财政管理过程中，整体智治财政建设总体进度不快，资金使用绩效有待提升。对此，我们认真研究，积极采取有力措施，不断提升财政管理水平。

二、2022 年预算草案

（一）财政预算编制的指导思想

根据 2022 年度全县经济社会发展目标，结合当前财政经济形势的分析和预测，并参考上年度执行情况，按照县十五届一次党代会对经济工作的总体部署以及财政工作总体要求，全县 2022 年财政预算编制的指导思想是：坚持以习近平新时代中国特色社会主义思想为指导，全面贯彻党的十九大和十九届历次全会精神，根据上级财政部门和县委、县政府的决策部署，进一步加强财政资源统筹，服务“六稳”“六保”工作大局，调整优化支出结构，增强全县中心工作财力保障，坚持党政机关过“紧日子”，厉行节约，集中财力办大事，以优异成绩迎接党的二十大胜利召开。

（二）2022 年一般公共预算草案

2022 年，全县一般公共预算收入预计 244495 万元，增长 7.50%。计划从政府性基金调入 120000 万元，从其他资金调入 10000 万元，预计上级税收返还收入 17225 万元，转移支付收入 290000 万元，新增债券 40000 万元，动用预算稳定调节基金 20000 万元，上年结余 53336 万元，收入合计 795056 万元。

2022 年拟安排全县一般公共预算支出 707600 万元，增长 7.00%。预计上解上级支出 50627 万元，援助其他地区支出 820 万元，结转下年 36009 万元，支出合计 795056 万元。

目前，为保证各单位正常运转，基本支出和部门急需项目已经初步下达各预算单位。

（三）2022 年政府性基金预算草案

2022 年，全县政府性基金预算收入预计 389195 万元，（其中国有土地使用权出让收入 310200 万元，新增债券 57000 万元），增长 17.78%。预计上级转移支付收入 3399 万元，调入资金 2900 万元（用于债券付息），上年结转 38073 万元，收入合计 433567 万元。

2022 年拟安排全县政府性基金预算支出 312906 万元（其中国有土地使用权出让收入安排的支出 228620 万元），增长 77.15%，调出资金 120000 万元，结转下年 661 万元，支出合计 433567 万元。

（四）2022 年社会保险基金预算草案

2022 年，开始企业职工基本医疗保险基金、城乡居民基本医疗保险基金实行市级统筹，由台州市统一编制，我县不再编制。

2022 年，全县社会保险基金预算收入预计 95585 万元，比上年调增后下降 0.84%，转移收入 1526 万元，上级补助收入 325 万元，上年结余 34918 元，收入合计 132354 万元。

2022 年拟安排全县社会保险基金预算支出 94481 万元，比上年调整后增长 11.28%，转移支出 1566 万元，上解上级支出 285 万元，结转下年 36022 万元，支出合计 132354 万元。

（五）2022 年国有资本经营预算草案

2022 年全县国有资本经营预算收入预计 350 万元，下降 55.01%。加上上级转移支付收入 10 万元，上年结余 498 万元，收入合计 858 万元。2022 年拟安排全县国有资本经营预算支出 858 万元，增长 306.64%。

（六）2022 年地方政府债务情况

2022 年，省财政厅已经提前下达我县新增债券8.7亿元，2022年我县债务限额和余额暂按82.28亿元控制，其中一般债券限额48.62亿元，专项债券限额33.66亿元。

（七）切实抓好2022年财政工作

1. 加强收支管理，增强财政保障能力。一是继续推进减税降费，及早惠及广大市场主体，培育涵养更多可持续发展税源。二是用好用足地方债券，高度重视新增债券申报工作，协同发改局、行业主管部门，加强主动服务和业务辅导，提早做好项目准备，提高储备质量，确保符合条件的专项债券项目能够争取到专项债券资金，有力地推动项目建设。三是着力引导扩大有效投资。加大财政对重大项目前期经费保障并滚动使用，财政资金跟着重点项目走，最大程度推动重大项目谋划、建设。四是积极向上争取资金。提前谋划，加强对接，充分利用省财政厅加强对26县激励奖补的重要契机，向上争取更多奖补资金。五是坚持党政机关过“紧日子”，厉行节约，进一步压减一般性支出；严控“三公”经费、会议费、培训费。

2. 坚持利民为本，提高民生保障水平。一是优先支持教育事业发展。支持城乡教育共同体建设，提高义务教育生均公用经费标准，保障“双减”政策有效落地。继续支持与名校战略合作，支持实验小学始丰校区、特教中心投用，支持南区小学、恩美城西分园等学校建设，推动率先在全市创成全国义务教育优质均衡发展县，打响“学在天台”品牌。二是推动卫生事业发展。深化县域医共体建设，继续支持医共体防控中心建设和中医院搬迁改造，推动医疗环境和医疗质量大提升，打造“健康天台”品牌。三是提高社会保障水平。落实就业优先政策，加强重点群体就业帮扶，实行零就业家庭动态清零；推动社会保险扩面提质，支持医养结合产业发展；完善生育保障政策，加强普惠托幼服务财力保障。四是加强廉租住房、城乡供水、社会治理体系建设等保障。

3. 坚持主动作为，推动共同富裕建设。一是支持文旅融合提质。支持争创国家全域旅游示范区，做好天台山大瀑布核心景区、始丰湖夜经济、乡村旅游建设资金保障；支持“神山秀水心归处”品牌建设。二是支持城市建设，提升城市品质。做好资金统筹调剂工作，全力支持六大区块征迁，支持安置区、老旧小区改造、“大综合一体化”改革、城市道路改造等建设。三是支持国家级森林城市、国家历史文化名城、“两山”实践创新基地、新时代美丽城镇等创建工作。四是全面推进乡村振兴，强化乡村振兴投入保障。加快农业农村现代化，发展美丽经济，支持省美丽乡村标杆县建设。支持共富示范带建设、垃圾分类全覆盖、“非粮化”专项整治、农业品牌建设、低收入农户增收等行动。

4. 强化改革创新，提升财政管理水平。一是深化整体智治，加快财政数字化改革。完善预算一体化系统，建立健全覆盖大事、政策、项目、资金的全过程管理体系。做好“政采云”等现有应用的迭代升级，不断提升财政资金监管能力。二是深化预算绩效管理。以“小切口”推动绩效管理“大转变”，完善绩效评价标准，全面推动部门预算绩效管理改革。三是探索零基预算改革，健全完善能增能减，有保有压的预算分配机制。四是深化政府采购制度改革。不断拓展政府采购政策功能，加强政府采购需求管理，夯实采购人主体责任，完善政府采购裁决机制，防范化解矛盾纠纷。五是坚持底线思维，着力化解各类财政风险。强化政府债务风险管控，有序化解存量隐性债务；健全社保基金风险管控机制，建立完善多渠道社保风险准备金筹措机制；健全“三保”风险管控机制，完善“三保”预算编制审核机制。

我们将在县委的坚强领导下，按照县十七届人大一次会议的决议和要求，全力以赴抓好财政工作，为建设现代化和合之城而努力奋斗，以优异成绩迎接党的二十大胜利召开！

特 辑

党史学习教育

【**高效部署**】根据中央和省委、市委部署，天台县于2021年2月份就部署开展“深化三服务、对标勇争先”大讨论活动，为党史学习教育预热。省、市党史学习教育动员部署会召开后，立即召开县委常委会，研究通过党史学习教育实施方案，确保有人抓、有人管、有人落实。3月11日上午召开全县党史学习教育动员部署会后，各级党组织迅速贯彻、层层落实。参加党史学习教育单位共80家，包括57家县直单位、4家县属国有企业、4家垂直单位，15个乡镇（街道），涉及县处级领导33人、乡科级干部634人，覆盖党支部1452个、党员35537人。

【**亮点纷呈**】党史学习教育期间，天台以高度的政治自觉、饱满的政治热情，高点起步、高位推进、高质落实，在不折不扣落实规定动作基础上，积极创设“班前党史10分钟”“党史学习轮值制”“百年辉煌史一人讲一年”“深化三服务、对标勇争先”等载体，编发《天台县党史学习教育应知应会》13期5万余册，编印成册《红色精神耀天台》，创新开展“跟着红色地图学党史”，开发小程序“天台红色足迹”，打造40家本土党史现场学习基地，天台县14项工作得到市级以上领导批示肯定，社区矫正心理矫治列入省最佳实践案例培育项目，“温暖有约”“摊省心”两项数字化应用入选台州市“三为”实践活动最佳案例，天台山入选浙江省习近平新时代中国特色社会主义思想研究中心首批调研基地，天台县入选全省唯一的国家水系连通和水美乡村建设试点，上榜全国投资潜力百强县、全国县域旅游综合实力百强县、中国最具发展潜力百佳县、中国最美乡村百佳县，纳税人群众满意度调查综合得分全国第三，就业创业工作获得省政府督查激励，“数智网格”、共富发展、“摊省心”等10余项工作得到中央媒体聚焦报道，累计获得各类省级以上荣誉40多项，实现了学党史、悟思想、办实事、开新局的预期目标。

【**成果转化**】党史学习教育得到浙江省委第三巡回指导组、台州市委常委、市委宣传部部长和台州市委第七巡回指导组肯定，有关做法在中央、省级媒体宣传报道2000多条（次），市级主流媒体宣传报道454条（次），7条信息被省党史学习教育简报录用，37条信息被市党史学习教育简报录用，其中县委主要领导学党史心得体会被省党史学习教育简报136期刊登，信息《天台县：在真心实意办实事中托起稳稳的幸福》被省党史学习教育简报164期刊登并获省委常委、宣传部部长朱国贤批示，信息《天台县以“三服务”实绩检验学习教育实效》《展风采聚人心开新局天台县推动党史学习教育“落地有声”》获市委常委、宣传部部长蒋冰风批示。

【知行合一】在全面系统“学党史”中增强了政治定力，理论武装巩固升华。县委常委会带头开展自主学、集中学、研讨学、实地学等多形式学习，先后召开县委理论学习中心组专题学习会13次。县四套班子领导深入基层一线宣讲116场次，带动全县乡科级领导干部、基层党组织书记开展专题学习1400余次，宣讲1900余场次，全县上下形成了“一级带一级、一层领一层”的良好局面。先后打造了“班前党史10分钟”“随身课堂”“红色主题读书分享会”“乡村大喇叭”“红色流动大篷车”“党建联盟联学联建”等一批富有特色的学习载体，实现机关党员、农村党员、两新党员、流动党员等不同群体理论学习的“精准滴灌”，既做到了“不漏一人”，又推动全县广大党员学有所思、学有所获。

在逐句逐段“悟思想”中汲取了信仰力量，思想觉悟得到洗礼。将党史学习与深刻领会习近平新时代中国特色社会主义思想、深入学习党的十九届六中全会精神以及习近平总书记在浙江工作时调研天台的重要指示精神等有机结合起来，组织“青声代”、党史专家、银铃先锋、红盾先锋、巾帼初心等老、中、青结合的131支宣讲团队深入基层一线，开展宣讲5150余场，让党员群众充分了解党的创新理论。在全社会开展“跟着红色地图学党史”活动，挖掘40个本土红色资源，推出“线上红色地图”“党史知识考一考”，创作了《蓝田根红色魂》《刘英家书》《闹钟背后的故事》等一批独具天台特色的红色作品，打造了红军岭“互动式党史学习教育沉浸式体验基地”，构建了“15分钟党史学习教育圈”，全方位营造了知党爱党浓厚氛围，推动“四个意识”“四个自信”“两个维护”发自内心、成为自觉。

在改进作风“办实事”中彰显了为民本色，宗旨意识不断强化。始终将“学史力行”作为根本落脚点，大力开展“三为”专题实践活动和“五个一批”活动，通过广泛走访调研，梳理形成县、乡、村、企“四张清单”项目3340个，有效涵盖生态治理、营商环境、平安建设等“老大难”“硬骨头”问题，打造了“社区吹哨、党员报到”“党员在身边、温暖千万家”“点亮微心愿”“优化营商环境、请你来点评”等一批办实事特色载体，办结了企业和群众反映的突出问题324个，解决了城市道路井盖修复等民生实事455个，探索建立重点项目联合竣工验收等惠企政策制度226项，纳税人满意度全国第三，构建亲清政商关系做法获新华社报道点赞。

在勇争一流“开新局”中强化了责任担当，事业发展取得实效。通过开展“五争行动”，全面激发广大党员干部争抢拼闯的热情，争得全国农村创业创新典型县等国家、省部级项目10个，争到乡村振兴集成创新等省部级奖补资金12.3亿元，获批6个省部级、55个市厅级试点，住院服务一体办等4个项目中榜“揭榜挂帅”,“摊省心”成为全省最佳应用，项目成员在全省数字化改革推进会上作典型发言。通过实施“每季集中开工、全程晾晒比拼、问题靶向督查”机制，推动形成项目攻坚破竹之势，完成三星科创园等114个项目攻坚任务，攻克颐养小镇、天桐路寒山路夹角等15个区块政策处理难题，总投资107亿元天台抽水蓄能电站全面动工，总部经济大楼等66个重大项目开工，省市重点项目投资完成率全省前列，上榜全国投资潜力百强县。

（宣传部）

共同富裕建设

自《中共中央国务院关于支持浙江高质量发展建设共同富裕示范区的意见》发布以来，天台认真学习贯彻中央、省、市相关会议精神，高标准提出高质量发展建设共同富裕标杆县目标，确立“六个县域范例”的发展目标和“十个先行”的主要任务，系统谋划了六条共富路径、十大致富举措，以“走前列、当示范”的坚定决心在共同富裕的大道上加速奔跑。第一时间搭建共同富裕工作专班。全县共入选省级以上共同富裕相关试点10个，5项共富实践做法获省领导批示肯定，“后岸村美丽蝶变”入选《共同富裕——浙江实践的典型案例》，13个案例入选《台州市共同富裕36法案例》，23个案例入选《台州市共同富裕典型案例清单》。

【专班化运作】天台县成立由县委书记任组长、县长为副组长的高质量发展建设共同富裕标杆县领导小组，领导小组办公室设在县发改局，由县发改局局长、农业农村局局长任办公室主任，采用“1+12”专班化运作模式，组建综合协调组等12大专题工作组，选派各相关单位业务骨干作为专题工作组联络员，确保各项任务第一时间部署推进。第一时间搭建共同富裕工作专班，配强专班力量，2名副科级干部、4名专职人员已到位，共召开共同富裕领导小组工作会议1次、办公室会议3次、专班会议16次。

【指标化推进】天台县编制《天台高质量发展建设共同富裕标杆县行动方案（2021—2025年）》《天台县高质量发展建设共同富裕标杆县目标指标》，谋划10大类67项指标，分别制定2022年和2025年目标，明确未来五年打造共同富裕标杆县县域范例的任务书。编制印发《天台县高质量发展建设共同富裕标杆县重点任务清单、突破性抓手清单、重大改革诉求清单和典型案例清单》，紧扣全县行动方案和政府工作报告，聚焦10大领域先行，梳理形成重点任务252项、突破性抓手57项、重大改革32项、典型案例42项。

【闭环式管理】天台县建立共同富裕工作进展情况报送机制，要求各责任单位围绕工作职责分工，按月报送指标目标，形成季度重点任务总结报告，实时掌握各乡镇（街道）、各部门工作进展和四张清单落实情况，提炼经验做法。建立《天台共富》工作简报信息报送机制，每周开展共同富裕工作进展通报，形成晾晒比拼浓厚氛围，工作动态纳入相关绩效考评体系，激励各单位比学赶超、争先创优。

【打造共富示范带】天台县启动建设总投资5亿元的寒山神隐共富示范带，加快推进研学营地、高端民宿群等项目，打造一批“既有原生态、乡土味，又有年轻态、时尚味”的3.0版未来乡村，吸引更多城市家庭走进乡村、拥抱大自然、体验慢生活，带动沿线村集体增收30万元以上，农户年均增收4万元以上。同时，扩大示范带覆盖面，全域开展示范点创建，每个乡镇每年建成共同富裕示范点1个以上，建设坦头电商、石梁诗路文化、三州古道茶叶等7条示范带，新增泳溪绿色康养、寒山田园研学2条省休闲农业和乡村旅游百佳精品线，天台县入选2021年“四好农村路”全国示范县公示名单，寒山和合环线获评全国最美农村路。

【放大两个效益】天台县依托县西部现代农业发展有限公司，整合农村资源打造“两山银行”，建立三资数据库，放大“两山银行”效益。以股份合作、委托经营等方式，集中收储低效闲置土地、相对连片宅基地和农房，统一打包入市，发展现代农业、乡村旅游、高端民宿等产业，推动资源变资产、资金变股金、农民变股民，张思村入选省首批大花园耀眼明珠，天台县获评全国农村创业创新典型县。安排1000万元专项资金，扶持农业走规模化、品牌化发展道路，撬动6.3亿元社会资本投入乡村产业发展，放大“品牌兴农”效益。全县茶叶、黄精、高山蔬菜标准化种植面积分别达到9万亩、5000亩、2万亩。天台山云雾茶、天台乌药、天台黄茶先后获注国家地理标志证明商标，天台县成为国内为数不多拥有3张地理标志证明商标的县市。同时，大力发展电商微商，打造网红村播基地，促进农产品出村进城。

【迭代三种模式】天台县以党建联盟为抓手，以示范村为龙头，以产业为核心，形成片区组团。打破行政区划界限，把全县所有村划成63个片区，创新强村带动、村园融合、景区辐射、项目驱动等类型，通过建立村社党组织书记共富擂台赛，提高新一届村社书记履职能力，打造片区组团升级版，实现扮美一片村庄、带富一方村民，天台县上榜“2021中国最美乡村百佳县市”第26位。把财政扶持资金、村自筹发展资金等资源，以合作、入股等方式，参与园区开发、产业投资、物业购置等可持续发展项目，壮大村集体经济，形成飞地抱团。已落地5个抱团项目，覆盖304个行政村，每村每年收益3万至22.5万元。上年消除集体经济薄弱村工作被省委、省政府通报表扬。下阶段将新建物业消薄园1个，年新增抱团项目3个以上，覆盖全县374个行政村，确保村集体经济收入达到20万元以上、经营性收入达到10万元以上。通过“企业+村集体+农户”“村集体+农户”等模式，形成农民持股。推动农户入股具体项目，增加财产性收入。已实施中农批物业、状塘村养鸡持股等持股项目12个，覆盖村集体67个、农户1600余户，带动低收入农户收入年均增16%以上。打好低收入百姓增收攻坚战获省政府督查激励。

【实施四大行动】全县按照“一条产业链、一名县领导、一个牵头部门、一套工作方案”的要求，实施“产业链长制”行动。聚焦机电、橡塑等主导产业，协调解决企业项目建设、技改提升等重大事项，推动天成自控、天铁实业等链长企业，平均产值增速达33%，高于全县规上企业产值增速21个百分点，绿色发展指数全省第二。组建上市赋能团，按照“上市一批、培育一批、储备一批”的思路，实施上市赋能行动。建立上市梯队，做大资本市场“天台板块”。创新举办企业英雄汇，县四套班子为上市、拟上市企业把脉开方、现场服务，量身定制破难方案，助推企业加快上市、二次创业。2021年新增2家上市企业，形成10家上市、2家省辅导以及一批股改后备企业的上市梯队，上市企业总数26县第一、占26县总量22.7%，上市企业占规上企业比重全省第一，总市值首次突破600亿元、较上年年末增长54%。坚持每季集中开工、全程晾晒比拼，实施“靶向督查”，推动形成项目攻坚破竹之势，实施项目牵引行动。2021年累计开工建设重大项目69个、总投资350亿元，前三季度已立项项目100%开工、全市第一，省市“4+1”项目、六个千亿元项目投资完成率和“四个一批”项目竣工投产率全市前列。聚焦共同富裕示范区和26县政策红利，实施借势借力发展行动。通过开展争政策、争项目、争指标、争资金、争试点的“五争”行动，争得全国农村创业创新典型县等8个国家、省部级项目，获批产业集群跨境电商等5个省部级、33个市厅级试点。讲好天台和合文化故事，中宣部外文局主办的和合文化全球论坛在天台举办，并确定天台为论坛永久会址，推动和合文化融入经济社会发展。与台州湾新区正式签订共建“产业飞地”框架协议，形成“一县一策”征求意见稿，重点打造天台县轨道交通及汽车零部件这一特色产业。

【探索“扩中提低”改革】全县锚定“加快形成以中等收入群体为主体的橄榄型社会结构”的目标，高标准实施全市“985”重点突破行动，把稳企业、扩就业作为“扩中提低”的核心关键，致力形成“大众创业、万众创新”的生动局面。通过实施产业平台改革，为企业扩产和项目落地提供了广阔空间。苍山产业集聚区采取矿地综合利用方式，破解土地利用政策障碍，分为智能橡胶园、医化园、新兴产业园三个区块进行开发，致力于打造万亩上市产业园。建成千亩小微创业园，孵化初创企业150家，间接带动就业岗位16万个，城乡居民收入差距稳步缩小至1.92、优于省市平均水平。

【深化数字化改革】全县围绕“制度重塑+政策供给+数字化手段运用”，通过数字化赋能推动制度、政策集成化、精准化，让人民群众共享数字化改革红利。以群众需求为导向，积极打造多跨协同的共同富裕应用场景，系统谋划了摊省心、云上医共体、体育委员e站等16项特色应用场景，云上医共体中榜“揭榜挂帅”，社区矫正心理矫治列入省最佳实践案例培育项目，8个项目入选全省多跨场景重大应用、全市第一。比如，“摊省心”应用从管理端、应用端双向发力，通过摊贩管理一张图、监管执法一条链、信用评价一张卡，为摊贩管理和服务群众增质提效，该应用是全省唯一纳入“浙里城事共治”重大应用的流动摊贩管理场景。“摊省心”前端应用“摊有序”已在浙里办和浙政钉上线。《人民日报》点赞天台“摊有序”（“摊省心”）应用场景：在线管理摊位，切实予民实惠。技术赋能管理，智治大有可为。

【推进公共服务改革】天台县着眼城乡基础设施一体化，大力推进教育、医疗、养老等公共服务领域改革，不断提升全县人民的获得感和满意度。教育方面，大力推进教共体建设，积极与上海、杭州等地名校名院合作，先后与浙师大、杭州学军中学、学军小学等建立战略合作关系，通过优质教育资源下沉，打破天台教育天花板。创设乡村名校，名优教师下乡执教，教师互联、课堂同步，覆盖所有乡镇（街道），让乡村孩子在家门口上好学，做法得到省政府主要领导批示肯定。2021 年，全县入围北大、清华“强基计划”4 人，北大录取 2 人，上特招线人数 675 人，教育满意度测评居全市第一。医疗方面，大力推进医联体、医共体建设，投资 10 亿元启动了医共体公共卫生防控中心工程，在平桥、福溪、坦头设 3 个分中心，对县人民医院功能进行补充发展，其中福溪分院与上海红房子合作建立高端月子中心，为婴幼儿育护群体提供全方位优质服务。

（县共富办）

大事记

1月

1日　2021中国·天台“恐龙杯”摩托车国际越野挑战赛在街头镇金坑越野公园拉开帷幕。

同日　由卢益民汇编的《天台历代卢氏诗选》一书在白鹤镇上卢村会议室首发。

同日　县委书记杨玲玲深入企业、项目和基层一线，开展“三服务”活动。她强调，要坚持问题导向，全力以赴优服务，只争朝夕抓落实，以“三服务”的具体成效推动全年工作开好局、起好步。

4日　天台县获评2020年度省农业绿色发展先行县。

同日　县自然资源局干部职工到“一村万树”示范村——坦头镇溪南村，开展义务植树活动。该局以“建设国家森林城市，推进国土绿化美化”为主题，拉开2021年国土绿化的序幕。

4—5日　县委书记杨玲玲主持召开老干部代表座谈会和各乡镇（街道）主要负责人座谈会，征求对县十四届五次党代会县委报告、县纪委报告的意见。

5—6日　县委副书记、代县长崔波主持召开各乡镇（街道）负责人座谈会和部门负责人座谈会，征求对县十四届五次党代会县委报告、县纪委报告的意见。

6日　全省首个村级巡回智慧法庭工作站在天台县雷峰乡祥和村成立。

同日　天台县召开中国徐霞客研究会调研座谈会。与会人员就天台县“一日一文一线一奖一镇一基地”工作，各抒己见，并围绕徐霞客精神弘扬与天台县文化旅游事业发展等问题进行讨论。

同日　县委书记杨玲玲带队督查生态环保工作。她强调，要以习近平总书记生态文明思想为指导，深入践行“绿水青山就是金山银山”理念，持之以恒抓好环保突出问题整改，坚决守牢生态底线，为高质量发展、高品质生活提供良好生态保障。

7日　市委副书记、市长吴海平在参加天台代表团审议时指出，天台是台州的北大门，也将进一步成为台州的正大门，极具发展潜力。

7—10日　受寒潮影响，天台县剧烈降温，最低气温达-7℃。

8日　“同心圆梦·互联网+教育”精准帮扶公益活动在浙江师范大学附属天台大公中学正式启动。

同日　天台县组织开展处置大面积停电事件应急演练活动。

10 日　省政府办公厅发文表彰2019年中国北京世界园艺博览会浙江参展工作突出贡献集体，天台县榜上有名。

同日　天台县公安民警在县公安局举行升警旗、宣警誓活动，庆祝首个中国人民警察节。

11 日　参加中国共产党天台县第十四届代表大会第五次会议的代表到各自代表团驻地报到。

同日　县十四届五次党代会举行县委委员、候补委员和各代表团团长会议。县委书记杨玲玲主持会议，县委委员、县委候补委员、各代表团正副团长、邀请列席组召集人、大会秘书处各组组长参加会议。

同日　一台大型平板车把一个庞然大物运进了35千伏莪园变电所，县供电公司多地主变系统性调换工作由此揭开序幕。

12 日　云起商业街在海拔800多米的石梁莲花小镇举行落成仪式。

同日　林峰、陈政明、施亚东、戴世勇、陈益军、曹蕉红、曹智慧、项慧明、林广等人分别参加县十四届五次党代会各代表团审议。

同日　县十四届五次党代会党代表询问会在县行政中心第一会议室举行。

同日　县十四届五次党代会举行代表提案工作委员会会议，审议代表提案立案审查情况，讨论通过代表提案审查情况报告。

同日　县委副书记、代县长崔波在参加县十四届五次党代会第三、四、七代表团审议时指出，要紧紧围绕党代会报告和“十四五”规划建议，扛起“重要窗口”使命，锚定奋进目标，奋勇开创新局，全力谱写“现代化和合之城”建设新篇章。

同日　县委书记杨玲玲在参加县十四届五次党代会第一、第二、第六代表团审议时指出，建设“现代化和合之城”，需要全县上下共同努力、不懈奋斗。

同日　中国共产党天台县第十四届代表大会第五次会议在县行政中心开幕。共有260名代表出席大会。大会的主题是：高举习近平新时代中国特色社会主义思想伟大旗帜，全面贯彻落实党的十九届五中全会、省委十四届八次全会、市五届五次党代会精神，回顾“十三五”和2020年工作，深入谋划“十四五”发展思路，部署2021年工作，审议通过《中共天台县委关于制定天台县国民经济和社会发展第十四个五年规划和二〇三五年远景目标的建议》，忠实践行“八八战略”、奋力打造“重要窗口”，拥抱高铁时代，加快高质量发展，为开启“现代化和合之城”建设新征程而努力奋斗。

13 日　县四套班子领导赴全县各乡镇（街道）开展接访活动，与来访群众“零距离”接触，面对面交流，倾听基层群众呼声，解决群众合理诉求。

同日　县委举行全委会。县委书记杨玲玲主持会议。会议传达市五届五次党代会精神；听取大会秘书处负责人关于县委、县纪委工作报告及《中共天台县委关于制定天台县国民经济和社会发展第十四个五年规划和二〇三五年远景目标的建议》讨论情况汇报；通过代表提案审查情况报告；通过县委、县纪委工作报告决议（草案）及《中共天台县委关于制定天台县国民经济和社会发展第十四个五年规划和二〇三五年远景目标的建议》决议（草案），提交县十四届五次党代会全体会议通过。

同日 中国共产党天台县第十四届代表大会第五次会议在完成预定的各项议程后，于13日上午胜利闭幕。

14日 县委副书记、代县长崔波实地督查杭绍台铁路安置区建设。

15日 台州市“把爱带回家”2021年寒假儿童关爱服务暨“相伴童行，助力儿童之家”公益项目启动仪式在始丰街道安科村举行。

同日 县人大常委会召开党组（机关党组）理论中心组（扩大）学习会，传达学习县十四届五次党代会精神。

同日 县委副书记、代县长崔波带队赴苏州开展招商活动。考察团走访苏州天台商会，看望在外乡贤企业，深入洽谈企业合作意向，谋求共赢发展。县领导陈天新参加活动。

同日 县委书记杨玲玲就疫情防控工作进行督查暗访。

同日 县委书记杨玲玲在石梁镇开展“三服务”活动时强调，以浙东唐诗之路目的地建设为主线，做大诗路美丽经济，发展诗路康养产业，奋力打造现代化和合之城的诗画明珠。县领导倪海燕、张成名参加活动。

16日 省人民医院调研组到结对帮扶村赤城街道麻车洋村调研扶贫结对工作。

17日 县女企业家协会在温泉山庄举办《当前宏观经济形势分析》专题讲座，协会全体会员参加。

18日 全县关心下一代工作会议在行政中心第二会议室召开。

同日 省委召开县（市、区）委书记工作交流会。会议强调，2021年是中国共产党成立100周年，也是浙江省争创社会主义现代化先行省的开局之年，开好局起好步至关重要。

同日 市生态环境局天台分局召开危废全过程智能化监管体系建设交流会和企业“一厂一策”整治方案推进会。

同日 县委副书记、代县长崔波在督查疫情防控工作时强调，要认真贯彻落实上级关于疫情防控工作的部署要求，从严从紧抓好疫情防控工作，时刻绷紧思想之弦，扎实落实防控举措，奋力实现“四个确保一个力争”目标任务。

同日 县委副书记、代县长崔波在调研天台抽水蓄能电站项目时强调，各级各部门要主动上前优服务，全力以赴强保障，加快完成项目前期工作，力促项目早日开工建设。县领导陈益军、丁庆银参加调研。

同日 县委书记杨玲玲在坦头镇开展“深化三服务、聚力‘十四五’”活动时强调，坦头镇要扛起东部崛起的首位担当，立足“时尚车品小镇”和东部工贸小城市发展目标，做大做强汽车用品产业，努力打造现代化和合之城的东部中心。

同日 县委宣传部在新时代文明实践中心举行县十四届五次党代会精神贯彻会。

19日 在全省体育局长会议上，天台县荣获2020年度浙江省体育改革创新奖、浙江省运动休闲基地、“十三五”浙江省社会足球场地设施建设先进单位、“十三五”浙江省社会力量办体育突出贡献奖和2020年度浙江省体育振兴乡村贡献奖5个集体荣誉奖项。

同日 县卫健局对天台县200多家口腔医疗机构的疫情防控工作开展专项督查。

20日 县委副书记、代县长崔波实地调研城区部分道路建设及通行情况。他强调，要注重运用系统思维、系统方法，科学谋划城区路网布局，提高道路通行能力，畅通城区交通大循环，助力现代化和合之城建设。县领导何定宇参加。

同日 县委书记杨玲玲带队调研“我在天台过大年”活动开展情况。

同日 县委书记杨玲玲赴天台经济开发区调研省级高新技术产业园建设工作。她强调要以省级高新技术产业园建设为契机，突出科技创新首位战略，坚定不移抓产业，千方百计抓项目，提速推进平台建设，努力打造天台高质量发展的增长极。

21日 全县村（社区）组织换届工作总结会暨第一期村社党组织书记工作交流会召开。县委书记杨玲玲出席会议为新任村社书记上“履新第一课”。

同日 市市监局组织人员到天台县开展“三服务”工作。

同日 县委副书记、代县长崔波到企业开展调研时强调，要围绕现代化和合之城建设，打好助企发展“组合拳”，全面打造“三服务”2.0版，构建全覆盖、全过程、全天候的“服务在身边”新格局，精准、高效解决好企业发展中的难题，奋力实现“十四五”开门红。

同日 县委书记杨玲玲慰问天台县离退休老干部、人才代表和全国劳模，听取他们对天台经济社会发展的建议，为他们送去温暖和祝福。

同日 天台县在收看了市民兵调整改革工作任务部署电视电话会议后，召开全县民兵调整改革工作任务部署会议，回顾总结2020年民兵调整改革情况，安排部署2021年度民兵调整改革工作的任务。

22日 全县疫情防控调度会召开，第一时间贯彻落实上级最新要求，研究部署天台县下阶段疫情防控工作。

同日 县委书记杨玲玲，县委副书记、代县长崔波率县党政代表团赴新昌县考察学习科技创新、产业优化升级等方面的先进经验，进一步学习标杆、取经问计，激励全县上下比学赶超、争先创优，全力助推天台高质量发展。

25日 县委副书记、代县长崔波在检查安全生产工作时强调，要强化底线思维，始终绷紧安全生产这根弦，层层落实安全生产责任，全面排查安全隐患，加强风险管控，确保人民群众过一个平安祥和的春节。

26日 台州市文明办相关领导在县文明办工作人员的陪同下，看望慰问天台县旅游志愿者服务队的志愿者，勉励他们继续发挥社会组织力量，在新时代文明实践中争当表率、争做示范，叮嘱他们在当前的防疫形势下，要做好自我防护工作。

同日 县委副书记、代县长崔波走访慰问离退休老干部、全国劳模，送祝福、听建议、话发展，感谢他们为天台各项事业发展做出的突出贡献，向他们传递党和政府的关怀和温暖，并致以新春的问候。

26—27 日 省水利厅调研组到天台县开展抗旱保供水“三服务”工作。

27 日 省“争先创优”办公室公布第四季度“最佳实践”案例，《天台县聚力建设浙东唐诗之路新高地加速“诗路文化‘向’诗路经济”转化》入选。天台县将获得省市财政资金 1800 万元，能耗指标 9 万吨标煤，土地指标 90 亩。

同日 天台县诗路建设入选全省 2020 年四季度争先创优行动“最佳实践”案例。

同日 县委副书记、代县长崔波赴部分乡镇（街道）督查抗旱工作。

同日 县委副书记、代县长崔波在全县 2021 年度征兵工作会议上强调，要切实增强征兵工作的责任感和使命感，补齐工作短板，高质量、高标准完成目标任务，为新时代强军目标做出天台贡献。

28 日 天台县部分市人大代表举行会前活动，为即将召开的市两会做好准备。

29 日 县委副书记、代县长崔波主持召开县政府第三十九次常务会议，审议并原则通过《天台民办高端幼儿园项目建设监管协议》《天台县医共体公共卫生防控中心项目 EPC+O 招标文件》《天台抽水蓄能电站与三峡建设公司投资建设协议》。

30—31 日 县传媒中心（广播电视台）联合县摄影家协会开展“我在天台过大年”主题摄影惠民活动。

31 日 县委书记杨玲玲主持召开全县防旱抗旱、新冠疫情防控工作汇报会，她强调，要准确把握形势，找准薄弱环节，精准施策、抓旱防小，坚决打赢防旱抗旱、疫情防控两场硬仗，全力以赴保障群众正常生产生活秩序。

1 月 赤城街道首个个人调解工作室——老施调解工作室揭牌仪式暨人民调解业务交流会在赤城街道桃源社区举行。

1 月 省经信厅公布 2020 年省级制造业与互联网融合发展试点示范企业名单，天台县天铁股份荣列榜单，为天台县第二家列入企业。

1 月 省经信厅拟确定 2020 年浙江省隐形冠军企业名单公示，全市 9 家企业入围，天台县奥锐特药业、新银象生物两家公司名列其中。

1 月 天台县在全市率先推行手机扫码租用公共自行车免押金，市民租车更加方便。每次租车“1 小时内免费”的便民政策，更是吸引了广大市民积极参与绿色出行中来。

1 月 天台县召开农村安全隐患排查整治专项工作暨森林防灭火工作部署会议。

1 月 在全省宣传思想工作会议上，2020 年浙江省宣传思想文化工作创新项目评选结果公布，由市委网信办、县委宣传部上报的“网络生态‘瞭望哨’工程台州探索”项目入选。

1 月 浙江省第二批“千年古镇（古村落）”地名文化遗产名单出炉，该次共认定千年古镇 10 个、千年古村落 15 个。其中，天台县三合镇灵溪古村入选千年古村落。

1 月 浙江省老年人体育协会授予白鹤镇“浙江省老年人体育特色可乐球之乡”称号。

1 月，浙江省信息化工作领导小组办公室公布《2020浙江省数字经济发展综合评价报告》，天台县数字经济发展综合指数为82.1，排名全省第30、全市第2，位居全省第3梯队。

2月

1日 县人大常委会主任林峰先后看望慰问优秀人才代表、离退休干部、特困党员、残疾人、敬老院孤寡老人等，向他们送上党和政府的温暖。

同日 县政协主席陈政明走访慰问离退休干部、全国劳模、优秀人才代表，向他们致以新春的祝愿，并送上鲜花以及慰问金。

2日 天台县“聚焦‘十四五’、建设‘现代化和合之城’”重大项目谋划擂台赛火热进行，来自天台县14家单位的20个项目同台亮相。擂台赛邀请省、市9位专家组成评审团，对项目谋划情况进行现场亮分评比。平桥镇数字经济产业园项目以90.93高分斩获“聚焦十四五·建设现代化和合之城”天台县重大项目谋划首次擂台赛第一名，荣获一等奖。

同日 县委常委会（扩大）会议召开，传达学习省“两会”精神和全市村（社区）组织换届工作总结会暨“清廉村居”建设推进会精神，研究部署天台县贯彻落实意见。

3日 天台县一批书法爱好者和党员志愿者组建“幸福路”书法服务小分队，走进街头镇开展“送福写春联”活动。

同日 县委副书记、代县长崔波走访慰问部分优秀村干部，代表县委、县政府向他们送上新春祝福，希望他们继续当好“领头雁”，团结带领广大群众发展特色产业，建设生态文明，倡导文明乡风，因地制宜推进乡村振兴。

4日 由中建三局集团有限公司承建的杭绍台高铁天台站站前广场及配套工程项目首次底板浇筑顺利完成。

同日 浙江天台抽水蓄能电站投资建设协议签约仪式举行。天台县人民政府与中国三峡建设管理有限公司签订投资建设协议。

5日 市五届人大六次会议期间，天台代表团，集中审议市政府工作报告、“十四五”规划和《二〇三五年远景目标纲要（草案）》等。

7日 市委书记李跃旗参加市五届人大六次会议天台代表团审议。

同日 县委宣传部、公安局、文广旅体局、市监局、消防大队等部门联动，对天台县部分出版物市场、电影放映场所进行专项检查，并就进一步做好天台县春节期间出版物市场、电影放映及“扫黄打非”工作提出要求。

8日 天台县首届“天益基金会”颁奖典礼在县人民医院学术报告厅举行。

同日 县委副书记、代县长崔波带领相关部门负责人深入市场、冷链车辆检查站、超市等地，实地督查疫情防控和市场保供工作。

同日 县委副书记、代县长崔波到县市监局，检查党风廉政建设主体责任和意识形态工作责任制落实情况。

同日 县委宣传部联合相关部门开展的“我们的中国梦，文化进万家暨我在天台过大年”系列活动走进浙江明筑新材料有限公司，为该企业的外地员工以及他们的家属送上新春祝福。

9日 全县税务工作会议召开。会议总结2020年和“十三五”时期全县税收工作，明确“十四五”时期税收改革发展思路，安排部署2021年全县税收工作任务。

同日 县委书记杨玲玲主持召开全县乡镇（街道）党委书记抓基层党建、党管意识形态、人才工作述职会，进一步激发全县上下以高质量党建统领高质量发展，推动党的十九届五中全会精神和省、市、县各项决策部署落到实处，为建设“现代化和合之城”提供坚强保证。

同日 县委副书记、代县长崔波主持召开县政府第四十次常务会议，审议并通过《政府工作报告》《天台县国民经济和社会发展第十四个五年规划和2035年远景目标纲要》《天台县2020年国民经济和社会发展计划执行情况及2021年国民经济和社会发展计划草案的报告》《2021年度民生实事》《天台县2020年度“天台大农场”建设政策奖励兑现方案》《天台县2021年政府投资项目和国有企业投资项目年度计划》《天台县2021年重点建设项目计划》《天台县2021年前期项目工作计划》等议题。

10日 县委书记杨玲玲，县委常委、组织部部长林广到赤城街道永清社区，以普通党员的身份进社区报到，以身示范带动县直机关在职党员进社区开展疫情防控等服务活动。

同日 县委书记杨玲玲赴坦头镇、教育局检查党风廉政建设党委主体责任和意识形态工作责任制落实情况。

同日 县委书记杨玲玲走访慰问天台县部分中华人民共和国成立前老党员、优秀村党支部书记，给他们送去党和政府的关怀，并致以节日的问候和新春的祝福。

10–11日 县委书记杨玲玲带队检查节日市场供应、防旱抗旱和疫情防控工作，看望慰问坚守一线的工作人员，感谢大家的奉献与付出，并通过他们向全县各条战线的劳动者致以节日的问候和新春的祝福。

13日 央视《中国地名大会》聚焦天台山，“刘阮遇仙”“活佛济公”“一根籐技艺”等天台元素在节目上亮相，县委书记杨玲玲倾情代言。

18日 台州市优化营商环境大会以视频会议形式召开。县委书记杨玲玲在主会场参加会议并作表态发言，县领导崔波、林峰、陈政明、卢益民等在天台分会场参加会议。大会通报了2020年度考核结果及各类先进名单并进行表彰颁奖。其中，天台县获评2020年度经济社会发展目标责任制考核优秀县市区、2020年度台州市制造业高质量发展竞赛优胜县市区等多项荣誉。

同日 台州市召开优化营商环境大会，天台县被评为2020年度县市区经济社会发展目标责任制考核优秀县市区。

24日 县委经济工作会议暨“深化三服务、对标勇争先”大讨论动员会在行政中心第一报告厅召开，会议认真贯彻落实省数字化改革大会、市优化营商环境大会和县十四届五次党代会精神，动员全县上下深入开展“深化三服务、对标勇争先”大讨论活动，外学先进、内找差距，掀起大干快上热潮，加快建设现代化和合之城。

25 日 县委书记杨玲玲主持召开县委理论学习中心组（扩大）学习会，传达学习习近平总书记在省部级主要领导干部学习贯彻党的十九届五中全会精神专题研讨班、党史学习教育动员大会、中央农村工作会议上的重要讲话精神和就政法工作作出的重要指示精神，以及《中国共产党党员权利保障条例》《中国共产党地方组织选举工作条例》《中国共产党统一战线工作条例》《关于当前我市意识形态领域形势的通报》等有关内容。

27 日 杭绍台铁路天台段铺轨工作在天台笔架山隧道出口处正式开始。

3 月

1 日 中国人民政治协商会议天台县第十届委员会第五次会议在县行政中心第一报告厅开幕。

2 日 天台县第十六届人民代表大会第五次会议在县行政中心第一报告厅隆重开幕。开幕式由大会执行主席、主席团常务主席林峰主持。

3 日 县十六届人大五次会议举行第二次全体会议，听取县人大常委会主任林峰作的天台县人民代表大会常务委员会工作报告，听取县人民法院院长葛利江作的天台县人民法院工作报告，听取县人民检察院检察长陈晓风作的天台县人民检察院工作报告，通过大会选举办法，通过 2021 年民生实事项目票决办法。

5 日 在县十六届人大五次会议第三次全体会议上，崔波当选天台县人民政府县长。

8 日 杭绍台铁路天台段率先完成铺轨任务。这是天台县在杭绍台铁路建设中创造的又一个“第一”。

同日 由县妇联主办的献礼中国共产党成立 100 周年暨 2021 年“三八”国际妇女节庆祝大会在行政中心第一报告厅举行。县委书记杨玲玲在会上向全县广大妇女同胞致以节日的问候，并寄予殷切希望。县领导曹蕉红、裘国宏、褚夏芬、娄宇飞、曹元新以及县政协原主席陈政明等参加会议。

9 日 天台县和合大讲堂开讲。省委政策研究室（省政府发展研究中心）原副主任、浙商发展研究院副院长郭占恒走进大讲堂，作《坚持以“八八战略”为统领担负起“五大历史使命”努力建设现代化和合之城》主题讲座。

10 日 四川省阆中市党政代表团到天台县开展东西部扶贫协作考察。

11 日 全县党史学习教育动员部署会召开。县委书记杨玲玲在会上强调，要深入学习贯彻中央、省、市党史学习教育动员部署会精神，引导全县上下牢牢把握“学史明理、学史增信、学史崇德、学史力行”的目标要求，学党史、悟思想、办实事、开新局，全力奋进现代化和合之城建设新征程，以优异成绩庆祝建党 100 周年。

同日 县政协委员“和合调解团”工作室启动仪式在县矛盾调处中心举行。

11—13 日 县委副书记、县长崔波带领县相关部门负责人赴武汉开展招商活动，县领导陈天新参加活动。

12 日 全县政法队伍教育整顿动员部署会召开。县委书记、县委政法队伍教育整顿领导小组组长杨玲玲在会上强调，要提高政治站位，认真贯彻落实习近平总书记重要指示精神和上级决策部署，以最鲜明、最坚决的态度开展教育整顿，以最管用、最过硬的成果促进队伍建设，努力打造忠诚、干净、担当的天台政法铁军，为现代化和合之城建设提供坚强的政法保障。

15 日 全县领导干部会议召开，传达学习全国两会精神，对天台县学习贯彻工作作出部署。县委书记杨玲玲指出，要以学习贯彻全国两会精神为契机，学深悟透、融会贯通，笃行实干、拼抢奋进，加快建设现代化和合之城，以优异成绩向建党 100 周年献礼。

17 日 县委财经委员会召开第十二次会议，传达学习中央财经委员会第九次会议精神，分析全县当前主要经济指标运行情况，听取市县标志性项目和其他重大项目推进情况汇报，研究项目全生命周期服务机制方案，部署下一阶段重点工作。

同日 县委审计委员会第三次会议召开。县委书记、县委审计委员会主任杨玲玲在会上强调，要全面深入贯彻党中央和省委、市委的决策部署，发挥好“经济卫士”作用，高质量开展审计工作，为现代化和合之城建设提供更加有力的审计支撑。

18 日 乐清市委书记方晖率该市党政代表团到天台县，就美丽乡村建设工作进行考察。

19 日 县委召开理论学习中心组（扩大）学习会，专题学习习近平总书记在省部级主要领导干部学习贯彻党的十九届五中全会精神专题研讨班、党史学习教育动员大会上的重要讲话精神和《习近平在浙江》采访实录。县委书记杨玲玲主持并讲话。

22—23 日 县委书记杨玲玲率党政代表团，先后赴无锡、桐乡考察，学习两地文旅融合、项目建设、古城更新等方面先进经验，进一步深化战略合作，加强协同发展，加快建设现代化和合之城。

23 日 全县宣传思想工作会议召开，深入贯彻党的十九大和十九届二中、三中、四中、五中全会精神，学习贯彻全国宣传部长会议、全省全市宣传思想工作会议精神，按照市五届五次党代会、全市党建工作会议、县十四届五次党代会以及全县党建工作会议要求，总结回顾工作、分析当前形势，研究部署 2021 年宣传思想工作。

同日 全县组织工作会议暨推进组织部门数字化改革部署会召开。

同日 市委副书记、政法委书记芮宏率队到天台县调研政法队伍教育整顿工作。县领导崔波、项慧明、梅东晓陪同。

24 日 市人大常委会主任叶海燕一行到天台县调研人大工作。县人大常委会主任林峰陪同。

25 日 全县数字化改革大会召开。县委书记杨玲玲在会上强调，要深入贯彻习近平总书记关于全面深化改革重要论述和数字中国建设相关指示精神，全面落实省市数字化改革大会部署要求，以勇当排头兵的姿态，主动拥抱数字化浪潮，全力打造一批具有天台辨识度的数字化改革成果，为加快建设现代化和合之城注入强劲数字动能。

同日 台州市民兵组织整顿工作推进会在天台县素质教育中心举行。台州军分区司令员尚友宾，政委周厚江，副司令员郭伟忠，县委副书记、县长崔波出席会议。

同日 县十六届人大常委会第七十二次主任会议召开。县人大常委会主任林峰，副主任裘国宏、褚夏芬、汤京、庞志刚，副县长张成名参加。会议听取县财政局关于部门预算安排情况的汇报；研究县人大常委会2021年工作要点和县人大常委会街道工作委员会2021年工作要点；研究决定县十六届人大五次会议代表重点督办建议；研究县十六届人大常委会第四十四次会议有关事项。

26日 全省制造业高质量发展大会以视频会议形式召开。会议要求全省上下深入贯彻习近平总书记重要讲话精神，以高质量发展为主题，以供给侧结构性改革为主线，以数字化改革引领撬动质量变革、效率变革、动力变革，在高质量发展、竞争力提升、现代化先行中打造浙江制造竞争新优势，加快建设全球先进制造业基地，实现从制造大省向制造强省跃升。

同日 县十六届人大常委会第四十四次会议召开。县人大常委会主任林峰，副主任裘国宏、褚夏芬、丁庆银、施亚东、汤京、庞志刚等参加会议。

同日 县委副书记、县长崔波主持召开县政府第四十一次常务会议。会议传达学习李克强总理及各级领导关于安全生产工作的重要批示精神；学习《中华人民共和国预算法实施条例》和《浙江省突发公共卫生事件应急办法》；审议并原则通过《天台县突发事件总体应急预案》《2021年度天台县人民政府重大行政决策事项目录》《原参加原被征地生活保障的BC类被征地农民参加职工保险后个人缴费处理方案》《天台县城乡公交一体化运行票价定价方案》；研究丰泽路区块土地房屋征收有关问题的建议意见等相关事宜。

同日 县委副书记、县政府党组书记、县长崔波主持召开县政府党组理论学习中心组（扩大）学习会，专题学习全国两会精神、《习近平新时代中国特色社会主义思想学习问答》和习近平总书记在党史学习教育动员大会上的重要讲话精神。

同日 县政协十届十八次常委会召开。县政协主席卢益民，县委常委、统战部部长、政协党组副书记庞伟峰，县委常委、纪委书记、监察委主任金声波，县政协副主席褚人福、陈长瑶、曹元新、陈达优、齐显移、张卫平，秘书长许英雷出席会议。

28日 天台全面开放新冠病毒疫苗接种工作。

29日 天台县召开政法队伍教育整顿工作汇报会。省教育整顿指导组副组长杨援宁，县领导杨玲玲、林广、金声波、梅东晓参加会议。

同日 县委网络安全和信息化委员会会议召开，会议深入学习习近平总书记关于网络强国的重要思想，贯彻省委网络安全和信息化委员会第三次全体会议精神、市委网络安全和信息化委员会第三次全体会议精神，研究部署2021年全县网信工作。县委书记、县委网络安全和信息化委员会主任杨玲玲主持会议并讲话。

30日 全省建设平安浙江工作暨扫黑除恶专项斗争总结表彰会议召开，天台平安考核在全市排名第一，被授予“平安牌”。

31 日 天台县举行重大项目集中开工暨天成航空产业园建设工程（二期）项目开工仪式，动员全县上下进一步凝聚力量，加压奋进，积极营造“大抓项目、抓大项目”氛围，加快推进现代化和合之城建设。

同日 县委副书记、县长崔波主持召开县政府第四十二次常务会议，审议并原则通过总部经济大楼相关政策。

4 月

1 日 全县首场高质量发展英雄汇在浙江银轮机械股份有限公司举办。县委书记杨玲玲出席会议并讲话。县委副书记、县长崔波主持会议。

同日 天台县委第三巡察组进驻天台县医疗保障局，开展为期两个多月的巡察。

2 日 天台县召开第五届天台商人大会暨新乡贤大会，来自海内外300多位天商代表齐聚家乡，畅叙桑梓情谊，共谋发展大计。县委书记杨玲玲出席并讲话，县委副书记、县长崔波主持大会，林峰、卢益民等县领导出席会议。

同日 县领导在老麻山烈士陵园举行“清明祭英烈”活动。

6 日 无锡灵山文化旅游集团有限公司董事长吴国平一行到天台县考察洽谈文旅产业项目。

8 日 县政府与县政协召开工作对接会。县委副书记、县长崔波通报2021年政府工作安排，县政协主席卢益民通报县政协2021年重点工作及提案有关情况。县政府、县政协领导班子成员出席会议。

9 日 县委召开学习《习近平在浙江》座谈会。县委书记杨玲玲主持会议并讲话。她强调，要站在“两个维护”的高度，学深悟透习近平新时代中国特色社会主义思想，全面贯彻习近平总书记对浙江、对台州、对天台提出的一系列重要指示批示要求，以高度的政治自觉忠实践行“八八战略”、奋力打造“重要窗口”，加快建设现代化和合之城。崔波、林峰、卢益民等县四套班子领导出席。

12 日 全县政法队伍教育整顿工作推进会召开。县委书记杨玲玲在会上强调，政法队伍教育整顿工作进入查纠整改新阶段，要以自我革命的精神和刮骨疗毒的勇气，推动查纠整改环节各项工作落细落实、走深走实，取得成效。县委常委、组织部部长林广，县委常委、纪委书记、监委主任金声波，县人民法院院长葛利江，县人民检察院检察长陈晓风出席会议。

13 日 全县“头雁领航·村村提升”活动暨第二期村社党组织书记工作交流会召开。县委书记杨玲玲在会上强调，要学习贯彻全国、省、市组织工作会议以及全市“头雁领航·千村提升”活动现场推进会精神，进一步激发村社干部实干履诺、领航发展的干事创业活力，全力推动“六大”提升，促进基层党建工作全领域建强、全区域提升，为建设现代化和合之城打牢坚实基础，以优异成绩迎接建党一百周年。

同日 全县新时代文明实践志愿服务政府+社会“双轨道”运转工作动员会召开。县委书记杨玲玲在会上强调，要认真学习贯彻习近平总书记关于建设新时代文明实践中心的重要讲话精神，进一步拓展文明实践渠道，创新志愿服务模式，动员社会各界力量全力支持、主动参与，合力打造新时代文明实践志愿服务的天台样板。县委常委、宣传部部长曹蕉红主持会议，并部署新时代文明实践志愿服务“双轨道”运转工作，县领导褚夏芬、张成名、陈达优出席会议。

14日 立校86周年的赤城四小正式更名为赤城小学，并举行揭牌仪式。

同日 全县平安政法工作会议暨县域社会治理现代化工作推进会召开。县委书记杨玲玲在会上强调，要牢固树立“一盘棋”思想、“大平安”理念，靠前站位，主动作为，奋力开创全县政法工作新局面，全面提升县域社会治理现代化水平。

14—17日 县委书记杨玲玲率党政代表团，先后赴衢州市衢江区、柯城区和湖州市德清县、安吉县学习考察未来乡村社区打造、美丽乡村建设、民宿产业发展等方面的先进经验。

15日 天台县与省人民医院签订“山海”提升工程合作协议。县委副书记、县长崔波和省人民医院院长葛明华出席签约仪式并致辞。

19日 天台县举行政法队伍英模事迹报告会。会前，县委书记杨玲玲会见了英模事迹报告团成员。县领导林广、金声波、施亚东、梅东晓、曹元新，县人民法院院长葛利江、县人民检察院检察长陈晓风参加报告会。

同日 由市文化和广电旅游体育局、县政府主办的“追着阳光去台州，寻着诗路游天台”2021年天台山文旅推介会在杭州小百花艺术中心举行。

20日 市委书记李跃旗和市委常委、秘书长周凌翔一道到天台县基层蹲点调研党史学习教育和共同富裕工作。当晚，李跃旗与天台县部分县、镇、村干部以及村民代表围坐一起，围绕推进乡村振兴、实现共同富裕，倾听大家心里的话。

23日 县十六届人大常委会第七十三次主任会议召开，县人大常委会主任林峰主持会议，副主任裘国宏、褚夏芬、丁庆银、施亚东、汤京、庞志刚参加会议。

同日 县委副书记、县长崔波主持召开县政府第四十三次常务会议。会议审议并原则通过《天台县人民政府与浙江省人民医院“山海”提升工程合作协议》《水务集团城乡供水一体化项目隐性债务转化为企业经营性债务方案》《关于启动乡镇（街道）小额建设工程电子招投标平台建设的通知》《天台县丰裕路周边区块项目征收国有土地上房屋补偿安置实施方案》；研究了始丰街道铺前区块改造项目相关事项；学习了《政府投资条例》《浙江省数字经济促进条例》。

同日 县委理论学习中心组举行党史学习教育专题学习会，传达学习习近平总书记在福建考察期间的重要讲话精神以及《习近平新时代中国特色社会主义思想学习问答》《习近平在浙江》采访实录和市委书记李跃旗在天台县蹲点调研时的指示精神。县委书记杨玲玲主持并讲话。县人大常委会主任林峰和县委理论学习中心组其他成员出席。县领导曹智慧、施亚东、袁继欢、陈达优在会上作了交流发言。

27日 “中华诗词之县”授牌仪式在天台县温泉山庄举行，中华诗词学会会长周文彰为天台县授牌，中华诗词学会副会长林峰宣读表彰文件，县委副书记、县长崔波接牌并致辞。

29 日 天台县举行“青春向党百年礼赞”纪念五四运动102周年庆典活动。县委书记杨玲玲出席活动并勉励全县广大青年，要认真学习贯彻习近平总书记的重要讲话精神，勇立鸿鹄志，练就真本领，争做实干家，立功新时代。县领导项慧明出席活动。

5月

1 日 “惠风和畅——王德惠先生百岁画展”在岙溪村王德惠书画馆举行。

6 日 浙江大自然户外用品股份有限公司在上交所主板正式挂牌上市，成为天台第9家上市公司。

7 日 中共浙江省委党校（浙江行政学院）天台现场教学基地揭牌仪式举行，省委党校副校长陈立旭和县委书记杨玲玲共同为全省首个诗路文化带现场教学基地揭牌。县委常委、组织部部长林广参加活动。

8 日 2021浙江森林旅游节·第24届天台山云锦杜鹃节暨长三角融媒体对话台州文旅峰会在华顶国家森林公园开幕。中国国际公共关系协会副会长王冬梅，省林业局党组成员、副局长陆献峰，市委常委、宣传部部长蒋冰风，县领导杨玲玲、崔波、林峰、卢益民等出席。

同日 一场以“追着阳光去台州，神山秀水心归处”为主题的长三角融媒体对话台州文旅峰会在天台县举行。中国国际公共关系协会副会长王冬梅，市委常委、宣传部部长蒋冰风，中广联合会交通宣传委员会会长潘力，市文广旅体局党组书记、局长吕振兴，县领导杨玲玲、曹蕉红、张成名等出席。

10 日 县委农村工作会议暨新时代美丽乡村现场会召开。县委书记杨玲玲在会上强调，要深入学习贯彻中央农村工作会议、全国脱贫攻坚总结表彰大会和省委、市委有关会议精神，以老黄牛的干劲、孺子牛的韧劲、拓荒牛的拼劲，全面推进乡村振兴，加快农业农村现代化，在现代化和合之城建设新征程中续写天台“三农”工作新篇章，以优异成绩献礼建党百年。

12 日 天台抽水蓄能电站建设征地实物指标调查工作大纲评审会在天台县召开。省移民、能源、建设、水利、自然资源、市水库移民工作中心等有关部门领导和水电水利规划设计总院、中国长江三峡集团有限公司、中国电建集团华东勘测设计研究院有限公司的专家学者参加评审会。

同日 天台县召开2021年县委人才工作领导小组（扩大）会议。县委书记、人才工作领导小组组长杨玲玲出席会议并讲话。她强调，全县上下要一条心、一盘棋，全面推动人才工作创新发展，为现代化和合之城建设蓄势赋能、再立新功。

13 日 全县一季度“争先创优”工作督评分析会召开。县委书记杨玲玲在会上强调，要增强“没有走在前列也是一种风险”的忧患意识，牢牢抓住二季度这个关键季和大干季，比学赶超、乘胜追击，在全市争先创优的赛道上加速跑，确保实现“二季进、半年红”。

14 日 天台县召开数字化改革第一次工

作例会。县委书记杨玲玲在会上强调，全县上下要以“不获全胜决不收兵”的决心，以“逢山开路遇水架桥”的勇气，锐意进取、勇于创新，全力打赢数字化改革攻坚战。县委副书记、县长崔波主持会议。

17日 知名浙商助力天台跨越式发展活动在天台县举行。省委统战部副部长、省工商联党组书记陈浩，市委常委、统战部部长朱巧湘，县委书记杨玲玲出席座谈会并讲话。

18日“和合之城和美生活”2021年“中国旅游日·首游天台山”主题活动暨第三届中国徐霞客诗歌散文奖颁奖典礼正式开幕。

同日 来自全省各地的20家媒体齐聚天台山，开展主题融媒体采风活动，用镜头记录神山秀水，用文字传递和合文化，用融媒体技术展现魅力天台。

同日 全省建设新时代美丽浙江暨中央生态环境保护督察整改工作推进视频大会在杭州召开。会上，天台县收获2020年度美丽浙江建设（生态文明示范创建行动计划）工作考核优秀单位、2020年度“五水共治”（河长制）工作优秀市县“大禹鼎”银鼎两项荣誉。

19日 杨玲玲、崔波、林峰、卢益民等县领导齐上阵，到天台山大瀑布景区、国清景区、济公故居和天台博物馆，化身旅游志愿者，为“全民旅游、全员服务”活动代言，展现天台文旅良好形象。

21日 中国教育学会中学语文教学专业委员会（以下简称“中语专委会”）2021年度工作会议暨“整本书阅读研究与实践”专题研讨会开幕式在天台县举行。

22日 上海市天台商会一届一次会员大会在上海国际会议中心召开。潘宾林当选上海市天台商会第一届会长。

23日 浙江卫视文旅探寻节目《还有诗和远方·诗画浙江篇》第二季第五期正式开播，“诗和远方”旅行团华少、张绍刚、胡海泉、赖美云和编剧史航、创作型音乐人许飞走进天台，开启一段浙东唐诗之路目的地的诗意之旅，带领大家领略天台的山水人文之美。

24日 全市反邪教协会基层组织建设观摩会在平桥镇召开。

25日 县委副书记、县长崔波主持召开县政府第四十四次常务会议，学习习近平总书记关于统计工作重要讲话、重要指示批示精神及有关文件规定，审议并原则通过《关于支持天台县市场采购贸易方式出口的若干意见》《天台县加强外贸物流保障工作意见》《天台县经济开发区TSF08-0715地块及官塘路项目集体土地上房屋征收补偿安置方案》；听取食品安全和白鹤综合功能服务站土地增资合作项目汇报。

26日 县委全面依法治县委员会召开第三次（扩大）会议。县委书记、县委全面依法治县委员会主任杨玲玲在会上强调，要认真学习领会习近平法治思想精神要义和实践要求，树牢法治理念，增强法治意识，充分发挥法治建设的引领和保障作用，推动新时代法治天台建设迈向更高水平。崔波、林峰等县四套班子领导出席会议。

27日 县委理论学习中心组举行党史学习教育专题学习会，深入学习《习近平科学的思维方法在浙江的探索与实践》《论中国共产党历史》《毛泽东、邓小平、江泽民、胡锦涛关于中国共产党历史论述摘编》《中国共产党简史》等必学书目。县委书记杨玲玲主持会议并讲话。她强调，要准确把握必读书目的核心要义，进一步感悟党的历史的真理魅力、科学思维的实践魅力、大国领袖的人格魅力，在学思践悟中不断增强工作的科学性、预见性、主动性和创造性，切实把学习成果转化为推动现代化和合之城建设的实际成效。

28日 2021年县委议军会议暨“军事日”活动举行，总结天台县武装工作开展情况，研究解决相关问题。县委书记、县人武部党委第一书记杨玲玲在会上强调，军地各级要以习近平新时代中国特色社会主义思想和习近平强军思想为指引，牢记使命职责，自觉担当作为，奋力开创天台县新时代党管武装工作新局面。

29—30日 由市委宣传部、市外事办、市文广旅体局共同主办的“外国友人看台州”活动在天台县举行。来自13个国家的21位在台州外籍友人到天台感受天台的人文魅力和自然风光。

31日 县委书记杨玲玲主持召开县党政领导“五个一批”活动开展情况专题汇报会，对前期工作进行阶段性总结，研究部署下阶段重点任务。杨玲玲强调，要持续深化“五个一批”，推进党史学习教育出成果、见实效，推动讨论实践活动走深走实，带动高质量发展开新局、增动力，为实现“二季进、半年红”蓄势积能。

6月

2日 提升党员干部队伍推进现代化建设新能力暨乡镇领导班子换届工作会议召开。县委书记杨玲玲在会上强调，要认真学习贯彻习近平总书记关于领导班子和干部队伍建设的重要论述精神，以换届为契机，推动天台县乡镇领导班子和干部队伍系统重塑，着力打造一支政治过硬、领导现代化建设能力强的高素质专业化干部队伍，为加快建设现代化和合之城提供坚强的组织保障。

3日 水利部办公厅、财政部办公厅联合公布了2021年全国水系连通及水美乡村建设试点县名单，天台县是全省唯一入选县份，获上级补助资金1.6亿元，已到位资金7000万元，建设工期2年。

同日 由中国围棋协会主办，浙江省围棋协会、天台县人民政府承办的“中国·天台山体彩杯”全国女子围棋公开赛在天台县开幕，来自全国各地的43名职业、业余5段以上（含）女棋手将进行为期4天的“手谈”。

4日 第十四届全运会空手道项目资格赛在台州落幕，浙江队拿到“满额”参赛资格。浙江空手道队是省队，却落户在天台县一所民办学校，充分发挥“体教融合”的优势。6月3日晚，CCTV-5《体育世界》栏目为此做了346秒的专题报道。

同日 首届天台山漂流狂欢节暨华东十大金牌漂流启动仪式在平桥镇岙溪村正式启动。

5日 由中国茶叶学会、中国农业科学院茶叶研究所主办的茶文化、茶产业、茶科技统筹发展暨“十四五”发展战略研讨会在天台县隆重开幕。

6日 为期4天的“中国·天台山体彩杯”全国女子围棋公开赛在天台县泰和开元大

酒店结束。县委副书记、县长崔波，天台乡贤、中国国家围棋队总教练俞斌，县人大常委会副主任庞志刚，县政协副主席、围棋协会主席曹元新出席颁奖仪式并为获奖棋手颁奖，副县长张成名主持颁奖仪式。

7日 “中国天台山紫凝易筋经传承基地”“中国天台山易艾匠人教习基地”在平桥镇紫霄村揭牌成立。

8日 天台县召开县级河（湖）长述职会暨生态环境整治工作推进会。县委书记、总河长杨玲玲在会上强调，要以“不容一点瑕疵”的环保理念，拿出最铁的决心、最硬的举措、最快的速度，不惜代价、治本断根，坚决守护好天台的绿水青山，为现代化和合之城建设增碧添彩。县委副书记、县长崔波部署治水工作，卢益民等县领导出席会议。

9日 天台县举行数字化改革多跨场景晾晒会，全面梳理展示特色应用场景谋划成果，在比学晾晒中以点带面，推动天台县数字化改革进一步走深走实。

11日 县委书记杨玲玲主持召开县委常委（扩大）会议，第一时间学习传达省委十四届九次全体（扩大）会议精神，研究部署天台县贯彻落实意见，为天台“十四五”高质量发展引航赋能。杨玲玲强调，要始终坚持以习近平新时代中国特色社会主义思想为指引，深入学习贯彻省委全会精神，攻坚克难、争先创优，加快现代化和合之城建设，努力在全省高质量发展建设共同富裕示范区的时代大考中当标杆、作示范。县委副书记、县长崔波传达省委十四届九次全体（扩大）会议精神，林峰、卢益民等县领导出席。

17日 省政府办公厅公布浙江省“四好农村路”省级示范县（市、区）名单，对“十三五”期间浙江省“四好农村路”省级示范县集中发文公布，天台县名列其中。

21日 天台县护国寺相继发现12株并蒂莲，其中还有三头并蒂莲。并蒂莲是荷花中的珍品，其生成的概率仅十万分之一，特别是三头并蒂莲，更是罕见。

同日 县委书记杨玲玲主持召开县委财经委员会第十三次会议暨“二季进、半年红”工作督评分析会，她强调，要以必胜的信心、精准的举措、超常的力度，争先进位、争先创优，全力以赴夺取“半年红”，以天台经济社会发展的高分报表向建党100周年献礼。

24日 永远跟党走——天台县庆祝中国共产党成立100周年主题文艺晚会在天元广场举行。杨玲玲、崔波、林峰、卢益民、陈石秀等县领导与现场上千名群众一起参加晚会，深情放歌，献礼建党百年。

25日 县十六届人大常委会第四十六次会议召开。县人大常委会主任林峰，副主任裘国宏、褚夏芬、丁庆银、施亚东、汤京、庞志刚参加会议。副县长梅东晓，县政协副主席齐显移列席会议。

同日 县委副书记、县长崔波主持召开县政府第四十五次常务会议，审议并原则通过《天台县生态环境保护“十四五”规划》《天台县“十四五”水生态环境保护规划》《天台县深化国企改革实施方案》《关于进一步加快建筑业高质量发展的若干意见》《天台县旅游业“微改造、精提升”五年行动计划》《天台县促进全域旅游高质量发展扶持奖励办法》《天台县龙溪乡特色乡村文旅产业扶贫项目实施方案》等议题。

29 日 全县重大项目集中开工暨天台总部经济大楼项目在始丰湖畔举行开工仪式。县委书记杨玲玲宣布开工，县委副书记、县长崔波讲话，林峰、卢益民、陈石秀等县领导出席。

同日 天台县组织新党员代表，在党带领群众迈向共同富裕的先行先试之地后岸村，集中开展入党宣誓。县委书记杨玲玲领誓并作寄语讲话，崔波、林峰、卢益民、陈石秀等县领导参加宣誓活动。

30 日 县委书记杨玲玲主持召开县委理论学习中心组党史学习教育专题学习会。她强调，要充分运用发挥“红色根脉”的资源优势，把学习党的百年历史与学习党在浙江在台州在天台的百年奋斗历史相结合，进一步把党的历史学习好、领悟好，把党的成功经验传承好、发扬好，把学习成效转化为天台“十四五”发展新篇章的强大动力和生动实践。

7 月

1 日 浙江省庆祝中国共产党成立 100 周年大会在嘉兴市隆重举行。会议以视频形式召开，杨玲玲、崔波、林峰、卢益民、陈石秀等县领导在天台分会场参加会议。

2 日 县委书记杨玲玲主持召开县委常委会议，深入学习贯彻习近平总书记在庆祝中国共产党成立 100 周年大会上的重要讲话精神以及省委书记袁家军在台州调研时的讲话精神，动员全县上下迅速兴起学习热潮，以倍数级的努力绘好现代化和合之城实景图。

同日 县委书记杨玲玲主持召开县委常委会议，深入学习贯彻习近平总书记在庆祝中国共产党成立 100 周年大会上的重要讲话精神以及省委书记袁家军在台州调研时的讲话精神。

4 日 “山海相约·诗路美宿”第二届台州（塔后）乡村啤酒音乐节在赤城街道塔后村火热开幕。

5 日 县委副书记、县政府党组书记、县长崔波主持召开县政府党组（扩大）会议，传达贯彻习近平总书记在庆祝中国共产党成立 100 周年大会上的重要讲话精神、省委书记袁家军在台州调研时的重要讲话精神，研究部署政府系统贯彻落实工作。

7 日 第九届《感动台州》人物颁奖典礼在台州市广电总台演播大厅举行，天台县“担当好村官”裘小平光荣上榜，县人民医院的陈英俊医生获提名并作为台州援鄂医疗队的成员参加颁奖典礼。

8 日 台州市上市公司高质量发展论坛暨台州市企业上市发展促进会第一次工作例会在天台县召开。

8—9 日 县委举行学习习近平总书记在庆祝中国共产党成立 100 周年大会上的重要讲话精神专题读书班。县委书记杨玲玲指出，要弘扬伟大建党精神、汲取奋进力量，推动全县迅速掀起学习贯彻热潮，引导干部群众把学习“七一”重要讲话精神的成果转化为奋进新征程、建功新时代的实际行动。

12 日 全县美丽城镇建设工作现场推进会召开。县委书记杨玲玲强调，要深入学习贯彻习近平总书记关于推进新型城镇化和城乡融合发展的重要论述精神，迅速掀起美丽城镇建设工作热潮，着力打造具有时代特征、现代品质、天台特色的美丽城镇，加快形成城乡融合、全域美丽的新格局。

同日 省委召开县（市、区）委书记工作交流会。会议强调，要深入学习贯彻习近平总书记“七一”重要讲话精神，弘扬伟大建党精神，发扬勇于自我革命精神，从理念方法行动机制层面推动建设变革型组织。

同日 天台县召开政法队伍教育整顿总结会暨“回头看”动员部署会。县委书记、县委政法队伍教育整顿领导小组组长杨玲玲出席会议并讲话。她强调，要坚决贯彻落实中央和省委、市委、县委工作部署，围绕“五个过硬”总要求，聚焦“四项任务”“三个环节”，高标定位、对标争先，全面抓好问题整改整治，不断推动政法队伍教育整顿走深走实。

13 日 天台县召开“请你来协商——委员对话会”。县领导与部分县政协委员、企业家面对面沟通交流，实打实谋划良策，共同为推动天台县生物医药产业转型升级、早日实现百亿产业赋能助力。

16 日 《济公之降龙降世》登陆国内电影暑期档，开始在全国各大影院上映。

同日 天台县医疗保障局由济公大道 355 号搬迁至工人东路 112 号。

同日 县委书记杨玲玲主持召开县委常委会（扩大）会议，专题传达学习市委五届十二次全体（扩大）会议精神，贯彻落实市委书记李跃旗在天台蹲点调研时的讲话精神，动员全县上下进一步提高站位、拉高标杆，抢抓山区 26 县发展机遇，绘好现代化和合之城的共富实景图，奋力打造全省山区县共同富裕的示范标杆。

同日 县委书记杨玲玲主持召开县委常委会（扩大）会议，专题传达学习市委五届十二次全体（扩大）会议精神，贯彻落实市委书记李跃旗在天台蹲点调研时的讲话精神。

21 日 全市防御第 6 号台风“烟花”视频工作会议召开，动员全市上下以最高戒备、最严要求、最实措施，抓细抓实各项防汛防灾措施，坚决打赢防御台风“烟花”硬仗。

同日 市委常委、宣传部部长蒋冰风一行到天台县调研党史学习教育工作。

23 日 天台县西部文艺联盟在平桥镇后村成立。

27 日 受第 6 号台风“烟花”影响，宁波多个地区积水严重。天安（天台）应急救援队的 26 名队员迅速集结，带着冲锋舟、水泵等设备，驾乘 7 车，赶赴宁波救援。

27—31 日 由宁波市第一医院党委副书记、院长孙杰带队的评审组，对县人民医院进行为期 5 天的浙江省第四周期三级乙等综合医院现场评审，最终顺利通过。

30 日 天台县党建联盟引领推动乡村共同富裕现场会暨第三期村社党组织书记工作交流会召开。县委书记杨玲玲在会上强调，共同富裕，是一项史无前例的圆梦工程，也是一次久久为功的实践创造。全县干部群众要上下一心、众志成城，逐个节点抓落实，逐个项目抓推进，以党建联盟引领推动乡村共同富裕，绘好现代化和合之城共富实景图。

8月

2日 县委书记、县委财经委员会主任杨玲玲主持召开县委财经委员会第十四次会议暨季度督评分析会。杨玲玲强调，赶超跨越发展任重道远，争先创优刻不容缓。全县上下要拿出加压奋进的状态，接续奋战、乘势而上，向“三季进、全年红”发起冲锋。

3—4日 省市场监管局党委书记、局长章根明一行到天台县调研“浙食链”场景应用、企业知识产权保护等市场监管相关工作和数字化改革推进情况。

4日 县委常委会召开会议，专题研究近期新冠肺炎疫情防控工作。

同日 县委副书记、县长崔波主持召开县政府第四十六次常务会议，学习市政府全体（扩大）会议精神，深入分析天台县上半年经济形势并研究下半年经济工作，审议并原则通过《天台县深入推进企业对接多层次资本市场五年行动计划（2021—2025年）》《关于推进黄精产业高质量发展的意见》《天台县下山移民平桥安置区选房办法》《天台县农村生活污水治理处理设施运行维护管理办法》《天台县城市道路两侧退让地管理规定》等议题。

5日 2021中国·天台第四届全球高端装备创新创业大赛赤城分站赛在天台温泉山庄成功举办。

10日 市人大常委会党组书记、主任叶海燕到天台县开展专题党课宣讲。她指出，学习贯彻习近平总书记“七一”重要讲话精神，关键是要做到学思践悟相结合，融入实际工作，把学习成果转化为推动共同富裕的强大动力。

11日 县委十四届十五次全体（扩大）会议举行。全会高举习近平新时代中国特色社会主义思想伟大旗帜，深入学习贯彻习近平总书记在庆祝中国共产党成立100周年大会上的重要讲话精神，全面落实省委十四届九次全会、市委五届十二次全会精神。

12日 全县新冠肺炎疫情防控工作推进会召开。县委书记、县新型冠状病毒肺炎疫情防控指挥部第一总指挥杨玲玲在会上强调，要深入贯彻习近平总书记对当前疫情防控工作的重要指示批示精神，全面落实省市疫情防控工作决策部署，真正在思想上紧起来，在措施上严起来，全面压实。

13日 天台县举行学习贯彻习近平总书记“七一”重要讲话精神专题宣讲报告会。市学习贯彻习近平总书记“七一”重要讲话精神专题宣讲团成员，台州学院党委委员、副校长胡韶光作专题宣讲报告。杨玲玲、林峰、陈石秀等县领导出席。

17日 台州市统战部部长朱巧湘带队各县市区统战部部长调研天台县赤城街道基层统战工作，实地考察塔后村文化礼堂。

18—20日 浙江天台抽水蓄能电站建设征地移民安置规划大纲评审会在天台县召开，专家组成员一致同意《大纲》通过评审。

19日 省委常委、宣传部部长朱国贤一行到天台县调研加快发展县高质量发展情况。

25日 全县月度工作督评分析会召开。县委书记杨玲玲强调，大干三季度，关键要拼战报、看结果。全县上下要以持续奋战的姿态，战出声势、战出成效、战出形象，全力夺取“三季进、全年红”。

同日 市委常委、宣传部部长蒋冰风到天台县开展学习贯彻习近平总书记“七一”重要讲话精神专题党课宣讲暨新时代文化台州专题调研工作。

26日 年产400万套伸缩水管系列产品生产线项目（海伦园艺）动土开工。该项目位于中德产业园（始丰区块）内，建设用地36.92亩，新增建筑面积27600平方米。

同日 县委副书记、县长崔波主持召开县政府第四十六次常务会议。

同日 县委副书记、县长崔波主持召开县政府第四十七次常务会议，学习《中华人民共和国公职人员政务处分法》《中华人民共和国固体废弃物污染防治法》，审议并原则通过《天台县2021年扩大有效投资及重点项目工作目标责任制工作考核办法》《天台县开发区（园区）整合提升实施方案》《天台县始丰街道玉湖洪安置区二期项目征收集体土地上房屋补偿安置方案》《天台县始丰街道铺前区块改造项目征收集体土地上房屋补偿安置方案》《天台县关于进一步加强外贸物流保障工作的若干意见》。

27日 县人民医院“国家卫生健康委加速康复外科骨科试点医院”揭牌仪式在该院学术报告厅举行。

30日 省政府召开全省新一轮制造业“腾笼换鸟、凤凰涅槃”攻坚行动推进大会，深入贯彻习近平总书记关于制造强国的重要指示精神，全面落实全省制造业高质量发展大会工作部署，启动实施为期3年的新一轮制造业“腾笼换鸟、凤凰涅槃”攻坚行动，为争创社会主义现代化先行省、高质量发展建设共同富裕示范区奠定坚实的产业基础和物质基础。

31日 市委书记李跃旗，无锡灵山文化旅游集团董事长、无锡拈花湾文化投资发展有限公司董事长吴国平到天台县考察调研始丰湖两岸开发。

同日 县委书记杨玲玲赴赤城街道仙都村开展学习贯彻习近平总书记“七一”重要讲话精神专题党课宣讲。

9月

3日 2021年天台县“中华慈善日”公益活动捐款仪式在县行政中心大厅举行。杨玲玲、崔波、林峰、卢益民、陈石秀等县领导出席仪式并带头捐款。

7日 县委书记杨玲玲主持召开县委理论学习中心组（扩大）学习会。她强调，要坚持领导带头，深学悟透、笃行实践，示范引领全县上下在学史悟思中办实事、开新局，切实把学习教育成果转化成争先创优的实效。

8日 26县跨越式发展省级结对帮扶天台团组工作座谈会在天台县召开。来自省教育厅、省委党校、省信访局、省退役军人事务厅、浙江科技学院、浙江开放大学、浙江树人大学、浙江金融职业学院、省人民医院、宁波海关、路桥区山海协作产业园管委会、银轮股份、金恒德集团等13家省级结对帮扶天台团组的成员单位相关领导为天台县发展把脉建言。

10日 全县教育大会暨2021年教师节庆祝大会召开。县委书记杨玲玲强调，要携手并肩、砥砺前行，一起做天台教育事业的合伙人，努力交出一份不负人民期盼的高分答卷，在建设现代化和合之城中扛起教育担当、彰显教育作为。

同日 台州市首笔碳排放配额质押贷款签约仪式在天台县举行，县农商行基于红石梁集团热电有限公司的碳排放配额资产对其授信500万元，贷款利率4.35%，有效将企业碳排放配额资产转化为绿色低碳发展资金。

12—13日 市委常委、宣传部部长蒋冰风来到天台县检查指导防御2021年第14号台风“灿都”工作，推动各项防汛防台措施落到实处。县领导林峰、陈益军、曹蕉红、何定宇陪同。

15日 全县乡镇领导班子换届人事调整集体谈话会召开。县委书记杨玲玲出席会议并讲话，激励广大党员干部倍加珍惜组织的关怀和干事创业的舞台，以实干笃定前行，以实绩回报信任，在建设现代化和合之城、争当全省共同富裕示范区标杆县的征程中扛起担当、彰显作为。县委副书记、县长崔波主持，县委常委、组织部部长林广宣布干部人事调配方案。

17日 天台县举行2021年度夏秋新兵入伍欢送仪式。台州军分区司令员尚友宾，台州军分区动员处处长石锋，县委副书记、县长崔波，县委常委、常务副县长陈益军出席欢送仪式。

22日 第十四届全国运动会田径男子800米决赛在陕西西安奥体中心举行。天台籍运动员奚枭横以1分48秒37的成绩勇夺银牌。

23日 台州市全域党建联盟引领乡村共同富裕现场推进会在天台召开。市委常委、组织部部长赵海滨出席会议并讲话，副市长管文新主持会议。县领导杨玲玲、项慧明、林广及各县（市、区）党委政府分管领导、台州湾新区党工委管委会分管领导等参加。

24日 省侨联党组成员、副主任张维仁带领来自26个国家和地区的浙籍侨领共百余人，到张思村参观考察。

25日 “天台囡”范忆琳夺得全运会女子高低杠决赛冠军。在女子高低杠决赛中，体操运动员范忆琳顺利完成难度6.5分的成套，以15.200的高分再次收获全国高低杠冠军。

26日 天台县召开全域旅游高质量发展暨“微改造、精提升”工作推进会，动员全县上下锚定“天台特色、浙江标杆、全国样板”目标，突出生态赋能、创新驱动、文旅融合，高质量发展全域旅游，走出文旅带富的实践路径，确保“十四五”期间实现旅游收入翻番，争当省旅游业“微改造、精提升”行动样板区。省文旅厅一级巡视员柳河，县领导杨玲玲、林峰、陈石秀等出席会议。省文化和旅游厅“四十百千”和“微改造”专班、市文广旅体局相关领导参加。

28日 全市疫情防控工作调度会以视频形式召开。会议强调，各地各部门要进一步认清形势、明确任务、压实责任，从严从紧从实抓好疫情防控各项工作，全力打赢防疫攻坚战。

30日 县委副书记、县长崔波主持召开县政府第四十八次常务会议，听取2021年度行政规范性文件清理结果情况汇报，审议并原则通过《全县法治宣传教育第八个五年规划（2021—2025年）》《天台县制造业高质量发展“十四五”规划》《天台县数字经济发展“十四五”规划》《天台县科技创新发展“十四五”规划》《天台始丰溪绿色科创走廊规划》《关于科技赋能天台跨越式高质量发展若干意见》《天台县“十四五”国资国企发展规划》《苍山污水处理厂二期工程PPP项目实施方案》《天台县2021年招大引强考核办法》。

10月

1日 天台山大瀑布景区会仙桥正式启用，使天台山大瀑布（琼台仙谷）景区连接为一个整体，成为一个真正意义上的集山、水、湖、瀑、桥、道、仙于一体的大景区。

11日 省建筑工程质量安全监督执法检查组抵达天台县，对县基投公司在建的下山移民福溪安置区一期项目进行质量安全监督执法检查。

12日 全省基层党建工作会议以电视电话会议的形式召开，杨玲玲、崔波、林峰、陈石秀等县领导在天台分会场参加会议。

同日 县委副书记、县长崔波带领相关部门负责人，实地督查美丽城镇建设。

同日 由国家卫生健康委能力建设和继续教育中心主办的第六届中国现代医院管理能力建设与发展大会，在北京以线上直播的方式举行。

13日 天台县召开庆祝老年节暨老龄工作表彰大会。县领导娄宇飞出席会议。

同日 县委书记杨玲玲带队调研苍山产业集聚区建设情况。

同日 浙东唐诗之路天台山诗篆刻展孙新龙唐诗篆刻展在县文化馆东岳宫开幕。

14日 省委宣传部公布浙江省农村文化礼堂建设示范县（市、区）、示范乡镇（街道）名单，天台县获评浙江省农村文化礼堂建设示范县，石梁镇获评浙江省农村文化礼堂建设示范乡镇。

同日 天台县组织曾担任副处级以上领导职务的离退休老同志、部分离退休干部党支部书记、学习组长开展“走基层看变化促发展”暨“银龄先锋助力共同富裕”专题调研活动。

同日 县委书记杨玲玲带队调研“双减”工作。她强调，要全面贯彻党的教育方针，突出堵疏结合、减负增质，坚定不移推动“双减”工作落到实处，合力塑造良好教育生态，让学生回归校园，让教育返璞归真。

15日 县人民政府与中国工商银行股份有限公司浙江省分行签署战略合作框架协议。

同日 县委副书记、县长崔波带领相关部门负责人，就文物保护工作开展实地检查。

同日 县委书记杨玲玲调研杭台高铁保开通工作。她强调，要抢抓机遇、提前谋划，靠前服务、主动接轨，全力保障年底开通，积极拥抱高铁时代。县领导陈益军、陈长瑶参加调研。

同日 浙江农林大学博士后、硕士研究生导师杨丽媛一行，到大雷山捣臼孔等地，采集国家二级野生植物夏蜡梅种子及叶子，开展遗传多样性研究。

16日 2021中华济公文化节启动仪式暨辛丑济公成道812周年祭祀典礼在天台山游客中心举行。市海峡两岸交流协会领导陈庆进、蔡政，县领导崔波、庞伟峰、褚夏芬、曹元新、陈达优出席启动仪式。

同日 海南国际文创周·首届茶居地球论坛，在三亚观云茶庐开幕。天台县赤城街道桐柏村被评为“茶居地球第一村”，并与博鳌文创院等签约战略合作。

18日 县委副书记、县长崔波带领相关部门负责人，就加快推进供地大会战工作开展实地督查。

18—19日 县委书记杨玲玲就始丰湖两岸城市设计，赴深圳市建筑设计研究总院进行深入对接。县领导林峰、陈益军、庞伟峰、项慧明、何定宇、陈天新、张成名参加，深圳市建筑设计研究总院执行总规划师邱峰陪同。

19日 县委副书记、县长崔波带领相关部门负责人到白鹤镇、始丰街道，就山塘水库建设开展实地督查。

同日 由浙江传媒学院、浙江省摄影家协会主办，浙江传媒学院设计艺术学院、浙江摄影家口述史研究中心承办的峥嵘岁月——庆祝中国共产党成立100周年浙江老摄影家摄影原作展，在浙江展览馆展厅隆重举行。

同日 在深圳考察的县委书记杨玲玲，走访部分在粤乡贤企业，并与广东天台商会成员开展座谈交流，畅叙桑梓情怀，共谋家乡发展。县领导林峰等参加考察。

20日 安全生产工作专项评议会在县行政中心第一会议室召开。县人大社会建设委员会组成人员、乡镇（街道）人大主要负责人、县人大第13代表监督小组成员、县应急管理局领导班子成员和科室负责人等参加会议。

同日 县委副书记、县长崔波带领相关部门负责人，就消防安全整治工作开展实地督查。

同日 县委书记杨玲玲带队赴温州市鹿城区、瓯海区考察夜经济和城市建设等方面先进经验和做法，借鉴他山之石，拓宽发展思路，进一步提升天台城市建管能力和水平。

同日 浙报集团共享联盟（台州）微融站授牌仪式暨选题对接会在天台县塔后村召开。该次天台县共有12家微融站正式挂牌成立，这是浙报集团在台州市成立的首批微融站。

同日 浙江严牌过滤技术股份有限公司在深圳证券交易所创业板成功上市，正式登陆A股资本市场，这是天台县2021年第2家上市公司，也是全县第10家上市企业。

21日 台州军分区政委范智、政治工作处主任陈继平一行到天台县赤城街道调研，对街道武装部以及民兵营规范化建设进行参观考察。

同日 天台县召开平安工作例会，总结前阶段全县平安短板攻坚工作，分析天台县平安工作的短板弱项，部署下阶段工作。

22日 天台县召开数字化改革工作推进会，围绕优势项目找问题补短板，推动天台县数字化改革工作进一步提升，打造更多具有天台辨识度的“最佳应用”项目。

同日 天台县召开数字化改革工作推进会，围绕优势项目找问题补短板，推动天台县数字化改革工作进一步提升，打造更多具有天台辨识度的“最佳应用”项目。县委副书记陈石秀出席会议。

同日 以“把握减污降碳机遇，再铸袋式除尘辉煌”为主题的中国环境保护产业协会袋式除尘委员会2021年年会暨袋式除尘技术创新论坛在天台举行。

23日 第四届天台县青少年电脑机器人竞赛在天台县实验小学福溪校区拉开帷幕。该次大赛由天台县科协、天台县教育局主办，天台县机器人协会、天台县实验小学福溪校区和天台县职业中等专业学校承办。

23—25日 台州市首届文化创意精品展在市体育中心开展。天台县依托本土特色文化企业，围绕现代化和合之城建设的参展要求，设立主题为“神秀天台和合之城”的展厅，通过线上线下与市民共享天台特色文化和产业融合发展成果。

25日 《天台县应急管理“十四五”规划（2021—2025年）》专家评审会在县行政中心20楼东会议室召开。县府办、大数据发展中心、发改局、应急管理局等相关部门负责人以及有关专家和规划编制单位相关人员参加。

同日 全县季度工作督评分析会召开。县委书记杨玲玲强调，四季度是冲刺季、决胜季，全县上下要拉满弓、使满力，打好打赢“五大硬战”，向“冲刺四季胜、夺取全年红”发起全面总攻。

同日 县人大常委会第七十九次主任会议召开，县人大常委会主任林峰，副主任裘国宏、褚夏芬、丁庆银、施亚东、汤京、庞志刚参加会议。会议听取和审议县十六届人大常委会第四十九次会议建议议程。

同日 浙江省财政厅公示2022年度农村综合改革集成建设项目名单，天台县始丰街道“十美共富”项目名列其中。预期将获得省财政厅6000万元补助资金，用以支持始丰街道“一溪两岸九村”未来乡村项目建设，打造共同富裕示范带。

同日 中国围棋协会公布《关于2021年授予第一批“全国围棋特色学校（幼儿园）”称号的通知》，县实验小学福溪校区、天台小学被评为全国围棋特色学校，恩美幼儿园被评为全国围棋特色幼儿园，系台州市唯一。

26日 台州市巾帼助力共同富裕现场会暨首届“和合姊妹”巾帼志愿服务项目大赛在天台县举行。台州市妇联党组书记、主席王跃军，县委书记杨玲玲出席并致辞，县委常委、宣传部部长曹蕉红，志愿服务项目专家、各县（市、区）妇联负责人以及“和合姊妹”巾帼志愿服务项目代表等参加会议。

同日 县委书记杨玲玲到县委宣传部调研党史学习教育。她强调，要深入学习贯彻习近平总书记关于党的历史的重要论述，切实把党史学习教育开展好、组织好，真正学深悟透，凝聚奋进力量，把学习教育成果转化为高质量发展实效。

27日 代号为“浙江金盾-21（台州）”的台州市暨天台县人民防空实战化演习在天台县举行。

同日 天台县发放全县首张电动自行车“码牌合一”数字化车牌。

28日 台州市乡村旅游推动共同富裕工作现场会在天台县召开。会议动员各地各部门立足新形势、新任务，加快推动乡村旅游内涵建设，打响台州乡村旅游“共富八景”品牌，构建完善乡村旅游产业体系，努力为台州争创社会主义现代化先行市、高质量发展共同富裕先行市做出积极贡献。副市长陈挺晨，台州学院党委书记崔凤军，县委书记杨玲玲，副县长张成名等出席，市、县旅游专班及相关部门负责人等参加会议。

同日 县委副书记、县长崔波主持召开县政府第四十九次常务会议。会议听取三季度安全生产工作汇报；审议并原则通过《天台县福溪街道拾得路及以北（水南）区块综合改造项目（2017年度被征收安置户）安置房选房方案》《上三高速天台段新增天台东互通工程及上三高速天台东互通与高铁站连接线八都至梅坦段工程地上房屋征收补偿安置方案》《104国道天台响岩至至界岭段改建工程土地征收补偿实施方案及集体土地上房屋征收补偿安置方案》。

30日 由浙江省营养学会、县委、县政府主办的第五届西湖营养论坛暨2021年学术年会在天台县开幕。全国、省市专家学者，县委副书记、县长崔波，副县长袁继欢等出席。

同日 浙江省第二届生态运动会（台州天台站）在天台县安科新村拉开帷幕。省体育局党组成员、副局长胡国平宣布开幕，台州市体育事业发展中心党组书记、主任卢颖才出席，县委书记杨玲玲致辞，县委副书记陈石秀主持，县领导庞志刚、陈天新、齐显移参加开幕式。

同日 中国共产党平桥镇第十三届代表大会第一次会议在平桥镇文化活动中心召开，选举产生了中国共产党平桥镇第十三届委员会委员。

10月 省委宣传部公布浙江省农村文化礼堂建设示范县（市、区）、示范乡镇（街道）名单，天台县获评浙江省农村文化礼堂建设示范县，石梁镇获评浙江省农村文化礼堂建设示范乡镇。

10月 县委书记杨玲玲到三合镇调研。她强调，要抢抓机遇、奋力赶超，以新班子的新气象、新业绩，全力打造现代化和合之城的工业强镇。

11月

2日 全县县乡两级人大换届选举工作会议召开。县委书记杨玲玲强调，县乡两级人大换届选举工作是一场政治大考、党性大考、能力大考。全县上下要认真贯彻落实中央和省委、市委相关部署要求，以高度负责的态度、严谨细致的作风，完成县乡两级人大换届选举各项工作，确保换出干部队伍新活力、政治生态新气象、干事创业新热潮，以崭新的面貌和饱满的精神投身现代化和合之城建设。

3日 天台县举行全县重大项目集中开工仪式，该次开工15个项目，总投资42亿元，涉及产业发展、社会民生、基础设施、乡村振兴等多个领域，将为天台高质量发展增添新动能、提供新支撑。县委书记杨玲玲宣布开工，县委副书记、县长崔波讲话，县委常委、常务副县长陈益军主持，县领导出席。

4 日 天台县第五届十佳新闻工作者颁奖典礼隆重举行，县委书记杨玲玲，县领导曹蕉红、褚夏芬、娄宇飞与县传媒中心的新闻工作者欢聚一堂，祝贺大家节日快乐，并为获奖者颁奖。

同日 县委书记杨玲玲主持召开县委理论学习中心组（扩大）学习会。她强调，要进一步学深悟透习近平新时代中国特色社会主义思想的精神实质、核心要义、理论品格，更加自觉地用理论武装头脑、指导实践、推动工作。县委副书记、县长崔波和县委理论学习中心组其他成员出席。

5 日 赤城街道老画家陈曾豹在整理资料时，翻出一封中共浙江省委第一任书记刘英烈士寄给恋人丁魁梅的情书。全文看不到一个“情”“爱”字，可谓是中国革命史上最特殊的“红色情书”之一。

同日 国际著名植物学期刊*PhytoKeys*正式发表了采自天台县的石竹科新种——“华顶卷耳”（*Cerastium huadingense Y. F. Lu, W. Y. Xie&X. F. Jin*）。这是继华顶杜鹃（*Rhododendron huadingense B. Y. Ding & Y. Y. Fang*）以来，第二个以天台“华顶”命名的新物种。

9 日 天台县召开高质量发展建设共同富裕标杆县领导小组第一次会议，传达学习习近平总书记《扎实推进共同富裕》、省委书记袁家军《扎实推动高质量发展建设共同富裕示范区》重要文章精神，以及省、市相关会议精神。

12 日 县委书记杨玲玲听取工业经济、三产服务业和招商引资工作汇报，调研今后工作思路。她强调，要聚焦新格局、新背景下的新目标、新要求，谋定目标任务，谋实突破之举，为 2022 年乃至之后一个时期经济领域工作开好局、起好步。

13 日 《文溪诗苑》第二辑新书首发典礼在平桥镇辉龙大酒店举行。

18 日 县委召开全县领导干部会议，传达学习贯彻党的十九届六中全会精神，以及省、市领导干部会议精神。县委书记杨玲玲主持会议并讲话，县委副书记、县长崔波传达党的十九届六中全会精神和省、市领导干部会议精神。

同日 中国工程院 2021 年院士增选结果公布，天台籍高校校长葛世荣当选为中国工程院能源与矿业工程学部院士。

19 日 由省委改革办副主任朱磊带队的省共同富裕第二督查组到天台县，专题调研天台县率先构建推进共同富裕体制机制工作落实情况。市相关部门负责人，县领导杨玲玲、崔波、陈石秀、陈益军、项慧明出席座谈会。

20 日 天台县西部片区农民合作经济组织联合会第二届第一次大会在平桥镇文化中心召开。

22 日 2021 全国义务教育优质均衡发展县省级督导评估见面会在天台县举行。省督导评估专家组组长、省教育厅副巡视员方天禄，县委书记杨玲玲，副县长娄宇飞参加。

同日县委常委会会议召开，学习贯彻党的十九届六中全会精神。县委书记杨玲玲主持，县领导崔波、林峰、卢益民、陈石秀等出席。

25 日 天台召开学习贯彻党的十九届六中全会精神“六讲六做”大宣讲活动动员部署

会。县委书记杨玲玲强调，要按照省委、市委部署要求，迅速行动起来，扎实有力推进“六讲六做”大宣讲活动，切实做到学在深处、谋在新处、干在实处，努力在学懂弄通做实全会精神上走在前、作示范，以优异成绩迎接党的二十大胜利召开。

26 日 杭台高铁试运行新闻发布会在高铁车厢内举行，县委书记杨玲玲向大家发出大礼包：“春节前凭高铁票，可半价游天台山所有景区。”

同日 和合政协建设推进会在县行政中心 8 楼东会议室召开。县委书记杨玲玲、县政协主席卢益民，县政协二级巡视员、原主席陈政明共同为和合政协文化廊揭牌。

同日 县委召开全县领导干部会议，宣布省委、市委关于天台县政府主要领导调整的决定：王欣东任中共天台县委委员、常委、副书记；崔波不再担任天台县县长职务，免去崔波的中共天台县委副书记、常委、委员职务。市委常委、组织部部长赵海滨出席会议并讲话。市委组织部常务副部长刘小兵宣读省委、市委有关干部任免决定。县委书记杨玲玲主持会议并讲话，王欣东作表态发言。县四套班子领导出席。

27 日 天台县阳光爱心汇志愿者前往石梁镇乌溪村为山区困境学生、老人送去书桌、台灯、慰问金、学生用品、药品等爱心礼物，用真情点燃希望之火。

28 日 由市作协散文创作委员会主办，县作协承办的“天台山采风暨《和合物语》研讨会”在县文联举行。

29 日 党的十九届六中全会精神中央宣讲团在浙江省宣讲党的十九届六中全会精神。

同日 第 34 届中国电影金鸡奖提名名单公布。经初选、初评两个阶段，产生 19 个奖项的提名名单，天台县出品的电影《济公之降龙降世》获最佳美术片提名。

同日 雷峰乡的范苏林走完了生命的最后一程。按照她的遗愿，家人联系了县红十字会，将其遗体捐献。这也是天台县第二例遗体整体捐献的志愿者。

同日 由县民政局局机关陈柳平、福溪街道郑阳、平桥镇余朝霞组成的代表队，参加台州市首届“共富杯”社会救助业务知识竞赛，荣获团体第一名。郑阳获个人第一名，余朝霞、陈柳平分获第四、第五名，三人都被评为“业务知识达人”。

30 日 台州市首个“督导员实践基地”揭牌仪式在赤城街道和合嘉园小区举行，也使天台县督导员更有责任心抓好垃圾分类工作，让垃圾通过分类实现资源化、减量化、无害化处理。

同日 县行政执法局组织人员深入基层，为垃圾分类督导员宣讲十九届六中全会精神，让人们充分认识到实行垃圾分类的重要性和必要性，推进垃圾分类习惯养成，努力建设垃圾分类示范城市。

同日 县矛调中心邀请中国国家法制讲师团成员、杭州师范大学法学院院长——郝铁川，对中心入驻人员、乡镇矛调分中心负责人进行宣讲。

同日 县人大常委会主任林峰到赤城街道东横山村宣讲党的十九届六中全会精神。

同日 县政协主席卢益民到平桥镇紫凝山村，与党员群众代表进行面对面交谈，开展党的十九届六中全会精神宣讲，指导乡村振兴工作。

11 月 天台县举行数字法治系统最佳应用暨县域社会治理创新项目评选会。

12 月

1 日 始丰司法所联合始丰街道综治办、禁毒办、工会等科室一起，在祥生世纪广场举行以“以习近平法治思想为指引，坚定不移走中国特色社会主义法治道路”为主题的集中法治宣传活动。

同日 市人大常委会副主任戴国富带队到天台县调研县乡两级人大换届选举工作。

同日 天台县“体育委员”应用平台正式在“浙里办”上线。这是继上年 4 月天台县创新发展基层体育委员机制后，在数字化领域的再次提档升级。

同日 县委副书记陈石秀深入三合镇下岭村，围绕党的十九届六中全会精神，为广大干部群众进行深入浅出的宣讲。

2 日 县委理论学习中心组举行“学习贯彻党的十九届六中全会精神”专题学习会，结合传达贯彻省委十四届十次全体（扩大）会议精神以及省委副书记黄建发调研大台时的有关精神，进一步学思践悟六中全会精神。

3 日 南屏乡妇联发挥妇女群众在基层社会治理中的“半边天”作用，组建“南山表嫂”和合调解团，搭建线上线下调解平台，实现“隐患不出村、纠纷实时调、案件庭前解”，以“家庭小调解”促“乡村大平安”，为妇女群众打造温暖之家、温馨港湾。

同日 县委副书记、代县长王欣东到福溪街道桥南社区宣讲党的十九届六中全会精神。他强调，要自觉把自己摆进来，把思想行动落下去，不忘初心、勇担使命，在现代化和合之城建设中接续奋斗。

同日 县中医院陈玲珍入选省中医护理优秀人才项目培养对象名单。

4 日 南屏乡南黄古道迎来 2021 年“水务杯”天台县第七届围棋联赛第三轮比赛，天台县 40 多位围棋爱好者在南屏乡南黄古道上进行纹枰论道。

同日 三合镇妇联携手朗树前村妇联在该村开展“有一种幸福叫被人惦记——天台县一人一码一机制三留守关爱行动”。

同日 县政府第五十次常务会议在县行政中心 20 楼东会议室召开，代县长王欣东主持会议。会议传达学习《中华人民共和国行政处罚法》《浙江省生活垃圾管理条例》，审议《天台县居民生活用公共管网天然气价格定价方案（送审稿）》，并研究见义勇为人物蒋公祝记个人三等功有关事项。

5 日 国际志愿者日，“有困难，找志愿者，有时间，做志愿者”。为进一步倡导志愿服务精神，县旅游志愿服务队开展了一系列志愿服务活动，以实际行动践行志愿者使命。

6 日 赤城街道总工会联合县红十字会走进赤城街道消防站，开展八大群体送温暖——“救在你身边”急救知识讲座。

同日 全市岁末年初安全生产工作会议暨安全生产百日整治行动部署会召开。

同日 县交通运输综合行政执法队联合金华市磐安县交通运输综合行政执法队在323省道街头段开展了一次联合执法行动。

同日 县委书记杨玲玲先后到赤城街道紫东社区和仙都村开展“六讲六做”大宣讲活动，与基层干部群众面对面交流，分享学习党的十九届六中全会精神的体会和感悟。

同日 在上三高速天台出口转盘处，天台互通口转盘和合文化改造提升工程施工进行收尾工作。

7日 南屏乡妇联联合团委、关工委在山头郑村开展“三留守关爱专线在路上”暖心送服务主题活动，为村里的20名“三留守”人员送去过冬的被子。

同日 始丰街道组织工作人员重点整治高铁周边的裸露渣土堆，同时对闲置地段进行平整、绿化。

同日 坦头镇“冲刺四季度、夺取全年红”安全生产月活动暨天台农商银行园区伙伴银行授信仪式在坦头镇鑫合物业园举行。

同日 天台山和合文化基金会捐赠仪式举行，天台县14家企业为基金会注入首批基金3000万元。

同日 县委书记杨玲玲带队督查疫情防控工作。她强调，要清醒认识当前严峻复杂的疫情防控形势，全面严起来、紧起来，迅速进入备战状态，以最快速度、最严措施、最强担当打赢疫情防控阻击战。

7—8日 县委副书记、代县长王欣东到天台县部分上市企业开展实地调研，与企业家共商发展大计，为企业新一轮发展加油鼓劲。

8日 2021年全国纺织行业“阜宁杯”缝纫工（滤袋）职业技能竞赛决赛闭幕式在江苏举行。市人大常委会主任叶海燕到天台县南屏乡调研县乡人大换届选举工作。

同日 三合镇组织青年志愿者在镇疫苗接种点，开展疫情防控志愿服务活动，通过发放防疫宣传手册、防疫知识小礼品等举措，进一步抓实疫情防控工作。

同日 坦头镇“红姐姐”巾帼初心宣讲团的成员们走进坦头中学，借助学校的智慧影像电视台，以现场直播的方式为全校学生进行云端宣讲，弘扬十九届六中全会精神，引导学生坚定红色理想，争做强国青年。

同日 县百赞塑胶有限公司负责人郑岳义专门将一面印有“为企解难事、真情暖人心”的锦旗送到福溪街道人民调解委员会，对委员会工作人员耐心细致的调解工作表示诚挚感谢。

同日 县人大常委会主任林峰到赤城街道指导疫情防控工作。

同日 县委副书记、代县长王欣东在检查疫情防控工作时强调，要把疫情防控作为当前工作的重中之重，全面进入战斗状态，落细落实各项工作机制，全面深入排查存在的薄弱环节，压实四方责任，筑起疫情防控的牢固防线。

8—11日 天台县在和合文化人间园举办文化基因解码暨文化标识建设成果展，展示以天台山和合文化、济公文化、诗路文化等为核心的20个重点文化元素基因解码。

9日 “2021和合文化全球论坛”以线上线下相结合的方式在浙江省台州市天台县赤城街道举行，平行分论坛在温泉山庄举行。第一分论坛的专家学者们围绕“坚持和睦共荣，实现包容发展”这一主题展开了激烈的讨论。

10 日 杭台高铁建设项目——天台山站站前广场地面工程已进入收尾阶段。

同日 一场包含“高空飞行”、袜城解密、龙穿峡“夺宝”等沉浸式情节的“白鹤遇仙”浙江首场文旅“剧本杀”在白鹤镇激情上演。

11—12 日 县委书记杨玲玲主持召开疫情防控工作会议，并赴一线暗访督查疫情防控措施落实情况。杨玲玲强调，疫情防控形势复杂严峻，全县上下要认真贯彻落实习近平总书记关于新冠肺炎疫情防控的重要讲话和指示批示精神，按照省委、市委相关部署要求，全面组织动员，压紧压实“四方责任”，落细落实“十个从严”，坚决打赢疫情防控阻击战。

12 日 县中医院迅速响应县疫情防控指挥部部署，在街头高速出口处设立 24 小时免费核酸检测服务点。

13 日 国内多地相继发生本土疫情，防控形势十分严峻。为降低疫情输入风险，保障全县人民群众生命健康安全，天台县全面落实“十个从严”疫情防控措施。

同日 天台县举行新冠肺炎疫情防控综合实战演练，全面检验处置疫情的应急指挥和组织协调能力，进一步完善联防联控机制，提高应对疫情的防范意识和应急水平。

14 日 雷峰乡按照“绷紧防疫弦，管好重点人，守好大小门”的疫情防控要求，开展防疫检查。

同日 县房管事务中心组织人员对天台县 79 家房产中介的疫情防控工作进行专项检查，确保疫情防控期间房产中介领域疫情防控措施得力。

同日 县委书记杨玲玲视频连线各乡镇（街道），督战疫情防控措施落实情况。

同日 杭州爱华仪器有限公司法人代表、赤城街道乡贤张绍栋在赤城街道办事处四楼会议室为浙江省文保单位张文郁旧居修缮项目捐款 100 万元。

15 日 进一步节约社会资源、推动绿色低碳发展，上三高速收费站 MTC 电子发票平台全面上线。

同日 天台—路桥山海协作高层联席会议召开。两地以视频连线的形式共赴“山海之约”、共叙“山海情谊”、共谋未来发展。县委书记杨玲玲，县委常委项慧明，副县长周志杰在天台会场出席。路桥区委书记潘崇敏，区委常委、副区长卢超在路桥会场出席。

同日 天台县治堵办、交警大队联合传媒中心启动 2021 天台县“交通治堵文明出行”“0”违法好司机自律挑战赛。

同日 县委书记杨玲玲专题调研城市建设、民生事业 2022 年工作思路。

17 日 县政协召开工作务虚会，总结工作，谋划思路。

18 日 天台县县、乡两级人大代表换届选举日，杨玲玲、王欣东、林峰、朱良其等县领导以普通选民身份，到各自所在选区参加选举投票，履行宪法和选举法赋予的民主权利

19 日 始丰街道召开 2021 年党员代表大会。会议回顾总结过去五年工作，确定之后五年奋斗目标。

同日 坦头镇“和合姊妹”志愿者在八一村文化礼堂，开展“送爱到‘疫’线，温情过冬至”活动。

20日 县十六届人大常委会第八十二次主任会议召开，县人大常委会主任林峰、党组书记朱良其参加会议。

20—21日 县委、县政府召开2022年工作务虚会，科学谋划天台未来五年工作思路和2022年重点任务。会议指出，要深刻把握天台面临的机遇和挑战，进一步登高望远、谋深谋实，以前瞻思考、务实举措引领现代化和合之城建设。

22日 天台抽水蓄能电站获省发改委核准批复。作为天台县历史上单体投资最大的工程，该项目刷新了抽水蓄能电站水头高度的全球之最。

同日 县委副书记、代县长王欣东主持召开县政府五十一次常务会议。会议研究天台县2021—2022年度松材线虫病防治经费相关事项，审议并原则通过《天台县综合交通规划（送审稿）》《天台县电子商务进农村综合示范工作实施方案（2020—2023年）（送审稿）》。

同日 县委县政协政治协商会召开，听取民主党派、工商联、无党派人士、县政协各界别委员代表对县十五届一次党代会报告（征求意见稿）的意见。

24日 市委党史学习教育第七巡回指导组来到平桥镇张思村，调研指导党史学习教育工作。

同日 天台县召开党代会“两个报告”意见征求会，广泛听取意见和建议。

同日 天台县组织各乡镇（街道）和相关部门开展消防安全集中夜查行动。

同日 县十六届人大常委会第五十一次会议召开。县人大常委会主任林峰、党组书记朱良其参加会议。

25日 县红十字会组织开展“寒冬送温暖”活动，联系爱心企业，落实爱心物资，为群众送去冬日温暖。

27日 全省数字化改革工作推进会以视频会议形式召开。会议强调，要深入学习贯彻习近平总书记关于全面深化改革等重要论述精神，进一步迭代深化对数字化改革理念、思路、方法、机制的认识。

28日 平桥镇第十八届人民代表大会第一次会议在平桥镇文化中心召开，选举产生新一届平桥镇人大、政府班子。

同日 天台抽水蓄能电站项目建设动员会举行，这标志着天台县历史上单体投资最大的工程启动实质性建设，也为即将召开的县十五届一次党代会献上了一份厚礼。

同日 县第十五届一次党代会举行代表资格审查委员会会议。

29日 陈石秀在参加县十五届一次党代会第二、第三、第八代表团审议时指出，全县上下要把握机遇，乘势而上，扎实苦干，狠抓落实，加快推动天台县高质量跨越式发展。

同日 县十五届一次党代会的代表分代表团审议了杨玲玲代表县委所作的工作报告。

同日 全市召开新冠肺炎疫情防控工作调度会。会议要求，各地要时刻绷紧疫情防控这根弦，把外防输入作为重中之重，从严从实从紧从速落实常态化疫情防控措施，坚决筑牢疫情防控防线。

同日 王欣东在参加县十五届一次党代会第四代表团审议时指出，要紧紧围绕党代会报告，凝心聚力抓落实，勇争一流走前列，共同绘就现代化和合之城的宏伟蓝图。

同日 县十五届一次党代会主席团常务委员会第一次会议在行政中心第一会议室举行。

同日 县十五届一次党代会主席团第二次会议在行政中心第一会议室举行。主席团成员出席会议，会议由杨玲玲主持。

同日 杨玲玲在参加县十五届一次党代会第一、第五、第六代表团审议时指出，要深入贯彻县党代会精神，紧扣裂变跨越主题，扛起发展重任，开启奔跑模式，为现代化和合之城建设贡献更大力量。

同日 杨玲玲主持召开县十五届一次党代会严肃换届纪律集体谈话会，对换届纪律进行再学习、再教育、再提醒，确保换届选举工作顺利进行。

同日 中国共产党天台县第十五届代表大会第一次会议胜利召开，县委书记杨玲玲向大会所作的题为《聚力“五翻番”推动新跨越阔步迈进现代化和合之城美好时代》的报告。

同日 中国共产党天台县第十五届代表大会第一次会议在县行政中心开幕。这次大会的主要任务是：深入学习贯彻习近平新时代中国特色社会主义思想，总结县十四届一次党代会以来特别是2021年的工作，部署今后五年工作和明年重点任务，选举产生中共天台县第十五届委员会和纪律检查委员会，动员全县上下聚力“五翻番”，推动新跨越，阔步迈进现代化和合之城美好时代。

30日 县十五届一次党代会第二次全体会议在行政中心第一报告厅举行。

同日 县十五届一次党代会主席团常务委员会第二次会议在行政中心第一会议室举行。

同日 县十五届一次党代会主席团第三次会议在行政中心第一会议室举行。

同日 县十五届一次党代会主席团第四次会议在行政中心第一会议室举行。

31日 赤城街道召开学习贯彻县第十五届代表大会第一次会议精神暨上任即奔跑誓师大会，掀起“上任即开考，上马即奔跑”的干事热潮。

同日 县十五届一次党代会在行政中心第一报告厅举行第三次全体会议。

同日 县十五届一次党代会主席团第五次会议在行政中心第一会议室举行，主席团全体成员、总监票人、副总监票人参加会议。会议由杨玲玲主持。

同日 县委社会建设委员会揭牌仪式在县行政中心电视电话会议室举行。

同日 中国共产党天台县第十五届代表大会第一次会议完成各项议程后闭幕。

同日 中国共产党天台县第十五届纪律检查委员会召开第一次全体会议。

同日 中国共产党天台县第十五届委员会第一次全体会议召开。杨玲玲主持会议，全体县委委员、县委候补委员出席会议，全体县纪委委员列席会议。

12月 省“千村示范、万村整治”工作协调小组办公室公布2021年度省美丽乡村示范乡镇等名单，天台县三州乡被评为2021年度省美丽乡村示范乡镇。

12月 省发改委会同省级相关部门对全省第一批10家大花园示范县建设单位进行审核验收，天台县通过验收并获评全省第一批大花园示范县称号。

12月 省林业局公布2021年度“省级森林氧吧”榜单，天台县三州潭和发呆谷榜上有名。至此，全县共有7个景区获此殊荣。

12月 天台县党外知识分子和社会组织代表人士统战工作基地揭牌仪式在和合人间文化园举行。

12月 天台县平桥镇被评为新时代美丽城镇建设省级样板，始丰街道被评为新时代美丽城镇建设山区县县城城镇省级样板，街头镇、龙溪乡、白鹤镇、雷峰乡、南屏乡、泳溪乡、三州乡等7个乡镇美丽城镇建设基本达标。

12月 为全面贯彻落实省市安全生产工作会议精神，天台县召开工矿和危化品专委会三类“园区、企业、设施”安全生产专项整治暨安全生产百日攻坚大行动部署会。

12月 县自然资源局下发通知，在全县施行野生动物肇事公众责任保险工作。届时，因野生动物肇事遭受损失，并符合保险条件的，可获得相应的赔偿。

12月 由市总工会主办、县总工会承办的2021年台州市导游职业技能竞赛在天台县举行。

12月 中国林业产业联合会公布2021年国家级森林康养试点建设单位名单，天台县石梁镇、雷峰乡成功入选。

（编辑部）

县情概况

自然环境

【境域】天台县位于浙江省东中部，隶属于浙江省台州市，境域范围介于北纬 28°57′02″～29°20′39″和东经 120°41′24″～121°15′46″之间，东接三门县，南邻临海市，西毗磐安县，北连新昌县，东北交宁海县，西南通仙居县。县境东西长 54.7 公里，南北宽 33.5 公里，总面积 1431.66 平方公里，距省城杭州市 223 公里，距东海 65 公里。属中亚热带季风气候区，四季分明，降水丰沛，带有一定的盆地气候特征。

【地貌】天台的地貌以低山、丘陵为主。低山和丘陵占全县总面积的 81%，河谷盆地平原和台地占 19%。整个地势东北、西北、西南三面高，向东和东南倾斜，四面高山环绕，中间是河谷平原。始丰溪贯穿西东折南，海拔 50～250 米。

【山脉】境内有天台山脉与大雷山脉。天台山脉为浙江主要山脉之一，绵亘于天台、新昌、宁海、三门、奉化、象山、镇海等县市，入海构成舟山群岛。主峰华顶山柏树岩尖，海拔 1110 米。大雷山脉由大盘山南峰发脉，绵亘于磐安、仙居、天台、临海等市县。主峰大雷山，海拔 1229.4 米，为天台、临海、仙居三县（市）界山。

【河流】境内河流主要分隶于椒江、曹娥江 2 个水系，均为山区性溪流。椒江水系中的始丰溪（又名大溪）为境内最长的溪流，贯穿天台盆地。始丰溪发源于磐安县大盘山南麓，经磐安县方前镇流注里石门水库入境，在滩岭下湾村出境入临海市，于三江村与永安溪汇合后称灵江。始丰溪全长 132.7 公里，境内长 68.5 公里。

【气候】天台属中亚热带季风气候区，四季分明，降水丰沛，热量充足。又因四周山体环绕，中间低平，因而小区域气候特征显著，带有一定的盆地气候特征。天台自 1961 年至 2020 年 60 年间平均气温 17.1℃，年平均最高气温 22.4℃，年平均最低气温 12.9℃。高温一般出现在 6 月下旬至 9 月上旬，其中以 7 月上旬至 8 月中旬最多。年际变化，最高 2020 年，年平均气温 18.3℃；最低 1981 年，年平均气温 16.0℃，变幅 2.3℃。月际变化，最热 7 月，平均气温 28.3℃；最低 1 月，平均气温 5.5℃，变幅 22.8℃。极端最高气温 41.7℃，出现在

1961年7月23日，极端最低气温-9.1℃，出现在1967年12月30日。天台冬季（12月—2月）平均气温为6.5℃，春季（3月—5月）平均气温16.1℃，夏季（6月—8月）平均气温27.1℃，秋季（9月—11月）平均气温18.8℃，春秋季气温与年平均气温接近，夏季热，冬季冷。天台1961年—2020年年降水量平均值为1432.0毫米，最多为2019年2050.6毫米，最少为1967年838.4毫米。年平均霜日34.4天。年际变化大，最多为62天（1962年—1963年），最少为19天（1997年—1998年）。年平均日照总时数1811.8小时。年际变化，最多为1971年2296.4小时；最少为2000年1499.6小时。主要灾害性天气有台风、暴雨、连阴雨、高温、低温、大雪、冰雹、雷雨大风、干旱等。

历史沿革

【沿革】天台历史悠久，早在新石器时代就有先民在此生息繁衍。

东汉建安元年（196），因平定王朗之乱，析章安置始平县（又称南始平），此为天台建县之始。初属会稽郡，太平二年（257），改属临海郡。

西晋太康元年（280），改名始丰县。

东晋永和三年（347），析南乡置乐安县（今仙居县）。

南朝齐改始丰县为始平县，仍属临海郡。梁时属赤城郡。陈时复名始丰县，仍属临海郡。

隋开皇九年（589）平陈，并始丰入临海县，属括州（处州）。

大业三年（607），属永嘉郡。

唐武德四年（621），平吴李子通，分临海复置始丰县，属海州，不久属台州。八年又废始丰。贞观八年（634）再置。上元二年（761），改名唐兴，属台州。

五代时，属吴越国。后梁开平二年（908）八月，改唐兴为天台，后唐同光初复名为始丰，后晋天福间改名台兴，均属台州。

北宋建隆元年（960），改台兴为天台，此名一直沿用至今。北宋太平兴国三年（978），吴越归宋，天台亦归宋，属台州。

元代，地方行政实行“行省”制度，至元十四年（1277），改台州为台州路。天台属江浙行省东道台州路。

明代，地方政区制度袭元朝，改台州路为台州府。天台属浙江布政使司台州府。

清代，承袭明制，天台仍属浙江布政使司台州府。

民国元年（1912）废府制为道制。天台改属会稽道。民国21年（1932）6月属浙江省第六行政督察区。同年9月，属浙江省第五行政督察区。此后归属变化纷繁。至民国37年（1948）4月，仍属浙江省第六行政督察区。

1949年5月24日，天台解放，成立县人民政府，属台州专区。1954年6月，台州专区撤销，天台划到宁波专区。1957年7月，台州专区恢复，天台划归台州。1958年12月，撤台州专区，天台又划到宁波专区。1962年4月，重置台州专区，天台又划归台州（1970年改称台州地区，1994年9月改称台州市至今）。

行政区划

2021年行政区划为：辖3个街道、7个镇、5个乡，374个行政村、21个社区。

【赤城街道】户数：33277户，人口数：99892人，男49827人、女50065人。

紫东社区、丰园社区、丰泽社区、金盘社区、飞鹤社区、妙山社区、跃龙社区、临川社区、永清社区、桃源社区、天都社区、永宁社区、国赤社区、少保村、立新村、桐柏村、栖霞村、仙都村、田洋陈村、传教村、横潭坎村、螺溪周村、东坑陈村、螺溪村、安固村、坑边村、东横山村、八都村、九峰村、塔后村、麻车洋村、三新村、百步洋村。

【始丰街道】户数：17162户，人口数：52377人，男26292人、女26085人。

天元社区、溪林社区、玉湖社区、落雁社区、慈恩村、石景村、安科新村、天湖村、鼻下许新村、松隐村、双星村、高新村、龙霞山村、铺前村、科山村、官塘张、官塘蔡村、官塘村、官塘余村、何方村、潘村、田井村、团结村、晚山村、龙山一村、龙山二村、龙山三村、龙山四村、龙山五村、龙山六村、山头裘村、双莲村、唐三村、塘下丁村、中联村、西演茅村。

【福溪街道】户数：14140户，人口数：44881人，男23117人、女21764人。

南兴社区、桥南社区、福溪社区、幸福花苑社区、杜潭村、小淡溪村、金山岭村、滩岭村、兴业村、横山村、花桃村、五卫村、东临村、友谊新村、新联、建明、光明、三联、星光、民主、莪园村、后田村、石塘徐村、三村。

【平桥镇】户数：34521户，人口数：111069人，男57900人、女53169人。

西安村、乌岭村、周和村、八角亭村、协新村、张思村、五新村、湿溪村、前山村、赵家岱村、庄前村、周坎头村、周下村、百井村、苍联村、下陈村、咨溪村、平西村、寺后村、赤山村、竖岩村、永和村、联兴村、大路杨村、花墅村、青山村、新东村、金壁村、协和村、七一村、紫霄村、上石壁村、平东村、紫云村、曹一村、新北村、西园村、紫阳村、后蒋村、下曹村、上庞村、始丰村、花西村、庄后村、伍东村、下王村、风廉村、后村、宁一村、平镇街村、三吴村、下街村、下秧田村、三新村、山头庞村、长洋村、东序村、岭下安村、龙官村、嵩山后村、田中央村、屯桥村、溪边张村、咨姚村、茅垟村、前山头村、山庵村、西张村、溪头洋村、新中村。

【白鹤镇】户数：21183户，人口数：65032人，男33962人、女31070人。

桃源谷村、天宫村、仙岩村、横片村、何方赵村、大路下村、溪东村、三茅村、飞渡村、田畈村、飞泉村、福泉村、北街村、横西村、横东村、卧龙村、盘龙村、山荣村、大姥山村、万马渡村、万年村、皇都村、东林村、鹤楼葛村、长塘卢村、红旗村、上联新村、松关村、兴隆村、鹤栖新村（已撤销）、澄村、上西山、新楼下、下岙葛、霞庄、孟岸许、双溪口、左一村、左溪村、苍蒲坑、白水、莲花、罗心、西涧、上宅、下宅、下西山村、白鹤殿村、桥亭村、繁荣村。

【坦头镇】户数：14589户，人口数：45604人，男24516人、女21088人。

五百村、学前村、墅山李村、塘岙村、红旗东村、和兴村、西陈村、瓶西村、东横村、榧树村、和溪村、严畈村、下陈岙村、马鲤岙村、欢东村、欢西村、下周村、大余村、金钟村、下宅、八一、缸凤、大黄徐、东陈、岩下、水碓岙、坦头、溪南、黄务洋、牌门陈。

【三合镇】户数：12326户，人口数：41664人，男22085人、女19579人。

集聚村、山头洋村、灵风村、寺前村、黄务村、下坊村、洋头村、峇畴村、朗树前、下宅张、建设、王村、亭头、塘联、大横村、大横金村、四新村、宝山村、联合村、灵一村、下峧村、文岙村、上山村、下涧溪村、塘上村、塘下村。

【洪畴镇】户数：6181户，人口数：21842人，男11692人、女10150人。

希董村、大洋村、和美村、逸溪村、天和村、吉湖村、大一村、大三村、市集村、东三联村、明公村、东安隐村、东新联村、项家村、里麻村。

【街头镇】户数：12414户，人口数：38469人，男20222人、女18247人。

嘉图村、步头村、朝阳村、世元村、溪联村、旗前村、后岸村、张家桐村、遮山村、方联村、雷元村、丰源村、金满坑村、小溪坑村、街一村、叶宅村、沈宅村、后洋村、三明村、合溪姚村、新联庄村、旗南村、浙嵊村、霞山村、九遮村、济岙村、湖嵊村、成州村、雷溪村。

【石梁镇】户数：5325户，人口数：15384人，男8296人、女7088人。

龙皇堂村、集云村、岩头墩村、太平村、慈圣村、石梁村、华峰村、金竹湖、双溪村、九里溪村、大同村、云西村、岭后村、桐天村、兴水村、迹溪村、泄上村、溪岩村、培新村、中三村、大同五村。

【南屏乡】户数：5126户，人口数：13834人，男7499人、女6335人。

永福村、上杨村、九龙村、前杨、下汤、东畚、日新、敏寮、幸福新村、山头郑、板桥、永和、翠东、翠西。

【雷峰乡】户数：5232户，人口数：15778人，男8452人、女7326人。

崔一、大地林、状塘、祥和、黄家塘村、崔家村、祥益村、友义村、桥棚村、茶丰村、白坭坦村、王浪村、潘岙杨村。

【三州乡】户数：3248户，人口数：9413人，男5148人、女4265人。

黄润坑、州丰、岭一、石岭、沙岭、道士岩、上坑、五星、东坑、牌门、下屋。

【泳溪乡】户数：5278户，人口数：15815人，男8367人、女7448人。

大智村、泳溪湖村、大柳溪村、北山村、山里周村、紫云山村、呑溪村、岩下方村、岩下蒋、灵坑村、三王岭村、泳溪村、家湖村、四龙坑村、干坑村、苍华村、尖山村。

【龙溪乡】户数：2549 户，人口数：7828 人，男 4228 人、女 3600 人。

下辽坑村、黄水村、始丰源村、天柱村、寒山、寒岩、岩塔下。

人口变化与分布

【人口变化】北宋大中祥符年间（1008—1016），始有人口记载，全县户不满 5000 户，丁不及 1 万人。至大观年间（1107—1110），有主户 30358 户、63958 人，客户 11013 户、15231 人。

南宋建都临安，北方移民涌入。嘉定十五年（1222），有主户 31950 户、74676 人，客户 12251 户、14571 人。

元初，杨镇龙起义抗元，人口耗损，元统年间（1333—1335），仅存 19495 户，丁口无考。

明代，人口不断减少。洪武二十四年（1391），16874 户、57332 人。永乐元年（1403），8027 户、23598 人。弘治五年（1492），4407 户、11285 人。正德七年（1512），4291 户、11225 人。嘉靖年间（1522—1566），4820 户、10279 人。隆庆元年（1567），4821 户、11327 人（男 8418 人，女 2909 人）。

清康熙五十二年（1713），实行“滋生人丁，永不加赋”政策；五十九年，知县戴兆佳呈准摊丁入亩，废除人头税。宣统元年（1909），人口分区统计为 73202 户、266336 人。

民国时期（1912—1949），人口徘徊在 25 万人左右。民国元年，为 68072 户、250380 人。抗日战争期间，宁波、绍兴等沦陷区的难民涌入，人口短暂增多。民国 27 年比民国 25 年增加 14259 人。民国 28 年，约 8000 人划归磐安县。民国 37 年，为 66929 户、253830 人。

中华人民共和国成立后，人口猛增。1949 年，71072 户、253830 人；1958 年，79385 户、302620 人。

1959 年—1962 年，国民经济严重困难，人口增长减缓。

1961 年，82625 户、316082 人，为人口增长数最低年。

1963 年，83485 户、333569 人，为人口增长数最高年。

1972 年，全面推行计划生育后，人口增长逐步得到控制，是年 95308 户、408847 人。

1988 年，145200 户、513735 人。

2000 年 11 月 1 日零时全国第五次人口普查，全县户籍人口 552146 人（男 288299 人，女 263847 人）。

2002 年，全县户籍人口 185038 户、555169 人（男 291116 人，女 264053 人）。

2003 年，全县年末总户数 186441 户，总人口 555186 人（男 291180 人，女 264006 人）。

2004 年年末，全县总户数 187834 户，总人口 556631 人（男 292012 人，女 264619 人）。

2005 年年末，全县总户数 189089 户，总人口 558768 人（男 293234 人，女 265534 人）。

2006年年末，全县总户数191045户，总人口562554人（男295057人，女267497人）。

2007年年末，全县总户数194093户，总人口565029人（男296119人，女268910人）。

2008年年末，全县总户数195935户，总人口568863人（男297806人，女271057人）。

2009年年末，全县总户数195679户，总人口574990人（男301397人，女273593人）。

2010年年末，全县总户数194708户，总人口581600人（男304559人，女277041人）。

2011年年末，全县总户数193844户，总人口586223人（男306659人，女279564人）。

2012年年末，全县总户数193468户，总人口592246人。

2013年年末，全县总户数192747户，总人口595430人（男310921人，女284509人）。

2014年年末，全县总户数191468户，户籍总人口598363人（男312061人，女286302人）。

2015年年末，全县总户数191454户，户籍总人口593701人（男309687人，女284014人）。

2016年年末，全县总户数192307户，户籍总人口598493人（男311872人，女286621人）。

2017年年末，全县总户数194568户，户籍总人口601965人（男313232人，女288733人）。

2018年年末，全县总户数195790户，户籍总人口602520人（男313490人，女289030人）。

2019年年末，全县总户数196009户，户籍总人口602932人（男313659人，女289273人），少数民族人数与2009年基本一致。

2020年年末，全县年末总户数195681户，总人口601460人（男312879人，女288581人），全年出生人口4931人，出生率8.20‰；死亡人口4151人，死亡率6.90‰；人口自然增长率1.30‰。

2021年年末，全县总户数192551户，总人口598882人（男311603人，女287279人）。

【人口分布】清代末年，城区、东下区、西上区、西下区人口最密；东上区、北区人口最稀。

1988年，城关、白鹤、坦头、三合、洪畴、平镇、街头7个镇的人口较密，占全县总人口28%。后袭、大同、天柱等山区人口较稀。

2002年，城关、平桥、白鹤、坦头、街头、三合、洪畴7个镇的人口较密，占全县总人口84.60%；三州、龙溪、泳溪、雷峰、南屏、石梁等山区乡镇人口较稀，仅占全县总人口15.40%。

2003年，赤城、始丰、福溪3个街道和平桥、白鹤、坦头、街头、三合、洪畴6个镇的人口较密，占全县总人口84.70%；南屏、三州、龙溪、泳溪、雷峰、石梁等山区乡镇人口较稀，仅占全县总人口15.30%。

2004年，赤城、始丰、福溪3个街道和平桥、白鹤、坦头、街头、三合、洪畴6个镇的人口较密，占全县总人口85.06%；南屏、三州、龙溪、泳溪、雷峰、石梁等山区乡镇人口较稀，仅占全县总人口14.94%。

2005年，赤城、始丰、福溪3个街道人口占全县总人口30.18%；平桥、白鹤、坦头、街头、三合、洪畴、石梁7个镇人口占全县总人口58.17%；南屏、三州、龙溪、泳溪、雷峰5个乡，人口分布较稀，仅占全县总人口11.65%。

2007年，赤城、始丰、福溪3个街道人口占全县总人口30.89%；平桥、白鹤、坦头、街头、三合、洪畴、石梁7个镇人口占全县总人口57.67%；南屏、三州、龙溪、泳溪、雷峰5个乡，仅占全县总人口11.44%。

2008年，赤城、始丰、福溪3个街道人口占全县总人口30.97%；平桥、白鹤、坦头、街头、三合、洪畴、石梁7个镇人口占全县总人口57.63%；南屏、三州、龙溪、泳溪、雷峰5个乡，仅占全县总人口11.39%。

2009年，赤城、始丰、福溪3个街道人口占全县总人口31.03%；平桥、白鹤、坦头、

街头、三合、洪畴、石梁7个镇人口占全县总人口57.63%；南屏、三州、龙溪、泳溪、雷峰5个乡，仅占全县总人口11.34%。

2010年，赤城、始丰、福溪3个街道人口占全县总人口31.92%；平桥、白鹤、坦头、街头、三合、洪畴、石梁7个镇人口占全县总人口56.74%；南屏、三州、龙溪、泳溪、雷峰5个乡，仅占全县总人口11.34%。

2011年，赤城、始丰、福溪3个街道人口占全县总人口31.25%；平桥、白鹤、坦头、街头、三合、洪畴、石梁7个镇人口占全县总人口57.56%；南屏、三州、龙溪、泳溪、雷峰5个乡，仅占全县总人口11.19%。

2020年，赤城、始丰、福溪3个街道人口占全县总人口32.66%；平桥、白鹤、坦头、街头、三合、洪畴、石梁7个镇人口占全县总人口56.80%；南屏、三州、龙溪、泳溪、雷峰5个乡，仅占全县总人口10.54%。

2021年，赤城、始丰、福溪3个街道人口占全县总人口32.92%；平桥、白鹤、坦头、街头、三合、洪畴、石梁7个镇人口占全县总人口56.62%；南屏、三州、龙溪、泳溪、雷峰5个乡，仅占全县总人口10.46%。

【人口迁入】北宋大观四年（1110），有客户万余。南宋建都临安，北人辗转流徙而来的甚众。元、明、清各代，因避难、婚配、隐逸而迁入的颇多。抗日战争期间，天台成为浙东后方，上海、宁波、绍兴等沦陷区的机关、学校和难民涌入，人口增多；这些人大多于抗日战争胜利后回归原籍，迄1947年，全县外籍人口仅186人。

1949年6月，有72名随军南下干部迁入天台。

1956年，磐安县尚湖乡第一、十一两村划入天台，迁入301户1114人。

1963年，有48名杭州市知识青年到华顶林场落户。

1976年，东阳县方前公社田芯大队划归天台，迁入236户916人。天台山寺庵道观特多，民国21年（1932），全县有寺庙户189户，僧尼道士759人（男635人，女124人）。汉武帝建元三年（前138），东瓯为避闽越，举国内徙江淮间。之后，无大规模迁徙。清末民国初，海禁开放，交通发达，迁居外地渐多。在上海的多为商人或工人；在杭、甬、温等地的多从事裁缝、穿棕棚、理发、水作坊、轿夫等工作。在嘉兴、湖州等地的多为雇农或雇工。民国28年，划给磐安县110个村，约8000人。抗日战争胜利后至解放前夕去台湾607人（女59人）。

【人口迁出】1956年8月，迁往青海省知识青年98人。

1959年迁往宁夏知识青年698人（男539人，女159人）。

1960年又迁往宁夏701人（男471人，女230人）。

1970年迁往黑龙江60人（男43人，女17人）。这些人大多数于20世纪80年代迁回天台。

2002年迁出人口6761人，迁入人口3866人。

2003年迁出人口7002人（其中迁出省外1326人），迁入人口3645人（其中省外迁入812人）。

2004年迁出人口9436人（其中迁出省外1396人），迁入人口5995人（其中省外迁入741人）。

2005年迁出人口8324人（其中迁出省外1504人），迁入人口5867人（其中省外迁入1024人）。

2006年迁出人口6156人（其中迁出省外1332人），迁入人口4902人（其中省外迁入1241人）。

2007年迁出人口7348人（其中迁出省外1595人），迁入人口6317人（其中省外迁入1308人）。

2008年迁出人口3894人，迁入人口4437人。

2009年迁出人口3825人，迁入人口4799人。

2010年迁出人口4526人（其中迁出省外926人），迁入人口5900人（其中省外迁入1472人）。

2011年迁出人口3378人（其中迁出省外835人），迁入人口4632人（其中省外迁入1648人）。人口进出迁移放开后，记录已无多大意义，故不再记录。

民　族

【民族普查】1964年6月30日24时人口普查，全县常住人口中回族2人、苗族1人、壮族2人，其余均为汉族。

1982年7月1日零时人口普查，全县常住人口中除回族7人、壮族1人、侗族1人外，其余皆为汉族。

2000年11月1日零时全国第五次人口普查，全县户籍人口中蒙古族17人，回族9人，藏族2人，维吾尔族6人，苗族87人，彝族8人，壮族25人，布依族72人，朝鲜族7人，满族13人，侗族10人，瑶族5人，白族2人，土家族23人，傣族3人，畲族7人，水族3人，仡佬族3人，哈尼族、黎族、土族各1人，其他少数民族6人，其余均为汉族。

2004年年末，全县总户数中白族4人，布依族46人，藏族8人，朝鲜族5人，侗族12人，哈尼族3人，回族8人，黎族6人，傈僳族8人，满族14人，毛南族2人，蒙古族17人，苗族27人，羌族3人，畲族7人，水族1人，塔塔尔族1人，土家族3人，土族6人，锡伯族1人，瑶族1人，彝族5人，仡佬族2人，壮族23人，其余均为汉族。

2005年年末，少数民族人数与2004年基本一致。

2009年12月，全县在册人口除汉族外还有30个少数民族，其总人数共478人，分别为蒙古族19人、回族23人、藏族8人、维吾尔族1人、苗族76人、彝族11人、壮族67人、布依族100人、朝鲜族6人、满族28人、侗族27人、瑶族4人、白族9人、土家族28人、哈尼族7人、傣族4人、黎族5人、傈僳族6人、佤族1人、畲族21人、拉祜族2人、水族3人、景颇族1人、土族6人、羌族2人、毛南族4人、仡佬族5人、锡伯族2人、德昂族1人、塔塔尔族1人。

2020年的民族构成仍然约为30个少数民族，变化不大。

2021年年末，全县在册人口除汉族外还有34个少数民族，其总人数共1613人，其中蒙古族44人，回族71人，藏族22人，维吾尔族3人，苗族265人，彝族94人，壮族202人，布依族219人，朝鲜族3人，满族116人，侗族96人，瑶族34人，白族45人，土家族192人，哈尼族22人，傣族25人，黎族12人，傈僳族3人，佤族11人，畲族49人，拉祜族8人，水族19人，景颇族12人，土族13人，达斡尔族3人，仫佬族5人，羌族4人，撒拉族1人，毛南族7人，仡佬族8人，锡伯族3人，京族1人，塔塔尔族1人，其余均为汉族。

（编辑部）

中国共产党天台县委员会

综　述

【概况】2021 年是天台县现代化和合之城建设的起步之年，天台县委深入学习贯彻习近平新时代中国特色社会主义思想，各项工作扎实有效，实现了“十四五”发展的良好开局，为十四届县委工作画上了圆满的句号。实现生产总值增速全市第二，市对县考核综合成绩全市第三。天台县入选全省唯一的国家水系连通和水美乡村建设试点，上榜全国投资潜力百强县、全国县域旅游综合实力百强县、中国最具发展潜力百佳县、中国最美乡村百佳县，浙江山区 26 县考核优秀、全省第六，就业创业工作获得省政府督察激励，企业上市等 12 项工作得到省部级以上领导批示肯定，党建联盟等 20 余项工作得到中央媒体聚焦报道。

【党史学习教育】2021 年，始终以党史学习教育为引领，高标准开展“深化三服务、对标勇争先”讨论实践活动，形成勇开新局的同心合力。“五争”行动成果丰硕，争得全国农村创业创新典型县等国家、省部级项目 10 个，争到乡村振兴集成创新等省部级奖补资金 12.3 亿元，获批 6 个省部级、55 个市厅级试点。“五个一批”活动成效明显，创新开展重大项目谋划擂台赛，谋划数字经济产业园等项目 82 个，入选全省多跨场景重大应用 9 个，住院服务一体办等 4 个项目中榜“揭榜挂帅”，“摊省心”成为全省最佳应用，在全省数字化改革推进会上做典型发言。“三为”专题实践扎实推进，办结民生实事 240 项，破解企业难题 181 个，纳税人满意度全国第三，构建亲清政商关系做法获新华社报道点赞。县委办围绕必读书目，通过“个人 + 集中”形式常态化开展党史学习教育，组建办公室党史学习教育宣讲团，推动党史学习教育扎实开展。有机融合党史学习教育与“深化三服务、对标勇争先”讨论实践活动。县委办每季度召开“青年干部和合论坛”，助力年轻干部成长。建好用好“和合读书角”，组织开展读书交流。参加全县讲书大赛、诗词吟诵大赛，以读原著、学原文、悟原理，提升全体干部的政治素质和综合素养。加大上挂下派力度，选派 1 名干部到省委改革办、1 名干部到市委办、1 名干部到市共同富裕专班、1 名干部到县招商组挂职，1 名干部到企业、1 名干部到农村一线锻炼，1 名干部参加县青干班学习。县委办机关第一党支部被评为“天台县先进基层党组织”。县委办通过学习党章党规、廉政党课、召开廉情分析会和专题汇报会、个人对照剖析等方式，强化规矩意识、主体责任意识和自查自纠意识。健全日常考勤制度，全面落实公务员平时考核标准；健全加班夜餐费规范开支制度，严格执行刷脸打卡留痕，落实分级核实责任。加强机关党风廉政建设，健全风险点防控机制，抓实抓细谈心谈话活动，明晰政治规矩和党内纪律。

【产业优化升级】2021 年，始终把“强产业”摆在突出位置，创新举办企业英雄汇，打造头部企业，实现经济发展逆势上扬。工业企业茁壮成长，银轮获省政府质量管理创新奖，大自然、严牌成功上市，永贵等 3 家企业列入省首批单项冠军培育库，奥锐特等 4 家企业入围国家“小巨人”“隐形冠军”，天成入选省信息技术与制造业融合发展示范企业。农业发展提质增效，“天和农”通过国家商标核准注册，获批全国绿色种养循环农业试点、省首批农业农村领域推进共富实践试点，现代农业园区入选省农村产业融合发展示范园创建名单。服务业提档升级，入选省首批现代服务业创新发展区创建名单，列入省“供富大篷车”试点县，电商销售总额全市第一。

【改革创新】2021 年，始终坚定对标新昌，强化科技创新，赋能高质量发展。科技攻关取得突破，中冷器等 3 个项目列入省首台（套）产品，汽车零部件产业工程师协同创新中心正式启用，获批产业用布行业首个“浙江制造”标准，新增国家高新技术企业 16 家、省级科技型中小企业 57 家。产学研合作不断深入，南科大智能制造研究院启动建设，圣达生物、天台药业等入选省重点研发计划，新增省级院士专家工作站和博士后工作站各 1 家。创新生态不断优化，企业码多码融合入围省数字经济应用试点，洪畴创业园入选省数字化示范小微园，技师学院获批筹建，第四届全球高端装备创新创业大赛成功举办，入选浙江工匠 6 人、市 500 精英计划 16 人。

【项目成果】2021 年，始终坚持每季集中开工，全程晾晒比拼，靶向督查倒逼，实现了重大项目数量、体量新突破。项目招引成效显现，双箭项目成功落地，新签约 5 亿元以上项目 20 个、总投资 280 亿元，落地率 100%。项目建设提速推进，总部经济大楼等 66 个重大项目开工、总投资 342 亿元，已立项项目 100% 开工，开工率全市第一，万胜智能仪表、祥和轨道交通等 37 个项目竣工投产。项目攻坚势如破竹，完成三星科创园等 114 个项目攻坚任务，攻克颐养小镇、天桐路寒山路夹角等 15 个区块政策处理难题，水南城中村等 4 个安置项目建成，苍山上市产业园加快建设，5 家上市企业入驻。总投资 107 亿元的天台抽蓄项目前期工作把不可能变为可能，8 个月完成常规需 3 年的核准程序，已动工建设，成为天台历史上投资规模最大的项目。

【文化旅游建设】2021 年，始终融入全省诗路文化带建设，打造诗路明珠，讲好天台故事。文化传承创出品牌，天台山易筋经列入国家非遗代表性项目名录，和合文化全球论坛成功举办，永久性会址正式落户天台。全域旅游深入推进，超五星级星野酒店、华东最大室内滑雪场——天台山雪乐园、全国首座双跨玻璃悬索桥——会仙桥开放运营，创成AAA级景区镇4个、A级景区村50个，入选省旅游业“微改造、精提升”行动试点县，天台山上榜AAAAA级景区品牌100强。文旅融合亮点频现，电影《长津湖》取景地寒山湖成为网红打卡地，国庆期间景区收入同比增长3倍，央视《中国地名大会》《中国诗词大会》点赞推介天台山。

【天台建设】2021年，始终坚持以人为核心推进新型城镇化，联动城乡提能和乡村提质，扮靓美丽天台，积极迎接高铁时代。城市品质持续提升，天台山综合客运枢纽项目入选国家“十四五”项目库，百花路西拓工程年前投用，百里和合唐诗廊城区段形象呈现，赭溪历史文化街区一期主体完成。美丽乡村增色添彩，寒山神隐共富示范带启动建设，南屏入围中国乡村振兴示范乡镇，“十美共富”入选省农村综合改革集成建设项目，获评国家级四好农村路示范县、全省美丽乡村（农村人居环境提升）工作优胜县。生态环境全面优化，百威（台州）啤酒获评全市唯一省首批“无废工厂”，成功举办省第二届生态运动会（天台站），创成省首批大花园示范县，获评省运动休闲基地，生态环境公众满意度全市第一。

【走出民生优享坚实之路】2021年，始终通过借势借力、扩供提质，推动民生改善，增进幸福感。教育医疗事业优先发展，通过全国义务教育优质均衡发展县省级初评，与学军小学结亲办学，南洋幼儿园开工建设，特殊教育中心迁建项目主体通过验收，上海红房子技术指导的月子中心引进落地，县域健康管理入选国家5G+医疗健康应用试点，被授予国家加速康复外科骨科试点。文体事业全面发展，天台博物馆完成改造，《济公之降龙降世》获金鸡奖提名，荣获全国群众体育先进单位、省农村文化礼堂建设示范县，三合获评省民间文化艺术之乡。平安天台建设不断深化，全县火灾发生数、交通事故亡人数同比分别下降13.5%、30.4%，社区矫正心理矫治列入省最佳实践案例培育项目，平安工作经验全省交流，“数智网格”获《人民日报》点赞报道。

【常态化疫情防控】2021年，县委办始终以“当好左右手、担当作表率”为总目标，常态化开展疫情防控工作，全力保障县委工作的高效有序运转。切实履行全面从严治党主体责任，坚决扛起疫情防控的政治责任，把做好疫情防控工作作为当前一项重大政治任务，贯彻落实上级相关部署要求，制定县委主要领导有关疫情防控工作的调研、督查、会议等方案，协助县防指办做好上级文件的贯彻落实，并印发相关文件，组织全体机关干部深入联系村社开展疫情联防联控工作。

【党建取得新成效】2021年，贯彻党的十九届六中全会精神，始终把党的政治建设摆在首位，压实主体责任，推进全面从严治党。全面提高“政治三力”，举办庆祝建党百年系列活动，天台山入选省首批习近平新时代中国特色社会主义思想研究中心调研基地。守牢意识形态阵地，“温暖有约”列入省首批重点应用场景，“同心圆”主题日做法全市推广，涌现出“中国好人”“浙江好人”以及省级道德模范等一批先进典型。高质量完成乡镇领导班子和村级组织换届，创新实施村社党组织书记工作交流会，两新党建工作经验全省交流，入选省巾帼助力共富试点县，全市党建联盟引领乡村共富现场会、乡村旅游推动共富现场会在天台县召开。深化清廉天台建设，扎实推进政法队伍教育整顿，完成十四届县委巡察，一批腐败案件得到查处。人大、政协充分履行职能，群团组织建设得到新加强，武装、对台、档案、工商联、老干部、关心下一代等工作取得新进展。

（县委办）

组织工作

【概况】2021年，县委组织部在县委的坚强领导和上级组织部门的有力指导下，深入践行新时代党的组织路线，紧紧围绕中心、倾力服务大局，紧盯主责主业、全力争先创优，各项工作取得新突破、迈上新台阶，2021年度市对县组织工作考核获得优秀。承办全市现场推进会1场，支部标准化等3项经验做法全市发文推广，党建联盟等4项工作获得市委领导批示关注，两新党建、股级干部提任“预审制”等6项工作在省市作交流，乡镇换届、企业引才等工作被中央主流媒体刊登报道42次。县委组织部获评中组部信息报送先进单位。

【办好建党百年庆祝活动】2021年，举行全县“光荣在党50年”纪念章颁发仪式和县四套班子党员领导干部带领新入党党员集中宣誓等活动，扎实做好全国、省、市“两优一先”推荐、县级“两优一先”评选、走访慰问等工作。组织开展“沿着红色足迹学党史”“千场党课下基层”“党员在身边、温暖千万家”等主题活动，推动广大党员学党史、悟思想、办实事、开新局，相关工作得到时任省委常委、宣传部部长朱国贤批示肯定。

【平稳有序推进县乡换届】2021年，全面落实中央、省市县委对换届工作的部署要求，紧扣“五好五新”目标，坚持严的主基调，通过绘制乡镇干部“五色图”、开展乡语口碑“追溯考察”等特色做法，实现乡镇换届全程平稳有序、平静安静，“五度评价指数”各项指标顺利完成，树立了重基层重实干的鲜明用人导向，换届风气监督、重大项目滚动式考察等相关做法分别在中组部《组工信息》、省组部《组工情况》单篇刊发。新班子到任后，部署开展“五项活动”，力促新班子“到任即奔跑”，相关做法得到市组部领导肯定。重点项目成新班子主考场、乡镇“一把手”履新赋能等做法被《中国组织人事报》刊登报道。

【全链条抓实年轻干部选育】2021年，推进年轻干部常态培养“六大机制”建设，办好青干班、90后年轻干部周末班，组织60名青干班学员到县级重点工作和攻坚克难一线实践历练，选派157名年轻干部到数字化改革办等26个临时机构蹲苗锻炼，同时结合乡镇换届抓好优秀年轻干部动态跟踪管理和培养使用，深耕厚植年轻干部源头储备。

【打造公务员职级晋升筛选推优系统】2021年，以数字化改革为牵引，制定出台《公务员职级晋升量化评分推优办法》，打造“公务员职级晋升筛选推优系统”，“数智化”筛选和推优形成人选名单，进一步优化晋升导向、激发干事动力。该系统已正式投运，并入围全省组织工作数字化改革重大应用“一本账”管理目录。

【深化党建引领共同富裕】2021年，聚焦抓党建促乡村振兴和共同富裕，完善推行党建联盟引领片区化组团发展工作机制，优化组织设置、规范运行管理、抓实项目推进，以“片区带全域、组团促互补”释放党建联盟整体效应，推动乡村共同富裕。2021年全县共组建62个片区党建联盟，实现全域覆盖，建成省级美丽乡村示范乡镇7个、精品村21个。全市党建联盟引领推动乡村共同富裕现场推进会在天台召开，相关做法在全省全市交流推广，得到省委副书记黄建发点赞和市委书记李跃旗批示肯定，获评全市组织工作最佳项目。

【探索建立村社党组织书记工作交流会制度】2021年，牢牢牵住基层党组织书记这个牛鼻子，在全省率先探索建立县委定期召开村社党组织书记工作交流会制度，坚持“一季一会一主题”，通过县委直抓直管，让“书记讲给书记听、书记跟着书记学、书记带着书记干”成为常态，实现“一肩挑”后村级组织运行提效、发展提速。相关做法得到市委组织部部长赵海滨批示肯定，被《农民日报》、《共产党员》杂志报道。

【推动两新党建提质扩面】2021年，出台加强民营企业党建工作指导员队伍建设等“防瘫”制度文件，探索推行“红领链长”制度，两新党建工作在全省现场会上做交流发言，相关做法在省组部《组工情况》刊发。民营企业党建工作指导员队伍建设在全市发文推广。着眼新兴领域党建，推出“新尚人”服务品牌，切实加强对新业态、新就业群体的引领带动、关心关爱，相关做法被《工人日报》报道。

【持续优化人才谱系】2021年，紧紧围绕大车配、大健康等主导产业，加大市场化引才力度，打好中介引才、乡贤引才等组合拳，高质量举办第四届高端装备创新创业大赛，精准招引急需紧缺型高层次人才。全年新引进培育领军人才12人、高端人才12人，其中自主申报入选国家部委人才计划7人，居全市第一，入选省级引才计划4人，创历史新高；新入选市“500精英计划”16人，新增落地市“500精英计划”创业企业9家。

【大力推动高端人才产业平台建设】2021年，坚持大抓平台、抓大平台，人才创新创业服务综合体建成启用，汽车零部件产业工程师协同创新中心进入试运行。企业科创平台多点开花，新建成省级院士专家工作站1家、省级博士后工作站1家、省级重点实验室1家，市级重点实验室6家、市级外国专家工作站1家。

【构建人才安家全周期服务体系】2021年，以打造“人才生态最优县”为目标，通过“实物配租+货币补贴”“和合红娘+兴趣部落”“政府服务+人文关怀”等组合举措，一条龙办好人才的住房要事、婚姻大事、家庭实事、生活小事等，帮助人才融入天台、扎根天台。全年累计落实人才子女入学47人、人才体检190人、人才公寓入住21人，吸引和培养265名高层次人才在天台创业创新。相关做法在《浙江信息》每日汇报、《中国组织人事报》刊发。

【抓好机关党建“双创”】2021年，全力推进“清廉机关、模范机关”建设深化年行动，加强对市级机关党建示范点、先锋支部、清廉文化进机关示范点创建单位的指导把关，成功创建2家市级机关党建示范点、4个市级先锋支部，县人民法院被评为全省“建设清廉机关、创建模范机关”工作先进集体，在全省纵深推进清廉机关模范机关建设工作会议上做交流发言。全面推进机关支部标准化认证工作，完成全县219个支部的检查认证及整改提升工作，该项工作在全市发文推广。

【全方位提升老干部管理服务效能】2021年，全面开展“银龄向党·助力有我”系列主题活动，先后组建“银发助企”“银发助农”两家党建联盟，建成飞鹤社区、桥南社区两家银景驿站，完成新老年大学主体工程竣工验收，同步建成“银景驿站”县级总部。全年获得市级以上老干部集体（个人）荣誉15项，为历年最多。2021年获评全市老干部工作考核优秀单位。

（组织部）

宣传工作

【概况】2021年，县委宣传部高举习近平新时代中国特色社会主义思想伟大旗帜，认真贯彻各级宣传思想工作会议精神、县十四届五次党代会和县委十四届十五次全体（扩大）会议精神，自觉担负起举旗帜、聚民心、育新人、兴文化、展形象使命任务，取得了实实在在的成效。成功承办和合文化全球论坛，永久举办地落户天台县，获评中华文化海外传播合作基地、省农村文化礼堂示范县，服务“一老一小”、“温暖有约”、“双轨制”、青年党史宣讲、三服务、志愿服务等工作获市级及以上领导批示7次，传承和合文脉、“回形介入法”等做法在市委文化、全市网信等工作会议上做典型发言3次。天台县委宣传部获评2021年度全国市域治理现代化示范城市建设先进集体；天台县精神文明建设指导中心获评2021年度全市精神文明建设工作先进集体；天台县委网信办获评2021年度浙江省网络生态“瞭望哨”工程建设成绩突出集体。

【抓牢理论武装】2021年，推进理论铸魂、走心、溯源工程，天台山成功入选省首批习近平新时代中国特色社会主义思想研究中心调研基地。深化党组理论学习中心组“九学”机制和“初心云讲堂”融媒体理论宣讲平台，建强“红爷爷”、“青声代”、巾帼初心等特色宣讲队伍，推出“百年辉煌史、一人讲一年”活动，围绕中国共产党在浙江、台州、天台的百年奋斗史，策划共同富裕、高铁建设、和合文化等宣讲主题100个，该经验做法获得市委常委、宣传部部长蒋冰风批示肯定，一批青年宣讲员获省级及以上比赛奖项7次、市级宣讲比赛一等奖2次。打造全域“党史讲堂”，以“七进七讲”为主要方式，将党的创新理论送到基层，共开展各类宣讲活动4300多场次。深度挖掘天台红色资源，抽调专家学者成立天台史料研究组，开展“红色精神耀天台”理论研讨活动，研究成果编印成《红色精神耀天台——庆祝中国共产党成立 100 周年天台党史研究论文集》。

【壮大主流舆论】2021 年，县委书记杨玲玲在央视《中国地名大会》推介天台获全网点赞，《还有诗和远方》天台篇播出获好评，视频观看 5.8 亿人次，微博阅读 4.2 亿人次。2021 年和合文化国际论坛于 12 月初在天台召开，进一步讲述好天台故事、传播好天台声音。围绕县委中心工作，精心策划“奋斗百年梦•启航新征程”“党史学习教育‘三为’专题实践”“全面推进数字化改革”“迈向现代化和合之城”“深化三服务、对标勇争先”“大陈岛垦荒卫士”等专题专栏 50 余个，2021 年累计在市级以上媒体刊播报道 6000 余条，其中《人民日报》6 篇，《新华每日电讯》1 篇，央视 13 条，《光明日报》2 篇，《浙江日报》5 篇（头版头条 1 篇，头版 4 篇）。创新宣传形式，常态化推出“优化营商环境　我们在行动”“优化营商环境　请你来点评”“狠抓项目　大抓服务”“‘五翻番’进行时”等一批系列报道，推动重大任务完成、重大决策落实，以及重大项目推进、重大风险防控。创新内容形式，依托“和合天台”App，推出以“短视频+直播”为特色的全新网络融媒平台，开办 10 余个特色栏目，其中“主播带你游”栏目围绕高铁建设、夜游项目、文旅产业等中心工作，以用户思维、网络语言发挥宣传优势，使新闻宣传产生更好的社会效应。紧扣赋能提质，媒体融合纵深发展，加强合作共建，引进并推广应用省广电集团“蓝云智剪”系统。新媒体传播力增长明显，2021 年“神秀天台”微信公众号粉丝数新增 30%，阅读量新增 150%。新闻+成效显著，添置 5G 背包移动直播等设备，发挥在重大活动、突发事件等重要时段的全媒体传播优势，如在防范台风“烟花”过程中，创新运用 PGC（专业生产）和 UGC（用户生产）相结合的内容生产方式，实现全时段、全方位立体化报道。聚焦群众反映强烈的突出问题，推出《新闻聚焦》栏目，重点针对垃圾分类、汽车用品生产安全、报废车乱停放、重点场所疫情防控等问题播出 7 期，切实发挥正面导向作用。将新闻发布与《权威发布》栏目相结合，将每期发布内容制作为 1 分钟左右的短视频，以“短平快”的视频形式提升新闻发布影响力、传播力，已录制 18 期。

【发展文化产业】2021 年，谋划重点创作选题，打造动画电影《济公之降龙降世》、合唱套曲《盛世和合》、广播剧《裴小平》、图书《相逢又说向天台》、散文集《醉花阴》等文艺精品力作。动画电影《济公之降龙降世》已于 7 月 16 日在全国公映，荣获第 24 届上海国际电影节第 18 届电影频道传媒关注单元“最受传媒关注视觉效果”大奖，入围“最受传媒关注影片”，并被列入浙江省庆祝中国共产党成立 100 周年“百年百部千村万场主题电影展映”活动推荐片单。广播剧《裴小平》7 月已在中央人民广播电台播出，散文集《醉花阴》即将付印，图书《相逢又说向天台》由茅盾文学奖获得者王旭烽编写，已完成初稿。发挥农村文化礼堂运行经费激励作用，打造一批“五型”文化礼堂，实现“一村一品”，全县已建成 328 家，覆盖率 87.9%。天台县获评浙江省农村文化礼堂示范县，石梁镇获评浙江省农村文化礼堂示范乡镇。举办天台县庆祝中国共产党成立100周年大型主题文艺晚会、“颂歌献给党”天台县庆祝中国共产党成立100周年合唱音乐会等活动，拍摄“唱支山歌给党听”百场主题快闪活动视频114个，7个作品被中宣部“学习强国”学习平台录用。加快建设和合文化国际交流中心、数字诗路文化体验园。做好文化企业的宣传服务工作，积极培育成长型文化企业、重点文化企业、文化创意街区。在台州市首届文化创意精品展开设天台展区，推介展示天台的传统技艺、创意产品、特色产业、文旅融合发展成果。大力发展影视文化产业，累计引进注册影视公司48家，影视名人工作室4个，影视外景拍摄基地（龙溪龙潭幽谷、水南黑洞）2个，热播影片《长津湖》取景地寒山湖景区成为网红打卡地。

【构筑文明风尚】2021年，持续提升新时代文明实践省级试点建设水平，制订天台县新时代文明实践“十百千”提升计划，开展文明实践量化工作，重点深化打造家风传承精品线、挺进师红色精品线等2条文明实践精品线和10个精品示范点。探索建立志愿服务政府+社会“双轨道”运转工作机制，成立机关和社会志愿服务组织联合会，构建双轨融合的长效机制，全县共有志愿服务队伍755支，开展便民、惠民志愿服务活动近8000场，打造文化旅游志愿服务等20多个品牌项目，经验做法获时任省委宣传部副部长、省文明办主任卢春中批示肯定。开展“最美天台人”先进典型选树评选活动，积极选树先进典型，获评省级道德模范1名，中国好人2名，浙江好人5人，裴小平入选第九届感动台州人物、陈英俊入围提名人物。以“崇高天台”品牌建设为重点，深化“春泥计划”品牌建设，打造始丰湖湿地公园青少年德育实践窗口。巩固省级示范文明县城创建工作成果，落实网格管理制度，深化县领导联系社区（村居、乡镇）、县领导分领域牵头创建工作、部门单位结对社区（小区）共建、公职人员服务小区文明共创等六大工作机制，擦亮文明旅游、文明八“里”、“走好路”等特色创建品牌。深入开展社区（小区）专项整治、农贸市场专项整治、小城镇文明行动等八大行动，积极创建文明村镇、文明单位、文明家庭、文明校园等。扎实推进移风易俗，持续完善工作机制，厚养薄葬、文明节俭的社会氛围蔚然成风。

【意识形态工作】2021年，夯实基层基础，全面落实意识形态工作责任制。贯彻落实《党委（党组）网络意识形态工作责任制实施细则》《关于高质量全面落实意识形态工作责任制的意见》等重要文件，扎实推进中央对浙江省委、省委对市委、市委对县委的意识形态工作责任制专项检查反馈意见的整改落实工作。在全面梳理优化意识形态责任清单、检查清单、负面清单和问题清单的基础上，进一步落实落细意识形态工作责任制。春节前，县领导带队对15个乡镇（街道）和9个部门开展了意识形态工作专项检查。实施“四查”工作法，提升“扫黄打非”质量水平。推行基层巡查、线索排查、协调联查、宣传督查的“四查”工作法，发挥平桥镇、洪畴镇省级“扫黄打非”进基层示范点的带动作用，构建“县—乡镇（街道）—村（社区）—网格”四级快速反应体系，提升“扫黄打非”治理成效。2021年共检查出版物经营单位、印刷企业、快递企业等520余家次，判决全国督办案件2起，开展“护苗•绿书签”“扫黄打非”知识宣传等公益活动20余场，发现“扫黄打非”线索1357条。

【**数字化改革**】2021年，开发“温暖有约”志愿服务数字化应用场景，通过多跨协同，资源整合，打通老年人特殊群体志愿服务精准帮扶渠道。8月12日上线浙里办志愿浙江重点应用场景专区，被列入全省首批宣传文化系统重点应用场景，已在全省推广。试运行以来，1800多名75周岁以上老年人特殊群体共点单6000余次，志愿者参与10000余人。“云瞭望”迭代升级，构建“1357”系统架构，全面塑造县乡联动、线上下一体、动静态结合的网络舆情风险“瞭望”体系，实现舆情应对一体化指挥，已收集舆情信息8000余条。打造和合家园社区文化应用场景，聚焦“国家大事+社区小事”，突出“新闻资讯和信息服务”，依托“和合天台”客户端，建设未来社区的下沉式服务平台，为社区居民提供时政资讯、热点新闻、政策宣传的推送，以及其他各类便民服务。未来社区“家头条”数字化改革试点——天台滨溪社区已上架浙里办未来社区版块。建设数字诗路文化体验园，运用大数据、AI为基石的沉浸式新科技，整合开发本地诗路相关的诗词、景点、历史遗存和非遗传说等，建设数字化的沉浸式新型文旅融合体验馆，让游客身临其境体验李白、孟浩然等诗坛大家在青山绿水间吟诵的景象，帮助游客直达“诗和远方”。场馆已完成主体建筑建设，内部设计在对接中。

（宣传部）

统战工作

【**概况**】2021年，天台统一战线在县委的正确领导下，在市委统战部的精心指导下，以中央、省市县统战会议精神为引领，围绕中心凝心聚力，发挥优势助推发展，各领域统战工作取得了新成效。全市统战工作现场会、全市统战信息宣传例会在天台召开。三项工作获评全省、全市统战理论政策研究和统战工作实践创新优秀案例，三篇专报信息获市委统战部部长朱巧湘批示肯定。县民宗局获评全省民族宗教工作成绩突出单位，浙江佛学院天台宗佛学院被评为省级宗教普法示范点。县侨联获评全省侨联系统“最具影响力工作”荣誉。

【**党建**】2021年，聚焦建党百年和《中国共产党党员教育管理条例》学习，思想政治引领深入人心。开展“同心跟党走•奋进新征程”主题教育活动，举办“同心跟党走”座谈会、“同心好故事”宣讲、“庆百年、感党恩”书画展、“天商永远跟党走”等一系列活动。深入开展党史学习教育活动，组织宗教院校全体师生祭扫天台革命烈士墓，组织统战系统党员干部赴蓝田革命纪念地追寻“红色足迹”。全面推进《中国共产党统一战线条例》学习宣传和贯彻落实工作，依托县社会主义学校加强学习培训，将《中国共产党党员教育管理条例》执行情况纳入各级理论中心组学习内容，纳入党建考核和巡察督查范畴。

【**多党合作**】2021年，聚焦党委政府中心大局，多党合作提质增效。鼓励支持广大民主党派、无党派人士积极参政议政、民主监督和参与社会服务活动，一篇民革党员的民情热线专报获副省长批示。配合市民进、市民建开展民主党派生态环保专项督查。市民革在天台螺溪小学建立同心服务基地，以“同心四季”为主题开展各类活动10多次。联合市知联会举办“读史明智、觉醒人生”讲座，党外知识分子及各界统战人士200多人参加。县新的社会阶层人士统战工作实践基地、党外知识分子思想教育基地揭牌成立。

【**民族宗教**】2021年，聚焦宗教中国化高地建设，民族宗教和谐稳定。有序推进修禅寺、护国寺、传教院、通玄寺等古寺观维修复建。全力推进“一心三苑”建设，完成洞天宫规划设计、政策处理和方案评审，举行了奠基仪式。安全有序举办宝华寺方丈升座庆典。开展“平安护航建党百年”安全隐患大排查大整治行动，大力实施“四治四提升”专项行动。高明寺、万年寺被评为省级平安活动场所，天台山宝华禅寺被评为省级宗教法治宣传教育基地，国清寺被评为全省宗教活动场所消防安全优秀单位。

【**服务民营经济**】2021年，聚焦民营经济高质量发展，服务大局积极有为。举办第五届天台商人大会暨新乡贤大会，包括总部经济大楼等13个项目成功签约，总投资100.4亿元。举办知名浙商助力天台跨越式发展活动，省工商联书记陈浩出席。牵头发动全县14家民营企业为天台山和合文化基金会捐赠3000万元。向县农商银行争取融资授信3亿元用于帮助全县中小企业发展。组织发动异地天台商会积极结对帮扶集体经济相对薄弱村。引导民营经济人士积极参与光彩事业，全年累计捐款捐资达3000多万元。加大民营经济代表人士培养力度，县工商联（总商会）副会长、县中小企业商会会长奚中平经推荐被聘为省工商联首届中小微企业工作委员会主任。天成自控公司获批台州市清廉民企建设示范点。

【**传统文化聚人心**】2021年，聚焦传统文化与乡愁，港澳台侨人心凝聚。开展“侨声嘹亮歌和合”“长三角侨界人士献礼建党100周年”“缅怀爱乡楷模王阿良先生”等活动，传播侨界好声音和好故事，培育树立一批侨商侨领代表人士。天台和合博物馆获评浙江省华侨国际文化交流基地。深化为侨服务，扎实推进涉侨事项“最多跑一次”改革、“侨企服务年”等工作。成功举办2021中华济公文化节，近200名台胞和济公信众参加，在港澳台和马来西亚等地设立分会场。重视两岸民间交流，建立村庙结对长效机制。做好昆山台商协会、浙台大学生和合文化体验营等团组接待交流。

【**改革创新**】2021年，聚焦改革创新突破，基层统战亮点纷呈。深入开展“同心圆”主题日活动，该项工作被《中国统一战线》《浙江日报》报道，得到市委书记李跃旗等领导批示，市委统战部在全市发文推广。响应“双十双百双千”工程号召，深入实施“民营经济人士创富、新乡贤带富、港澳台侨人士助富、党派社团帮富”等行动。在台州市委统战部的牵线搭桥下，积极与台州市知新社团、路桥区委统战部等开展合作共富活动。结合天台实际，创新建立统一战线助推共同富裕“同心联盟”，探索“片区化帮扶、组团式共富”的助富新路径。聚焦新乡贤助力矛盾纠纷调解，推行新乡贤助调“同心和合工作法”，成立县乡两级新乡贤调解服务团，实现新乡贤调解室入住矛调中心全覆盖。深化统战系统数字化改革，智慧宗教院校项目获省民宗委认可，已上线试运行。

【统战建设】2021年，聚焦班子自身建设，在疫情防控中锻造统战铁军。在疫情防控阻击战的大战大考中检验统战干部队伍，严格执行上级防疫部署要求，多位统战干部、民主党派、无党派医护工作者坚守防疫一线，并组织发动广大统战成员积极捐款捐物。加大各宗教活动场所的管理力度，疫情防控期间及时张贴暂停和关闭通知，把好“小门关”。全力做好境外华侨和留学人员入境疫情防控工作，开展“助企抗疫情、联企复生产”服务侨企专项行动。扎实推进“清廉机关、模范机关”建设，严格纪律要求，持之以恒改进思想作风、工作作风。

（统战部）

编制工作

【基层治理体系建设】2021年，配合县委改革办推进“县乡一体、条抓块统”改革，组织开展乡镇（街道）“属地管理”事项责任清单落实“回头看”和动态调整工作，新增3个事项。编制“属地管理”工作导则，明确牵头部门、协同部门和乡镇（街道）的职责分工、运行流程和联动机制，建立健全“属地管理”“五个一”工作体系。全面完成“大综合一体化”执法改革涉及的机构编制工作，构建“1+8”执法体系，在全市率先完成监管事项认领和行政检查事项年度覆盖率两个100%。全力推进执法力量下沉，优化基层执法体系，制定《天台县“大综合一体化”行政执法改革机构编制调整方案》，在平桥镇、白鹤镇试点开展乡镇一支队伍管执法，实现县综合行政执法大队力量80%以上下沉执法一线，其余8支专业执法队伍50%以上力量下沉至乡镇（街道），充分保障了基层执法力量。

【重点领域体制机制改革】2021年，不断优化完善党政机构组织体系和职能体系，持续推进共同富裕，城市新区、经济开发区、乡村振兴、文物保护等重点领域体制机制调整。设立社会建设委员会，与县发展和改革局合署办公，同步调整内设机构和事业单位，统筹推进共同富裕示范区建设。在县农业农村局增挂乡村振兴局牌子，同步完成相关科室和事业单位更名，不断巩固拓展扶贫攻坚成果。在县文广旅体局增挂文物局牌子，助力文物保护工作。推进城市新区管理体制调整，全面厘清始丰溪国家湿地公园、城市新区工作职责，完成机构职能整合和人员编制调整。不断推进经济开发区管理体制优化调整，设立中共浙江天台经济开发区工作委员会、浙江天台经济开发区管理委员会，实行合署办公、一套机构，审定印发经济开发区管委会“三定”规定，助力打造更高能级创新平台。

【**服务保障民生领域**】2021年，聚焦基层所需，回应群众所盼。针对基层卫生院“留人难”“生存难”等问题，深入平桥镇、雷峰乡、石梁镇等地开展专题调研，形成调研报告，并以专报的形式报县委书记、县长和分管县领导，当好参谋助手，为破解基层医疗卫生服务体系难题提供编办方案。着眼医疗卫生事业长远发展编制需求，把握政策窗口期，建立公立医院事业编制报备员额制，为公立医院未来5—10年编制需求提供充足保障，有效盘活了全县事业编制资源。配合做好天台现代技工体系建设，助推高素质高技能人才培养，设立天台技师学院（筹），为县委、县政府直属公益二类事业单位。配合省市做好中小学教职工编制跨学段、跨学校、跨区域、跨层级统筹调剂，制定《天台县中小学教职工编制全面达到国家基本标准工作方案》，加快形成“县域挖掘、市域调剂、省级统筹、动态调整”的中小学教职工编制管理新机制。争取到省级公办幼儿园办园体制改革试点，全省仅17个试点县（市区），制定出台《天台县改革创新公办幼儿园办园体制完善公办幼儿园机构编制人员管理的实施意见》，探索实行事业编制和劳动合同制双轨并行，有效破除公办幼儿园发展体制机制障碍，相关做法被省委编办专刊推广。

【**机构编制法制化**】2021年，举办天台县机构编制工作专题培训班，进一步强化各单位机构编制就是法的思想认识。开展机构编制专项检查，抽调县委组织部、县委编办、县财政局、县人力社保局精干力量组建核查组，对“三定”规定运行情况、实名制数据情况、编制使用情况、中层职数配备情况、编外用工使用情况、事业单位法人公示信息情况进行实地核查，先后抽查124家单位，对存在的问题，逐条逐项抓好整改落实。狠抓编外用工问题专项整治，组织召开全县编外聘用人员问题整改落实推进会，全面完成35家单位编外违规问题整改，并制定出台《天台县机关事业单位编外聘用人员管理暂行办法》，建立健全长效机制。

【**事业单位登记管理**】2021年，持续提升事业单位登记管理水平，组织开展全县事业单位法定代表人培训和章程制定业务培训，完成教育、卫生领域88家事业单位章程制定工作，一家一策推进重错码清理工作，全面完成6家重错码单位清理，整改完成率达100%。

【**数字化改革**】2021年，持续推进机构编制监管数字化转型，充分发挥实名制系统数据底仓作用，按照日清周结月查要求，实时抓好实名制数据维护更新，全年共完成信息维护11810条，信息变更266条。认真做好实名制压力测试，主动与人事工资系统、养老保险系统进行三库比对，确保了实名制系统零错误。以数字化改革为牵引，超常举措推进事业单位法人证书使用监管应用场景（事业法人证管家）建设，实现1个月内在浙政钉上线运行，展现天台速度，为事业单位法人证书使用监管提供了更加高效的数字化手段，“事业法人证管家”应用场景也成功入选省委编办数字化改革“最佳应用”初选名单。

（编　办）

信访工作

【概况】2021年，天台县信访局践行“以人民为中心”理念，牢固树立“有解思维”和“法治思维”，控源头、清初访、查重访、化积案、强基础，实现信访总量降、一次化解升、重大活动安、县级占比高，进一步打造“和合”信访生态。全年共接待群众2113批3837人次，办理群众来信1208件，办理网上信访3035件，办理群众来电12599件，按期办结率100%。信访总量连续9年下降，连续四年成功创建省级“无信访积案县”，信访生态进一步好转。

【党建引领新格局】2021年，将信访工作纳入党建考核与党建述职和班子年度工作述职内容，列入党员干部教育培训计划，并作为干部考察重要内容方面。压实各级党委信访主体责任，落实一把手带头包案化解疑难、复杂信访问题，定期接访、主动下访。

【多措并举化积案】2021年，坚持“三到位一处理”原则，按照“五个一”的要求，落实“四定四包”，明确时间表、路线图、责任书，挂图作战专班推进。开展“迎百年化百案”、“治重化积”、信访积案“清零”等专项行动，综合运用行政调解、司法调解、帮扶救助、教育疏导、听证评议、依法处置等各种手段，进行合力攻坚。并充分运用实地督查、视频抽查、现场会商等多种形式开展督导督查，确保案结事了。2021年国家级重复信访事项交办185件，已化解183件，化解率98.92%，省级重复信访事项交办73件，历史积案交办11件，化解率均为100%，新增积案率0.86%，连续四年创建成功“无信访积案县”。

【用心用情办初访】按照“抓早、抓小、抓苗头”的方针，切实提高初次信访事项一次性化解率，初次信访事项严格实行“三定一记录”“十日办结制”，坚持“两见面”制度，确保群众合理诉求及时解决到位。制定《天台县越级访责任倒查工作流程》和《关于加强初次信访事项办理的意见》，对所有网、信转走访、新增积案、重复来信事项、群众不满意件都进行“一案双查”，并组织视频抽查，做到引发原因清楚、办理和化解情况清楚、责任是否落实清楚“三个清楚”。2021年，天台县共办理初次走访190件、来信104件、网上信访1994件，一次性化解率分别为96.32%、94.23%、98.45%。

【集思广益做参谋】2021年，充分发挥信访“了解民情、集中民智、维护民利、凝聚民心”的作用，成立人民建议征集工作领导小组，通过信、访、网、电各渠道，把人民意见建议进行多层次梳理、分类别精拣，及时发现热点动向和诉求重点信息，让群众提议有结果、有反馈、有互动。2021年共收到意见建议类信件1903条，其中来电1755条、网上信访138条、来信10条，均转送相关单位调研、落实。

（信访局）

党校工作

【概况】2021年是建党100周年，也是“十四五”规划实施的开局之年。2021年，天台党校在县委、县政府的正确领导下，坚持“党校姓党”原则，围绕中心，服务大局，发挥主渠道、主阵地作用，努力推动党校高质量发展。

【党性立校】把牢正确的办学方向，将中央、省委、市委、县委决策部署真正落实到党校教学、科研和办学活动中去。争取到县委对党校工作的更大支持，县委常委会2次专题听取党校工作汇报，并经研究决定下发《2021年度全县干部教育培训计划》。县委书记杨玲玲和县长崔波等县委常委悉数到党校上党课、作专题报告。12月对校领导班子做出调整，新任领导班子以“主动担当、奋勇争先、高效务实”的精神状态，做到心往一处想，劲往一处使，拧成“一股绳”，共同开创天台党校新的工作局面。

【强化教学阵地】2021年，无学员在校期间违反纪律被查处情况。天台党校坚持严字当头，增强教学培训管理规范性。制定《关于教师课堂讲课的若干纪律要求》《校领导联系主体班次制度》《主体班次班主任管理暂行规定》，为党校教学授课开列“负面清单”。严格执行开班碰头会制度，在开班前根据与县委组织部商量的课程，比选研究上课的老师、现场教学点，确定后勤保障的各项措施，确保培训工作严密有序。切实在教学活动中贯彻“党校姓党”的根本原则，加强对主体班次管理，开班动员都把纪律和规矩讲在前，在日常教学活动中向学员渗透守纪律、讲规矩意识。对学员培训期间的出勤情况及时进行抽查、反馈。

【各项培训任务】2021年，天台党校根据《2021年度全县干部教育培训计划》，与组织部门紧密配合，优化调整各主体班次教学实施方案，对班次学制、授课形式、师资等作出周密安排。安排青干班、进修班、年轻干部周末班等前往省委党校培训，利用省级优质培训资源，提升干部培训实效。2021年计划内主体班次全部在县委党校培训，已举办22期主体班次。开展宣讲、送教下基层43场，受众2065人次。

【特色专题课】2021年，从党性教育上不断摸索规律，不断改进教学，不断增强实效，突出习近平新时代中国特色社会主义思想，逢班必安排。在着力打造高扬党旗的“红色学府”的基础上，依托县域天台山诗路文化时代内涵，积极打造本地特色教学品牌。聚焦干部培训需求，逐步构建以天台和合文化、浙东唐诗之路为特色的核心课程体系，新增省委党校浙东唐诗之路现场教学基地，已多次接待省市党校系统主体班次的现场教学，进一步深化校地干部教育培训合作。打磨出以“后岸模式助力共同富裕”为主题的教学案例，“先富带后富区域共富裕——以天台县后岸村为例”这一精品课程在多个主体班次中讲授，通过教学、宣讲等工作阐述了共同富裕示范区建设对天台的重要意义和对山区人民的重大利好。

【师资队伍建设】2021年，制定《县委党校年轻教师培养方案》，建立和实施“传帮带”结对模式和“一月一讲评”教学专题活动，逐步提高本校教师的授课水平。选派教师参加上级党校师资骨干班、赴省委党校跟班学习、精品课辅导、精品课程鉴赏等方式，以学促教，提升了教师队伍“用学术讲政治”本领。通过工作例会和谈心谈话，围绕每个年轻教师的业务情况和发展目标进行了探讨，对于工作和个人成长中容易出现的问题，提出了针对性建议，为年轻老师指点了迷津，激发其工作正能量。

【科研成果】2021 年，构建科研工作推进机制，进行相关任务部署，准确依照课题、理论研讨会等项目截止时间合理谋划，申报并高质量完成。2021 年，全校科研人员参加省委党校中特中心课题、省社科联规划课题及研究课题、市委党校对策规划类课题等申报工作，并将科研成果通过专著、论文等形式公开发表。其中，地厅级课题立项数 7 项，县处级课题 4 项，出版专著 2 部，地厅级课题优秀结项 5 项，一般结项 1 项，县处级理论研讨会获奖 2 篇，地厅级论文发表 2 篇。

【科研交流】2021 年，根据全省市县党校校情数据核查任务部署，完成 2018—2020 年度天台县委党校校情科研情况统计工作，为天台党校科研工作总结和制定开展计划打好坚实基础。2021 年不断加强天台党校与上级党校、县级单位及有关乡镇的联系，广泛开展纵向或横向的科研合作。以省委党校在天台挂职干部为桥梁，加强同省委党校科研相关部门联系，包括科研处、研究室、教研部等，针对课题、咨政等内容进行咨询，并获取了重要的科研资源，提高天台党校教师的科研信心。结合形势热点，组织教师深入机关、基层一线开展专题调研，提升队伍科研理论素养和联系实际、服务基层的能力。

【科研咨政】2021 年，围绕基层群众关注的热点难点问题，如基层治理、乡村振兴、文化发展等方面，组织教师深入调研，当好服务发展“参谋员”。《关于启动〈台州通史〉编纂工程的建议》获市委书记李跃旗批示，《乡村旅游的自媒体推介效果及其评价研究》《乡村生态振兴的制约因素及突破路径研究——基于天台县的案例探析》等 5 篇结题专报得到县委书记批示，并在省委党校课题结项评比中获得优秀等次。《和合文化视角下乡村旅游高质量开发对策路径》《由点带线打造共同富裕新时代美丽乡村集成示范带的对策建议》等 4 篇咨政报告提出了改善民生、促进发展的有益对策，成功在台州市党校系统第十八批规划对策类课题中立项，并促进调研成果有效转化为教学资源。

【党史理论学习】2021 年，紧扣主题，突出重点，深入学习贯彻习近平总书记关于党史学习教育系列讲话精神和“七一”重要讲话精神，开展必读书目和必学内容的全覆盖研读。同时组织教师深入学，召开集中备课会和党史学习教育宣讲动员会，精心打磨课程，切实增强上好党史课的责任感和使命感。

【办好红色课堂】2021 年，切实抓好“红色熔炉”阵地作用，将党史学习作为重要内容贯穿党校教学始终，党史类总量课时达到总课时的 10.84%。通过聚焦全县红色资源和实践教材，结合县内爱国主义教育基地现场教学，在 2021 年的主体班次中安排《奋斗百年史、启航新征程》《中国共产党关于中国道路的百年探索与重大意义》《重走三州红军岭党史教育基地》等专题课程，将专题辅导、研讨交流、现场教学等多种形式融入党史学习教育。在90后周末班和青干班等主体班次中，开展重温入党誓词和“向党说说心里话”活动，进一步坚定全体党员的理想信念。

【开展实践活动】2021年，将“深化‘三服务’对标勇争先”讨论实践活动和“三为”专题实践活动作为党史学习教育的重要内容，完善好规定动作，把党史学习教育的精神力量淬炼成发展动力。聚焦主责主业，聚焦群众、企业、基层急难愁盼问题，梳理实事清单，逐步落实“三张清单”及“六个一批”等工作。深入基层精准服务，不断推进基层民生政策宣讲这一重点项目。班子成员和骨干教师组成“红润百村”党校党史学习教育宣讲团，把党史党课送到基层当中、群众身边，着力打通党史学习教育“最后一公里”。已前往各乡镇、部门开展42场党史宣讲活动。充分发挥党组织的战斗堡垒和党员先锋模范作用，组织教工支部党员开展“点亮微心愿”、防诈骗知识科普和送课上门等志愿服务活动，使党史学习教育成果真正惠及人民群众。

（党　校）

史志工作

【机构设置】2021年，中共天台县委党史研究室和天台县地方志编纂室整合为中共天台县委党史研究室，挂天台县地方志编纂室牌子。机构整合后，中共天台县委党史研究室（天台县地方志编纂室）为中共天台县委办公室所属的公益一类事业单位，机构规格为正科级，经费形式为财政全额补助，事业编制13名，设主任1名，副主任2名，内设机构3个，正股级职数3名。

【党史学习教育】2021年，整理天台地方党史资料，包括天台革命史介绍、天台革命英烈介绍、天台党史遗址介绍和天台地方党史考题，供全县党史学习教育使用。编发县本级党史学习教育简报，上报经验单篇信息，动态单篇信息以及各类条目信息。开展党史展陈检查整改，指导完成欢岙瓦窑革命史纪念馆重新布展。审查老麻山烈士纪念馆、蓝田革命纪念馆、华顶革命史纪念馆等布展内容，并指导完成整改。

【党史研究宣教】2021年，收集整理天台百年党的历史中革命英雄、建设楷模、时代先锋等故事，完成稿件撰写任务。完成浙南特委成立地蓝田村的党史陈列、天台县委成立地四果洞标志碑和展廊建设。完成“天台百年党史图片展”制作，深入乡镇、村社、学校巡回展出。联合社科联，牵头开展“红色精神耀天台”研究课题，完成51个子课题的研究，论文结集印发。

【史志期刊】2021年，整合党史与地方志资源，推出全新的《天台史志》刊物。在原有《天台方志》刊物基础上，团队群策群力，集思广益，拟定2021年《天台史志》刊物改版方案。改版后的《天台史志》刊为季刊，设领导要论、史志要闻、烽火岁月、和合文化、人物春秋、地情纵横、民俗风物、大事记录等栏目。

【年鉴编纂】自 2021 年开始，《天台年鉴》编纂职能由县档案馆划转至县委党史研究室（县地方志编纂室）。全书设特载、特辑、大事记、县情概况、党政、群众团体、军事法治、经济管理、财税金融、工业、农业、贸易、交通通信、城建环保、科教卫体、传媒、社会生活、文化旅游、乡镇街道、光荣榜、名录、文件选编、文件目录、统计公报等部类。同时完成《中国地方志年鉴（2021）》浙江天台部分、《台州年鉴（2021）》天台部分组稿资料编写。

【旧志整理】2021 年，开展康熙《天台县志》整理工作，赴浙江省图书馆查阅文史资料，还原康熙二十三年（1684）《天台县志》版本。为更好地规范旧志点校工作，提升康熙《天台县志》点校质量，于 11 月 19 日召开康熙《天台县志》点校专家评审会，邀请省地方志专家对该志的点校修订工作作出点评，明确了下一步修订的方向，推进康熙《天台县志》点校修订工作。

【和合文化研究】2021 年，组织和合文化理论有奖征文，收到文章 134 篇，评出一等奖 1 个，二等奖 5 个，三等奖 8 个，优秀奖 8 个，特殊奖 1 个。配合现代化和合之城建设的战略，开发整理天台县和合风俗资源，组织力量编写《天台和合风物》稿件，在《天台史志》2021 年第 3 期上推出和合风物专刊，助力现代化和合之城建设。撰写理论文章《关于和合理念在思想政治工作中的探索》，荣获 2021 年台州市机关党建理论调研文章三等奖。

【文化传播交流】2021 年，《浙东唐诗之路的圣地——天台山》在“学习强国浙江学习平台”和“方志浙江”微信公众号“浙里有志”栏目广泛宣传。《方志为用——以志辅政，助力天台和合之城建设》在“方志浙江”微信公众号中宣传发表。加强方孝孺文化专题研究，参与第二届方孝孺研讨会暨方孝孺与长三角文化论坛，并在会上作了交流发言。

【成果转化应用】2021 年，在习近平新时代中国特色社会主义思想的指导下，通过查检天台县地方志成果，部分中华优秀传统文化被重新梳理应用。建设和合文化国际中心、成立和合文化基金会等一批研究成果被党委、政府采纳，纳入“现代化和合之城”建设蓝图中。“以志辅政，助力天台县和合之城建设”获评 2021 年度浙江省地方志成果转化应用“十佳”典型案例。

（党史研究室）

档案工作

【概况】2021 年是“十四五”规划的开局之年。在县委、县政府的正确领导下，在市档案局馆的关心指导下，天台县档案馆以习近平总书记关于档案工作的重要批示精神为指导，认真贯彻落实省委书记袁家军对档案工作提出“六个好”的具体要求，主动服务党史学习教育和建党百年系列活动，积极融入数字化改革大局，坚持党建引领，数字赋能，在打造高质量发展建设共同富裕先行区中贡献档案力量。

【“十四五”规划】2021 年，经过前期广泛征求意见、召开讨论会等，与县发改局联合下发《天台县档案事业发展“十四五”规划》的通知（天发改〔2021〕41 号）。提出了今后 5 年天台档案事业发展的方向和重点工作，供各单位组织实施。

【档案工作列入乡镇部门考核】2021 年，将基层档案工作 2021 年，纳入《2021 年度乡镇（街道）和县级机关单位工作目标责任制考核办法》，助推基层档案工作高质量发展和档案治理现代化。借助考核，督促乡镇部门重视档案工作，认真落实档案工作责任制，做到与业务工作同部署、同推进、同落实，不断夯实天台档案基层基础。

【新档案馆投入使用】天台县档案馆新馆工程总投资 9100 多万元，由县基投公司负责建设。经过各方 2 年多的沟通、对接、协调、解决，2019 年 8 月顺利结顶，2020 年 6 月完成建安工程，2020 年底完成二次装修项目施工。2021 年 5 月 19 日开始实施整体搬迁，入驻新档案馆大楼，6 月 1 日搬迁结束，6 月 15 日重新正式开馆。

新馆位于县行政中心东北角，总占地面积 519 平方米，总建筑面积 15779.2 平方米。地上 5 层，总建筑面积 9948.2 平方米。其中，档案库房面积 3295 平方米，对外服务用房面积 3027 平方米，档案业务技术用房面积 1302 平方米，办公用房面积 1013.9 平方米，附属用房面积 1310.3 平方米。一楼为大厅、固定展厅、临时展厅、接待室和荣誉室，二楼为查档大厅、临时展厅、阅档室和多媒体室，三楼、四楼为培训中心和各功能业务用房，五楼为办公区域和库房；地下两层，为市民中心停车场一期项目，建筑面积 5831 平方米。

新馆具备“二基地三中心”的“五位一体”功能，即爱国主义教育基地、档案保管基地、档案利用服务中心、政府信息查阅中心和电子档案备份处理中心，极大改善了天台县档案基础设施。

【档案信息化建设】2021 年，档案数字化改革工作专班成立。由局馆长任专班负责人，各科室相关人员为小组成员。统筹协调档案数字化改革工作，研究解决改革推进过程中的难点堵点问题，每两个月召开一次专题例会，明确目标任务，交流工作进展，研究下一步工作计划；抓紧编制智慧档案馆可行性方案。该方案经过多次讨论修改，基本成熟，经专家论证后提交发改局立项。初步估计，天台县智慧档案馆建设需资金 900 多万元，财政局意向列入国债项目中解决；出台指导文件，推动档案数字化改革。根据《天台县数字化改革总体方案》要求，印发《天台县档案工作数字化改革方案》（天档〔2021〕8 号）、《关于推进全县数字档案室拓面提质工作的通知》（天档〔2021〕9 号）等文件，积极开展电子公文单套制归档试点，开通“机关查档直通车”，运用传真、电话、浙政钉和内跑平台等数字化的手段，方便机关单位查阅本单位的档案和馆藏开放档案，提升网办率、掌办率，实现档案服务“零距离”。将档案数字化改革纳入智慧档案馆建设中。

【**档案资源建设**】2021 年，重点抓好脱贫攻坚、疫情防控“两类档案”归集。征集到疫情防控照片 725 张，视频 8 段 1.5 G。整理完成疫情防控档案文书 735 件、照片 103 张、视频 2 段。收集县委办、县府办、扶贫办三家单位的脱贫攻坚档案 1771 件并进行数字化。以上两类档案已初步建成专题数据库。加大红色档案的接收征集并全力收好管好用好红色档案资源。征集到解放后天台县委第一任书记邹逸的《回忆录》手稿；举办图片展览。与关工委、党史办、教育局联合举办庆祝中国共产党成立一百周年图片展。展览分华顶星火、始丰怒涛、赤城霞起、古邑新春、改革开放、和合之城六个篇章，以 58 块展板、300 多张图片，展现天台党的历史与取得的伟大建设成就。该项工作从 5 月份开始，在天台 46 所学校、社区巡回展出。

【**档案治理**】2021 年，开展联合执法。与司法局、市场监督管理局等部门开展了联合执法，深化档案“互联网 + 监管”机制。对档案中介服务机构、县水务集团等单位档案工作进行执法检查；加强服务指导。对 2 家档案服务机构（台州恒雅档案服务有限公司、台州顺祥档案服务有限公司）的基本信息进行重新核对检查，并上报市档案局进行网上公示。推荐 4 家单位加入台州市档案学会团体会员；加强基层档案工作示范点创建工作。将银轮公司、奥锐特公司、圣达药业等三家企业作为企业档案示范点进行培育。将平桥镇张思村、赤城街道田洋陈村、塔后村作为村级档案示范点进行创建。将福溪街道、三合镇作为“村档乡管”示范点进行创建。建立档案局、馆领导联系服务企业机制。

【**档案文化及宣传**】2021 年，拓展档案宣传工作主阵地。以党史学习教育和建党百年为契机，深挖馆藏档案资源，特别是红色档案资源，举办建党百年主题展览。利用爱国主义教育基地开展特色活动，与街道社区、学校形成良好的联动机制，实现职能延伸、服务延伸，努力用档案讲好天台故事，满足人民群众日益增长的文化需求。放大档案宣传文化辐射力。结合“六九”国际档案日开展“送法进企业”“送服务进村居”等档案宣传服务活动。深入企业进行培训普及档案知识，扩大档案宣传辐射面，指导民营企业建立健全档案工作制度，进行规范化建档。

（县档案局〔馆〕）

天台县人民代表大会

综 述

【概况】天台县人民代表大会常务委员会于1983年2月设立，作为本级人民代表大会的常设机关。常务委员会由县人大代表在代表中选出主任、副主任若干人和委员若干人组成，对本级人民代表大会负责并报告工作，每届任期与本级人民代表大会相同。人民代表大会闭会期间，依法集体行使重大事项决定权、监督权和人事任免权。对天台县的政治、经济、教育、科学、文化、卫生、民政以及环境与资源保护等重大事项作出决议、决定；组织常委会组成人员、县人大代表及居住在天台的省市人大代表进行执法检查和视察，监督“一府一委两院”的工作，推进政府依法行政，法院、检察院公正司法；任免常委会及“一府一委两院”国家机关工作人员；联系县人大代表和人民群众，指导乡镇人大开展工作，进行人大制度的宣传和理论研究，提高自身履职能力和工作水平。

县人大常委会会议由主任或主任委托副主任主持。常委会会议每2个月至少举行1次，依照法定职权和法定程序，听取和审议“一府一委两院”专项工作报告、审议议案（包括人事任免案）、决定重大事项等。

县人大常委会根据工作需要设立办事机构，内设办公室（信访室）和工作委员会（代表与选举任免工委、法制和监察司法工委、财政经济工委、农业与农村工委、城乡建设与环境资源保护工委、教科文卫工委、社会建设工委）。办公室下设研究室、秘书科、综合科，办公室和各工作委员会在常委会的领导下开展工作，为开好人民代表大会、人大常委会会议和主任会议服务，为常委会组成人员和人大代表行使职权服务。

【专题询问】2021年，开展了生态环保工作专题询问。制定《关于开展落实中央、省和长江经济带生态环保督察整改要求专题询问的实施方案》，成立县人大常委会落实中央、省和长江经济带生态环保督察整改要求专题询问领导小组，积极深入市生态环境局天台分局、综合行政执法局、自然资源和规划局单位开展调研，听取和审议县政府关于天台县落实环保督察整改要求的报告，召开专题询问会，并就建设污水零直排、整治医化行业、整治橡胶行业、践行“两山”理论等方面提出6条审议意见，交县政府研究落实，补短板、促提升，助推天台县生态环保工作稳步推进。

【代表工作】2021年，始终牢固树立尊重代表、依靠代表、服务代表的工作理念，努力创新代表工作机制，丰富代表活动形式，全力支持和保障代表依法履职。一是全过程保障人民选举权利。认真贯彻落实中央和省委、市委、县委部署要求，研究提出做好县乡人大换届选举工作的意见，报请县委批转实施，明确换届选举时间、人大代表名额和常委会组成人员名额，指导做好疫情防控背景下代表选举工作，确保选举各环节各步骤依法有序进行。推广使用县乡人大换届选举应用场景，全县共在线登记选民480915人，户籍人口登记率达99.87%，有效解决“重登”“错登”“漏登”问题，保证选民参选率，提高选举工作质量和效率。二是全链条强化代表履职服务。坚持“双联系”制度，持续开展“代表活动月”活动，常态化邀请代表列席常委会会议、参加视察调研、执法检查等活动，畅通代表知情知政、监督建言渠道。坚持把构筑履职平台作为基础工作来抓，不断完善代表监督小组工作，有效助推政府各项工作落实。按照规范化建设、科学化管理、精细化服务的目标，持续推进人大代表联络站提档升级。广泛发动人大代表积极投身县委中心工作，在防汛防台、战疫抗疫、项目攻坚等“大考”中扛起责任、展现风采。三是全方位抓好议案建议督办。坚持把提高代表建议办理质量作为激发代表活力、回应人民群众关切的有效载体。年初召开县人大县政府议案建议面商会抓及时交办，年中听取审议议案、重点督办建议办理工作情况的报告抓办结进度，年底组织视察相关建议办理情况抓督办难点。不断创新举措，构建由常委会领导领衔督办、委办归口督办、监督小组重点督办、领衔代表及附议代表跟踪督办的立体式建议督办体系，切实做到了件件有着落、事事有回音。

【代表视察、执法检查】2021年，组织代表视察诗路文化带项目建设情况；视察突发事件应对演练活动；视察县粮油物资应急储备中心建设情况；视察天台县医共体公共卫生服务中心（福溪、平桥、坦头分中心）建设情况；视察始丰溪流域综合治理工程建设情况；视察赭溪历史文化街区建设情况；视察代表议案、重点督办件办理工作和2021年民生实事项目实施情况。配合省市人大对《浙江省粮食安全保障条例》《浙江省华侨权益保护条例》贯彻实施情况开展执法检查。

重要会议

【县十六届人民代表大会】天台县第十六届人民代表大会第五次会议于2021年3月1日至5日在城区召开。3月1日下午，代表和列席人员报到，举行预备会议。3月2日上午大会开幕，3月5日上午闭幕。239名代表出席会议。列席会议人员322人，其中政协委员248人。

会议听取和审议了县人民政府代县长崔波关于天台县人民政府工作报告；审查县发展和改革局关于天台县2020年国民经济和社会发展计划执行情况及2021年国民经济和社会发展的报告，批准天台县2020年国民经济和社会发展计划执行情况的报告及2021年国民经济和社会发展计划；听取和审查县财政局关于天台县2020年预算执行情况及2021年预算草案的报告，批准天台县2020年预算执行情况的报告和2021年预算；审议2020年民生实事项目实施情况的报告和2021年民生实事项目候选项目形成情况的报告，对2020年民生实事项目实施情况进行满意度测评，票决2021年民生实事项目；听取和审议县人大常委会主任林峰关于天台县人民代表大会常务委员会工作报告；听取和审议县人民法院院长葛利江关于天台县人民法院工作报告；听取和审议县人民检察院检察长陈晓风关于天台县人民检察院工作报告；通过有关选举事项及其他事项。

2021年，人代会会议期间共收到代表议事原案115件。大会主席团确定徐小敏等16位代表提出的“关于要求抓住天台抽水蓄能电站开工机会，推动东部产业发展的议案”由县人大常委会交县人民政府办理，其余114件议事原案转为代表建议、批评和意见处理。此外，大会秘书处还收到代表对天台县各方面工作提出的建议、批评和意见79件。

【常委会会议】2021年，全年共召开常委会会议10次，听取和审议“一府两院”专项工作报告32个，员额检察官履职报告5个，作出决议、决定27项；依法任免国家机关工作人员79人次，接受辞去代表职务5人，接受辞去县长职务1人，接受辞去副县长职务5人，任命副县长、代县长1人，任命副县长5人。

1月20日下午在县行政中心第六会议室召开第四十二次会议，会议决定接受卢小春、林英镯辞去台州市第五届人民代表大会代表职务，报台州市人大常委会备案；接受戴世勇辞去天台县监察委员会主任职务，报天台县第十六届人民代表大会备案；接受庞奎、张峰、吴人茂辞去天台县第十六届人民代表大会代表职务，报天台县第十六届人民代表大会备案；免去倪海燕、何定宇的天台县人民政府副县长职务；任命袁继欢、娄宇飞为天台县人民政府副县长。会议补选邹伯若、陈永兵、崔波、鲍先壮为台州市第五届人民代表大会代表，报台州市人大常委会代表资格审查委员会。会议还审议并表决通过了其他人事任免事项。

2月10日下午在县行政中心第六会议室召开第四十三次会议，会议决定任命金声波为天台县监察委员会副主任、代理主任，报天台县人民代表大会备案；会议表决通过关于新当选的天台县第十六届人民代表大会代表资格审查情况的报告；会议表决通过《天台县人大常委会关于召开县十六届人民代表大会第五次会议的决定（草案）》；会议表决通过了县十六届人大五次会议议程（草案）和主席团、秘书长建议名单，同意提请县十六届人大五次会议预备会议选举；表决通过了县十六届人大五次会议议案审查委员会建议名单，同意提请县十六届人大五次会议预备会议通过；表决通过县十六届人大五次会议日程（草案），同意提请县十六届人大五次会议主席团会议选举；表决通过了县十六届人大五次会议列席人员原则意见；会议表决通过县人大常委会工作报告稿，同意提请县十六届人大五次会议审查。审议和讨论了“一府两院”工作报告稿，计划、预算报告稿；会议听取审议了县政府关于

2021 年民生实事项目候选项目形成情况的报告，表决通过民生实事候选项目，同意提请县十六届人大五次会议票决；会议听取审议了县政府关于天台县“十四五”规划和 2035 年远景目标纲要编制情况的报告。

3 月 26 日下午在县行政中心第六会议室召开第四十四次会议，会议审议通过 2021 年县人大常委会工作要点（草案）；会议听取和审议临海市公安局提请对天台县十六届人大代表郑志勉采取刑事强制措施的请示，决定许可临海市公安局对郑志勉代表进行刑事强制措施。会议审议通过了有关人事任免事项。

4 月 28 日上午在县行政中心第六会议室召开第四十五次会议，会议听取和审议县委常委何定宇受县长崔波委托提出的关于要求批准天台县 2021 年政府投资项目和国有企业投资项目年度计划的议案和所作的关于天台县 2021 年政府投资项目和国有企业投资项目年度计划安排情况的报告；听取财经工委主任陈强所作的天台县 2021 年政府投资项目和国有企业投资项目年度计划安排情况的初审意见；会议同意实施天台县至界岭工程等 7 个新增投资额 3000 万元以上的政府投资重点项目，批准天台县 2021 年政府投资项目和国有企业投资项目年度计划；会议听取和审议县委常委何定宇所作的关于平桥镇张思村、南屏乡山头郑村历史文化名村保护规划的报告；听取设计单位所作的关于平桥镇张思村、南屏乡山头郑村历史文化名村保护规划的说明；听取城建环资工委主任周尚飞所作的关于平桥镇张思村、南屏乡山头郑村历史文化名村保护规划的调研报告。

6 月 25 日上午在县行政中心第六会议室召开第四十六次会议，会议听取和审议县农业农村局局长陈忠强受县政府委托所作的关于美丽乡村片区化组团发展工作的报告；听取农业与农村工委主任王小军所作的关于美丽乡村片区化组团发展工作的调研报告；会议听取和审议了县人社局局长陈红霞受县政府委托所作的劳动者权益保护工作报告；听取了社会建设工委主任余赞所作的关于劳动者权益保护工作的调研报告；会议听取和审议县人民政府副县长、公安局局长梅东晓所作的天台县法治政府建设情况的报告；书面审议县人民法院近三年行政审判情况的报告和县人民检察院近三年行政检察、公益诉讼检察工作情况的报告；会议审议通过有关人事任免事项。

8 月 6 日上午在县行政中心第一会议室召开第四十七次会议，会议听取和审议县人民政府副县长袁继欢所作的关于天台县落实环保督察整改要求的报告；听取县落实环保督察整改要求专题询问领导小组办公室主任周尚飞所作的关于天台县落实环保督察整改要求的调研报告；会议对天台县落实环保督察整改要求进行专题询问。

8 月 27 日下午在县行政中心第六会议室召开第四十八次会议，会议听取和审议县人民政府常务副县长陈益军受县人民政府县长崔波委托提出的关于提请审议县 2020 年财政决算报告的议案，县财政局局长戴敏华所作的关于县 2020 年财政决算及 2021 年上半年财政预算执行情况的报告，以及县审计局局长陈旻所作的关于县 2020 年财政预算执行和其他财政收支的审计工作报告；听取财经工委主任陈强所作的关于县2020年天台县财政决算及2021年上半年财政预算执行情况和2020年财政同级审计的初审意见；会议审查批准县2020年财政决算；会议听取和审议县发改局局长鲍先壮受县政府委托所作的关于2021年上半年国民经济和社会发展计划执行情况的报告；听取财经工委主任陈强所作的关于2021年上半年国民经济和社会发展计划执行情况的初审意见；会议审议县政府关于县十六届人大五次会议代表议案和建议、批评、意见办理情况及2021年民生实事项目实施情况的报告。

11月1日在县行政中心第六会议室召开第四十九会议，会议听取和审议县财政局局长戴敏华受县政府委托所作的关于县国有资产监督管理情况的报告；听取财经工委主任陈强所作的关于县国有资产监督管理情况的调研报告；会议听取和审议县发改局局长鲍先壮受县长崔波委托所提出的关于要求审议天台县2021年7个新增3000万元以上政府投资项目和国有企业投资项目的议案，以及所作的关于天台县2021年7个新增3000万元以上政府投资项目和国有企业投资项目情况的报告；听取财经工委主任陈强所作的关于天台县2021年7个新增3000万元以上政府投资项目和国有企业投资项目的初审意见；会议审查批准天台县2021年7个新增3000万元以上政府投资项目和国有企业投资项目；会议审议并表决通过《天台县人大常委会关于开展第八个五年法治宣传教育的决议（草案）》；会议听取和审议了县政府副县长娄宇飞所作的关于公共卫生服务专题询问会审议意见落实情况的报告；听取教科文卫工委主任王定中所作的关于公共卫生服务专题询问会整改落实情况的调研报告；会议对公共卫生服务专题询问会审议意见落实情况进行满意度测评；会议听取和审议了县政府副县长娄宇飞所作的关于天台县“三位一体”农合联改革工作的报告；听取农业与农村工委主任王小军所作的关于天台县“三位一体”农合联改革工作的调研报告；会议对部分员额检察官进行履职评议；会议审议并表决通过关于县乡两级人民代表大会换届选举有关事项的决定（草案）、天台县选举委员会组成人员名单（草案）、各乡镇选举委员会组成人员名单（草案）、关于天台县第十七届人民代表大会代表名额分配的决定（草案）和关于确定乡镇人民代表大会代表名额的决定（草案）；会议审议并表决通过《天台县人民代表大会志》稿；会议决定免去张成名天台县人民政府副县长，报天台县人民代表大会备案；决定任命杨贤巍为天台县人民政府副县长，报天台县人民代表大会备案。会议还审议并表决通过有关人事任免事项。

12月3日下午在县行政中心第一会议室召开第五十次会议，会议决定免去陈益军、梅东晓、娄宇飞天台县人民政府副县长职务，报天台县人民代表大会备案；决定接受崔波辞去天台县人民政府县长职务，接受葛利江辞去天台县人民法院院长、审判委员会委员、审判员职务，接受陈晓风辞去大台县人民检察院检察长、检察委员会委员、检察员职务；决定任命王欣东为天台县人民政府副县长、代县长，任命吕灵光为天台县人民政府副县长兼任公安局局长，任命杨丹为天台县人民法院审判员、审判委员会委员、副院长、代院长，任命潘敏佳为天台县人民检察院检察员、检察委员会委员、副检察长、代检察长，报天台县人民代表大会备案。会议还审议并表决通过其他人事任免事项。

12月24日上午在县行政中心第一会议室召开第五十一次会议，会议听取和审议县委常委项慧明受代县长王欣东委托提出的关于提请审议天台县2021年财政预算调整报告的议案，县财政局局长戴敏华受县政府委托所作的关于天台县2021年财政预算调整草案的报告；听取财经工委主任陈强所作的关于天台县2021年财政预算调整方案的初审意见；会议审查批准县2021年财政预算调整方案；会议听取和审议县委常委何定宇所作的关于天台县中山东路中山西路历史街区保护规划工作的报告；听取城建环资工委主任周尚飞所作的关于天台县中山东路中山西路历史街区保护规划工作的调研报告；会议听取和审议县委常委项慧明所作的关于县十六届人大五次会议代表议案、重点督办建议办理情况及2021年民生实事项目实施情况的报告；听取代表工委主任王祖军所作的关于县十六届人大五次会议代表议案、重点督办建议办理情况的调研报告，听取办公室主任陈超群所作的关于2021年民生实事项目实施情况的调研报告；会议对议案和重点督办建议办理情况进行满意度测评；会议书面审议县政府工作部门主要负责人的年度述职报告。

【主任会议】2021年共召开13次人大常委会主任会议，共研究议题50余项，听取“一府两院”工作报告13个。

2月8日下午，第七十一次主任会议听取县政府关于2021年民生实事项目形成情况的汇报；听取天台县“十三五”规划执行情况和“十四五”规划及二〇三五年远景目标纲要的编制情况调研情况的汇报。

3月25日下午，第七十二次主任会议听取县财政局关于2021年县财政预算安排情况及部门预算安排情况的汇报。

5月26日下午，第七十四次主任会议听取县政府关于打击防范电信网络诈骗工作情况的汇报；听取县政府关于医疗保障工作审议意见落实情况的汇报。

7月28日下午，第七十六次主任会议听取县财政局关于部门预算绩效评价情况的汇报；听取县政府关于科技创新情况的汇报；听取县政府关于历史文化名城保护工作的汇报。

9月28日上午，第七十八次主任会议听取县信访局关于国家级、省级重复信访治理工作情况的汇报；听取县政府关于学前教育情况的汇报；听取县政府关于始丰湖（国家湿地公园）及周边建设管理情况的汇报。

11月26日上午，第八十次主任会议听取县政府关于城乡供水一体化运转情况的汇报；听取县政府关于村（居）社区治理工作的汇报。

（人大办）

天台县人民政府

综 述

天台县辖3个街道、7个镇、5个乡，374个行政村、21个社区，总面积1431.66平方千米。2021年年末常住人口47万人，户籍人口59.88万人。

2021年，据初步核算，全县实现地区生产总值（GDP）339.55亿元，按可比价格比2020年同期增长9.8%。其中，第一产业实现增加值16.12亿元，增长5.7%；第二产业实现增加值137.52亿元，增长11.0%；第三产业实现增加值185.91亿元，增长9.3%。三次产业比例由2020年的5.4∶39.8∶54.8调整为4.7∶40.5∶54.8。人均生产总值（常住口径）71862元，增长9.3%。

【社会保障】2021年，劳动就业工作得到加强，全民社保水平持续提高。2021年年末，全县参加企业职工基本养老保险208131人，比上年末增长4.15%。其中，在职职工137020人，比上年末增长7.26%；离退休人员71111人，比上年减少1.39%；参加工伤保险150011人。

城乡居民收入水平稳步提高。全体居民人均可支配收入43152元，增长8.3%；农村常住居民人均可支配收入28909元，增长9.6%；城镇常住居民人均可支配收入54800元，增长8%；城乡居民收入差距倍数1.896倍。全体居民人均消费支出26227元，增长14.7%；城镇常住居民人均消费支出31416元，增长14.2%；农村常住居民人均消费支出19882元，增长16.1%。社会福利事业继续发展。2020年年末，全县国有收养性单位1个，床位60张，收养48人，特困人员救助机构4家，床位689张，入住老人242人。养老公寓等各类养老机构及社区照料机构共31家，床位3685张，入住老人1758人。全县国有收养性单位1个，床位60张，收养48人，另有1家改名为天台县残疾人托养中心并入社区照料机构，床位300张。特困人员救助机构4家，床位662张，入住老人229人。合计养老公寓等各类养老机构及社区照料机构共33家，床位3761张，入住老人1660人。

社会救济正常开展。2021年，县慈善总会实际得到各界捐款4156.69万元，合计救助支出3619.23万元。

【民生实事】2021年，天台县政府完成十方面实事项目，项目涵盖了公共安全、医疗保障、教育惠民、交通出行、食品安全等各方面内容，总投资4.433亿元，分别为：生活垃圾分类项目，新建和改造农村公路100公里项目，食品安全提质工程，幼儿园扩容项目，增强基层应急救援能力项目，提升水库、山塘、干堤安全水平项目，天台县农村消防栓建设项目，推进百姓身边便民健身场地建设项目，投放3500辆互联网租赁自行车（共享单车）项目，和合健康e站项目。

【现代农业】2021年，全县实现农林牧渔业总增加值16.19亿元，比2020年同期增长5%，实现总产值25.49亿元，比2020年同期增长7.94%。经济作物播种面积21.63万亩，同比增长5.3%，其中蔬菜播种面积12.70万亩，中草药材播种面积2.61万亩，油料作物播种面积2.30万亩。畜牧业生产保持平稳增长，2021年年末生猪存栏7.57万头；家禽存栏195.89万羽，出栏783.28万羽；肉类总产量22523吨。农业生产条件得到改善，抵御自然灾害能力进一步增强。2021年全县水土流失治理面积4.19平方公里。水利总投入5.71亿元，同比增长159.9%。有效灌溉面积22.31万亩。年末拥有农业机械总动力13.6591万千瓦，比上年增长0.4%。全年化肥施用量（折纯）6661吨，比上年增长9.1%。农村用电量2908.07万千瓦时。

【工业经济】2021年，工业经济平稳发展。2021年工业实现增加值113.68亿元，比2020年同期增长11.8%。全年月度新增及年底小升规纳入工业企业37家，退出14家。截至12月底，全县拥有规模以上工业企业总计194家，合计实现增加值77.98亿元，增长13.3%。从七大支柱行业看，纺织业实现增加值3.68亿元，增长1.3%；铁路、船舶、航空航天和其他运输设备制造业实现增加值7.06亿元，增长17.3%；文教、工美、体育和娱乐用品制造业实现增加值6.48亿元，增长14.8%；汽车制造业实现增加值17.88亿元，增长17.6%；医药制造业实现增加值6.85亿元，下降6.0%；橡胶和塑料制品业实现增加值12.89亿元，增长28.8%；酒、饮料和精制茶制造业实现增加值3.29亿元，增长14.4%。规模以上工业高新技术、高端装备、战略性新兴、健康产品、时尚制造业、文化制造业等六大新兴产业工业增加值分别比2020年同期增长10.3%、13.3%、6.2%、-3.5%、6.2%、10.9%。规模以上大中型工业企业合计实现增加值45.66亿元，比上年同期增长15.1%；“20强”工业企业合计实现增加值44.30亿元，比上年同期增长13.4%。

【旅游“三产”】2021年，全县实现社会消费品零售总额144.59亿元，比2020年同期增长11.3%。从贸易分行业来看，全年批发业实现销售额90.45亿元，增长37.7%；零售业实现销售额179.60亿元，增长19.1%；住宿业实现营业额2.81亿元，增长12.0%；餐饮业实现营业额24.51亿元，增长35.7%。

旅游业加速发展。天台连续四年获评中国县域旅游综合竞争力百强县，获评2019浙江文化和旅游产业融合发展十佳县，入选2021年全国县域旅游综合实力百强县，位列第22位，精彩亮相央视《中国地名大会》和《中国诗词大会》，天台山上榜AAAAA级景区品牌100强。全年旅游总人数402.98万人次，增长32.6%，旅游总收入41.76亿元，增长36.1%。全域旅游建设获评全省A档（优秀），浙东唐诗之路建设入选省争先创优“最佳实践”案例，入选省级公共文化场馆服务功能拓展先行先试单位和旅游业“微改造、精提升”行动试点县，“诗路e站”入选全省文化和旅游数字化改革试点项目，天台山易筋经被列入第五批国家级非遗代表性项目名录。

【改革创新】2021年，数字化改革门户上线运行，获批数字化改革试点41个，入围省多跨场景重大应用9个，成功“揭榜挂帅”6个，“摊省心”入选省最佳应用。项目竣工联合验收全市首创，“证照并销”“一业一证”改革全省领先，企业开办3小时办结，市场主体增加19.6%。新增高新技术企业16家、科技型中小企业71家，建成省级重点实验室1家、市级6家，天铁获中国力学工程科技进步特等奖。技师学院获批筹建，全球高端装备创新创业大赛成功举办，新引育高端以上人才24人，入选“浙江工匠”6人。

【城乡建设】2021年，城市品位不断提升，始丰溪“两廊一带”形象初展，总部经济大楼、市民中心加快推进，文化中心、金融中心完成主体工程，物流中心、综合交通枢纽站建成投用，站前大道、九龙大道、和合南路、百花路西拓建成通车。改造老旧小区2个，受益群众1218户，完成安置房分房4栋2129套，福溪滨溪未来社区列入省创建名单。城市精细化管理扎实有效，新增停车位2169个。镇村面貌精彩蝶变，始丰、平桥创成美丽城镇省级样板镇，坦头通过省卫生乡镇复审，三州获评省美丽乡村示范乡镇，龙溪乡村振兴集成创新示范项目列入省级试点，石梁、雷峰入选全国森林康养建设试点，南屏入围全国乡村振兴示范乡镇，新建成新时代美丽乡村达标村110个、精品村37个，荣获省首批大花园示范县、省美丽城镇建设优秀县、省美丽乡村工作优胜县、中国最美乡村百佳县。至界岭隧道顺利贯通，城前线建成通车，创成全国“四好农村路”示范县。完成城市征迁160万平方米，始丰湖公园建成开放，环湖、高铁区块初展英姿。“片区化组团发展”经验写入省委《关于认真学习贯彻党的十九届四中全会精神、高水平推进省城治理现代化的决定》，创成全市首个省美丽乡村示范县，获评国家生态文明建设示范县、国家卫生县城、中国最美县域。杭台高铁、杭绍台高速建成通车，新改建农村公路555公里，群众出行更加便捷。

【金融财政】2021年，金融机构存款余额（人民币）566.56亿元，增长13.6%。金融机构各项贷款余额（人民币）637.44亿元，增长20.8%。其中，短期贷款202.25亿元，增长14.6%；中长期贷款223.15亿元，增长12%。消费贷款合计186.32亿元，增长10%。经营贷款合计239.09亿元，增长15.8%。金融机构不良贷款余额3.45亿元，比2020年末减少0.44亿元，不良贷款率0.54%，比2020年年末下降0.2个百分点。居民储蓄362.12亿元，增长12.55%，工业性贷款185.85亿元，增长19.24%。

2021年财政保持平稳增长。全年，财政总收入实现56.72亿元，比2020年同期增长

24.2%。地方财政收入实现39.93亿元，增长16.5%。其中，税收收入实现19.88亿元，增长13.5%，增值税增长4%，企业所得税增长40.8%。地方财政支出56.72亿元，增长24.2%。其中，民生支出52.42亿元，占总支出比重的92.42%。节能环保增长106.3%，社会保障和就业增长100.2%，文化教育与传媒增长12.6%。

【环境保护】2021年，环境执法力度不断加大，生态环境持续改善。坚持以“现代化和合之城”建设为统领，紧紧围绕生态环境质量持续改善这个目标，坚决打赢污染防治攻坚战，突出强服务促发展、严监管防污染、重治理逼转型、抓队伍建铁军等工作任务，全面推进生态环境建设，服务经济高质量发展。2021年，全县共承办案件44件，移送公安机关1起，罚没款总额591万多元。获批全省首个“无废城市”数字化改革项目试点，完成全国“两山”实践创新基地申报，进入省备选名单，获2021—2023年省级绿色转化资金3亿元。在全市首创“包办制”，促环评审批平均提速50%以上，累计为300余家企业环评减费超1000万元。超额完成市定年度主要污染物减排目标，是全市5个完成市定单位GDP二氧化碳排放目标任务的县（市、区）之一，完成1家省级、2家市级绿色创建任务。

全县空气质量优良率99.5%，$PM_{2.5}$均值21微克／米^3。“水十条”考核断面（里石门）水质达Ⅱ类，出境断面（百步）水质达Ⅱ类，集中式饮用水源水质达标率100%。生态环境公众满意度居全市第一，再夺五水共治“大禹鼎”银鼎。

【科学教育】2021年，科技创新不断进步。根据2020年度浙江省科技进步统计监测评价报告显示，全县实现全社会R&D经费支出6.18亿元，同比增长16.2%，R&D经费占GDP比重2.05%；拥有R&D活动人员2857人，同比增长6.1%。企业创新动能有效激活，全县企业R&D经费支出占主营业务收入2.52%；企业R&D人员占企业从业人员比重12.56%；全县拥有开展R&D活动企业127家，同比增长11.4%；开展R&D活动企业占规上工业企业66.49%。高新产业和战略性产业规模不断扩大，高新技术产业增加值占工业增加值比重76.45%。2021年度新增国家高新技术企业16家、省级科技型中小企业71家。申报省级重点实验室1家、省级高新技术企业研发中心4家，新增市级重点实验室6家，市级高新技术企业研发中心14家。天台县与11家高校院所设立产学研合作平台，其中研究院有4家，技术转移中心6家。共签订产学研合作项目42项，合同金额约2500万元。深入实施《人才新政三十三条》，大力引进一批海内外高层次人才，强化社会经济发展智力支撑，新增省青年引才计划3人、省级海外工程师1名、市级海外工程师2名。教育事业全面发展。全县有小学40所，小学在校生2.98万人，义务教育学龄人口入学率100%。普通中学28所，在校生2.95万人，入学率100%。职业高中3所，在校生7517人。小学专任教师1811人，普通中学专任教师2592人，中职教育专任教师418人。

【社会事业】2021年，文化事业健康发展。天台山易筋经被列入第五批国家级非遗代表性项目名录，天台饺饼筒、九大碗、够周馃等7个项目被列入第八批台州市非遗代表性项目名录。成立和合文化传承生态保护区创建专班，助推省级和合文化传承生态保护区建设。春节期间，天台登上央视《中国地名大会》《中国诗词大会》及浙江卫视《还有诗和远方》节目，县委书记亲自推介天台山文旅资源，社会反响强烈，取得良好成效，凸显了浙东唐诗之路目的地的影响力和地位。全年完成各类文化活动2169场，送书下乡2万多册，线上文化服务活动300多场。完成浙江省第七次乡镇（街道）综合文化站评估定级，全县15个乡镇（街道）综合文化站配备免费Wi-Fi、图书阅览室、公共电子阅览室、培训教室和户外活动广场等功能，每周对外开放不少于42小时，免费提供书报刊借阅、展览展出、艺术培训、文体活动等公益服务。实现文化馆乡镇分馆、图书分馆全覆盖，新增和合书吧2家，新增文化礼堂40家。发展和壮大文化志愿者队伍，选拔专业文艺人才帮扶农村文艺团队，提高群众性文化活动效果。建有各类文艺团体2091支，有文化志愿者5800人

广播电视事业稳步发展。广播电视事业稳步发展。全县广播节目1套，全年共播出公共节目时间5900小时，制作广播节目时间4120小时；县级电视台1座，公共电视节目1套，全年共播出公共节目时间4350小时，制作电视节目时间360小时；有线广播电视传输干线网络总长2130公里，数字电视用户数128024户。2021年，“台报网端微视”全媒体平台开设“奋斗百年路 启航新征程”“深化三服务对标勇争先”等50多个专栏专题，采制刊发相关稿件1100余篇（条）。神秀天台发布1099条，总阅读量达630万+，点击量20万+作品1条，10万+作品3条，5万+作品4条；“和合天台”App发稿近万篇，单篇最高阅读量达55万+，5万+的14条。抖音号发稿386条，点赞量69.6万，100万+作品3个。天台电台FM91.1于元旦全新换频改版，收听率节节攀升。在上级媒体发出报道1000多条次，央视播出8条，《浙江日报》、浙江卫视头版或头条（前三条）刊播10多条，在“学习强国”上发布200多条，被中宣部“学习强国”学习平台评为“2021年度优秀供稿单位”荣誉。

卫计事业不断进步。年末，全县有卫生机构275个，其中医院7家，妇幼保健计划生育服务中心1家，村卫生室59家，卫生院12家，社区卫生服务站63家。全县有卫生技术人员3586人，其中医生（师）1677人，注册护士1421人，年末实有床位2277张。

群众体育、竞技体育、体育产业协同发展。基层体育公共服务持续强化。推动体育委员工作规范化、标准化，构建乡镇（街道）体育委员工作阵地，成功搭建1个三星、7个一星体育委员工作站。搭乘数字化改革“快车”，构设委员之家、赛事活动、服务超市、健身场地、健身百科等8个版块，数字赋能提升体育智慧化水平，推进公共体育服务提速增效；体育设施基础不断夯实。新体育中心项目区域城市规划设计和总体设计初稿已完成。加快构建天台县城乡“15分钟健身圈”，天台县人均体育场地面积达到2.72平方米以上。2021年，已完成9个多功能运动场、6个百姓健身房、

13 个微型便民体育公园、1 个村级全民健身广场，1 个足球场、1 个体育设施进公园建设。2021 年，天台县获得“十三五”台州市体育场地设施建设突出贡献奖、2020 年台州市群众体育赛事优秀组织奖；全民健身科学指导全面普及。构建覆盖城乡、富有活力的体育社会组织网络，实现县“1+23”组织模式、乡镇（街道）“1+8”组织模式全覆盖。高质量完成国民体质监测 2500 多例，城乡居民《国家体质监测标准》合格人数达到 94.5% 以上；群众体育赛事蓬勃发展。成功承办浙江省第二届生态运动会（天台站），《中国体育报》、新华网、中新网等媒体点赞报道，极大地提升了天台的知名度和影响力。承办“中国·天台山体彩杯”全国女子围棋公开赛，中国围棋协会授予天台县人民政府“和合之城围棋名山”荣誉牌匾，充分肯定了天台为推动围棋事业发展所做的杰出贡献，天台县系浙江省唯一获得者。

（县府办）

应急管理

【概况】2021 年，天台县应急管理局以习近平新时代中国特色社会主义思想为指导，坚定安全发展理念，积极构建“大安全、大应急、大减灾”体系，着力建机制、补短板、强能力、促协同，全面推进天台县应急管理体系和应急能力现代化建设，为更高水平更高质量建设“现代化和合之城”提供坚实的安全保障。

【强化责任落实】2021 年，完善“1+X”组织构架，重新调整安委会和 7 个专委会。进一步深化党政领导责任，落实部门和乡镇（街道）监管责任，落实企业主体责任。

【强化统筹协调】2021 年，全年牵头召开安全生产、应急管理工作专题部署 26 次，专题推进 9 次，会商 35 次，督查 9 次，通报 17 期。在城镇燃气、消防、危化品等领域开展“举一反三”行动 19 次，排查整改共性问题 5985 项。

【专项整治行动】2021 年，三年行动 129 项任务、“遏事故”389 项任务已全部完成。全年共检查单位 6337 家，发现一般隐患 52693 条，重大隐患 11 条，已完成整改 51690 条，整改率 98%，行政处罚 630 家，罚款 352 万余元，责令停产整顿 72 家，约谈警示 45 人，县级挂牌 26 家。

【强化执法震慑】2021 年，全年共查处企业安全生产违法行为 115 家次，收缴罚款金额 241.5 万元，同比增长 55.1%。密切行刑衔接，不断加大执法力度。在《天台报》和微信平台上曝光企业违法行为 92 件，检查执法率明显提升。

【做好防汛防台抗旱工作】2021 年，统筹协调做好防御台风“烟花”“灿都”和抗旱防雨雪冰冻工作。全县建有 240 家避灾场所，2020 年新建 18 家，规范化累计达 150 家，完成率 176%。编制了全县防汛工作手册，组织各类防汛防台演练 34 次。建全应急物资储备体系，全县共设立储备点 23 个，“三大件”“四小件”实现全覆盖。

【**抓实森林防灭火工作**】2021 年，厘清森林防灭火职责边界，压实 325 名护林员工作职责，2020 年高空瞭望覆盖率达 60%，新建蓄水池 30 个。县财政专门拨款 391 万元，新建 1 支县级专业森林消防队伍和 4 支县级半专业队伍，组织全县 52 支队伍全员开展业务培训及实战演练，防火期以来森林火情零发生。

【**增强基层应急救援能力**】2021 年，完成县人民医院和石梁镇中心学校 2 个直升机临时起降点建设。

【**修订完善各类应急预案**】2021 年，完成县级突发事件总体应急预案，县级专项预案修订率达 70%，督促各乡镇（街道）、各部门制定可操作、有针对性的应急预案。

【**开展各类应急演练**】2021 年，提高应急救援队伍的快速响应和应急救援能力，提升应对突发事件的应急处置水平。全年牵头组织各类演练 35 场次，参与人数近 1400 人次。

【**建强应急救援队伍**】2021 年，天台县已建立“县乡村”三级联动，政府主导、社会参与的“2+4+8+15+395”的应急救援模式（2 支综合应急救援队，4 支社会救援队，8 支专业应急救援队伍，15 支乡镇街道应急分队，395 支村级突击队）。同时采购了一批应急抢险装备，包括热成像无人机、布控球、卫星电话、卫星便携站、4G 单兵等，提升队伍救援能力。

【**深化安全生产领域数字化改革**】2021 年，创新建立乡镇和企业两个管控力指数，构建县域一体全链隐患排查治理工作体系。落实分级管控，将企业分 A、B、C 三个等级，将管控力指数为 C 的企业列为暗访暗查和执法检查的重点对象。推动 1462 家工矿企业和 457 名乡镇网格员全覆盖使用数字化管理平台，实现企业每月自查自改全覆盖，全年累计自查自改问题隐患 44507 项；乡镇每季检查全覆盖，全年累计发现整改问题隐患 68613 项。原市委常委、常务副市长徐良平对该项工作批示肯定，相关工作经验在全市推广并在《中国应急管理报》和学习强国 App 等平台刊登。

【**调整应急指挥体系**】2021 年，按照应急办公室规范化要求，建立由乡镇（街道）党委、政府主要领导任总负责人、相关部门为成员单位的应急指挥体系，统一指挥队伍力量、调配装备物资，统筹灾害事故信息接收、会商研判和应急处置。

【**完善社会化服务机制**】2021 年，全年共开展社会化服务 1144 家，覆盖率达 78% 左右，推进规上企业开展标准化建设，23 家上报评审，通过 11 家。

【**强化全民安全宣传培训**】2021 年，举办乡镇、部门应急管理负责人专题培训，完成百万员工大培训任务，开展“五进”100 余场，受益人群近 5 万人次，打造应急管理线上宣教平台，关注用户超 1.2 万人，有效提升宣传动员能力。

（应急管理局）

外 事

【组织做好来访团组接待】2021 年，在国际疫情背景下，立足“三服务”，在日本浙大校友会、日本浙江总商会的大力支持下，凝聚海外力量，创新外事工作模式，继续深耕天台日本经贸交流与合作。在前期精准对接的基础上，4 月 9 日至 11 日，来自日本高科技企业的专家高管和留学日本的科技专家一行 9 人，到天台考察交流，与天台部分外向型企业的管理人员就企业管理、市场拓展和新材料应用等一系列问题进行面对面座谈；5 月 14 日至 16 日，日本平田公司中国区总裁李家雪及相关技术专家一行应邀到天台开展商务考察和技术服务活动。

（外事办）

行政审批

【概况】2021 年，县行政审批局在县委、县政府的坚强领导下，局领导班子带领团结全体干部职工，紧紧围绕省市县“放管服”改革的决策部署，充分发挥“三位一体”的体制机制优势，强党建、抓队伍、促改革、优服务，全面提升改革的知晓率、实现率、满意率。全年共办理各类事项 104.06 万余件，网上受理率达 95.92%。

【取得成绩】2021 年，全省首推“一业一证”改革得到时任副省长陈奕君的批示肯定，“证照并销”改革做法在省专报刊登，并在台州市证照并销改革现场会上做经验介绍；在全市率先召开全县乡镇（街道）便民服务中心星级创建现场推进会，市行政服务中心要求的乡镇便民服务中心五星级创建 2 年任务提前完成，在全市“窗口形象”大提升工程现场会上作典型发言，乡镇便民服务中心建设成果居全市第一，被浙里改（竞跑者）刊登推广；在全市先行先试告知承诺制、“信用＋政务服务”和企业服务专区改革。连续五年荣获全市行政服务中心重点工作争先评优优秀单位，连续四年荣获县级机关单位工作目标责任制考核优秀单位，2021 年，继续狠抓改革创新，改革红利持续释放，“放管服”改革纵深推进。

【营商环境不断优化】2021 年，牵头营商环境“十二大工程”行动，营商环境“10+N”便利化指标考核全市第三（营商环境优化工作考核全市第二）。探索企业投资项目“标准地＋承诺制＋全包服务”、工业项目“极简审批”等模式。2021 年，审批局共主动介入投资项目 91 个，办结 77 个，其中新赋码项目开工前阶段最多 50 天已完成 38 个。创新实行“一业一证”“证照并销”改革，推行首套印章政府买单政策。2021 年，新发展市场主体 16543 户，同比增幅 19.64%。

【数字化改革不断加快】2021 年，全面升级自助网办区，新增 5G 体验区，全县政务事项 100%“网上可办”，民生事项“一证通办”率 98.73%，跑零次占比 98.31%，即办事项比例 84.96%。与 9 省 22 县（市、区）达成“跨区域通办”，共办理通办事项 3315 件。全市先行先试告知承诺制和“信用＋政务服务”工作，根据办事主体信用情况，提供分级分类的政务服务和审批模式。推进公共资源交易平台建设，2021年，完成各类公共资源交易项目326宗，交易额33.16亿元。

【窗口形象不断提升】2021年，改造县级办事大厅，后台审批区升级为全开放模式，实现与办事群众肩并肩、面对面、心贴心。县乡两级财政投入近2000万元用于基层便民服务中心改造，建成五星基层便民服务中心4家、四星4家、三星4家。以“一乡一品”为依托，成立“鹤跑团”“枫跑团”等代办队伍，上门代跑帮办3418次。开展“政银联通”工作，依托5家银行50个网点，实现120项事项“就近能办”。

【干部队伍建设】2021年，实施党建引领工程，加强机关党员干部队伍整体素质提升，举办“业务大讲堂”“青年干部论坛”“青年研习社”等活动，全面提升党建和业务水平，在市中心举办的微型党课比赛中获二等奖，在市中心代办员业务技能大比武中获一等奖；组织召开三八插花、家属座谈会等活动，提升职工归属感；构建“1+7”管理体系，从严干部队伍管理，建立“三级责任捆绑”、“三色督办”、浮动薪资制度和好差评评价体系，充分调动全体干部干事创业的热情。

（行政审批局）

机关事务

【概况】2021年，是中国共产党成立100周年，也是“十四五”开局之年。站在新起点上，县机关事务中心以习近平新时代中国特色社会主义思想为指导，深入贯彻党的十九届六中全会精神，紧扣县委、县政府中心工作，规范管理强保障，深化服务办实事，“阳光后勤·匠心事务”工作品牌逐步树立。

【锻造队伍】2021年，以党史学习教育为契机，锻造机关事务干部队伍。开展《歌唱祖国》快闪摄制、祭扫老麻山烈士墓、观看抗美援朝影片《长津湖》、党史主题讲座等党史系列学习活动，其中梁宇静获全市机关事务管理系统党史宣讲暨微党课竞赛一等奖；举办安保、厨师、保洁等岗位技能演练竞赛30场次；开展安全大检查7次，整改安全隐患18处，劝阻、疏导群访230余批次；开展“爱心助农”活动，帮助贫困山区村民推销时令蔬菜2500余公斤，为100余位空巢老人送上“走亲连心餐”；参加在台州市政府举办的特色伴手礼展销活动，宣传推广天台各类特产。

【数字事务】2021年，推进“智能装备+机关事务”建设，牵头研发“公车e行”系统和公车应急救援e省通系统，两项系统均被确定为全省机关事务数字化改革试点项目，获台州市机关事务系统服务标准化成果展示一等奖，并在全省机关事务数字化改革试点会上做经验交流。

【规范管理】2021年，统计摸排71家党政机关办公用房情况，会同纪委、财政等对32家单位开展办公用房年度专项巡检，发现问题14家并下发整改通知限期整改；履行公共机构节能管理职能，完成400家单位能耗统计，积极筹建12家单位创建省公共机构节约型单位，实现全县公共机构人均综合能耗同比下降3%以上，单位建筑面积能耗同比下降5%以上，人均水耗降低2.3%；疫情防控严格按照“一亮、二测、三登记”程序，认真排查，确保一岗不落、一人不漏，全面消杀50多次，累计测温20万余人次，检查发现高风险人员4人，均有效处置。

【铸就品牌】2021年，用心用脑用力，高质量服务保障县党代会、两会、第五届天台商人大会、茶文化大会、国际和合文化论坛等县重大活动159场；投入30万元更换会场LED，打造全省一流会议视频系统，承接各类会议1300余场次；投资22万元，建设1处封闭式垃圾分类房；因地制宜设立邮政综合服务点和点时便民超市；全年共保障用车2500余次、行驶里程25万公里、用餐30余万人次、设备维护维修3500余次，努力实现县委、县政府满意，县直各单位满意，干部职工和广大群众满意，打造“阳光后勤、至诚服务”品牌。

（机关事务中心）

中国人民政治协商会议天台县委员会

综　述

【专题视察】2021年，加强视察监督，组织对天台山大瀑布、九龙抽水蓄能电站、杭绍台高铁项目和场站建设等进行专题视察协商，积极发挥政协委员主体作用，提出意见建议，并向有关部门提交视察调研报告，为加快天台县各项事业发展献计出力。

【提案工作】2021年，以提案形式提出意见建议181件，经审查，立案148件。《关于建设“诗画浙江·和合天台”系列物化工程，进一步突出浙东唐诗之路目的地的建议》等8件提案被列为2020年度重点提案。完善提案办理评价方式，实行承办单位自评与提案委员评价综合考评，提案办复率100%，提案所提问题已解决或基本解决的占95.94%，为群众解决了大批热点难点问题。

【联络联谊】完善台州健康产业委员会客厅、非物质文化遗产委员会客室建设，在经济一组、经济二组、教育组、医药卫生组、文旅文史体育组建立首批5个界别委员工作室，拓展了委员学习交流、协商议政、联谊联络、凝聚共识新渠道。充分发挥联谊会的桥梁纽带作用，协助县委、县政府做好招商引才工作。尊重和保障民主党派、无党派人士在人民政协中的民主权利，邀请参加重要视察调研，在重要会议中安排发言，进一步巩固和发展了多党合作的良好政治格局。密切与民间社会组织及各阶层人士的联系，进一步加强与少数民族、宗教界代表人士的联系，加强与港澳台同胞的联系，不断巩固和壮大爱国统一战线。

【文史工作】2021年，推动《游天台山日记》编入部编和省编高中《语文读本》，提升天台山在全国的知名度。与教育部门联合举办“2020年天台县《游天台山日记》教学研讨活动”。助力天台山入选首批“浙江文化印记”、天台山易筋经入选国家级非物质文化遗产名录、英文版《小济公》在海外热播。出版《天台县民国商贸口述史》，做好《小珠逢春闯五洲——天台县坦头汽车用品产业发展纪实》编纂工作，推进《天台县政协志（2）》编纂工作，为发展文化产业、助推教育事业、振兴旅游经济贡献力量。

【服务民生】2021年，坚持以人民为中心，关注群众呼声，增进民生福祉。深入开展“三服务”，开展了政协系统“防疫情、助复产、送温暖”活动，班子成员带队深入联系乡镇、联系企业和委员企业，参与疫情防控工作。选派4名干部担任驻企指导员，全力助力复工复产。发动广大委员立足岗位、集智聚力，为打赢“两战”贡献政协智慧和力量，赴湖北荆门抗疫一线的陈统献委员被省政协评为“最美政协人”。各界别组合计开展各类社会公益活动90多次，服务群众上万人次。机关中层以上干部全员参与低收入农户结对帮扶，切实帮助解决困难。协助做好村级换届工作。

【自身建设】2021年，实施建言资政和凝聚共识“双提升”工程，推进建言资政和凝聚共识双向融合、双向发力。7月8日，配合县委召开县委政协工作会议，出台《中共天台县委关于新时代加强和改进人民政协工作的实施意见》，细化责任分工，进一步明确了破解“两个薄弱”问题的主要举措。通过中心组学习会、常委会、主题党日、界别小组学习会、微信公众号等各种平台加强学习交流。举办政协常委培训班和委员履职能力提升培训班，建立委员履职双向选择、线上线下同步履职机制及委员分批次列席常委会制度，健全重要履职活动调研先行制度等，提升委员履职能力，激发委员履职热情。利用“天台政协和合苑”微信公众号宣传政协“好声音”，发布文章38期44篇，宣传力度进一步增强。

重要会议

【县政协十届四次会议】5月6日至8日，天台县政协第十届委员会第四次全体会议召开。会议听取了中共天台县委书记管文新讲话；审议并通过县政协常委会工作报告、提案工作报告；列席了天台县第十六届人民代表大会第四次会议，听取并讨论《政府工作报告》和会议其他有关报告；举行参政议政专题发言、委员分组讨论；审议通过十届四次会议提案初审情况报告和决议。增补王伟、叶永志、许昌志、何元吉、陈燊、陈传飞为十届县政协常委。

【县政协常委会议】4月14日，县政协召开十届十二次常委会议。协商决定政协委员增减名单，同意陈建祥、孙兴爱、王正炳、陈达友辞去县政协常委，同意陈达友、陈双玉辞去县政协委员，同意增补何元吉、许昌志、徐世江为县政协委员。审议通过有关人事任免，免去陈建祥教卫体委主任职务，免去孙兴爱委员工委主任职务，免去叶永志办公室副主任职务，同意何元吉任教卫体委主任，同意陈传飞任委员工委主任，同意陈盼盼任办公室副主任。审议通过了召开县政协十届四次会议相关文件。具体包括：关于召开县政协十届四次会议的决定（草案）；县政协十届四次会议议程（草案）；县政协十届四次会议日程（草案）；县政协十届四次会议提案截止日期（草案）；县政协十届四次会议大会主席团和秘书长名单（草案）；县政协十届四次会议主席团常务主席名单（草案）；县政协十届四次会议主席团会议主持人名单（草案）；政协常委会关于授权主席会议决定未尽事宜的决定（草案）；县政协十届三次会议以来优秀提案及提案办理先进单位名单（草案）；2019年度反映社情民意信息工作先进单位、先进个人名单（草案）；2019年度先进界别小组、优秀委员名单（草案）；十届政协常委会工作报告（讨论稿）；十届政协常委会提案工作报告（讨论稿）；《天台县政协提案工作办法》（讨论稿）等文件。

5月28日，县政协召开十届十三次常委会议。听取县纪委关于反腐败工作情况的通报。审议通过《天台县政协2020年度工作要点》；审议通过《天台县政协2020年度专项集体民主监督实施意见》；通报《天台县政协委派民主监督员调整方案》；通报2020年度政协重点提案。

8月14日，县政协召开十届十四次常委会议。听取县政府半年度工作通报和县人民法院、县人民检察院工作通报，政协常委针对通报内容建言献策。审议通过县政协专委会机构设置调整方案，同意将文化文史和学习委员会更名为文旅文史和学习委员会（简称文旅文史委），将原教卫体委承担的联系体育界等相关工作、原城建旅游委承担的联系旅游职能调整到文旅文史委；将城建旅游委员会更名为农业农村和资源环境委员会（简称农资环委），将原提案委承担的联系农业界相关职能调整到农资环委，剥离联系旅游职能；将社会法制委员会更名为社会法制和民族宗教委员会（简称社法民宗委），将原教卫体委联系民族宗教相关职能调整到社法民宗委；将教卫体委员会更名为教科卫委员会（简称教科卫委），剥离联系体育界、民族宗教的职能，并将原经科委承担的联系科技界相关职能调整到教科卫委；保留提案委员会（简称提案委）名称不变，剥离联系农业界相关职能；经济科技委员会更名为经济委员会（简称经济委），剥离联系科技界相关职能；保留委员工作委员会、港澳台侨委员会不变。听取县政协专项集体民主监督农业农村局工作组、市场监管局工作组监督情况汇报，常委围绕民主监督情况进行建言献策。

11月17日，县政协召开十届十五次常委会议。县委书记杨玲玲讲话，政协常委围绕杨书记讲话内容进行建言献策。协商通过有关人事任免，同意夏祥广任经济委主任，免去其经科委主任职务；何元吉任教科卫委主任，免去其教卫体委主任职务；徐建平任社法民宗委主任，免去其社法委主任职务；奚富强任文旅文史委主任，免去其文史委主任职务；徐华丽任经济委副主任，免去其经科委副主任职务；陈统足任农资环委副主任。协商通过十届政协各专委会主任、副主任、委员名单。审议通过县政协特聘文史专员名单。审议通过柴松山辞去政协委员。会议听取县政协提案委关于县政协十届四次会议以来提案工作情况的汇报；听取党委系统、政府系统关于县政协十届四次会议以来提案办理情况的通报；听取县农业农村局、县市场监管局专项集体民主监督整改情况汇报。常委围绕提案办理情况进行建言献策，围绕专项集体民主监督工作进行座谈，并对县农业农村局、县市场监管局开展民主评议。

协商监督

【协商议政】2021年，会同县委、县政府制定《中共天台县委、天台县人民政府、政协天台县委员会2020年度协商工作计划》，将“请你来协商”活动重要议题纳入年度协商计划，围绕公共卫生应急体系建设、浙东唐诗之路目的地建设、甬金衢上高速公路项目前期、历史文化名城保护、国土空间规划、杭绍台高铁场站建设等议题，开展6次“请你来协商•委员对话会”。出台《关于推进“请你来协商”平台建设向乡镇（街道）延伸的指导意见》，对乡镇（街道）“请你来协商”平台统一授牌。通过常委会、主席会议就全年工作计划、重点提案、专项集体民主监督等议题进行协商研究。更加活跃有序地开展专题协商、界别协商、对口协商和提案办理协商，积极开展专委会对口协商，推进县委、县政府科学民主决策。

【调研建言】2021年，深入开展调研活动，围绕浙东唐诗之路目的地、古村落保护利用、乡村振兴示范区、跨境电商发展等19个课题深入调研，为县委、县政府的决策提供了重要参考。畅通信息渠道，积极向上报送社情民意信息，政协信息总分名列全市第一，获全市政协信息特等奖，实现“七连冠”。

【民主监督】2021年，落实县委《关于加强人民政协民主监督的实施意见》，坚持点面结合，通过专项集体民主监督、视察监督、提案监督等形式，不断推进各项重点工作。紧扣两抓年活动，对县农业农村局和县市场监管局开展专项集体民主监督。继续对向20个重点部门委派140名民主监督员，推动部门工作落实和作风改进。

（政　协）

中国共产党天台县纪律检查委员会
天台县监察委员会

综　述

【概况】 2021 年，天台县纪委监委在市纪委监委和县委的坚强领导下，深入贯彻落实中央、省市纪委全会精神，忠实履行党章和宪法赋予的职责，以高质量发展为引领，坚定不移推进全面从严治党，坚定不移深化清廉天台建设，全县党风廉政建设和反腐败工作取得新成效。

【加强队伍建设】 2021 年，高标准开展党史学习教育活动，先后组织知识竞赛、党史宣讲、拍摄快闪作品等活动，在市纪委举办的“礼赞百年清风同行”歌咏比赛中荣获金奖。巩固拓展全员培训，建立一周一“专题学”、一月一“系统考”、一季一“全员训”学习模式，以“全方位”教育培训有效提升履职能力。深入开展“深化三服务对标勇争先”讨论实践活动，边学边查边改，共形成调研报告 9 篇，解决问题 5 件，认领微心愿 115 个，集中开展党员志愿服务 4 次。健全完善《天台县纪检监察干部打听、干预监督检查审查调查工作和请托违规办事的报备及责任追究规定》等制度规定，督促广大纪检监察干部树牢纪法意识、坚守底线红线。定制“防范打听、请托”专属彩铃，将人情拒之门外，净化纪检监察工作环境。常态化开展谈心谈话，对苗头性问题进行提醒，全年共开展谈心谈话 35 人次。在全县纪检监察系统开展作风整顿专项活动，引导广大纪检监察干部以案为鉴、警钟长鸣，进一步筑牢思想防线。

【深化清廉村居建设】 2021 年，在全县抽取 69 个行政村，设立村居作风建设观测点，每月观测村“三资”管理、村级小微权力运行和村干部为民服务等方面情况。2021 年以来，共发现并督促整改问题 76 个，发送纪检监察建议书 8 份，处理 31 人。强化村级主体责任报告工作，印发《村级党组织年度履行党风廉政建设主体责任情况当面报告工作流程》，规范村级报告流程，探索村级“提级监督”工作，听取 1 个村党总支书记当面汇报履行党风廉政建设主体责任情况。设立 1 个市级信访举报直报点、7 个县级信访举报包联点，加强对信访重点乡镇和重点村的联系指导、督查督办。结合“我为群众办实事”实践活动，开展“百日化百患”活动，摸排信访隐患问题并化解 78 件。会同 15 家县级有关单位，围绕群众关心的“急难愁盼”问题，确定 16 个专项治理项目，并公开各专项治理项目、牵头单位、职能科室、投诉举报电话等信息。2021年以来，共查处群众身边腐败和作风问题96起127人，其中查处涉及漠视侵害群众利益问题专项治理工作中的“三资”管理问题38起58人。将扫黑除恶与反腐败斗争和基层“拍蝇”结合起来，继续保持严惩涉黑涉恶腐败和“保护伞”的高压态势。2021年以来，共查处涉黑涉恶腐败和“保护伞”问题4起6人，其中乡科级干部3人。

【强化正风肃纪】2021年，坚持把纪律和规矩挺在前面，把违反中央八项规定精神问题作为纪律审查的重点，盯住重要时间节点，开展警示提醒、专项检查、通报曝光，持续释放执纪必严、动辄则咎的强烈信号。2021年，共查处违反中央八项规定精神问题68起98人，给予党纪政务处分87人，其中查处形式主义、官僚主义问题22起32人，给予党纪政务处分27人，查处享乐主义、奢靡之风问题46起66人，给予党纪政务处分60人，通报曝光违反中央八项规定精神典型案例8起17人，形成有力震慑。开展餐饮浪费及违规吃喝问题专项监督，查处违规吃喝问题22起33人，其中党纪政务处分30人。开展茶叶领域背后“四风”问题监督工作，督促推动查处“不按规定标注产品等级”标签不符合规定案件1起。开展党员干部、公职人员酒驾醉驾及其背后“四风”问题专项治理，共查处酒驾醉驾及其背后“四风”问题57起57人，均给予党纪政务处分。精心打造清廉文化宣传作品，设计清廉文化logo，创作清廉歌曲《清莲》及MV，拍摄廉政微视频《廉心》，发挥文化潜移默化作用，将廉洁的价值理念根植进群众心中，营造更加清朗的社会氛围。

【强化“三不”一体推进】2021年，根据省市纪委统一部署，结合实际，坚持一域一方案，精准发力、扎实推进供销、金融、交通运输、教育、意识形态和医疗服务等20余个行业领域腐败问题专项整治工作，共发现问题208个，批评教育帮助和处理114人。配合做好政法队伍教育整顿工作，成立工作专班，积极开展问题线索大起底、违规问题大整治，起底问题线索123件，办结121件，处理83人，收到政法干警主动向组织说明问题85人次。开展拆迁拆违领域腐败和作风问题专项治理，发现问题41个，查处16人，发送纪检监察建议书3份，督促职能部门建立完善制度3项。坚持有腐必反、有贪必肃，依纪依法精准惩治腐败，持续保持高压态势。2021年，共处置问题线索1002件，立案296件，处分252人，留置8人，其中乡科级5人。重点查处县基础设施投资有限公司党委原书记、董事长汤某演，县自然资源和规划局原党委委员、副局长何某庆，县住房和城乡建设局党委原副书记、副局长张某祥，始丰街道工作人员张某福等一批严重违纪违法案件。突出惩治防一体推进，研究制定《做实“后半篇文章”工作手册》，推动“后半篇文章”具体化、规范化、流程化。督促发案单位尤其是发生大要案的单位，落实主体责任，及时召开专题民主生活会，剖析根源，查摆问题，堵塞漏洞。2021年，共发出纪检监察建议书114份，指出问题200余条，促进完善相关制度400余项。

监　督

【强化政治监督】2021年，坚持围绕中心、服务大局，聚焦疫情防控、县乡换届、防台减灾等重点工作，强化跟进监督，进一步严明纪律规矩。印发《中共天台县纪委关于监督保障高质量发展建设共同富裕标杆县的意见》，加强重点项目督查，联合相关职能部门，对7个重点项目开展跟踪督查，共问责党员干部8名，提出意见建议26条，较好促进项目提速。在全县各类企业设立17家营商环境观测点，在浙里办App“企业码”天台专区增设“码上监督”——天台县营商环境观测点，线上线下同步运行，发现并督促整改问题11个，帮助企业解决难题4个。积极协助县委制定《关于纵深推进清廉天台建设的意见》，督促指导相关牵头单位推进清廉单元建设。协助县委组织开展党风廉政建设主体责任落实情况检查工作，对全县15个乡镇（街道）和9个县直单位进行抽查，督促整改各类问题56个，约谈单位党政“一把手”32人。组织召开党风廉政建设责任制落实情况评议会，听取7个单位“一把手”当面汇报履行“第一责任人”职责和个人廉洁自律情况，当面反馈评议意见。

【推动日常监督】2021年，紧盯乡镇（街道）换届，从严做好党风廉政意见回复工作，特别是加强重要干部人员审查，共审查7041人，提出党风廉政意见7041人。强化巡察监督，在有序开展3轮常规巡察的同时，以巡察“回头看”和回访检查为抓手，巩固拓展巡察成果，确保按时保质保量完成本届县委巡察“全覆盖”。2021年，共对14个县直单位党组织、48个基层医疗卫生单位和学校党组织开展巡察，对8个单位进行巡察“回头看”，共发现问题328个、移交问题线索35条。全县纪检监察组织共运用“四种形态”批评教育帮助和处理925人次，其中第一种形态占72.3%，第二种形态占21.4%，第三种形态占2.4%，第四种形态占3.9%。常态化开展回访教育，及时开展澄清正名，共澄清33人，查处诬告1人，充分体现了组织关怀。根据上级纪委统一部署，建立基层公权力数字化全程在线审批应用平台，扎实做好基础数据采集和运行工作，共采集基础数据34万余条，已在系统上运行村级公权力审批数据4万余条。　（县纪委监委）

群众团体

县总工会

【概况】2021 年，在市总工会的正确领导下，天台县总工会坚持以习近平新时代中国特色社会主义思想为指导，积极贯彻落实党的十九大和十九届五中、六中全会精神，全面落实县委、县政府和市总工会的工作部署，履行工会主责主业，在团结奋进力量、凝心聚力建功立业方面有效作为，在解决职工急难愁盼问题、帮助困难职工解困脱困方面主动作为，多项业务工作走在全市前列，各项工作取得新进展、新成效。

【强化职工思想教育】2021 年，大力开展党史宣传教育和主题征文等活动，宣传践行劳模精神、工匠精神等生动实践和先进典型。组织全县各级工会主席进企业、车间开展党史宣讲 20 余场次，参与职工 930 余人；组建劳模（工匠）宣讲团，开展劳模精神进企业、进学校活动 5 场。做好阵地建设，银轮公司和烈士陵园成功申报市级职工思想政治教育基地。

【提升职工文化素质】2021 年，承办天台县第六届职工运动会，共有 4600 余名职工参加 15 个项目，是天台历史上规模最大、参赛人数最多的运动会；组织参加台州市首届职工运动会，象棋、围棋、桥牌等项目名列前茅。成功举办“庆华诞”红歌大赛；开展“我心向党”职工摄影大赛，发动全县 300 余名爱好者参与，并在 8 月举办获奖作品摄影展，后获评市总工会大赛优秀组织奖。成功举办“工益学堂”职工免费培训班，涵盖太极拳、羽毛球、网球、小提琴等项目，惠及职工 400 余人。引领职工文体活动进基层、进企业、进工地，开展送文化进礼堂活动共 31 场。实施职工求学圆梦和农民工学历能力双提升行动，组织 156 名职工参加提升活动。深化“职工书屋”建设，创建 1 家省级“职工书屋”、4 家市级示范“职工书屋”，全方位构筑职工的“精神文化家园”。

【做好劳模评选宣传】2021 年，认真做好各级工匠推评工作，6 名职工被评为“浙江工匠”，6 名职工被评为“台州工匠”，共评选出“天台工匠” 10 名。评选县级劳模（高技能人才）创新工作室 3 家，县劳模（工匠）服务队（工业、农林、科教）开展各类服务 15 场次，服务职工 1500 余人。在天台电视台等主流媒体开辟专栏，对 8 位有代表性的先进模范人物进行访谈，开展“全国劳模留靓影”活动，为 6 名全国劳模和 1 名工匠拍摄专题宣传片。

【做好稳岗留工保障】2021年，切实保障困难职工欢度春节，开展送温暖活动，走访慰问困难职工7名，给困难职工送上慰问款和实物，合计发放2.4万元，对已脱困解困但受疫情影响收入下降的6名职工发放慰问金每人1500元，合计发放0.9万元。积极引导务工人员留天台过年，免费为104名留天台过年的外来员工邮寄价值200元的天台农特产年货大礼包和一封慰问信；给46家企业870名外来职工送上价值100元的“年货礼包”。

【构建和谐劳动关系】2021年，发挥劳动监测点作用，通过实地走访街道、对80家代表性企业召开座谈会等形式，对辖区工会劳动关系监测点开展调研；联合人社局向市里选送5家企业、2个组织、3个先进个人评选市级和谐企业、先进组织和先进个人。做好工资集体协商工作，发放要约书2000余份，要求395家单建工会企业工资集体协商，10个区域性和4个行业性企业工资集体协商，确保90%以上的建会企业开展集体协商。

【加大法律监督宣传】2021年，通过企业自查、工会自检、职工问卷、专家会诊等方式，共对270家企业开展了法律体检，对100家企业开展法律监督。优化提升普法服务，搭建网络平台，畅通各类网络资源，利用微信公众号每周推送普法信息，开展线下普法16次，线上普法23次，受益职工8000余人。丰富普法宣传形式，发放宣传手册6000余份。

【推进辖区工会组建】2021年，实现100人以上职工的企业组建工会，在“拉清单、清底数”工作中发现全县25人以上企业有104家未建会，已建78家25人以上企业，2021年共新组建104家，共计新增工会会员4368人。制定2021—2023年职工25人以上未建会企业工会组建计划，2021年超额完成建会入会任务，组建新业态群体工会组织72家，覆盖企业1063个，发展会员10354人。实名数据库建设实现动态管理，录入工会组织787个，采集会员57312人。

【深化基层工会改革】2021年，一体化推进基层工会改革，部署基层工作要点，召开全县两基工作现场推进会。按照“八有八全”标准，推进小微企业联合工会标准化建设，推进4家联合工会。在全县基层工会组织中全面开展“推优入党”工作，共推选101名优秀职工入党。

【实施“十百千工程”示范单位】2021年，培育人民医院、永贵电器、天台县民生村镇银行3家民主管理示范单位，发文表彰18条优秀职工代表提案。职代会和厂务公开建制率同比增加8.7%，从2020年职代会和厂务公开596家到2021年648家。

【推进工会志愿服务体系建设】2021年，共组建了553支工会志愿服务队，志愿服务队人员达11122人，远超组织数20%，并成立县工会志愿服务队，制定队伍建设管理办法，建立职工志愿服务数据库，开展志愿服务和培训。

【统筹工会干部培训管理】2021年3月，全县42名工会干部进行网上培训；8月，针对机关事业单位和非公企业组织了2场工会干部培训实操培训，参加人员280多人。配备挂（兼）主席：已配备2名挂职、1名兼职。强化社会化工会工作者管理，所有的社会化都定岗到镇（街），并新录用人员2名。

【**推进产业工人队伍改革**】2021年，组织相关单位召开产业工人队伍建设改革协调会，明确相关单位工作职责。召开产业工人队伍建设改革工作培训会和经验交流会，提高产改工作的知晓率和覆盖率。精选基础较好的10余家企业先行试点，其中银轮公司被评为省级产改试点，并代表台州工会系统做典型经验交流；红石梁园区、圣达药业、天铁公司等被评为市级产改试点。

【**推进常态化帮扶**】2021年，召开全县工会困难职工帮扶业务培训会，提高基层困难帮扶工作人员的业务水平和服务能力。继续做好困难职工档案及帮扶资金使用，对困难职工家庭实施多渠道精准帮扶。2021年度帮扶21户次，帮扶资金16.6万元。其中，向7名困难职工子女发放“金秋助学”奖金5.3万元，最高达8800元；向8名困难职工发放生活救助6万元，向6名困难职工发放医疗救助5.3万元，最高救助1.5万元。

【**推动职工疗休养**】2021年，组织4批219名一线职工开展疗休养活动，引导和鼓励更多的非公企业开展普惠性的职工疗休养。加强职工疗休养基地管理工作，培育2个省级疗休养基地、3个市级疗休养基地。

【**开展工会就业服务**】2021年，开展“工会就业援助月”行动、民营企业招聘月活动等，通过线上线下联动，主动与人社部门对接、合作，发布11期招聘信息，涉及108家企业700多个岗位。联合人社部门举办“破五难”系列招聘活动6场次，参与企业288家，提供1960个就业岗位，12069个需求人数，达成初步就业意向2529人，其中大专以上411人，缓解中小微民营企业“招工难”问题。

【**持续推进医疗互助**】2021年度医疗互助总参保78750人次，住院保障项目参保41551人次，重大疾病保障项目参保26547人次，女职工特殊病保障项目参保10652人次。

【**做好劳动保护工作**】2021年，开展安全生产月宣传，邀请专家开展企业安全培训20余场次，在海伦园艺、西门子、红石梁园区等企业开展班组长安全生产专题培训。开展安全隐患随手拍活动，并对随手拍作品进行评选，共评选出金点子5条，银点子10条。开展“高温送清凉”活动，慰问涉高温企业、重点工程、快递业等单位50余家，一线职工2万余人。

【**提升女性职工保障**】2021年，开展妈咪暖心小屋建设，2021年共创建4家，选择树立市级示范点1家；开展职工交友活动2场；与始丰街道总工会联合，开展暑期爱心托管班1期。

（总工会）

中国共产主义青年团天台县委员会

【**概况**】2021年，天台团县委高举习近平新时代中国特色社会主义思想伟大旗帜，紧紧围绕党政中心工作，以“提升城市‘青’和力指数”为牵引，做出实效。在各项工作中，百名青年接力宣讲“百年辉煌”、“小哥驿站”、青春助力共同富裕、青年参与社会治理等经验做法被学习强国、人民网、《浙江日报》、《台州日报》等主流媒体报道72次；荣获“全国优秀共青团干部”“浙江省成绩突出少先队集体”等全国、省、市集体或个人荣誉29项；宣讲工作获得市领导批示2次；农创客孵化法入选台州共同富裕“36”法；承办省青联“2021浙台两地大学生台州和合文化体验营活动”、浙江省“亲青帮·法护未来”启动仪式、台州市“青法学院”开学法制第一课启动仪式等省市活动5场；承接“浙江省中长期青年发展规划实施培育试点”“台州市青少年双零社区建设试点”等省、市试点工作3项。

【红色教育落地生根】2021年，在中国共产党成立100周年之际，发挥“青声代”宣讲团力量，开展“百年辉煌史一年课表”、搭建“百家讲堂”，开展“七讲七进”理论宣讲265场次，受众1.2万人次，宣讲项目获得台州市青年理论宣讲大赛一等奖、台州市“永远跟党走”演讲比赛一等奖。聚焦党的十九届六中全会，创新以天台青年说为载体，发动各领域青年从自身经历出发，采用主题队课、边走边讲、围炉夜话等多种形式，深入田间地头、车间生产一线、学校机关等多个场景开展宣讲，累计宣讲123场次。针对青少年群体，首推天台县“和合少年宣讲团”，组织少先队员走出学校，走向社会，培养少先队员在宣讲过程中传承红色基因。

【打造思想新载体】2021年，聚焦传承红色基因，举办“青春向党·百年礼赞”庆典，县委书记杨玲玲出席讲话并给予高度肯定；开展“永远跟党走”青年理论宣讲大赛，利用“微场景”“微表演”“微创意”，推动党史教育入脑入心。聚焦实践引领，开展“请党放心，强国有我”“我在窗口写青春”等主题教育活动32场次，覆盖青少年3000余名，激励广大青年在新征程中展现新作为。用好“天台青年”公众号等团属网络阵地，发布线上“青声代”直播间、“红领巾会客厅”、“天台青年说”等系列活动21期，总阅读量5.5万余人次。

【少先队改革】2021年，延伸“三位一体”红领巾学院平台育人功能，举办全市“红暖一冬”文化下乡活动，开展思政微队课展播、“追寻党的光辉足迹”红色研学等活动24场次。探索少先队社会化工作的天台样板，成立社区少工委，建立少先队员和社会资源“校内一校外双进”制度，组建以青年教师、大学生、社区工作者、社会组织为骨干的“社会家长队伍”。首次举办全县少先队辅导员工作室高级研修班，通过赴杭州、上海等地考察学习先进经验，打造高素质的辅导员队伍。2021年，共培育1名“浙江省新时代好少年”、2名“浙江省成绩突出少先队员”、2名“浙江省成绩突出少先队辅导员”、1个“浙江省成绩突出少先队集体”。

【助力共同富裕】2021年，以青创赋能乡村振兴工作为突破口，在始丰街道、白鹤镇、龙溪乡等地打造“青春小镇”实体化青创阵地，按照一镇一品、一镇一主题，串点成片，打造具有天台青年辨识度的共同富裕示范带。如白鹤镇上卢村“青春小镇”以片区团建联盟的形式构建“青春产业集聚区”，开展青春小集、“三百六十行探秘”寻古活动、“古韵新风”汉服文化节等活动53场，吸引游客5万人次；在安科村探索“唐诗小镇”，打造诗路文化和青年业态融合发展模式；在龙溪乡建立“多彩研学”基地和红领巾学院，打造以红领巾研学、亲子互动为主题的“青春小镇”。注重农创人才培育，新农人卢晓丽在全市青年直播带货大赛中获一等奖、农创客许跃俊成为全市唯一入围“全国乡村振兴青年先锋”评选的候选人。

【融入“整体智治”】2021年，针对团代表在闭会期间履职效率不高、团建管理困难等问题，探索“团代表履职管理”应用，设计“智慧充电站”“掌上服务厅”“青享议事堂”等场景，通过“三融五跨”协同，实现代表学习、服务、提议一键直达；围绕服务返乡青年，联合县委人才办、县人社局等部门开发“天台引才”应用，推进大学生返乡就业择业、政策咨询、城市体验等服务“一网通”；围绕激发青年参与社会服务活力，打造“青春社区”应用，该项目入选台州共青团数字化改革“揭榜挂帅”第一批项目，并在天都社区、丰泽社区等地推广应用。

【服务民营经济】2021年，探索团建助企新路径，以红石梁园区为试点，创新实施“青企伙伴计划”，通过团企结对、企企结网、校企结缘、村企结亲的“四结工作法”，带动园区企业及周边村抱团发展。常态化开展“跑小青”三服务行动，在各企业集聚区，设置流动“跑小青”服务站，开展企业政务业务代跑代办、上门办理“一件事”服务，累计组建12支志愿服务队，开展代跑服务175批次。

【拓展青年融入新领域】2021年，将“青治社区”模式延伸到开放式街区、老旧小区，在天台丰泽社区打造“青泽社区”，建立“青泽业委会”，构建“1+4+7+N”的管理模式，通过社区微改造、托管辅导、居民事务办理等7个板块引导青年参与基层治理。聚焦青年文明提升，举办天台首届志愿服务项目大赛，统筹打好青年志愿者招募、培训、激励组合拳，开展“留台过大年”春运暖冬行动、拥抱高铁时代、“莫让文明掉”打卡挑战、“团小天”政务讲解等品牌工作32场次，服务“2021和合文化全球论坛”等大型赛会4场次。

【健全青年成长】2021年，以中长期青年发展规划培育试点为契机，召开青年工作联席会议第二次会议，完善青年工作制度体系。切实加强青年工作研究，广泛开展线上线下调研，编制出台《天台县青年发展规划（2020—2025年）》，全面落实培育试点的机制性任务和发展性任务。

【深化天台青年发展工程】2021年，聚焦青年成长发展突出诉求，“项目化”开展精准帮扶。围绕服务快递小哥、外卖小哥等新就业青年群体，依托“大团委”平台，成立“新尚人”服务联盟，打造“新尚人•小哥驿站”，包括1个总站、42个分站，常态化提供法律维权、子女托管等10项特色服务；围绕婚恋交友，利用文旅资源，围绕“婚恋+旅游”“婚恋+民宿”“婚恋+民俗”等主题，举办“520发呆大赛”“塔后乡村音乐会”等交友活动8场次；聚焦就业创业，开展“千人千岗”大学生社会实践活动，设立毕业生实习岗和暑期实践岗269个，打造2家县级“青年驿站”，提供床位50余张，开办大学生创造营，以导师帮带、组队调研、路演汇报、企业定向委培等形式吸引学子返乡创业就业；围绕青年文化交流，举办省青联“浙江台湾两地大学生和合文化体验营活动”，通过文旅走亲、文化寻根，让台湾青年感受和合文化魅力和两岸青年深厚友谊。

【青少年困难帮扶和权益维护】2021年，积极开展困难青少年帮扶，深化“一米阳光”“四点半课堂”等品牌服务，走访服务重点青少年618人次，认领微心愿370个，通过“青亲筹”“爱心圆梦”项目筹集资金3.6万元，开展青少年“三禁三防三自”教育活动21场次。进一步发挥12355、县矛调中心维权岗作用，开设维权热线、高考热线，为105名青少年提供政策法规咨询、心理疏导等服务。强化平台建设，在赤城街道、始丰街道、白鹤镇打造7个“双零社区”，通过团市委验收。

【夯实基层基础】2021年，以全面完成村（社）团组织换届为契机，重塑村（社）团干部年龄结构，35周岁以下占比89%，基层团组织力量进一步提升。注重专业能力提升，组织394名村（社）团组织负责人参加省团校培训4期。推进团建示范点建设，四家团组织分获“台州市五四红旗团委（团支部）”和“台州市先进团组织”。

【提升基层组织活力】2021年，全面完成“非公企业团建数量和活力‘双倍增’三年行动”任务，推进规上企业、特色小镇、楼宇商圈、行业协会等重点领域团建，以“团建联盟”形式填补团建空白点，成立快递物流行业团工委、互联网企业团工委，新建31家非公企业团组织。压实团代表“一站两联”建设，运行团代表“双流”机制，“综合型团代表”流向基层开展常规服务，“特色型团代表”流向专业小组开展专项服务。2021年开展团代表擂台赛、团代表交流座谈会6场次，通过赛品牌、比服务，促进代表履职。

【强化团干队伍建设】2021年，落实兼挂职团干部“双百双服务”工程，选拔31名青年金融工作者和法律服务工作者，兼任县级、乡镇（街道）级团干部，促进35个合作项目落地，领办100件“青年身边的小事”。以“深化团干部作风建设三年行动”为牵引，构建团干部联系青年常态化机制，结对联系重点青少年、新兴领域青年等342名，开展“青年三为服务”“千名团干大调研”行动57场次。一名基层团干部被共青团中央评为“全国优秀共青团干部”。

（共青团天台县委员会）

天台县妇女联合会

【概况】2021年，县妇联在县委的坚强领导下，紧扣庆祝建党百年主线，聚焦高质量发展要求，认真履行妇联引领、服务、联系职能，扎实有效推进妇女儿童各项工作，并取得了一定的成效。儿童暑期关爱保护工作“护童360工程”得到副省长王文序批示表扬；天台县列入省妇联“巾帼助力山区26县共同富裕试点县”；台州市巾帼助力共同富裕现场会暨首届“和合姊妹”巾帼志愿服务项目大赛在天台召开；“百名妇联主席领实事”被市妇联发文推广并在全省“深化妇联组织建设改革八大破难行动”培训会上交流发言；巾帼助富·家门口创业数字化应用场景被列入台州市妇联系统第二批数字化改革试点项目；台州市“把爱带回家”2021 寒假儿童关爱服务暨“相伴童行·助力儿童之家”公益项目启动仪式在天台举行；走亲“四必访”工作被《中国妇女报》《浙江信息》等媒体刊登。

【高站位主题引领】2021 年，坚持把政治引领作为妇联的首要任务，组织广大妇女深入学习贯彻十九届六中全会精神、百年建党精神，开展“巾帼心向党百年绽芳华”“红船女儿百年奋进曲”等一系列主题鲜明、特色鲜亮的红色引领活动，唱响天台妇女爱党爱国主旋律。

【开展“和合姊妹进万家”大宣讲】2021 年，依托巾帼大讲堂、巾帼庭院会等红色女性教育基地，大力开展“百场巾帼宣讲”“百名巾帼周播报”“红心闪闪照童心”百场故事会等活动 300 余场次。相关做法先后在“学习强国”、《中国妇女报》、《红船女儿》等各级各类媒体刊登报道 87 次。

【开展“百名主席办实事”活动】2021 年，坚持把学习教育成果转化为妇联干事创业的实际成效，结合妇联系统“四必访”制度，发动全县百名妇联主席利用自身特长和资源优势，为基层妇女儿童解决身边的急事难事，累计完成民生项目 506 个。“百名主席办实事”工作被市妇联发文推广，获全市妇联系统特色品牌项目创新奖，并在全省“妇联组织改革”培训会上作交流发言。

【打造巾帼助富实战舞台】2021 年，在全省高质量建设共同富裕示范区的背景下，县委全会提出争当共同富裕标杆县，县委有号召、妇联有行动，创新打造了巾帼“家门口创业圈”，制订“家门口创业圈”助力十条，推行“一圈一图一指数”考评机制，推动巾帼助富工作走深走实。全县已组建 6 个巾帼“家门口创业圈”，聘任 30 位创业导师，组建 15 支和合助农团，20 位巾帼云创客加入创业圈带货团。相关做法在《中国妇女报》头版刊登，天台成功列入省妇联“巾帼助力山区 26 县共同富裕试点县”，全市巾帼助力共同富裕现场会在天台召开。

【谋划“数智妇联”多跨场景】2021 年，坚持数智先行，在市妇联的牵头下，与温岭妇联合作建设“巾帼共富”多跨应用场景，打造家门口微创业和灵活就业全周期服务平台，不断拓宽农村女性创业就业渠道。该项目列入市妇联数字化改革试点项目，进入全省数字化改革“一本账 S0”帮农促富跑道。已完成核心业务开发等待上线，并通过台州市政府项目联审，省农业农村厅将该项目作为第二批“一地创新、全省共享”推荐项目上报省数字政府专班审核。

【汇聚疫情防控巾帼力量】2021 年，建立“网格 + 妇联”疫情防控工作机制，动员县乡村三级妇联干部、巾帼志愿者和女企业家协会参与疫情防控。积极响应县委号召，以“一座城、一家人”为主题，针对外地集中隔离人员和一线工作人员开展暖心关爱服务，特别是“易筋经养生功法线上课堂”得到市委书记李跃旗的点赞肯定。

【弘扬最美家文化】2021年，把和合文化融入家庭家教家风工作，联合组织部、宣传部、纪检等相关部门开展“和合好家庭”寻找活动，指导家研会、婚协等社会组织参与好家庭建设，实施家庭教育“六爱”行动，举办“相伴童行•家庭家教家风进基层”“行走的书房”等活动50余场。全县9个家庭获评省市级“最美家庭”，26户家庭获评县级“和合好家庭”。围绕家庭提升成长，打造家庭建设综合平台2.0版，举办“和合传万家”家庭建设综合平台工作推进现场会，全县因地制宜建成县级家庭建设服务中心1个，片区家庭建设服务站23个，落实落细服务家庭“最后一公里”。

【当好最亲娘家人】2021年，注重发挥妇女在基层治理中的独特作用，创新打造“姊妹合议庭”载体，壮大跑姐队伍，配合政法部门做好异常家庭风险识别管控和矛盾纠纷调解工作，“引领女乡贤深度参与婚姻家庭调解”做法得到台州市委常委、统战部部长朱巧湘的肯定。同时，深化百万家庭学法工程，加大民法典、反家庭暴力法等法律法规的宣传力度，全年共开展法治微课、反诈宣传100余场次，引领广大家庭知法学法守法。联合组织部、人社局等相关部门，探索引才安家机制，提供婚恋牵线服务，和合红娘助力人才安家全周期服务工作在《浙江信息》刊登。

【打造最暖姊妹团】2021年，依托和合姊妹志愿服务团队，全面推行“一个儿童之家”“一元食堂”“一个和合小屋”“一张健康联系卡”“一次爱的陪伴”等“五个一”关爱机制，服务关爱一老一小和特殊困境家庭。全县范围内共建成市级示范性儿童之家13家，县级示范性儿童之家30家，一元食堂13个，打造和合小屋36个，为全县2726名低保低边妇女提供健康公益保险，3000多名和合姊妹参与健康联系和陪伴服务。全市首届“和合姊妹”巾帼志愿服务项目大赛落户天台。其中，天台“儿童之家”已经成为全市妇儿工作的一张金名片，儿童之家民生实事项目完成率全市第一，全市“把爱带回家”儿童公益项目启动仪式在天台举行，儿童暑期关爱保护工作“护童360工程”得到副省长王文序批示表扬。

（妇女联合会）

天台县科学技术协会

【实施政治引领吸纳行动，塑科学精神之“魂”】2021年，开展学习书籍“必读+自选”，从党的百年奋斗史中汲取前进力量，砥砺前行。组建“红科”宣讲团，深入企业、学（协）会、科普基地宣讲38场，做到党员学习全覆盖，推动党史学习教育走深走实。拍摄《没有共产党就没有新中国》红歌快闪视频，展示科协新形象。精心开展“全国科技工作者日”主题活动，讲好科技工作者自立自强的创新故事、先进事迹，推动形成弘扬科学家精神的良好社会氛围。关心关爱科技工作者，围绕“全国科技工作者日”举办致贺信、走访慰问等活动，为科技工作者送温暖、办实事、办好事，努力提高科技工作者的获得感、幸福感、归属感。

【实施创新驱动助力行动，强聚智赋能之“力”】 6月5—6日，成功举办由中国茶叶学会、中国农业科学院茶叶研究所主办的茶文化、茶产业、茶科技统筹发展暨“十四五”发展战略研讨会。陈宗懋等5位院士以及全国18个省市自治区，30余所高校、科研院所，20余家茶叶主管部门、龙头企业等近300名茶业领域人才集聚一堂，围绕茶业文化、产业、科技领域，展开为期两天的学术探讨，促进天台“三茶”融合发展，走好茶业“产业造富”路、“增收致富”。截至年底，天台是全国唯一一个承办此类全国性学术会议的县级城市。10月29—31日，第五届西湖营养论坛暨2021浙江省营养学会年会在天台成功举办，来自全国、全省知名营养专家500余人齐聚天台，以“营养健康赋能天台助推山区跨越式高质量发展”为主题，通过企业专家行、企业与专家面对面座谈会、学术报告等多种形式，针对天台县康养产业发展现状、科技创新“卡脖子”问题、科技经济融合发展等，整合学会智慧和力量，建立浙江省营养学会天台创新服务站，助推天台县大健康产业结构调整和转型升级。

【实施科普提质惠民行动，铸科学素养之“基”】 2021年，开展“我为群众办实事”活动，先后举办杨梅、蜜梨、油菜、茶叶等农民技术培训4场次800多人。联合县委老干部局、县移动公司等相关部门开展“银龄跨越数字鸿沟”科普专项行动暨老年人智能手机教学活动，已开展培训38场次，受益老年人5667人。落实“双减”政策，开展科普助力行动。开辟“科普+研学”路线，常态化开放省、市、县三级科普教育基地，丰富学生课余生活。搭建“校社合作”，拓展机器人、乐高、编程等课后服务课程学习，拓宽学生科学教育渠道。举办“组团巡演”活动，开展科普大篷车、科学实验、科学秀、中科院老科学科普演讲团进校园活动。举办第四届天台县青少年电脑机器人竞赛、第37届青少年科技创新大赛等科创赛事，激发青少年科技创新意识，提高动手实践能力。

【实施智治提能强基行动，壮组织体系之“骨”】 2021年，已编制完成《数字化科普应用场景——打造天台科普“廿八景”数字地图》V字形框架。已完成科协门户网站建设的资料收集工作。持续深化省级“三长”试点工作，推广“三长”领衔制，石梁学校“云上空间”科技馆、三州乡山之春中药科普基地入选2021年台州市科协“三长”领衔示范项目立项。

（科　协）

天台县工商联合会

【概况】 2021年，县工商联紧紧围绕县委、县政府决策部署，紧扣“两个健康”成长主题，服务中心大局，整体工作在全省工商联系统领先。“‘大手拉小手’打造共同体”做法入选台州共同富裕“36法”；《天台县工商联以“链式工作法”助推大车配产业现代化发展》被全国工商联专刊录用，获评省联优秀案例；“天台县培育民营企业‘雁阵梯队’点燃共富硬核‘新引擎’”获评省联最佳实践案例。2021年还荣获全国“五好”县级工商联称号。

【理想信念教育】2021年，开展党史教育、“四史”教育进商会、进企业、进村社的“三进”活动，引导13家商会500余人赴上海一大旧址、遵义会议旧址、井冈山、西柏坡等革命圣地开展党史学习教育实践活动，引导党员干部与广大民营经济人士自觉从党的百年光辉历程中感悟初心使命，切实增强使命感和责任感。积极开展关于习近平总书记“七一”重要讲话精神大讨论活动，组织天台民营经济人士结合自身经历和企业发展，回顾成长历程、畅谈理想信念、共话伟大复兴中国梦，进一步激发民营企业家创新创业热情。

【亲清政商关系】2021年，进一步畅通各政企沟通渠道，建立亲清行为规范，完善常态化政企沟通机制，联合多部门召开“亲清直通车•政企恳谈会”2场。优化营商环境，推动构建完整、联动、全面的新型政商关系体系。采取选建、统建、联建等方式，指导帮助主席、副主席企业实施清廉民企建设，重点在银轮股份、天成自控、永贵电器等3家企业实施清廉民企建设试点，以点带面，推动民营企业更加清廉健康发展。其中，浙江天成自控股份有限公司被市工商联评为典型清廉民营企业。

【高质量发展行动】2021年，组织30余名知名浙商、10余名路桥区相关企业家考察天台旅游、经济项目，并召开座谈会，实现项目对接3个，省委统战部副部长、省工商联党组书记陈浩，市委常委、统战部部长朱巧湘，市委统战部副部长、市工商联党组书记王辉，县委书记杨玲玲出席此次活动。组织400余位乡贤、企业家召开“第五届天台商人大会暨新乡贤大会”，签约项目13个，聘请招商大使40名和营商环境督察专员16名。多次召开动员会，鼓励主席（会长）企业加入总部经济回归项目中来，积极推进总部经济大楼开工建设。

【助力共同富裕】2021年，充分发挥工商联资源优势，引导异地商会会长企业积极参与工商联系统助力共同富裕专项行动，持续提升县域产业发展水平，改善人民生活品质，组织10家异地商会结对帮扶10个集体经济相对薄弱村，为结对村输送资金、人才、产业扶持。联合路桥区工商联深化开展结对帮扶活动，召开“路桥—天台工商联系统助推跨越式发展项目签约仪式”，路桥区考察团向天台捐赠助富资金10万元、和合文化资金10万元，签订消费助富、民盟助富等项目12个，资金总额85万元。

【投身光彩事业】2021年，引导广大民营企业及企业家发扬“致富思源、富而思进、共同富裕”的光彩精神，通过实施抗震救灾、设立专项基金、医疗救助项目，更好地发挥民营经济人士在实现全体人民共同富裕中的促进作用和在创新社会治理中的协同作用。据不完全统计，累计向河南、新疆、山西、天台教育基金会等捐资2000万元。在天台县首次承办的和合文化国际论坛上，14名正、副主席（会长）发起成立初始规模3000万元的“天台山和合文化基金”，为传承与弘扬和合文化提供充裕的资金保障，助推和合文化国际论坛会址永久落户天台。

【商会组织建设】2021 年，注重加强基层商会和异地商会建设，陆续对接上海、绍兴、常州等异地天台商会推进换届有关工作，走访调研武汉天台商会（筹备组）。5 月 23 日，组织召开上海市天台商会（即原天台县上海商会）一届一次会员大会，选举潘宾林为会长。12 月 10 日，常州市新北区天台商会召开换届大会，选举庞新杨为会长。

（工商联）

天台县文学艺术界联合会

【概况】2021 年，县文联在县委、县政府的正确领导下，在省市文联和县委宣传部的关心指导下，按照年初工作部署，认真学习党的十九届六中全会、浙江省委文化工作会议、中宣部关于娱乐圈专项整治工作部署会议精神，以习近平新时代文艺思想为指引，围绕共同富裕示范区和现代化和合之城建设，转变作风，扎实工作，积极开展各项文艺活动，成功创建“中华诗词之县”。

【党建工作】2021 年，按照县党史学习教育办公室总体工作部署，深入学习《中国共产党简史》《社会主义发展简史》《中华人民共和国简史》《改革开放简史》等，以主题党日、专题学习会读书会、党员活动等形式，增强党员干部政治研判力、政治鉴别力和政治执行力，提升机关党员干部政治素养。同时，积极配合县委巡察组对文联的巡察工作，全面纠正提升，建立健全了 20 余项工作规范制度，确保巡察工作扎实有效。加强文联党组建设、班子建设和文艺队伍建设，以文联全委会、协会负责人会议、机关支部规范化认证工作为契机，全面推进文联系统贯彻落实习近平新时代文艺思想，突出政治引领作用。

【志愿服务】2021 年，以建党一百周年为主题，积极创作文艺作品。2021 年 5 月 13 日“永远跟你走”台州市百首红歌百名歌手百场巡演（天台站）启动专场演出、2021 年 5 月 14 日翰墨寄情话桑榆——曹鸣云袁孙翔书画联展等各类文艺展示活动。2021 年 6 月 24 日，“文传薪火艺连民心”庆祝建党 100 周年暨天台县东部文艺联盟成立活动在洪畴镇天和村举行，天台文艺界代表重温入党誓词，参观天台县入党第一人杨敬燮烈士纪念馆，并精心组织书法展和文艺演出，得到群众的好评和喜爱；于 2021 年 7 月 1 日举办“庆百年，颂党恩”“温泉山庄”杯天台县第七届书法篆刻大展、全年共举办 200 余场文艺活动进基层，推动文化惠民。

【精品创作】2021 年，紧紧围绕“育人才、出精品”基本职能，积极培养人才，创作文艺作品。美协陈子恒成为中国美术家协会会员，实现天台县国家级美协会员零突破；利用华顶杜鹃突出的自然文化资源，完成华顶杜鹃散文集《醉花阴》创作，已正式编排出版；完成国家一级作家王旭烽《向天台》精品文学创作；摄协、书协、美协等各专业协会会员积极创作文艺作品，20 余件文艺作品在国省级各类比赛及文艺活动中获奖或入展，新加入国家级会员近5人，省级会员近20人;配合梳理文艺精品创作、文艺人才奖励扶持政策并提出意见。

【记忆采集】2021年，为进一步弘扬老艺术家的文艺创作思想和精神，全面梳理了天台县现代文艺名家，列出40余人，委托第三方专业采集机构对老文艺家进行文艺创作思想和精神的采集和拍录，以图文、音像形式留存传承。2021年共梳理采集15名老文艺家创作思想及精神信息。

【数智技术融合】2021年，积极响应省委、省政府提出的数字化改革号召，积极推动文艺创作与数字化改革工作的融合。加强数字化改革政策知识学习，转变观念，提高浙政钉、浙里办、学习强国等线上学习App使用频率，引导网络作协加强线上创作、宣传，提高网络作协创作的强度，大力发展网络文艺。紧扣中华人民共和国成立70周年、抗疫、建党百年等主题，加强线上创作、宣传，提振信心，传播正能量。加强了文艺作品网络创作提升，推动文艺创作作品线上展示展览展销，促进文艺精品转化。实施网络文艺精品创作和传播计划，鼓励文艺工作者在进行网络文化、网络音乐、网络电影、网络动漫等网络文艺的创作生产，让互联网和新媒体成为文艺创新的新舞台。利用数字平台，常态化制作天台文艺，推动数字化改革云展示，提升文艺创作活动影响力、传播力。

【组织建设】2021年，进一步完善专业协会运行机制，促进专业协会与乡镇文联工作融合。在充分调研基础上，先后组建了以坦头、三合、洪畴、泳溪四乡镇文联为主体的东部文艺联盟（成立时间2021年6月24日），以平桥、白鹤、街头、三州、雷峰、龙溪六乡镇文联为主体的西部文艺联盟（成立时间2021年7月23日），进一步巩固了基层文艺组织建设，促进基层文艺片区化、组团化发展，为丰富基层群众业余文化生活提供了保证。基层组织的健全，为天台县文艺繁荣发展打下了良好基础。

（文　联）

天台县残疾人联合会

【概况】2021年，县残联坚持以习近平新时代中国特色社会主义思想为指导，全面贯彻党的十九大和十九届历次全会精神，整体推进残疾人基本保障与公共服务，在巩固残疾人高水平全面小康基础上，同步开启残疾人事业现代化新征程，助力打造“重要窗口”。以提升残疾人精准康复水平、立足于精准脱贫为关键，主动作为、勇于担当，全面完成各项目标任务，让全县的残疾人有更多的获得感和幸福感。

【完善残疾人托养中心功能】2021年，整合公立医院现有的医疗资源和体系，24小时配备医生、护士、护理员，分别开设精神、智力残疾托养区和肢体残疾托养区，确保不同类别的残疾人都能享受到托养服务。设立阅览区、手工区、书画区及多功能区，开设工疗区域引导残疾人进行手工制作，丰富了托养人员的文娱生活。

【新建残疾人之家】2021年，成功新建2家“残疾人之家”，分别为“龙溪乡残疾人之家”和“三州乡残疾人之家”，超额完成省民生实事项目之一的“创建一家残疾人之家”任务数。

【构建无障碍人居环境】2021年，根据省、市关于无障碍社区建设要求，县残联通过对溪林春天社区主要道路、公共建筑物、居住小区和服务中心、学校等相关单位的公共区域无障碍设施改造，促进了社区无障碍设施提升，增强了残疾人、老年人等群体满意度。累计改造无障碍坡道9处、盲道300米；新设护栏30米，改建无障碍厕位1个、无障碍车位7个；增设轮椅停放位、低位服务台、残疾人休息阅读区。在市残工委检查组复评时，对溪林春天社区的无障碍改造工作给予高度肯定。

【残疾人社会保障】2021年，困难残疾人生活补贴提高到每人每月264元。2021年，共为3551人残疾人发放困难残疾人生活补贴1117.6万元；为6845人发放重度残疾人护理补贴1747.7万元。其中，新增困难残疾人生活补贴372人，新增重度残疾人护理补贴655人，动态调整576人。2021年，共为277名自由职业残疾人缴纳社会保险53.89万元；为15户低保和低保边缘家庭发放安居工程补助11.5万元。2021年，天台县残疾人意外伤害保险不再限制年龄和残疾类别，为全县12117名持证残疾人全部投保意外伤害保险，共计60.885万元。为全县持证重度残疾人投保“农医保”。

【残疾人就业创业补助】2021年，为27名就业创业残疾人发放种植养殖大户补助、创业补助、贴息补助共计10.5万元。开展按比例安置残疾人就业情况审核工作，出台《关于开展天台县按比例安排残疾人就业情况申报审核的通告》（天残联〔2021〕3号），对全县82家行政企事业单位安置残疾人职工184人进行按比例审核，发放确认书82份。

【残疾学生助学补助】2021年共为21名残疾人大学生提供学费住宿费补助20.76万元。为学前到大学的残疾人学生提供全程助学补助，共计229人，17.95万元。为115名天台特殊教育中心的残疾学生，提供每人2500元的助学补助。

【残疾人家庭无障碍改造】2021年，根据各类残疾人生活的实际需求，为全县各乡镇（街道）42户有改造需求的困难残疾人家庭提供无障碍进家庭改造。通过家庭无障碍改造，特别是对贫困残疾人家庭的卫生间改造，使得他们的卫生条件得到了极大的改善，居家环境更加清洁和舒适，切实提高了他们的生活质量。

【康复工作】2021年，严格落实残疾儿童基本康复补贴政策，做好各类残疾儿童康复补助发放工作，2021年共为106名残疾儿童提供免费康复或康复补助，其中听力言语康复9人，肢体康复39人，智力康复14人，孤独症康复36人，人工耳蜗植入补助3人，人工耳蜗处理机升级补助3人，肢体矫治手术补助1人，困难儿童康复生活补贴1人。开展矫形器免费上门适配服务，为37名残疾儿童适配矫形器。儿童康复中心开展免费肢体、言语残疾儿童康复训练服务，通过指导老师精心教导和训练，在训儿童身体机能得到不同程度的改善和恢复，康复效果显著。对困难残疾人给予免费适配辅助器具或补助，多次组织助听器、假肢等辅具上门适配及免费维修，让残疾人朋友足不出户享受服务。2021 年，共发放轮椅 31 辆、护理床 3 张，适配假肢 2 条、助听器 5 台，发放小额辅助器具 5 件，白内障免费手术 5 人，膝髋关节置换手术补助 2 人。

【残疾人数据动态更新】2021 年，9 月份举办全县持证残疾人基本状况调查系统培训，对基本状况调查数据采集系统和数据分析进行讲解，现场答疑解惑。10 月份开展对全县持证残疾人的入户调查工作。2021 年共调查 12160 名持证残疾人，App 采集率和入户调查率分别达到 100% 和 98.88%。

【文体事业发展】2021 年，在“全国助残日”“爱耳日”“特奥日”“健身周”“国际盲人节”等残疾人节日期间，开展“筑爱助残携手同行”上门拍摄残疾人金婚照、“共游天台博物馆·追溯历史情缘”、第四届盲人登山运动会等一系列活动。2021 年共举办特殊艺术巡演 8 场，开展“残健共融，和合共享”残疾人文体活动进农村文化礼堂活动 27 场次；无障碍观影志愿服务 12 场，进一步丰富了残疾人的精神文化生活，让残疾人走出家门、享有公共文化服务。

【推动志愿者助残】2021 年，积极开展“千个支部万名党员助残志愿服务行动”，心翼助残志愿者协会坚持每周五进特教开展“周五社团”活动，每个残疾评定日进医院协助登记、维持秩序，并在各种节日开展大型走访慰问活动，如“童心童梦、爱在六一”“情系残疾人、粽叶飘香迎端午”等，为残疾人送上节日温暖并登记帮助解决日常生活上的困难。

【慰问工作】2021 年春节前夕，对全县 700 多名残疾人开展“过春节送温暖”慰问活动，共计发放慰问金 41.65 万元。在第三十一个全国助残日期间，组织慰问特教学校学生、康复中心、托养中心、盲人推拿机构、残疾人创业代表，共计发放慰问金 3.86 万元。

【特色亮点工作】2021 年，一是全面开展党史学习教育。利用天台县红色教育资源，结合党史学习教育“跟着红色地图学党史”专题活动，组织残疾人到红色基地赤城街道蓝田革命遗址、老麻山革命烈士纪念馆开展沿着红色足迹学党史主题党日活动。二是精心组织建党 100 周年主题系列宣传活动。拍摄建党 100 周年主题快闪，手语版《唱支山歌给党听》登上“学习强国”。选送残疾人优秀书画作品参与省市建党 100 周年主题书画展。举办“观红色电影，传红色基因”无障碍观影活动，组织残疾人参加市“同心同梦澎湃百年”全国助残日主题书画摄影活动等，让残疾人全参与、当主角，进一步凝聚残疾人听党话、跟党走、感党恩的正能量。三是加强基层组织队伍建设。深入推进基层组织规范化建设。3 月份，全县 395 个村（社区）配备残协主席和委员共 1176 人，实现村级残疾人协会全覆盖。完善村协服务联系制度、落实保障措施，分发村协助残工作日志，夯实基层助残服务“最后一公里”。

（天台县残疾人联合会）

军 事

人民武装

【概况】2021年，天台县人武部坚持以习近平新时代中国特色社会主义思想为根本指导，深入贯彻习近平强军思想，认真学习领会党的十九届六中全会精神和习近平主席七一重要讲话精神，在省军区、军分区党委首长的正确领导下，在县委、县政府的大力支持下，举旗铸魂守初心，抬高站位抓落实，备战练兵担使命，完成任务显担当，履职尽责保底线，单位全面建设呈现持续向上向好发展的良好态势，被省军区表彰为先进人武部党委。

【思想政治建设坚强有力】2021年，始终把思想政治建设摆在首位，坚决用习近平主席和军委决策指示统一思想和行动。以党委中心组理论学习为抓手，系统学习习近平新时代中国特色社会主义思想和习近平强军思想，深刻领会十九届六中全会精神。扎实开展党史学习教育活动，组织观看庆祝建党100周年庆祝大会，深刻领会习近平主席七一重要讲话精神，完成“六个一”活动。严格落实经常性政治教育、形势战备教育和保密安全教育，进一步统一思想、夯实根基，营造健康和谐的政治生态。

【练兵备战水平不断提升】2021年，始终贯彻习近平主席“能打仗，打胜仗”强军目标，坚持“抓规范打基础、抓机制保常态、抓创新促发展”的理念，狠抓工作落实，战备工作水平整体提高。按照年度军事训练工作指示要求，常态化组织开展首长机关训练、开训动员紧急出动演练、专武干部集训、基干民兵“训练月”、民兵连长集训、基地化轮训等活动，高标准抓好军事训练工作的落实。坚持任务牵引带训，组织民兵参加平安天台、疫情防控、防抗台风、学生军训、役前训练等任务，累计出动民兵近500人次。

【民兵整组工作成效显著】2021年，为落实队伍组建要求，县人武部牵头多次召开任务协调会进行集中对接，15次实地调研进行“一对一”沟通，研究解决重难点问题，全县基干民兵五项硬性指标全部达标。以承办全市民兵整组工作规范现场会为契机，严格按照“开展潜力调查、进行部署准备、优化结构布局、调整配备人员、预建党的组织、清点落实装备、集合点验民兵、组织检查验收”8个步骤14个环节推进整组任务落实落地，研究编写《民兵组织整顿工作业务参考手册》。

【兵员征集工作保量提质】2021年，圆满完成兵员征集任务，其中大学生占比91.7%，毕业生占比40.6%。3月份，军地联合下发2名拒服兵役青年处罚通报，警示教育作用明显。严格落实兵役登记、宣传发动、应征报名、体格检查、政治考核、兵员审定、档案整理、交接运输等各项环节，有序开展征兵工作。准确把握影响征兵质效的各种因素，会同县级征兵工作相关部门，指导各乡镇（街道）及时广泛发动宣传，主动挖掘兵员潜力，营造参军入伍浓厚氛围。联合多家地方单位等举办新兵欢送会，现场开展给新兵和家属送温暖活动。全年共组织4个批次预定兵员为期10天的役前集训，共发现淘汰21名存在思想问题和隐性疾病青年。先后组织2个批次15个方向的回访活动，与部队建立了沟通联系，为新兵排解了思想负担，为家属解决了后顾之忧。

【正规化建设不断推进】2021年，以正规化建设试点任务为牵引，在军分区首长机关的有力指导下和县委、县政府的大力支持下，积极研究攻关，常态推进落实，创新力量建设，完成试点任务。累计投入98万元购置多功能箱式救援车，配齐装备器材，不断提升应急处突能力。细分战备器材库功能，科学存放器材，着力提高出动效率。设施规范标准，完善营院标识108块，规范20余类工作场所，增设绝密文电和涉密待报废器材储存室。完善作战值班场所，引接10套电子信息系统；整合信息资源，实现应战和应急指挥系统有效融合，建立“三网”独立运行机制。细化各类规章制度，逐步规范机关管理、基层武装部建设、军地协调和民兵建设等工作流程细节，贯彻常态量化评分、全寿命流程管理、网络化数字办公、专线专网集中文印的建设理念和管理思维，为建设质效型人武部机关打下基础。

【国防教育普及深入】2021年，紧紧围绕“迈向强国新征程、军民共筑强军梦”主题开展国防教育系列宣传活动，凝聚强国必须强军，军强才能国安的共识。把国防教育纳入各级党委中心组理论学习内容。县四套班子领导和全县各界代表在老麻山革命烈士陵园开展烈士纪念日活动。县人武部领导到县委党校、信访局和龙溪乡开展国防教育授课。广泛开展国防教育进学校、进社区、进企业、进文化礼堂活动，不断拓展国防教育的宣传渠道。城区大型户外LED、电影院映前滚动播放征兵宣传片，所有中小学、文化礼堂开设军人荣誉墙，天台报刊登“八一光荣榜”。开展第二届全县中学生国防教育主题演讲比赛，“最美退役军人”专题宣传活动，引导广大中小学生、退役军人和全社会崇尚英雄、向先进典型学习的热情。先后建成3个爱国主义红色教育基地，拓展宣传阵地，点面结合开展国防教育宣传。

【双拥共建持续发力】2021年，协调解决1例天台籍现役军人的购房纠纷、9名现役军人和文职人员入学入园问题。2021年转业干部、转业士官按照规定全部进行岗位安置。全县各级走访慰问现役军人家庭，为24名荣立三等功以上的现役军人家庭送去立功受奖喜报。举办“八一”双拥晚会，共叙军民鱼水情。协助华顶部队解决营区蟒象泛滥问题和国防光缆入地改造工程。累计出动近600人次的民兵参与平安巡逻、山林灭火、防汛抗台、疫情防控等参建共建活动。

（人武部）

武 警

【**概况**】中国人民武装警察部队天台中队（简称县中队）始于1949年6月中共天台县委建立的武装班，担负警卫、看守任务，隶属县委和公安局领导。组建以来，中队历经了11次编制体制、隶属关系的变革，曾有中国人民公安部队浙江省天台县公安队、天台县公安局人民武装警察队、中国人民解放军公安部队天台大队等称号，先后隶属于县委、公安局、中国人民解放军和人武部的领导，1983年10月重新组建中国人民武装警察部队后，中队序列于中国人民武装警察部队浙江总队台州支队，全称为中国人民武装警察部队天台中队，隶属于中国人民武装警察部队台州支队领导。

【**主要职能**】根据《中华人民共和国人民武装警察法》，中队主要担负执勤、处置突发社会安全事件、防范和处置恐怖活动、抢险救援和防卫作战等任务。担负看守执勤任务，对天台县看守所实施外围武装警戒勤务，主要是防止犯罪嫌疑人脱逃，制止犯罪嫌疑人行凶、破坏、骚乱和暴乱，防范和打击犯罪分子袭击执勤目标、劫夺犯罪嫌疑人等犯罪活动，协助看守所预防和处置灾害事故；担负“处突”和“反恐”任务，协助县委、县政府和公安局，处置危害国家和社会安全、扰乱社会秩序、危害人民生命财产安全的违法、犯罪事件，抓捕重大犯罪嫌疑人和违法犯罪分子，处置群体性闹事事件，维护社会稳定；担负抢险救灾任务，积极参与抗洪、抗台、山林火灾、山体滑坡等自然灾害事故的处置，保护国有资产和人民生命财产的安全。

【**组织建设**】2021年，中队围绕“提标准塑窗口、练精兵谋打赢、打基础厚底蕴、化风险保安全”的建队思路，坚持立足实践提高“三种能力”，持续抓班子强素质。讲团结增合力。坚持把中队建设放在首要位置，做到三个经常（经常谈心、经常提醒、经常交流），深入学习理解民主集中制原则，进一步使班子成员强化角色意识、明确岗位要求，坚持凝聚集体智慧，在事关部队建设重大问题上做到一个声音、一个标准、一个目标，不断激发创先争优的工作热情。严制度强意识。坚持把落实制度作为提高班子战斗力的基本途径，严格落实七项组织生活制度，做到用制度规范建设、用制度加强管理。始终坚持问题导向，加强对党员的监督、管理和教育，通过每月讲评、汇报思想、召开组织生活会等形式，经常拉耳扯袖，逐步增强事业心和责任感。突出党员教育管理，严把党员申请关口，严格党员转正程序。纯党风凝士气。中队充分发挥党管干部、党管党员职能，组织全体党员学习案件通报，开展警示教育，切实强化党纪观念和自律意识。充分畅通民主渠道，开设打骂体罚举报箱，公示心理服务热线和举报电话，教育中队战士有困难找支部、有问题找干部。在涉及官兵切身利益的敏感问题上，党支部坚持公开、公平、公正的原则，广泛征求官兵意见。干部骨干自觉做到防微杜渐，不碰“高压线”，不闯“红灯”。

【思想政治】2021年，中队坚持以习近平主席系列重要讲话精神为引领，坚持学理论、抓教育、活载体、缓压力的思路，大力加强思想政治建设。中队抓住建党百年这条主线，坚持教育铸魂，持续开展“党史学习教育”“传承红色基因、担当强军重任”主题教育。灵活利用小块时间，重点抓好四本指定书目学习，浓厚起党史知识天天学的氛围；组织官兵深入学习新时代卫国戍边英雄群体、习近平主席七一讲话精神和十九届六中全会会议精神，在传达学习和宣讲教育的基础上，鼓励战士走上讲台谈体会、亮思想、抒情怀。开展“密切官兵关系，杜绝打骂体罚”专题教育及“弘扬优良传统、整顿作风纪律”活动，严密组织预防自杀排查整治，建立以党员、士官为主体的思想骨干队伍，充分运用“三互”“双四一”等载体，广泛开展“大谈心”，做好家庭困难、身体疾病等人员的思想稳定工作，帮助战士解决现实问题和思想困惑，有效筑起安全屏障。2021年，中队干部、思想骨干找每个战士谈心聊天不少于5次，多的达到十多次，确保了人人思想稳定，安心部队作贡献。

【履行职能】2021年，落实好执勤八项制度，解决勤务值班员落实“四全”问题。完善执勤设施，落实《正规化执勤检查验收标准》，规范执勤“三班、四哨”和哨兵互控，领班员直控，干部查控，网络监控，目标单位联控“五控”措施。提高“三级网”应用效能，确保人防、物防、技防有机结合。在完成处突押解、巡逻等临时勤务中，中队官兵的出色表现受到县委、县政府和上级领导的表扬。全年共完成了押解勤务等各类临时勤务35余次。中队党支部始终把执勤工作摆在首要位置，通过执勤日讲评、周通报、月总结，及时讲评执勤情况，定期分析执勤安全形势。结合执勤训练日，扎实开展专勤专训、专哨专训，做到“四个结合”。把执勤理论与落实执勤制度相结合；把专勤专训与实地执勤相结合；把队列训练与四哨动作相结合；把依照方案演练与“兵棋对抗”相结合。在狠抓执勤基础设施建设上下功夫，积极协调目标单位更换执勤器材、哨位门禁、加装刀刺网、安装通道照明灯以及维修粉刷岗楼哨位，进一步优化了执勤环境；在狠抓勤务隐患治理上下功夫，扎实开展执勤“四个一”隐患排查整治活动，抓好执勤硬软隐患治理，通过自查、队所联查、上级督查等形式，排查整改执勤硬隐患3起。中队与目标单位严格落实“三共”机制，统筹结合，形成合力，定期与目标单位召开联席会议，组织联合隐患排查，协同解决看守所外墙加装刀刺网的问题，有效提高了目标安全系数；定期组织与所方展开联合方案演练，提升了队所协同配合处置能力。

【行政管理】2021年，中队以争创“六无”先进单位为目标，以《条令条例》《军队基层建设纲要》为基本依据，认真落实依法从严治军要求，注重从抓制度落实入手，从落实一日生活制度严起，从集合站队、穿衣戴帽等细节抓起，严格部队管理秩序，培养官兵令行禁止、规范统一的作风纪律。紧盯在外人员、枪弹管控、保密安全、酒驾醉驾、网赌网贷、自杀问题等管理重点，每月定期召开安全形势分析会，查找安全隐患，防止发生精力外移和违规违纪等现象。中队注重端正对士兵的根本态度，尊重士兵的主体地位，充分发挥基层建设风气监督员职能，下大力度纠治基层微腐败和不正之风，充分保证官兵的利益，以此激发官兵以队为家的主人翁意识，把“要我防事故”彻底转变为“我要防事故”，提升官兵自主抓创安能力。年初以来，在中队全体官兵的努力下，全年安全无事故。

【军事建设】2021 年，中队紧盯战斗力标准，坚持把一切工作向中心聚焦、向能打胜仗用力。按照战备训练常态化、出动秩序程序化、库室摆放正规化的要求，严格落实编携配装规定，确保时刻“拉得出”，完成春节、百年大庆等重要时期战备任务。中队以群众性练兵比武为抓手，突出《军事训练指导法》和《军事训练大纲》的学习研究，始终坚持以中心任务为牵引，紧贴任务实际，严格落实训练制度。结合新大纲训练重点和部分战士能力素质偏弱的实际，开展“以老带新”活动，按照新老搭配、强弱搭配的原则，突出干部骨干和分队战术训练，着力加强短板科目和重难点科目的训练。严格落实议训制度，充分发扬军事民主，共同研究，共同探讨，认真研究解决当前训练面临的情况问题，积极摸索当前训练特点规律，及时制订战备、训练工作的方法和措施。以“精准抓战备、持续抓基础、常态抓人才、注重抓实战”的训练思路，瞄准最需要克服的薄弱环节下功夫。结合训练进程，在中队广泛开展培训、观摩、竞赛、讲评活动，促进重难点科目和短板科目训练落实、质量提高，确保中队训练整体推进，协调发展。

【文化建设】2021 年，抓好科学文化和警营文化工作，营造拴心留人的环境。中队坚持用先进军营文化陶冶官兵情操，利用橱窗、板报、荣誉墙等载体，讲英雄故事、弘扬英烈精神，2021 年中队积极推进特色军营文化建设，立足现有场所，购置官兵喜闻乐见的图书，营造书香氛围。开展诸如“文艺小晚会”“读书分享会”等活动，组织忠诚卫士组歌学唱，军营广场舞、一队一品文化建设，自主组建“指北针”乐队，营造了良好氛围，定期举办集体生日、军营 K 歌、烧烤晚会，切实做到在欢声笑语中缓解压力、拉近距离、凝聚兵心。

【拥政爱民】2021 年，中队牢记职责，忠实履行使命，深入开展双拥工作，密切警民关系，树好武警形象。在一些急、难、险、重等任务面前，上一线、打头阵，发挥尖刀和拳头作用，为维护地方稳定，经济发展，保证群众安居乐业作贡献。扎实开展军地联谊活动，在清明节邀请志愿者社团到队包青团，营造良好的“军爱民，民拥军”氛围。建党百年来临之际中队邀请革命老前辈为中队官兵讲述红故事传承红基因，加强军地合作，促进军地协同发展。

【后勤保障】2021 年，按《后勤正规化管理若干规定》加强后勤建设，管理到位，制度落实，经费使用效益较好，“四项设施”配套齐全，后勤建设水平进步明显。严格落实财务管理制度，重大项目和经费开支由支部研究决定，做到支部当家，集体理财，量入为出，不花过头钱，克服了盲目开支现象。在营产营具管理上，坚持建管并举，重在于管，做到每项设施定人、定位、定责任，真正达到管理好、使用好的要求。倡导“节水、节电、节粮、节油、节纸”等活动，引导官兵从自身做起、从小事做起，较好地杜绝了各种跑、冒、滴、漏现象的发生。针对中队营房部分损坏，门窗破损等问题，先后组织营房风险评估、完成基础设施维修、线路改造、营区室外墙粉刷、浴室和卫生间改造等大项工程建设并配置了一批空调，全面改善了官兵学习、训练、工作、生活环境。

（武警中队）

法 治

政法委及社会综合治理

【概况】2021年，天台县委政法委坚决贯彻党中央和省、市、县委决策部署，听党指挥、果敢担当、敢打硬仗，全面助力打赢疫情防控阻击战和经济发展主动仗，扎实推进县域社会治理现代化建设，有力防范化解重大涉稳风险，持续做好人民防线建设，纵深推进扫黑除恶专项斗争，执法司法能力水平不断提升，全力营造了公平正义的法治环境和高效优质的服务环境，为推进建设“现代化和合之城”贡献政法智慧和力量。

【维稳工作】2021年，严密防范、坚决打击境内外敌对势力的各种捣乱破坏活动，及时发现处置各类网上谣言和有害信息，坚决捍卫国家政治安全。加强国家安全观教育，组织开展国家安全知识宣传。严格落实涉稳风险闭环管理工作机制，深入开展矛盾纠纷大排查、大化解，有力防止了群体性事件发生。推动社会风险评估“刚性前置”，落实评估报告审查备案网上办理，努力从源头上消除隐患，对61项重大工程项目进行风险评估。建立完善涉稳风险闭环管理机制，定期分析社会面稳定形势，及时会商研判和妥善处置各类突发涉稳事件。

【平安工作】2021年，按照平安工作“天天抓、月月安、季季稳、全年红”的工作要求，开展平安隐患“百日清零”专项行动，分别在安全生产、消防安全、反恐基础工作、社会治安、交通安全、食品药品、生态环境等安全领域开展专项隐患清查。全力压实四方责任（部门、乡镇、干部、业主），全员上阵，赛马比拼，按照系列平安创建工作“周部署、月督查、季点评、半年一台阶”的工作总基调，清单化管理、项目化推进平安创建特色项目，全县统一集中赛马比拼，以行业小平安铸就天台大平安。开展“线上+线下”开展平安知识宣传活动，线上平安知识竞赛30天，累计12万人次参加活动，发放微信红包5万元，线下累计组织进村居（社区）、广场集中宣传53场次发放宣传资料8万多份，全面提升了平安三率水平。

【社会治理】2021年，聚焦“1337”数字法治体系，以17项多跨场景应用重大改革和11项平安法治“一件事”集成改革为牵引，系统化、规范化推进整体架构迭代完善，明确“137+N”

数字法治系统架构，形成了一批具有标识度的应用成果。打造一站受理、集中研判、多元联动、联合调处、综合指挥的县级矛盾纠纷化解终端阵地，受理各类矛调纠纷4161起，编发《每日社情》173期、周风险27期、《月度分析报告》10期、《专项摘报》7期，为党委、政府精准决策提供数据支持。全面完成15个乡镇（街道）“基层治理四平台”数字化迭代升级和网格落图任务，成立县域社会治理现代化工作专班，实体化运作，建立每周督导、每月会商等机制，推动各项任务建设落实落地。

【执法监督】2021年，聚焦个人破产保护、知识产权保护两大领域，建立贯穿企业投资、经营全过程的司法护航体系，为新时代民营经济发展提供有力的法治保障。知识产权司法保护服务中心在苍山法庭揭牌成立，查办商标侵权案件20件。开展专利非正常申请整治，撤回非正常专利申请286起。加大一体化办案系统应用推广力度，努力使网上办案更顺畅、办案流程更规范、执法司法更高效、管理决策更科学、办案系统更安全，推动新时代政法工作质量变革、效率变革、动力变革。开展“迎百年化百案”专项行动，以依法及时就地解决群众合理诉求为目标，全面推动突出信访矛盾的有效化解。落实加强司法救助，助推涉法涉诉初信初访案件的化解，2021年救助45个案件资金总额91.94万元。

【队伍建设】2021年，采取“1+3+4”学习形式开展党史教育，专题学习《干在实处走在前列》《之江新语》《中华人民共和国简史》《改革开放简史》《社会主义发展简史》等党史教育材料，实现全员参与学习、全员接受教育。举办县政法领导干部专题研讨班2次，理论学习中心组集中学习9次，专题研讨交流9次。积极推动党建工作与政法工作深度融合，基层党建工作水平明显提升。定期开展党员思想状况和心理状态分析，落实谈心谈话制度，严格执行“三会一课”、主题党日、民主评议、谈心谈话、党务公开、发展党员等组织生活制度。开展“我为群众办实事活动”志愿服务活动3次，实实在在为困难群众排忧解难。制定县委政法委党风廉政建设主体责任清单工作手册，签订党风廉政建设责任书。2021年，政法委机关党员干部没有发生网络舆情或网络安全事件。同时，开展政法队伍教育整顿。

（县委政法委）

公　安

【概况】2021年，全县公安机关在县委、县政府和市公安局的坚强领导下，以平安建设为抓手，全力以赴防风险、抗疫情、保安全、护稳定、促发展，有力维护了天台社会和谐稳定。县公安局获全省执法质量优秀单位、全市疫情防控工作先进集体，市对县考核（创建现代警务模式）全市第三，县级机关单位工作目标责任制考核优秀等次。全县群众安全感99.5%、群众对公安队伍认可度98.7%，均居全市第二，立案数1595起、破案数565起。

【安保维稳】2021年，紧扣建党百年安保工作“总纲”，完善风险闭环管理机制，严格网络社会治理，创新“一所一品牌”模式化解信访积案，完成建党百年、县乡换届等重大安保任务和警卫任务，多项工作得到各级领导批示肯定。

【打防管理】2021年，严打违法犯罪，现发命案、五类案件全破，破获本地28年前命案积案，移诉黑社会性质组织团伙2伙，侦破一批大要案，治安查处数、移送起诉数同比分别上升24.6%、17.6%。深化道路交通安全管理，交通事故亡人数同比下降34%，降幅全市第一。落实“交巡联勤”机制，深化治安大巡防，常态组织集中清查，全县总警情同比下降4.7%。

【改革创新】2021年，推进公安数字化改革，立户分户“一件事”在“浙里办”上线，“雪亮工程多维数据融合系统”入选全市市域治理现代化重点项目。深化警网融合，建成6个联勤工作站。深化执法规范化建设，建成县刑事诉讼涉案财物管理中心，健全执法责任体系，强化执法监督，整治执法顽疾，提升执法质量。

【队伍建设】2021年，开展党史学习教育、队伍教育整顿、“三能”主题教育实践活动，组织政治轮训，举办先进事迹报告会、“沿着红色足迹学党史”等活动，筑牢忠诚警魂。深化全警实战练兵，强化正风肃纪，落实爱警暖警举措，队伍凝聚力战斗力不断增强。全年4个集体、66名个人获立功嘉奖，队伍正规化考核全市第二。

（公安局）

检　察

【概况】2021年，县人民检察院在县委和上级检察院坚强领导下，在县人大及其常委会有力监督下，在县政府、县政协和社会各界的大力支持下，坚持以习近平新时代中国特色社会主义思想为指导，全面贯彻习近平法治思想，认真落实《中共中央关于加强新时代检察机关法律监督工作的意见》（以下简称中央《意见》），切实履行法律监督职责，各项检察工作取得新进展。紧紧围绕天台建设共同富裕示范区标杆县的任务目标，找准工作切入点和结合点，以提供检察服务为天台经济社会高质量发展保驾护航。

【打击各类违法犯罪活动】2021年，坚持总体国家安全观，认真履行批捕、起诉职能，共审查逮捕273件376人，审查起诉490件871人。纵深推进扫黑除恶斗争，依法办理涉黑案件9件72人，向县纪委监委移送“网伞”线索21条。努力办好危险驾驶、盗窃、故意伤害等群众身边的“小案”164件，让平安以老百姓可感、可触、可见的方式显现。深化清廉天台建设，加强监检衔接配合，共办理职务犯罪案件12件，坚持案件办理与追赃挽损并重，尽最大努力挽回国家损失。

【护航民营企业健康发展】2021年，落实“六稳”“六保”要求，坚持严厉打击与温情执法并重。严格落实少捕慎诉慎押司法政策，审慎办理涉企案件，对4家涉案企业共9人作出不捕、不诉决定。坚决保障企业合法权益，办理涉企民商事监督案件 1 件，支持企业合理诉求 1 件，组织案管、刑检部门开展企业涉案财物专项清理活动。精准对接企业需求，助力打造一流法治营商环境，依托“浙江检察”“检企通”App，积极主动上门对接民企 46 家，分发《民营企业防范经营法律风险知识》白皮书 700 余册，提供“订单式”法治服务。

【提升社会治理服务效能】2021 年，借力县矛调中心，接待群众来信来访 99 件，依法处理控告线索 103 件，息访息诉 15 件，一站式化解矛盾。加大司法救助力度，审结司法救助案件 10 件，发放司法救助金 12.5 万元。全面推行检察公开听证，让公平正义可触可感可信。针对履职中发现的社会薄弱问题，发挥好检察建议推动“堵漏建制”的作用。当好党委、政府法治参谋，编发检察专报6期，获县委领导批示5件次。

【优化刑事检察】2021 年，坚定履行宪法赋予的法律监督职能，加强“四大检察”业务融合交流，为建设法治天台提供更优检察服务。加强刑事侦查监督，监督立案 8 人，监督撤案 1 人，追诉 14 人，其中判处十年以上刑罚 1 人，发出纠正违法通知书 6 份。加强刑事审判监督，提起抗诉 1 件。加强刑事执行监督，严肃查办违法减刑、假释、暂予监外执行，坚决杜绝“纸面服刑”，监督收监执行 3 人。会同法院、公安联合出台《天台县公检法打击电信网络诈骗黑灰产比例退赔、比例从宽制度实施办法》，实现追赃挽损 270 万余元，相关做法被《全省检察工作交流刊》发推广。朱某某帮信案等 2 件案件获评全市刑事检察精品案件。

【加强民事检察】2021 年，共受理各类民事案件共 138 件。其中向法院发出再审检察建议 5 份，执行监督检察建议 19 份，审判程序监督检察建议 16 件。强化民事检察监督深度，查办虚假诉讼案件 11 件，涉案金额 1200 余万元，有效维护司法权威。积极开展司法网络拍卖、信用惩戒、涉不动产查封等各类执行专项监督活动，办结案件 80 件，有效地规范法院执行活动，确保程序公正。其中，陈某某等人追索劳动报酬纠纷支持起诉案获评全市民事检察精品案件。

【发力行政检察】2021 年，积极构建以行政诉讼监督为基石，行政争议化解为牵引，非诉执行监督为延伸的行政检察工作格局。办理行政非诉执行案件 15 件，审判程序违法监督案件 1 件，共发出检察建议 6 份，实质性化解行政争议 3 件。依托数字化监督专项行动，开展人民法院非诉执行终结本次执行程序案件专项监督工作，并制发检察建议 4 份。注重“穿透式”监督，开展婚姻登记行政案件专项监督，精准把脉助力民政部门规范履职，相关案例获评全市行政检察精品案例。深化执法司法协作配合，探索业务专家兼任检察官助理制度，提升办案专业化水平。

【公益诉讼】2021 年，认真践行公共利益代表的神圣使命，共办理行政、民事公益诉讼案件 14 件，其中生态环境和资源保护领域 5 件，国有财产领域案件 2 件，安全生产领域案件 2 件，等外案件 5 件，办理的付某某等人销售不符合安全标准食品刑事附带民事公益诉讼案获评全市公益诉讼检察精品案件。注重把问题解决在诉前，发出诉前检察建议9份。创新实现检察政协融合监督，通过检察建议与政协委员提案良性互动，督促相关部门严防“吃人”井盖、打通“绊脚”盲道、修缮“红色”史迹，推动实现“双赢多赢共赢”效果。

【**数字检察**】2021年，直面时代改革课题，聚焦创新，培育亮点，更大力度激发检察工作内生动力，深化落实大数据战略，积极投身数字化改革全局，做到向数据要生产力。牵头的单轨制数字卷宗办案平台移送文书12000余份，相关指标居全市前列；积极参与“一件事”数字多跨场景应用，浙里办检察监督信访模块项目入选全省数字检察应用项目统筹建设清单；以个案监督转向类案治理，总结分析开设赌场类案办理模式，成功申报第一批全省检察机关数字检察应用场景项目试点院，系统已上线运行。

【**法律监督**】2021年，主动争取党委支持，以贯彻落实中央《关于加强新时代检察机关法律监督工作的意见》为契机，召开首次县委检察工作会议，为法律监督营造良好环境。凝聚外部监督合力，会同县委办对24家单位开展检察建议落实情况的联合督查，以“回头看”确保检察监督落地有效。积极探索预防机制，会同县政府联合出台《关于建立预防性检察公益诉讼制度的若干意见》，相关工作获省院检察长和县委、县政府主要领导批示肯定，并上榜省法治办公布的2021年度有辨识度有影响力法治建设成果。

【**未成年人检察**】2021年，坚持问题导向，扎实推进涉未刑事诉讼全流程监督，相关经验在全市未成年人检察工作会议上作交流发言。织密防诈保护网，梳理分析近三年未成年人参与“两卡”犯罪情况，形成未成年人涉卡犯罪分析报告，报送县委、县政府和上级检察院，获市检察院检察长批示肯定。积极推进融合保护机制，会同县法院、县妇联出台《加强涉未家事案件未成年人权益司法保护工作实施意见》，不断延伸监督触角，凝聚未成年人保护工作合力。其中，支持起诉撤销王某监护人资格案获评省检察院典型案例。

【**政治忠诚与政治建检**】2021年，坚持以习近平新时代中国特色社会主义思想领航定向，坚定不移当好“两个确立”的忠诚拥护者和“两个维护”的示范引领者。一体推进党史教育、政治教育、警示教育、英模教育互相融合，开展政法队伍专题教育整顿共60余次；严格执行防止干预司法“三个规定”，累计填报141件，筑牢防范人情案、关系案、金钱案的制度堤坝。创新落实司法办案廉政风险防控举措，以“两个健康”为主题在全省检察机关检务督查会议上作交流发言。

【**履职担当本领**】2021年，健全检察官业绩考评体系，以“案—件比”质效倒逼干警提升履职能力。深化岗位练兵，以赛促训、以赛促学，出台《天检品牌创建奖励办法》激发人才活力，1名干警获评全市十佳公诉人称号，2名干警获评市级业务标兵，2名干警获评“全市百名执法办案标兵”，第五检察部被评为“全市政法系统执法办案标杆单位”。深化检校合作，通过邀请专家授课、参与课题等形式，推动检察实务与法学理论深度融合，共有2篇论文被《台州检察》刊发，5篇理论调研文章分别获得全市优秀论文二、三等奖。

【正确行使权力】2021年，自觉把接受监督作为推动检察工作发展的重要保证，让检察权在阳光下运行。主动接受人大监督，开展检察官履职评议4人次，专题报告检察建议工作情况，不断改进检察工作。自觉接受政协民主监督，定期向政协通报检察工作。全方位接受社会监督，加强代表委员联络工作，9次邀请“两代表一委员”及社会人士参加案件听证、检察开放日等重大活动，认真聆听代表委员的意见建议，书面回复22件次。深化检务公开，公开案件程序性信息6210条、法律文书689份，不断增强检察工作透明度。但也清醒地认识到，检察工作与党和人民群众的新要求、新时代赋予的新使命还有一定差距：融入县域治理现代化、保障共同富裕示范区建设的针对性、实效性还需增强；检察司法理念和办案方式还需进一步转变；“四大检察”还未实现全面均衡发展，推进自身高质量发展的方法路径仍需优化。

（检察院）

法 院

【概况】2021年，天台县人民法院在县委和上级法院的领导、指导下，在县人大及其常委会的监督下，在县政府、县政协和社会各界的关心支持下，坚持以习近平新时代中国特色社会主义思想为指导，深入贯彻习近平法治思想和习近平总书记考察浙江重要讲话精神，以市委提级交叉巡察问题整改、党史学习教育和政法队伍教育整顿为契机，奋力当好建设“重要窗口”“头雁战队”司法排头兵，为高质量建成现代化和合之城护航添彩。全院全年共新收各类案件15857件，办结15836件，同比分别上升6.9%和6.2%。“八升五降”涉基层法院11项指标中，院有7项指标排名全市法院前三，4项指标排名全省法院前十，质效考核排名继续领跑全市，已连续四年排名全市法院第一，连续五年获得全市法院年度考核和县级机关单位工作目标责任制考核“双优秀”。2021年，先后荣获浙江省文明单位、浙江省先进基层党组织和浙江省“建设清廉机关、创建模范机关”工作先进集体等荣誉称号。

【服务发展大局】2021年，保障社会和谐稳定。进一步巩固和深化扫黑除恶专项斗争成果，常态化开展扫黑除恶工作，依法严惩涉黑涉恶刑事犯罪。累计审理涉黑涉恶案件8件71人，其中夏某平等21人涉黑案件、牟某乐等36人涉黑案件系省扫黑办挂牌督办案件，社会风气和发展环境进一步改善。集中力量“打财断血”，执行立案涉黑恶案件5件，涉案标的额2100余万元，对涉案财物实行“一元起拍，一次拍定”竞价规则，有力铲除黑恶犯罪经济基础，最大限度追赃挽损。着眼长效常治，针对涉黑恶案件审理中发现的监管漏洞和社会治理薄弱环节，发送司法建议9份，推动有关部门堵漏建制。

保障经济健康发展。持续优化县域营商环境，全年审结买卖合同纠纷1415件，执结买卖合同纠纷426件，平均执行天数68.16天，较 2020 年同期缩短 23.04%。坚持善意执行，对 300 余家涉案企业采取“活封活扣”、变更保全方式等灵活执行措施，最大限度减少司法活动对涉案企业经营的影响。审慎推进个人债务集中清理（类个人破产）试点，为诚实而不幸的债务人提供重生的机会，受理案件 63 件，成功清理 16 件，受理数、办结数均排名全市第一。强化知识产权司法保护，赋能高质量发展，牵头成立全市首家县级知识产权司法保护服务中心，助力天台县特色经济产业转型升级。优化营商环境考核排名全市法院第一。

保障法治天台建设。依法规范涉诉信访，引导当事人通过正常途径维权，切实解决群众合法合理诉求，顺利化解曹正强、章群芳、蒋汝球、姜义慧等一批国家级、省级信访积案。严厉打击虚假诉讼，持续强化对妨害诉讼行为的打击力度，构建诚信和合的诉讼环境，累计对 6 名涉虚假诉讼当事人进行罚款、拘留处罚，对 1 名当事人以虚假诉讼罪判处有期徒刑两年六个月。认真落实普法责任制，配强配足“法官宣讲团”成员力量，全年开展各类普法活动 9 次，受众 700 余人次，自制普法微电影《月英的婚事》荣获国家级奖项荣誉 3 个，省级荣誉 1 个。连续四年获全国法院司法宣传和通联工作先进单位。

【**推进执法办案**】2021 年，宽严相济惩治犯罪。新收刑事案件 375 件，同比上升 12.27%，比 2020 年同期上升 3.88%；审结 382 件，同比上升 10.08%，比 2020 年同期上升 5.23%。从严打击影响群众安全感的犯罪，审结危害食品药品安全、寻衅滋事、黄赌毒等犯罪案件 58 件 156 人；维护社会主义市场经济秩序，判处组织、领导传销组织、非法经营犯罪、合同诈骗犯罪及信用卡诈骗犯罪案件 25 件 34 人；继续保持惩治腐败犯罪高压态势，审结贪污贿赂、职务犯罪案件 9 件 10 人。坚持宽严相济的刑事政策，审结认罪认罚案件 343 件，占所有审结刑事案件的 91%。

定纷止争化解矛盾。新收民商事案件 5037 件（不含特别程序），同比上升 8.37%，比 2020 年同期上升 24.74%；审结 5005 件，同比上升 9.21%，比 2020 年同期上升 25.59%。坚持温情司法，深化家事审判改革，审结婚姻、继承、赡养等家事案件 782 件，首次适用民法典中家务劳动经济补偿制度审结一起离婚案件，依法保障双方权益，获中国普法、中国新闻周刊等多家媒体支持转发；重视民生权益保障，审结人身损害、物业纠纷、劳动争议等案件 583 件；妥善化解矛盾冲突大、情绪对抗激烈的民事纠纷，审结医疗纠纷、交通事故等涉人身权益案件 458 件；坚持能动司法，防范化解金融风险，严厉打击逃废金融债务行为，审结金融借款、信用卡等案件 858 件，涉及金额 1.2889 亿元。

支持促进依法行政。新收行政案件 161 件（不含行政非诉审查案件），同比上升 6.57%，比 2020 年同期下降 13.44%；审结 170 件，同比上升 8.97%，比 2020 年同期下降 10.05%。支持行政机关依法行政，审查行政非诉案件 21 件，裁定准予执行 19 件。充分发挥行政争议调解中心作用，加大行政诉讼案件调解力度，促进行政争议实质性化解，调解撤诉率 43%。推动行政机关负责人出庭、出声、出效果，行政机关负责人出庭应诉率达 100%。深化司法与行政良性互动，共同召开府院联席会议，邀请行政机关旁听庭审10次，从源头上警示和预防行政争议，行政机关败诉率6.4%，同比下降3.1%。

【优化司法服务】2021年，完善执行长效机制。新收执行案件6086件，同比上升3.82%，比2020年同期上升3.8%；结案6099件，同比上升2.38%，比2020年同期上升2.38%，执行到位金额2.93亿元；持续强化刚性执行，网上布控被执行人66人，采取拘留措施53人次，罚款4785件次，违法制裁率达79.81%，排名全省第二、全市第一，以涉嫌拒执犯罪移送公安机关立案侦查10人次，以拒不执行裁定罪判处6人。突出失信惩戒。发布失信被执行人名单信息4962条，使其在招投标、融资信贷、高消费、出境等方面处处受限。深化"立审执破"一体化机制，受理破产案件16件，其中执转破11件，覆盖申请标的1475.9万元。

持续升级诉讼服务。优化立案、执行"一件事"办理流程，实现当事人信息快速查询核验、执行事项高效协助办结，累计完成查询事项500余件、协助执行700余项，最快10分钟办结，真正实现"一站通办、一网通办、一号通办、一次通办"。大力推广网上立案、跨域立案、网上缴费等在线服务，有效实现群众便利、法官减负、质效提升，全年网上立案11614件，无纸化立案率达99.85%。加大司法救助力度，简化司法救助程序，为经济确有困难的当事人依法减免诉讼费14万元，发放救助金8万元，努力做到不使有诉求的群众因经济困难打不起官司。

积极参与社会治理。织密诉源治理联动网络，贯彻落实"信访打头、调解为主、诉讼断后"理念，主动融入社会治理大格局，推进诉服中心团队入驻县矛调中心，同步开展协助受理分流、指导诉前调解等六项职能。突出强基导向，顺利完成苍山、平街法庭搬迁工作，深入推进"共享法庭"县域全覆盖，建成村社"共享法庭"394个，特设"共享法庭"10个，全年一审民商事收案数同比下降12.11%，诉前化解和民事可调撤率为88.55%，排名全市第二。

【提升司法效能】2021年，加强审判监督管理。结合政法队伍教育整顿相关要求和市委提级交叉巡查组整改意见，出台《关于规范涉法涉诉初次信访事项办理工作的意见》《集中打击拒不执行判决、裁决犯罪的实施细则》等规章制度9项，进一步规范法官办案程序，提升办案质量。持续推进院庭长办案常态化，入额院庭长办结案件占结案总数的39.77%。深化司法监督制约体系建设，建立"4类案件"全流程在线监管新模式，不断压实院庭长监督管理职责。严守办案质量"生命线"，定期组织案件质量评查，不断提升审执质效。在市中院通报的24项办案质效考核中，天台法院有7项指标排名全市前二，6项排名全省前十。

深化智慧法院建设。深入推进全流程、全要素无纸化办案模式，运用移动微法院、浙江解纷码、e键智能送达等智能化举措，为群众提供便捷高效的诉讼服务，累计通过移动微法院送达案件5104件，智能送达率达99.8%。不断深化"互联网+司法公开"新模式，开展网上庭审直播3658次，累计在线观看188万人次，网上公开裁判文书7300余份，以公开促公信、以公信树权威。依托内跑平台，压实部门责任，形成“法院一窗受理—部门内部流转—统一线上反馈”的“一件事”工作机制，最大程度便利案件当事人。

积极谋划数字化改革项目。坚持数字赋能，组建数字化改革工作专班，积极向上争取汇报，获批省高院“司法拘留”一件事改革试点。创新推出“被执行人基本生活保障金智提系统”，工作经验被省高院《工作简报》和《台州改革》等刊物刊登。认真梳理审判执行中痛点、堵点，总结提炼关于行政争议实质性化解平台和执行类案办理两个数字化改革项目，并向上级法院技术和业务部门做了专题汇报，得到上级领导的充分肯定，执行类案项目问题类信息在最高法院刊登。天台法院全域数字法院建设考核排名全市第一。

【加强队伍建设】2021年，加强政治建设，提升“向心力”。以党史教育和政法队伍教育整顿为契机，切实增强“四个意识”，坚定“四个自信”，自觉做到“两个维护”。积极落实意识形态责任制，坚定不移走中国特色社会主义法治道路。强化党建引领，严格落实主题党日、“三会一课”、党支部书记党建工作述职等制度，突出党支部在干部选拔任用中推荐、监督、把关作用，严格落实“一岗双责”，使党建、队建与业务建设同部署、同落实、同考核。院机关党委荣获浙江省先进基层党组织。

加强素质建设，提升“战斗力”。致力发挥院庭长传帮带作用，开示范庭、办疑难案，担任新进干警业务导师，落实岗位跟学与指导促学，切实提升青年干警理论与实务水平。注重精品案例打造和学术研究，开展“最佳裁判文书”“最佳庭审”“最佳案例分析”等业务竞赛，切实营造持续学习和比学赶超氛围。选派优秀年轻干警到省高院顶岗锻炼，提高干警综合素质。全年涌现市级以上先进集体13个，先进个人16名，13篇案例、征文入选市级以上典型案例或获奖，24篇论文在市级以上期刊刊登，2篇论文获全国和全省法院学术论文奖项。

加强作风建设，提升“免疫力”。严格执行干警个人重大事项报告、防止干预司法“三个规定”等制度。严格落实政法队伍教育整顿和市委提级交叉巡察问题整改，坚持“当下立”与“长久治”相结合，出台“家院互动，共护清廉”等13项工作机制，不断筑牢廉洁防线。深化机关清廉文化建设，建成廉政文化体验中心，创成市“清廉文化进机关”示范点。发挥派驻纪检组的监督职能，坚持抓早抓小，切实做到查处一案、教育一片、规范一方。

（天台法院）

司法行政

【概况】2021年，县司法局在县委、县政府的坚强领导下，围绕中心，服务大局，持续强化“一个统筹、三大职能”，各项工作成效明显。天台县获评2021年度法治浙江（法治政府）建设优秀单位，两项成果入选2021年度浙江省有辨识度有影响力法治建设成果。县司法局获评全国市域治理现代化示范城市建设先进集体和全市司法行政系统优秀单位，司法局党支部被台州市政法委命名为全市政法系统“最强党支部”。法治监督科获评“全省政法系统执法办案成绩突出集体”；白鹤司法所成功创成省级“枫桥式”司法所；全市智慧矫正心理矫治平台试点推进会在天台县召开，社区矫正执法大队获评全市政法系统执法办案标杆单位。

【系统谋划法治建设规划】2021年，积极开展习近平法治思想宣讲“八进”活动，组织召开县委全面依法治县委员会第三次（扩大）会议，系统谋划下阶段工作目标、主要任务和具体措施，6家单位进行现场述职述法，3家单位进行书面述职述法并接受测评。落实县域社会治理法治保障工作，梳理出任务数量22项，入库重点项目1项。

【统筹谋划法治政府建设】2021年，分析法治浙江（法治政府）示范建设和《市县法治政府建设示范指标体系》，分别明确150项、100项具体指标，完成示范创建申报工作。统筹推进平桥镇、白鹤镇“一支队伍管执法”试点工作，梳理形成《基层综合行政执法改革试点赋权清单》和试点方案。推行证明事项告知承诺制，指导、梳理证明材料告知承诺事项79项。

【扎实推进行政执法监督】2021年，推进行政执法“三项制度”执行监督，共计确认行政执法主体40个、执法人员2175名，公示执法事项5999项。综合运用书面督察、实地督察、第三方评估以及约谈、挂牌督办、典型案例通报的方式，集中评查案卷174份，查摆问题68个，制发执法监督通知书17份，全面增强监督整体效能。将法治建设纳入纪委巡察事项，已完成对24家单位三轮法治巡察，督促整改问题166个。

【全面推进法治社会建设】2021年，全面启动“八五”普法，明确47家县级单位年度普法任务和重点举措。开展第三批社会大普法“六优”培育行动，获评省级优秀名单2个、市级5个；持续推进农村“法律明白人”培养工程，共评选出法治带头人505人，法律明白人1482人，学法用法示范户5017户。实施民法治村（社区）创建培增计划，成功创建省级民主法治村（社区）9个、市级85个。

【矛盾调处安民】2021年，创新实行“一体两翼”警务联勤机制、调解员拜师制度，建立“实体化+数字化”“县内县外+网上网下”的工作格局，打造10个和合品牌调解团，实现矛盾纠纷化解“最多跑一地”。

【法律援助惠民】2021年，在全市率先探索法律援助案件受理、审批、指派无纸化办公，同时打造7支专业维权队伍，开辟农民工维权绿色通道，创新农民工集体讨薪“全程代理制”，全年共办理法律援助案件782件，提供免费法律咨询1289件，并为9批次154名农民工集体讨薪，挽回经济损失60余万元。

【公证高效利民】2021年，推出“容缺受理、预约办理、上门服务”等系列惠企服务事项，推动群众、企业在办证便捷。2021年，已办理公证案件2002件，其中涉企公证件90件，上门服务20件。

【**行政复议便民**】2021 年，充分发挥行政复议化解行政争议主渠道作用，扎实开展以案治本工作，实质化运行行政争议调解中心，将调解贯穿行政复议案件办理全过程。2021 年，中心实质化解行政争议案件 105 起，行政诉讼发案率、败诉率同比分别下降 11.6%、4.25%，和解调解率同比提升 12.6%。

【**律师公益助民**】2021 年，组建由 61 名律师、法律服务者的“公益法律体检团”，深入企业、基层，开展法治体检“清患”专项行动，提供“法治体检” 600 余次，生成体检报告 190 余份，提出法律意见 89 条。组织农村法律顾问下沉一线，开展“以案释法”宣传活动 35 场次，提供法律咨询、破解法律难题达 250 余次。

【**学习教育入脑入心**】2021 年，围绕“五个过硬”，聚焦“四项任务”，抓好“三个环节”，制定 11 大方面 46 个具体任务，并将学习成效转化为工作动力，形成政法重点工作项目 10 个。同时，挖掘英模典型 2 名，发布“初心与讲堂”、党史故事等作品 25 个，3 人参加省市县主题演讲比赛、党史竞赛等分别斩获一、二等奖，推动党史教育入脑入心。

【**查纠整改动真动硬**】2021 年，对标顽瘴痼疾专项整治实施方案，推动个人自查自纠查摆问题 132 个，整改率达 100%；组织查处涉及问题 26 个，在核查核实后对符合“第一种形态”的 4 名干警进行批评教育处理。狠抓律师、公证、社区矫正领域突出问题专项治理，对 2018 年以来的 433 件社区矫正重点案件自查出问题 4 大类 25 个，所有执法案卷已整改到位。

【**警示教育**】2021 年，从“听、说、看”三个维度加强思想教育，开展警示教育 6 场，党员干部参加学习达 400 余人次，联合派驻纪检监察组开展监督联动，深化落实“一岗双责”。制定党风廉政建设年度工作计划，层层签订《党风廉政建设责任书》，落实廉政约谈工作制度，开展提示约谈 14 人次，警示提醒约谈 6 人次。

（司法局）

经济管理

综合经济管理

【重大项目推进】2021 年，全县共安排重点建设项目 211 个（工业项目 60 个），续建 114 项，新建 97 项，计划完成投资 144.39 亿元，全年实际完成投资 117.37 亿元，投资完成率为 81.29%。全县共 12 个项目被列入市县长项目清单，9 个项目开工建设，项目开工率为 75%。省重大产业项目，全年共入库 4 个项目（预选类 4 个）。

【重点指标】2021 年，全县实现生产总值 339.55 亿元，增长 9.8%。一般公共预算收入 22.74 亿元，增长 11.5%。固定资产投资同比增长 0.3%。全社会消费品零售总额 144.59 亿元，同比增长 11.3%。货物出口总额 72.7 亿元，同比增长 30.3%。城镇常住居民人均可支配收入 54800 元，增长 8.0%。农村常住居民人均可支配收入 28900 元，增长 9.6%。城镇人口登记失业率为 0.73%，控制在 3.5% 以内。

【铁路建设】2021 年，杭台高铁联调联试（试运行）圆满完成，天台段率先完成铺轨任务，建成首座配电所送电成功，架设首条接触网导线，完成接触网热滑试验，完成外部安全环境整治验收。天台山站建成亮相，率先实现雨棚封顶，通过静态验收、消防验收，站前广场顺利封顶。高规格筹备杭台高铁投运仪式。

【服务业发展】2021 年，天台县实现服务业增加值 185.91 亿元，增速 9.3%，全市排名第二。服务业增加值占 GDP 比重达到 54.8%，入围全省首批服务业创新发展区，台州市共 5 家入围，天台县是北三县唯一。获 2020 年度浙江省服务业发展综合评价三类县（共 27 个县市区）第七名，连续三年全省三类县前八。编制发布《天台县“十四五”服务业高质量发展规划》。完成天台县总部经济大楼扶持政策制订，开工建设天台县总部经济大楼项目。开展 8 家物流业规模以上企业“亩产效益”综合评价工作。2021 年共有 14 个项目列入台州市服务业重大项目计划，全年计划投资 15.05 亿元，涉及文化旅游、现代物流、金融、房地产等行业，全年完成投资 27.35 亿元，完成率 161.8%。

【产业发展】2021 年，推进开发区（园区）整合提升工作，编制并印发《天台县开发区（园区）整合提升实施方案》。聚焦高质量发展、竞争力提升、现代化建设，聚力系统性重构、创新性变革，加快推进开发区体制机制创新，整合形成以中德科创产业核心区、高新技术产业发展区和苍山产业集聚区为主体的功能布局合理、主导产业明晰、资源集约高效、特色错位竞争的开发区（园区）布局体系，力争在2025年达到制造业高质量发展示范园区四星级园区标准。

【**体制改革**】2021年，和合小镇年度累计完成投资约3.06亿元，其中特色产业1.35亿元，税收收入2148万元，小镇建设有序推进；平桥镇按照《平桥镇小城市三年行动计划（2020-2022年）》开展省级第二轮小城市培育；2020年度浙江省营商环境评价中，天台县营商环境便利度得83.53分，位居53个县（市）分数极差三等分前段。

（发改局）

自然资源和规划

【**概况**】2021年，天台县自然资源和规划局精准施策，克难攻坚，踔厉奋发，顺利实现“全年红”。天台县被评为省级森林休闲养生城市，该局被评为浙江省生态文化建设突出贡献集体，全省松材线虫病防治和全面禁止非法交易、滥食野生动物工作突出贡献集体，台州市2021年度弘扬新时代台州城市精神争先创优工作先进集体。同时，还获得2021年度县级机关单位工作目标责任制考核优秀单位、2021年度扩大有效投资及重点项目工作目标责任制考核优秀单位、2021年度招大引强工作目标责任制考核优秀单位、2021年度天台县加快高质量发展突出贡献集体、2021年度法治天台和平安天台建设突出贡献集体、2021年度天台县改革创新和攻坚突出贡献集体等荣誉。

【**国土空间规划编制**】2021年，结合“十四五”规划，密切衔接，确保已谋划项目在空间上精准落位，奠定了全县国土空间规划编制一张蓝图的坚实基础。启动始丰湖两岸城市规划设计和20个村庄规划编制试点。发布征地启动公告38个，完成中心城区及镇区控规调整18个。完成预审和选址10个。做好清溪水库、104国道响堂——至界岭改建工程、天台抽水蓄能电站等相关规划工作。

【**国土空间生态修复**】2021年，挖掘绿化潜力，做到见缝插绿、随处添绿，国土绿化8432亩，完成率为107.6%。森林覆盖率稳中有升，为70.52%，居全省前列。清理松材线虫病疫木1.35万公斤，并实施打孔注药，全县松林发病面积下降19%，疫木数量下降50%。完成生物防火带建设5公里，视频监控覆盖率达70%；修建以水灭火消防水池30只。重点时段严防死守，坚持“打早、打小、打了”，全年未发生重大森林火情。

【**全域土地综合整治**】2021年，结合中央环保督察、全国耕地保护督查、生态红线审计，以及自然资源部冻结耕地储备库占补指标等要求，持续实施耕地占补平衡攻坚行动，通过沟渠配套、复耕种植、土壤改良、地力增肥等措施，共有4个批次28个项目通过省级验收，完成部监管补录7个项目和57个涉林垦造耕地项目整改工作，年底耕地储备库占补指标转负为正。建成坦头镇汤家洋区块永久基本农田千亩方示范区。

【**自然资源开发利用**】2021年，争取用地指标1026.8亩，居北三县第一。容缺上报农转用7个批次。3天取得省林业局批文，5天通过省自然资源厅先行用地会审，天台县抽水蓄能有限公司专程送来感谢信。出让土地1455亩，其中工业用地1002亩，连续3年超过1000亩。共收取出让金33.13亿元，获取林地使用指标3210亩，均创历史新高。

【**自然资源执法监察**】2021年，深化全国违建别墅问题清查整治、扫黑除恶、农村乱占耕地建房、卫片执法等专项整治，全年违法用地占耕比仅为0.39%。上海督察局反馈的13个问题全部销号，始丰街道上科山等一批信案件全面化解。通过跨县执法，38件林业遗留案件执行完毕，完成率居全市第一。抽调专人，设立专班，简化流程、适当放宽合理误差，变串联为并联，实行“多测合一”。全年规划核实60宗，为2020年的3倍。

【**自然资源确权登记**】2021年，全面梳理，精准发力，主动对接软件开发公司，合并不动产登记审批环节4项，增加3个即办事项。实施华顶国家森林公园自然资源统一确权登记，理顺林权登记和林业管理体系。打通数据壁垒，精准连线，推行不见面审批；设立企业VIP专窗，全程跟踪包办，助力全县营商环境更优质。

【**地质矿产资源管理**】2021年，南屏乡钓鱼洋、石梁镇中央董等地质灾害隐患点房屋全面拆除，白鹤镇新楼下和大湾、石梁镇中央董等3个隐患点实施工程治理，连续17年实现零伤亡。完成平桥、石梁1∶2000地质灾害风险调查评价。在全省地质灾害防治工作现场会上，天台县作典型发言，是唯一发言的县级单位。克服矿产资源总体规划调整、林地使用指标不足、全域整治项目设立等难题，以2.07亿元成功出让苍山产业集聚区矿地综合利用项目，既有效弥补了之后5年全县砂石需求缺口，又减少了场地回填政府性投资10多亿元，还可拓宽发展空间4800多亩。安吉、云和等县市有关人员到天台考察学习。

【**森林资源和自然地保护**】2021年，完成年度公益林占补平衡调整和标示牌建设。完成林业一张图数据和国土三调成果数据融合。全县湿地保护率为50.3%。“天台发现新物种——华顶卷耳”登上“学习强国”学习平台。华顶杜鹃、夏蜡梅列为国家二级野生保护植物。在始丰溪国家湿地公园组织开展“珍爱地球，人与自然和谐共生”——野生动植物保护科普宣传活动。实施野生动物肇事公众责任保险。

【**数字化改革**】2021年，林长智治多跨场景应用建设、县级数据目录梳理和分仓建设、三维立体一张图（地下空间方向）应用功能建设等3个项目列入省林业局、省自然资源厅数字化改革试点，总量居全市自然资源系统第一。“幸福林”应用场景上线浙里办“林心农”。编制《天台县基础测绘“十四五”规划》，完成平原地区

480 平方公里 1∶2000 数字地形图数据更新和天地图电子地图，抽查了 6 个综合测绘项目。

【**队伍建设**】2021 年，学习贯彻习近平总书记在庆祝中国共产党成立 100 周年大会上的重要讲话和十九届六中全会精神。坚持学党史、悟思想、办实事、开新局，做到学史明理、学史增信、学史崇德、学史力行。开展“没有共产党就没有新中国”快闪活动，赴里石门建库记忆馆感受红色力量。按照“三为”标准，认真破解群众“急难愁盼”问题。及时召开警示教育分析会，全方位吸取经验教训，确保“后半篇”文章落地生根。全年提拔年轻干部 10 人，发展新党员 4 人。建成 10 个规范化自然资源所，设立宝华林场生态公益林保护站。

（资源管理局）

财政与国有资产管理

【**概况**】2021 年，天台县实现地区生产总值 339.55 亿元，增长 9.8%。其中，第一产业增加值 16.12 亿元，增长 5.7%；第二产业增加值 137.52 亿元，增长 11.0%；第三产业增加值 185.91 亿元，增长 9.3%。三次产业结构比调整为 4.7∶40.5∶54.8。按常住人口计算，人均生产总值 71862 元，增长 9.3%。全县固定资产投资增长 0.3%。社会消费品零售总额 63.19 亿元，增长 3.2%。进出口总额 76.13 亿元，增长 30.4%。城镇常住居民人均可支配收入 54800 元，增长 8.0%；农村常住居民人均可支配收入 28909 元，增长 9.6%。全县财政总收入 39.93 亿元，增长 16.5%；一般公共预算收入 22.74 亿元，增长 11.5%，其中税收收入 19.88 亿元，增长 13.5%；一般公共预算支出 66.13 亿元，增长 24.2%。全年财政收支平衡。

【**组织财政收入**】2021 年，大力培植税源，优化财政收入结构，壮大政府可用财力。全县一般公共预算收入占地方生产总值的 6.7%、占财政总收入的 56.9%；税收收入占一般公共预算收入的 87.4%。加强非税收入管理。严格执行“收支两条线”和“以票控费、票款同步”的有关规定，全年实现政府非税收入 17.78 亿元，下降 3.9%，其中纳入一般公共预算收入管理的非税收入 3.62 亿元，增长 30.7%。加大土地出让力度。有序推进土地出让工作，全年实现土地出让金收入 12.09 亿元。

【**支持经济发展**】2021 年，积极向上争取资金。累计向上争取到专项资金 13.89 亿元，其中水系连通及水美乡村试点项目为全省唯一的国家级试点，获补助资金 1.60 亿元。争取新增债券 9.90 亿元，有力推进和合小镇安置区、高铁广场项目等重大项目建设。加快国企改革。推动全县国有企业资金统筹调剂使用，节约资金成本；探索多渠道筹集资金，发行公司债 10.00 亿元，企业债 9.50 亿元，提高国资运营能力。服务企业发展。加速兑现各类涉企政策扶持资金，全年兑现惠企资金 1.35 亿元；落实人才新政 2.0，全年兑现人才奖励资金 2483 万元；扎实开展“三服务”活动，累计走访企业近 150 家，发放《财政扶持政策汇编》近 800 册，减免税费 14.00

亿元；开通“政企通”奖补项目申报平台，实施网络在线申报，在线即时反馈，实现“零次跑”服务。

【**服务民生事业**】2021年，全县民生支出51.33亿元，增长23.5%，占一般公共预算支出的77.6%。保障疫情防控工作。全年落实疫情防控经费3997万元，确保疫苗接种、免费核酸检测和添置新冠检测设备等费用支出。支持教育事业发展。全年投入教育资金14.74亿元，增长12.3%，教育“两直”资金支付率达100%，提高各学段生均支出均增长，推进“双减”政策落地，助推通过全国义务教育优质均衡发展县省级初评，保障实验小学始丰校区、特教中心主体工程建设。支持社会保障事业发展。全年投入社会保障和就业资金9.45亿元，增长108.8%。基础养老金标准由120元/人•月提高至190/人•月，城乡低保标准由660元/人•月提高至880元/人•月；全面推行残疾儿童抢救性康复制度，建立困难残疾人生活补贴和重度残疾人护理补贴制度。支持卫生事业发展。全年投入卫生健康资金6.26亿元，增长6.3%。城乡居民基本医疗保险财政补助标准由490元/人•年提高至905元/人•年，公共卫生经费标准由45元/人•年提高至70元/人•年；完成基层医疗卫生机构补偿机制改革、医共体改革等；支持医共体防控中心建设和中医院搬迁改造，打造健康天台品牌。支持乡村振兴。全年投入农林水资金8.45亿元，增长27.5%。重点支持农业农村领域推进共富实践，健全村干部基本报酬稳定增长机制，落实村级组织保障经费，全力保障基层政权正常运转。支持文化旅游事业。全年投入文化旅游体育与传媒资金1.46亿元，增长12.6%。支持诗路文化带建设、农村文化礼堂、历史传统村落保护等建设；落实旅游业发展专项资金3000万元，重点支持全域旅游发展。

【**国有资产管理**】2021年，推进预算管理一体化系统上线。全县所有部门、乡镇街道依托预算管理一体化系统编制2022年预算，预算编制科学化、精细化水平进一步提高。全面上线政府采购管理系统。实现采购预算编制、采购预算执行全过程线上贯通，提升政府采购管理水平。逐步完善“政采云”“资产云”等信息化系统。全速推进财政电子票据管理改革。全县所有公立医院（包括乡镇基层卫生院）实现医疗票据全流程电子化，累计开票量达110多万张。全力推进“乡镇公共财政服务平台+一卡通”建设。协调软件运维公司、社保中心、县农商银行等单位，打通社保卡跨省域、跨银行发放的堵点，所有分配到人（户）的涉农补助和民生补贴财政资金直接发放到社保卡中，真正实现“一卡通”。推进公款竞争性存放网上招标试点。建立完善公款竞争性存放专家库，开展网上招投标培训，完成县综合行政执法局等17家行政事业单位公款共4.08亿元的竞争性存放，并完成其他财政资金1000万元的竞争性存放。全面推进世行贷款项目建设。通过创新管理模式、健全运维体系、优化审批流程等方式推进世行贷款农村生活污水处理系统及饮水工程建设项目，新建和改善81个行政村167个自然村的给排水设施，受益人口约31万人，该做法在全省财政金融工作视频会议上作经验交流。

【**加强队伍建设**】2021年，强化理论学习。坚持领导干部示范学、专题研讨交流学、党课辅导引领学、青年论坛常态学、主题党日活动实践学，全年开展党员大会、支部主题党日等集中学习65场次、机关学习会31次。突出党建引领。以“深化三服务、对标勇争先”实践为载体，积极打造“党建共建3合1财政惠民0距离”党组书记领办基层党建项目，在“红船杯”2021年天台县党团知识竞赛中获二等奖，调研课题《薪火相传民生财政党旗红》获县优秀课题。开展党史学习教育。通过搭建“红色平台”“学习平台”“宣讲平台”“联盟平台”等四大平台，推动党史学习教育走深、走心、走实，全年完成支部党课宣讲30场次，青年党史宣讲40场次，得到市对县党史学习教育巡查组的好评。强化作风建设。深入开展警示教育活动，认真履行管党履职主体责任，共研究部署全面从严治党及党建工作6次，研究审议从严治党和党的建设的议题7个，开展全面从严治党暨县委巡察整改推进会1次，日常教育约谈187人次。组织开展全县财政系统干部队伍作风整顿专项行动，认真剖析本科室存在的短板和不足，严肃抓好整改。

（财政局）

税　务

【**税收收入情况**】2021年，天台县组织税收收入37.08亿元，同比增长17.32%，增速居全市第一；办理出口退税4.14亿元，同比增长33.85%。

【**社会保险费和非税收入**】2021年，靠前协调谋划、凝聚部门合力，“无感式”实现国有土地使用权出让等非税收入划转工作，有序完成城乡两费征缴。2021年，组织社会保险费收入25.73亿元，同比增长22.45%；非税收入16.65亿元，同比增收15.71亿元，其中土地出让金15.46亿元。

【**税务法治**】2021年，全面落实行政执法“三项制度”。开展现金税费征缴专项整治“百日攻坚”行动，圆满完成核查任务。在全省首创汇算“个税+法院”扣缴机制，完善与人民法院的税费征缴协作。完成省局行政复议诉讼证据提交规程的承办起草工作。顺利推进2021年执法督察和内部审计工作，14个问题全面整改。风险防范更加有效，按季审查税源管理执法行为，统一裁量基准，减少涉税执法风险。规范风险应对流程和反馈报告，核查完成风险任务91户，入库税款65万元、滞纳金3万元。

【**税费政策落实**】2021年，落实好税费优惠政策，坚持“第一时间+顶格优惠”原则，通过“立体式”宣传、“个性化”服务，铺开政策知晓度、强化优惠匹配度，有效释放减税降费政策红利，全年落实减税降费13.96亿元，其中社保费减免0.33亿元，办理增值税留抵退税3.49亿元，出口退税4.14亿元，落实2021年第四季度制造业中小微企业缓缴税费1.18亿元。“银税互动”为96户纳税人获得信用贷款8837万元，真金白银减轻企业压力，有效激发市场主体活力。

【**税种管理**】强化企业所得税预缴申报质量监控，抓实汇算清缴及后续审核工作。做好个税数据清理，平稳推进行政事业单位税费管理。推进土地增值税清算，出台耕地占用税协作管理实施意见。开展成品油行业税收专项整治，平稳落地机动车发票新规，提升资环税申报征收质量。全方位实施房地产一体化管理，规范不动产涉税登记。

【**办税缴费服务**】2021年，以满意度提升工作为抓手，“三项能力”有效提升。“一日一回访”纳税人3803户，收集处理反馈建议94条，结合运用“好差评”系统，抓好“绿黄红”三类纳税人管理，有的放矢提高服务质效。实施政策咨询服务制度，强化“首问责任”意识，第一时间回应纳税人需求、疑难。完善“首次服务”工作机制，建立“新办企业—网格员”紧密关系，精准对接新办企业需求。结合“便民办税春风行动”“春雨润苗”等活动，强化个税综合汇缴、研发费用加计扣除等政策辅导，点对点走访问需、纾困解难。开展拟申报高新技术企业培育工作，形成2020—2025年度高新企业培育库。优化出口退税流程，出口企业正常退税审核时间压缩至1.06天。组建远程辅税团队，提供24小时不间断服务；设立“微呼中心”并提升热线电话接通率，全年接通23477次，接通率达96.8%。持续推广“网上办”“掌上办”，优化远程办税服务体验。2021年，纳税人满意度调查全国第三、全省第二，得到县党代会、人代会肯定，有效助力税收营商环境优化，得到浙江省税务局通报表彰。

【**电子税务**】2021年，学习贯彻税收征管改革《关于进一步深化税收征管改革的意见》精神，把握改革方向和目标。深化数字化改革，加大电子发票推广力度，民营医疗等行业全面完成电子化升级改造。

【**税收经济分析**】2021年，坚持立足本职、服务全局，积极研判县域工业经济和税收发展趋势，充分挖掘税收数据增值效应，每月编印《天台组织收入专报》，作为反映经济运行的晴雨表，为县委、县政府科学决策提供坚实的数据保障，得到县政府主要领导批示肯定。

【**大数据和风险管理**】2021年，规范对外数据共享交换，拟定管理办法，联通数据链条，深化拓展税收协同共治格局。协同市监部门开展数据整合，建立健全数据交换长效机制，推进智慧税务建设。组建风险管理专业团队，构建房地产业税收风险分析模型，提升风险发现和处置能力。

【**党建工作**】2021年，牢固树立“税务机关首先是政治机关”的意识，落实“第一议题”“第一主题”制度，认真学习贯彻习近平总书记重要指示批示精神，紧紧围绕上级决策部署推进治税带队，忠诚拥护“两个确立”，坚定践行“两个维护”。严肃党内政治生活，坚决贯彻执行民主集中制、“三重一大”、双重组织生活会等制度，专题研究党内法规执行情况，严格党委议事规则，有效发挥领导班子统领作用。认真开展党史学习教育专题民主生活会，查摆问题30条，制定整改措施50条，在批评与自我批评中红脸出汗、整改提升，在支部书记述职评议中强化责任落实。对坦头税务所党支部开展巡察整改“回头看”，巩固扩大巡察成果。

【**税务纪检**】2021年，压实全面从严治党主体责任，支持党委纪检组履行监督职责，稳步推进“一体化监督”工作，强化监督质效，严格执纪问责，狠抓作风建设。全年围绕干部日常考勤、工作纪律等情况开展监督检查12次，整改完成全市交叉督导检查发现问题21条，运用监督执纪“第一种形态”组织处理132人次，立案查处税务干部违规经商办企业3人次，党内警告处分3人次。深化警示教育，开展“严管就是厚爱”主题宣讲6场次，坚持“以案促改、以案促治”，紧盯节假日、公务接待等高风险环节开展警示提醒，重点预防干部“酒驾”“醉驾”等非职务违纪违法行为。

【**政务管理**】2021年，落实好保密、信访、政府信息公开、舆情管控、卫生管理、应急值守等工作，为行政工作高效运转提供保障。抓好疫情常态化监测防控。

【**绩效管理**】2021年，积极对接台州市税务局及地方政府绩效考评，优化指标编制，有力推进各项工作开展落实。进一步推进以数管人，强化组织绩效、数字人事考核得分等结果运用。

【**人事管理**】2021年，内设机构11个，事业单位1个（信息中心），派出机构3个（赤城税务所、平桥税务所、坦头税务所），另设机关党委（党建工作股）和纪检组。2021年，新招录公务员12人，截至2021年年底，全局共有在职干部职工250人，编制外人员40人。贯彻落实《公务员职务职级并行规定》，推进职务职级并行，完成职级晋升27人次。把好选任“风向标”，进一步优化干部队伍结构，2021年选拔正副股级干部8人，进一步使用16人，稳妥做好27人职级晋升工作，中层平均年龄从48.10岁下降至45.82岁。

【**督察内审**】2021年，充分运用内控监督平台，及时核查疑点、排查风险，围绕重点领域、重要内容，加强风险扎口管理，全年核查疑点指标31个，整改完成发现问题165条。

【**教育培训**】2021年，强化练兵比武，取得社保非税大比武全市第二名、法制现场办案第四名的成绩。

【**党史学习教育**】2021年，多维度、全覆盖推进党史学习教育，天台县局党委带头学党史、悟心得，讲专题党课12次，中心组开展专题学习研讨7次，各支部遍访天台红色足迹感悟红色精神，“青税”宣讲团进村入企，讲好红色故事。举办党史知识竞赛、理论宣讲大赛，设立党史“共享驿站”，配备各类党史书籍2000余册，激发青年干部学史热情。党史学习做法成效获县党史办批示肯定，相关内容在税务总局《每日要情》中刊登，并获台州市税务局领导批示肯定。

（税务局）

市场监督和质量管理

【概况】2021年，在县委、县政府的坚强领导下，全县市场监管系统围绕中心，服务大局，紧扣现代化和合之城建设和共同富裕示范区标杆县建设，在保安全、助发展、强监管、惠民生等方面取得显著成效。共获各级领导批示10余次，省级领导批示为历年之最。两项工作在全省会议上作典型发言。在全省市场监管系统开展的“三比一讲”（比快、比好、比贡献，讲大局）争先创优竞赛活动中，位列全省90个县市区第8，荣获一等奖。

【组织建设】2021年，深入推进党史学习教育，组建全县首家党史教育宣讲团“红盾先锋青年说”和全市系统首家银龄党史教育宣讲团“红盾老骥说”，启动“初心档案——我的初心和使命”活动，获台州市机关党建优秀示范点和清廉文化进机关优秀示范点称号。完善内部干部融合管理制度，制定出台《争先创优双向激励暂行办法》《干部反向积分管理办法》《干部容错免责实施办法》等系列制度，进一步发挥制度的刚性约束作用。持续加强基层建设，高标完成城东所和白鹤所“消薄所”创建。

【质量标准化战略】2021年，扎实推进全国质量强县示范县创建，银轮机械荣获省政府质量管理创新奖，祥和实业、圣达生物和天成自控申报市政府质量奖。全省首创企业标准总监制，在全县193家规上企业全面推行。银轮股份获全市标准创新贡献奖，永贵电器获全市标准创新提名奖。校园心理健康服务省级标准化试点项目获批立项。

【知识产权】2021年，成立全市首个县级知识产权司法保护服务中心，启动中国（汽车用品）知识产权快速维权中心创建。推进天台乌药地理标志促进运用项目落地实施，申报天台黄茶地理标志促进运用项目，已通过市级初审。对全省首个专利奖励云服务平台进行迭代升级，接入“浙里办”，实现“掌上办”。

【数字化改革】2021年共获批3项数字化改革场景应用建设和3项各级工作试点。分别是省市监局立项的“企业标准化全生命周期数字化平台”、省药监局立项的“浙药法治应用——科普、普法宣传数字化”应用场景和市直机关工委立项的“组织体系管理综合集成”场景应用，均按计划稳步推进。3项工作试点均已完成。《天台县聚焦“标准、数智、品牌”三大核心高质量打造茶叶共富产业链》获副市长管文新批示肯定。

【小微企业三年成长计划】2021年是第三轮小微企业三年成长计划的开局之年，共引导和支持办理“个转企”198家，新增小微企业3630家，新增八大产业565家，开展小微企业职业技能培训1326人次，浙里检服务小微企业252单。

【市场秩序维护】2021年，开展“亮剑2021-春雷、巨浪、铁拳”、成品油突出问题集中专项整治、保健食品乱象专项整治等多个专项行动，共立案查处各类案件921起，同比增长64.5%，大案125起，同比增长53.1%，罚没款332万元，移送公安18起。牵头开展“双随机、一公开”工作，掌上执法率、双随机抽查事项覆盖率和任务完成率均为100%。

【**疫情防控**】2021年，扎实推进冷链物防，赋码率和扫码率均为100%，查处冷链食品案件3起，其中1起被评为台州市进口冷链食品“四个不得”专项整治典型案例。严格落实“守小门”要求，形成高压管控态势。加强药店疫情防控监测，对全县20个新冠疫苗接种单位实行“周巡查”。

【**食品安全监管**】2021年，大力推进“浙江外卖在线”应用，共上线765家，实现全覆盖。在祥生综合体创建全市首个商业综合体食品安全数字化共治示范点，相关工作经验获副市长陈挺晨批示肯定。全县保健食品生产企业阳光工厂实现全覆盖，全面推进“浙食链”系统应用，在全省现场会作书面经验交流。

【**药械化安全**】2021年，实施“双码”精密智控。全县8家企业18个药品品种完成“质量码”赋码、130家药品零售企业完成“监管码”赋码。完成756家次涉药单位现场检查，抽检药品医疗器械化妆品120批次。开展网销药品、化妆品、医疗器械整治行动，定向监测网销店铺800家次。

【**特种设备安全**】2021年，对全县4680台（套）特种设备进行集中赋码，并根据使用单位风险等级，采用“红、黄、蓝、绿”4色管理，建立4个清单，形成问题闭环治理。特种设备定检率、注册登记率与隐患整治率持续保持在100%。

【**质量安全监管**】2021年，大力推进“浙江e行在线”场景应用，形成电动自行车全生命周期综合管理，全县电动自行车赋码数2376个，电池赋码数1367个，并100%打印张贴，商户平均赋码车辆数居全市前列。大力推进“浙江外卖在线”应用，共上线765家，实现全覆盖。

【**民生实事工程**】2021年，完成3家民生药事服务站、30家食品生产企业“阳光工厂”、57家农村家宴“阳光厨房”和20家学校食堂智能“阳光厨房”建设。新增全程可追溯食品生产企业54家、食品经营主体15家。学校食堂“阳光厨房”和农村家宴“阳光厨房”均实现全覆盖。食品安全重点领域食品安全责任保险投保率100%。天台县梨园商城成功创建省“五化”市场，白鹤袜业市场成功创建浙江省四星级文明规范市场。

【**放心消费工程**】2021年，培育放心消费单位1695家，1个产品入选浙江特色产品伴手礼，5个产品入选台州特色产品伴手礼。2021年，共受理各类投诉举报咨询9972件，其中职业投诉举报8038件，占比81%，消费投诉实现“零转访”。

（市场监督管理局）

海　关

【**概况**】2021年，天台县海关联络处积极履行各项职能，服务全县开放型经济高质量发展。全年，全县共实现进出口76.1亿元，同比增长30.4%，其中出口72.7亿元，同比30.3%。

联络处业务已涵盖进出口企业备案、出口竹木草制品生产企业资质验核、报关、货物查验、放行、加工贸易手册审批、出口退运货物追溯调查、国外通报调查等。全年联络处审核报关单3827份，监管进出口货物3.3万吨，货值4.0亿美元，集装箱7261标箱，办理加工贸易手册23份，合计金额2517万美元。

【优化营商环境】2021年，优化申报、查验、放行等通关各节点的管理，针对性研究提高通关效率举措，优化企业、代理和海关各方联系配合，有效缩短整体通关时间。大力推广国际贸易“单一窗口”，全年实现货物报关、舱单申报、运输工具申报三项功能100%使用国际贸易“单一窗口”。全面落实报关单位实施备案管理相关工作要求，进出口收发货人备案、变更、注销实现全程无纸化网上办理，全年办理新企业备案64家。

【加强企业培育】2021年，有效开展海关AEO认证企业和进出口诚信企业培育，浙江圣达生物股份有限公司正式被授予AEO海关高级认证企业证书，认证企业数位居县市区前列。指导天台外贸综合服务平台开展企业注册、报关、加工贸易、外贸新业态等业务。全年，平台为天台的三分之一企业开展外贸服务。

【扶强保税贸易】2021年，进镇入企开展加工贸易宣传和业务指导；牵线辖区加工贸易龙头企业结合自身数字化改革，赴外地企业学习“以企业为单元”加工贸易监管改革经验，引导企业延长保税产业链，派专人跟踪辅导单耗、深加工结转、料件管理等关键业务节点编发《加工贸易业务的常见症结三十八条》《加贸管理节点自查表》，全面规范企业内部管理。2021年，全县加工贸易进出口增长49.9%，连续3年保持增长。

【服务跨境电商试点落地】2021年，参与县跨境电商扶持政策制定，赴重点外贸企业实地调研，召开跨境电商推进会2次、座谈会2家，积极为企业做好跨境电商各种业务指导。1月25日，跨境电子商务企业对企业直接出口（9710）申报成功；4月25日，跨境电商出口海外仓（9810）申报成功，实现电商出口新模式全覆盖。

【支持市场采购发展】2021年，发挥海关各类宣传渠道作用，深入讲解市场采购业务政策；参与县市场采购扶持办法的制定工作；调研市场采购业务开展企业，综合采用每日数据监控、后续核查等方式，加强市场采购贸易监管力度。2021年，全县市场采购贸易方式出口4.9亿元。

【严把商品检验关】2021年，实施进口食品安全放心工程，落实县食安委成员单位责任，开展进出口食品企业日常监管，注重进口冷链食品疫情防控，坚决将不合格食品、化妆品拒于国门之外。强化竹木草制品、机电、危化品、饲料、食品添加剂等重点敏感商品检验。2021年，完成浙江德斯泰、康和机械等企业进口货物目的地查验，对4家企业开展退运通报调查、1家企业开展退运现场调查。

【**推进准军建设**】2021年，按照总署政治部“强化规定动作、强化日常养成、强化机制建设、强化监督检查”的要求，作为台州海关“准军事化内务建设示范点”的天台联络处，继续以“标准化、制度化、科学化、常态化、创新化”的五化管理方式，服务天台开放型经济高质量发展。

（天台县海关联络处）

审　计

【**概况**】2021年，天台县审计局完成审计项目13个，查出主要问题金额312637.22万元，其中违规金额462.67万元、管理不规范金额312174.55万元。审计促进整改落实有关问题金额35548.20万元；审计后挽回（避免）损失188.85万元。出具审计报告和专项审计调查报告18篇，被批示、采用17篇；审计提出建议47条，被采纳40条；推动被审计单位制定整改措施118项；促进被审计单位制定、完善规章制度5项；提交审计信息53篇，被批示、采用37篇。向社会公告审计结果40篇。

【**财政资金审计**】2021年，组织开展财政同级审、部门预算执行情况审计以及5个乡镇的财政决算审计和2个单位的审计，促进财政资金提高使用绩效。6个审计报告得到县领导批示10篇次，推动出台事业人员用车补贴制度和维修购置资金集中采购制度，推动省政府修改残疾人“两项补贴”发放制度。

【**政府投资审计**】2021年，组织开展天台县始丰湖项目概算执行情况审计、实验小学始丰校区项目概算执行情况审计、高铁天台站站前广场项目概算执行情况审计和“污水零直排区”建设项目专项审计调查。始丰湖项目概算执行情况审计资金7.9亿元，审计发现各类问题27个，促使建设单位收回多付工程款38.85万元。“污水零直排区”建设项目专项审计调查发现各类问题30个，审计期间促使建设单位挽回损失150万元，有效规范工程建设管理。

【**民生资金审计**】2021年，组织开展全省社会保险基金天台部分的审计，推动符合条件的406个低保、低边、特困等重点人群参加城乡居民养老保险，225人获得财政补助，使惠民利民政策落到实处。同时，抽调骨干力量赴三门县开展全省社保基金运行风险的审计。

【**经济责任审计**】2021年，组织开展5家单位主要负责人经济责任审计和1家单位主要负责人自然资源资产责任审计。与纪检监察、巡察等部门积极建立互动联动机制，实现信息资源共享。移送的案件线索经查处，1名领导干部被开除党籍，并已移送司法机关处理。同时，完成17家单位领导干部离任移接交工作。

【**政策跟踪审计**】2021年，组织开展推进优化营商环境政策跟踪审计。在推进优化营商环境政策跟踪审计中，发现各类问题7个，督促18家行政事业单位清退保证金113.05万元，督促建设单位及时支付工程进度款445.58万元，推动被审计单位重视营商环境相关政策落实，为天台县经济高质量发展创造良好营商环境。

【**提升审计效能**】2021年，开展常态化质量检查、质量互查，并在每月例会上反馈；抽调业务一线人员参加省市质量培训和优秀项目评选工作，及时传达学习内容，并将上级最新质量标准结合审计项目实施；推进审计项目质量标准化建设，从统一规范审计实施方案开始，严格全流程质量管理程序。

【**审计信息化建设**】2021年，扎实推进金审三期工程建设，完成三期应用系统的安装与配置，行政办公系统已能正常运行，审计综合研究系统试点工作正在实施中。有序开展网络安全与数据安全自查工作，重点检查个人终端维护与重要数据保管情况。2021年，省厅开展全省市县审计机关网络与数据安全检查工作，天台县作为全市唯一接受现场检查的县局，认真部署，落实措施，省厅在现场检查中未发现问题，省厅专家在检查反馈会上对此项工作予以高度肯定。全力推动大数据审计工作，在财政预算执行审计、社保基金审计、扶贫审计等项目中运用数据库技术开展大数据分析。

【**抓牢审计整改落实**】2021年，建立健全审计整改情况向天台县委审计委员会专题汇报机制，严格落实《审计整改约谈办法》《审计整改责任分工制度》。制定《天台县"七张问题清单"应用工作分机制重大审计清单（试行版）》和《天台县重大审计问题准入标准（试行版）》，落实审计问题整改纳入县级"七张问题清单"党政智治系统，会同天台县委、县政府督查室开展联合督查3次，推动省市重大审计问题清单整改落地见效。

【**抓好内部审计**】2021年，举办省市联办的内审培训班和全市内审培训活动各1次，组织内审人员开展业务培训3次共170人次，共指导6家单位开展内审工作。建立内审工作指导联系制度，与全县40多家单位开展对点联系，分类指导，为联系单位提供指导和服务。1人获"浙江省内部审计先进工作者"荣誉，2人获"浙江省内部审计实务能手"荣誉。

【**加强党性修养**】2021年，通过理论中心组、支部学习会、集体研讨等形式，教育引导全局党员干部切实增强拒腐防变能力，推动全面从严治党向纵深发展。深度结合"深化三服务、对标勇争先"活动和"三为"实践活动，全方位推动党史学习教育走深走实。

【**全面推进党风廉政建设**】2021年，严格执行中央八项规定及其实施细则精神和审计"四严禁""八不准"。严格落实"第一责任人"职责，班子其他成员履行"一岗双责"。坚持每月一次局党组中心组学习会，定期开展廉政约谈。落实审前承诺、审中检查、审后回访制度，高度重视审计结果落实情况和审计人员执行廉政纪律情况。

【**审计干部队伍建设**】2021年，以导师传帮带、岗位轮值、专项培训、"五线历练"等方式加快干部成长成才。围绕中心深入推进志愿者服务，开展"社区吹哨、党员报到"、巡河护河等活动；加强内审指导联系，"面对面"指导内审工作；为群众提供审计咨询和审计帮助，累计帮助解决问题112个，"三服务"办结率100%。（审计局）

统 计

【概况】2021 年，在县委、县政府的坚强领导下，在上级统计部门的悉心指导下，天台县统计局奋力拼搏，攻坚克难，圆满完成基层统计网格化治理改革市级试点、数字化智治平台省级试点等各项工作；省统计局将天台作为设管工作联系点，自然资源资产负债表编制、工业的电子统计台账管理走在全省前列。同时，充分发挥参谋、指导和服务三大部门职能，做到依法统计、科学统计，统计数据全面准确地反映了社会经济发展的变化，数据成绩继续走在台州市前列。

【培训指导】2021 年，针对企业报表上报汇总建立的问题清单，确定培训内容，采用“分片分企”培训模式，并适当多专业联合培训，效果显著。

【广泛调研】2021 年，深入基层大力开展“三服务”，帮助企业排忧解难，同时加强对企业生产经营情况、民情民意的调查研究，掌握客观翔实的第一手信息资料，切实把企业建议、社会期盼、群众智慧充分吸收到政府方针政策中来，让企业和人民群众享有更多的获得感、幸福感、安全感。

【分析研判】2021 年，加强对重点行业、主导产业、龙头企业的动态监测和预警分析，高度关注工业、投资等重要统计指标，撰写 14 篇统计专报、43 篇统计分析，当好参谋助手；优秀统计文章评比中，2 篇统计分析获市级一等奖，2 篇统计制度方法改革论文获市级三等奖；政务动态、分析省局录用 19 篇，国家局录用 1 篇。

【数据发布】2021 年，优化统计公报、月度卡片、《天台统计年鉴》、统计专报、简明资料本等“拳头”产品，利用“天台统计”微信公众号等，拓展统计服务维度。3 月份编撰的微信推文将 GDP 知识与热门电视剧《赘婿》相结合，被国家统计局及多个省、市微信公众号转发。

【法治宣传】2021 年，党组书记、局长周忠伟在县政府常务会议、县委常委会上为县领导和各部门领导上统计法治课 2 次，在党校为新一届乡镇领导班子专题讲授统计法治知识；由分管领导带队工业、投资、服务业、住户调查、农业等专业骨干进社区进企业开展“零距离”普法活动。

【监督审核】2021 年，严格落实“即报即审”，采用“平台公式筛查 + 重点数据人工审核”方式，上报一家审核一家，对异常数据逐一核实到每家企业、每个项目；全年专项数据质量核查共出动核查人员 315 人次，核查企业 607 家，发现问题 88 家，对查处有问题的企业都要求及时进行整改。

【落实防惩责任】2021 年，出台《天台县统计局防范和惩治统计造假弄虚作假责任制实施办法》，建立了统计数据全过程质量管理的全员责任体系；全年执法检查共出动执法人员 125 人次，执法检查企业 34 家，对查出有较重问题的 1 家企业立案进行查处；对始丰街道、三合镇和发改局等 3 家单位开展了统计巡查。

【部门联动配合】2021 年，定期召开部门联席会议，深化与发改、经信等部门的合作，协调解决推进统计工作中的问题，加强部门统计数据的分析、审核和评估。强化对部门的综合协调、业务指导、数据管理，形成部门间“资源互补、信息共享、协同配合”的部门统计工作新格局。

【建强基层基础】2021年，以人员配备、素质提升、协同配合、资源保障为要点，配齐配强基层统计力量，扩大继续教育覆盖面，接收基层统计人员到县局挂职锻炼，提升基层统计软硬环境，稳步推进统计基层基础规范化、标准化建设。

【网格化管理】2021年，以基层统计网格化管理试点为抓手，创新推进统计体制改革新模式，建立网格健全、职责清晰、运行有效的统计网格，推进部门、乡镇（街道）、企业统计工作规范化建设，为全市乃至全省提供了样板。

【数字化改革】2021年，将始丰街道作为试点推广工业电子台账，以点带面，逐步在全县范围推进，获得省、市领导充分肯定；持续推行“一点一户一档案”，全面推广住户“e调查”和电子记账；以数字化改革为牵引，运用台州市一体化智能化公共数据、数据浙江平台等，推动数据发布工作提档升级，满足了系统内部、社会各界等对统计数据的智能查询需求。

【提高政治站位】2021年，以党史学习教育为抓手，贯彻“五位一体统筹抓”工作制，坚持理论学习与实践教育相结合，不断锤炼干部的政治判断力、政治领悟力、政治执行力。

【推动干部成才】2021年，持续推行统计讲坛、导师传帮带、大科室、“三三三”工作制，不定期开展轮岗交流、对标先进、岗位练兵等活动，统计队伍战斗力、执行力明显提升。

【激发内生动力】2021年，根据《天台县统计局工作人员平时考核实施办法》，实行“日考勤、周汇报、月纪实、季考评、年总结”，每季评选“统计季度之星”，考核结果与年度考核、评先评优直接挂钩。典型引领作用充分发挥，干部比学赶超的内生动力进一步激发。

（统计局）

基础设施建设

【概况】天台县基础设施投资有限公司（简称“基投公司”）为县政府授权县国资局出资成立的国有法人独资有限责任公司。公司下属天台县基投建材有限公司、基投土地综合开发有限公司、城市房屋开发有限公司、念慈陵园开发有限公司、诚投勘察规划设计有限公司、创智人才发展有限公司等6家全资控股子公司，天台县大雷矿业有限公司、鑫合集体经济发展股份有限公司等2家控股子公司，台州中卉生态环境工程有限公司、天台县浙一建基投建设有限公司、天台县明台建设管理有限公司等3家PPP公司。

【项目建设】2021年共实施项目29个，项目总投资约130亿元，其中前期项目7个，建设推进项目14个，完工项目6个，回购项目2个，完成有效投资约26.9亿元。公司致力于加快安置房项目建设，让安置户尽早分房入住，共实施安置房项目13个，总住宅套数为11247套。水南“城中村”改造二期项目完成竣工验收、交付分房；拾得路以北（水南）区块改造二期、三期P地块、农业场圃职工安置房、下山移民赤城安置区（一期）、玉湖区块改造项目（A1至A9区块安置房项目）等7个项目按施工计划全力推进中；抽水蓄能电站移民安置房、下山移民福溪安置区二期（局部）等2个项目开工建设，其中抽水蓄能电站移民安置房项目创新实施模式，采用全过程代建制，仅用3个月时间完成立项开工，再次刷新了基投速度；平桥镇下山移民安置区完成回购，交付分房。共实施其他民生公共事业项目16个。集体经济薄弱村物业园、“和合担当”干部教育现场教学基地建设工程等2个项目竣工验收、投入使用，鑫合物业园向189个入股村分红，为入股村完善基础设施建设，推动乡村振兴，实现共同富裕提供了有力的经济支撑；始丰溪文化休闲、市民中心、中心陵园、下山移民赤城安置区（一期）项目周边路网工程、台州市椒江治理工程（天台始丰溪段）等10个项目按施工计划全力推进中。

【**市场经营**】2021年，公司坚持向内挖潜，提质增效，不断完善管理体系，创新经营思路，开拓经营市场，确保市场化转型保持良好的发展态势。在经营业绩上，建材公司全年砂石销售1.44亿元，钢材等建材贸易销售约5.27亿元，净利润2869万元，实际纳税2549万元，销售额及增速在天台县商贸流通行业排名第一。在土地整理上，土地开发公司实施各类土地综合整治项目，分布在赤城街道、坦头镇等八个乡镇街道。全年实施的土地综合整治项目共65个，其中立新村严岭自然村区块等10个项目，洪畴镇东安隐里百坑区块、石梁镇大棚区块等2个耕地质量提升项目顺利通过省级验收，全年有效盘活土地资源3000余亩，其中新增耕地面积710多亩。在资产处置上，对公司下属的资产全面梳理，激活闲置资产，提高资产收益，全年资产处置累计收入574万元。

【**党史教育**】2021年，建立“四个一”学习机制，组织党员参观红色基地，组织观看爱国电影，组织“唱支山歌给党听”快闪制作，开设“基投大讲堂”深化企业文化，举办“学党史、守廉洁、勇担当”主题演讲比赛。开展“三为”专题实践，深入基层调研，为基层、为群众、为施工单位办实事、解难题。通过党史教育，锤炼了党性修养，坚定了初心使命，党员先锋模范作用和党组织的战斗堡垒作用进一步增强。在百年建党之际，建设鑫合物业园党群服务中心，创建“与党同心、共富同行”党建品牌，党建引领助推全县151个集体经济薄弱村“抱团创业”奔向共富，打造天台“共同富裕样板”。

【**清廉国企建设**】2021年，通过观看警示教育片，制作个性化廉洁工作牌，统一安装“清廉屏保”，开展廉洁从业测试与“九个一”为抓手的警示教育月活动，引导干部职工严守纪律，筑牢廉洁自律底线。围绕经营管理、选人用人、采购招标、工程建设、生产销售、资产处置等重点领域全面梳理廉洁风险，制定相对应的风险防范措施，出台了一系列内控制度，全方位扎紧制度的笼子，营造了风清气正的良好政治生态。

（天台县基投公司）

工　业

工业经济

【**概况**】2021 年，县经信局坚持稳中求进工作总基调，聚焦传统产业优化升级，全力推动产业基础再造和产业链提升，加快工业经济高质量发展。获评台州市迈向工业 4.0 标杆城市建设先进集体，制造业招大引强经验做法在全市典型交流并获评市“最佳实践”。“中国过滤布名城”荣获评中国产业用纺织品行业“十三五”优秀公共服务平台。全年累计实现工业总产值 467.5 亿元，完成规模以上工业增加值 77.98 亿元，同比增长 13.3%，全市排名第 4；完成工业性投资 28.3 亿元，同比增长 40.7%，全市排名第 2。

【**产业发展**】2021 年，深入实施“六大百亿产业”集群发展行动，机电行业总产值 145.8 亿元，其中行业规模以上工业总产值突破 100 亿元，同比增 20.9%，增长态势明显；橡塑行业总产值突破 80 亿元；汽车用品、产业用布等行业产值近 70 亿元；生物医药、食品饮料行业产值合计近 40 亿元。轨道交通及汽车零部件产业列入省“一县一策”政策支持。

【**企业培育**】2021 年，深入推进雄鹰企业、凤凰计划、小巨人、放水养鱼等企业培育行动，全年新增上市公司 2 家，国家专精特新小巨人企业 2 家，省隐形冠军企业 2 家，省级“单项冠军”培育企业 3 家，省小微企业成长之星选树企业 2 家。银轮智能“省级车配产业智能制造公共服务平台”被认定为省服务型制造示范平台。银轮股份等 3 个项目列入省首台（套)项目，天成等 4 个项目入选 2021 年省重点技术创新项目，奥锐特等 4 个项目入选省重点高新技术产品项目。全年新增规模以上企业 37 家。

【**项目引建**】2021 年，深化“百项千万工程”，共排摸 105 个千万元以上工业项目，全年完成奥锐特、三一重工等 9 个项目供地；双箭橡胶、海伦园艺、艾普科等 25 个项目开工建设；三星科创、天成航空等 20 个续建项目有序推进；祥和实业、大自然等 32 个项目竣工投产。全力推动招商引资，共签约 30 亿～50 亿元项目 1 个，20 亿～30 亿元项目 2 个，5 亿～20 亿元项目 7 个。累计完成工业性投资 28.3 亿元，同比增长 40.7%。

【**小微园建设**】2021 年，全年新增省级认定小微园 3 个，新增标准厂房建筑面积 27.56 万平方米，小微园数字化管理平台建成投用。三星科创园、金招呼智造园开工建设；百汇小微企业创业园、坦头镇消薄园正式投用；红石梁园区完成数字化改造；天鸿小微企业创业园、洪三园区中小企业创业园被评为三星级园区；洪三园区中小企业创业园入选省级数字化示范小微企业园；红石梁园区、洪三园区中小企业创业园入选市级小微企业工业园示范园区。

【**数字化改革**】2021年，加快建设产业大脑，汽车零部件（热交换器）产业大脑已列入市级培育库，其中大车配营销平台场景模块获省厅领导肯定。建立县级“数字化车间、智能工厂、未来工厂”培育库，银轮等8家企业已列入市级培育库。推动企业数字化改造，天成入选省信息技术与制造业融合发展示范企业，银轮入选省第一批云上企业。加快推进工业互联网平台建设。“企业码多码融合”项目入选数字经济省级应用项目示范试点；“小升规”全周期标准化服务应用场景获第二届省企业码应用场景大赛三等奖。已建成5G基站647个。数字经济发展综合指数排名26县第一，数字经济核心产业增加值占GDP比重排名全市第一，数字产业化水平排名全市第二。

【**亩均改革**】2021年，深化亩均论英雄改革，通过工业企业大数据服务平台完成1148家企业年度评价分类。实施差别政策“激励倒逼”，累计减免A、B类电费、土地使用税等合计2584.6万元，支持用能4717.82吨标煤，新增排污指标23.079吨。加快低效企业“腾笼破旧”，完成49家亩均税收5万元以下企业改造提升，共盘活用地129.08亩，腾出用能2742吨标煤，新增产值4112万元。积极开展绿色创建，祥和、大自然、万胜、严牌等4家企业成功创建市级绿色工厂，天铁、天鸿小微企业创业园申报省级节水型企业，百威公司获评省级第一批“无废工厂”，为台州首家。

【**直通服务**】2021年，依托“企业码”2.0版打造线上线下“一站式”直通服务平台，创建企业点单服务系统，全方位助企破难，新建“码上监督”等5个特色专区，码上受理诉求5494个，办结率、办理结果绿码率均为100%。举办2场全县高质量发展英雄汇，企业提出的30项问题已按时交办完成23项。为企业解难题、以产业带富做法多次在《浙江日报》报道。加强工业企业安全生产和疫情防控宣传，深入开展安全生产专项整治三年行动，督查指导民爆公司、省级小微园等园区12次，线上线下宣传50余次，牢牢拴紧安全生产绳。

（经信局）

产业用布

【**企业培育**】2021年，企业培育、企业上市取得重大突破，严牌公司在深交所创业板成功上市，为天台县产业用布行业开启了充分利用资本市场，以求跨越、裂变发展的新篇章。华基公司被列入国家级专精特新“小巨人”企业名单。新增规上企业2家。

【**技能竞赛**】2021年，为加强天台县产业用布企业一线员工队伍建设，积极组织企业员工，赴江苏阜宁参加全国纺织行业缝纫工（滤袋）职业技能竞赛，并取得好成绩。严牌公司陈双莲在2021年的比赛中荣获第一名，并获得“全国纺织行业技术能手”荣誉称号。

【**创新论坛**】2021年，以“把握减污降碳机遇，再铸袋式除尘辉煌”为主题的中国环境保护产业协会袋式除尘委员会2021年年会暨袋式除尘技术创新论坛在天台县隆重召开。县委书记杨玲玲致开幕词。应邀出席年会的相关领域领导、专家和全国袋委会成员约160人。该次年会围绕减污降碳、技术创新与提质增效等方面安排25个精彩的大会报告，内容涉及我国袋式除尘行业近年来在新材料、新技术、新产品、装备智能化数字化、工业互联网等方面的最新进展和成就。

（经信局）

机电工业

【**概况**】天台县机电工业协会是以汽车零部件、轨道交通、电子通信等机电制造业为主的行业协会。2021年，天台机电产业实现总产值达145亿元，全县第一个行业实现产值超百亿元，主要经济指标占全县工业比重达31.2%，行业累计拥有规上企业47家。为天台县的经济发展起到了积极的作用。同时，机电行业拥有“浙江省交通运输装备关联产业示范基地”“浙江省汽车零部件及轨道交通装备制造业特色基地”“浙江省新型工业化产业示范基地”等多张省级名片。轨道交通及汽车零部件产业列入省“一县一策”政策支持。

【**主要企业**】天台县高度重视机电产业的培育发展，拥有银轮股份、永贵电器、天成自控、万胜等一批具有行业影响力的上市公司。银轮智能“省级车配产业智能制造公共服务平台”被认定为省服务型制造示范平台。银轮股份等3个项目列入省首台（套）项目。天成项目入选2021年省重点技术创新项目。万胜成功创建市级绿色工厂。浙江银轮新能源及EGR智能工厂项目列入2021年浙江省智能工厂（数字化车间）。

【**技术平台**】平台建设是天台机电产业的特色和亮点，拥有坚实的基础至天台机电行业产业已建立了大车配创新服务综合体、大车配营销服务中心、智能装备服务中心、IT资源共享中心、高端压铸中心、精密加工中心、浙江正信车辆检测有限公司、银轮商学院、科技大市场、浙江大学天台研究院、天台民商投资中心、知识产权服务中心等产业创新平台，具有较完备的产业创新服务体系，能为大车配产业提供研发设计、检验检测、成果转化、知识产权、投融资、人才培养等集成服务。

（经信局）

橡塑行业

【**企业**】2021年，浙江大自然户外用品股份有限公司在上交所上市；天铁股份荣登“2020年台州纳税百强企业榜”和“台州市首批总部企业名单”，并获得“制造业高质量发展强企竞赛优胜企业”称号和“台州市重点实验室”认定。新增亿元企业3家、规模以上企业9家。

浙江保尔力胶带有限公司荣获省级技术中心称号，祥和、大自然等2家企业成功创建市级绿色工厂。在重点技术改造项目清单中海伦园艺（年产400万套伸缩水管系列产品生产线改造项目）

【项目引建】2021年，苍山产业集聚区突出优质项目引进，推进浙江三力士智能传动科技有限公司、双箭股份等重大项目建设。深化“百项千万工程”，排摸橡塑工业项目。双箭橡胶、海伦园艺等项目开工建设；祥和实业、大自然等项目竣工投产。

（经信局）

生物医药产业

【企业培育】2021年，新增亿元企业1家、规上企业3家。浙江圣达生物药业股份有限公司获国家AEO海关认证；浙江新银象生物工程有限公司获国家第三批精特新“小巨人”企业称号。

【行业升级】2021年，落户苍山集聚区医化园区的3家搬迁企业（圣达、奥锐特、天台药业）开工建设，合计投资3亿多元，为行业骨干企业改造升级打下坚实基础。

【人才引育】2021年，共引进各类高级人才20多人；与浙工大联合在天台开设专升本成人教育班，招收学员62人；协助浙江省营养学会、天台县人民政府成功举办第五届西湖营养论坛暨2021年学术年会；省科协在本行业设立“浙江省营养学会天台创新服务站”，为天台县营养方面提供全方位服务。

（经信局）

汽车用品产业

【概况】2021年，天台汽车用品产业经过30多年的发展，形成了一定的规模，汽车用品区块集群比较明显，是目前国内外主要汽车用品产业集群。在天台县委、县政府的支持下，协会以坚持服务会员为宗旨，本着“合作、共赢、自律、维权”的宗旨，围绕“重创新、守标准、提品质、讲诚信”的工作方针，行业保持稳定健康的发展态势。2021年汽车用品工业产值增速4.7%，行业工业总产值68亿元，出口交货值1.67亿元，行业产值同比增长13.3%。

【国字号金名片】2021年，天台县的“中国汽车用品生产基地”称号是2005年7月由中国汽车工业协会授予，2008年7月通过第一次复核验收，2012年10月通过第二次复核验收，2017年通过第三次复核验收，2021年4月12日中国汽车工业协会专家复审组一行五人对汽车用品生产基地进行为期5天的考查。通过对基地企业进行了深入调查了解，充分肯定了天台企业家的创业精神和天台汽车用品企业的创新发展，《中国汽车用品制造基地》复审顺利完成。“中国汽车用品出口基地”和“中国汽车用品制造基地”称号，两个国字号荣誉是天台汽车用品产业的两张金名片。

【团体标准发布】2021年由浙江省汽车用品行业协会发布《装饰类汽车座垫》团体标准，协会内22家企业参与标准制定。早在2008年11月14日，协会邀请省标准化研究院专家，在天台举办“浙江省汽车用品行业产品联盟标准研讨会”。至2012年已完成6个产品联盟标准：《汽车塑料脚垫》《汽车橡胶脚垫》《汽车方向盘套》《汽车坐垫》《汽车坐椅套》《汽车按摩坐垫》。2014年推荐浙江明丰公司《汽车罩》、浙江天鸿公司《汽车橡胶脚垫》，浙江远程公司《汽车太阳挡》产品和联盟标准上升为国家行业标准。协会在之后5年内，将引导所有会员企业，积极主动地开展产品团体标准、联盟标准、国家标准的制订。标准的制定将促进行业有序竞争健康发展，使市场竞争秩序更加规范，同时也有利于提升产品质量，提高产品竞争力。同时天台也将成为汽车用品行业的标杆，在产业发展中拥有更高的影响力和话语权，让标准助力天台登上高品质产业发展的制高点。

【全球产业集散中心】2021年，随着天台县汽车用品产业集群的建立，“中国汽车用品制造基地”“中国汽车用品出口基地”两块牌子先后落户天台，“浙江省汽车用品行业协会”和“浙江省级汽车用品质量检验中心”也在天台扎根。浙江金恒德控股集团有限公司的“中国汽车用品城”，在天台坦头镇正式开业，目标是要建成中国最大汽车用品专业市场，集聚会展中心、研发设计中心、质量检测中心，专业人才公寓，汽车用品专业市场。“中国汽车用品城”的建设，将成为全球代理采购汽车用品集散中心，将打造全球汽车后市场产业链。这些项目为天台汽车用品产业发展提供信息平台同时，增加了市场发展新活力，活跃了企业。为天台汽车用品产业集群的转型发展奠定了坚实的基础。产业孕育市场，市场激发产业发展，在汽车产业的带动下，天台汽车用品产业必将迎来一个新的快速增长期。

【创新发展】2021年，以创造“汽车用品品质最优，品种最全的中国汽车用品制造基地”为发展理念，全面加快发展速度，提高产品质量，提升龙头骨干企业领先能力，以原有的六大系列产品为发展基础，进行产品再创新、再升级，品牌再创新。在原有浙江明丰公司生产车船罩产品全球最大企业；浙江天鸿公司生产塑料脚垫、太阳挡、座椅套、方向盘套等品种最齐全企业；浙江蓝威公司生产方向盘套全球最大专业企业；浙江鸿盛原公司生产汽车脚垫品种最齐全企业；浙江新族公司生产按摩保健功能的风标企业的基础上，鼓励和引导中小企业走“专、精、特、新”的创新发展路子，材料创新、款式创新、工艺创新、技术创新、模式创新、渠道创新，鼓励明丰、天鸿、鸿盛原、蓝威、新族等有条件企业积极开发汽车高档次、高品质的用品及汽车电子产品和高科技产品。明丰公司将荣获全球2017度荣膺（物理世界）十大物理突破奖项的，高科技降温材料与车船罩产品结合，提高了产品附加值，市场走在行业的前列。龙头企业率先将科技创新与产业结合，将带领全行业加快产品升级和结构调整，提升行业技术含量，提高产品附加值，以助推汽车用品行业新的发展增长点。

【品牌建设】2021年，天台汽车用品的品牌，在国内外市场上享有一定信誉，也具备了较强的竞争力。近年来发明专利有5项，实用型286项，省级著名商标有5家，市级著名商标7家，省级著名商号有11家，市级著名商号1家，省级名牌3家，市级名牌7家，注册国外商标21家，通过质量体系认证30家，品牌效应给天台汽车用品产业带来不可估量的发展前景，60%以上的出口份额，30%以上的国内市场销售，电商达到年营业额近百亿元，都离不开品牌效应。品牌是企业的形象，品牌给企业带来了信誉，品牌的集群，必将给汽车用品产业带来更多的市场效应，市场份额，同时又反作用于企业的自身发展空间，让企业发展更快。

（经信局）

经济开发区建设

【概况】2021年，在县委、县政府坚强领导下，天台经济开发区全力推动现代化和合之城建设，全面推进“工业强县”战略、深化创新驱动发展，加快创建省级高新技术产业园区，打造省级经济开发区“重要窗口”品质，推动新老园区连片开发、齐头并进，大力培育形成台州北翼经济增长极。

【苍山产业集聚区】2021年，一期一标工程、苍山大道（二标段）工程和临市山村地质灾害治理工程完成竣工验收，全力攻坚TDB01-0303等4个地块（双箭地块、奥锐特地块）场地平整工程建设，双箭企业已完成该地块竞买并于11月3日举行开工仪式。同时，配合县交通集团做好矿地综合利用项目开发与监管，该项目在3月26日由县交通集团成功摘牌，二期A区和一期C区正在施工。

【始丰区块基础设施建设】2021年，一纵三横主道路已全面完工，道路、人行道、绿化、亮化均已通过竣工验收，相关基础设施建设不断加快，支一路（研发中心段）、官塘支路、滨溪南路市政道路工程、莪块医化园区生产废水管道架空等项目顺利完工。

【创新中心】2021年，研发中心项目已完成竣工验收，内部装修工程正在加快施工中；孵化中心一期EPC项目已完成土建初验，市政附属工程、配电、绿化工程即将竣工验收，运营服务项目非政府性采购公开招投标工作正在有序开展。孵化中心二期已完成初步设计报批和预算审核，准备施工招标并开工建设。技师学院完成方案设计。

【招商引智】2021年，开发区新引进项目4个，总投资约10.2亿元，新开工项目4个。主要有投资6.97亿元的浙江台升智能输送科技有限公司年产3000万平方米智能型输送带、10万吨炼胶及输送装备项目，总投资1.6亿元的台州鼎昌实业有限公司年产10000台套机械零部件制造项目等。11月3日，天台县重大项目集中开工活动暨双箭股份浙江台升智能输送带项目开工仪式在苍山产业集聚区举行，为天台高质量发展增添新动能、提供新支撑。

【要素保障】2021年，积极向上争取用地指标，做好项目供地工作。根据县政府统筹安排，完成艾普科航空科技、天牛电子（蓝德LED）、孵化园二期、海伦园艺、台升智能输送、开发区幼儿园、鼎昌实业、我园商住等10个地块（共计约536亩）出让。

【园区发展】2021年，一是启动智慧园区建设。通过搭建智慧化建设顶层框架与重点区域智慧应用，实现开发区智慧化全覆盖，天台经济开发区智慧化建设项目（一期）于9月签订建设合同。二是助推化工园区发展。收集7个部门、10家企业反馈意见，《天台县苍山产业集聚区化工园区总体实施方案》通过县政府批复。三是助力高新园区创建。邀请省科技厅专家指导147家入库企业做好年报填报工作，赴平湖先进装备制造高新区和湖州现代物流装备高新区进行实地考察学习管理经验，根据天台实际情况形成《关于推动天台高新区创建调研报告》。完成高新区2020年度综合年报填报和入库企业年报验收工作。

【改革创新】2021年，为打造共同富裕先行示范区，实现山区26县开放平台跨越式高质量发展，天台经济开发区和湖州经济技术开发区已完成合作框架协议签约。双方将在招商招才、创新合作模式、实行信息共享等方面，充分发挥差异化优势，探索出一条培育现代产业体系和山区高质量发展、实现共同富裕新路径。

（经济开发区）

农 业

农业农村

【**概况**】2021年，县农业农村局在县委、县政府坚强领导下，按照现代化和合之城战略部署，推进乡村振兴新征程，以共同富裕为追求，突出做好保供、业兴、村美、民富等文章，交出了一张优异的成绩单。获第三批全国农村创业创新典型县、全国农民合作社质量提升整县推进试点、全国绿色种养循环农业试点等3项国家级荣誉，入选省农业农村厅多跨应用场景试点5个（全省个数最多）、全省低收入农户同步现代化试点、全省农业农村领域高质量发展推进共同富裕第一批实践试点、新一轮省级农村综合改革集成建设项目、第二批省级农业产业化联合体，取得第三批全国农村创业创新典型县、省级乡村振兴集成创新示范建设县、省生猪增产保供成绩突出集体称号、省农村生活垃圾分类处理工作优胜县、省深化“千万工程”建设新时代美丽乡村工作优胜县等省级荣誉，作为“浙江畜牧产业大脑”应用的重点参与县受到省里表扬。2021年，全年完成粮食播种面积17.61万亩，完成率达108.24%，在市对县考核中排名全市第二名；全县农林牧渔业总产值25.25亿元、增速7.9%，增加值16.19亿元、增速5.7%；农村居民人均可支配收入28909元，增速9.6%；低收入农户人均可支配收入达到15960元，同比增幅16.4%。

【**稳产保供**】2021年，稳定发展粮食生产，种植小麦3.72万亩，全市最多；种植早稻1367亩，任务完成率114%。落实最严格的耕地保护制度，加强日常监管，以每10日1次督查通报，倒逼乡镇加快进度，5000亩非粮耕地改种粮食任务、完成6079.85亩，1.27万亩“非粮化”整治任务、已完成1.282万亩，任务完成率均达100%。全力抓好高标准农田项目建设，2017—2019年项目实现完工验收，2021年2.31万亩项目已全面开工，2022年0.8万亩项目已完成前期勘测和设计初稿。抓好“菜篮子”产品保供，稳定蔬菜生产，确保能繁母猪存栏量0.65万头以上，保护生猪产能，加强非洲猪瘟等重大动物疫病防控措施落实，力争畜禽粪污资源化利用整县制推进项目，预计争取中央资金2000万元以上。

【**特色产业发展**】2021年，注重激发项目引擎，新引进投资3000万元以上农业项目9个、乡村振兴项目3个，华统十万头生猪养殖项目建成投产，石梁镇种猪生态养殖场项目1号区块栏舍即将投产。紧抓品牌提升，成功承办2个茶叶国家级会议，新增“三品一标”绿色食品认证主体20家，产品30个，新启动天台山云雾茶农产品地理标志申报，天台乌药农产品地理标志已通过部级专家评审。积极培育黄精产业，成立黄精专班，组建黄精产业农合联，发布栽培、加工等2项地方技术标准规范，新增种植面积600余亩。

【数字农业建设】2021年，全方位夯实智治基础，积极争取试点，获省农业农村厅多跨应用场景首批试点5个、个数全省最多，始丰街道“未来乡村五化十场景”列入2022年度农村综合改革集成建设项目名单。全链条抓好农业数字化，获省级数字农业工厂试点4个、全市最多，2021年开始建设的2家省级数字牧场总投资额达5.5亿元。全域推进数字惠民，创新开发建设“民宿一件事”数字智慧应用场景、农安天台等平台，推广运行农村集体“三资”管理系统，努力为民提供一条龙掌上便民服务。

【巩固拓展脱贫攻坚成果】2021年，深化“扩中”“提低”改革，实施村级抱团物业项目5个、农民持股项目6个，覆盖行政村300余个、农户1600余户，每年累计分红给农户20余万元、每村3万元以上，推动村与农户稳定增收，并新增省低收入农户同步现代化试点项目，总投资3800万元。依托入选全市唯一的省低收入农户帮促数字化应用第一批扩面地区契机，为全县6552户低收入农户逐一赋码，推动结对干部及时帮扶、农户诉求“一码通办”。

【农民增收】2021年，努力壮大农业经营主体，发展农业龙头企业88家，新培育市级规范化家庭农场和合作社20家。努力做好乡村经营文章，党员干部带头线上直播，带货农产品、农家乐，推动农家乐破冰回春，接待游客413.55万人次，营业收入3.53亿元。2021年，农村居民人均可支配收入28909元，增速9.6%，人均可支配收入居全市第五。

【集体经济薄弱村消除】2021年，集中各方资源，实施飞地抱团、产业兴村等措施，不断增强村级集体经济“造血”功能和发展活力。全县共有374个村，2021年全县集体经济总收入17206.66万元，经营性收入8925.65万元，其中村集体经济年总收入1500万元以上1个，500万～1000万元1个，100万～500万元21个，50万～100万元52个，30万～50万元109个，均达到总收入20万以上且经营性收入10万以上；坦头消薄园项目、天台一路桥飞地项目、人民西路商业街商铺项目、中农批商铺项目首年分红已拨付到位，累计1118.5万元。

【人居环境整治】2021年，实施新一轮农村人居环境整治提升五年计划，建设省级星级公厕35座、省级示范公厕3座，农村生活垃圾处理村覆盖率达90%以上，创成2个省级高标准垃圾分类示范村、6个市级垃圾分类“三化”示范村。

【美丽乡村提档升级】2021年，制订美丽乡村片区化组团发展三年实施计划，围绕高铁沿线、景区周边等区块积极建设美丽乡村项目，

2019—2021年累计投入片区化项目资金1.05亿元，项目建设226个。3个村列入省级休闲乡村创建，泳溪知青古道和龙溪寒山研学2条乡村旅游精品线被列为省100条休闲农业和乡村旅游精品线，御清斋食品有限公司获省首届美食大会技艺大赛金奖。

（农业农村局）

种植业

【粮食种植】2021年，全县耕地面积28.06万亩、粮食生产功能区8.23万亩，新增高标准农田2.31万亩。全年完成粮食播种面积17.61万亩，完成率达108.24%，其中种植小麦37202.46亩、8408.3吨，面积增加值为15000.74亩，增幅达57.57%；花麦、大麦等其他谷物258.6亩、59.4吨；蚕豌豆等3234.07亩、579.56吨，面积增加值为392.9亩，增幅达13.83%；马铃薯8738.34亩、2141.54吨，面积增加值为3527.21亩，增幅达67.69%；早稻1367亩、0.058万吨。2021年，农业产值为16.32亿元，其中粮食作物为1.35亿元，油类0.11亿元，药材类2.5亿元，蔬菜3.67亿元，花卉园艺0.46亿元，茶、桑、水果、坚果8.1亿元。

【植物保护】2021年，遵循“预防为主，综合防治”方针和“公共植保、绿色植保”理念，以抓好农作物重大病虫害防控与实施“农药减量”工作为重点，认真做好病虫测报、病虫情报发布、植保技术培训等基础工作，深入实施农药减量控害增效工程，开展省级绿色防控示范区建设，积极引进、试验和示范推广植保新技术、新农药，有效减少化学农药使用量，保障粮食丰收、农产品质量安全和农业生态安全。2021年，全县实施农药减量控害增效工程面积19.1万亩，农作物病虫害统防统治服务面积10.6万亩，绿色防控面积13.1万亩，创建省级绿色防控示范区2个，认定县级示范性统防统治服务组织3家，农药使用量比2020年减少2.4吨。

【高产创建】2021年，按照“高产、优质、高效、生态、安全”要求，每年推介发布农作物主导品种和主推新技术，重点推广甬优、浙优和春优系列等主导品种，促进农业高质量发展。2021年，推广中早39品种0.13万亩、甬优1540作单季2.1万亩，浙优18品种1.8万亩，水稻主导品种面积7.15万亩、覆盖率达73.4%。全县主导品种和主推技术入户率和到位率均达95%以上。组织开展省级水稻绿色高产高效创建，在平桥镇、坦头镇、街头镇、白鹤镇落实7个单季晚稻千亩示范片，合计7993亩，每个千亩示范片内设立2个百亩核心区，共14个百亩核心区，面积1508亩，同时在平桥镇建设百亩高产攻关示范方2个。

【种子】2021年，做好种子质量抽检工作，检测以“两杂”为主品种26个，其中水稻20个、玉米6个，种子发芽率检测26批次，代表种子数量6.5万公斤，合格率100%。做好粮食作物新品种试验、展示工作，开展2020—2021年度小麦品种区域试验和生产试验，完成12个品种小麦区域试验，4个品种的生产试验，并按试验要求做好各生长阶段的管理、考查和数据记载等工作；成功完成2021年国家南方水稻区长江中下游中籼迟熟组生产试验；开展水稻新品种展示、示范工作，落实完成29个水稻新品种展示和5个水稻新品种百亩示范，筛选出适合天台县种植的高产高抗优质水稻新品种。

【**土肥工作**】2021年，按照测土配方施肥技术要求开展免费服务，统筹利用国家、省、市各级耕地质量监测结果，及时将耕地质量检测数据通过“互联网＋”方式服务生产主体，2021年已完成土样采集和样品检测150个。开展肥料田间试验，发布《天台县主要农作物肥料配方施肥方案》，方案涵盖农作物11种，推荐配方13个，并制作测土配方施肥推广牌50份，分区施肥建议图、施肥方案75份，水稻建议卡334份，小麦施肥建议卡217份，茶叶施肥建议卡4份，油菜和葡萄施肥建议卡各1份，鼓励和引导种植主体“按方施肥”，实现按方施肥面积有大突破。强化技术培训指导，指导规模经营主体应用“浙样施”智能平台，同时实行平台预警功能，倒逼规模经营主体提升实施化肥定额制水平。

（农业农村局）

畜牧业

【**畜牧养殖**】2021年，全县畜牧业产值7.85亿元，同比增长4.67%；渔业产值6114万元，同比增长2.3%。其中，生猪存栏7.78万头、母猪存栏1.32万头、生猪出栏13.13万头，同比分别增长16.52%、116.87%、50.01%；家禽存栏200.21万羽，全年出栏715万羽，同比增长2.14%；肉类供应量2.05万吨，同比增长24.77%；蛋禽总产量6150吨，同比增长0.82%；蜂蜜产量920吨，同比增长15%。2021年，成功创建省级屠宰企业标准化示范场，成功通过渔业转型发展先行区项目试点县项目验收，天台县生猪保供工作成绩获全省先进集体称号，被列入省农业农村厅多跨应用场景第一批“先行先试”单位名单，并受到省里书面表扬，种质资源普查、兽药饲料“两化”工作得到省市充分肯定。

【**经营规模**】2021年，天台县有规模养猪场110家，生猪存栏8.66万头，养牛场6家，养羊场20家，蛋鸡养殖场4家，肉鸡养殖170余家，产业发展态势良好。

【**畜禽遗传资源普查**】2021年，天台畜牧业历史悠久，拥有丰富的畜禽遗传资源，为有效保障资源不灭失，组织开展第三次全国畜禽遗传资源普查，成立普查工作小组3个，设立村联络员395名，负责每个行政村的引领工作组织培训普查相关工作人员160余人次；积极向上争取县财政资金30余万元，保障普查工作的后勤以及普查人员的切身利益；加大宣传力度，邀请县电视台和天台报对普查工作进行采访报道，印发放宣传品5000余份，极大提高了普查工作知晓率；创新使用“今日水印相机”，准确记录普查时间、地点等，印制普查工作簿，规范登记格式，已普查完成行政村150个，约3000户，照片存档6100余张。

【项目建设】2021年，积极争取省级畜牧产业项目8个、奖补资金共计1791.78万元。其中，已进入实施阶段项目6个，总投资额为578万元，分别为畜禽粪污资源化利用项目（4个）、浙江益众农业仰天湖肉鸡养殖场项目、天台县石华畜禽养殖有限公司养猪场扩建项目；计划实施项目2个，总投资额为437万元，分别为浙江益众农业家禽产业集聚区项目、天台康绿家庭农场有限公司家禽产业集聚区项目。落实累计投资总额3.8亿元的天台华统牧业现代化生猪养殖项目，12月底完成竣工验收。

【疫病防控】2021年，开展春季秋季重大动物疫病集中免疫行动，共集中免疫猪口蹄疫5.46万头次、猪瘟5.11万头次、高致性猪蓝耳病3.07万头次、牛口蹄疫0.54万头次、羊口蹄疫1.12万头次、羊小反刍兽疫0.78万头次、犬狂犬病1.7万只、高致性禽流感379.89万只次。开展秋季集中监测行动，共采集猪样品150份、禽样品345份、羊样品300份，监测口蹄疫150份次、猪瘟115份次、猪蓝耳60份次、禽流感H7亚型344份次、禽流感H5亚型465份次、羊小反刍兽疫35份次、布鲁氏菌病300份次。

（农业农村局）

水　利

【概况】2021年，天台水利局承办台州市2021年第一次重大水利项目建设现场会；台州市委、市政府授予天台水利局为台州市防洪排涝补短板建设突出贡献集体；荣获市对县“十三五”期末实行最严格水资源管理制度考核优秀等次；获2019年以来行政执法工作质效评议评分优秀；6个示范项目被评为全省农业水价综合改革“五个一百”优秀典型案例；完成始丰溪平街段、雷马溪、崔岙溪3条省级美丽河湖创建；成功纳入浙江省水利厅、浙江省财政厅2022年幸福河湖建设试点县名单，为台州市唯一；台州市椒江治理工程（天台始丰溪段）代表天台接受国务院农民工工资考核组核查，荣获工作考核第一名，顺利通过“国考”；成功创建天台县县域国家级节水型社会；全国首创以“水和合指数”来综合反映县域水生态的健康状况；水系连通及水美乡村建设试点县的水生态价值实现路径，获水利部副部长批示肯定；获批省部级改革试点县1个（全省唯一），市厅级改革试点县2个；市厅级数改试点县2个；获上级补助资金25959万元。

【项目建设】2021年，计划建设水利项目151个，计划总投资5.7亿元，完成率100%，获中央补助资金8670万元，省补助资金1.73亿元。始丰溪综合治理项目完成近一半工程量，完成投资4.24亿元，超额完成任务。水库除险加固及山塘综合整治项目，完工9座，完成山塘综合整治17座，完工率100%；完成山塘安全评估163座，完成率112%；完成12座美丽村塘创建；完成12座美丽山塘创建。河道水利救灾项目共8处，完成率100%。

【改革和试点】2021年，获批改革试点5个，其中省部级1个，市厅级4个，分别为2021年国家水系连通及水美乡村建设试点县、天台县“水域保护”多跨应用场景试点项目、水利行业强监管改革试点县、水旱灾害防御数字化样板、天台县主要河库水生态监测及健康评价体系构建。其中，水利部水系连通和水美乡村建设试点县项目，为浙江省唯一，获配套资金1.6亿元，2021年到位资金1.4亿元，完成投资额1.44亿元。天台县“水域保护”多跨应用场景试点，11月22日上架浙政钉，12月5日上架台州市数改门户。天台县主要河库水生态监测及健康评价体系构建，获浙江省“五水共治”公众号、《台州日报》头版报道。

【监督管理】2021年，参与质量监督检查98人次，参与安全生产检查178人次，出具质量监督意见14条。组织开展节约用水专项检查23次（其中双随机检查3次），完成26件水土保持方案审批，开展在建生产建设项目水保监督检查142次，完成水土保持措施专项验收14个。

【民生实事】2021年，水利民生实事省考核任务全部完成，其中4项超额完成。34个水文测站改造项目，8月底完成考核任务，走在全省前列。7座病险水库除险加固、13千米干堤加固加固、1千米中小河流综合整治等全面完成。病险山塘整治完成5座，超额完成1座；村塘池塘整治完成12个，超额完成2座；省级美丽河湖创建完成3条，超额完成1条；建成水美乡镇3个，超额完成2个。

【党史学习教育】2021年，拍摄“一条溪，一群人，一首歌”视频快闪，开展“红色精神耀天台”理论研讨活动，撰写的理论文章，成功入选《红色精神耀天台》论文集；向省市县各级报送学党史为民办实事的有关经验做法，刊登《中国水利报》7篇，《台州日报》3篇，国家级重点网站中新网1篇等。

（水利局）

水库管理

【雨水调度】2021年，里石门水库总降雨量2036.9毫米，比多年平均值增加22%，干涝分明，降雨集中在5月至8月。1月天气干旱，降雨量偏少，水库全力抗旱保供水。2月中旬后水库才有降雨，旱情有所缓解。3、4月降雨与常年平均基本持平。其中5月份受春雨影响，降雨量344.6毫米，超5月历史最大值，比多年平均雨量增加112%。6月份降雨383.5毫米，比多年平均雨量增加56%。梅雨期总降雨量313.9毫米。7月份受台风“烟花”的影响及雷阵雨天气局部暴雨的影响，水库库区平均面雨量373.9毫米，比多年平均雨量增加98%。8月份受雷阵雨影响，局部降雨较大，比多年平均雨量增加40%；9月至12月降雨量与常年接近。水库累计入库径流量34788.4万米^3，比多年平均入库径流量增加12.5%。水库年初水位167.77米，年末水位168.66米，水库水位最高为177.15米（8月1日11时），库容12874万米^3；最低水位为166.52米（2月10日3时），库容6979万米^3。2021年受春雨、雷阵雨天气及台风的影响，水库流域形成五场洪水，共拦蓄洪水7870万米^3，泄洪5次，泄洪水量5764.4万米^3。

【水资源利用及管理】从2021年4月24日渠道开始进水到10月19日停水，渠道总进水

8743.59 万米^3，其中灌溉用水 4042.62 万米^3，发电用水 3140.39 万米^3，生态用水 1560.58 万米^3，安全运行天数 180 天。北干渠经受了 2021 年 8 月短时强降雨的严峻考验，街头段灌溉渠秒变排洪渠，确保了沿线群众的生命财产安全。深入田头实地走访和电话联系种粮大户，对灌区农作物种植结构、种粮大户种植计划进行提前做好基础摸排，共电话征询 317 次，实地走访种粮大户 196 人次，灌区农户 270 余人次。

【工程建设】2021 年，总投资 2.23 亿元的天台县里石门水库中型灌区续建配套与节水改造项目，已经完成总体方案编制，进入水利厅 2023 项目库，等待上级遴选。投入预算资金 100 万元，完成北干渠年度维修养护项目；投入资金 100 万元，完成 8 月局部强暴雨后北干渠抢险修复项目。桐柏岭脚村北干渠渠段防渗加固工程（合同价 209.56 万元）、红旗渡槽保护工程（合同价 141.56 万元）已完成招投标和签订施工合同、监理合同，工程现进入施工阶段。投入预算资金 100 万元完成里石门水库大坝年度维修养护项目；投入 39.6 万元完成里石门水库大坝溢洪道弧门卷扬启闭机应急装置采购安装工作；投入预算修缮资金 17.1 万元，完成里石门水库大坝安防监控中心升级改造工作。

【党史学习教育活动】2021 年，以“深化‘三服务’对标勇争先”讨论实践活动为载体，结合党史学习教育，开展“弘扬里石门垦荒精神，争做新时代孺子牛”等系列活动，完成里石门水库爱国主义教育基地二期工程建设，共接待学习参观 50 批次、2000 余人次。《浙江里石门水库：使命在肩，汛来有我》登上《中国水利报》头版。

（里石门水库事务中心）

农业园区建设

【省级现代农业园区】2021 年，园区围绕“规划布局美、产业融合深、主体活力强、绿色体系全、质量品牌优、科技服务精、体制机制新、综合效益好”等八个方面的目标，大力实施“天台大农场”建设，不断推进现代农业高质量发展，完成了省级现代农业园区创建工作。2021 年 5 月，被省粮食安全和推进农业现代化领导小组农业“两区”办公室认定为省级现代农业园区。

【农村产业融合发展示范园创建】2021 年，省级农村产业融合发展示范园位于平桥镇，总面积约 2.38 万亩，其中核心区面积 4140 亩，构建“一心、二区、四片”的示范园格局。以“科技赋能、产业升级、绿色循环、共同富裕”为思路，创建内部融合型农村产业融合发展示范园，创建期内共计划新建、续建项目 22 个，新增投资 5.75 亿元。2021 年 7 月列入第三批省级农业产业融合发展示范创建名单。

【数字农业园区】2021 年，园区以省级科技园区创建为抓手，不断开展科技平台、科技推广应用、科技型企业培育等建设。园区有数字农业应用企业 7 家，2021 年 12 月，里田农业数字工厂和旺旺野生植物数字农业工厂被省农业农村厅列入第一批数字农业工厂。

（农业园区）

气 象

【气象业务建设】2021年，推进观测站网升级改造，优化站网布局、加密多要素监测站点布设，新建中尺度站18个，升级12个，完成飞鹤站的迁建和2个全天空仪的安装工作。本地化气象服务平台“云上天台”顺利投入使用。推进数字化改革应用场景——“天气罗盘”本地化项目；升级气象信息一体化发布平台；改造网络信息安全平台，将本地的LED发布平台和云上天台服务平台集约到市局，全面保障信息安全。

【重要天气过程气象服务】2021年，在梅汛期、台汛期期间及春运等重要节假日、重大活动、农事关键期，共启动应急响应14次，发布气象服务材料194期，气象灾害预警信号260次；预警短信120条（接收人数约276.9万人次），发送天气提醒等服务短信约138.3万人次。联合外部门发布地质灾害、山洪等气象风险预警67次。通过显示屏、农村预警大喇叭、微信公众平台、新浪微博等渠道发布气象信息4236次。做好“6·13”混水溪山洪救援行动精准气象服务保障，使23名被困人员顺利脱险，

【防灾减灾体系建设】2021年，完成省级气象防灾减灾标准化村建设48个。开展气象防灾减灾知识培训会5期，气象科普宣传活动8场。完成天台县气象灾害综合风险普查工作，开展灾情调查3次，收集有效灾情700余条。全省首个强降雨综合保险指数落地台州，保额500万元。

【乡村振兴及生态气象服务】2021年，推动石梁镇成功申报“浙江省气候康养乡村”。开展生态气象品牌提升宣传，“天然氧吧天台山”品牌宣传登陆浙江卫视《天气向导》，以及央视《天气预报》栏目。加强景区生态旅游气象监测服务能力，完成5套负氧离子站点建设。加大生态环境气象保障力度，积极开展人工增雨作业10次，烟炉作业4次，燃烧烟条9根，火箭弹作业6次，发射火箭弹31枚，缓解旱情的同时促进气候生态环境改善。

【“最多跑一次”改革】2021年，完善气象行政执法三项制度，强化气象社会管理，推动县政府发文公布2021年度气象灾害防御重点单位，明确乡镇、街道对辖区内气象灾害防御重点单位履行监管职责，推进气象“互联网+监管”，实现防雷安全检查全程“掌上执法”，对26家防雷安全重点单位全覆盖检查。

【年度气候】2021年度年平均气温18.4℃，比历年同期平均偏高1.4℃；年极端最高气温38.2℃，出现在7月7日；年极端最低气温-7.4℃，出现在1月9日。年总降水量1707.2毫米，比历年平均偏多21%。年总日照时数1891.2小时，比历年平均偏多8%。

【年均气温】2021年，大台县平均气温18.4℃，继2020年（18.3℃）破历史纪录后再创新高。1月31日天台县进入气象学意义上的春季，比常年提前38天，为有气象记录以来开春最早年份；2月气温异常偏高，比常年同期偏高4.8℃；5月7日入夏，比常年提前

17天；10月13日入秋，较常年偏晚17天；夏季持续159天，为历年最长；入冬时间为12月1日，较常年偏晚3天。

【极端低温】2021年，年初跨年寒潮和强冷空气先后影响，带来阶段性低温冰冻天气。1月上旬天台县最低气温：城区-7℃左右，山区-13℃左右；全县气温最低为石梁镇华顶-15.8℃（1月8日）。低温雨雪冰冻造成山区封路，部分客运班线停运，部分农作物受冻减产。

【冬春干旱】2020年秋季以来，天台县持续干旱少雨，2020年9月21日至2021年2月9日降雨量48.9毫米，较常年同期偏少8成以上，刷新有记录以来历史同期最少雨量纪录。空气干燥、土壤墒情持续走低，各乡镇出现不同程度旱情。

【人工增雨】2021年2月10日早晨在街头镇里石门水库开展人工增雨火箭弹作业，发射4枚火箭弹，并在龙溪天柱大雷山林场开展烟炉作业，燃烧两根烟条。在暖湿气流和人工增雨措施的共同作用下，2月10日（腊月廿九）08时至11日（除夕）20时，全县出现大到暴雨，平均雨量达48.6毫米，其中龙溪乡天柱林场70.7毫米，街头镇里石门库区56.8毫米。明显缓解了气象干旱，对农林业生产、森林火险缓解及水库蓄水也起到积极作用。

【5月中下旬连续强降水】2021年5月中下旬受冷暖气流频繁交汇影响，天台县出现连续强降雨天气，5月11日至14日，17日至21日期间天台县连续出现中雨及以上降水过程，过程累计雨量235.6毫米，突破历史同期极值，为常年同期6.1倍，地质灾害气象风险高，山区出现滑坡、道路塌方等地质灾害。

【梅汛期暴雨】2021年6月10日天台县入梅，7月5日出梅，其间局地短时暴雨频发，累计雨量227.7毫米。6月12日的午后到13日受梅雨带和副高边缘不稳定能量共同影响，天台县普降大到暴雨，局部大暴雨。梅汛期间对流天气频发，短时强降水、雷雨大风等强对流天气经常出现，2021年梅汛期期间县气象局共发布气象类预警信号40期。

【台风“烟花”】2021年第6号台风“烟花”于7月18日02时在西北太平洋洋面上生成，25日12时30分于舟山普陀区登陆（台风级），登陆时中心附近最大风力13级（38米/秒）。“烟花”个头大、移动慢，给天台县带来长时间风雨影响。7月22日8时—28日20时过程面雨量270.3毫米，最大为石梁镇龙皇堂610.4毫米；高海拔山区出现10～11级大风。暴雨和强风造成天台县部分城镇内涝、交通阻断，部分果树倾倒和落果。

【强对流及暴雨】2021年8月9日至17日期间受高空槽、西南季风和低涡切变线影响，连续9天出现午后强降雨过程，全县面雨量186.8毫米，创下50年来同期雨量最多纪录（2019、2009和2004年台风影响除外）。降雨时段主要集中在每天的下午到夜里，以14时到20时强降雨最为集中。洪畴镇东安隐小时雨强突破100毫米，短时突发强降雨造成天台县多地出现城市内涝、山区道路塌方，影响居民出行。气象部门发布各类气象灾害预警信号34条，其中暴雨红色预警信号2条，发布频次和预警级别均为21世纪最多最高。

【台风“灿都”】2021年第14号台风“灿都”于9月13日08时经天台县同纬度后北上移到长江口附近，在海上迂回打转后向东北方向而去。受其外围环流与高空槽的共同影响，全县过程面雨量95.6毫米，最大石梁镇华顶231.1毫米。11—15日天台县高山地区出现8～10级大风，最大风力出现在石梁镇华顶24.9米/秒（10级）。

【拉尼娜与秋冬寒潮】2021年，赤道太平洋于2021年10月进入拉尼娜状态，有利于中高纬度冷空气南下，11月上旬开始有寒潮来袭。11—12月天台县共有3次寒潮天气和2次强冷空气过程。11月7—9日全县平均气温下降11.5℃，高山区出现9～10级偏北大风。11月21—23日全县平均气温降幅达8.3℃；高山区均出现8～10级偏北大风。12月24—27日的日平均气温降幅达12.1℃，高山区出现7～10级偏北大风；天台华顶出现降雪，雪深2厘米。

【气候对农业影响】2021年，跨年强寒潮和1月前期强冷空气接连影响，低温、大风等对农业影响严重，天台县农作物受灾比较严重：西蓝花除已成熟采摘大多处于现蕾至花球发育阶段，两次冷空气过程后有40%以上的西兰花遭受到了不同程度的冻害；低温导致枇杷花和幼果不同程度受冻，对后期产量影响较大；低温与干旱的共同作用下，柑橘叶片卷曲枯萎部分落叶，影响树势，未采摘的柑橘果实受冻较重，损失较大；单层大棚膜的草莓花受冻发黑，部分番茄、甜瓜受冻；大白菜、芥菜、蒿菜等露地蔬菜受冻较严重；2月温度回升，天气转暖，在人工增雨措施辅助下前期干旱有所缓解，气象条件有利于作物生长，柑橘修剪病弱枝，恢复生长；乌牛早茶等陆续开采，早茶的芽头鲜嫩肥壮，品质不低往年。春季整体气温偏高，降水过程多，整体气象条件尚可：3月3日、23日山区出现低温，部分茶叶有轻微霜冻；4月上旬天台县受冷空气影响早稻直播有所推迟，柑橘春梢生长受影响，部分橘树新叶翻卷；4月中旬、5月中、下旬出现连续阴雨天气，柑橘、草莓、小麦、油菜、杨梅等均有轻微影响。夏季受梅雨、“烟花”台风、强对流天气影响：7月下旬大部分早稻因尚未成熟无法在“烟花”台风影响前提前抢收，出现大面积倒伏，台风影响后，早稻倒伏情况严重，倒伏后的早稻因后期无持续晴好的天气，倒伏水稻抢收困难，出现稻穗发芽现象，同时受台风影响，部分果树倾倒和落果；夏季雨量、雨日偏多，水稻、蔬菜病虫害现象较多，柑橘出现少量裂果。秋季整体气温偏高，雨日降水偏多，受到两次台风影响和两次寒潮影响，整体上对秋季农作物收获影响不大。晚稻生育期内整体生长发育正常，“灿都”台风对单季稻影响不大，10月上中旬连续阴雨天气同时气温异常偏高，出现倒伏和稻穗穗上发芽情况，11月多晴天，晚稻收晒工作正常开展完成。柑橘方面，本地早2021年小果较多，糖度略低但可食率较高；因预报提醒及时和农民防护到位，季内“灿都”台风、寒潮对柑橘整体影响不大；另外，2021年天台县温州蜜柑、露地红美人等品种黑点病严重发生，外观不佳一定程度上影响销售。

2021年年初冻害、“烟花”台风、春秋季节阴雨等影响，气候条件对农业生产弊大于利。

【气候对水利影响】2020年秋季起的干旱情况持续发展，1月雨量偏少，江河、水库水位持续下降。2月多轮人工增雨措施干预下，雨水增多，江河、水库水位下降趋势减缓，干旱情况有一定程度的缓和。春季雨水逐渐增多，干旱情况逐渐解除，其中5月降水集中，江河、水库水位迅速升高。夏季降雨量总体偏多，6月梅雨降水集中期，江河、水库水位有所增长；7月上中旬降水较少，同时为预防“烟花”降水影响，部分水库预泄，江河、水库水位有所下降，后受下旬“烟花”台风降水影响，大、中型水库蓄水总量上升。8月下旬转多云天气，雨量减少。秋季整体降水略偏多，且各月降水分布较平均，水库蓄水总量稳步上升。

【气候对交通影响】2021年于交通而言不利天气条件较少，但年初寒潮、“烟花”台风、暴雨次生灾害等，仍不同程度影响了交通出行。强降雨造成天台多地城乡积涝、道路塌方、交通受阻，其中6月12日、7月30日及8月4日、11日、16日、25日短时强降雨造成天台县山区多处出现塌方落石，影响交通。

【气候对旅游影响】2021年4月3日至5日清明假期期间，除3日上午出现较明显降水外，其余时段以多云天气为主，适宜旅游，各大景区游客数量较2020年同期都有较大增长，天台县接待游客数量较大为15.3万人次。5月1日至5日的“五一”假期期间，先晴后雨，气温宜人适宜旅游。夏季高温日数偏少，整体体感较舒适。端午节期间，天台各地献上精彩纷呈的文旅活动，虽有降水影响，人们出游热情依然十分高涨。中秋节三天假期：迎来假日出游小高峰，乡村游、短线游、亲子游、自驾游较受欢迎。十一国庆期间：天气先晴后雨，气温温暖，游客出游热情高涨，各大景点流量持续攀升，天台山景区游客接待量超过10万人次。

（气象局）

商贸服务业

商贸粮食和外贸

【**概况**】2021年，是开启全面建设社会主义现代化国家新征程、向第二个百年目标进军的第一年，也是“十四五”规划的开启之年，商务局坚持“两保两新一强”的总体工作思路，主要经济指标持续保持增长。2021年，全县限上社会消费品零售额同比增长35.1%，增幅居全市第2。限上批发增长40.61%，增幅全市第5；限上零售增长35.3%，增幅全市第2，全县实现网络零售总额290.94亿元，居全市第一，全省20。全年外贸出口总额72.7亿元，同比增长30.3%，居全市第四。

【**国内贸易**】2021年限上社会消费品零售额同比增长35.1%，增幅全市第二。限上批发增长40.61%，增幅全市第五；限上零售增长35.3%，增幅全市第二。完成《天台县城市商业网点建设布局规划》等3个专项规划，政府发放300万元开展汽车促消费活动，推进大型商超开展“浙里来消费”各类促消费活动30场次以上，有力促进全县居民消费回升。全市第一家审批汽车回收恒源公司，顺利完成中央交办环保信访件。扎实推进企业分转子，长期难以实现的国大雷迪森酒店和大体量的星野酒店注册子公司并纳统，引进回归的智链供应链实现批发业销售达5.2亿元，已经新增月度纳统企业8家。现代综合汽车城项目获得县项目谋划擂台赛二等奖，天台拾得农业科技获2021年度浙江省农产品供应链体系建设项目。扎实推进疫情防控，全员发动走访1600多家小商店小美发等主体，动员大型超市主动歇业整改6家次，市督查27次涉该局问题仅3次。全面落实安全责任，检查商超等135家次、加油站156家次，处理预付卡投诉149件，有力维护社会稳定。

【**外贸外经**】2021年全县外贸出口总额72.7亿元，同比增长30.3%，全市第四。圣达药业获AEO海关高级认证，在全市仅17家，奥锐特药业成为浙江出口名牌企业。积极应对出口企业物流等难题，两次出台外贸物流保障工作意见，邀请省邮政公司到天台召开物流专题对接会，组织开展外商事法律培训，动态监测20家重点企业清单，分析200余家有实绩企业动态，全力以赴稳定外贸基本盘。出台《关于支持天台县市场采购贸易方式出口的若干意见》，完成市场采购报关4.5亿元。顺利组织12家企业参加130届线下广交会，组织26家企业参加第四届进博会，完成意向采购额860万美元，组织企业参加各类云展会100余场次。

组织银轮等8家企业参加重点国别投资对接会4场次，指导大自然等对外投资450万美元，办理越南工厂增资340万美元。帮助明筑海外并购项目顺利完成交割，完成实际投资110万美元，平安邀请4位境外人员到天台工作。

【电子商务】 2021年，县汽车用品工艺品产业集群跨境电商试点入围2021年度产业集群示范类第二档，获专项激励资金300万元。浙江济公缘药业有限公司被浙江省商务厅评为2021年新零售示范企业；洪畴镇市集村、希董村和三合镇的山头洋村被评为省级示范村，全县共计17个示范邮政电商服务站被评为省级示范站点。不断完善国家电子商务进农村综合示范县工作方案，已到位资金1000万元。召开淘宝天猫天台产业带商家大型峰会，新增天猫商家304家。积极发挥跨境电商孵化体系作用，举办培训班3期，成功在各类跨境电商平台开店144家，实现9710、9810跨境电商备案企业38家，已完成跨境电商出口额为2.3亿元。“农货进城无忧，农享生活更优”城乡商贸双向流通项目入选浙江省商务领域共同富裕试点项目。

【粮食收储】 2021年，县“云米仓”平台的粮食应急供应数字化改革获省粮食局试点，“浙里粮安——应急保供”成功揭榜，入选首批由省数字政府“一地创新、全省共享”应用项目。共与全县292户种粮农户签订粮食订单18637吨，已经完308吨早稻、3537吨小麦和13134吨晚稻收购，足额完成2.68万吨粮食、75吨食用油、150吨冻猪肉储备，粮食丰产丰收基本定局。有效应对小麦收获季节的连续阴雨，收购1759吨霉变小麦，已作饲料用粮安全处置。成功化解近期因商务部要求居民储备一定生活必需品引发的购粮风波。粮油应急物资储备中心并联高效推进，5月底完成施工总包招标，6月18日取得项目施工许可证，水电等“三通一平”全面准备就绪。

（商务局）

供　销

【概况】 2021年，县供销社围绕“将供销合作社建设成为农民生产生活服务的综合平台”目标，深化综合改革，提升服务能力，被省供销社列为数字农合联试点、山区26县“供富大篷车”试点，获评“全省供销社信息工作先进单位”。

【数字化改革】 2021年，围绕农家乐 监督管理、办事办证部门、经营主体和游客的实际应用场景，开发建设数字农家乐智慧应用，包含农家乐审批、运营、游客旅游服务等三大业务场景十余个模块，被省供销社、省农合联执委会确定为全省数字农合联试点。

【“三位一体”农合联】 2021年，完成东、南、西、北四大片区农合联换届。组建天台县黄精产业农合联，吸收全县黄精产、供、销、服的农业生产经营主体31个，获县农商行授信1亿元。建成天台县农合联物流园现代农业综合服务中心。举办“科技兴农、云上春耕”、2021年天台山茶文化旅游节等活动7场。培训农户30

人、庄稼医生7人、评茶员13人、考评员3人。组织9家茶企参加“浙茶杯”红茶评比，获得“1金1银5优胜”。推广惠农保雇主责任险，投保面积8369.23亩，保额5600万元。

【流通保供】2021年，创建省供销社山区26县“供富大篷车”试点，聚焦偏远山区群众生产生活服务，开通“供富大篷车”，提供农产品进城、日用消费品和农资进村、其他农事服务下乡等服务。首站开进石梁镇集云村，设立5个服务点，1个供销普法超市，当日收购当地农户农产品0.75万公斤，并开展普法宣传、惠农助销、农技培训等服务。农汇通公司全年农产品配送额2157.93万元，服务63家企事业单位。认定“天台县农资规范经营示范店”35家，开展应急农资储备检查，确保全县应急农资储备量稳定在1161.35吨。举办“救农助农保丰收”活动，为38家受灾农业经营主体免费赠送复合肥54吨，价值20万元。

【资产管理】2021年，全面完成社有资产清产核资，收回房屋约415.22平方米、土地约1097平方米，解决财务挂账约6541万元，盘盈商标权3件，完成新、老大楼不动产产权登记。按规定完成3处房屋出（续）租，修缮房屋869平方米，追回投资收益20.38万元。设立天台县供销合作发展基金50万元，专门用于为农服务。

【供销社“三会”建设】2021年，规范监事会运行，制定监事会工作规则，充分发挥监事会内部监督职能，监督理事会重点工作开展情况，全年召开监事会会议3次。举办供销社集体资产监督管理工作业务培训，出台《天台县供销合作社联合社工程建设管理制度》等制度，强化对资产管理的监督。

【党建品牌】2021年，打造“服务‘三农’、绿色发展”党建品牌，建成供销文化走廊。机关党支部帮助柑朴园家庭农场抢收砂糖橘，助销10余万公斤。离退休党支部参与组建“银发助农党建联盟”，“茶叶帮扶团”服务茶企、茶农做法在市供销系统微党课比赛中获得第一名。

（供销社）

烟　草

【概况】2021年，共销售卷烟18068箱，实现毛利23897.40万元，共查获各类案件162起，涉案卷烟28937.5条，案值402.56万元，追刑人数合计15人。

【经营管理】2021年，经济运行稳健发展，营销模式创新升级。一是运行指标稳步增长。2021年，卷烟销售量同比增126.93箱，增幅0.71%；销售额8.51亿元，同比增3.73%，单箱销售额4.71万元，同比增3%；实现毛利增长889.45万元，同比增3.87%。二是品牌培育成效明显。优化品牌布局，定制品牌价稳量增，态势稳健。融入文化，由内而外打造定制品牌特色，深挖定制品牌背后的文化内涵，创意陈列，靓化定制品牌陈列，最大化挖掘展示区的价值，提高定制品牌知名度。三是终端建设推进扎实。贯彻落实终端软硬件全面升级，注重零售终端功能发挥，建成现代终端652家。推进城乡之间营销网络协调发展，通过实地走访开展农网盲点空白点摸底排查活动，统筹规划农网建设，以政策为导向，将现代终端延伸至广大的农村，改善农村网点购物环境。

【**专卖管理**】2021年，天台县净化卷烟市场环境，维护市场经营秩序。一是真烟监管不断强化。先后开展元春“双节”“百日行动”等专项行动，共查获真烟案件109起，更好发挥保驾护航作用。二是打假打私形成战果。查获假私烟案件72起，卷烟14152.2条；侦破国标三级网络案1个，涉案金额264.46万元；建立完善市县联动机制，成功破获3起专车运假案件，涉案卷烟13100条，案值167.56万元。三是政务服务提升质效。深入推进浙江政务网、浙里办网上办证，推动更多事项实现“掌上办”“网上办”“联动办”，满足群众办事需求，提高群众办事效率，网上申请率达99.7%，其中移动端办证率97.02%。

【**综合管理**】严格执行采购规范，最大限度融合企管与财务的监管职责，将精细化管理提升到新的高度。2021年完成6次招标，签署采购类合同10份。

【**队伍管理**】2021年，成立“青小天”工作室，出台配套评价标准，全面落实“项目+人才+激励”机制；把行业遴选、“上挂下派”作为员工的“试金石”，盘活人力资源。利用钉钉群“全员圈”，搭建“学文习廉”“廉情播报”“每周金句”“烟语话廉”“志愿服务”“喜报战报”六大平台，把典型案例录制成廉政语音小故事，丰富纪检学习有声文化阵地，选取案例拍摄了警示教育微视频。

（烟草专卖局天台分公司）

经济合作

【**概况**】2021年，全县累计新签约5亿元以上产业项目23个，签约总投资350亿元，落地率100%。其中，新开工达19个，同比增90%。制造业项目招引落地15个，占比达65.2%，其中总投资10亿元以上项目4个。重特大项目招引质量突出，市级认定的20亿元以上“532”项目7个，同比增长40%，其中全市单体最大项目总投资107.4亿元的天台抽水蓄能项目全面启动建设。在全市新一轮制造业“腾笼换鸟、凤凰涅槃”攻坚行动推进大会上作典型发言，制造业招商做法获得副市长陈挺晨的批示肯定。注册类项目3个，超额完成市定任务，最高入库额达7500万元。市对县招大引强考核排名全市第三再获优秀等次，实现“三连优”。

【**第五届天台商人大会暨新乡贤大会**】2021年4月2日下午，天台县召开第五届天台商人大会暨新乡贤大会，共有总部经济大楼等13个项目成功签约，总投资达100.4亿元，涉及智能制造、现代服务等多个领域。现场聘请40名招商大使和13名营商环境督察专员。

【**创新招商模式**】紧扣“齐上阵、抓招商”的要求，建立“一把手”领衔项目和勤务员机制，全县各重点单位主要领导各领衔盯引推进1个重大项目。每个单位都有招商引资工作任务，全员招商氛围浓厚，各部门、乡镇（街道）累计外出招商与本地接待客商近600次，促进潘得路、乔路铭等一批制造业项目签约以及双箭、艾普科、蓝德、鼎昌实业等项目的落地开工。10月，台州日报头版刊文《“一把手”领衔抓牢“重特大”天台：激发全县域“招大引强”》，点赞天台县“一把手”领衔招商模式。

【**优化营商环境**】2021年，创新构建招商项目奖励“高速通道”，按照《天台县招商选资奖励政策》对优质项目“提前”审核审定加快兑现，如三孚科技开工奖60万元、智能传动引荐奖50万元等。“小专班”破解机制、招商满意度调查等入选县营商环境优秀案例。创新推出“2021年天台县重点招商项目推介”系列，制作全新投资指南、新招商宣传片、推介PPT等，切实增强投资客商的兴趣和信心。

（投资促进中心）

金融·保险

金融业

【概况】2021年，县金融工作中心全力贯彻落实县委、县政府“上市优先”战略，推动金融助力共同富裕，守牢金融安全底线。2021年年末，全县人民币存贷款余额1204亿元，增速17.38%。保费收入共计10.26亿元。证券营业部总交易额2167.64亿元，总开户数98914户。截至12月底，全县共有15家银行、7家证券营业部、15家保险机构、2家小额贷款公司、2家融资性担保公司和10家上市公司。

【金融保障】2021年，金融组织体系不断完善，新认定2家人才支行（泰隆、浦发）、2家科技支行（工行、泰隆）。持续开展金融“三服务”活动，成立金融顾问团，发动银行机构选派金融指导员加强民营小微企业融资对接，全年银行机构累计走访对接企业6300多家次，新增贷款90.86亿元。信保基金开展融资担保2908笔、金额13.82亿元，在保余额12.92亿元，在保企业2812家。2家小贷公司共发放贷款1004笔，金额9.36亿元，在省级2020年度监管评级中均获优秀等级。2家融资性担保公司新增担保额8960万元，均为小微企业贷款担保，融资担保余额1.37亿元。

【上市赋能】2021年，全县新增上市2家（浙江自然、严牌股份），年内新增上市数居全市第一；全县上市公司总数突破10家，居全省26县第一、全市第二。新增直接融资6起，融资总额48.01亿元。制订推进企业对接多层次资本市场五年行动计划，加快企业上市高质量发展。“上市赋能团”现场对接服务企业近24家次。举办董秘交流、并购重组等上市沙龙活动2起，组织开展各类上市主题培训活动7场，累计参与企业94家次。

【金融环境】2021年，开展金融风险专项排查2次，排查机构142家；开展会商、约谈、处置16次，处置非法金融广告70余处。加大金融知识普及宣传力度，开展打击和防范经济犯罪等主题宣传活动4场，举行金融知识宣传进农村文化礼堂活动50场，参与群众达2000余人次；投放微信朋友圈金融公益广告，实现浏览量9万人次；在县电视台播放防范非法集资公益广告80余次。县农商银行获评台州市清廉金融建设示范点。

（金融工作中心）

中国人民银行天台县支行

【概况】2021年，天台县金融机构本外币存款余额578.03亿元，较上年同期增长70.81亿元，同比增长13.96%；本外币贷款余额638.33亿元，较上年同期增长110.42亿元，同比增长20.92%；余额存贷比110.43%，高于全市平均水平（96.71%）。不良贷款余额3.47亿元，不良率0.54%，较年初下降0.19个百分点。全年累计叙做跨境人民币结算业务14.32亿元。

【金融服务】2021年，制定天台县金融机构全员防范电信网络诈骗和跨境赌博宣传方案，开展“集中宣传月”活动、举办移动支付便民示范工程建设劳动和技能竞赛、检查银行网点老年人支付服务和应用适老化改造等情况，持续优化支付环境建设。提升经理国库水平，确保预算收纳、划分等业务高效便捷，为个人所得税退税开通绿色通道，推进横向联网跨省异地电子缴税业务和银行端查询缴款工作。以国债恢复发行40周年为契机，探索建立“养老金+国债”销售模式，推动国债精准营销。

【金融创新】2021年，围绕金融支持疫情防控和稳企业保就业工作要求，把支持实体经济放到突出位置。截至2021年年底，为辖区两家法人金融机构发放支农支小再贷款7.60亿元，全县办理普惠小微企业贷款延期58.80亿元，发放普惠小微企业信用贷款10.10亿元，累计撬动金融机构支持2万余家（次）市场主体。全县企业首贷累计发放1796户，贷款码扫码企业数2953家，企业融资支持率78.60%。探索金融支持碳达峰碳中和，首开全市企业落实碳中和政策绿色发展融资创富先例，签订全市第一笔企业碳排放配额抵押贷款500万元。

【金融管理】2021年，加强金融机构开业管理，2021年共受理核准3家新设或升级金融机构加入。做好非法人机构反洗钱分类分级工作，完成辖内11家银行、7家证券、4家保险机构分类评级。加强与公安等部门沟通协作，发挥打击经济犯罪整体作战优势。构建警银联动机制，协助公安阻截资金，提升紧急止付有效性。严格依据法律、法规和国务院的决定实施行政许可，2021年共办理行政许可业务629笔。

【信用建设】2021年，在天台坦头镇增设个人信用报告自助查询点，完成查询机覆盖天台县东、西乡以及新、老城区，大大提高征信便民服务质效。首次运用信用修复政策让破产企业重整再生走向正常经营，为解决其他困境企业通过正常法律途径走上新生发展提供有益借鉴。通过持续推进食安、农村信用体系建设，积极开展农村“三信”评定等措施，推进征信成果应用。建立企业经营情况监测机制、货币信贷政策实施效果监测机制，走访企业，推送、宣传专属和通用“服务码”，定期召开监测企业座谈会，向企业宣传经济金融形势、央行各项政策。

【外汇管理】2021年，深刻把握国际收支趋势性变化，开展汇率避险宣传培训，帮助企业适应汇率波动形势。协同县商务局、税务局、海关联络处为110余家外贸企业提供跨境电商外汇管理政策培训，助力企业转型跨境电商。组织建立银—企—汇三级外汇联络员队伍，开展外汇“暖心助企”活动。创新“订单E融”“退税贷”等外汇融资新产品应用，指导各银行让利外贸企业各类费用超320万元。通过区块链平台等核验功能，切实降低企业提交材料而带来的时间和脚底成本，推进科技赋能外汇业务办理便利化。

【行风建设】2021年，围绕“和合金融先锋”党建品牌，成立金融系统党建统筹联合机制，融合30家金融机构党建力量，开展组织联建、工作联促、队伍联抓、作风联建、活动联办和信息联通等“六联”工作。发挥金融团工委引领作用，在天台县金融系统开展青年文明号创建、青年岗位能手评选活动，激励金融系统青年奋发向上、创先争优。加强金融系统工会联合委员会思想引领，组织开展天台县金融系统“献礼建党百年华诞共展金融职工风采”红歌大赛等活动，营造庆祝建党100周年良好氛围。

【央行文化】2021年，以创建更高级别文明单位为目标，深入开展文明单位创建活动。充分利用座谈会、全行大会等契机宣传展示创建工作内容，营造浓厚创建氛围。紧紧贴合新时代基层央行“党建文化”“履职文化”“廉政文化”三大要素，在楼梯口、走廊过道悬挂宣传标语，构建全体干部职工精神文化阵地。加强组织领导，不断完善制度建设，及时更新硬件设施，整合线上线下资源，夯实节能发展意识等一系列工作举措，成功创建天台县县级公共机构节水型单位。

（人民银行）

中国工商银行股份有限公司天台支行

【概况】2021年以来，中国工商银行天台支行认真贯彻县委、县政府决策部署，围绕上级行工作要求，紧抓山区26县跨越式高质量发展契机，坚持服务实体经济，大力支持乡村振兴，践行共同富裕发展理念，以务实创新的态度提升金融服务质效，全面完成各项目标任务，并实现全年安全经营。截至2021年年底，该行本外币各项存款余额90.3亿元，较年初增14.81亿元；本外币各项贷款余额93.47亿元，较年初增18.34亿元；不良贷款余额486万元，比年初下降273万元，不良率降至0.05%。强化党建引领，推动政策落地；加大信贷投放，赋能县域建设；支持乡村振兴，践行共同富裕；合规稳健经营，守护金融秩序。

2021年，天台工行在各个领域屡创佳绩，不仅勇夺浙江工行县域支行竞争力评价第四名，还在台州工行系统内斩获一级支行经营绩效考评第二名、旺季竞赛优秀支行第一名，并在地方考评中连续两年获得“县级机关单位工作目标责任制考核优秀单位”、县人民银行“金融管理与服务综合评价A类行”等佳绩，交出了支行经营管理高质量发展的满意答卷。

【党史学习】2021年，该行以习近平新时代中国特色社会主义思想作指引，抓好五中、六中全会精神的宣讲和传导，全面部署党史学习教育工作，做好全行习近平总书记七一重要讲话学习，组织支部开展集中学和党员自主学，通过访红色基地、观红色电影、阅红色书籍，听红色党课，丰富党史教育活动形式，全面激活党组织活力，进一步加强党建对经营管理的助推能力。支行在台州工行系统内党史教育知识竞赛及天台县金融系统红歌赛中斩获佳绩。

【落实政策】2021 年，该行坚决贯彻落实党中央“六稳”“六保”决策部署，认真抓好省市分行重要会议精神的传达学习和重大工作决策的部署落实，积极践行服务实体，经济是本源理念。全年各项存款、贷款余额均突破“90 大关”，其中，大力支持“三农”工作，支行涉农贷款余额超 26 亿元；全力扶持制造业企业转型升级，制造业贷款余额超 10 亿元；加码普惠服务，服务小微企业、个体户，普惠贷款余额近 17 亿元，较年初新增 5.31 亿元；且连续两年获评“民企最满意银行”县级机构，以实际行动践行落实党中央政策。

【做好项目】2021 年，根据天台县人民政府与工行浙江省分行签订的共同富裕合作协议，在未来 5 年内预计新增等值人民币 200 亿元的意向授信，全力支持天台重大行动、重点工程、重大项目。2021 年，该行坚持以县委、县政府推进的重点项目为主要突破口，加强目标项目台账管理，落实专人对接跟踪，定期汇报项目进展，加强贷款营销操作全流程管理，积极向上级行争取政策支持。支行全年累计申报 9 个项目贷款，新增项目贷款逾 10 亿元，创历史新高。

【护航实体产业】2021 年，天台要实现跨越式高质量发展，企业是主力军，该行积极提升规上企业服务能力，由支行班子带队开展规上企业大走访活动，累计共走访企业 200 余户，深入了解企业的金融需求和经营规划。将信贷资源精准配置到实体经济重点领域，确保制造业贷款投放继续保持增长，制造业贷款较年初新增超亿元。主动转变个贷重点投放方向，优化结构，拓展经营性贷款市场，个人经营性贷款余额较年初增 4.85 亿元；积极推进普惠金融业务下沉网点，各网点开门办普惠，统筹用好 E 抵快贷、年审制续贷、经营快贷、网贷通等拳头产品，加强普惠金融信贷支持。

【“农户 e 贷”】2021 年，该行进一步转变经营理念，主动推动乡村振兴和自身经营发展融为一体。通过前期走访调研，将泳溪香米、三洲茶叶、石梁高山蔬菜等作为首批重点扶植产业，为种植户主动提供融资且利率相对优惠。截至 2021 年年底，共为 60 余名农户授信超 1200 万元，切实为种植户解决融资难题。

【GBC 联动与融资服务】2021 年，该行持续跟踪土地整治、高山移民、安置房、幸福产业的项目贷款，加快投放进度，已为两个下山移民项目提供综合授信 4.3 亿元，已发放 3.4 亿元用于安置房回购，为村民尽快入住提供有力资金支持。

【农村金融】2021 年，该行仅平桥一家集镇网点，支行在人力资源、财务、政策等方面予以倾斜，优先保障集镇网点金融服务能力。通过上门服务、客户经理走访、线上产品指导等方式，切实扩大该行在农村服务的覆盖面和辐射面。

【**提升服务**】2021 年，坚持日常制度执行，严守监管红线，严控信贷质量，不良率持续下降至 0.05%，保持系统及同业先进水平实现规稳健经营。坚持“客户至上”，开展岗位大练兵和服务竞赛，提升网点服务质效，辖内网点积极参与星级网点创建，城东支行完成重装开业，服务环境、服务规范和客户体验均得到提升。

【**普及金融知识**】2021 年，该行严格执行防范新型电信网络诈骗开户要求，开展各类金融法律法规知识进社区、进企业、进农村、进学校、进机关等普及宣传活动，协助当地公安机关、监管部门开展线上诈骗资金返还和反洗钱工作开展，获得县公安局肯定和表扬。

【**公益活动**】2021 年，组织全行员工开展“慈善一日捐”，共募集捐款 15000 元。与县红十字会签订“博爱•‘工’益行”项目，共捐赠人民币 25 万元；为泳溪学校 101 名“小候鸟们”送去棉校服，向全县教职工捐赠口罩 30 万只和防护服 200 件，贡献金融公益力量。

（中国工商银行天台支行）

中国农业银行股份有限公司天台县支行

【**概况**】2021 年，天台支行以普惠金融加速推进乡村共富，以奋发之力坚决破除业务梗阻，实现党建与业务经营同频共振。实现各项工作稳中有进。至年末，各项存款余额达 61.09 亿元，市场占比 28.48%，存款总量四行第二。各项贷款余额 94.81 亿元，比年初增 12.86 亿元，市场占比 33.15%，贷款总量四行第一，增量第二。

【**党建引领凝聚力量**】2021 年，党史学习有声有色。组织全体党员干部赴嘉兴南湖开展“追忆红船精神，启航奋斗征程”主题党日活动，开展“庆建党百年，聚团队力量”团队凝聚力培训，沉浸式学习党的光辉历史和丰功伟绩；举办“向党说说心里话”演讲比赛，开展“请党放心，强国有我”主题团日活动，分享党史学习教育心得，抒发爱党爱行之情；组织各基层党支部与企事业单位、联系村等开展“党建共建庆百年，携手迈向新征程”系列活动，开展“学党史，庆佳节，践使命”主题党日活动，充分发挥基层党组织的战斗堡垒作用，激励员工满怀信心迈向新征程。队伍建设有效提升。2021 年新提拔 6 名副股级干部，激发团队战斗力；开展专业条线后备库人才竞聘，为三大营销岗位提供人才保障；举办“扬青春之帆，向梦想出发”新员工入职仪式，带给新员工满满的仪式感；参加县金融系统“献礼建党百年华诞，共展金融职工风采”红歌大赛荣获一等奖。

【**乡村振兴卓有成效**】2021 年，一是聚焦重点项目，培育发展动能。结合“一项行动、七张清单”、美丽城镇建设等行动，将城市更新、拆迁安置、全域土地、旅游等作为重点支持领域，为天台山旅游集团、华统生猪养殖、垃圾焚烧、消薄园等项目共授信 34.38 亿元，发放贷款 17.78 亿元，为县公共基础建设注入金融活水。二是聚焦重点乡镇，延伸服务领域。聚焦白鹤、坦头、平桥三个重点强镇，以“信用红”网格化服务为载体，开展“银政”联合挂图作战，为创建村提供一揽子金融服务。积极支持乡村旅游，为后岸村及“后岸片区”提供信贷支持，吸引新华社、央广网、《钱江晚报》等10多家主流媒体专题调研采访。三是聚焦重点人员，提升服务质效。组建“深耕乡村”服务队、党员先锋队、青年突击队，通过走村入户、实地调研和召集村民大会等方式，了解农村金融需求，并以文化礼堂、老人协会等为阵地，开展“网点千场理财营销宣讲会”活动，送金融知识下乡，送金融产品进村。至年末，惠农e贷余额10.67亿元，净增2.35亿元，完成率117.5%，新签约行政村15个，与辖内163个村建立合作关系，合作面占全部行政村的43.4%。

【普惠金融扎实推进】2021年，深入推进“首贷专项行动”和“百行进万企”活动，全面梳理“首贷户”，走进工业园区、专业市场及商圈，逐户摸排走访，以“小微e贷”“抵押e贷”等产品为抓手，对接融资需求，深化三服务，扩大普惠金融服务覆盖面。全年中小微企业扩户94户，为企业提供信贷资金6.35亿元，其中普惠法人净增50户，普惠法人贷款净增11839万元。

【数字金融有序发展】2021年，积极推进“数字乡村”建设，有序对接惠农通、“三资”管理、农保等系统，与“掌银示范万村计划”结合起来，搭建农村自助金融服务生态。免费为事业单位、企业、学校等打造智慧食堂，与天台中心菜场、天台中农批达成战略合作，成功落地11个智慧食堂项目和1个智慧菜场项目，使群众真正享受到金融科技的便捷性。

【资产质量持续向好】2021年，不良资产清收处置工作成效显著。至年末，不良贷款余额1879万元，较年初下降1702万元，不良贷款率0.2%，较年初下降0.24个百分点。全年不良资产清收处置总额4627万元，完成率123%。

【管理基础有效夯实】2021年，内控管理不断加强。召开全行警示教育大会，以案示警、以案为鉴、以案促改，增强员工纪法敬畏意识，压制风险苗头。组织员工学习党规党纪、行规行纪，做到明规矩，知行止，筑牢合规理念，养成合规习惯。邀请公安反诈讲师到天台县支行开展防范电信网络诈骗知识培训，提升全行员工防范电信网络诈骗能力。员工关怀切实提升。着力建设坦头支行职工小家，以职工小家为阵地，紧密围绕中心工作，践行以人为本理念，实施人文关怀，开展多种多样的文体活动。提高乡镇网点补贴，为营业网点送清凉、送节日慰问，切实提高员工幸福指数。

（县农业银行）

中国银行股份有限公司天台县支行

【概况】2021年年末，中国银行股份有限公司天台支行在岗员工82人，内设综合管理部、公司金融部、个人数字金融部、营业部，下辖3个二级支行。截至2021年年末，该行各项本外币存款余额35.44亿元（贷存比口径），本外币贷款余额48.64亿元；全口径不良资产余额897万元，综合不良率为0.19%。

【**业务发展**】2021年，大力开展党支部规范化建设，培育“有坚强有力的领导班子、有本领过硬的骨干队伍、有严格规范的组织生活、有功能实用的党建阵地、有健全完善的制度机制、有群众满意的工作业绩”的“六有党支部”。推进教育常态化，坚持学习贯彻习近平新时代中国特色社会主义思想和党的十九届一中、二中、三中、四中、五中、六中全会精神，推进“两学一做”学习教育常态化制度化。出台“三会一课”考核制度，规范有关工作。开展“学党史、强信念、跟党走”学习教育及庆祝建党100周年主题教育活动，将主题教育向基层一线延伸和落实。在全行开展创建“学习型组织”活动，全年累计学习72次。组织开展党员政治生日活动，创建政治生日活动墙，提升党员身份意识和组织归属感。大力开展多种类型的主题实践活动，践行“我为群众办实事”，亮党员示范工程，引导党员亮承诺、见联动、出效果等，激励党员干部做榜样，争当全行高质量发展的排头兵。

【**企业文化建设**】2021年，在具体细节和具体行动上落实关爱员工。班子成员深入基层调研，将绩效考核、评优评先向一线员工倾斜；从工作实践中提取素材，对全行员工进行正面教育，以身边的先进事迹、榜样力量引导员工争当技术标兵和岗位能手；慰问生病人员以及困难党员，开展家访等，送去组织的关怀；建设职工小家（平桥支行职工小家被评为总行级模范职工小家）；对员工宿舍进行改造，为员工提供良好的住宿环境；丰富员工业余生活，组织各类活动，传递正能量。

【**员工队伍建设**】2021年，专注“创造价值”，加快人员的整合和岗位的轮动，推动能者上，庸者下的选人用人机制。专注“目标成效”，在实战中加强干部培养和储备，提升干部员工的市场竞争力。专注“沟通协调”，条线之间、网点一线与二线管理部门之间建立沟通和反馈机制，每月定期召开例会，主动沟通交流，换位多角度思考问题，创造更多价值。落实了关键岗位人员考核体系，提高业务拓展的积极性。

【**线上服务**】2021年，中国银行天台支行为支持普惠业务发展，提升普惠客户贷款便捷性，加大了线上产品的创新与推广，陆续推出了“中银企E贷——信用贷”“中银企E贷——银税贷”“中银企E贷——抵押贷”等线上信用贷款产品，大大提升了该行线上金融客户服能力和服务效率。截至2021年12月末，天台中行两增两控口径普惠金融贷款余额8.46亿元，比年初新增3.06亿元。

【**产品创新**】2021年，为适应疫情防控期间外贸客户对金融服务提出的要求，天台支行创新国际结算服务方式，将多项原线下服务搬到了线上，并进一步丰富了线上产品。同时通过客户线上培训加深与客户的合作关系，疫情防控期间帮助客户规避外汇风险。2021年，天台支行为天台当地多家企业办理境外放款、境外投资资本金汇出、低成本海外协议融资等，多渠道支持企业发展。2021年1—12月，天台中行贸易项下国际结算业务量为4.23亿美元，业务量同比增长23.13%，市场份额42.86%，居当地四大行首位。

【创新场景建设】2021年，天台中行将场景建设作为重要创新工作，以批量审批的形式支持小微企业主。推出对当地种植业个体工商户的个人信用贷款—种植贷，得到上级行的政策支持，成功批量服务当地多家小微企业。全力推进“普惠金融场景建设”，在持续完善和优化小微园区服务方案的同时结合当地支柱行业、特色产业、专业市行、行业龙头和地方政策，为特定中小企业定制场景融策略和服务方案。

【支持实体经济】2021年，天台中行积极贯彻执行县委、县政府号召，不断完善“目标责任考核”机制，围绕全县产业发展方向，不断走访招商局、园区、发改委、科技局、经信局等单位，结合规上企业名单、科技型企业、上市及拟上市、政府重点项目等清单，加强对大项目、大客户、优质中小企业的服务。

【客户体验】2021年，继续扩大金融支持企业、事业单位、中小学校食堂改造项目，批量获取优质客群；坚持“围绕客户做业务”，夯实“双户双基”；围绕“百医百校”“千家社团”“烟草经营户清单”及“集团客户清单”，提供优质金融服务。

【手机银行】2021年，把手机银行放到“一号工程”的重要位置上，推动手机银行从金融交易平台向综合服务平台转变，更好地建立高黏性的客户群。

【客户需求】2021年，加强客户经理管户力度，确保人人有维护，户户有跟进，实现潜力客户向中高端客户进阶。深入挖掘客户需求，找准客户需求点和产品卖点，提供综合性服务方案，推动对公产品下沉，提升客户黏性，提高客户综合贡献度。

【融合发展】2021年，统筹各条线资源和产品，根据客户多元化需求，提供融资、结算、资金交易、债券承销、代发薪等对公对私一揽子综合服务，实现“一点接入、全程响应”。截至12月31日，天台中行结算账户净新增391户，四大行净新增排名第一。基础客户建设的推进和客户结构的改善，稳定了存款的来源，有效保障了服务实体经济的资金供给。

【抗疫复产】2020年年初新冠疫情突如其来，两年间给天台当地企业带来严重影响，在新冠肺炎疫情困难时期，天台中行不忘金融初心，牢记服务实体经济使命，积极扛起中行担当社会责任的旗帜，天台中行深入了解企业情况，协助企业复工复产，先后共走访50多家企业，其中行长室带头走访16家重点企业，做到有贷户全部深入了解，重要无贷户全部覆盖，及时解决了企业资金需求；同时给合无还本续贷产品，解决部分小微企业到期贷款的还贷资金压力。

2021 年，积极落实党中央和国务院对实体经济实行减费让利的精神，尤其是做好小微企业的利率管控工作，切实降低小微企业融资成本，严禁收取利息之外的其他费用，包括但不限于承诺费、资金管理费、财务顾问费、咨询费等，将减轻小微企业负担落到实处。截至 12 月末，天台中行小微企业平均贷款利率较上年初下降约 37 个 BP。另外，天台中行还积极开展普及金融消保知识活动，全年通过网点定点宣传、走出去集中宣传和约进来特定培训等方式开展各类金融消保活动，普及了反假币、防诈骗和非法集资、反洗钱、征信管理、汇率风险、理财销售等相关金融知识，提高消费者风险意识，引导消费者依法、理性维护权益，全年累计举办宣传 20 多场次，接待客户咨询 3000 多人次。

【坚守合规经营】2021 年，加强主动风险管理，守住资产质量生命线。强化合规风险管理，筑牢内控案防篱笆。立足于“防”，落实主体责任，理清责任链条。坚持管人管事相结合，落实案防组织领导责任、制度建设责任、检查监督责任和整改问责责任。深入分析解决违规问题多发、屡查屡犯、整改缺乏深度等问题，推进落实内控案防措施。深度开展“内控合规管理建设年”，争做让市行党委放心的支行。深刻反思前期运营管理中存在的问题，举一反三，进行自查自纠，完善经营管理长效机制。严格开展员工异常行为排查工作，通过摸排查处行为失范人员，提早揭示案件风险，妥善处置化解，堵塞漏洞，坚决遏制大要案发生。

（县中国银行）

中国建设银行天台支行

【概况】2021 年，支行内设综合管理部、业务管理部、个人金融部、公司客户部 5 个职能部门，下辖 4 个营业网点，分别为支行营业部、赤城支行、丰泽支行、平桥支行。在编员工 90 人。支行党员 51 人（含退休党员 16 人），设 8 个党支部。

【主要指标】截至 2021 年年底，天台建行全口径时点存款余额 27.3 亿元，较年初增长 0.47 亿元，2021 年全行实现对公核心存款时点余额 11.92 亿元，完成市分行下达的任务目标。个人核心存款时点余额 15.38 亿元，四行占比 15.61%，四行排名第三；较年初新增 0.59 亿元，四行占比 19.21%，四行排名第二。贷款余额为 47.58 亿元，比年初新增 4.13 亿元。其中，2021 年支行对公贷款余额 16.26 亿元，贷款余额较年初新增 2.86 亿元；支行个贷余额 31.32 亿元，较年初新增 1.27 亿元。个人不良贷款余额 1046 万元，较年初减少 374 万元，不良率 0.34%，较年初下降 0.13%，实现双降。

【业务拓展】2021 年，坚持以客户为中心，不断夯实优质客户基础。做好“增量”客户拓展和“存量”客户维护两大工作；不断拓宽获客渠道，深耕存量客户，深挖客户服务内涵与外延，深入了解客户服务需求，提升重客服务水平，为广大客户提供更细致、更贴心、更完美的金融服务，促进客户满意度提升。天台建行营销和跟进重大项目。2021 年基础设施贷款投放3亿元。战略新兴产业实现新增投放1.8亿元，完成率318.58%，完成率排名全市第二；供应链金融业务平台客户新增49户，全市第二，有效获客场景2户，全市第一；国际业务对公外汇收入288.33万元，完成率75.48%，全市第三。国际结算收入157.51万元，四行占比39.76，四行排名第一，对公黄金积存交易客户46户，完成率184%，全市第一；建融智合平台累计活跃客户370户，全年平均MAU30.83户，总进度51%，进度完成率全市第一；实现责任客户折算后新增362户，增幅85.78%，增幅排名第四；对公一户通活跃净增212户，计划完成率271.79%；至11月末，长尾无贷客户战机排名全市第五，供应链战机排名全市第四。通过金融科技赋能，支行数字化指挥官队伍依靠科技平台生态，利用惠懂你App平台，实现App授信客户净新增12户；积极推广机构重点平台，全年安心养老商户版新增108户，完成率147.95%，智慧村务综合服务平台上线12户。建融智合全年累计活跃370户，平均MAU30.83户，全年进度条线第一。2021年，天台建行行全年实现普惠贷款新增3.72亿元，完成率97.8%，全市第六；普惠客户新增254户，完成率94.8%，全市第三。

【中间业务】2021年，天台建行行实现中间业务收入1649万元，至11月末，天台建行行实现对公中间业务净收入459万元，对公中收完成率60.9%，四行占比17.98%，四行第四。其中，单位人民币结算收入97.69万元，完成率88.81%，新型结算产品收入85.77万元，完成率90.67%。截至11月30日，个人类中间业务收入1189万元，四行占比15%，个人中收占支行总中收的73%。无群体性事件工作目标。

【党风廉政】2021年，在“不忘初心、牢记使命”主题教育实践中，在党总支书记领导下，严肃党内组织生活制度和“三会一课”制度，以“党员之家”“党务大讲堂”“基层党支部活动阵地”，树立“党建好，业务一定好”工作理念，推广“党建+”工作方法，推进全行党建与工作的高融合。通过认真学习领会党风廉政建设有关文件精神，学习领导干部廉洁自律的“廉政准则”“八项规定”“十个严禁”等规定，按照廉洁自律的规定对照自己，从思想上、行动上与党中央保持一致。条线分块管理上，紧紧围绕党风廉政考核，案防合规工作常抓不懈，警钟长鸣，切实履行上级行“点、线、面”全方位教育体系，将党纪廉洁、合规法制教育、各支部工作结合起来，与各业务条线教育培训监督指导职责相结合起来，保证条线月工作推进会落地生根，确保各项业务有机结合、稳步发展。围绕“两提一平安”工作目标，全面落实党建及党风廉政建设，坚持从严治党、从严治行，努力纠正“四风”问题，实现腐败行为“零容忍”。认真贯彻落实党风廉政建设责任制，认真抓好“两个责任”的落实，严格落实监督责任，强化执纪监督问责，积极推进党风廉政建设和反腐败工作，把党风廉政建设和业务发展紧密联系起来，促进业务全面健康发展。认真落实中央八项规定精神，充分综合运用“四种形态”，强化日常监督，严肃执纪问责，深入开展“四风”及其他问题的自查自纠，充分运用廉洁警示教育活动，对苗头性、倾向性问题及时提醒，以腐败行为“零容忍”为主要工作目标，为全行转型发展提供强有力的保障。

夯实“党建+金融”服务乡村振兴基础，探索“党建+金融”服务乡村振兴新路径，以党建联盟为依托，激发基层党组织活力，依托“裕农通”衔接农村商户，通过三清三促，始终坚持“提覆盖、优结构、强共建”的工作方向，推广“党建联盟+整村授信”模式，将金融服务延伸至农村基层，打通金融服务乡村振兴“最后一公里”，开展整村授信，探索“党建+金融”服务乡村振兴模式。2021年天台支行党总支与天台塔后村党总支党建联建，对该村整体授信3000万元。

【**企业文化**】2021年，关爱员工，以人为本，构建和谐支行，支行开展冬送温暖夏送清凉活动，到基层网点慰问一线职工，到医院看望病重员工并送去慰问品，逢节日看望退休老同志。组织员工积极参加分行组织的各项文体活动，通过选拔、竞赛活动，获得较好的运动成绩。组织员工开展春游活动，参加金融系统歌咏比赛，营造快乐、健康的文化氛围。组织员工开展“金融服务进社区”、慰问平桥方舱医院、慰问塔后村困难老党员等公益活动，推进职工民主管理，积极参与各级换届选举和职代会的召开，做好代表推选和提案征集工作，鼓励员工献计献策。

（县建设银行）

天台农村商业银行

【**概况**】至2021年年末，天台农商行各项存款余额199.96亿元，增长15.18%；各项贷款余额149.70亿元，增长26.31%。五级不良贷款余额1.25亿元，全年下降2233万元，五级不良率0.84%，下降0.4个百分点。全年实现利润总额3.58亿元，增长22.67%；净利润2.84亿元，增长24.26%。创造税收1.31亿元。

【**支持“三农”**】2021年，深入推进“三农”领域融资畅通工程，组织开展“夯基础、抓提升、促共富”普惠大走访活动，持续推进整村授信，大力推广个人线上纯信用产品“兴农贷”，不断提高农户小额普惠贷款覆盖面和满足率。至2021年年末，农户贷款49036户，覆盖面25.02%。与坦头镇、泳溪乡、雷峰乡人民政府签订《合作协议》，为坦头镇工业园区企业提供5亿元整体授信；为泳溪乡、雷峰乡分别授信2亿元，帮助发展产业联盟。与始丰街道签署金融支持乡村振兴协议，助力乡村“未来社区”建设。主动对接下山移民工作。至2021年年末，天台农商行涉农贷款余额130.81亿元，全年上升21.38亿元，增长19.54%。

【**抗疫助企**】2021年，坚持开展“进园入企”走访活动，建立常态化融资监测、对接、服务工作机制。大力开展“百行进万企”“万员助万企”等“三服务”活动，与县工商联签订战略合作协议，为企业提供全方位服务。加强对普惠小微、民营企业的金融支持力度，建立“优质企业”“帮扶企业”“关注企业”三张清单，制定“一园一策”“一企一策”金融服务方案。至2021年年末，普惠型小微企业贷款余额90.27亿元，全年上升16.21亿元，增长21.89%。拓展小微企业首贷户1589户，金额12.84亿元。

【优化服务】2021 年，支持山区 26 县跨域式高质量发展。持续支持“飞地抱团”项目，涉及 275 个村，根据项目情况进行全面授信，对 141 个有资金需求的村全面扶持。通过丰收互联平台新增 198 项高频政务服务项目，开通一网通办系统，50 项社保业务可在网点进件。推广农村集体经济数字系统，全县 374 个行政村上线，覆盖率 100%。上线乡镇公共资源交易保证金系统。升级县人民医院、医共体的自助设备，建设医保电子凭证使用场景，上线诊间结算，上线卫健局园区云。配合县人民法院，全省率先上线“被执行人生活保障金智提系统”，在全市推广。对接县公安局上线取保候审保证金系统。发展绿色金融，推出碳排放配额质押贷款，办理台州市首笔碳金融业务。推出地理标志证明商标质押贷款，推动“天台乌药”“天台山云雾茶”“天台黄茶”等地理标志证明商标的价值转化工作，办理“天台乌药”地理标志证明商标权质押贷款 3000 万元。

【风险防控】2021 年，强化员工行为管理，组织开展员工风险行为专项排查活动，严肃查处各项违规违纪违法行为。重新修订贷款责任制及听证实施细则，对不良贷款的责任认定标准及听证方式进行调整。实行总行、支行“两级听证”，提升全行的不良管控能力。加大司法清收力度，开展 2021 年专项执行清收活动，配合法院开展执行工作，逐户分解消化不良。至 2021 年末，清收核销贷款 5209 万元，全年共处置化解不良贷款 2.18 亿元。

【品牌形象】2021 年，持续打造和合银行，推动和合文化落地，举办和合五观论坛，提高员工文化认同感和归属感。出台全方位、多维度的关心关爱措施，坚持员工生日慰问制度和“夏送清凉、冬送温暖”慰问活动；分支行、部室不定期开展“和美家庭、与你同行”员工家属座谈会；小规模、近距离地组织员工春、秋游；为全体员工投保“利民保”；开展“中华慈善日”公益活动。积极参加各项文体活动，获 2021 年县金融系统“献礼建党百年华诞共展金融职工风采”红歌大赛一等奖，县第六届职工运动会乒乓球男子团体第一名，县第六届职工运动会体育道德风尚奖。

（县农商行）

台州银行天台支行

【概况】2021 年，台州银行股份有限公司天台支行始终坚持小微企业目标市场定位，合规经营，创新进取，积极打造“简单、方便、快捷”的金融服务品牌，不断加强和改进金融支持小微企业低碳转型，持之以恒防范化解金融风险，加大对民营和小微企业、乡村振兴、绿色低碳等重点领域的金融支持，以标准化技术、个性化服务、差异化发展赢得了客户和市场的认同，以“社区银行”商业模式，与其他金融机构错位服务当地经济，促进各类企业等快速发展。截至 2021 年年末，各项存款余额为 34.60 亿元，比年初增长 3.38 亿元，增长率为 9.77%；各项贷款余额 46.38 亿元，有贷款余额的笔数为 30403 户，比年初增长 5.53 亿元，增长率为 11.92%；年化贷款利率降至 8.78%，较上年下降 0.91 个百分点，存贷比例为 134.05%。

【**内部管理**】2021年，重视员工凝聚力建设提升、精神文明和企业文化建设，提供多元化培训机会，为员工提供有价值的培训，致力于打造学习型企业，重视员工职业发展，实施差异化考核政策，通过对员工发展的可持续投入和对员工职业生涯的规划指导，为员工提供公平竞争的成长环境和职业发展平台。坚持“以人为本”的人力资源管理理念，把员工放心上，重视员工慰问等人文关怀，为员工营造良好的工作环境，增强员工凝聚力，营造企业、社会和谐。

【**特色服务**】一、坚持“与客户做朋友”的社区银行商业模式。扎根社区、村居，支行设在城郊接合部、乡镇、村居，提高金融普惠性。截至2021年12月末，台州银行天台支行户均贷款额度33.21万元，其中500万元以下的贷款户数占比超过99.70%。二、“简单、方便、快捷”的特色化服务。在传统小微金融服务的良好基础上，积极融入现代金融科技手段，努力构建新的“线上线下融合化、数字化、智能化”的小微金融服务体系平台，朝着“数据驱动、线上流程、行业专家、现场交叉”的新模式推进。三、独擅的小微金融风控技能。长期服务小微客户的实践中天台支行总结提炼出了“下户调查、眼见为实、自编报表、交叉检验”的“十六字”风控技术和“三看三不看”即不看报表看原始，不看抵押看技能，不看公司治理看家庭治理的风险识别技术。四、积极融入、服务当地经济、建设小微+乡村振兴品牌。天台支行将持续落实乡村振兴战略精神和工作部署，紧紧围绕“产业兴旺，生态宜居、乡风文明、治理有效、生活富裕”的总体要求，通过进一步完善乡村振兴金融服务体系，统筹优化金融资源，实现普惠金融全面覆盖、科技金融全面深化、精准扶贫全面发力，高质量推动金融服务乡村全面振兴，高水平推进农业农村现代化。充分发挥红色信贷岗的积极作用，将“党建+小微金融”的红色元素融入金融服务乡村振兴中，落实一线党员客户经理积极投入村居走访，深入了解村民金融需求并积极开展一对一上门分类服务。以“规划地村居全覆盖、村居全面建档、网格化营销”为抓手，采用“整村建档+整村授信”模式，定人定村居，当好村居金融网格员与金融指导员，及时有效对接乡村融资需求，解决“三农”融资难问题，提升村居金融服务成效。同时，积极发挥农村电商特色支行作用，加大对乡村旅游建设信贷投入支持，天台支行与新成立的台州民宿协会签订战略合作关系，开展民宿贷等业务支持旅游特色小镇、精品民宿群及乡村休闲基地建设发展，针对旅游经营主体的信贷需求，新开发“文旅贷”产品。

【**社会责任**】2021年，建立志愿，服务社会、感恩社会、回报社会，延续“免费银行”政策，严格遵守“合规收费、以质定价、公开透明、减费让利”原则（2012年3月，率先自发通过减免或者降低40余项手续费），规范收费服务，落实“服务不收费、服务更到位”为小微企业客户减负让利，取消一系列银行收费性项目，大大减轻客户的财务负担，至年底已为小微企业、“三农”客户节约各项费用超亿元。不断探索产业链金融服务，为客户提供理财产品、贸易融资等相关的“套餐式”优惠，一如既往地维护金融消费者权益，积极履行好对客户的责任。

（台州银行天台支行）

中国人民财产保险股份有限公司天台支公司

【概况】2021 年，中国人民财产保险股份有限公司天台支公司共实现签单保费 24153 万元，增速 11.53%，超市场 5.9 个百分点，市场份额 58.88%，同比上升 3.11 个百分点；累计赔款支出 15606 万元，较上年同期增长 32.29%。2021 年公司入库税收 1927.5 万元，代收车船税 1885.7 万元。

【车险工作】2021 年，深化与 4S 店、二级车商渠道送修资源与财务资源整合，与域内全部 6 家 4S 店和 20 家二网建立起较为稳固的合作关系，加快综修厂平台转型步伐，加大人员和服务投入，加强续保团队建设，不断充实人员和提升人均产能。在承保端对高风险车型进行管控，坚决淘汰高风险业务，从源头上防控出险损失概率，提升优质业务占比。在财务费用配置端，积极推进销售费用差异化配置工作，防止业务逆选择。按照“五位一体”工作法要求，制定工作方案，认真落实推行。在考核管理方面：将续保率、续转率、次月、次次月及提前签单天数等存量管理指标纳入团队和成员的过程性考核当中。在基础管理方面：突出客户信息真实性，做实数据收集清分和筛选分配模式，建立完善无人认领业务兜底机制，重视发挥业管岗跟踪督导作用。

【商非险发展】2021 年，坚持服务经济社会发展大局，深化政企互动，推动政策性和商业性业务融合，持续推进商非险专业化建设，构筑商非险竞争优势。加快发展中小微企业保险，强化商非大项目续保、新保和竞回管理；加快推动新险种落地，稳固农房保险和校园系列保险。利用现有的“一镇一员”工作人员，扩建为新的商非团队，常规的商非业务逐步按区域移交到“一镇一员”工作人员手中，原有商非团队的成员专门做高、精、专的商非业务。

【农险工作】2021 年，加快推进农业保险产品和服务创新，提升农险产能。2021 年共开办 20 个农险险种，其中地方特色品种保险 4 个。

【基础管理】2021 年，坚持依法合规经营。重点对承保、理赔工作进行全面的检查和整改，整改所下决心之大，花费精力和时间之多前所未有，以确保整改到位，合规经营。重视反洗钱工作，确保财务收付和退费的规范；切实履行好客户身份识别和资料留存工作。加强规章制度的建立、完善和执行。依照市场的变化和公司标准的提升，建立和完善各项规章制度，特别是服务标准化和送修推荐工作坚持常抓不懈，加强数据质量和出单综合水平的提升管理。

【政保合作】2021 年，加强政策性业务与商业性业务融合发展，密切与政府各部门的联系，大胆涉足新兴业务领域。强化主动走出去的意识和本领，建立政企良性互动。支公司一把手亲自带队密集拜访政府相关职能部门，负责建立政企良性互动，商非专业团队负责日常事务跟进落实。抓住政策机遇和政府需求，助力地方民生保障。紧抓政策机遇，梳理政府职能部门的痛点与需求，紧紧围绕当地政府工作大局，新增项目。紧盯政府大项目，集中资源重点突破。通过获取相关职能部门的筹备计划、定时查阅公共资源交易网等方式，充分了解掌握市场保源状况。紧盯政府大项目，发挥人保政治优势及公司员工人脉进行重点突破。成功推动公司和3个农村网点所在地平桥镇政府、坦头镇政府、白鹤镇政府签订了战略合作协议，为了降赔减损和拓展业务的需要，和天台县骨伤科医院签订了合作协议。

【强化服务】2021年，坚持标准化服务不放松；推动小额快处，实现理赔周期提速；推广“浙江人保财险”微信公众号，借助“人保v盟”“人保E通”手机营销管理系统，提升出单效率；围绕优化客户用车生态圈，积极推进“悠行生活”平台落地，提升客户增值服务体验；做好警保联动工作和农村“两站两员”建设；切实做好政府层面的优质保险服务供给，在社会保障、灾害求助、农业生产等体系建设中持续发力。

【党建引领】2021年，压实主体责任。牢固树立“一分部署，九分落实”理念，积极履行党支部书记全面从严治党“第一责任人”职责和班子“一岗双责”责任，抓牢党风廉政建设，筑好不能为、不敢为、不愿为的防护墙，扎实推动全面从严治党向纵深发展、向基层延伸。积极开展党史学习教育活动。深刻领会习近平总书记在党史学习教育动员大会上的重要讲话、在庆祝中国共产党成立100周年大会上的重要讲话；组织召开《中国共产党问责条例》《党员干部增强“四个定力”》、和人民银行党建共建等主题党日活动；组织党员干部走访游览红色遗址嘉兴红船、南湖革命纪念馆等，通过红色主题实践的方式增进对党史的理解，缅怀革命先辈。树牢党建品牌。天台支公司党支部积极响应上级公司部署要求，深入开展“一支一品，一年一进”基层党支部建设主题活动，将党建工作与公司经营相结合、与企业文化相结合、与群众联系相结合、与廉洁建设相结合，努力打造“销售业绩新高有党员、业务技能强手有党员，困难面前有党员、建言献策有党员”新局面。支部打造党建品牌“和合一家亲”，旨在以和合文化为源头，立足本土区位优势，通过“抓党建”来“强业务”“促服务”，切实发挥党员干部的先锋模范作用，为天台经济社会发展提供坚实的金融后盾。

（中国人民财产保险天台支公司）

中国人寿保险公司天台支公司

【概况】2021年，中国人寿保险股份有限公司天台县支公司（下称天台公司）秉承天台公司“转型升级、创先发展”的工作目标，截至12月底，完成总保费4.68亿元，市场份额在一季度超过80%，其他月份保持在75%左右。共受理理赔案件：7980余件，上年同期处理赔案6999件，比上年同期多了981件；特别是前台柜员承接客户数近1.6万人次，柜员人均接待客户15人/日。

【**党建工作**】2021年，支部全年召开党员大会5次，支委会11次，党课4次，主题党日活动12次。开展一系列的柜面党建活动，“亮身份、展风采”，“党徽戴起来、身份亮起来、标杆树起来”，佩戴党徽，旨在激励党员的荣誉感和责任感，我们积极上门为客户办理各种业务，切实做到为群众办实事、办好事。为落实公司“向销售与服务并重”转型总体要求，为销售队伍送各种培训进职场，内容涉及理赔、核保、保全、契约、收付费、E化服务、保全管家、每月国寿会员日、电子化回访等，并对有需要营销伙伴服务问题解答。

【**服务社会**】2021年，积极应对人口老龄化、加强老百姓普惠保险服务、支持乡村振兴助力共同富裕、支持健康中国建设、积极服务实体经济。其中，参与承保的城市定制型商业补充医疗保险“台州利民保”。提早走访相关单位开展调研，组织召开联合会议，政保合作业务，打通绿色理赔通道拨付赔款。开展失联客户、寻找“20年前的你”活动，寻找保险生存金领取人；为一些特殊的客户主动上门提供理赔保险服务。

【**清廉文化建设**】2021年，制定高质量推进“清廉国寿”建设实施方案、推进清廉单元建设工作方案的通知，对公司清廉建设开展统筹和部署。5月，公司经理林桂平参与拍摄“我为清廉代言”宣传视频，该视频已经于5月底在台州市保险行业协会微信视频号上播出。点赞量463人次，通过媒体向社会推送承诺视频，传播清廉文化，诚信理念，提升公众对保险公司的认知度和认可度，取得了良好社会反响。在公司也形成了人人讲合规，人人守清廉的良好氛围。

【**创新服务**】2021年，不断优化客户服务管理体系，高水平、深层次融入移动互联大势，打造一站式便捷服务体验。比如在理赔服务方面，大力推广小额E赔、移动理赔等服务项目，公司理赔流程更趋合理、高效。疫情防控期间，通过安排人员值班，为客户办理理赔工作，提供7*24小时线上理赔，利用官网、手机App、微信公众号等途径，开展线上投保、保全、理赔等服务，引导客户远程、自助办理保险业务。

【**惠企便民**】2021年，疫情防控期间保单贷款到期未能办理续贷或清偿手续的，不用办理展期手续，贷款予以自动续期。疫情防控期间未能及时缴纳续期保费的，宽限期延长至90天，宽限期内保险公司仍承担保险责任。疫情防控期间保单过2年复效期的，接受客户在疫情结束之后3个月之内办理复效。疫情防控期间新单回访未在犹豫期内完成的，犹豫期延长至回访完成日。

【**管理及风控**】2021年，开展合规日建设，完成了问题整改年、中介市场乱象整治回头看、防范非法集资活动月等工作、增加定期自查自纠工作体制，全年累计开展扫黑除恶学习、防范非法集资学习销售人员违规行为处理规定、防范电信诈骗等诚信合规宣导；各职场悬挂防范非法集资KT板、举报邮箱、举报电话，以及海报全覆盖；用微信群发、内网邮件转发内控合规课件及案例，播放LED滚动屏等形式不断宣传合规内容。

（中国人寿保险股份有限公司天台县支公司）

交通·邮电

交　通

【年度目标】一是杭绍台高铁建成通车运营。二是104国道至界岭隧道已贯通年底全部完工。三是东互通与高铁站连接线八都至梅坦段向阳隧道工程完成施工招标，开工建设。四是农村公路改造提升项目经过4年的建设，基本完成项目原定的计划任务，完成投资约3.4亿元。该项目2021年度的城前线改造提升工程也于9月底完工通车。五是S314嘉善至永嘉公路天台段项目因永久基本农田问题一直搁置，2021年恰逢抽水蓄能电站项目前期启动，根据县里统筹安排，确定将抽蓄水库至S326段约5.2公里的规划省道与抽蓄水库进场道路结合，由抽水蓄能电站筹备组组织实施，年内动工建设。六是天台县综合交通枢纽工程已完成主体，高铁开通时同步投运，公路总里程数2123.118。

【公路保养】2021年，重点落实路面应急修复和公路附属设施维护及路基路面整修等工作。2021年完成天台县前桥线路面小修保养应急修复工程、国省道挡墙、盖板等修复工程、S326田洋陈村横潭坎路面边沟工程、天台县104国道路面小修保养应急修复工程、天台县国省道路面车辙应急处治工程等。

【公路路域环境整治】2021年，以104国道、323省道、326省道为整治重点，采取机械与人工结合方式进行清扫，确保路面干净整洁、无扬尘。

【创建“四好农村路”】2021年，进一步总结经验、提炼做法，7月份全面完成了内业资料的申报，经省级核查、专家评审、交叉复核等程序，经过各部门齐心协力，2021年11月份，天台县已成功被评为交通运输部“四好农村路”全国示范县。

【数字化改革】2021年，推进天台县农村公路养护体制改革试点工作。根据市级下发的《深化农村公路养护管理体制改革实施方案》，因地制宜，探索适应天台经济发展的管养模式。持续推进日常养护市场化，2021年完成了公路日常养护市场化政府采购项目招标，并签订合同，已进入正常养护期；同时推进信息化管养平台建设，该项目已完成招投标，正在搭建软件框架，录入路产、路况、路域信息工作。

【新农村公路】2021年，新建和改造农村公路100公里（县级），实现2家汽车检测站软硬件环境大提升（省级）建设改造全市公交站点3个（省级），新（改）建农村公路47公里，200人以上自然村公路通达率达到100%（省级），实施农村公路养护88公里，农村公路中等路以上比例达到85%（省级），实施农村公路安防工程100公里，实现临水临崖及4米以上高落差路段安防设施全覆盖（省级）。

【**交通执法**】2021年，全力推动规范公正文明执法，执法队共出动4008人次、出动执法车辆1216辆次、处罚案件271件、罚款金额91.06万元。打造推出工作亮点两个，分别是“联合打非工作机制”和“行政处罚廉政意见书制度”。着力推进非现场执法平台建设，已完成建设点位1个，位置在326省道27K+100米左侧，处于天台三门交界路段卡点，通过具备相关资质的第三方检测机构检测合格，已投入使用。重点强化对运输车辆“抛洒滴漏”的治理。加强与“环境革命”办公室的联系，推进与交警、环保、行政执法等部门的联合联动执法，加大对运输车辆轮胎夹带污染公路和“抛洒滴漏”污染公路现象的执法力度。

【**“村村通”**】2021年，根据群众需求，合理调整及新开通一批客运线路。为继续深化“村村通”工作，解决村民出行的最后一公里，让老百姓享受到改革的成果，于3月组织相关部门开展北站经国赤环线、天大线至桐柏宫停车场、白鹤车站至白水村、平桥车站经王里溪至屯桥、平桥车站至龙官延伸到岭下安村、平桥车站至潘岙杨、桥南车站至龙山六村6条城乡公交线路，并按照流程上报县政府同意开通。

【**公交一体化发展规划**】2021年，完成《天台县城乡公交一体化发展规划（2019－2035年）》的编制工作。根据《天台县城乡公交一体化发展规划（2019－2035年）》，于8月初启动城区公交线路的优化工作，分别于9月1日和10月1日逐步实施，在高铁开通后进行公交线路延伸及开通新城乡公交线路。

（交通运输局）

公路建设与养护

【**概况**】2021年，县交通集团下属企业33家（其中以国资产权架构形成集团管理实体化运作的公司18家、参股公司7家），共有员工1076人，总资产近70亿元，所涉行业包括工程建设、交通运输、能源经营、矿产经营、土地整理经营等板块，新增放贷资金20亿元，新增授信13亿元，保障在建工程支出数6.5亿元，年营收近7亿元。

【**工程项目建设**】2021年，集团以争抢拼闯的奋进态势，全年共推进重点项目11个，其中续建项目7个，新建项目2个，前期项目2个，完成投资额4.65亿元。其中，天台县综合交通枢纽工程成功入选交通运输部“十四五”项目库和全国安全生产标准化工地，且向上争取到5000万元补助资金。苍山矿地综合利用项目完成投资额1.5亿元。医共体项目首次采用EPC+O模式，实现项目重建并重管，完成投资额1亿元。农村公路改造提升项目完成投资额3500万元，累计完成投资额3.1亿元。综合供能服务站白鹤站完成投资额3500万元，完成财务支出数1.7亿元。垃圾焚烧发电项目完成投资额411万元。

【组织架构建设】2021年，集团成立天台县生态资源管理有限公司，打造“两山银行”平台、财务服务平台。接手县市场开发服务中心，发挥其特长和优势，将集团本级资产交由市场中心统一运营管理。

【公路养护建设】2021年，集团承担全县岩金线、天培线、大泄线、大元线等13条县道公路的运营维护，共计193.584公里，以完成“养护工程质量目标合格率100%”工作任务为奋斗目标，扎实推进公路管养各项工作。全年日常养护无安全事故发生。

【直属公司建设】2021年，“点对点”定制班车项目入选天台县最佳营商案例。民生实事“互联网”租赁自行车工作全面完成。四通公司获评市政公用工程施工总承包资质，拓宽经营业务范围。天宏公司监理打破地域限制，承接市内外工程项目，年营收增长5%。集团取得凝灰岩矿采矿权，与浙石油合作建设的综合供能服务站平桥站完成场地平整，白鹤站完成装修改造开始营业。垃圾焚烧发电项目攻克工期紧、任务重、对接难等难题，于8月成功并网发电，并取得发电许可证，确保全县垃圾正常处置。诚通人力资源公司提供劳务派遣和招投标服务，向教育系统拓展2300多人。生态环境公司与106个村集体签订入股协议，首次村级集体分红280万元。

【企业文化建设】2021年，集团各工程项目安全生产形势稳定，道路运输安全平稳，成立至今未发生一般以上责任事故。各运输企业平安顺利完成2021年春运任务，天台县恒达运输有限公司荣获“2020年度省级‘平安地铁公交’运营企业”。

【党风廉政建设】2021年，以党建为引领，实施“党史+”工作模式，推进党史学习教育走深走实，获评县先进基层党组织。以审计和巡察回访整改为契机，进一步完善体制机制，推动集团高质量发展。

（交通集团）

邮　政

【概况】2021年，天台分公司贯彻集团、省、市公司战略部署，以“三个视角”“三大规律”对标立标达标，以“四破四立”推动改革发展，加快“四梁八柱”解码落地，全力打造行业“国家队”，推进企业高质量发展。

【党建引领新动能】2021年，深入贯彻党的十九大精神和习近平新时代中国特色社会主义思想，严明政治纪律和政治规矩。加强党史学习教育，持续深化“不忘初心、牢记使命”主题教育成果，落实“三个第一时间”学习机制，开展“‘四梁’业务推进疑惑点及问题”和“一月一事、消灭最差”活动，着力提高党员干部担当、作为意识，共完成破题7个、为群众办实事7件。以“党建+”主题实践活动和“建党百年”系列活动为载体，组建党员志愿服务队，全年开展各类帮扶活动320余人次，将“党建+”深度融入经营发展，为高质量发展注入强劲动力。

【**普遍服务勇担当**】2021年，坚守央企责任，积极承担政治责任和社会责任。忠诚履行党报党刊发行义务，传播党的声音、传送精神食粮，发挥邮发渠道作为党的意识形态阵地的作用。忠实履行普遍服务义务和特殊服务使命，严格执行时限标准和达标监控机制，保证服务质量稳中有升。全年机要无丢损、失密、泄密事件发生，切实做到机要通信万无一失、党和国家政令畅通。

【**提质增效促发展**】2021年，在分公司领导的正确领导、全体职工的共同努力下，天台分公司较好完成各项指标，业务总收入同比增长17.9%，利润同比增长7.2%，利润完成率全市第一。其中代理金融围绕"加快转型步伐、提升发展质效"，理顺"获客、活客、粘客"经营思路，扎实基础经营、增强拓客能力、提升项目开发，并联合平桥人武部，开办全市首家"老兵驿站"。推进寄递业务改革，不断提升运营时限管控能力、完善服务质量，通过"众创众享"等方式全面推行降本增效；联合县总工会开展"年货大礼包，把爱寄回家"外来员工暖心行动，收寄104份"爱心礼包"并及时、准确投送完毕；召开亚马逊推介会、海运物流纾困会，积极衔接省政府"四港联盟"资源，提供跨境电商运营培训支持，打造综合性服务平台，助力外贸企业"订单出海"。同时，联合县公安局禁毒办、县邮管局举办禁毒"邮"我主题宣传活动；与县退役军人服务中心联合成立全省首家"关爱老兵主题邮局"，推动军民融合纵深发展，在全社会营造关爱退役军人的文化氛围。

【**民生实事助振兴**】2021年，树立"为民办实事"心态，立足"三个生态圈"建设。全面完成鹤楼县府点、邮政大楼等9个网点转型，提升邮政服务能力；深化邮政网点转型，首推"政务e站"自助政务服务，继车险代办、"警医邮"后，叠加融合又一便民服务，助推市民办事"就近最多跑一次"。

服务乡村振兴，致力解决"三难"问题。专为雷峰乡开通"绿色邮路"，解决农副产品及其他生活品寄递难问题；同县邮管局和5个山区乡镇联合探索"邮快合作"快递进村新模式；联合县农合联、供销社开启"供富大篷车"服务新模式，充分发挥邮政在农村日用消费品、农产品流通等服务中的独特作用；成立电商助农项目组，先后助销平桥蜜桃、雷锋（滩岭）蜜梨、南屏生姜、白鹤水果玉米、鸭蛋等2.5万余公斤，打通农产品进城"最后一公里"，从源头上帮助农户增收致富。

【**科学管控提能力**】2021年，健全风险管控运行机制，强化重点问题环节管控，重点整改投递机构投诉问题。强化工单闭环管理，执行首问责任等制度，不断提高问题邮件一次及时解决率。以深化预算、损益核算和欠费把控为抓手强化财务管控，并持续深化干部队伍建设、薪酬自巡自查、绩效考核完善，在全公司营造你追我赶、奋勇争先的积极氛围。

【**人文关怀聚合力**】2021年，关心关爱职工，深化对内服务，积极开展群众性建功立业劳动竞赛活动，充分发扬团结向上、拼搏进取的优良传统。开展职工小家建设和"送清凉"等活动，帮扶、慰问困难和一线职工，组织职工疗休养，提升职工幸福感和归属感；参与书法摄影展、趣味体育比赛、各工种业务操作赛等，丰富文化生活，陶冶职工情操。营造企业积极向上、团结活泼的文化氛围，充分展示分公司凝聚、拼搏、求实、发展的精神风貌。

（邮政公司）

邮政管理

【概况】2021 年，天台县有快递品牌 12 家，27 个分支机构，81 个末端网点，服务范围覆盖全县。2021 年 1—12 月，全县快递服务企业业务量累计完成 9573.01 万件，同比增长 33.06%；业务收入累计完成 3.78 亿元，同比增长 32.75%，快递业务投递量为 3437.84 万件，同比增长 6.78%；邮政业总量 9.08 亿元，增速全市第三位，做好行业监管工作，确保寄递渠道安全畅通，做好疫情防控常态化工作，全力督导企业落实疫情防控措施工作，做好快递进村工作，助力乡村振兴实现共同富裕，做好快递行业党建工作，抓紧抓实抓好抓出成效。

【三项制度】2021 年，通过平安建设“片区长制”，加强日常检查监管力度，每月有计划，每周有行动，不断加强日常巡查力度和密度，定期不定期对企业进行暗访测试及检查，2021 年 1—12 月份，共出动检查 73 批次，498 人次，检查快递网点 120 余家，检查发现督促整改问题 300 余处。2021 年累计立案处罚 6 起，共计处罚金额 42000 元。

【维稳安保】2021 年，每逢重大安保活动，我局成立专项工作领导小组，由局负责人任组长，各科室人员为成员，负责统筹协调指挥寄递渠道安全服务保障工作。制定具体的安保方案，要求各寄递企业要认真落实重大活动期间寄递渠道安全服务保障工作，贯彻落实收寄验视、实名收寄、过机安检等各项安全管理制度，确保了天台县寄递行业在重大活动中安全有序。

【绿色包装】2021 年，召开“百日护航”攻坚整治行动部署会，对各项工作开展全覆盖巡查。发现突出问题，明确整改时限，完成隐患整治闭环管理。引导、支持、督促快递企业、电商企业、快递封装用品用具生产企业履行社会责任和绿色发展主体责任，持续推进邮件快件包装绿色化、减量化和可循环，要求每个网点设置绿色包装回收箱，并与协议客户签订《邮政快递业绿色包装告知书》。

【防疫物资储备及日常防控】2021 年，多次召开寄递行业会议，传达邮政行业疫情防控工作精神，并对疫情防控以及安全生产工作进行部署。对防疫物资储备以及相关疫情防控工作加大检查，确保疫情防控物资储备充足。做好日常发放、消耗、库存、需求的盘点统计，确保防疫物资发放到一线从业人员手中。

【从业人员疫苗接种】2021 年，强化动员部署，召开会议就邮政快递从业人员接种新冠肺炎疫苗工作进行安排部署。结合日常疫情防控检查，及时向企业宣传接种新冠疫苗的重要意义。建立全县邮政快递从业人员接种新冠疫苗进展情况台账，第一时间了解各企业接种情况，对推进不力的企业进行重点督促，做到应接尽接、应报尽报。

【快递“村村通达”】根据天台县实际情况，分类指导，有效推进快递进村工作，2021年8月底，通过“邮快合作”“快快合作”等模式，天台县3个街道，12个乡镇，共374个建制村提前实现主要民营快递品牌（圆通、中通、韵达、申通、百世快递、极兔）100%通达。

【“邮快合作”】2021年，做深做实快递进村。一是建立定期会商制度。定期同邮政公司、民营快递企业以及各乡镇街道协调解决快递进村中遇到的细节问题；二是争取到县政府资金支持。县政府提供600万元专项资金并明确由邮政公司负责天台县县乡村三级物流体系的建设。三是建立快递进村工作专班以及县乡两级工作机制。明确快递进村工作乡镇分管领导以及联络员，各乡镇街道高度重视，配合推进村级中邮共富驿站建立，乡镇驻村干部、网格员等建立志愿服务队，担任“暖心快递员”打通快递进村的“最后一公里”。

【党建】2021年，加强领导、高度重视。组建县快递物流行业党建工作试点专班，实行主要领导亲自抓，分管领导具体抓，党建部门和业务科室分工负责，做到精心谋划、上下联动、扎实推进。

开展调研，摸清底数。天台县12个快递品牌，从业人员900余名。多次与快递企业负责人召开座谈会、前往企业调研，与7家法人企业完成快递物流党建工作承诺书的签订，要求切实担负起行业党建工作企业主体责任。摸排得出党员总数10名，其中8名男党员，2名女党员。

符合条件成立党支部。天台县台通快递有限公司（中通）、天台县横通物流有限公司（极兔）分别在2021年5月、9月成立党支部。并在10月14日成立快递物流行业党委，精准发力抓好组建，着重加强政治建设，不断加强规范化标准化建设，推动党组织规范运行，推动行业规范治理，推动服务阵地规范建设，拓展团结凝聚新途径，落实关心关爱，整合服务资源，加强正向激励。

（邮管局）

电　信

【概况】2021年，天台电信坚持以习近平新时代中国特色社会主义思想为指导，坚决贯彻县委、县政府决策部署，充分发挥网络强国“主导者”、数字浙江“主力军”、网信安全“国家队”的作用，团结协作，奋发进取，积极助推天台经济社会数字化转型、高质量发展，助推建设现代化和合之城，争当全省共同富裕示范区建设标杆县。

【企业党建】2021年，严格执行“一岗双责”制度，实履行好党委主体责任，落实党建工作责任制、党风廉政建设责任制、意识形态工作责任制。持续深化党史学习教育，紧扣“学史明理、学史增信、学史崇德、学史力行”总要求，以“三大活动”推动党史学习教育走深走实。强化基层党建，明确支部工作责任，规范“三会一课”“主题党日”制度，加强理论学习，提升党员思想认识，把党旗插在企业发展做前沿，以“党建+指导员”“党建翼联”“一支部一品牌”“政委驻派”为抓手，促进党业融合。

【市场经营】2021 年，在分公司领导的正确领导下，在分公司全体员工的共同努力下，天台分公司量收工作圆满完成。移动新增全市排名第一，移动份额排名全市第一，宽带份额全市第五。发挥通信信息业在经济社会发展中的基础性、先导性、战略性作用，推动 5G、互联网+、云计算、大数据、物联网、人工智能等新一代信息通信技术与数字政府、数字经济、数字社会深度融合，2021 年成功中标“老年大学”“整体智治”等大单，强化资源整合，引进服务商，为天台提供综合信息服务。

【网络建设】2021 年，为 5G 和智慧家庭客户提供优质综合智能信息服务。营业厅开通 5G 上网辅导服务，扩大 5G 应用辅导宣传；优化家庭网络覆盖，通过质差提升、触点交付优化等动作，提升群众美好生活品质；建设家庭 DICT，不断丰富看家、Wi-Fi、门铃、智能音箱等智慧家庭应用产品，让智慧生活走进普通群众百姓家；加快 5G 网络建设，和联通共建共享 5G 基站 115 处，5G 室分站点 15 处，5G 基站基本满足城区及主要乡镇覆盖。加快新一代千兆光网建设，提供强大通信保障。全县光纤接入端口达 14 万多个，已实现全县光网全覆盖。进一步加快 10GPON 光网升级改造，加厚城区覆盖，加大农村延伸，满足广大用户对千兆光网的需求。贯彻落实降费提速，宽带老用户“提速不加价”，光宽带用户速率均基本达到 50M 以上，高速稳定优质的光宽带提供满意的使用体验。

【社会服务】一是深入农村送服务，推动数字乡村建设推进、信息化赋能乡村振兴落地。二是开展防诈攻坚行动，防范治理网络诈骗。提升防诈专项工作的人防、技防能力，建立专班运转工作机制，全力配合做好断卡行动，整治骚扰电话，核查关停高危风险号码。三是提供优质适老化服务，所有自有厅设置爱心驿站，设置“老年人爱心台席”，每月定期赴乡镇开展幸福讲堂，助力老年客户跨越“数字鸿沟”。四是助力疫情防控。全力保障通信畅通，用心做好客户服务，做好重要单位通信保障，护航重要会议。依托云网融合和大数据优势，积极提供隔离防疫门磁和监控、村居社区防疫云播、出入口防疫管理机等信息化应用支撑，为阻击疫情提供全面服务。五是开展满意服务专项提升活动，持续提高触点服务水平，落实各渠道服务承诺，为人民群众做好各项服务。六是全面执行党政同责、一岗双责、失职追责的责任体系，组织签订房屋租赁安全协议书 17 份，安全承诺书 112 份。加强日常安全预防管理，每月开展安全生产例行检查，每季开展安全生产大检查，全年无安全事故，无网络信息安全事故，为公司可持续发展创造了良好安全环境。

【企业文化】一是关心关爱员工，落实“为民服务办实事”，解决员工最关心、最直接、最现实的问题，让员工在企业高质量发展中更有获得感、幸福感、安全感，党政工团齐抓共管，做更有力度、更有温度的员工关心关爱工作。二是营造干事创业氛围，推进三大改革，加强人才队伍培养，优化资源配置，重视优培生、大学生、党团员年轻骨干和岗位专家培养和选拔。三是以一线为导向，减轻一线工作压力。以数字化工具赋能一线，提升工作效率；持续推动部门间横向沟通、协同联动，开展骨干力量常态化下沉和阶段性党建下沉，切实为基层减负松绑。

（县电信公司）

移　动

【概况】2021年，中国移动天台分公司下辖5个网格，7家自有营业厅。截至2021年年底，公司共有员工96人，其中大专以上学历占比99%以上，期末在网用户数达34.6万户，为天台通信行业规模最大的运营商。2021年获评浙江公司年度明星县、浙江公司班组建设示范单位、浙江公司“发展先锋”、浙江公司先进基层党支部、县（区）公司优胜团队奖。

【企业党建】2021年，党支部围绕“党建融合发展年”相关要求，落实三个提升。一是以党建塑魂，打好“学、讲、宣、做”组合拳。深“学”红色党史，筑牢红色初心；“讲”透红色文件，传播红色精神；广“宣”红色文化，营造红色氛围。“做”实红色行动，展现红色基因。二是以品牌聚力，奏响品牌升级“三部曲”。重塑品牌体系，奏响品牌升级“劲”字曲；将品牌动力注入队伍，奏响党业融合“深”字曲；以品牌带动高质量发展，奏响作用发挥“实”字曲；三是以“垦荒五器”强能，推进党业融合。积极开展党建和创，与始丰街道、石梁镇、雷锋乡等11家进行结对，共开展活动22次。

【市场经营】2021年，公司各项运营指标完成较好，运营收入同比增长2.8%，全市第二。加快推进“全千兆”普及，推动终端4G升5G，推进5G套餐升；提升千兆宽带品质和装维服务。推出多项适老化关爱服务：（1）营业厅内全部设置爱心座椅，实现针对性一对一服务或引到爱心通道办理，为老年客户提供多种支付方式和多种业务办理方式。（2）积极响应政府“适老化”号召，开展“银龄跨越数字鸿沟”科普专项行动，开展中大规模银龄服务11场，服务人群1000人次。（3）积极响应政府疫情管控情形下鼓励企业留员工、稳生产的倡议，开展“我在天台过大年”公益暖心服务进企业活动，赠送礼包1000余份。（4）联合天台公安局开展“守护钱袋子”反诈直播活动，通过线上、线下同步互动直播，进一步增强大家的识别诈骗、抵御诈骗能力。

【网络建设】2021年，全年公司网络工程建设总投资金额达到1.2亿。完成203个5G基站开通，实现了城区、乡镇中心、主要旅游景区初步覆盖，全县大部分群众可以享受到无线高速网络。完成全年节点机房建设6个，驻地网小区新建空白小区24个，全年建设管道58.7公里，完工光缆460公里。2021年共实施应急保障10余次，包括春节保障、寺庙开光、会议保障、杜鹃节、旅游节、国庆、端午、五一、祭祖大典、庆祝建党100周年文艺晚会等，新增30个应急保障零星整治项目并正式入网；绿色通道临时保障开通62个站，切实保障了活动期间的通信信号质量。

【**内部管理**】2021年，加强内部管理工作，坚持“为员工服务、为发展加油、为企业分忧”这一工作主线，围绕2022年“我为员工办实事”，累计开展员工各项工会活动15场，根据员工的生活需求，创新工会服务职工工作，进一步增强工会活力。“一月一主题”常态化开展安全管理工作，每月开展一次培训、一次安全检查，全年开展安全演练6次，配合公安开展“三电”宣传活动，与消防队联合开展应急拉练3次。

【**社会服务**】2021年，公司在数字化改革项目勤奋耕耘，运用大数据分析、5G行业应用、政务云等方面的专业技术优势，累计开发上线如“摊省心”“体育委员e站”“阳光心理矫正”“事业单位法人证书管家”“云上医共体”等13个应用项目，有效助力本地开展数字化改革工作。积极开展公益志愿活动，组织开展慰问老人、关爱儿童、环境清理、社区服务等志愿活动12场次。

（县移动公司）

联　通

【**概况**】2021年，天台联通分公司在县委、县政府及上级公司的正确领导下，以习近平新时代中国特色社会主义思想为指导，全面贯彻党的十九届五中、六中全会精神，落实中国联通集团公司“1+5+5”重点工作，继续以“三个目标”为牵引，以建设“全面数字化转型示范区”和“划小改革再出发示范区”重心，以构建新发展格局为主旨，加快全面数字化转型，聚集“六高新优势”，坚持高质量发展，取得一定成效。与此同时，天台联通积极承担社会责任，为推动地方经济发展和社会进步做出了积极贡献。天台联通现有在职员工47名，设有城关公众网格、城西综合网格、客户运营专业网格、城关商企网格、行业中心、综合支撑中心。

【**业务经营**】一是持续推进社区渠道新建、维稳与创新运营，积极开展多模式营销，强化线上线下一体化运营，提升自有渠道产能。划小改革实现活力激发。商企主管李海平获浙江联通宾馆酒店冲破赛（宁波站）销售精英奖，茅照霞为一季度拦截销售状元，潘兴善、庞美玲为全市销售明星。天台营业厅多次获周、月冠军厅。二是以云业务为引领，以信息化应用为切入，聚焦政务、教育、医卫、生态环境、旅游、工业互联网等重点行业，将云计算、大数据、物联网等新业务加快构筑到创新产品平台、产品等核心能力，如“美丽城镇”“智慧法庭”“智慧环保”“智慧校园”助力企业风控探索新路，积极推进“平安天台”“美丽乡村”等地方数字化建设，为打造新时代和合之城努力奋斗。

【**网络建设**】2021年，聚焦基础网络支撑能力提升，完善5G网络布局，合计新建BBU集中点19个，新建108个5G站点及35个5G室内站点。全年完成新建互联网专线56条、大客户专线20条、新国标小区接入8个、零星FTTH接入21条，通过5G、高铁专项等建设扩大4/5G

网络覆盖面，实现天台全县域联通、电信4/5G一张网共享。

【社会责任】2021年，积极参与社会公益事业，承担社会责任，满足人民日益增长的信息生活需求，助力经济、社会、环境和谐发展。一是坚持以用户满意为宗旨，全心全意为人民服务。多次开展入社区活动宣传，智家工程师上门免费检测网速，实现家庭数字化；联合公安、消防、卫生等单位联合开展反诈、疫情防控等宣传，助力新冠疫苗接种争当志愿者；深入工地拉近距离，联通提供网络便利服务；二是根据每个节假日及特殊时间段的不同特点，制订相应的通信保障方案，顺利完成高考期间、国庆等节假日、台风暴雨等恶劣天气及特殊时期通信保障工作；三是积极响应县委、县政府号召，在天台争创省级示范文明县城中积极参与文明劝导等活动；四是极响应拥军爱民活动，每年“八一”期间到人武部等单位“送清凉”慰问活动。

【党风廉政建设】2021年，创建五星党建工程，成立了党员创建先锋岗和2支党员突击队。客运中心积极响应台州联通“清廉浙江，联通先行”创建活动，被评为2021年度市级示范点。开展党史教育，到兰田村红色教育基地追寻革命足迹，开展了一次红色之旅——临海行，全体党员和入党积极分子们参观红色岩坑村、郭凤韶烈士纪念馆，东湖烈士墓；获市微党课比赛二等奖、党史知识竞赛优秀组织奖，成立“和合先锋”党建联盟，组织红歌大合唱和党史知识大比拼活动。

（县联通公司）

铁塔公司

【概况】2021年，在县委、县政府的指导关心下，在省市公司的正确领导下，坚定落实上级公司决策部署，聚焦协同发展，统筹一体两翼，深化市场变革，彰显使命担当，各项工作稳步推进，经营业绩名列前茅。

【党建建设】2021年，扎实推动党建统领发展，党建推动生产取得实效。持续强化政治引领，深入学习习近平总书记“七一”重要讲话、十九届六中全会精神，扎实开展党史学习教育，用党的百年奋斗重大成就和历史经验教育武装自身，提高政治判断力、领悟力和执行力。切实发挥党组织的战斗堡垒作用，开展“我为群众办实事”活动，聚焦国家、客户、员工需求，完成7项重点任务，15项工作按要求销号；开展运营商党建合创，在5G建设、提升站址运营质量上发挥联建合力；开展“书记项目”攻坚，着力解决建设项目基础管理。站址精准维护、电费管理三大难点问题。

【5G建设】2021年，主动服务国计民生，充分发挥“国家队”“主力军”作用。全力完成全县5G建设和通信保障任务，做好组织保障、网络保障、安全保障、应急通信保障等工作。在服务网络强国、数字台州建设中发挥作用，加快落实台州市5G建设“五年任务三年完成”的要求。2021年，全县建成5G基站651座，累计5G基站1019座，整体5G建设进度达到73.8%。建成了覆盖全县各街道、乡镇的5G网络，为5G+应用普及奠定

良好的基础。在支撑交通强国战略中发挥作用，完成杭绍台铁路天台段5G网络全覆盖，为智能交通发展提供优质网络支撑。坚持社会化共享，创新共享模式，依托独一无二、规模庞大的站址资源，持续稳定的电力保障，集中统一的运行监控平台，一点支撑快速响应的维护体系，推进通信塔到社会塔的转变，为环境保护、水文监测、文化宣传提供了信息化解决方案。

【**安全生产**】2021年，坚持安全生产底线，严格落实各项安全生产制度，建立健全安全生产责任制。全年开展安全培训教育9次，覆盖所有合作单位，组织专项检查45次，整改隐患27处，2021年做到重大安全生产责任事故零发生。

【**基站科普**】2021年，揭秘身边的辐射，消除通信基站辐射误区。开展通信基站科普宣传2次，基站辐射属于电磁辐射，常见的电磁辐射源包括雷达、卫星通信站、高压变电设备、高铁、地铁、电视、手机等各种生活电器。开展对已建设完成的不同场景、不同塔型30座5G基站进行辐射检测，电磁辐射值均小于国家标准。

【**廉洁建设**】2021年，牢牢坚持底线思维，风险防范不断稳固。坚持廉洁从业底线，纵深推进清廉铁塔建设，严格落实“一岗双责”，抓实日常检查，对敏感费用、资金转垫付、设备配建超标、两翼等高风险领域开展自查自纠，抓实风险防控，开展内控自查，针对内控薄弱点制定整改措施。

（中国铁塔天台分公司）

城建·环保

城乡建设

【概况】2021 年，在县委、县政府的坚强领导下，全县住房和城乡建设系统深入学习贯彻习近平新时代中国特色社会主义思想，坚决贯彻落实上级重大决策部署，凝心聚力、克难攻坚，全县住房的城乡建设事业迈上了一个新台阶。

2021 年，局党委班子紧紧依靠全局广大干部职工，上下一心，深入贯彻县委、县政府各项决策部署，精准谋划，科学决策，逆势而上，圆满完成年度各项目标任务，在各方面都取得一定的成绩，如《关于将天台打造成浙江省山区 26 县建筑业高质量发展综合实验区的请示》获得副省长高兴夫和省住建厅厅长项永丹肯定；获得全省新时代美丽城镇建设 2021 年度优秀单位、成绩突出集体荣誉称号；天台县农村生活污水治理（农污全链条管理）被省住建厅列入试点；滨溪未来社区被省发改委和省住建厅列入 2021 年第三批未来社区创建试点，天元社区被浙江省城乡风貌整治提升（未来社区未来乡村建设）工作专班列入第四批未来社区创建试点；天台县城乡风貌整治提升行动方案被评为省级优秀方案；天台县人防指挥部办公室被评为 2021 年度浙江省人民防空工作先进单位；房管事务中心被评为 2021 年浙江省白蚁防治工作先进单位和台州市房地产经纪管理先进单位；《天台县推出竣工联合验收全过程服务，按下工程投产“加速键”》获得台州市副市长林先华和县委书记杨玲玲的批示肯定，并荣获县优化营商环境十佳实践案例第一名；《天台县住建局启动“1+N”工程，强化质量安全监理巡查试点服务》获得台州市住房和城乡建设局局长王加潮的批示肯定；天台县隐患排查治理管理系统和工程竣工联合验收管理系统被市住建局列入试点；浙江省获 2020 年度国务院省级政府保障农民工工资支付工作考核第一名，天台县作为主要迎考地区受到浙江省根治欠薪工作领导小组书信表扬；该局被县委、县政府评为 2020 年度扩大有效投资及重点项目工作目标责任制考核优秀单位；该局牵头，平桥镇获评 2021 年度美丽城镇建设省级样板；始丰街道获评 2021 年度美丽城镇建设山区县县城城镇省级样板；始丰街道、街头镇、龙溪乡获评台州市 2021 年度省级样板城镇；该局牵头，天台杨帆赭溪文化旅游发展有限公司赭溪文化创意中心项目获评 2019—2020 年度天台县优秀招商项目。

【城市基础设施建设】2021 年，完成丰泽小区、桥南小区老旧小区改造工程；完成 9 个绿色社区创建；完成城市更新二里许区块方案编制；完成11个城市社区补短板方案编制；高度重视城乡风貌及未来社区工作，成立工作专班，城乡风貌工作列入省政府督查专项激励，未来社区工作争取列入省政府督查专项激励；天台县城乡风貌整治提升行动方案被评为省级优秀方案；完成中心城区内涝治理实施方案并完成排涝专项规划；完成天台县滨溪未来社区实施方案并上报省厅备案；成功申报浙江省第四批天元未来社区创建；完成天台高速互通口九龙大道提升改造方案；完成上三高速天台互通口转盘和合文化改造提升工程；启动海绵城市实施方案编制；新增绿道10公里，绿地10公顷；全域新增配建停车位1713个，公共停车位619个；完成污水处理专项规划编制，完成污水管网13.3公里，雨水管网6公里，供水管网5公里；完成城市地下市政基础设施建设实施方案，成立天台县城市地下市政基础设施建设工作专班；完成管道燃气企业特许经营评估并上报省厅备案，完成天然气管网建设20公里，完成天然气门站及连接管线工程建设；市政公用工程质量安全事务中心全年共监督11个项目；组建城市提能专班，对照《城市提能行动方案》，以项目化推进城市提能工作。

【重点工程项目建设】2021年，完成天台山东路道路、排污等基础提升改造工程总工程量80%；始丰二桥提升改造工程项目建议书完成报批；开工建设园丁新村老旧小区改造工程；完成人民路（飞鹤路—劳动路）人行道提升改造工程；完成螺园路配套桥梁建设及出口段路基工程；完成百花路北侧至福利中心、天台小学飞鹤山校区配套道路工程水稳层浇筑；基本完成百花路西拓（赤城路—栖霞路）工程，具备通行条件；完成百花路东延（螺园路—八二线）工程桥梁工程；完成沙坑区块综合提升改造工程项建批复；完成人民路综合提升改造工程设计预公告的发布。

【历史文化名城保护与更新】2021年，推进赭溪历史文化街区项目建设，2021年度累计统计入库1.82亿元；完成中山东路市政基础设施提升改造工程；完成历史建筑（一期）测绘建档成果验收；完成第六批历史建筑申报；启动《中山东路历史街区保护规划》《中山西路历史街区保护规划》编制；开展国家级历史文化名城创建工作调研；做好城乡风貌整治提升试点工作（赭溪历史文化街区传统风貌样板区），推进老城有机更新。

【房地产市场】2021年，天台县坚持“房住不炒”定位，落实“一城一策”房地产长效工作机制，加强调控，着力稳房价、稳地价、稳预期，房地产市场保持平稳运行。全年新建商品住宅成交均价为12969元/平方米，与2020年全年均价12406.5元/平方米，增长4.53%，控制在5%涨幅红线以内；全年商品房销售面积完成63.18万平方米，同比增长3.2%；房地产投资全年完成48.62亿元，同比增长-23.84%；完成房地产领域5个风险隐患化解工作，化解率达到100%，提前完成全年任务；强化房建领域诚信维稳工作，妥善处置祥生•世纪广场、祥生•江山樾、华鸿•中央公园、杨帆•森然御府等楼盘群体性事件；建立房地产预售资金监管平台，加强房地产预售资金监管，确保预售资金进入监管账户；制订天台县房地产市场秩序整治三年行动计划，持续深入推进房地产市场秩序整治，对违法违规行为实施联动查处，确保房地产市场规范运行。

【住房保障体系】 2021 年，督促推进棚户区改造安置房建设；开展公租房各类审核、发放租赁补贴；完成天台县住房保障体系调研及省厅建党 100 周年住房保障展览素材搜集、整理、提交；开展住房保障管理系统建设；开展经济适用住房上市交易办理。

【城中村改造】 2021 年共下达征收决定 1 个，完成国有土地房屋征收 5 户；安置房项目提速专班已完成赭溪（溪谷小区）、平桥下山移民、水南一期、二期等四个安置区分房，全力推动其余 25 个安置房项目加快建设进度；数字化改革业务管理工作专班办公室已协助始丰街道完成丰裕路区块项目运行相关材料的上传。

【推进美丽城镇建设】 2021 年，成立美丽城镇建设工作领导小组，加强资金支持；制定出台《天台县小城镇环境和风貌管理长效机制考核与补助资金拨付办法》，每年安排 200 万元资金用于小城镇环境和风貌管控考核奖励使用；台州市美丽城镇建设工作现场会暨三季度主任会议在天台县召开，石梁镇顺利通过 2020 年度美丽城镇省级样板镇考核验收。

【农村房屋安全隐患排查】 2021 年，建立健全农村房屋管理制度，完善农村四类困难家庭危房改造动态机制；做好美丽宜居示范村的创建和验收；加强业务指导，促进乡村风貌提升。

【农村生活污水治理】 2021 年，完成 250 个农村生活污水处理设施标准化运维任务，完成设施提标改造 48 个，开工建设 2 个绿色处理设施试点，完成“强基增效双提标”基层信息摸排，编制天台县农村生活污水治理近期建设规划，大力开展数字化改革，争取浙江省“农污全链条管理”试点落地。

【防空建设】 2021 年，稳步推进人防指挥部常态化建设；新增 1 台警报器；开展警报器大检查；圆满完成“5·12”“9·18”警报试鸣工作；完成人防专业队整组点验工作；完善白鹤左一村人防疏散场所试点建设；由于台州市暨天台县人民防空实战化演习表现优秀，受到台州市人防办通报表扬；全县办理结建人防工程办理抗力等级确定 7 个项目，竣工备案项目 10 个面积 6 万多平方米；人防规划已完成招标，开展编制中；利用重要节点开展人防宣传活动；建成人防宣传教育体验馆。

【建筑业】 2021 年实现建筑业总产值 41.45 亿元，其中省内完成产值为 38.57 亿元，同比增长 22.9%；《关于支持天台县山区 26 县建筑业高质量发展样板的指导意见》获得省政府发文支持；牵头实施项目竣工联合验收全过程服务，按下企业投产“加速键”；探索政府购买服务开展监理巡查服务试点的做法；坚持狠抓质量、安全主体责任落实；扎实推进绿色建筑和建筑工业化；推进“无欠薪”专项治理；全面推进“智慧工地”建设；规范招投标及代理监管，全年共完成74个项目招标备案工作，总中标价为18.15亿元。

（县住建局）

环境保护

【体制机制改革创新发展】2021年，制定《生态文明体制改革工作要点》，进一步创新环境污染治理、健全生态保护和开发利用、完善资源集约节约利用市场化机制，全力推进二氧化碳排放达峰行动。重点做好台州市应对气候变化“十四五”规划中天台抽水蓄能电站项目、天台华统生猪规模养殖场粪污治理专项建设工程及“零碳示范县”等工作，编制完成并印发《天台县生态环境保护“十四五”规划》工作。

【生态“绿网”工程】2021年，利用物联网、云计算、大数据等最新信息技术，形成综合监测全域感知、数据关联决策分析、实时展示决策高效、科学研判智慧治理为一体的智能管控体系，全面赋能生态环境治理。1—12月已完成8个乡镇环境空气自动监测站建设。加强生态保护和环境治理业投资管理。全年生态环保总投资7个项目，共计1.37亿元。

【生态示范创建】2021年，天台县深入践行“绿水青山就是金山银山”的理念，以国家“两山”实践创新基地建设为引擎，着力打通绿色转化通道，为加快建设现代化和合之城、争当全省共同富裕示范区标杆县厚植生态本底，提供天台样本。成功创成1个市级绿色学校、1个市级生态文明教育基地、4个县级绿色学校。

【环境执法】2021年，积极开展“百日攻坚”“绿剑”等环保专项行动，严厉查处环境违法行为。近5年以来，立案处罚351起，罚款额3003万元，行政拘留4人，刑事拘留18人，判刑3人。全县环境信访形势平稳可控，投诉率逐年下降，其中坡塘区域实现连续78天零投诉。信访办结率100%，未发生群体事件、未发生重大环境事件。

【污染物减排】2021年，制订《天台县2021年主要污染物减排计划》，确定年度四项指标减排目标任务。超额完成市定年度目标任务：化学需氧量市定76吨，实际削减675.25吨；氨氮市定4.5吨，实际削减42.89吨；挥发性有机物市定73吨，实际削减92.95吨；氮氧化物市定24吨，实际削减180.6吨；为建设项目落地提供了总量指标保障。

【污染防治】2021年，狠抓关键，“蓝天保卫战”再攻坚。重点开展烟尘炉窑综合整治提升行动，对全县31家企业开展绿色涂料源头替代工作，深入实施细颗粒物（PM2.5）和臭氧（O_3）“双控双减”；强化支撑，“碧水攻坚战”再铺开。重点开展27家重点企业整治提升工作，定期开展饮用水水源地巡查，全面开展入河排污（水）口整治。多措并举，净土清废保卫战再深入。重点抓好“无废城市”建设工作，从制度建立、重点任务、保障工程三方面协同推进全域“无废城市”建设工作。切实抓好农用地分类管理，扎实推进建设用地土壤污染风险管控和修复。推动浙江圣达生物药业股份有限公司等12家公司落实土壤污染监管问题。

【**总量控制**】2021年天台县累计建成刷卡排污设备13套，刷卡排污系统充值率达到100%，充值率100%，委托运维率100%，数据有效传输率达到99.8%。共落实46个项目总量替代来源方案，其中12个项目的总量指标在省交易平台进行了排污权竞价。

【**深化“三服务”**】2021年，深化环评审批制度改革，结合环保三服务工作要求，实施洪三园区橡胶行业项目环评模块化编制，大幅度提高环评编制效率，大幅降低环评编制费用。积极服务重点项目落地实施，配合完成省级规划环评审批，进一步梳理项目环保“三同时”自主验收工作，2021年来已指导天台县完成环保“三同时”自主验收项目70个。以项目包办为抓手，优化服务工作机制。促环评审批平均提速50%以上，累计为300余家企业环评减费超1000万元。

【**空气质量**】2021年1月—12月的空气质量与2020年同期相比较有所下降，除二氧化氮较2020年同期无明显变化，臭氧较2020年同期下降外，其余大气污染指标浓度均较2020年同期有所上升，其他各项指标基本达到或优于国家二类标准。

二氧化硫：年均值为0.005毫克／米^3，达到国家二级标准（国家日平均二级标准为0.05毫克／米^3），较2020年同期（0.004毫克／米^3）上升25%；

二氧化氮：年均值为0.018毫克／米^3，达到国家一级标准（国家日平均一级标准为0.08毫克／米^3），较2020年同期无明显变化，全年日均值无超标现象；

可吸入颗粒物（PM10）：年均值为0.042毫克／米^3，达到国家二级标准（标准为0.07毫克／米^3），较2020年同期（0.035毫克／米^3）上升20%；

可入肺颗粒物（PM2.5）：年均值为0.023毫克／米^3，达到国家二级标准（标准为0.035毫克／米^3），较2020年同期（0.022毫克／米^3）上升4.5%；

臭氧（O_3）：年均值为0.068毫克／米^3，达到国家一级标准（国家日最大8小时平均一级标准为0.10毫克／米^3），较2020年同期（0.073毫克／米^3）下降6.8%；

一氧化碳（CO）：年均值为0.6毫克／米^3，达到国家一级标准（标准为4.0毫克／米^3），较2020年同期（0.5毫克／米^3）上升20%；

降尘：2021降尘年均值为1.96吨／平方公里·月，未超过省内暂定标准（5.00吨／平方公里·月），与2020年1.70吨／平方公里·月比较，有大幅度上升。

酸雨：2021年天台县降水PH平均为7.02，全年酸雨率为0，不属酸雨区，继续保持2020年以来的向好趋势。

【**水环境**】2021年天台县地表水质量均有不同程度的改善。与2020年相比，水质继续保持较好状态。下游的水质已停止恶化的趋势，并呈现出明显好转趋势，水质有较大程度的提高。水体污染特征为有机型，影响水质的因子主要为氨氮、总磷、高锰酸盐指数。

9个地表水常规监测断面，符合Ⅱ类水质标准的有7个，占77.8%；符合Ⅰ类水质标准的有2个，分别为里石门水库站点和国清站点，占22.2%，根据功能区划要求，达到功能区标准的有9个，占100%。

天台县干流始丰溪流域以前山大桥下游100为界，划分为两大功能区。其上游为集中式生活饮用水源地，有3个监测站位。河段总长为81.7千米，2021年前山、天台水厂达Ⅱ类水质标准，里石门取水点站位达Ⅰ类水质标准，水质继续保持2020年的水平。前山大桥下游100米至出境，水环境功能区为多功能区，有2个监测站位，分别为响岩和石岭两个站位，河段总长度为17千米。2021年响岩、石岭站位地表水为Ⅱ类水质，两个站位均能满足功能区水质要求。

天台县支流三茅溪设上清溪一个站位，2021年为Ⅱ类水质，符合功能区要求。赭溪上游7.4千米，设国清一个站位，2021年水质符合Ⅱ类水质要求，国清站位是天台水质最优站位，达到Ⅰ类水标准。下游4.3千米，设人民桥一个站位，2021年水质符合Ⅱ类水质要求，与2020年相比有较大程度的改善。螺溪设坡塘一个站位，2021年水质为Ⅱ类水质，符合功能区要求。

2021年天台县饮用水源监测站位9个，监测断面按年均值用单项指标超标法统计：9个站位均符合饮用水源水质评价标准Ⅱ类标准，达标率100%。根据功能区划要求，所有站位均符合水功能要求，达标率100%。2021年天台县饮用水源9站位年均值达标率为100%。饮用水源直接关系到广大人民群众的身体健康，各级部门应不断加强饮用水源保护区的监督管理力度，切实保护好城市饮用水源的水质。

【声环境】2021年，县城建成区内声环境质量状况较2020年有所改善，区域环境噪声污染明显下降，功能区噪声无超标现象，道路交通噪声数值略有下降，但超标路段明显增加。说明道路拓展，交通噪声对文教居住区的影响有所上升。

区域环境噪声　区域环境噪声平均等效声级平均值（面积计权）为47.2dB（A）。比2020年下降了4.4dB（A）。交通噪声源和生活噪声源仍是城市的主要环境噪声源。

功能区噪声从7个功能区定点噪声测点监测数据看，各功能区定点噪声昼夜均无超标现象。

道路交通噪声2021年平均等效声级为66.4dB（A），较2020年下降了0.9dB（A），2021天台县的路长超标率为14.37%，2020年为5.05%，同比上升了9.32个百分点，上升趋势明显。

（市生态环境局天台分局）

城市管理与行政执法

【城市精细化管理】2021年，环卫保洁面积840万平方米，城区河道12条，公厕53座，中转站5座；市政管养面积331万平方米，道路57条，桥梁49座，雨污管网207.3公里，污水泵站2个；园林管养面积180万平方米，公园17个；管理物业小区55个，物业企业32家。充分发挥“大城管”体制优势，开展“印象天台”城市精细化管理行动，实施6个基础设施有机更新项目，创成省级园林城镇1个（石梁镇）、省级绿化美化示范路1条（国赤路）、省级街容示范街1条（赤城路）、和合街区3个（天一街区、和熙福街区、栖溪弄街区），城市精细化管理水平跃居全市第二，天台县连续4年获评全市城市精细化管理优秀县。聚焦群众操心事、烦心事、揪心事，陆续开展户外广告整治、道路“拔钉”行动、夏季市容整治、井盖整治、退让地整治等“一月一主题”整治行动，城市管理群众满意度达97%，信访投诉同比下降13.6%。

【生活垃圾分类】2021年，高标准推进生活垃圾分类，主攻“撤桶并点”，完成66个居住小区、38条城区道路、2个核心商圈的撤桶并点，新建“两定四分点”130个，创成省高标小区14个、示范片区2个（赤城街道、石梁镇）；开展商超、银行、酒店等14个行业的专项指导，开展垃圾分类提质提速专项执法行动，案件查处量全市第一，天台县连续2年获评全省生活垃圾分类工作优秀县、全市生活垃圾分类工作优秀县。

【“大综合一体化”行政执法改革】2021年，成立天台县综合行政执法指导办公室，在原有485项行政处罚的基础上，划转了264项新增行政处罚、405项扩展行政处罚，涉及23个条线（发改、经信、教育、公安、自然资源、林业、建设、水行政、应急管理、市场监管、人防、地震、气象、生态环境、农村环境卫生、档案、科技、民宗、民政、人力社保、退役军人事务、粮食物资、消防救援）共1154项行政处罚，占全县行政处罚职权的22.75%，平桥镇、白鹤镇挂牌成立综合行政执法队，开展“一支队伍管执法”试点。

【城市运行安全】2021年，成立天台县城市运行安全专业委员会办公室，全面开展城市运行领域安全风险普查、隐患排查整治、“遏事故”攻坚战，整治隐患4300余处，天台县城市运行领域安全事故“零发生”。慎终如始抓好疫情防控，圆满完成和合文化全球论坛、中华济公文化节、高铁开通等重大活动的秩序保障任务。

【生态环境治理】2021年，建成投运垃圾焚烧厂、飞灰填埋场，生活垃圾填埋场封场修复，开展建筑垃圾综合治理、外来渣土乱倾倒联合执法等行动，2个中央生态保护督察问题整改销号。实施其他类“污水零直排区”项目建设，提标改造污水管网11公里、雨水管网7公里、雨污分流管网4.8公里，清淤排水管网130公里，城市污水处理率达98.85%。

【执法规范化建设】2021年，建立“个人自学、集中教学、互考督学、比赛竞学、实战检学”的“五学”机制，全员学法、全员考试、全员办案的做法被市执法局推广，全年办理一般程序案件2006件，人均办案量全市第一，罚款1710万元，较2020年翻一番。不折不扣落实行政执法“三项制度”，全面推行内部自查、中队互查、律师抽查、专家评查相结合的案件“四查”，开展拆违领域、城乡规划执法领域作风问题专项治理，出台《执法过错责任追究制度》，全年行政争议案件数量同比减少125%，获评浙江省文明规范公正综合行政执法基层队所示范工作成绩突出集体。

【数字化改革】2021年，谋划建设“摊省心”应用，分获省改革突破奖（提名奖）、省数字化改革最佳应用、数字政府最佳应用、数字社会最佳应用、全省有辨识度有影响力法治建设成果，被《人民日报》刊登。

【**党史学习教育**】2021 年，高质量开展党史学习教育，“五个一批”项目全部完成，“三为”实践案例被评为台州市典型案例、执法管理“扪心五问”（管理职能清不清、法律法规懂不懂、工作劲头足不足、服务能力强不强、争先意识有没有）讨论实践活动受到充分肯定。制定出台《编外人员管理办法》《在编人员交流调动管理规定》《档案管理规定》等 11 项规章制度，全年开展纠察 128 次，通报批评 40 人，诫勉谈话 2 人，警示提醒 1 人。

（县行政执法局）

住房公积金与住房保障

【**概况**】2021 年，天台县住房公积金中心以习近平新时代中国特色社会主义思想为指导，加强“七型机关”建设，认真学党史、悟思想，努力办实事、开新局，全年公积金运行情况良好，各项工作指标趋优。全年全县住房公积金归集 8.39 亿元，提取公积金 6.65 亿元；发放住房贷款 4.10 亿元，收回住房公积金贷款 2.67 亿元；12 月末，全县住房公积金归集余额 22.71 亿元；贷款余额 22.86 亿元。天台分中心连续实现贷款零逾期，在贷款防控逾期工作上取得全市最好成绩。

【**党建**】2021 年，认真学习贯彻党的十九届六中全会精神以及习近平总书记系列重要讲话精神，全面理解和准确把握新时代党的建设总要求，深入落实机关党的各项建设。组织全体机关干部开展“追寻红色足迹学党史传承革命精神开新局”系列主题活动，积极组织参与党史教育有关的征文、竞赛等活动，拍摄了“唱支山歌给党听”快闪视频；组织宣讲团赴联系乡村、社区开展宣讲。成立党员志愿者服务队，参与疫情防控、社区环境清洁等 6 次集中志愿活动；开展慰问老党员特困户、福溪小学、敬老院以及结对村走访帮扶等 5 次。召开党组研究机关党建会议 4 次，理论中心组学习 17 次，党支部召开支委会 17 次、党员大会 12 次、党课 4 次、组织党员专题学习会 18 次；市级录用机关党建信息 21 篇，县级录用 36 篇。2021 年，中心党组制定《台州市住房公积金管理中心天台分中心落实党建责任清单》《台州市住房公积金管理中心天台分中心 2021 年党建工作要点》《台州市住房公积金管理中心天台分中心 2021 年度纪检工作要点》等文件，及时落实各项任务目标，做到了年初有部署，年中有检查，年末有总结。

【**住房公积金窗口服务效能**】2021 年，坚持以“公开、廉洁、便民、高效”为服务宗旨，做到“门好进、脸好看、事好办”。大力开展“民生政策进万家”活动，深入群众、基层、企业解决职工公积金领域“急难愁盼”等问题；征求意见建议 21 条，整改落实 13 条，解决某银行公积金组合贷款要求职工购买理财产品、实际贷款利率高于申请贷款时点利率等问题，为职工挽回损失；依法优化审批流程、精简申报材料、积极推进业务流程再造；2021 年，提供特约上门服务32次、预约服务15次、延时服务88次、容缺受理3次；每月开展领导班子成员、中层干部下沉窗口“双体验”活动，切实把实事办好，把好事办实，连续四年被天台县行政审批局评为“先进科室（窗口）称号”。

【住房公积金扩面】2021年，全县新开单位4345家，净增单位173家，完成年度计划128.15%，全年实缴单位数1250家，同比增长16.06%；新增归集人数7457人，净增职工人数3514人，完成年度计划的180.21%，全年实缴人数44633人，同比增长8.55%。

【住房公积金归集】2021年，全县归集住房公积金8.39亿元，同比增长6.53%。其中，一季度归集1.91亿元，二季度2.52亿元（含结息金额3074万元），三季度1.82亿元，四季度2.14亿元。12月末，归集余额22.71亿元，同比增长8.30%。

【住房公积金贷款发放】2021年，全县发放个人住房公积金贷款1233笔4.10亿元，同比分别减少19.20%、21.97%贷款额，占当期归集额的48.85%；平均向每户家庭放贷33.23万元。其中，一季度发放贷款1.32亿元，二季度1.45亿元，三季度0.62亿元，四季度0.71亿元。12月末，贷款余额22.86亿元，同比增长6.62%；全县个贷比为100.67%，同比下降1.56个百分点。

【住房公积金提取】2021年，全县提取住房公积金6.65亿元，同比增长11.67%，占当期归集额的79.23%。其中，一季度提取1.93亿元，二季度1.70亿元，三季度1.53亿元，四季度1.49亿元。

【住房公积金运用和使用】2021年，公积金业务收入7452万元，业务支出3478万元，实现增值收益3974万元，同比增长11.04%。增值收益率1.84%，连续两年位居全市第一。其中，提取贷款风险准备金2583万元；提取管理费用281万元；提取城市廉租住房建设补充资金1110万元。至2021年年末，城市廉租房补充资金总额6967万元，贷款风险准备金余额19274万元，风险准备金充足率8.43%。

【住房公积金数字化建设】2021年，全面深化公积金数字化改革总体要求，把数字化、一体化、现代化贯穿到公积金发展各方面，形成更多具有公积金特色的数字化改革成果，“网办率”“掌办率”成效显著。全年总收件量13016件，政务服务网办理1810件，浙里办App办理7900件，2.0大厅+专窗办理3306件，超期办结数0件。政务2.0收件率94.25%。住房公积金贷款实现“一件事一次办”，办件量128件；实现贷款抵押注销一件事，办件量41件，市外公积金账户转移实现网上件，掌上办；实现了长三角地区异地贷款缴存使用证明和购房提取异常警示“一网通办”。离退休提取、离职提取、账户设立、汇补缴、基数调整等8个事项实现“智能秒办”，账户转移实现“无感智办”，“整体智治”显成效。

（台州市住房公积金管理中心天台分中心）

供　水

【**概况**】2021年，县水务集团已有8家分公司，8个职能科室，员工总数350余人，资产总额162766万元，具备15万吨／日的供水能力、总装机2.8万千瓦的水电机组和1万吨／日的污水处理能力，供水范围覆盖县域11个乡镇街道264个行政村，服务人口近50万人。

【**荣誉**】2021年，获评2020年度美丽台州建设（五水共治工作）成绩突出贡献集体、2021年度天台县代表建议办理工作先进单位；"'量身定制'办水事"案例入选县优化营商环境十佳案例；在县第六届职工运动会上荣获团体总分第三名；水源地保护工作获评浙江省县级以上集中式饮用水水源地安全保障达标评估优等。

【**重点项目建设**】2021年，高效率推进重点项目建设，积蓄高质量发展澎湃动能。城乡供水一体化工作卓有成效，天台县平原地区"从西到东""从南到北"的供水一体化格局形成，供水范围覆盖11个乡镇街道，供水规模达15万米^3/日，受益人口近50万人，保供水能力跨入全省领先行列；世行项目圆满收官，被世界银行评定为"高度满意级"项目。这是自1984年浙江省利用国际金融组织和外国政府对华贷款项目以来荣获的第二个"高度满意级"项目。智慧水务系统建设项目顺利竣工投入试运行，实现以"智慧化水务平台"全面规范城乡供水一体化管理机制；街头水厂二阶段项目、县城环线供水保障项目、城区供水管网改造项目顺利完成年度建设任务；2021年度民生实事项目"农村消防栓建设项目"提前1个多月完成年度建设任务，安装完毕1000组消防栓。

【**经营管理**】2021年，高要求抓实日常生产经营，拓展转型发展全新空间。集团全年主要经济指标均超额完成，实现营业收入10317万元、净利润230万元，完成率112.2%。开始全县农村生活污水高效运维。吸收合并天台县市政基础设施公司开展日常巡查和检修，成功创建浙江省农污运维先进县，形成"天台经验"，县财政提前获得省建设厅农污奖补资金922万元。有序开展农饮水统管工作。建立运行制度规程，对全县所有单联村供水站开展日常运维，成功举办2021年台州市农饮水达标提标总结现场会，顺利完成市对县农饮水达标提标交叉验收。稳步推进供水发电工作。全年售水量2986.83万吨，水费收入4865.16万元，比增22%；完成发电7561.31万千瓦时，发电收入3889.93万元，比增52.7%。稳步提升污水处理能力。平桥污水处理厂和苍山污水处理厂全年处理污水316.1万吨，比增51%。持续巩固水源地保护专项成果。始终按照"一库一策"工作方案，重点抓好里石门水库、龙溪水库两大水源地保护工作，水质常年保持Ⅱ类以上，连续第三年在浙江省县级以上集中式饮用水水源地安全保障达标评估中获评优等。

【**党史学习教育**】2021年，高站位推进党史学习教育，隆重庆祝党的百年华诞。切实把开展党史学习教育作为年度最重要的政治任务，高度重视、精心组织、全力推进。突出学习教育。

认真落实班子成员领学和“第一议题”制度，积极开展“每月学党史书籍”和“沿着红色足迹学党史”活动，通过集团公众号“微党课”栏目创新“十分钟学党史”。强化互动宣传。认真践行“千场党课下基层”活动，组建“水务蓝·党建红”宣讲团开展51场党史宣讲活动，积极参与省市县组织的“向党说说心里话”网络话题互动及各类微型党课大赛和主题征文报送，举办集团“学党史·迎百年”知识竞赛，组织拍摄“唱支山歌给党听”快闪作品，党史学习教育信息报送工作在全县81个乡镇街道、部门中位列第19名次。以党史见行动。扎实开展学习调研，做深做实“三为”专题实践活动，主动送供排水服务进村庄、进校园、进医院，累计为群众办实事380余件；深入践行“我为基层减负担”活动，累计为低收入用户减免水费、安装费1027户63.88万元。

【疫情防控】2021年，始终把疫情防控作为压倒一切的重要政治任务和中心工作，落实疫情防控各项要求，彰显国企关键时刻的社会责任与担当。常态化严格落实疫情防控纪律和防控措施，做到疫情防控与中心工作同部署、同推进、同落实；抓好供水生产经营工作的有序推进，强化对原水、出厂水和制水工艺各控制点的水质监测，切实做好防疫期间集团供水生产保障工作，确保供水范围内安全优质供水。

【从严治党】2021年，高标准推进清廉水务建设，筑牢可持续发展根本保障。坚持以党建引领绿色发展，把管党治党建设贯穿到集团深化改革和转型发展的全过程、疫情防控和安全防范的全过程，上下同建“清廉水务”。积极创建“清廉国企”示范点。严格落实党建与业务工作齐抓共管机制，以“签字背书”形式强化党风廉政建设主体责任落实，强化跟踪问效，突出教育宣传，全年召开干部教育警示大会2次，党建业务、“清廉水务”建设、意识形态工作专题培训会3次。举一反三做好巡察整改工作。把巡察作为净化政治生态的重要抓手，围绕“思想大洗礼、观念大转变、问题大整改、工作大推动”整改目标，全员参与、上下联动，全力以赴抓好整改落实，实现了集团党风政风的进一步好转、服务发展的能力进一步提升。

（县水务集团）

供　电

【概况】2021年，国网天台县供电公司深入学习贯彻习近平总书记系列重要讲话和重要指示批示精神，在省市公司和县委、县政府的坚强领导下，奋力书写新型电力系统省级示范区的天电精彩，争当“走在前作示范、建设示范窗口”样板地模范生，交出了献礼建党百年华诞的优异答卷，实现了“十四五”高质量开局。全年完成固定资产投资1.09亿元，投产10千伏及以上线路119.58公里、变电容量2.13万千伏安；售电量18.26亿千瓦时、同比增长12.88%。全社会最高负荷33.17万千瓦，创历史新高。

【能效服务】2021年，全力服务世界水头最高的天台抽水蓄能电站建设，如期投运抽蓄电站专线工程，保障施工用电，持续探索中小型抽蓄电站发展前景。积极参与全省分布式光伏规模化开发试点县工作。全市率先促成企业用户参与绿电试点交易，积极对接县内两家上市企业签约参与全省第一批绿电试点交易。打造电力企业用户能效分析系统，推行“供电+能效服务”。深化建设凯莱小微园区智慧物联体系，搭建客户侧设备智慧物联总体架构。搭建小水电集中管控平台，完成全域小水电一体化规范管理。

【保障机制】2021年，开展天台县大面积停电政企联合演练、台州电网天台全停黑启动演练、天台电网跨区应急支援温岭等各类演练6次。坚决打赢“烟花”“灿都”两场抗台抢险保卫战，沉着应对强对流、强降雨、降雪覆冰等各类恶劣天气影响，有效应对电力保供和能耗双控阶段性考验。实现大电网安全和电力可靠供应，供电可靠率提升至99.9717%，安全日累计达6459天。完成台州首次绝缘导线的绝缘杆作业法搭火，带电作业能力实现引线搭接的全地形覆盖。圆满完成“建党百年”“和合文化全球论坛”“中国旅游日”等20余次重大活动保供电工作。

【电网建设】2021年，配合政府召开2021年电网发展建设攻坚大会，推动县政府与各乡镇街道、相关部门签订《天台县电网建设2021年度任务书》，协同解决电网建设中的“卡脖子”问题。完成4个标准接线网格建设，建成投产30项配网工程，联络线路增加7回，新建10千伏线路8回，新增配变81台。如期完工通电杭台高铁天台牵引站外部供电配套及专线工程，助力天台全县人民“高铁圆梦”。提前完成天台生活垃圾发电厂及红石梁热电厂的配套送出工程，并积极提供技术支撑和电源保障。梯次轮换退役主变，一举盘活莪园、白鹤、街头三座变电站。持续开展配电网网架分析，“对症下药”滚动储备改造项目，拓展新设备、新材料、新技术应用。加快配电自动化建设，配网线路自动化有效覆盖率达82.36%，停电时户数同比压降33.79%。

【阳光办电】2021年，深化阳光办电中心+供电服务指挥分中心“双中心”全过程管控模式，推进“一站式”服务，解决“多跑次”问题，高压用户办电时长同比压降13.75%。全力配合政府部门做好“能耗双控”，针对高耗能企业开展每日电量监测，针对重点企业开展现场走访、主动能效服务。实现全域160千瓦及以下的小微企业用电报装“零投资”，深化线上办电应用推进数据“线上跑”。联合县农业农村局发文《“电力先行”助力“乡村振兴”“共同富裕示范区建设”指导意见》，完成7个新农村电气化和1个电力驿站建设，开展塔后村示范台区建设，做好全电民宿、乡村全电景区的电能替代工作。充分应用各项优惠政策，严格执行工商业电价优惠政策，累计减少企业电费支出7650万元。以转供电费码为抓手，确保电费降价“红包”惠及各终端用户。推动企业参与电力直接交易，共降低电费支出1361万元。

【电价改革】2021年，有序落实电价市场化改革政策，稳妥实施代理购电，整体保持平稳有序。

政企协同推进天台县能源大数据中心试点建设。搭建基于工单驱动的营配合一数智平台“和合智电”，提升基层站所服务质效。搭建“运检派工单全过程智能管控平台”，推动应急派工审批、物资领用审批、工器具装备调配等数字化管理。

（县供电公司）

科 教

科 学

【**概况**】2021年，天台县深入实施创新驱动发展战略，以落实台州市国家级创新型城市建设各项任务为抓手，不断优化创新环境，推进天台始丰溪绿色科创走廊建设，向科技合作要技术，向先进地区要发展，加速科技成果落地转化，加快推进县域科技创新，推动科技工作取得新成效、迈上新台阶。

【**监测数据**】2021年，根据全省科技进步统计监测数据显示，天台县创新指数排名达全省第二梯队，排名全省第四十九，全省山区26县第四，其中五个二级指标中的“转型升级”指标排名全市第一；全县实现全社会研发经费支出6.18亿元，同比增长16.2%，研发经费占GDP比重2.05%；规模以上工业企业R&D经费支出占营业收入比重为2.52%，排名全省第十三，26县第五；规模以上工业企业中开展R&D活动比重为66.49%，排名全省第十三，26县第四；企业R&D人员占就业人员比重达12.56%，排名全省第三，26县第一；规模以上工业新产品销售收入占营业收入比重43.83%，排名全省第18，26县第三；高新技术产业增加值占工业增加值比重达76.45%，排名全省第十三，26县第一；科技服务业营业收入占规上服务业营业收入比重64.84%，排名全省第六，26县第一。环境质量综合评分为满分6分。

【**科创平台搭建**】2021年，科创大平台建设稳步推进。启动天台县始丰溪绿色科创走廊建设，完成规划编制；走廊“首聚地”大车配省级创新服务综合体投入实际运营；走廊“首建区”创新中心一期研发中心建成并完成内部简装。

【**科创主体培育**】2021年，深入实施科技企业“双倍增”计划，新增国家高新技术企业16家，分别为富适扣铁路器材（浙江）有限公司、亿恒控股有限公司、浙江康和机械科技有限公司、浙江中天能橡胶股份有限公司、浙江托马仕智能科技有限公司、浙江庞氏塑业有限公司、浙江耐者胶带股份有限公司、浙江银轮新能源热管理系统有限公司、浙江国涛滤料科技有限公司、浙江富大橡胶有限公司、台州市港泰铝塑板有限公司、天台精工西力玻璃珠有限公司、浙江永贵博得交通设备有限公司、浙江天盛汽车配件有限公司、浙江天台九川新材料股份有限公司、台州龙富特木工机械有限公司；天台恒胜滤料科技有限公司等71家企业被认定为省级科技型中小企业。

【**研发机构建设**】2021年，推进企业研发机构建设，新增省级重点实验室1家：浙江省汽车智能热管理科学与技术重点实验室。新增省级高新技术企业研发中心4家：浙江省超前光网络通用器材高新技术企业研究开发中心；浙江省恒泽环保过滤材料高新技术企业研究开发中心；浙江省明丰汽车用品新材料高新技术企业研究开发中心；浙江省新维士保健食品高新技术企业研究开发中心。新增市级高新技术企业研发中心14家、市级重点实验室6家。

【**科技技术攻关**】2021年，天台县获批浙江省科技厅2022年度“尖兵”“领雁”研发攻关计划3项（浙科发规〔2021〕51号）：极端环境下铁路扣件系统高性能橡塑材料关键技术开发及产业化项目（浙江天台祥和实业股份有限公司）、乳酸链球菌素高产菌株的选育及发酵工艺优化项目（浙江新银象生物工程有限公司）、一线前列腺癌治疗药物雄激素受体拮抗剂恩扎卢胺高端仿制技术及应用项目（奥锐特药业股份有限公司）；获2020年浙江省技术发明奖一等奖1项（浙政发〔2021〕14号）：超声辅助高性能微细成形制造关键技术及其工业应用（浙江大学，浙江银轮机械股份有限公司）；通风按摩加热多功能高级MPV座椅项目等10个县级高新攻关项目。

【**产学研合作**】2月23日，浙江农林大学金敏丽专家带领下一行4人到天台开展科技服务工作，走访了龙溪乡有机茶园、石梁镇高山蔬菜，并提出有效建议就龙溪乡有机茶园生态发展等规划，实现资源共享人才有归处，技术出成果，交流结硕果，实现企业和学校、学生的共赢局面。

4月6日至7日，东华大学科学技术研究院副院长季诚昌教授一行8人专家团赴天台产学研对接活动，先后走访华基环保科技有限公司、大自然旅游用品有限公司、浙江明丰、浙江天台正灿纺织厂，深入了解企业需求，帮助企业解决难题，助力企业转型升级发展。科技局、产业用布协会陪同走访。

4月15日，杭州电子科技大学智慧农业研究院教授吴开华一行5人，走访园园星创天地、黄茶基地、天台现代农业产业园，就天台智慧农业提出思路，针对天台黄精产业已进入快速发展时期，但缺少科学加工和高端产品，提出科学谋划、组建产业联盟，通过校企联运，合力推动天台黄精全产业链发展，打响天台黄精品牌。

4月22日，宁波大学教务处处长李国平一行5人及10余名研究生到天台开展技术对接和现场招聘活动。

4月28日，北京化工大学合作中心主任党高飞一行5人到天台开展产学研对接并与金字集团签订的合作项目——多厕位移动智能净排WC项目，合作项目金额350万元。

5月25日，南方科技大学教授张巍一行7人到天台对接交流，走访了浙江银轮、天成自控，寻找共性技术问题，匹配相应专家。

6月24日，江苏科技大学合作处处长王志东带队到天台开展产学研对接，先后走访了银轮机械、明筑新材料等企业，专家团就产品研发、智能化技术、工艺技术等方面进行深入交流，明确了今后的合作方向。

7月12日，浙江理工大学专家团到天台县开展科技服务工作，天台产学研对接活动，走访了严牌股份、得威得滤料、恒泽滤料等企业，专家团就产品研发、智能化技术、工艺技术等方面进行深入交流，明确了今后的合作方向，在专家和企业项目合作的基础之上，积极宣传“台州500精英计划”，鼓励柔性引进，推动高校专家与企业建立长效的合作机制。

7月17日，东华大学纺织学院党委书记李成龙带队到天台开展科技合作交流对接。

8月18日，西北工业大学太仓研究院副院长郭云飞带队走访银轮、永贵、天成。

8月19日，宁波大学教务处处长李国平带队走访永贵、万胜，对接研究生联合培养工作。

8月23日—24日，由浙工大15名专家组成的教授博士团走访对接圣达、奥锐特。

10月14日，南科大机械系主任融亦鸣教授到天台开展产学研对接服务活动。就融亦鸣教授技术成果项目进行交流，并走访浙江银轮、天成自控，解决技术问题，匹配相应专家，解决了企业原材料难题，与企业达成科技合作意向。

【科技惠民】2021年，深入开展科技特派员工作，鼓励科技人员深入广大农村基层服务“三农”，引导科技要素和资源向农村有序流动，科技特派员工作获浙江省委、省政府“2019—2020年省农村工作指导员和科技特派员工作成绩突出单位”发文表彰。完成市县科技特派员项目立项12项；举办黄精种植、茶叶种植培训等科技特派员活动3次。

（科技局）

教　育

【概况】截至2021年秋季，全县有各级各类学校149所，共有学生81881人。其中：幼儿园75所，在园幼儿14975人；义务教育学校59所，在校生47909人；普通高中9所（含民办的青梅、培新），其中完全中学1所（育英），十二年制1所（外国语学校），在校生11348人；职业教育集团1个（职业中专、电大学院、第二职校），民办职业学校2所（文武学校，天成职技校），在校生7517人；特殊教育学校1所，在校生132人；教师进修学校1所；中小学生素质培训中心1所。全县共有专任教师5779人，其中幼儿教师925人，小学教师1811人，初中教师1414人，普通高中教师1178人，职业学校教师418人，特殊教育33人。全县中小学教师中有省功勋（杰出）教师2人，全国优秀教师1人，正高级教师9人，省特级教师7人，市县级名师名校长230人，市县名师工作室29家。获评台州市教育工作业绩考核第一、市对县“幸福教育”考核第一、县级机关单位工作目标责任制考核优秀。在全市两代表一委员满意度测评中，天台县以100%的满意率位居全市第一。

【学前教育】2021年，立足新发展阶段，贯彻新发展理念，持续优化“集团化管理、连锁化办园、一体化发展”工作格局。进一步健全覆盖城乡、布局合理、公益普惠的学前教育公共服务体系，幼儿园保教质量全面提高，基本实现城乡一体化、区域均衡化、办园优质化的发展局面。聚力县域三大课程改革联盟引领，发挥天台“和合文化”资源优势，打造全省知名“和合幼教”教育品牌，“和合幼教”课程群写入台州市学前教育第四轮行动计划。制订《天台县改革创新公办幼儿园办园体制完善公办幼儿园机构编制人员管理的实施意见》《天台县公办幼儿园劳动合同制教职工管理暂行办法》，探索“事业编制+劳动合同制”并轨运行，首次招聘15名劳动合同制教师充实教育队伍。建立以财政投入为主、PPP项目为辅的多元投入机制，将学前教育经费纳入财政预算，单独立项，并做到逐年增长。2021年，全县学前教育生均公共预算教育事业费12539元，同比增13.78%；学前教育生均公共预算公用经费5247元，同比增48.63%。深入实施“扩容改薄”工程，如期投用闻莺幼儿园、始丰街道中心幼儿园柳岸分园、坦头镇中心幼儿园，新增学额870个。办园水平有效提升，平原乡镇中心园按照一级幼儿园建设，山区乡镇按照二级幼儿园建设。全县建成一级园4所，二级园25所，二级园以上覆盖面达81.54%，居全省先进水平。公办园占比达67.67%，居全市第一。制定出台普惠性民办幼儿园认定及管理办法，全县普惠性幼儿园覆盖面达99.7%。

【义务教育】2021年，全面推动县域义务教育优质均衡发展，在全市率先通过全国义务教育优质均衡发展县省级初评。作为全国唯一县级教育局在“中国教育改革发展论坛”上作乡村教育现代化主旨演讲。承办共同富裕示范区建设背景下的台州市乡村名校建设研究高峰论坛暨现场推进会、之江汇智慧教育论坛之新型城乡教育共同体研讨会。“中国新样态学校实验区”落户天台。始丰小学、平桥小学被评为省现代化学校，福溪小学与杭州市学军小学协作办学顺利签约。“双减”工作成效显著，校外培训机构压减率和办结率均为100%。坚持全面提升育人质量，五育并举提质进位。体教融合再获央视点赞，CCTV-5专题播出《省队落户县城学校空手道体教融合有成效》。实验小学、天台小学、恩美幼儿园入选全国首批围棋特色学校，平桥二小入选全国青少年校园足球特色学校，白鹤幼儿园被评为全国足球特色幼儿园示范园。福溪小学课外阅读案例获教育部推广。劳动教育迭代升级，2所学校被确定为市级中小学劳动实践教育基地，6个作品入选全省精品课程劳动教育作品，《唐诗之路》入选全国第三届中小学实践教育资源征集活动。全面加强德育品牌建设，立德树人再上台阶。县教育局获全国青少年爱国主义读书教育活动组织特等奖，2所学校获评台州市中小学德育工作示范学校，2所学校被认定为台州市中小学思政课教师实践教育、师德涵养基地。赤城中学学生徐冰蕊获评浙江省新时代好少年，2名学生获省“学宪法讲宪法”大赛一等奖。3个作品在浙江省中小学生艺术节获一等奖。4所学校被评为台州市书香校园，6个学校图书馆(室)被评为市示范性图书馆(室)。新增台州市中小学STEM教育与项目化学习基地学校3所、基地建设学校4所。

【高中教育】2021年，坚持把立德树人作为根本任务，以深化普通高中课程改革为核心，以发展学生核心素养为目标，打造具有核心竞争力的普通高中教育。深化与学军中学深度合作，常态化、机制化合作办学网络逐步完善。2021年天台县高考再上新高峰、再创新辉煌，高考成绩位居全市前茅。650分以上51人，最高分698分，上特殊类型招生控制线（全省前20%学生，往年称作重点线）675人，其中天台中学544人，育青中学93人，平桥中学29人，外国语学校6人，苍山中学2人，育英中学1人。办学水平持续提升，天台中学获评浙江省百年名校，3所学校被确定为台州市普通高中学科基地学校，2所学校被确定为台州市优秀科学基地学校，1所学校被认定为台州市中小学校本研训示范校。投入311万元建设7个创新实验室，在全省率先普及普通高中信息技术实验室。队伍建设亮点纷呈。天台中学姚才镇荣获浙江省高中数学优质课一等奖，赢得国赛入场券。天台中学姜忠勤、汤有国分别入选台州市“特支计划”第二、三层次人才。天台中学谢善兴、王震晨获评中国化学奥林匹克县级优秀指导教师。学生综合素养水平不断提升。在全市高中学生体质健康抽测工作，位列第一。在省第十七届中学生田径运动会上，育英中学代表队获高中乙组团体总分第三名。在2021年全国高中数学联赛（浙江赛区）中，天台中学学生获全国二等奖1人、三等奖2人。在第38届全国中学生物理竞赛浙江赛区评比中，获全国二等奖6人、三等奖4人。在第35届中国化学奥林匹克初赛中，获全国二等奖3人、三等奖4人。参加2021年全国中学生英语能力竞赛，近100名学生获全国奖项。3人在第35届浙江省青年科技创新大赛上获省二等奖。在第22届全省学生信息技术素养提升创客竞赛中，2人获省一等奖。

【职业教育】2021年，围绕“职业教育‘窗口城市’建设”中心任务，打造高技能人才培养和培训基地，天台技师学院获批筹建，计划投入3.9亿元建设职业教育新园区。将原浙江电大天台学院、天台职业中专、天台第二职技校三校合并，组建天台县职业教育集团。职教党建品牌建设富有成效，职业教育集团获评浙江省党建优秀品牌、台州市机关党建示范学校。全面推进“三元并举育人”模式建设，实行引企进校、校外实训基地、自创企业三种模式下的现代学徒制育人模式，实训基地建设质量不断提升。职业教育集团与浙江银轮机械股份有限公司开展企业新型学徒制试点建设，联合研制“自动接料滚平机”获台州市创新创业大赛二等奖。“天台创新中心—技师学院”入选台州市产教融合工程项目名单，“基于产教深度融合‘双元三岗’全学程生产性实训体系构造”入选台州市产教合作协同育人项目名单。制定《天台县中等职业学校专业设置与发展规划（2021-2025）》，聚焦产业群，构建5大特色专业群。加大优秀中青年教师培养力度，19人次获评省、市、县荣誉，其中2名教师入选浙江省青年工匠，教师林国荣被确定为浙江省教坛新秀；5名兼职教师被评为台州市“产业教授”和“工匠之师”。教师论文国家级发表27篇、省级教育改革优秀案例1项、市级教学成果奖2项；省级课题立项1项，市级课题立项7项、结题2项。学生技能培养业绩突出，获国家级奖项3人、国家级奖学金11人、省市县级奖项354人，职教集团校园舞狮工作室获浙江省第八届龙狮锦标赛一等奖。加强东西部合作，接收云南陇川8名学生在天台县顶岗实习，13名学生交流到天台县职业学校就读；援疆教师许威明被评为师市优秀援疆人才、优秀援疆支教教师。

【特殊教育】2021年，以创共同富裕下的特殊教育体系为目标，以提高学生综合素质为核心，以发展教师专业化水平为重点，大力开展教育教学改革。紧抓课堂教学质量，提升教师职业素养，3名教师获台州市资源教师基本功大赛二等奖，5项市级课题顺利结题；教师葛镔镔被评为浙江省特教园丁奖、台州市名师，教师王晓虹获评台州市教坛新秀；德育案例《悦纳自我拥抱明天——转衔生德育转化之浅见》获浙江省德育工作优秀实践案例。随班就读和送教上门工作扎实开展，17所学校完成资源教室建设，保证随班就读学生5人以上及有需要的乡镇（街道）中心小学至少建有1个资源教室。完善融合教育机制，深入开展融合教育。全面启动与推广省网络IEP平台（浙江省个别化教育信息管理系统），实现随班就读智能化，整体提升融合教育服务质量，23所随班就读学校进入省网络IEP平台，录入个案185件。健全特殊教育师资培训机制，天台县首届两年四次资源教师一期培训顺利完成。着力特殊学生潜能开发，选送节目《中国范儿》获台州市中小学艺术节一等奖。特教中心始丰新校区主体工程对标有序推进，打造全省一流的标准化无障碍学校，造福更多的特殊孩子。

【成人教育】2021年，成人教育围绕“乡村共富”建设主题，打造纵向衔接、横向沟通、内外协调、整体优化、良性互动的学习型社会。全县共有成人（社区）学校专职教师31人。积极开展家政人才培训、双证制培训、预备劳动力培训、老年教育培训、企业员工培训等各类文化教育、技能培训，全年各类成人学校社会培训达27748人次，培训成果信息全部存入省学分银行管理平台。2个基地入选浙江省“在浙学”市民终身学习体验基地。积极推进社区教育进农村文化礼堂活动，举办社区教育进礼堂活动1380场次，乡镇覆盖率达100%；开展老年智能技术应用培训，共开展105场次，服务老年群体4185人次；开展老年教育，经常性参加老年活动27609人。开展全民终身学习活动周，2021年天台县暨街头镇全民终身学习活动在街头成校成功举办，天台县教育局被评为台州市终身学习活动周优秀组织单位。全县形成以成人（社区）学院为龙头、城乡成人（社区）学校为骨干、辐射村级教学点的成教格局。

【学校建设】2021年，推进全国义务教育优质均衡发展县创建工作，持续优化校网布局。聚焦群众所需、社会所盼，科学布局、靶向发力、全速推进，做优教育资源供给侧“文章”。推进政府性教育投资项目共7个，续建6个，开工1个，竣工2个，完成投资1.6亿元。天台小学北校区、闻莺幼儿园、坦头镇中心幼儿园、始丰街道中心幼儿园柳岸分园于9月份投入使用，实验小学始丰校区、特教中心迁建项目、南区小学项目对表推进。赤城四小经过广泛征求意见，改名为赤城小学。全县义务教育“布点均匀、规模适当、供给充分”的教育发展新格局已基本形成。推进全国学前教育普及普惠县创建，投入6937万元对城区乡镇学前教育资源进行扩容，共增加新园区3个，增扩29班，提供学位870个。推进新型教学空间建设，优化学校教育技术环境。2021年，利用薄改资金857万元，建成新型教学空间96个。利用省改善普通高中办学条件补助资金311万元，建设7个创新实验室，在全省率先普及普通高中信息技术实验室。投入100万元，改造全县25所学校241间照明条件不足的教室灯光，为学生营造健康舒适的学习环境。投资400多万元，建成实验小学福溪校区教育综合实践基地，并被评为台州市综合实践基地。数字化改革初见成效，基于新型城乡教育共同体背景下乡村名校云系统建设被列入省教育领域数字化改革第一批创新试点项目。学科基地校建设卓有成效，4月，台州市数字教育资源建设与应用交流活动在始丰小学举行。始丰小学被评为省数字教育资源建设与应用示范学校，全县创建数字家长学校31所。

【师资队伍】2021年，加强师德师风建设，牢记为党育人初心，坚定为国育才立场。开展庆祝中国共产党成立100周年"四个一百"系列活动，展现新时代天台青年教师的风采和担当。党建示范工作步履坚实，2所学校获评台州市机关党建示范点。编制《天台县乡村名校建设三年行动计划》，印发《天台县乡村学校教师队伍建设实施方案》，为振兴乡村教育提供政策保障。公开选拔68名德才兼备、素质优良的青年教师，组建教育系统青年后备干部培训班，着力打造有能力、有情怀的干部队伍。名优教师梯队培养成效显著，参加省市教坛新秀与市级名师评比再创佳绩，15人获评，居全市前列。搭建优秀教师先进事迹一周一展播平台，加大优秀教师宣传力度，以榜样的力量激发全县广大教师干事创业的热情。建立县委、县政府主要领导与一线教师面对面交流机制，强化"名师名家"培育，探索实施"天台县'十·百·千教育大家'培养工程"，打造一大批有教育情怀、有实干精神的中小学"名教师""名班主任""名校长"和"名治理者"等高层次"教育大家"。2021年，实行与高等师范院校联合定向培养小学全科教师计划，定向委培34名学生，全部超过重点线，为优秀人才培育奠定坚实基础。与学军中学开展深度合作，选派骨干教师207人次到学军中学挂职锻炼。2021年，新增正高级教师2名，1名教师入选全国乡村优秀青年教师培养对象，2名教师进入省级青年工匠行列，5名教师入选"浙派名师名校长培养工程"。

【招生考试】2021年，制定《天台县2021年高中招生工作实施意见》，更好地满足初中毕业生多样化的升学需求。2021年，全县计划招收全日制普通高中88班3950人，计划招收职业高中70班3107人，合计招收新生7057人。中考考试科目、分值为语文150分、数学150分、英语120分（含听力考试25分）、科学200分、历史与社会·道德与法治100分、体育40分，总分760分。考点共设县实验中学、赤城中学、外国语学校、平桥镇中学、坦头中学、白鹤中学、三合中学、街头中学、始丰中学9个考点。中考所有科目均采用闭卷形式考试，英语科目先进行听力考试，再进行笔试，听力考试以考点为单位，通过校园广播系统或者便携式播放设备播放的办法。普通高中最低录取分数线为547分。天中、平中、育青三所重点普通高中的重点线为667分。天中，第一志愿689分（语数英375分、语数263分）；平中，第一志愿647分、第二志愿648分（语数英342分）、第三志愿657分；育青，第一志愿660分（语数英351分），第二志愿、第三志愿667分。2021年，全县全日制普通高校录取人数为4181人，参与开放教育1954人，参与远程（网络）教育194人。出台《2021年天台县义务教育招生办法》，所有公民办义务教育学校全面实施“阳光招生”制度，实施分批次招生政策，招生时间、招生流程向社会公开，自觉接受社会监督。在浙江政务服务网“浙里办”App，全面开通“义务教育入学服务平台”网上报名通道，全县149所学校全面实施无纸化入学报名。召开中考、高考“两考”部门联席会议，组织专题会议部署疫情防控常态化下“两考”组织工作，对全县考点学校全面落实考场防疫必查、安全保密必查、应急演练必查、考务组织工作必查的“四必查”工作，安全有序完成中考和高考工作。

【扶贫助学】2021年，教育部门主动牵头，与农业农村局、民政、残联等部门联动合作，从学前到大学，全学段严格落实国家助学政策，“一人一卡”建立困难家庭学生资助档案，确保不漏一人。乡贤捐资助教氛围渐趋浓厚，天台学子蒋锦志再设300万元景林奖教奖学基金，浦来德资产管理有限责任公司董事长庞剑锋首期出资300万元成立浦来德神秀天台私募证券投资基金，2021年，教育发展基金认捐总额2500万元。2021年，全年共资助10423人次，发放资助资金742.1万元。其中，学前幼儿共资助524人次，发放资助资金113.4万元。义务教育阶段共资助7686人次，发放补助资金377.2万元；普通高中国家助学金共资助598人次，发放助学金59.8万元。普通高中免学费共资助598人次、免除学杂费资金90万元。中职国家助学金共资助1017人，发放助学金101.7万元。所有符合条件的困难学生均能享受资助政策，达到精准资助全覆盖。加强困难学生课后托管服务兜底保障，7所山区学校的480名学生全部免费参加托管服务。乡村留守儿童关护体系更为坚实，浙江卫视以“临时妈妈陪伴的快乐寒假”为题，点赞天台县农村教师寒假驻村，全方位守护留守儿童，确保幸福路上一人不少。对山区学校实施兜底保障服务，7所山区学校480名学生全部免费参加托管服务。另外，对全县1398名家庭困难学生免收托管费，实现托管帮扶全覆盖。开展“红色星辰计划”，实现103个党支部结对103名“困境儿童”，切实推进天台教育实现共富，相关经验做法在“学习强国”、《台州日报》、《台州组工》等平台刊登。

【校园安全】2021年，全力创建平安校园，切实加强新冠肺炎疫情常态化防控背景下的校园安全工作。加强学校食品安全管理工作，保障师生饮食安全。共创成省示范学校食堂4家、全市餐饮服务食品安全监督量化分级管理A级单位10家、市十佳学校食堂1家、市“百万学生饮食放心提升工程”示范学校1所、县健康食堂1家、2021年度市级健康食堂（餐厅）3家。公办中小学和省二级及以上幼儿园食堂量化分级A、B等级率持续保持100%，全县有餐饮经营许可证的134所中小学、幼儿园食堂已全部建成“阳光厨房”，并100%接入省市监局平台。织密校园安全保卫网。在全市首个建立安全隐患排查整改专项制度，把智安校园建设作为现代化学校评估的前置条件，全县已建成智安校园20家，进一步提升校园安防水平。成立校园矛盾纠纷处置工作专班，全面梳理校园遗留积案，集中力量专项剖析、调解。在平桥镇成立台州市教育系统首个和合校园“金钥匙”调解团。扎实推进“平安假期倒计时”活动，进一步夯实学校及学生假期安全工作，假期师生重大安全责任事故零发生。积极推动“中小学毒品预防教育示范学校”创建活动，4所学校获评台州市中小学生毒品预防教育示范学校，25所学校为天台县中小学生毒品预防教育示范学校。开展校外托管机构年检工作，对全县311家校外托管机构进行全方位体检，进一步推进校外托管机构规范管理工作。联合县检察院对全县各校150名新入职人员进行入职查询，把好人员入职第一关。继续开展等级平安校园评定工作。赤城小学被评为AAAAA级平安校园，育青中学、实验中学、始丰中学、始丰小学被评为AAAA级平安校园，另外还创评AAA级及以下等级平安校园12所。

（教育局）

文 旅

文化和旅游

【概况】2021年，天台县文化和广电旅游体育局积极探索旅游业高质量发展新路，围绕全力打造诗画浙江引领区、世界级旅游景区目标，以项目建设为抓手，以品牌创建为核心，以文旅带富为方向，全力抓重点、补短板、推改革，各项工作稳步推进。天台入选旅游业“微改造、精提升”行动试点县，天台山上榜AAAAA级景区品牌100强，浙东唐诗之路建设入选省争先创优“最佳实践”案例，天台连续四年入选全国县域旅游竞争力百强县。

【疫情防控】2021年，严格落实省市县疫情防控要求，天台山各大景区第一时间暂停对外开放，推迟一切大型文化旅游活动，关闭文旅相关人员密集场所。同时，实行片区长制度，对景区、网吧、KTV、艺术类校外培训机构等重点场所进行日常检查，落实责任到人，以最实最细手段排查疫情危险源与风险点。

【全域旅游】2021年，组织骨干赴宁海县考察学习，积极对接上级单位，召开省全域旅游示范县复核迎检部署会，高标准做好迎检工作，全域旅游建设成功获评全省A档（优秀）。启动省级旅游度假区创建工作，完善全域旅游全景图和智能指示标识设置，进一步提升基础配套设施。创成6个A级景区镇，50个A级景区村，新增AAA级景区1家、等级民宿3家，后岸村入选第三批全国乡村旅游重点村，天台县获评全省第一批大花园示范县。台州市乡村旅游推动共同富裕工作现场会在天台县召开，乡村旅游经验做法获吴海平市长批示肯定并交流推广，天台县文化主题民宿建设助推乡村振兴入选省文旅系统改革基层典型案例。

【项目推进】2021年，高标准编制文旅产业“十四五”规划和《天台县旅游业“微改造、精提升”五年行动计划（2021—2025年）》。2021年累计完成投资23.48亿元，完成率102%，签约青云度假村、玉霄书院、赤城君澜、白鹤褚橙等5亿元以上项目5个，已开工玉霄书院、赤城君澜2个项目。其中，天台县旅游业“微改造、精提升”项目共有215个入库，竣工147个，2021年已完成投资约5.05亿元，完成率100%。始丰溪夜游项目启动建设；全国第一座高低塔双跨三墩玻璃悬索桥“会仙桥”完成施工并投用，天台山大瀑布竖井工程顺利推进；诗路博览馆项目已完成主体工程建设与招标方案深化设计；寒明岩景区游路系统完成地质勘察、主次入口总平图报批，开工低线游步道路基施工等；文化中心项目主体结构工程施工已完成，文化中心舞台工艺专项工程完成施工图预算及审核；天台博物馆提升改造、天台山雪乐园项目完工，寻佛问道旅游公交专线开通。

【数字化改革】2021年，研发投用“诗路e站”深度体验服务平台，融合导游预约、智能服务、产品营销、数字政务等功能，实现一站式、个性化、定制化服务。已入驻48位导游，共发布14款导游服务产品；入驻43位文旅企业商户，共上架发布152款产品。“诗路e站”入选全省文化和旅游数字化改革试点项目。

【宣传推广】2021年2月13日，天台登上央视《中国地名大会》，县委书记杨玲玲亲自推介；4月份连续两期登上央视《中国诗词大会》；5月份登上浙江卫视《还有诗和远方》节目，社会反响强烈，取得良好成效。围绕“浙东唐诗之路”目的地品牌建设，举办和合花朝节，赴上海参加旅游产品博览会，策划中国旅游日主题活动、长三角地区城市文旅推介会、长三角电台主播对话台州文化等活动，不断提高天台山文旅的品牌知名度和影响力。创新宣传形式，开通“美丽天台”抖音号、“天台文旅”小红书号、“天台文旅”视频号等新媒体。

【公共文化】2021年，公共文化服务不断提升，举办2021年度天台县广场舞培训班，开展公益性阅读推广活动、“文化超市”公益艺术培训活动。推进公共文化场馆服务功能拓展先行先试工作，发挥现有公共文化场馆阵地优势，成功入选省级公共文化场馆服务功能拓展先行先试单位，台州市唯一。深化公共图书馆“最多跑一次”改革，提升公共图书馆服务便利化、智慧化、人性化、特色化、规范化水平，顺利通过满意图书馆考评验收。策划系列庆祝建党100周年红色主题文艺活动，成功举办“永远跟党走”天台县庆祝中国共产党成立100周年主题文艺晚会、“童心向党”系列主题活动、少儿书法作品展、唱支山歌给党听音乐快闪、再唱山歌给党听舞蹈快闪、在灿烂阳光下音乐快闪等活动。

【文化遗产】2021年2月5日，召开天台县文物安全会议，落实文物安全属地管理责任。完成省级文物保护单位红旗渡槽的施工图会审。天台山易筋经成功列入第五批国家级非遗代表性项目名录，天台饺饼筒、九大碗、够周馃等7个项目被列入第八批台州市非遗代表性项目名录。成功举办首届传统工艺大赛、2021年“文化和自然遗产日”非遗宣传展示活动暨灵溪古村文化节、天台县第三届“少年非遗说”传说故事讲述大赛。天台县非遗保护发展指数连续五年位列全市第一。

【市场监管】2021年，围绕“护航建党100周年百日攻坚”行动，通过重点检查、一般检查、随机抽查、夜查突查和联合检查等方式，强化市场秩序监管。1—12月份，文化市场综合行政执法队共出动执法人员1349人次，检查文化旅游场所610家次，发现整改隐患86处，查办案件30起。打击未经许可经营旅行社业务、低价游、非法营运旅游车辆等现象，开展疫情防控、体育市场、扫黄打非、非法卫星接收设施等整治。截至2021年年底，共受理旅游投诉41起，结案41起，结案率100%，无重大旅游质量投诉。

（县文广旅体局）

旅游休闲集聚区建设

【概况】 2021年，旅游休闲集聚区坚持新发展理念，强基础、补短板提升建设硬实力，强举措、创新法优化营商新环境，全面推进天台山省级旅游度假区创建以及2021年重点建设项目谋划和落地，在省级创建类特色小镇年度考核中成绩良好，天桐路安置区、和合小镇安置区二期等项目动工建设，基金小镇项目等项目启动谋划，为打造文旅融合“金名片”和建设现代化和合之城贡献集聚区力量。

【党建】 2021年，学习主动有为，加强理论武装。以党史学习教育为抓手，认真贯彻落实习近平新时代中国特色社会主义思想，党的十九大和十九届五中、六中全会精神。2021年，旅游休闲集聚区党组理论中心组开展百年党史专题学习14次，班子成员学习交流实现100%全覆盖，党史学习教育始终做到力度不减、节奏不变、尺度不松；定时定点推进学习常态化、制度化，利用“学习强国”“周一学习夜”等平台紧抓干部理论学习，提升干部政治思想素养，更加深刻理解“两个确立”，做好“两个维护”，坚持不懈用习近平新时代中国特色社会主义思想推动工作。实践走深走实，强化使命担当。组织党员干部开展“沿着红色足迹学党史”活动4次，组织录制“唱支山歌给党听”主题作品1件，开展党员志愿者活动共计40余次。2021年度旅游集聚区党支部被评为“县先进基层党组织”。

【疫情防控】 2021年，“严”字当先，全面压实各项责任。严格落实疫情防控措施，梳理防控责任链条，出台疫情防控工作方案，成立应急领导小组及特殊情况预备组，确保责任到人、到岗。做好常态化防控，加强日常监督，按单位实际情况做好疫情值班。“宣”字为重，下好疫情防控先手棋。及时在工作群、微信公众号、电子显示屏、公开宣传栏等发布疫情动态和防疫文件，引导干部职工提高防护意识。“细”字落脚，确保防疫不落死角。积极推进疫苗加强针接种，敦促全体党员干部做好常态化核酸检测工作；严守单位“小门”，把好人员进出，助力建设项目疫情防控，围绕“两手硬、两战赢”的目标要求，有序推进集聚区工作开展，打好“两场战”。

【招商引资】 2021年，“广”拓渠道强对接，因受疫情影响，旅游休闲集聚区充分利用新媒体平台，引进远程在线对接“屏对屏”招商，全面拓宽招商引资渠道。2021年，天台先后与众安集团、绿城集团、上海泰展投资有限公司等企业深入对接核心区地块以及天台山水世界等项目谋划，广泛推进项目招引，接待投资商36批120余人次。“优”化服务提进度。围绕集聚区环境优化，结合创建省级类特色小镇考核，多措并举，通过设立“红色代跑服务岗”、与业主保持“一周一联系”等方式深入优化营商环境，共开展上门业务指导 8 次，接待相关问询 50 余次，开展代跑服务 30 余次。

【**项目建设**】2021 年，为了更高质量、更有效率推进项目建设，集聚区凝心聚力，精准把握、破解项目设计、施工、竣工验收遇到的痛点、堵点、难点问题，狠抓项目攻坚，坚持实现项目的新跨越，走好“文旅兴县”路。2021 年，和合小镇安置区项目标一于 10 月顺利完成竣工验收，10 月 28 日项目标二开始动工建设。天桐路安置区项目计划安置征迁户共 61 户，10月28日，市政、建安工程完成公开招标，12 月 6 日正式开工建设。禅文化苑项目因方案调整与施工单位变更，工程建设进度一度停滞，8 月 14 日正式复工，至年底项目一期场平土石方和挡墙等基础工程已完成施工。跃豪酒店项目已于 10 月完成装修工程施工并挂牌“美豪•丽致酒店”；赭溪生态化改造项目改造内容主要包括滨水步道及漫步道、铺装广场及休息平台、绿化、服务驿站及茶室、廊、亭、夜景照明以及相关服务设施等，年内已完成施工图设计。栖云路、栖居路两项目初步设计和供地工作已完成，施工图设计已完成，正在进行图纸审查。省级旅游度假区创建正常推进，至年底已完成度假区申报书、资源评价报告、游客满意度调查和总体规划初稿。

（天台山旅游休闲集聚区事务中心）

旅游建设

【**概况**】2021 年是中国共产党成立 100 周年，是“十四五”规划的开局之年，旅游集团坚决贯彻县党代会精神，围绕浙东唐诗之路目的地建设主线，坚持“文旅兴县”不动摇，大干苦干，勇挑重担，明确方向，拉高标杆，精准发力，高标准高质量提升旅游集团竞争力，打响神山秀水心归处品牌，以非常之举奋力建设现代化和合之城。

2021 年，集团下属景区接待游客量 292 万人次，同比增 14.1%，门票收入 4590 万元，同比增 12.56%，全年整体营收 8241.44 万元。2021 年集团先后入选天台县攻坚创新突出贡献集体、抗击新冠肺炎先进单位、2020 年度浙江省文化创意街区，集团第一支部获评全市国资系统“示范党支部”荣誉称号。

【**项目建设**】2021 年，项目攻坚组全力以赴，周末无休，发扬旅游铁军精神。10 月 1 日，“大瀑布会仙桥（玻璃悬索桥）”正式启用，带动了大瀑布“琼台仙谷”景区游客量大幅攀升。“十一”期间实现该景区门票收入 671 万元，同比增长 37.2%；竖井电梯，破难攻坚，主动作为促复工，计划“十一”正式对外运营；寒明岩景区游路工程项目放弃休假，加班加点争时抢速，中高低线路系统按进度积极推进，主入口游客中心建设有序推进；完美收官华顶森林公园杜鹃精品园三年培育计划，已完成游步道整修与种植引进杜鹃新品 140 余种，延长花期一个多月，推动云锦杜鹃新增 100 余亩，拉长观赏花期；大量补植赤城山紫荆花，打造了“紫荆花海”特色品牌，创造新的花海经济；开通了礼佛问道专线，高铁站至大瀑布景区专线，串联起天台县域部分重点寺庙、道观景点，提升旅游交通服务，打造文化旅游亮点线路，深化天台诗路文化体验，进一步提升了天台旅游城市形象。

【**市场营销**】2021 年，集团先后赴上海、无锡、扬州、镇江、杭州等长三角核心地区举办天台山旅游推介，邀请省内外旅行社及省直机关工会主要负责人到天台踩线考察洽谈合作，对接 500 余家旅行社，合计签约 200 余家省内外旅行社。扩大宣传力度，创建“和合之城天台”视频号和利用抖音、小红书、微博等平台图文视频宣传天台山景区，对天台山大瀑布（琼台仙谷）进行线上的视频宣传，点赞量 1000 万+，六大景区在微博、携程、抖音等 20 多家平台图文视频宣传，网络浏览量 1.5 亿人次。

【**景区服务**】2021 年，按照“请进来”和“走出去”的思路，聘请专业讲师，对景区服务人员进行全方面培训，不断提高服务水平，提升景区“窗口”形象，树立微笑服务为标志产品，创立“标杆式”服务品牌，逐步推广。节假日期间集团全员上班，深入开展微笑服务、党员志愿服务等活动，以提升游客满意度为宗旨，打造“放心、安心、舒心”的游览体验，2021 年以来景区涌现好人好事共计 300 余起。

（县旅游集团）

体　育

【**荣誉**】2021 年，天台山易筋经入选第五批国家级非遗名录；天台县人民政府被中国围棋协会授予“和合之城 围棋名山”称号；天台县体育事业发展中心被国家体育总局评为 2017—2020 年全国群众体育先进单位；洪军武被评为 2017—2020 年全国群众体育先进个人；天台山雪乐园被评为 2021 年度浙江省运动休闲旅游优秀项目；天台县体育事业发展中心被中共台州市委、台州市人民政府授予健康台州工作突出贡献集体；天台县体育事业发展中心被台州市体育事业发展中心授予“十三五”台州市体育场地设施建设突出贡献奖、2020 年台州市群众体育赛事优秀组织奖；天台县基层体育委员工作机制写入《浙江省人民政府办公厅关于高水平建设现代化体育强省的实施意见》《浙江省体育改革发展“十四五”规划》。天台县体育工作获浙江省体育局局长郑瑶批示肯定，肯定“小中心”办成“大体育”。天台体育两次上央视新闻，多次被新华社、“学习强国”、《中国体育报》、人民网等主流媒体点赞报道。

【**数字化改革**】2021 年，县体育事业发展中心以数字化改革为引领，搭建“体育委员 e 站”，e 站平台聚焦全民健身与全民健康深度融合，构设了场地建设、赛事活动、体育服务等功能，打造体育委员“一网统管”“一站服务”“一键调动”，运动健身“一码直达”四大核心场景，打通基层体育公共服务“最后一公里”。“体育委员 e 站”数字应用入围省级“揭榜挂帅”榜单，并在全市数字化改革推进会中作典型发言，数字化赋能体育公共服务做法在浙里改《竞跑者》刊登。

【**群众体育**】2021 年，强化基层体育公共服务。推动体育委员工作规范化、标准化，构建乡镇（街道）体育委员工作阵地，2021 年搭建了 1 个三星、7 个一星体育委员工作站。在全市推广天台县基层体育委员工作，湖州市文旅体局、舟山市文旅体局等单位赴天台县考察学习体育委员。

体育设施基础不断夯实。加快构建城乡“15分钟健身圈”，按照省、县政府为民办实事项目部署要求，中心坚持“为民服务、注重实效、因地制宜、群众受益”方针，统筹安排健身场地布点，天台县人均体育场地面积达到2.75平方米，位居全市第二。2021年，已完成9个多功能运动场、6个百姓健身房、13个微型便民体育公园、1个村级全民健身广场、1个足球场、1个体育设施进公园建设。

全民健身科学指导全面普及。加强体育社会组织建设，构建覆盖城乡、富有活力的体育社会组织网络，实现县“1+23”组织模式、乡镇（街道）“1+8”组织模式全覆盖。实施百场赛事、百场服务“双百”计划，推进体育社团组织赛事活动和送服务进农村文化礼堂等。高质量完成国民体质监测，全县完成总量高达2500多例样本量，城乡居民达到《国家体质监测标准》合格以上人数达到94.7%以上。在校学生普遍达到《国家学生体质健康标准》的基本要求，学生的耐力、力量、速度等体能素质明显提高。

群众体育赛事蓬勃发展。成功承办浙江省第二届生态运动会（天台站），该次运动会共滑雪、徒步、健身气功、气排球、桥牌五项项目，赛事助力了乡村振兴、共同富裕，推动长三角体育一体化驶进“快车道”。整个比赛带动安科村、欢岙村、龙皇堂村等周边农副产品、餐饮、民宿行业发展。赛后，《中国体育报》、新华网、中新网等主流媒体点赞报道，极大地提升了天台的知名度和影响力。承办了“中国·天台山体彩杯”全国女子围棋公开赛，中国围棋协会授予天台县人民政府“和合之城 围棋名山”荣誉牌匾，充分肯定了天台为推动围棋事业发展所做的贡献，该项荣誉系浙江省唯一。天台县天台实验小学福溪校区、天台小学被评为全国围棋特色学校，天台县恩美幼儿园被评为全国围棋特色幼儿园，系台州市唯一。天台县成功通过中国围棋协会复核，继续获得“全国围棋之乡”称号。成功举办台州市体育旅游休闲节（天台站）、天台县第六届老年人运动会、天台县第五届职工运动会等赛事。2021年共举办县级以上赛事35场，其中省级以上赛事3场。

【竞技体育】2021年，聚焦青少年后备人才培养，打造社会资本人才孵化平台，天台文武职业技术学校、天台育英中学入选2021—2024周期浙江省高水平体育后备人才基地。做大做强“省队联办”空手道项目，落户天台的省空手道队在第十四届全运会空手道项目资格赛上获16人满额参赛资格，是全国唯一获满额参赛席位的队伍。天台县体教融合做法获CCTV-5《体育世界》专题报道。在中华人民共和国第十四届全国运动会上，天台县共有23名运动员代表浙江省参加空手道、田径、帆船、赛艇、体操、武术6个竞技体育项目，天台在田径男子800米获1银，空手道揽获1银3铜3个第五1个第七，武术项目中揽获1铜，体操女子团体第四，帆船比赛获第五的成绩，创历史最好成绩。圆满承办台州市青少年武术散打锦标赛暨阳光体育运动会武术散打比赛，该次赛事共有 100 名运动员参加，天台县运动员获得 9 金 6 银 1 铜的好成绩。在浙江省已完成的锦标赛中，天台县运动员共获得金牌 27 枚，银牌 28 枚，铜牌 45 枚。

【体育产业】2021 年，鼓励社会力量投资体育产业，编制《天台县体育产业发展规划》，出台《天台县文化体育产业发展扶持奖励办法的通知》等文件，推动体育产业做强做大，激发社会力量办体育的内在活力。体育龙头企业浙江大自然户外用品股份有限公司成功上市；天台山雪乐园入选 2021 年度浙江省运动休闲旅游优秀项目。推动体育彩票市场平稳健康发展，体育彩票销售量稳步提升。截至 2021 年年底，全县体彩销售网点共 60 个，城区 45 个，乡镇网点 15 个，体育彩票销量达 10071.67 万张，系 26 个欠发达山区县第六个破亿县。

（县体育事业发展中心）

报业传媒

【概况】2021 年，天台县传媒中心紧贴中心大局，践行党媒职责使命，纵深推进媒体融合，提升惠民服务功能，在内容、渠道、经营、管理等方面积极探索创新，聚力打造具有本地特色的主流媒体品牌，构建了网上网下一体、内宣外宣联动的主流舆论格局，各项工作成效明显。荣获 2021 年度弘扬新时代台州精神文明建设工作先进集体。

【主题宣传】2021 年，加强重大主题策划，在服务全县中心工作中体现传媒担当，开设“狠抓项目大抓服务”“迈向现代化和合之城”“最美天台人”“拥抱高铁时代”“优化营商环境——我们在行动（我们承诺、请你来点评）”“大陈岛垦荒卫士”等天台特色明显的专题专栏 30 余个，对天台登陆 CCTV-4《中国地名大会》、CCTV-1《典籍里的中国——徐霞客游记》，《长津湖》取景地寒山湖等进行立体式系统化推介宣传，相关内容引爆全城。用活党史资源，传播红色故事，打造“红色精品工程”，精心策划制作“红色足迹地图”“红色记忆”“红色档案”“党史考一考”等红色主题的 H5、漫画、歌曲、VR 融媒体优质作品，为全县高质量开展党史学习教育营造浓厚舆论氛围。作品《一起追寻天台的红色印记，感受现代化和合之城的魅力》，荣获浙江省“百家发布追寻奋斗百年路”主题报道优秀作品奖。开设新闻监督类电视栏目《新闻聚焦》，建立选题协调、采制播出、整改闭环等工作机制，聚焦群众反映强烈的突出问题，发挥建设性新闻舆论监督作用。外宣量质并举，在上级媒体发出报道 1000 多条次，央视播出 8 条，《浙江日报》、浙江卫视头版或头条（前三条）刊播 10 多条，在“学习强国”上发布 200 多条，被中宣部“学习强国”学习平台评为“2021 年度优秀供稿单位”。

【媒体融合】2021 年，根据融合发展需要和受众信息需求，加强频道、频率、版面等资源统筹和管理，持续优化“策采编审发评”流程，“报网端微视音”齐上阵。“和合天台”新闻客户端和“神秀天台”公众号粉丝数、活跃率、点赞率、互动率不断提高。融媒产品爆款频出，神秀天台发布 1099 条，总阅读量达 630

万+，点击量20万+作品1条，10万+作品3条，5万+作品4条；“和合天台”App发稿近万篇，单篇最高阅读量达55万+，5万+的14条。抖音号发稿386条，点赞量69.6万人次，100万+作品3个。新媒体阅读量较前一年增加139.98%，点赞量增加50.92%，推出的“永远跟党走”“蓝田根热血魂”、快闪“唱支山歌给党听”等党史学习教育系列短视频刷屏朋友圈。天台电台FM91.1于元旦全新换频改版，收听率节节攀升。发挥科技引领，强化综合保障，升级装备，添置5G直播背包、无线图传等设备，提升“作战”能力。对接“天目云”和“中国蓝云”，启用浙江广电蓝云融媒体数字平台。主动适应数字化改革形势，在“和合天台”App上开通“和合号”，打造“和合家园（家头条）”应用场景。

【惠民服务】2021年，开展广电网络服务质量提升专项行动，打通服务群众“最后一步路”，主动进村居服务100多个行政村，用户满意度由91%增至99%。通过融媒矩阵各平台发布各类农产品公益信息，为本地种养殖农户缓解销售排忧解难。积极组织志愿者认领微心愿，进社区开展志愿服务活动，赴结对帮扶村进行扶贫帮困，组织人员进行交通劝导志愿服务。全力开展防控新冠肺炎工作，建立重要信息动态发布机制，确保第一时间应急响应，全平台联动，把防疫决策部署发布传达到位。在绍兴、宁波等地因疫情转运人员到天台期间，与妇联联合为天台隔离点人员制作易筋经养生短视频等暖心举措，广受社会各界好评。打造以“短视频+直播”为特色的“和合融媒”网络平台，策划开设多档本土特色文化栏目，举办“天台方言电视大赛”，承办首届机关天台山诗词吟诵大赛，深受群众喜爱。举行“直播互动送书卡”“三八节快闪送好礼”“种下一颗初心种子”等公益活动10余场，开展融媒特色服务进社区活动，深入乡村开展有线电视服务进社区（村居）行动及孤独老人有线电视专项服务等活动，展示了传媒形象，受到群众欢迎。

【产业经营】2021年，正视媒体格局、市场竞争的深度调整、深刻变化，聚焦融合效益，“新闻+政务服务商务”模式不断健全，经营状况改善向好。对广告印务艺术中心进行改制，成立运营县广电传媒有限公司。把融媒体运营业务作为广告经营新的增长点，不断拓展业务渠道。政务合作、活动、直播大幅增长，专题及短视频制作、大型广告收入稳中有升，广电小记者班、“暖企兴市”、汽车博览会、家居节活动等在尝试中突破，取得高铁天台山站广告经营权并完成保开通任务。加快网络产业转型，增强“造血”能力，广电网络公司开展常态化全员营销，全面实施网格化管理模式，引入智慧家居产品丰富产品线，积极参与“智慧城市”建设和数字化改革，拓展智慧旅游、智慧监控、智慧校园等建设，在增值业务和信息化项目收入上取得较大增长，2021年网络公司营收创历史新高。

【队伍管理】2021年，加强内控机制建设，以管理为支撑，优化制度建设。建立健全《请假考勤管理办法》《值机排班管理规定》；严格评价机制，制订出台《新闻质量评分试行细则》，通过日评、周评、抽查等方式调动人员工作积极性、提升新闻作品质量。加强队伍建设，高度重视巡视、巡察、审计整改工作，严格按照有关要求抓好落实。加强安全工作，高度重视消防安全等工作，严守安全播出红线，确保重大安保期平稳。优化人才队伍建设，加大招引培育力度，考录编内专业人员7名，举办第五届十佳新闻工作者颁奖典礼，展示传媒工作者风采。

（县传媒中心）

天台县社会科学界联合会

【概况】2021年度天台县社科联在天台县委领导下，认真开展党史学习教育，全力落实巡察整改措施，紧紧围绕县委、县政府建设现代化和合之城的目标，深化“三服务”对标勇争先，积极开展社科理论研究、社科普及和学术交流活动，为推进天台社会科学工作和天台山文化发展服务，助力建设共同富裕标杆县。天台县社科联在2021年度省、市社科工作测评中省市测评优秀。

【社科联自身建设】2021年，全力开展巡察整改。以党史学习教育为总抓手，加强理论学习，完善机关内部制度，落实“三重一大”机制，全面提升社科联党组领导能力。召开社科联理事会，通过社科联领导人事更替，完成党支部换届、实施支部规范化打造，顺利通过巡察六方联审及回访。认真实施讨论实践行动，以“深化‘三服务’，对标勇争先”为主题全面走访在天台的省市县各级社科社团及社科普及基地，了解社科界情况困难，谋划解决措施。同时开展党史宣讲，组织徐一夔文化研究会等社团代表参加各级党史学习报告会加强政治引领。加强社团、基地与地方政府的对接发挥社科界服务中心作用。谋划社科联换届工作。加强与民政部门对接，全面梳理社团情况，开展“僵尸型”社会组织专项整治，规范社科类社会组织规范化运行，根据县乡两级换届进程适时开展换届。

【理论研究与学术活动】2021年，组织社科专家、社科团体、党校申报课题。天台山文化研究中心《台州洞天福地文化研究》等6个课题申报市社科联规划课题，《台州洞天福地文化研究》《建设和合政协的理论与实践研究》及《司马承祯生平》等3项课题已获市社科联研究课题立项。党校《新时代背景下宗教中国化的基层实践研究》《预防性诉讼：行政公益诉讼制度完善的另一视觉》已进省社科联研究课题拟立项名单。天台山文化研究院《基于乡村振兴背景下和合文化的实践研究》获台州市社科规划三台新秀专项课题立项。出版《洞天胜境天台山》《唐诗与天台山》《寒山诗注》《顾欢传说》《唐诗天台行迹图》等社科类书籍若干。《天台山文化研究》季刊出刊4期，《天台山文化研究和合论坛国际传播特刊》1期。10月底天台山文化研究会联合四川李白文化研究会在江油举办2021“李白与唐诗之路学术交流会”，天台县申请成为李白重要游踪地宣传文化旅游合作联盟新成员单位。开展天台山文化进项目行动，为城市建设经济发展提供文化理论支持。开展“红色精神耀天台”理论研讨活动。发动47家单位及相关社团通过对天台红色文化的学术研究，在49个研究课题中评选出35项优秀课题，汇编成集，13个社团成员参与征文活动评选出5篇优秀论文。联合台州市天台山文化研究会一起举行台州市社科联年会论坛暨红色文化座谈会。积极参与大陈岛垦荒精神征文活动，《大陈岛垦荒精神与青年干部政治教育工作指导的耦合及路径研究》获二等奖。协同台州学院、中国计量大学等高校开展社科赋能26县工作，谋划围绕发挥和合文化优势推进共同富裕的路径研究，形成工作思路。台州学院团队调研天台“温暖有约”文明志愿项目已形成初步成果。

【社科普活动及基地】2021年，面向农村文化礼堂、学校、研学基地、景区等场所培育县级社科普及基地24家，其中红色科普基地9家，同时推荐5家市级基地待验收命名。同时发动各基地开展“传承红色基因担当历史使命”主题科普周活动，服务党史学习教育。提升《天台人讲散》品牌讲堂水平，2021年获评台州市民生政策宣讲优秀项目。组织县机关诗社参与开展“为地球朗读——诗画浙江”全媒体公益行动，在中国蓝新闻中播出。联合传媒中心举办首届天台方言大赛，开展天台方言的保护传承并选拔天台方言优秀主持人才，10月底举行了决赛。开设“台岳遗风”网上科普讲堂，开展非遗文化等科普。

【社科人才队伍建设】2021年，举办“天台山和合文化专题研讨班”，天台县宣传、文旅等相关部门及各乡镇街道、各名家工作室、科普基地的中青年干部学者共50人参训。组织青年社科学者参加省市业务培训学习提高学术水平。开展天台山文化研究院兼职研究员培养工作，组织开展课题写作培训会，提高社科类课题写作水平，培养社科写作人才，天台山文化研究院张朝红主讲，县直部分和乡镇（街道）分管领导和业务主笔，共计80余人参会。

（县社科联）

卫 生

卫 生

【概况】截至2021年年底，天台县共有医疗卫生机构275家，其中医院7家（天台县人民医院为三级乙等综合性医院，天台县中医院为二级甲等中医医院，台州市第二人民医院为三级乙等精神专科医院），专业公共卫生机构3家，乡镇（街道）卫生院15家，社区卫生服务站60家，村卫生室59家，门诊部、诊所等其他各类医疗机构129家，康复、培训等其他机构2家；共有执业医师1437人，注册护士1421人，合计开放医疗床位2418张，医疗救治总数291.50万人次。

【疫情防控】2021年，贯彻落实“外防输入、内防反弹”总策略和“动态清零”总方针，排摸省外返乡人员40592人，集中隔离管控中高风险地区返回人员1708人，境外返回人员401人，管理居家观察人员1306人，居家日常监测人员36019人。消杀297点位共7.9万平方米。培训合格核酸采样人员1729人、检测人员37人，组织大规模核酸检测应急演练19场次，完成新冠疫苗接种974973剂次。选拔103人组建20支专业流调和应急处置小分队，处置省内外新冠肺炎相关协查函77起，开展高风险人群调查13起，出动机动队324人次，流行病学调查687人，本地管控密接人员39人、次密接人员533人，采集检测相关样本2178份，消杀297点位7.9万平方米，实验室核酸检测20460份，检测9995人次。采集检测环境、物品等相关样品17390份，检出并规范处置阳性物品事件1件次。

【数字化改革】2021年，开发“天台健康管家”并上线“浙里办”平台，创新“移动诊室”“上车即入院”等服务，“住院服务一体办”入选省发改委数字社会建设第二轮“揭榜挂帅”项目，并成为全省8个入选《数字社会案例集》的县市区之一。“云上医共体”项目在全市改革例会上进行交流，相关做法收录省政府专报信息，列入台州市数字化改革撬动“两牵”改革主题系列新闻发布会内容，并在全省县域医共体工作推进会上作典型发言。《省—县—乡整合医疗体系建设》入选2021年度中国现代医院管理典型案例，“医共体背景下的县域健康（慢病）管理”项目入选国家级5G+医疗健康应用试点。

【县域医共体】2021年，推进人事薪酬制度改革，在街头、苍山分院开展工作试点。实施“五大管理中心”人员能力素质提升培训计划，组织开展

“医共体干部池”选聘，建立“医共体医护人员模块化培训专项基金”，培养20名合格“当家医生”。加强五大共享中心建设，实现医共体内检查检验结果全面互认共享。打造区域特色专科，平桥分院入选“国家优质服务基层行推荐单位”，白鹤分院成功申报“台州市基层中医药特色优势专科（专病）一院一品共建项目”。深化“两员一中心一团队”模式，开展巡回体检111场次，完成规范签约210837人，常住人口签约率44.41%，10类重点人群签约覆盖率80.13%。天台县人民医院医共体被台州市委、市政府评为2019—2020年医共体工作突出集体。

【**健康天台**】2021年，制订出台《2021年健康天台考核方案》《2021年健康天台行动推进重点工作任务》《健康天台建设（行动）宣传工作方案》，半年度健康浙江满意度和满意率调查排名台州市第一，获2020年度健康浙江建设考核优秀，连续3年获评考核优秀等次。新创建健康支持性环境49家，其中健康单位、健康步道、健康学校、健康食堂各1家，新培养健康生活方式指导员46人，深入开展“三减三健”、适量运动、控烟限酒和心理健康等专项行动。组织26支队伍332名队员参加全国“第六届万步有约健走激励大赛”，荣获全国优秀健走示范区、优秀团队奖、全省第三名等多项荣誉。

【**人才学科**】2021年，加强人才队伍建设，通过校园招聘录用25人，公开考录卫技人员37名，定向培养本科及以上学历卫技人员49名，申报省551创新人才、省医坛新秀、市名医工作室领衔人各1人，入选浙江省“杏林工程”中医护理人才1人。与浙江省人民医院签约“山海协作”提升工程，对12个专科开展精准帮扶，开展新技术新项目35项，天台县人民医院通过三级乙等综合医院复评，授予“国家卫生健康委加速康复外科骨科试点医院”，被国家卫健委评为第二批符合县医院医疗服务能力推荐标准县医院。引进复旦大学附属妇产科医院王凌教授工作室，县中医院揭牌成为“中国科学院大学附属肿瘤医院（浙江省肿瘤医院）天台协作医院”，并引进省肿瘤医院朱滔、陈道宝2个专家工作站。申报立项各级各类课题36项，其中厅级课题12项，包括8项浙江省医药卫生科技计划项目、3项浙江省中医药科技计划项目、1项浙江省教育厅一般项目，地市级课题1项，发表SCI文章9篇，13项专利获得授权，其中发明专利1项，举办7项省级继续教育项目和14项市级继续教育项目。

【**基础设施建设**】2021年，县中医院搬迁改造完成新建后勤楼主体工程建设，门诊住院楼水电、消防、智能化安装、内部墙体砌筑等改造基本完成。天台县医共体公共卫生防控中心10月正式开工建设。完成传染病院（病）区改造、疾病预防控制中心标准化改造、新建16家村卫生室等项目建设。

【**疾病预防与控制**】2021年，天台县报告甲、乙、丙类传染病12种3061例，发病率753.94/10万，其中乙类传染病8种731例，同比下降7.7%，发病率180.05/10万，丙类传染病4种2330例，同比上升53.49%，发病率573.89/10万。

新增HIV感染者及病人35例，死亡10例，按现住址管理存活HIV感染者及病人334例。报告流行性出血热14例，同比下降30%，无死亡病例，发病率3.12/10万。报告手足口病1260例，同比上升517.65%，发病率310.35/10万，无重症病例，无死亡病例。报告发热伴血小板减少综合征16例，同比上升128%，无死亡病例，发病率3.65/10万。报告布鲁氏菌病例1例，无疟疾病例报告。规范开展卡介苗、麻疹疫苗、百白破疫苗、麻腮风疫苗、乙肝疫苗、乙脑疫苗、流脑疫苗、脊髓灰质炎疫苗等11种国家免疫规划疫苗免费接种，常住儿童和流动儿童接种率均在95%以上。完成60岁以上老年人免费接种流感疫苗57780剂次，其中70岁以上老年人免费接种流感疫苗27241剂次，完成60岁以上老年人免费接种肺炎疫苗36860剂次。管理高血压、糖尿病、精神病等各类重点慢性病7.2万人，其中管理高血压患者54619人，规范管理率70.42%；糖尿病患者15501人，规范管理率70.51%；社区分级管理精神病人2396人，规范管理率98.44%；累计免费服药人数3.5万人，通过浙江省慢性病综合防控示范区建设复审。

【**卫生监督**】2021年，完成双随机抽查267家，完结8家，完成率97.09%，立案134件，行政处罚率48.73%，公示共8期。检查医疗机构及公共场所321家次，立案22件，没收药品、药械器械30余万元，没收违法所得17988元，罚款357934元。开展职业病危害专项执法行动，出动卫生监督员105人次，检查35家次，行政处罚11家，其中采矿行业1家，家具行业3家，其他行业7家。开展放射诊疗机构专项监督检查20家次，立案3起，罚没款2000元。开展公共场所及市场抽检，完成监测678件，合格613件，合格率90.41%。

【**妇幼保健服务**】2021年，天台县妇幼保健计划生育服务中心签约成为省妇保“妇幼数字化医疗创新联盟”成员单位，开展远程胎心监护服务，与台州医院超声科建立专科联盟合作关系，开展超声检查服务（包含胎儿三维超声），新开展乳腺钼靶检查项目，创建天台县产前筛查中心，开展无创DNA检查。全年婚登人数4442人，参加婚检人数4064人，婚检率91.49%；参加孕前优生健康检查人数3595人，目标人群覆盖率91.90%。全县活产数2983人，县内机构活产数2786人，新生儿疾病筛查2779人，疾病筛查率99.75%，听力筛查人数2775人，筛查率99.61%。完成妇女“两癌”筛查14270人，检出HPV阳性1648人，阳性率14.85%。全省率先启动生殖健康社工培训，累计培训1500余人次，相关经验在省计生协工作会议上做典型交流发言。

【**托育托幼服务**】2021年，全县共有托育机构12家（其中已备案2家，未备案10家），工作人员165人，总托位数831个，其中已备案机构托位数140个。共有各级各类托幼机构80家，托幼机构工作人员1696人，体检率100%，在园儿童数15291人，体检人数15095人，体检率98.71%，贫血患病率398.93/万，肥胖症患病率315.87/万，龋齿率28.03%，低体重患病率71.28/万，生长迟缓患病率

66.71/万，消瘦患病率64.09/万，视力不良率2.80%，弱视发生率0.03%。

【**爱国卫生**】2021年，开展冬春季、夏秋季及第33个爱国卫生月等爱国卫生专项行动，通过市级病媒生物防制控制水平评估。开展卫生城镇创建，创建国卫乡镇9个，新创建省级卫生村8个，省级健康村57个。开展健康教育和健康促进工作，新创成银牌健康促进学校4家、铜牌学校3家，72家学校创建率100%。全县65家机关单位全部被评为无烟党政机关，农村卫生厕所普及率、农村无害化厕所普及率均达100%。

【**无偿献血**】2021年，全年开展街头流动献血活动50场，开展团体献血活动43场，累计无偿献血7656人次，献血量1531升，无偿献血占比医疗临床用血107%，全县医疗机构持浙江省无偿献血荣誉证者智能减免门诊诊查费。

【**老龄工作**】2021年，全县共有老年电大各级教学点（辅导站）96个，注册学员6570人，始丰街道落雁社区教学点被评为台州市首批市级示范教学点。医共体各分院和养老机构签约服务全覆盖，在全县10家医疗卫生机构建设老年康复护理床位485张，以医疗护理为主、兼顾长期照护的医疗机构老年康复护理床位达4千张。开展“全国示范性老年友好型社区”创建工作，始丰街道溪林社区被国家卫健委、全国老龄办正式命名为“全国示范性老年友好型社区”。天台县人民医院、天台县中医院、天台县新城骨伤科医院、天台县和济中西医结合医院、天台罗伟荣眼科医院等5家医院创建成为“老年友善医疗机构”，天台县人民医院、天台县中医院开设老年医学科。组织开展第12个全国“敬老月”活动，共表彰老龄工作先进集体37家，先进个人289人。

（县卫生健康局）

医疗保障

【**概况**】2021年，县医疗保障局以落实目标任务为重点，围绕医保领域共同富裕建设、定点医药机构稽查、基金监管、药品采购等，狠抓落实、开拓创新、勇担使命，促进医疗保障服务能力显著提升。根据浙江省全民参保数据系统统计，2021年天台县户籍基本医保参保率为99.77%。2021年度天台县城乡居民基本医疗保险人均筹资标准为1500元/年（含大病保险筹资标准90元/年），其中财政补助940元/年，个人缴费560元/年。

内设机构：办公室、基金监管科、综合业务科，行政编制6名，设局长1名，副局长2名，2021年年底实有在编人数5人；下属2个事业单位：天台县城镇职工医疗保险服务中心和天县医疗保险服务中心，事业编制人数分别为9人和3人，2021年年底实有在编人数分别为8人和2人。

【**应保尽保**】2021年，利用公安、扶贫、统计等部门共享数据，全面排查摸清参保底数，依法推进参保登记。2021年，天台县职工医保参保人数为143963人，城乡医保参保人数为

410912 人，合计基本医疗参保 554875 人，浙江省全民参保数据线显示参保率 99.77%。

【医保基金】2021 年，积极探索医保支付方式改革，控制医疗费用不合理增长，借助医保智能审核，提升医保基金监管能力。2021 年职工医保收入 67215 万元，支出 53374 万元，当期结余 13841 万元；城乡医保筹资应到位 59581.39 万元，已到位 58331.38 万元，支出 56040 万元。

【报销程序】2021 年，推进基本医疗、大病保险、医疗救助“一站式”即时结算，实现跨省就医直接结算。2021 年基本医疗保险住院就医跨省异地直接结算 2641 人次，总费用 6234.15 万元，报销金额 3082.89 万元。门诊就医跨省异地直接结算 23716 人次，总费用 495.77 万元，报销金额 299.06 万元。

【精准医疗救助】2021 年，执行全市统一医疗救助政策，实现“三个 100%”（资助参保 100%、待遇落实 100%、政策宣传 100%）；开展医保扶贫专项核查，即时帮助化解。2021 年共救助 123404 人次，救助基金支出 1851.07 万元。

【打击欺诈骗保】2021 年，以大数据分析、自查互查、联合检查为手段，上下联动、多措并举，扎实推进医保基金监管工作。通过培训会、讲座等形式，对重点人员分场进行 3 次培训，曝光典型案例，划清监管“红线”。同时，对全县 178 家医保定点医药机构开展 3 次专项督促检查行动。2021 年共拒付 178.85 万元，收回 181.62 万元，征收违约金 77.98 万元，解除医保定点协议 2 家，暂停 6 家，书面告诫 8 家，处理参保人员违法违规 3 人。

【医保领域数字化改革】2021 年，落实医保信息业务编码标准，维护定点医疗机构基本信息 142 家，定点零售药店 88 家，医保医师信息 1248 人、医保护士信息 1255 人，医保药师 118 人，医保药品编码 21066 条、医疗服务项目编码 4898 条、医保医用耗材编码 1706 条，贯标工作完成率 100%。

（县医疗保障局）

人民医院

【医院运营数据】全年，总院服务门急诊患者 105.79 万人次，出院患者 43641 人次，完成手术 13957 例次，其中根据 DRGs 取数的三四类手术 3378 例，平均住院日下降至 7.02 天；全院药品比例控制在 27.25%，其中住院西成药占比 17.35%；住院均次费用为 8215.96 元，住院均次药品费用为 1431.87 元，全年医疗业务总收入 6.67 亿元。

医共体 15 家基层医疗机构医疗业务收入 2.25 亿，有住院病房的 4 家分院合计收治住院患者 1838 人次，同比增长 26.41%；双向转诊中总院下转到分院的患者 6598 人次，较 2020 年呈五倍增长，分院上转到总院的患者 13769 人次，较 2020 年增长了 127%。

【常态化抗击疫情】过去一年，面对新冠疫情的不断挑战，医院紧抓常态化防疫工作，按照外防输入、内防扩散的防控策略，不断完善各项制度和流程，严守“小门”，聚焦防控重点环节，全方位提升医院应急处置能力和疫情防控水平；全年开展新冠防控专项培训27场次，平均每天开展核酸筛查上千人。为确保新冠疫苗大范围接种的顺利开展，医院在医共体各接种点均派遣一医两护进行医疗保障工作，制定疫苗接种不良反应处置流程，建立总院—分院—接种点的联动机制，全年累计派出医疗保障医护人员约3000人次，完成县域辖区逾30万人口的新冠疫苗接种。

12月中旬，因省内上虞等地疫情形势严峻，天台县接纳近500位来自上虞的隔离人员，医院紧急调配21名护理人员承担了县内5个隔离点隔离群众的医疗保障和防疫工作，并负责3个高速出口的核酸检测工作，还派遣一名实验室检测人员支援上虞。当宁波北仑发生疫情时，医共体在自身防疫和医疗业务开展人员高度紧张的状态下，仍第一时间派遣40位核酸检测人员支援北仑，最终圆满完成各项任务。

【高质量发展】2021年，在浙江省卫健委和政府部门的牵头下，医院继续深化与浙江省人民医院的合作，并以等级医院评审为抓手，在学科建设、科研建设、人才培养、质量管理等方面取得进一步发展，医院核心竞争力不断提升。

【“山海”工程】2021年，根据《浙江省县域医疗卫生服务能力提升工程实施方案》，在天台县人民政府的牵头下，天台人民医院与浙江省人民医院再次“握手”，启动“山海”提升工程合作，并开展了新一轮12个学科的帮扶，使医院整体服务能力再上新台阶，更好地为百姓健康保驾护航。其间，“‘省—县—乡’整合型医疗体系建设”被评为2021年度中国现代医院管理典型案例。

全年开展新技术新项目35项，独立完成ECMO14例，开展介入技术1945例次。血管外科作为一个“年轻”的学科，在浙人医的帮扶下，迅速形成了良好的团队文化，并逐渐凸显优势，接诊门诊患者3291人次，较2020年同期增长70.17%；完成手术748例次，较2020年同期增长81.55%；新技术大隐静脉射频消融闭合术完成了69例；立足天台常见病规范化诊治，收治RW值大于1的目标病人达166例。肾内科发展呈现良好态势，开展动静脉内瘘成形术58例次，较2020年同期增长三倍，血透患者的内瘘比例提高到80%；开展腹腔镜下腹膜透析管置入术，解决了腹透患者后期的漂管问题。骨科在章水均副院长的带领下，已能独立完成全髋、全膝关节及肩关节等各种置换手术，置换术后第一天下床率达95%以上，膝关节置换手术首次突破50例次；推进开展加速康复骨科，天台人民医院被授予“国家卫生健康委加速康复外科骨科试点医院”。县域内胸痛中心、卒中中心、创伤中心规范化诊断水平稳步提升，急性心梗救治流程通畅，DtoW平均时间62.15分钟，最快仅14分钟；缺血性脑卒中患者溶栓DNT中位数47分钟，最快20分钟。

【诊疗质量管理】2021年，以等级医院评审为契机，促进医院质量安全、行为规范、内部制度流程等提档升级。通过临床科室质量与安全管理小组的闭环有序运行，为质量管理找到落脚点。以DRGs支付方式改革为抓手，狠抓病历质量，规范病案首页填写，进一步扩大院级质控员队伍，组建门诊病历质控队伍，全年质控病历1500份，甲级率维持在96%以上。继续发挥夜查房在筑牢医疗安全防线中的作用，每晚由分管领导带队，用脚丈量医院安全，查房后立即召开钉钉语音会议，即查即改，不断强化对医疗风险点的评估识别和整改能力。

【人才建设】2021年，医院学术氛围浓厚，科研工作稳步前进。全年共有22项课题成功立项，其中厅级课题12项，包括8项浙江省医药卫生科技计划项目，3项浙江省中医药科技计划项目和1项浙江省教育厅一般项目，课题申报成功率在浙江省县级医院中名列前茅；登记发表SCI文章9篇；共有13项专利获得授权，其中1项为发明专利，实现了发明专利零的突破，12项为实用新型专利。

加快人才培养，拓宽培养渠道。2021年，党委书记王军伟入选浙江省卫生创新人才培养对象，感染科主任陈英俊入选省医坛新秀培养对象；新增2家浙江省人民医院名医工作室。鼓励员工进修学习与学历再造，提升自身能力，促进医院可持续发展。全年共有200余人外出学习培训，赴上级医院进修医疗骨干44人，举办学术活动53场次，成功举办5项省级继续教育项目和12项市级继续教育项目，培训覆盖医共体3500余人次。新增在职研究生学位者3人，并有6人进入论文研修阶段。

【平台建设】2021年，深化杭州医学院附属医院平台建设，加强师资队伍建设，以教促医，教学相长，促进医院科教研一体化发展。2021年，共选派30名带教老师参加省级师资培训；选派2名骨干医生参加杭州医学院组织的教学技能竞赛，其中王金委获得了杭医首届《全科医生说课比赛》的特等奖和最佳教案奖；选派6名优秀带教老师参与杭州医学院教学活动，“全科医学概率”课堂授课获得杭医学生一致好评。全年共接收87名杭医实习学员，并首次承担杭医学员的床旁带教任务。

【冲刺三乙】等级医院评审是2021年全年工作的重心，是对医院整体实力、内涵建设、学科发展、医院管理的一次“大考”。2021年，医院朝着共同的目标凝聚力量，狠抓落实，迎难而上，全面冲刺迎评工作。通过“以评促建、以评促改、评建并举”，全面提升医院质量管理水平，深入推进人本位医疗护理，关注患者就医获得感；建立健全的质量体系，提升管理效能；借助信息化，打造闭环管理模式，在输血管理、危急值处置、标本管理等环节中实现闭环；关注夜间医疗安全薄弱环节，强化质量安全；建设智慧后勤，筑牢生产安全防线，提高院区运营效率。迎评期间，共修订完善院级制度合计482条，应急预案汇编138条，完成持续改进项目291个，完成各级应知应会梳理，制定员工迎评手册，并印刷出版《医院制度汇编》《医院应急预案汇编》《持续改进项目汇编》。

7月27日—31日，浙江省第四周期三级乙等综合医院评审专家组一行11人，在天台人民医院开展为期5天的高效、系统、严格的现场评审工作，七大检查组深入医院临床、医技、行政、后勤等各个部门，并抽查两家医共体成员单位，对医院功能任务、医院服务、患者安全、医疗护理质量持续改进、医院管理等工作进行了一次全方位、多层次、立体化的评估审查。最终，在医共体全体职工的团结一心与不懈努力下，医院在等级医院评审中交出一份圆满的答卷。

【医共体建设】2021年，医共体建设是新时期全面深化医改、改善民生福祉的重大举措，经过三年的融合，医共体在人事制度改革、同质化管理、分级诊疗、公共卫生服务水平提升等方面迈出坚实有力的步伐。

【基层分院】2021年，出台《2021年度天台县人民医院医共体同质化管理垂直化运行方案》，全面推进医共体内部人力资源、财务、医保、公共卫生和信息化等管理中心实体化运行。在四家分院分别建立联合病房，并建立8个全专科联合门诊和4个共建学科。在中心卫生院及平原区卫生院开展以全科为主兼顾专科的模块化培训、三级查房、全专科联合坐诊、签约服务、业务讲座、疑难病例讨论、最新指南学习等。

以总院等级评审为契机，完善基层分院的医疗处置流程，加强院内制度建设与闭环管理，并开展各种场合的应急演练。加强基层分院急救能力建设，成立医共体分院RRT小组，并开展急救培训和考核。2021年，平桥分院成功入选“国家优质服务基层行推荐单位”，白鹤分院成功申报“台州市基层中医药特色优势专科（专病）一院一品共建项目”。

【公共卫生服务】2021年，指导医共体分院制定基本公共卫生工作计划与绩效评价办法，成立公共卫生和签约工作管理小组，层层压实责任。有效加强慢病管理，通过深化责任医生团队服务和家庭医生签约服务，建立了慢性病临床路径随访，为患者提供连续性治疗和规范随访管理。全面实施了高血压、糖尿病、严重精神障碍三大慢病基本药物免费服用等惠民政策，“三病”管理数据远超目标任务数，真正做到应管尽管。畅通双向转诊流程，做实做细家庭医生签约工作，全人群规范签约率44.8%，重点人群签约覆盖率为82.16%。以巡回健康体检车为载体，探索打造县域医共体“移动诊间”模式，实现优质医疗资源下沉，方便基层群众尤其是偏远山区群众就医。2021年共开展体检服务88次，开展讲座10余场次，共计服务群众1万余人。规范、高效完成重点人群直肠癌筛查、40岁以上低保低边人群肺功能免费筛查、70岁以上老年人免费疫苗接种等省市级为民办实事项目。

【数字化转型】2021年，深入推进天台县域医共体智慧云平台建设。与浙里办、健康台州的整合与连通，实现包括健康档案开放、在线预约、在线支付、检验检查共享等便民服务应用。借助5G技术，构建移动诊间、健康集市，让健康管理和服务延伸到居民家中，延伸到田间地头。远程即时诊间视频会诊、移动诊间、影像中心、心电中心、病理中心、检验中心、消毒供应中心陆续上线，“天台健康管家”小程序业已上线，实现线上咨询、线下诊疗衔接，真正实现线上线下一体融合。

“云上医共体”相关做法在《浙江省政务信息》第551期刊发，并在全省县域医共体工作推进会上作典型发言，子场景“住院服务一体办”中榜省数字社会建设“揭榜挂帅”，入选省《数字社会案例集》。

（县人民医院）

中医院

【概况】2021年，天台县中医院成立于1992年，是一家集医疗、教学、科研、保健、康复于一体的二级甲等综合性中医医院。开放床位288张（搬至新院区后开放床位450张），设置22个临床科室、10个医技科室和10个病区。2019年入选国家全面提升县级医院综合能力第二阶段500家单位，现为天台县中医诊疗中心、天台县康复诊疗中心、天台县糖尿病防治中心、天台县中西医结合肛肠病治疗中心。医院先后被评为浙江省文明单位、浙江省敬老文明号、浙江省健康促进医院、台州市卫生先进单位、台州市先进基层党组织、台州市无烟医院等。2021年，医院医疗总收入2.03亿元，同比增长3.5%。门诊49.62万人次，出院13644人次，完成手术3903例次，完成三类、四类手术257例。

【疫情防控】2021年，疫情发生以来，医院保持高度重视，坚决杜绝松懈、厌战思想，始终保持“成绩每天归零，风险无处不在”的忧患意识，切实履责，守好底线。2021年，疫情防控常态化工作扎实开展。一方面，加强院感防控管理，守好大门口、住院部、门诊三道门，实行24小时门禁管理；规范运行发热门诊，严格落实首诊负责制，一人一诊室等措施；开展全员防控知识培训20余场，新冠疫情防控演练5场，院内常态化疫情防控基础进一步夯实。另一方面，派出各乡镇点疫苗接种保障任务医护人员2000余人次；积极前往集中隔离点、街头高速防疫卡点开展核酸检测工作，24小时轮班值守，构筑起天台县“群防群治”的严密防线。

【综合医改】2021年，持续抓好公立医院综合改革各项指标。深入实施“最多跑一次”改革。基本完成2021年度五大类15项“最多跑一次”改革项目，门诊智慧结算率达到75.91%，住院智慧结算率达到64.19%，诊间支付率从年初的19.35%上升到44.56%；开展了电子票据改造，全面推进电子票据的使用，电子票据生成率达到100%。全面深化医保改革。2021年度完成3次以上自查自纠工作，同时结合省市飞行检查、交叉检查等涉及项目多次开展院内自查，针对发现的问题进行整改，并出台《天台县中医院规范医保管理工作方案》，明确违规的绩效处罚；11月启用台州市统一门诊系统，运行基本正常；积极开展医保电子凭证工作，出台《天台县中医院医保电子凭证考核方案》；DRGs医保支付改革持续平稳运行。

【强化医疗质控管理】2021年，加强病案质量与质控管理，对各科室运行及终末病历质量进行抽样检查；根据《关于2020年度全市中医医院医疗质控联合检查反馈意见的函》，对病历质控存在的问题制定相应的整改措施，每月督查，持续整改。建立医疗质量控制体系，推行质控考核，实行绩效与质量考核联动，全年对各科室督导考核9次，有效促进各科室履职履责能力。安全生产形势持续稳定向好，全年未发生一起安全生产事故。

【**提升中医服务**】2021年，为发挥中医药在深化医改中的作用，持续在推进中医药继承创新等方面加强探索。积极实施中医师承制度。落实《开展中医药师承教育工作实施方案》，实行中医跟师制，进一步提高中医药学术水平和服务能力；加强中医护理质量管理。落实《天台县中医院中医护理质量管理提升年活动实施方案》，通过举办“护学中”培训班、外派进修学习、动态考核等方式进一步深化中医护理质量内涵建设。1名护理人员入选浙江省“杏林工程”中医护理人才。领衔持续开展“中医服务最近跑一次”，发挥县域中医龙头引领作用。2021年累计下沉中医专家297人次到11家乡镇卫生院开展专项帮扶，完成全县中医药适宜技术培训7场次，132人通过考核并取得相应证书。

【**学科人才建设**】2021年，学科能力建设进一步强化。引进浙二黄品同名医工作室、成为省肿瘤医院天台协作医院，在与省人民医院、邵逸夫医院、台州医院的外联合作基础上完成学科建设跨越式的升级；圆满完成第五批县级名医工作室届期考核以及第六批县级名医工作室年度考核；新申报陈衍秋名医工作室1家；开展院内重点学科申评工作，评选出4个院级重点学科，1个院级培育学科。科教能力进一步提升。截至年底，申报审核课题14项，立项地市级课题1项、县级课题4项，厅局级项目验收工作完成2项，1项县级课题正在验收；成功开展省级、市级继教项目各2项。人才培育力度进一步加强。全年共派50名技术骨干外出进修培训，其中临床医技人员15名，护理人员35名，赴省级三甲医院进修21名，完成高级职称评聘12名。

【**完善医院绩效工资分配和考核方案**】2021年，完善医院绩效工资分配和考核方案。完善《天台县中医院奖励性绩效工资分配方案》，制定《天台县中医院管理绩效分配方案》，两个方案于2021年4月9日经四届一次职代会表决通过，医院逐步形成较完善的绩效工资分配和考核体系。深化编外人员人事薪酬制度改革。根据《天台县中医院编外人员分层级管理方案》中的岗位设置，制定《天台县中医院招聘管理流程》和《天台县中医院编外人员分层级奖励性绩效工资方案》，进一步健全医院编外用工聘用管理制度，规范编外人员的招聘流程和薪酬待遇水平。

【**质量安全管理**】2021年，定期开展医疗安全隐患排查，形成整改闭环管理模式，构建警医联勤工作机制，常态开展反恐、应急演练，进一步压实消防安全管理责任，全力抓好信访维稳工作，全年未发生一起安全生产事故。

【**新院搬迁工程**】2021年，全力推进医院搬迁改造工程项目，已完成总工程量的70%，预计2022年搬入新院区，届时将为患者提供更舒适的就医环境，进一步提升患者在中医院的就医获得感和满意度。

（县中医院）

社会事务

民　政

【概况】 2021年，天台县民政局在县委、县政府的正确领导和上级部门的精心指导下，以习近平新时代中国特色社会主义思想为指引，全面落实中央和省市县关于推进新时代民政事业高质量发展的总体目标，以智慧民政建设为主载体，凝心聚力，聚焦脱贫攻坚、聚焦特殊群体、聚焦群众关切，认真践行“民政爱民、民政为民”理念，切实履行民政工作职责，紧紧围绕年初既定的工作目标，求真务实，开拓进取。

【社会救助】 2021年，不断完善社会救助体系。截至2021年12月，天台县共有低边对象738户、2145人；低保对象5892户、9250人，发放低保金7790.6046万元；在册特困人员232人，发放特困供养资金384.7918万元；临时救助269户373人，发放临时救助金61.8万元。城乡最低生活保障标准统一提高至每人每月950元。

【社会福利】 县福利中心项目完工，标志着天台县社会福利事业迈上一个新的台阶。积极推进社会力量兴办各类养老机构，不断提升养老护理质量，全县共有各类养老机构32家，养老床位2900张。进一步推进普惠型儿童福利体系建设，建立困境儿童分类保障体系，不断提高各类困境儿童的基本生活费发放标准。2021年共发放孤儿和各类困境儿童基本生活费783.18万元。建立低保家庭儿童基本生活费制度和新生儿营养补贴制度，全年共发放409.97万元。开展“慈善人人捐”活动，做好定向募捐服务，累计募捐收入4156.68万元，拨出救助资金3666.88万元。

【社会治理】 2021年，健全党建引领下的社区居民自治机制建设，完善居民议事会、居民会客厅、民情恳谈会、社区论坛等社区协商议事平台，发挥居民小组长、楼道长、社区社会组织等共建共治作用；合理设置社区工作岗位，明确岗位职责和人员分工，全面推行“一窗式受理、全科式服务”，积极推进社区服务综合体建设与运营，引进社工机构指导各综合体社区规范化运营。

【社会组织管理】 2021年，依法登记的枢纽型社会组织实现乡镇农村社区全覆盖。召开2021年度公益创投和福利彩票公益金项目立项会，共对5个福利彩票公益金资助社会组织公益项目和8个社会组织公益创投项目进行立项。

【殡葬改革】2021 年，天台县中心陵园一期项目基本完成：房屋主体工程完成，装饰工程施工，墓区施工（墓碑除外）完成 95%。

【地名管理】2021 年，规范地名管理服务。健全完善标准地名地址数据库建设；推动地名业务网上办、掌上办；完成不规范地名的清理整治工作。推进地名普查成果转化。参与国家、省标准地名词典、标准地名志编撰工作；《天台县地名志》一稿审毕。开展平安边界管理工作。对“绍台线”“天临线”界线、界桩进行联合检查。

【婚姻登记】2021 年，共办理婚姻登记 5853 对，其中结婚登记 2416 对，离婚申请 1706 对，离婚登记 939 对，补发登记 783 对。结婚、离婚登记合格率均达到 100%。

【救助管理】2021 年，加强对流浪乞讨人员的救助，对 182 名流浪乞讨人员进行救助，救助金额 128.72 万元。

【移民安置】2021 年，严格大中型水库移民直补资金发放，向 10256 名移民发放资金 610.86 万元。完成 23 个移民后扶项目，投入后扶资金近 1448.5 万元。

【数字化改革】2021 年，加强省统建系统使用。积极使用“浙里养”“浙里救”等省统建平台，推进“社会救助一件事”惠民联办。健全身后“一件事”联办工作机制。

（县民政局）

人口资源和社会保障

【数字赋能】2021 年，建立“1+4+2”数字化改革项目清单，即社保卡“一卡通”集成项目，落地政务服务好易办等 4 个省厅试点项目，以及大学生就业立体化“智享”服务等 2 个一县一品项目，为优化服务赋能加力。正式发行第三代社保卡，拓展升级社保、文化、旅游、交通等功能，让群众畅享“一卡通用、一卡多用”的智慧生活。目前 134 个政务服务事项的网上办、掌上办、一证通办可办率均实现 100%。

【就业形势】2021 年，坚持就业优先政策，完成 2.6 万家企业 12.8 万人的用工调查，发放稳岗补贴 551 万元，降低社保费 1800 万元，通过稳定市场主体稳就业。为应对疫情等因素影响，开展服务进企业、暖心留员工等活动，引导员工就地过年。春节后立即赴外省驻点招工，举办东西部协作、破五难招聘会 8 场，为企业解决用工 3000 余人，帮助企业快速复工复产，助力经济“开门红”。加强重点群众就业帮扶，公益性岗位托底安置 273 人，帮助就业困难人员再就业 307 人，建立见习基地 40 家，吸纳大学生见习 386 人。积极拓展就业渠道，举办乡村合作创业带头人培训 10 场，专家助力乡村振兴活动 16 场，发放创业担保贷款 3049 万元，贴息 271 万元，扶持创业 255 人，带动就业 761 人，申报合作创业村 4 家。全年实现城镇新增就业 15249 人，登记失业率低至 0.73%。

【全民社保】2021 年，深入实施全民参保登记计划，完善登记数据动态管理机制，重点筛查已办理参保登记未缴费人员信息，提高参保质量。全力推进精准扩面，制定参保扩面任务量化指标，加强考核激励，对工作进度、任务完成情况开展跟踪考核并实行定期通报。通过“服务集市”、进村入企等形式开展全面宣传，营造全民参保的浓厚氛围。积极推动“自助办”“网上办”“掌上办”，推出绿色通道、专窗等“适老化”暖心服务，切实提升便民服务水平。基本养老保险参保率达98.7%，城乡居民基础养老金增资45元/人•月，企业退休人员养老金每人每月平均增资105元，实现“17连涨”。建立工伤预防常态化工作机制，认定（视同）工伤992人，评定伤残等级591人，享受工伤保险待遇1067人。

【人才引育】2021年，制订实施“青年英才聚天台”工作计划，开展人才引育留用十大行动。构建“数聚英才”大学生快办服务“一县一品”应用场景，上线“天台引才云”平台，开启云上引才新模式。县乡联动举办第四届创新创业大赛，通过“以赛引才”“柔性引才”、参加市统一评审等方式，新引进市“500精英计划”人才16名。新建省级博士后科研工作站1家，招收博士后5名。人才政策兑现1579万元。推动技工教育提档升级，天台技师学院获省政府批准筹建，打造技能人才“摇篮”。推行星级评价激励机制，评选“台州技工”577人，兑现激励资金26.3万元，发放荣誉证书577本。推进社会化职业技能等级认定，新增试点备案企业24家，技能提升培训12784人次，新增高技能人才1460人。落实“人事考试在线”试点项目，建立人事考试指挥平台，推动考试智慧化提质升级。

【构建和谐劳动关系】2021年，以省厅揭榜挂帅试点项目“提升浙江无欠薪应用”为牵引，着力做好“安薪一平台一指数”的集成和应用，巩固“无欠薪”建设成果。开展浙江安薪、重大工程建设项目劳资纠纷专项治理、漠视侵害群众利益问题专项整治等行动，实现面上推进和重点问题整改两手抓。保持国务院根治欠薪问题线索平台案件限期全处置，人社一体化平台及省、市转交办案件限时全办结，平台投诉量、网络舆情数、万人成案率均处在台州市较低水平，“浙江安薪”指数保持在全市前列。代表省政府接受国务院保障农民工工资支付第四轮督查考核，助力浙江省蝉联全国第一。坚持调解优先、多元化解，办结劳动人事争议案件457件，其中调解结案419件，占比91.7%。

【打造人社干部铁军】2021年，扎实推进党史学习教育，打造“暖心人社惠民先锋”党建品牌，积极开展“深化三服务对标勇争先”、五个一批、“三为”等专题实践活动、“局长（科长）走流程”活动。惠企政策“无感智办”兑付服务入选优化营商环境“优秀实践案例”。在全省人社系统窗口单位业务技能暨党史知识竞赛现场赛中，荣获团队二等奖，1人被评为优秀选手，全市比赛中获优秀团队、优秀个人2个一等奖。

（县人力社保局）

流动人口服务

【概况】2021年，在县委、县政府和县公安局的正确领导下，中心以“干最好、当标杆、争第一”为价值追求，围绕“打牢基础、守护平安，服务人民、护航发展”的目标，深入推进队伍教育整顿，强化改革创新、规范管理、数字驱动、品质服务等各项流动人口工作举措，流动人口管理服务工作水平得到有效提升。至年底，全县登记在册流动人口55728人，天台县户籍流动人口24986人，在册出租房屋15021家。流动人口综合实绩评估结果名列全市第一，连续十年被评为全市优秀单位。

【做好节次高峰期动态管理】在岁末年初，以全市流动人口“护航”行动为切入点，全方位推进流动人口冬春排查走访工作，及时厘清辖区人房信息底数，全面掌握6万余名流动人口留天台返乡情况。

【做好重点地区人员排摸】2021年，持续抓好“外防输入、内防反弹”各项防疫措施，依据县防疫指挥部通告，精准掌握并实时监管中高风险地区流入人员动态轨迹，累计排摸在天台中高风险地区人员300余人。

【做好疫苗接种排查宣传】2021年，摸排全县流动人口53921人，累计发现应接种未接种疫苗948人，劝说、引导他们主动到乡镇疫苗接种点接种疫苗。

【数字赋能流服】2021年，出台《流动人口2021“提质工程”·推进数字化服务工作方案》，有步骤、有重点推进人房信息登记管理工作，摸清天台县流动人口、居住出租房屋及人户分离人员底数，确保基础信息做到“见房知人”“见人知房”，全年流动人口信息登记率95.65%、流动人口信息准确率98.18%、出租房屋信息登记率98.94%、同住人员关系采集率100%，远超90%的达标线标准；主动借力公益数字服务平台，加大“都市易”“企管通”等App自主数字申报平台推进力度，做好在线审核审批办结，尽量让流动人口一次不用跑就直接登记，提高工作效率。

【强力推进“评星挂牌”】2021年，“评星挂牌”是中心重点创新的试行项目，目的是缓解当前人房管理工作困境，进一步提升居住出租房屋多部门联防共治能力，构建人房管理“一盘棋”格局，从而改善流动人口人居环境。居住出租房屋“评星挂牌”工作先后参加市域、县域社会治理创新项目评选活动，均获得优胜奖。2021年，全县现有星级出租房屋63家，黄牌出租房屋78家，督考星级出租房屋96家次、挂牌出租房屋115家次。

【聚力重点区域防控】2021年，建立流动人口重点人员“访查宣控”工作机制，通过上门访、定期查、大力宣、及时控等方式，有效落实重点流动人口群体和易藏污纳垢的流动人口临时落脚点全方位排查登记，及时掌握人员信息、本地社会关系及行动轨迹等，全年共协助公安机关抓获各类违法犯罪嫌疑人29人，有效维护社会稳定；加强情感纠纷、经济纠纷等矛盾纠纷摸排，及时掌握流动人口诉求，发现问题及时上报管片民警备案，有效预防各类“民转刑”案件发生。

【落实“我在天台过大年”活动】2021年，通过微信推送、电话联系、当面劝说等方式，加大“非必要不返乡”和留在天台过大年活动宣传，据统计共有2.1万多流动人口响应政府号召留在天台过年。

【**加大凭证服务力度**】2021年，牵头县里相关部门，以及和济中西医结合医院、罗伟荣眼科医院等，量身制定了“新天台人优惠医疗公益项目签约”、景点优惠对接、积分奖励细则等系列丰富的“年货”措施，留在天台过年的新天台人凭“台州码”“居住证”即可享受优惠服务；5000余名流动人口享受优惠医疗服务。

【**组织新天台人开展自我服务**】2021年，组织新天台人和合协会开展“温暖迎新春共铸留守情”、端午节亲子游园、“‘九九重阳节浓浓敬老情’志愿慰问”等各类公益活动36场次，推动提升新天台人自我服务水平和第二故乡认同感；挖掘评选12名事迹较突出流动人口为2021年度“优秀新天台人”。

【**抓好两项学习教育**】2021年，严格按照县党史教育办和上级公安机关要求，深入开展党史学习教育和教育整顿。通过学习党史、强化队伍思想政治建设；通过教育整顿、对流服队伍开展全方位的“大体检”，整个流服队伍理想信念、精神风貌有了较大提升。

【**全力做好巡察整改**】2021年，4月8日至6月中旬，县委第五巡察组对中心进行了为期两个月的集中巡察，指出了中心工作在3大方面存在的12个问题，并有针对性地提出了巡察建议及落实巡察反馈意见的工作要求，中心依据巡察建议制定整改方案，落实了整改措施，目前已通过巡察整改工作。

【**强化专业化队伍培养**】2021年，对全县8个流管所和全体专管员实行季度考核，考核结果同奖金、专管员调动挂钩，形成争先创优的良好工作氛围。进一步提高人员招录门槛、规范进人流程，对新招录人员在试用期实行“师徒帮带、结对作业、期满鉴定”培养方式，及时筛选并培养优秀的专职管理后备力量；同步以业务培训提升人员素质、以常态督考提升工作效能。全年共组织队伍人员业务培训2次，培训150余人次，组织流管所季度考核4次、专管员个人“三率”抽查3次，谈话诫勉9人次、劝退2人次，组织不合格人员培训3人次。

（县流动人口服务中心）

退役军人服务

【**规范落实各项政策**】一是规范落实优抚政策。每月对优抚对象名单进行动态调整，发放优抚补助资金和医疗补助资金，临时救助资金。二是扎实做好军转安置工作。经“双考”、阳光择岗等程序，接收安置军队转业干部，符合政府安排工作的退役士兵，实现接收单位、部队和转业干部“三满意”的效果。三是全力拓宽就业渠道。组织退役士兵参加市职业技能教育培训、参加县退役军人技能培训、参加市专场招聘会，50余家企业共计513个岗位参加网络招聘。1人被聘为省级退役军人就业创业导师，5人被聘为市级退役军人就业创业导师。

成立天台县退役军人就业创业基地，4家退役军人职业技能培训基地。

【**持续夯实基层基础**】一是积极创建“示范型”“枫桥式”退役军人服务中心（站）。由县政府分管领导牵头召开退役军人服务保障体系建设业务培训暨现场推进会，并对各乡镇（街道）、村退役军人服务站创建工作进行实地督查。现已完成县级中心、2个乡镇（街道）和15个村级“枫桥式”服务站，6个乡镇和37个村级“示范型”服务站的创建任务。二是做优做实党建职能。选拔一批优秀退役军人担任村“两委”干部，着力建设一支政治素质高、致富能力强、群众口碑好、发展潜力大的农村基层干部队伍。换届后，51个村党组织书记由退役军人担任，兵委员257名。三是持续开展矛盾攻坚化解。落实信访工作领导包案制度，对退役军人事务领域的风险进行全面的摸排，重点人员逐个进行分析。县级服务中心推出“第一站长”，由班子领导担任，每周固定日轮值接访。全年县级服务中心、矛调中心共接待来访、来电135人次，切实有效解决问题70余人次。《行动有力度服务有温度全面提升退役军人事务领域风险防范化解能力》被省退役军人事务厅副厅长批示：天台做法很细很实，效果不错，值得学习借鉴。

【**不断擦亮双拥品牌**】一是营造浓厚氛围。在新城广场区块创建双拥主题公园、“双拥一条街”、双拥广场，将5路公交车设为双拥公交专线。开展“最美退役军人”系列宣传活动，在报社开设专栏集中宣传报道9名各行各业的优秀退役军人，编撰书籍《忆峥嵘岁月——听老兵讲军旅故事》。王先钗被评为2021年度市最美退役军人。二是开展走访慰问活动。春节、“八一”期间，县主要领导亲自带队分别对人武部、华顶部队、武警中队等多个驻天台部队进行走访慰问，送去慰问金和慰问品共计价值65万元。对现役军人家属、重点优抚对象等代表人物进行走访慰问，共慰问1000余人次。三是褒扬纪念颂英烈。向上争取资金103万元，推进烈士陵园提升改造工程及县级以下烈士纪念设施保护专项行动。开展“致敬·2021清明祭英烈”祭扫活动，全县烈士纪念设施接待群众1.4万人次。组织“9·30”烈士纪念活动，县四套班子领导、各乡镇街道、群众代表参加。

（县退役军人事务局）

消　防

【**概况**】2021年消防救援队伍践行习近平总书记授旗致训词三周年，也是深化改革、全面发展的关键之年，更是迎接建党百年，继往开来、奋进笃行的政治之年。2021年，天台县消防救援大队党委在上级党委的坚强领导下，高举习近平新时代中国特色社会主义思想伟大旗帜，牢固树起习近平总书记授旗训词这一根本遵循，深度开展党史学习教育这一终身课题，坚决扛起改革转型、稳定发展这一政治任务，提振士气、鼓足干劲、破冰前行、迎难而上，圆满完成了各项灭火救援和消防安保任务，出警数478次。

【**队伍建设**】2021年，大队紧紧抓住班子建设这个龙头，以习近平新时代中国特色社会主义思想为学习主线，全面贯彻党的十九大和十九届五中、六中全会精神，紧密结合党史学习教育，先后组织党委集中学习12次、集中研讨16次、党委成员带头讲党课11次，撰写学习体会文章30余篇，以强而有力的理论武装，拓宽视野格局，强化政治意识、提高政治站位。此外，牢固树立“党建+”理念，秉持“党建引领、共建共享”原则，全面融入地方党建工作体系，整合驻地党建优质资源，与地方企业、部门、村居组建“和合先锋”党建联盟，常态化开展党建共建活动，实现优势互补，共享共赢；构建“线上＋线下”混合教育模式，采取“请进来、走出去”的方式，邀请专家教授开展辅导讲座5次，举办专题读书班2期，故事分享交流会3次；开展主题党日、“微党课”视频拍摄、“我与党旗同框”摄影、“和合先锋”红歌大合唱暨党史知识大比拼等活动，借助多彩活动赋能队伍战斗力。2021年，大队先后获评“浙江省成绩突出团支部”“先进基层党组织”等多项荣誉；1人获评全省“最美应急人”，1人获评台州市“优秀垦荒青年”，1人获评全省“优秀共产党员”，培养出了一批全市乃至全省先进典型。

【**火灾防控**】2021年，大队紧紧围绕“保障经济社会发展、维护社会和谐稳定”这一目标，以消防安全专项整治三年行动“铁拳攻坚战”为载体，深入分析研判，完善工作机制，不断加快推进消防工作社会化进程，全力提升火灾防控水平。推进消防民生实事项目建设，新增农村消火栓1000个，已全部完成验收，并在“12·01”坦头镇上宅村民房火灾扑救中发挥实战功效。推进始丰消防站和坦头苍山消防站建设，投入使用后天台县消防救援队站将全域覆盖辐射。深化“一月一主题”消防宣传活动，充分发挥县、乡、村三级消防教育体验平台作用，大力推广消防安全码，绿码任务数完成率位居全市前列，并实现了年度全民消防安全知晓率达90%目标。培育特色消防志愿服务队，组织249支村居志愿消防队常态开展夜间巡逻打更、提示宣传，全面提升基层消防。天台县消防安全工作在全省平安大会上作安全防范能力经验介绍。

【**应急救援**】2021年，大队坚持围绕战斗力标准，聚焦“能打仗、打胜仗”核心要求和应急救援主力军、国家队的职责定位，深化全员岗位大练兵活动，落实“3+1”组训模式和体能不达标人员“对账销号”机制，指战员体技能水平稳步提升。坚持“每战必评、每训必评”，开展桌面推演12次，简要战评100余次，专题战评10次。强化“全链条、全过程、全要素”实战实装演练，修订完善数字化预案118份，完成重点单位数字模型库建设54个，熟悉演练单位260家（次）。突出抓好专业能力提升，与辖区天睿、天安救援队开展常态化联合教学训练，选派15名队员参加水域、摩托艇、无人机、安全员等培训，增强专业化水平。举办全县多种形式消防队伍业务技能大比武，天台县重点单位微型站、村（居）志愿队分获全市岗位技能竞赛团体总分第一名、第二名的好成绩。成功处置“6·14”上海驴友走失、“6·28”雷峰乡漂流、“8·15”平桥镇峧头村山洪等急难险重任务。

得到了县委、县政府和社会各界群众的高度肯定和好评点赞。

【**监督执法**】2021年，大队始终坚持问题导向、目标导向、效果导向，在治理机制上与消安委办深度融合，创新建立“日检查、周督办、月考核、季研判、年评优”消防安全督查考评机制，在全省平安大会和全市消防安全大会上作经验介绍；推行消防安全网格责任制，建立片长、驻村干部和网格员三级巡查督改制度，实行行业部门和乡镇（街道）属地捆绑双考核，确保消防安全责任落细落实。全年，共开展月考核督导10次，下发函告通知书15份，督办通知书247份，督办问题全部完成整改。同时，大力扎实推进五大重点领域消防安全整治，配套开展商场（超市）、汗蒸场所、养老机构、合用场所等专项整治行动。紧盯最不放心单位、区域，2个重点街道消防安全形势持续向好，县级区域性火灾隐患和2家重大火灾隐患单位均按进度完成整改。加大执法打击力度，2021年共办理行政处罚115起，临时查封14处，责令“三停”22家，公安派出所消防拘留95人，乡镇街道委托执法共计130起。

【**为民服务**】2021年，大队扎实推进“我为群众办实事”实践活动，积极转变服务模式，主动创新服务举措，持续优化服务质效，全面助力天台经济社会发展。制定“我为群众办实事”清单，联合消防安全委员会办公室组建8个“三服务”专班，为全县1000余家企业实施个性化服务和在线预约服务，累计开展上门指导服务60余次，在线技术指导50余次，帮扶企业100余家，指导整改隐患150余处。实施公众聚集场所使用、营业前消防安全检查“容缺受理”“异地受理”机制，精简审批资料，压缩审批时限。将175家消防安全重点单位等级管理纳入金融服务信用信息共享平台，建立“红黑”信用分级，实现消防监管与社会信用互通互联。联合经信、税务等5个部门成立企业建设服务联盟，为企业提供消防、法律、财务、融资等综合性体检，推动服务由“专科门诊”向“全科门诊”转变，从“事后治疗”向“事前预防”转变。同时，组建“火焰蓝”志愿服务队，与天台县福利院、福溪街道幸福花苑等单位开展常态化爱心服务活动，参与文明劝导、冲洗马路、转运送水等各类志愿活动20余次，切实将学史力行落到实处。

（消防大队）

慈善事业

【**概况**】2021年，县慈善总会以习近平新时代中国特色社会主义思想为指导，深入学习贯彻总书记考察浙江重要讲话精神和中共中央、国务院关于支持浙江高质量发展建设共同富裕示范区的意见，与县委、县政府中心工作同频共振，以稳固脱贫攻坚成果为重点，统筹推进慈善募捐、慈善救助、慈善宣传等工作。全年累计募捐收入4156.68万元，拨出救助资金3666.88万元。

【**慈善募捐**】2021年，县慈善总会立足“大慈善”理念，持续推介企业设立留本捐息冠名基金、小额冠名基金。为公益项目做好定向服务工作，助推科教文卫体事业发展。开展“慈善人人捐”活动，9月3日在行政中心召开2021年度“中华慈善日”公益活动捐款仪式，县四套班子领导带头捐款，现场募捐4.88万元。全年共有182家单位参与捐款，累计募捐收入252.5万元。坚持合力行善设立小额冠名基金。和宣传部文明办联合成立新时代文明实践基金，助力新时代志愿服务。和知识分子联谊会联合成立知联关爱基金，募集资金用于困难学生慰问。和县人民医院联合成立的卫生医疗发展基金持续壮大。2021年以来，小额冠名基金收入167.23万元。做好定向募捐服务，主动对接乡贤企业，引导资金投入乡村振兴和科教文卫体等公益事业，累计定向募捐收入3553.59万元。

【慈善救助】2021年，县慈善总会相继实施了春节送温暖、儿童特殊病种救助、尿毒症血液透析救助、“六一”关爱青少年等十四个项目，承办了市总会和合台电、春苗助学等项目，持续推进东西部扶贫协作。春节期间，开展春节送温暖活动，慰问困难群众1500人，拨出救助资金90.28万元；六一儿童节期间，开展慈善送关爱活动，慰问困难儿童30人，拨出救助资金3万元；中秋节期间，开展慈善送团圆活动，为401名五保老人和困境儿童等送上月饼、饼干和洗衣液等爱心物资，拨出救助资金2.86万元；“七一”慰问困难党员15人，拨出救助资金3万元；开展“迎八一•同心筑梦”活动，慰问困难退役军人6人，拨出救助资金1.5万元。开展尿毒症血液透析项目，救助困难患者279人，拨出救助资金59.82万元；开展儿童特殊病种救助项目，救助困难先天性心脏病、白血病患儿10人，拨出救助资金9.57万元；开展金秋圆梦•启程助学项目，资助大学生73人，拨出救助资金30万元。爱心家园项目不断优化，共有在园学生22人。

【慈善宣传】2021年，县慈善总会依托慈善项目、重大事件、典型个案，挖掘宣传素材，通过报社、电视台、公众号、美篇等多种途径开展慈善宣传工作。开展慈善便民服务进文化礼堂活动，组织义工下乡义演、义诊，并现场组织《慈善法》宣讲和资料发放。慈善月期间集中造势，在天台报开辟专版，报道天台县近几年慈善工作——《我县慈善事业不断向纵深发展》，报道了先进慈善典型——《县农商行：以普惠金融之善浇筑乡村振兴共富路》。此外，还通过各分会、义工团体组织慰问活动，扩大影响力。

【慈善义工】2021年，县慈善总会依托义工分会、天益分会、天合志愿者服务团队、银龄义工文艺演出队开展了交通安全知识普及、消费者权益维护、慈善义演、爱心义诊等多种形式的关爱和宣传活动。全力助推学党史教育活动。5月，和县委办、政法委等11个单位联合开展了“学党员悟思想我为群众办实事”活动，为群众进行义务理发。组织百余名义工参与“唱支山歌给党听”、庆祝中国共产党成立100周年快闪拍摄活动。及时为群众解难题，帮助果农在寒潮中抢收300余亩砂糖橘。

【慈善公信】2021年，县慈善总会严格按照规定进行公开募捐备案、收支明细公布，委托天信会计师事务所进行年度审计，确保合法、合规行善。通过本会公众号、民政局网站和《天台报》等平台按要求每个季度公布收支明细。公开募捐项目及时备案并在“慈善中国”平台发布收支情况。针对社会关注度较高的“慈善人人捐”活动，除了在以上两个平台公布之外，还通过《天台报》分批次进行公示。

（县慈善总会）

红十字会

【概况】2021年，红十字会在县委、县政府和上级红十字会的正确领导下，紧紧围绕红十字工作要点，强职能、转方式、抓作风，着力打造“群众身边的红十字会”，推动红十字事业高质量发展。2021年，天台县红十字会被评为“浙江省红十字会新冠肺炎疫情防控工作先进集体”。

【党建建设】一是通过实施“党建引领”“党群共建”“博爱先锋”三项行动，创新工作方式，提升服务能力，开启沉浸式、共享式、融合式党建工作新模式，为红十字事业筑“魂”；二是健全“理事真理事、理事办实事”机制，提高红十字工作治理体系和治理能力现代化水平；三是组织红十字“96345”党员志愿服务队，深入基层常态化开展“千百万”人道服务，打通服务群众“最后一公里”。

【基层组织建设】一是深入实施红十字“强基工程”，实现乡镇（街道）及学校红十字基层组织全覆盖，形成纵向到底、横向到边、条块结合，覆盖城乡的红十字组织网络，为红十字事业筑“根”；二是建成天台县首家红十字“博爱家园”，推进博爱家园规范化建设，打造具有和合文化主题特色的博爱家园；三是联合卫健局向公共场所投放AED（自动体外除颤仪）51台，出台并完善AED相关管理制度，加强设置区域管理工作，做好AED操作使用和相关急救知识培训，并定期维护设备，确保随时可用、随时有人会用。

【红十字人道事业】一是依托志愿者团队，宣扬红十字“人道、博爱、奉献”精神。广泛、持久、深入开展应急救护知识普及、防溺水宣传、爱心义诊、心理咨询、宣传无偿献血等系列志愿服务活动150余场，普惠群众3万余人次，完成造血干细胞采样72例，实现眼角膜、人体器官、遗体、造血干细胞捐献各1例。二是立足服务群众，展现“全民急救”新作为。围绕“救在身边”专项行动总体部署，推进红十字救护知识培训“五进”即“进机关、进社区、进农村、进企业、进学校”活动，不断提高公众防灾避险意识和自救互救能力，助力“健康天台”建设。全年共开展救护培训132场，普及30232人次，培训救护员2408人；动员社会各界力量，开展红十字应急救护师（三级）培训，共培训三级救护师108人，并组织队伍参加2021年台州市红十字应急救护技能大赛，推进师资力量队伍建设。三是拓宽筹资渠道，打造“博爱”系列品牌项目。打造“博爱‘工’益行”“博爱·光明行”“博爱·送万家”“博爱·三献”等具有红会鲜明辨识度的“博爱”系列“品牌项目”，筹措资金60多万元，受益群众近万人。四是凝聚社会力量，提高备灾救灾能力。常态化开展疫情防控工作，接受社会捐赠款物；河南水灾中组织发动并联合天台留学生捐赠120多万元赈灾物资。

县红十字会将始终坚持以习近平新时代中国特色社会主义思想为指导，以“党建+红建”为引领，打造“小‘红’大爱”党建品牌；立足“三救三献”主责主业，打造“群众身边的红十字会”；持续推进数字化改革，高标准建设“数字红会”；搭建红十字（博爱）共富“众创空间”平台，助力共同富裕，为天台争当全省共同富裕示范区标杆县贡献红十字力量。

（县红十字会）

乡镇·街道

赤城街道

【概况】赤城街道是天台的主城区、老城区，也是天台的经济、文化中心。总面积83.75平方公里，下辖13个社区、20个行政村，获“和合台州”建设除险保安先进集体、台州市残疾人工作突出贡献集体、天台县高质量建设现代化和合之城先进集体。2021年，赤城街道坚持以习近平新时代中国特色社会主义思想为指导，全面落实中央、省市县委决策部署，紧扣忠实践行“八八战略”、奋力打造“重要窗口”、加快实现“五个翻番”主题主线，各条战线全面发力、各级干部全情投入，抓住了大事要事、办好了急事难事、干成了好事实事，在高质量发展的道路上迈出了更加铿锵、稳健的步伐。

【经济建设】2021年，经济指标持续增长，规模以上工业产值56.79亿元，同比增长8.62%，规模以下工业增加值增速35.8%，城乡居民收入同比、环比均高速增长；新增限额以上批零住餐企业1家，科技型中小企业认定1家。特色亮点不断呈现，第七次人口普查工作被推荐为国家人口普查先进单位；“2021和合文化全球论坛”在街道成功召开，成为永久会址；塔后村水美乡村建设经验获水利部副部长批示肯定，并成为全市党建联盟引领乡村共富现场会考察点之一。

【工程建设】2021年，项目建设态势强劲，圆满解决西冷坑移民安置、溪头等一批多年“顽疾”；螺溪、赭溪安置房完成分房；百花路东延西拓政策处理全面完成，西拓工程年前投用；海坑水库修复完成主体工程；天台山大瀑布配套设施加快完善，全国首座双跨玻璃悬索桥正式启用；赭溪历史文化街区一期主体完成，文创中心初展形象；天桐路、和合小镇、东门D幢等6个安置区建设加快；寒山路与天桐路夹角区块征迁、丰泽路区块国有土地征收等25个重点项目持续推进；3个亿元项目开工建设，1个亿元项目竣工落地；新增外资到账150万美元。

【城乡风貌】2021年，城市建设不断推进，四方塘路、蓝田塘路等背街小巷绽焕新颜。伟星金盘府、荣远璟廷等8处建筑地块成功出让。“微改造、精提升”行动卓有成效，丰泽小区综合改造提升工程全面竣工，中山东路市政基础设施提升工程全面完成，“囍德咖啡”“TATA咖啡”“而无又见民宿”等一批文创精品项目投入运营。乡村振兴全面提速，抛荒复耕工作全面完成，三新千亩农田项目开工建设。麻车洋村茶叶水果基地扶贫项目完成验收，桐柏村与博鳌文创院就“茶居地球村”中国茶振兴计划项目达成战略合作。四好农村路工作加速推进。文旅产业蓬勃发展，新增AAA级景区村1个，AA级景区村2个，A级景区村2个，接待游客数突破100万人次。

【民生福祉】2021年，教育资源总量翻番，建成投用天台小学飞鹤山校区、飞鹤幼儿园等一批基础教育项目。文化惠民深入人心，文化活动中心主体工程、国家级健身游步道项目、国赤环线漫步道景观等工程全面竣工，和合文化论坛成功入选市级文化产业示范基地。健康服务体系全面构建。新时代文明实践站点全面覆盖，“温暖有约”志愿活动落地生根。成功创建四星级便民服务中心、浙江省高标准生活垃圾分类示范片区，封闭小区垃圾分类全面覆盖。疫情防控措施精准有力，严格实现“闭环管控”。平安建设持续发力，反诈工作再上台阶，电诈案件发案数、损失金额逐步下降。禁毒工作亮点纷呈，建成禁毒教育馆，共接待3000人次参观学习，街道禁毒办获评省级示范单位。消防安全常抓不懈，交通隐患全面整治。

【党的建设】2021年，基层组织架构更加健全。圆满完成村社党组织换届工作，推进“固本强基”专项行动，整转后进村社党组织2个。创新开通“小红帽·点点通”微信小程序，助力机关党员到社区报到“线上认领、线下服务”，为台州市党员先锋台建设做出贡献。街道两新党建工作在全省“三年创优·整体跃升”推进会上作交流发言。塔后村获评浙江省先进基层党组织，街道获台州市先进基层党组织。全面从严治党成效显著。始终保持纪律审查高压态势，推进作风建设常态化长效化，狠刹“四风”隐形变异，定期排查分析机关廉政风险点。清廉村居建设纵深推进，监督触角不断延伸，村社监察工作联络站全面覆盖。党的领导覆盖各个领域。红色文化深入人心，成功打造蓝田革命遗址、天台山家风家训馆等红色文化教育基地，开展“党史进文化礼堂”“万名党员进党校”等理论宣讲活动。高质量建成同心之家和统战特色村，“同心圆”主题活动有效开展。党管武装成效显著，复评市级五星级基层武装部，全国“示范型退役军人服务站”顺利验收。人大监督有力有效，首创人大代表“拜师学艺”制度，人大代表联络站被评为市首批基层立法联系点。群团组织改革纵深推进。

（赤城街道）

始丰街道

【概况】始丰街道位于天台中部，是县政府所在地，城市发展新区。2003年，撤销城关镇，与丽泽、唐宋、石溪、靠山、龙山5个乡合并而设立始丰街道，辖区总面积57平方公里，下辖4个社区、32个行政村。辖区交通条件便利，有上三高速天台出入口和客运汽车站。2021年，实现党建考核、经济和社会发展考核、扩大有效投资以及招大引强“四优秀”。2021年，始丰街道在上级党委的坚强领导下，坚持以习近平新时代中国特色社会主义思想为指导，深入贯彻党的十九大和历届全会精神，围绕忠实践行“八八战略”、奋力打造“重要窗口”，以加快高质量发展为主旋律，努力打造充满现代活力的创新窗口、充满多元共享的融合窗口、充满水韵灵气的生态窗口、充满和谐氛围的幸福窗口，加快建成经济发达、生活幸福、社会祥和、城乡繁荣、环境优美的“最靓城市会客厅”。展现高铁时代新作为，建设共同富裕新始丰，实现党建考核、经济和社会发展考核、扩大有效投资以及招大引强“四优秀”。

【经济发展】2021年，始终把“强产业”摆在突出位置，打造头部企业，实现经济发展逆势上扬。2021年，完成工业总产值46.67亿元，其中规模以上工业总产值44.29亿元，同比增长21.7%；完成固定资产投资47.7亿元，其中工业性投资同比增长70.6%，投资额全县第一。加快产业平台建设，三星科创园一期厂房基本结顶，创新中心研发中心项目投入使用，大车配产业创新服务综合体列入省级试点。工业企业茁壮成长，严牌于深交所成功上市创业板，银轮智能入选省级第五批服务型制造示范企业。项目引进指数、推进指数位列全县第一，招引总部经济大楼、海伦伸缩管生产线、严牌智能制造等3个5亿元以上项目；落地开工总部经济大楼、炬华科技、海伦园艺、杨帆百福里等10个重大项目，竣工投产万胜智能、炬源物联网、银申铝业等10个工业项目；全力推进铺前区块、技师学院、中心粮库、人才公寓玉湖洪二期安置房等项目政策处理。申报“500精英计划”项目6个，通过院士合作项目1个，申报“省千人计划”2个，实现项目落地5个。

【城乡建设】2021年，始终坚持以人为核心推进新型城镇化，联动城乡提能和乡村提质，积极迎接高铁时代。着力城市品质提升，共建总计2160户的城市改造项目，征收土地2373亩，完成玉湖一期740套和官塘蔡一期690套房屋安置工作，启动玉湖A1-A9、官塘蔡二期、玉湖洪、高铁龙六、三里宋安置房建设，筑牢广大群众“安居梦”。全力护航高铁保开通，完成11个高铁外部环境安全点位整治，拆除高铁站周边违章建筑，构筑沿线围墙。优化城乡路网，完成九龙大道、和合路、玉龙路—城前线、站前大道等城乡道路建设。扮靓美丽乡村，谋划布局“始丰溪畔未来乡村”项目，努力打造“一溪两岸”3.0版未来乡村，入选浙江省农村综合改革集成建设试点、省“十美共富”农业农村领域高质量发展推进共同富裕第一批实践试点、省城乡风貌样板区建设试点等，获得资金8000余万元。创成美丽城镇建设山区县城城镇省级样板、浙江省高标准生活垃圾分类示范片区；天元社区入选浙江第四批“未来社区”创建名单；安科新村被评为全国文明村、省自然保护地融合发展示范村；安科片区“体育+旅游”乡村振兴新模式亮相央视《今日中国》大型直播节目。

【社会事业】2021年，始终坚持推动民生改善，增进幸福质感。教育医疗事业优先发展，高考再创佳绩，“双减”政策落地有声，实验小学始丰校区加快建设，特殊教育中心迁建项目主体通过验收，始丰中学二期工程投入使用，人民医院通过省三级乙等复审。文体事业全面发展，建成文化礼堂1家，新时代文明实践所实现全覆盖，6项民生实事完成办结，成功举办浙江省第二届生态运动会、杨梅节等文体赛事活动。启动“焕新计划”，投资500万元打造“五星级”便民服务中心，实现软硬服务“双提升”。多管齐下，多措并举，切实增强村级集体经济的“造血”功能，加大村级留用地开发力度，玉湖综合楼、茅导师综合楼投入运营，官塘蔡、团结、铺前村留地建设项目加快。服务新业态、新就业群体，成功举办中国·天台第四届全球高端装备创新创业大赛始丰分站赛，建立4个“新尚人驿站”，包含1个天台“新尚人”总站，新增城乡就业人员269人。社会保险覆盖面持续扩大，养老保险“应补尽补”。完善公共基础设施建设，完成4家农村家宴阳光厨房、11家学校食堂阳光厨房建设和34个垃圾分类“两定四分”收集点建设。深化“五水共治”，创成“污水零直排区”，交通治堵、两路两侧、清洁家园等工作统筹推进，高质量完成农村饮用水达标提标三年计划。

【平安建设】2021年，树牢底线思维，抓安全生产、筑生态屏障，安全生产形势稳定向好。常态化落实疫情防控各项措施，从严从紧小门管控，被评为2021年市级疫情防控先进集体。扎实推进安全生产专项整治三年行动，完成隐患整改2774个，入选台州市市域一体全链隐患排查治理试点。配齐行政村卫星电话，完成天塘山塘加固、石塘下美丽村塘建设，全面提升水库、山塘、干堤安全水平。完成112个农村消防栓建设，新建2个避灾场所，提升改造2个。着力做好信访积案联抓、矛盾纠纷联调、社会治安联防、突出问题联治、平安宣传联动，“百日清零”行动成效显著，一批社会矛盾、信访积案得到有效化解，全县火灾发生数、交通事故（死）亡人数同比分别下降13.5%、30.4%，“数智网格”相关做法登上人民日报。开展反诈网格阵地战，“网络安全宣传周”“敲门行动”“我为自己代言，向电信网络诈骗说不”活动，挨家挨户走、逐人逐事讲，宣传效果明显。

【党的建设】2021年，始终把学深悟透习近平新时代中国特色社会主义思想作为首要政治任务，深入学习领会习近平总书记系列重要讲话精神和重要指示批示精神，高质量开展党史学习教育，分级分类开展党的十九大和十九届二中、三中、四中、五中、六中全会精神教育培训，教育引导广大党员干部进一步增强“四个意识”，坚定“四个自信”，做到“两个维护”。充分发挥基层党组织战斗堡垒作用，建立4个区域化“党建联盟”，通过“以强带弱、组团发展”推动共同富裕，承办市全域党建联盟现场会，带动整体水平跃升。积极探索“党建+”新路径，实施“一体三化”社区党建模式，推广乡村振兴“六联”工作法，有力提升基层党组织组织力。推进清廉村居建设，打造“清溪莲韵”清廉旅游品牌。持之以恒纠治“四风”，深入整治“怕慢假庸散”等作风顽疾，始终保持反腐败高压态势，共受理问题线索32件，立案11件，结案11件，其中党内警告9人，党内严重警告2人，主动交代问题线索11人。鼓励干部干事担当，澄清干部2人，共处理42人，其中诫勉谈话4人，警示谈话10人，提醒谈话28人，进一步筑牢思想防线。加强新形势下的统战工作，创设统一战线“同心圆”主题日，构建“三环五步法”，实现区域共建共治共享。党管武装意识进一步强化，国防动员、民兵预备役建设和“双拥”工作取得新进步，获评全市征兵工作成绩突出单位。

（始丰街道）

福溪街道

【**概况**】福溪街道位于天台县城区始丰湖南岸，北与赤城街道一水相隔，东与三合镇接壤，西与始丰街道、南屏乡毗邻，南与临海市交界，104国道穿境而过。成立于2003年，下辖20个行政村和4个社区，行政区域面积84.5平方公里。2021年，全年实现规上工业总产值30.04亿元，同比增长46.2%，工业性投资2.12亿元，完成率为110.5%；固定资产投资达32.3亿元。荣获台州市乡村振兴先进集体，获评市级美丽乡村示范乡镇。2021年，福溪街道在县委、县政府的坚强领导下，团结带领全街道广大党员和干部群众，迎难而上、砥砺前行，全面深化改革，推动产业转型发展，经济实力稳步提升，城乡面貌明显改观，社会大局和谐稳定，各项事业取得重大进展。全年实现规上工业总产值30.04亿元，同比增长46.2%，工业性投资2.12亿元，完成率为110.5%；固定资产投资达32.3亿元。荣获台州市乡村振兴先进集体，获评市级美丽乡村示范乡镇。

【**综合实力**】2021年，企业阶梯队伍不断壮大，全年新增规上企业6家、国家级高新技术企业2家、省级科技型中小企业12家。采取多种方式招商引资、招才引智、以赛引才活动，全年共外出招商3次，签约5亿元以上项目3个。落地台州市500精英人才创业项目2个。顺利承办全县第四届创业创新大赛福溪分赛区，两个人才创新项目在中国·天台第四届全球高端装备创新创业大赛总决赛中获二、三等奖。

【**创造活力**】2021年，完成5亿元以上项目签约3个，开工落地3个；完成高端人才项目落地1个，完成招商引税项目落地1个。总投资31.2亿元天台县众联科创产业中心项目先行区块已启动建设，总投资22亿元的银轮未来工厂项目将于月底摘牌，计划2022年4月启动建设。总投资11亿元，占地246亩的天台物流中心建成投产。总投资8亿元文化中心项目，主体结构已结顶，预计2022年投入使用。

【**城乡面貌**】2021年，成功出让拾得路以北F、J区块124亩土地，圆满完成557户拆迁户安置房分房工作。水南“城中村”改造一期、二期项目顺利完成竣工验收；拾得路以北（水南）区块改造二期、三期项目预计2022年6月竣工验收；下山移民福溪安置区一期、二期项目开工建设；完成城区污水零直排区建设，完成桥南老旧小区改造。投资1600万元建设黄坭坵养鸡场项目，预计建成后带动滩岭片7个村403户低收入农户每人每年增收1600元。

【**社会事业**】2021年，优化教育、医疗、文化资源配置。南洋幼儿园顺利落地开工，与浙江省知名小学——学军小学合作办学的南区小学顺利签约；天台县人民医院医共体福溪分院开工建设；成功引进上海红房子指导的月子中心；天台文化中心项目主体结构建设完成。逐步提升社区服务质量。桥南社区省级示范型居家养老服务中心基本完工，幸福花苑社区居家养老服务中心投入使用。严密筑牢疫情防线，开展全民疫苗接种，辖区内无确诊病例。推进天台县中心陵园项目，一期预计春节前完工，有效缓解城区公墓饱和问题。

【政治学习】2021年，扎实开展党史学习教育等，赓续红色血脉、勇开发展新局；规范和完善街道党工委理论中心组学习制度，坚持开展“周一学习夜”“青年宣讲”等活动。加强党建阵地建设，莪园工业区和红石梁小微园区党群服务中心建成开放，南兴社区服务综合体落成投用，全县首家老法官工作室落户桥南社区。建成6个“新尚人”服务驿站，成立全县第二家快递物流行业党组织。搭建乡贤联谊会平台，募集乡贤教育奖励基金318万元。

（福溪街道）

平桥镇

【概况】平桥镇位于天台西部盆地中心，是天台西部统筹发展中心、中国过滤布名城、全国重点镇、全国卫生镇、全国中心镇建设示范试点、中国最美乡镇、浙江省首批省级中心镇、浙江省第三批小城市培育试点，是全国四大工业过滤布集散地之一，素有“中国过滤布之乡”“产业用布之府”的美称。下辖10个办事处70个行政村，耕地面积7.8万亩，山林面积18.4万亩。2021年，全镇实现工业总产值79.2亿元，规模以上工业产值32.9亿元，入库税收3.8亿元。荣获中国宜居宜业宜商典范镇、中国推动经济高质量发展典范镇、新时代美丽城镇建设省级样板、省绿化模范单位等10余项荣誉。

【工业经济发展】2021年，数字经济产业园项目获天台重大项目谋划擂台赛第一名，一期政策处理完成；花前园区四期核心区成功申报地方政府专项债项目。“中国过滤布名城”获评“中国产业用纺织品行业‘十三五’十大优秀公共服务平台”。全镇规上企业达到50家，国家高新技术企业达到12家，省科技型中小企业达到69家。华基环保入围国家级专精特新小巨人企业，得威德入选省隐形冠军培育企业；恒泽环境科技起草的《袋式除尘器用复合纤维非织造滤料》获批“浙江制造”团体标准，系产业用布行业首个“浙江制造”标准；济公缘药业入选省新零售示范企业，平桥创成省第二批现代商贸特色镇。开展土地增效行动，消化处置工业用地批而未供、供而未用土地250亩。

【城市品质提升】2021年，扎实推进小城市培育试点，全面开展美丽城镇建设，振兴北路、飞龙路等道路建成通车，朝阳小区完成改造，镇区提升、双塘公园、王里溪河道整治、平西村中心公园、平镇街生态停车场等项目基本建成，全市美丽城镇建设现场会在平桥召开，平桥成功创建新时代美丽城镇省级样板。

挂牌成立平桥镇综合行政执法队，试点开展“一支队伍管执法”。

【乡村振兴】2021年，完成后村片区、花市片区高标准农田建设，整改“非农化”“非粮化”3000余亩，里田农业、旺旺野生植物被认定为省第一批数字农业工厂。提质全域旅游，农文旅展销中心、峇溪谷乐园建成营业，新增省A级景区村6个。深化片区化组团发展，新创建引领型农村社区2个，下王村获评省美丽乡村特色精品村，张思村以全省唯一村庄入选省首批大花园耀眼明珠。创成市级垃圾分类示范村2个、示范小区4个，新增省级示范性农村公厕、星级农村公厕5座，改造提升垃圾中转站2个、农村生活污水治理终端7个，始丰溪平桥段获评市级美丽河湖。

【社会民生事业】2021年，下山移民安置区竣工验收，6天时间完成338户下山移民分房。新寺后消薄园建成投用，农户抱团持股、张思古村复兴等典型做法入选“台州共同富裕36法108例”。搁置18年之久的平桥中学综合楼开工建设，有序推进医共体平桥分中心项目前期工作，天台首家乡镇级“儿童自助图书馆”建成投用，新增农村文化礼堂8家、农村体育场馆4座。利民保参保率居全市前列；完成适老化改造52户，建设提升避灾安置点7家，创建儿童之家8家，平桥镇残疾人之家通过省四星级复评，平桥获评台州市慈善奖。大力推广浙政钉、浙里办，建成“数字e家”服务区，创成五星级便民中心。创成省五星级食安办，建成农村消防栓83个，全市反邪教协会基层组织建设观摩会在平桥召开，国家级、省级交办重复信访件在全县率先实现“双清零”，相关做法在全市作典型发言。

【疫情防控】2021年，健全“源头查控+硬核隔离+精密智控”机制，常态抓好疫情防控。换届后第一时间调整平桥镇的镇疫情防控指挥部成员和各专班人员，明确职责、压实责任。村级坚持“村自为战”，落实网格责任。强化核查管控，实行AB岗24小时轮流值班，精准快速数据核查管控。特别是火龙果事件，平桥镇第一时间组建工作专班，争时间、争主动，当晚隔离相关人员5人。强化常态督查，组建3个专项督查小组，每天对全镇各村、各行业场所疫情防控情况进行督查，督查情况在诗画平桥红黑榜公布。强化疫苗接种。推出包车接送、商家联盟送福利、逐村上门宣传等措施，全镇接种疫苗16万余针剂。强化应急保障，以村为单位，组织开展大规模核酸检测应急演练，小羊农庄隔离点可容纳60余人，准备备用隔离点2个，购置防疫物资3.1万余件。发动“商家联盟”谋划推出“新春大礼包”活动，鼓励外来人员就地过春节。

【党的建设】2021年，完成乡镇换届。党委理论学习中心组“九学”模式在全县推广，网络生态“瞭望哨”工程、新时代文明实践建设等做法得到省市领导肯定。持续深化基层党建“双整两全”，强化党建联盟建设，张思、后村被列为市县党建联盟引领推动乡村共同富裕现场会考察点，获评市基层党建示范乡镇。“党建+网格”“支部+基地”推动乡村振兴等做法获国家级媒体多次报道点赞，机关党建、两新党建工作得到上级高度肯定。探索实施村级党组织履行党风廉政建设主体责任情况当面报告工作，真正打通全面从严治党“最后一公里”。强化监督执纪和案件查办，持续保持高压态势，立案查处违纪违法案件23件，开除党籍3人。画好画大同心圆，张思村被列为全市统战同心圆助推共同富裕现场会考察点，同心联盟助力共同富裕、乡贤和合调解团、同心工作站等得到省市县领导高度肯定。

（平桥镇）

白鹤镇

【概况】白鹤镇位于天台县西北部，素有台州北大门之称，是浙江省第一批中心镇。全镇地域面积141平方公里，辖49个行政村。曾获得“国家级环境优美乡镇”“中国淘宝镇”“国家卫生乡镇”等十余项省级及以上荣誉称号。上三高速、104国道、60省道支线、科白线城市道路贯穿境内。拥有浙东第一瀑布龙穿峡、桃源景区、天姥山、护国寺、万年禅寺、浙江佛学院等知名景点，创成AAA级景区2个，A级景区村35个。白鹤国际袜业城为国家AAA级旅游景区、浙江省工业旅游基地。白鹤产业优势明显，是省级山海协作产业园核心区的所在地，拥有机电、模具、保温材料、袜业四大支柱产业，两家上市公司以及国内规模最大的批发零售综合市场——白鹤国际袜业城。

【疫情防控】2021年，坚持把人民生命健康放在首位，一切为疫情防控让路。商超、景区、企业等重点场所，严格落实“一测两看”等常态化防疫举措。特别是在“杭绍宁”三地疫情反弹后，第一时间启动疫情防控应急预案，全面落实“十个从严”等防控要求，全镇所有主要宗教场所、校外培训机构、网吧、KTV等封闭性人员密集场所1天内全部关闭，暂停开放。完善“五对一”包干机制，按照“源头查控+硬核隔离+精密智控”要求，3000多名党员干部下沉一线，通过“大数据+网格+自主申报”的排查模式，在全镇范围内摸排、隔离中高风险返台人员，牢固筑起“外防输入”的铜墙铁壁。新冠肺炎疫苗接种全面铺开。全镇领导干部冲锋在前，带头接种疫苗。同时，以行政村为单位，逐村逐户做好疫苗接种科普和登记工作。根据各村各户实际情况，提供整村包车、专人接送等暖心疫苗接种服务，确保做到应接早接、应种尽种。全镇累计接种疫苗8万多剂次，有效增强了全镇群众的抵抗能力。

【经济发展】全年实现工业总产值60.2亿元，规上工业总产值28.1亿元；工业转型强劲有力。完成“个转企”21家、“小升规”4家，新增亿元以上企业2家。天成自控建成全县首家国家级“绿色工厂”。数字模具产业园等30多个项目列入县“十四五”规划。亿恒控股等5家企业成功申报省级科技型企业，双林机械等4家企业获得市级高新技术企业研发中心认证，新增国家高新企业3家。2021年全镇R&D经费支出占营业收入3%，授权通过发明专利11件。农业发展质效齐增。650亩抛荒耕地改种粮食作物任务圆满完成，鹤楼片区高标准农田建设高质高效完成，全镇22个粮食功能区非粮化工作扎实推进。成功创建全县首个农技专家服务站，23 位省市农科院技术专家强势入驻，累计提供专业化培训 10 余次，惠及 1300 余人。文旅融合纵深推进。红旗渡槽红色爱国教育基地基本建成，上卢三百六十行古巷顺利开街，龙穿峡景区微改造精提升一期工程如期完成。“白鹤遇仙”浙江首场文旅剧本杀直播成功举办，“旅游 +”内容不断拓展。新创建 A 级景区村 4 个，其中 AA 级 3 个。

【重点项目】全年共谋划项目 41 个，总投资超 145 亿元。其中，入选省市县长项目 2 个，省市“4+1”项目 1 个，省市六个千亿元项目 2 个。金招呼、艾普科、天牛 LED、安养院、下宅幼儿园等 13 个新开工重点项目顺利推进。其中天成二期三个厂房主体工程基本完工。招商引资成果丰硕。选派班子成员到上海、杭州开展招商，引进一批重大项目和资本。县第五届商人大会签约亿元以上项目 3 个，引进市外项目 7 个，资金合计约 21 亿元。破难攻坚势头强劲。成立六大重点攻坚项目指挥部，全力推进项目建设。护国寺复建工程持续推进，桃源旅游环线基本完工，中德产业园下宅区块 300 余亩土地按期完成政策处理。杭台高铁五大安置区块基本完成土地平整工作，白鹤颐养康乐产业园政策处理基本完成。安养院项目一期主体工程已完工。

【提升福祉】2021 年，民生基础更加完善。白鹤幼儿园下宅分园加快推进，天台县文化礼堂白鹤分部、图书馆、乡贤馆、百姓健身房等陆续投入使用。下西山村体育公园、白鹤微型体育公园等全面建成。率先成立白鹤镇社会工作站，开启社会化服务。社会保障更加全面。新建避灾中心 5 家，完成 2 家养老院改造，完成民生实事困难老人适老化改造 39 户，两性安康保险投保率全县第一。“最多跑一次”改革扎实有效，5G 展厅、直播基地、掌上人大等数字化改革工作稳步推进。率先建成五星级新便民服务中心，全市现场会在白鹤镇召开。平安建设更加深入。防诈反诈宣传深入人心。扫黑除恶专项斗争深入开展，消防、道路交通、危化品等安全生产综合整治成效明显。创新征兵宣传方式，吸引高校人才，高质量完成征兵任务。成功创建省市民主法治村 6 个，白鹤司法所获评省级“枫桥式”司法所。国家级、省级重复信访件 28 件全部销号，信访积案全部化解。全年化解各类矛盾纠纷 1673 起，化解率达 97.8%。慈善、妇女儿童、国防教育、民兵组织、基层规范化建设等工作取得新成绩。

【美丽城乡】2021 年，大力实施美丽城镇基础设施改造，繁华路、九龙路、建设路等道路白改黑工程全面开工。桃源旅游环线完成上白岩到宝相、张家岙到上洋段路基施工。启动白鹤南区规划建设，城市框架进一步拉开。白鹤国际袜业城通过全省首批“五化”市场改造验收。宜居水平全面提升。推进小城镇环境综合整治，深化“三改一拆”工作，拆除违建 6.2 万平方米，拆后利用率 91%。溪东村、下西山村整村推进工作全面完成，人居环境“百日攻坚”目标如期实现。美丽乡村全面振兴。全面落实“一户一策一干部”机制，全力以赴打好低收入农户增收攻坚战，全镇经营性收入 10 万元且总收入达20万元以上村总数达到12个，各村集体经济总收入超1700万元，比上年增加9%以上。农村一事一议项目顺利推进，下西山村沿溪道路硬化工程基本完成。申报新建农村公厕24座，农村生活污水治理项目全面完成，水美乡村水系联通工程顺利开工建设。鹤楼葛村成功创建市级农村垃圾分类示范村。上联新村创成省级新时代美丽乡村精品村，建成美丽庭院1000余户。

（白鹤镇）

坦头镇

【概况】坦头镇地处天台县东部，于1985年建镇，由原坦头镇、欢岙乡和苍宝乡合并而成。镇域总面积83平方公里，现辖30个行政村。距天台县城约12公里，是台州市级中心镇、天台县工业强镇、外贸重镇。作为汽车用品产业的发源地和聚集地，享有“国家级汽车用品质量提升示范区”“中国汽车用品制造基地”“中国汽车用品出口基地”“中国淘宝镇”“国家汽车用品团体标准示范区”等诸多国字号荣誉。2021年，面对错综复杂的经济形势，面对依然严峻的新冠肺炎疫情，镇党委坚持以习近平新时代中国特色社会主义思想为指导，认真贯彻中央、省、市、县各项决策部署，围绕建设“现代化和合之城东部中心”目标，大干快干、苦干巧干，圆满完成各项目标任务，保持了经济社会良好发展势头。

【工业产业】2021年，全镇完成工业总产值59.1亿元，同比增长12.5%，其中规模以上工业产值5.7亿元，同比增长17.2%；限上批发业销售额累计7.75亿元，同比增长659.4%；限上零售业销售额累计0.62亿元，同比增长22%；完成固定资产投资7.17亿元，其中工业性投资2.03亿元；完成外贸自营出口7.39亿元，同比增长28.44%。推进企业转型升级，成功培育3家规上企业、2家限上批发业、3家服务业规上企业、4家省级科技型中小企业；完成“个转企”23家；新增小微企业603家，其中八大产业小微企业78家；新增外贸进出口实绩企业3家。大力发展数字经济，新培育“淘宝村”2个。

【项目建设】2021年，全力推进天台抽水蓄能电站项目、天台华统生猪养殖综合开发项目、三力士智能橡胶产业园项目、圣达年产120吨生物素等维生素系列产品生产线建设项目、浙江恒泽年产200万套汽车用品生产项目、医共体坦头分中心项目、书香名邸项目、宏地众创产业园项目等一批大项目、好项目。积极开展招商引资工作，对接洽谈项目4个，签约4个，落地4个，已开工入库2个。

【城乡面貌】2021年，加快基础设施建设，建成老60国防光缆改线工程、固废改造提升工程、新镇区路灯工程、下周至天峰道路路基工程等，推进小微创业园路网建设、坦头公交枢纽站建设、苍山产业集聚区矿地综合开发利用和九龙路土地征收等工作。大力开展环境整治，统筹推进省卫复审迎检、垃圾分类、清洁家园和五水共治“找寻查挖”等工作。促进林业发展，完成枯死木清理和溪南村“一村万树”示范村工程，新增国土绿化面积200亩，完成400亩耕地抛荒复耕及非粮化、非农化调查，欢岙高标准农田项目建设进入预算审核阶段。

【民生福祉】2021年，优化提质公共服务，积极推进五星级便民服务中心建设，建成金恒德企业服务中心。扎实落实民生实事，推进村级卫生室建设、奖特扶申报核对等工作。严格落实“双减”工作，大力开展校外培训机构整治。加快推进瓶西村、八一村、金钟村、大余村等一批阳光厨房建设。持续做好低保、低边对象的动态核查、监管、新增，完成坦头镇社会工作站建设。

【社会治理】2021年，抓好常态化疫情防控，做好疫苗接种工作，顺利开展大规模人群核酸检测演练。定期开展清雷行动，常态化开展应急演练、安全教育培训等。率先完成“统一标准地址库建筑物面核查采集工作”。加强矛盾纠纷大排查大整治，县级交办国重件化解率全县排名领先。深入开展扫黑除恶专项斗争，做好吸毒、邪教人员管理工作。

【党的建设】2021年，深入开展“头雁领航·千村提升”活动，定期举办党建联盟“一心双百三服务”项目擂台赛。加快数字经济赋能，建立岩下村农村数字化云平台。坚持党管人才，建成高层次人才创业园，成功承办中国·天台第三届全球高端装备创新创业大赛深圳区赛事。超额完成征兵任务，建成普通民兵队伍30支。

（坦头镇）

三合镇

【概况】三合镇位于天台县东部，1989年建镇，由原三合乡和苍南乡合并而成。镇域面积60平方公里，现辖26个行政村。距县城18公里，104国道、新60省道、老60省道、上三高速穿境而过，并且上三高速洋头出口位于镇区，交通便利。2021年，面对错综复杂的发展形势，以习近平新时代中国特色社会主义思想为指导，深入贯彻落实党中央、国务院决策部署和省市县工作要求，在县委、县政府和镇党委的坚强领导下，紧密团结和依靠全镇人民，在大战大考中披荆斩棘，在克难攻坚中砥砺前行，小康社会全面建成，疫情防控取得重大战略成果，经济社会发展迈上崭新台阶。

【综合经济】2021年，发展态势更加强劲。全镇工业生产总值增加至年末的26.7亿元，年均增长7.85%，位列全县第6位；规模以上工业总产值增加至年末的19.9亿元，年均增长13.06%；工业转型升级蹄疾步稳。“亩均论英雄”三年行动顺利收官，40家低效企业完成整治提升。创新动能持续增强，深入实施凤凰行动、雄鹰行动、雏鹰行动，天铁股份在深圳创业板上市，国家高新技术企业新增1家，省市级研发中心新增5家，年均R&D经费支出增速迈向10%。文旅产业初具雏形。下峧省历史文化古村落项目通过验收，灵风省历史文化古村落项目即将验收，“红色+非遗+古村落”旅游蓝图蔚然成型，灵溪（村）荣获浙江省第二批“千年古村落”地名文化遗产、台州市第一批民俗文化村，获评浙江省民间文化艺术之乡。宝华禅寺圆满开光，往来游客络绎不绝，“禅修养生”呼声愈高。创成A级旅游村2个，AA级旅游村1个。现代农业加速发展。建成高标准农田3000亩，粮食产量保持稳定。

【项目建设】2021年，产业平台逐步壮大。苍山产业集聚区一期一标基本建成，苍山大道建成通车，矿地综合开发利用项目完成1630亩土地征收，双箭项目招引落地，天台药业建设进度过半，安置区块加快建设，省级化工园区通过认定，万亩千亿产业大平台初具规模。洪三园区提质扩容，智慧环保系统全面推广，F1区块政策处理基本完成，入驻企业达到58家。重点项目建设提速，新上千万元以上项目12个，其中省市重点项目2个，朗派科技、环能传动竣工投产，天铁二期、老法食品等11个项目加速推进。

【镇村面貌】2021年，交通体系日趋完善。新60省道、宝华禅寺通景公路、城洋公路连接线等6条主干道相继开通，老60省道完成整治提升，妙山路东拓工程实现突破，形成内通外联的交通格局。集镇品质大幅提升。垃圾分类工作全面铺开，基础设施逐步提升，2个村获评市级垃圾分类示范村。生态环境持续向好。常态化打好污染防治攻坚战，治水、治气、治土、治废四大行动一体推进，农村生活污水治理项目全面完成，大路周水库、栗树园水库完成除险加固，生活垃圾焚烧发电厂、应急及固化飞灰填埋场建成投用；美丽乡村串点成线，看得见山、望得见水、留得住乡愁的美好愿景逐渐成为现实。

【社会事业】2021年，教卫事业优先发展。三合中学重点高中升学率从19.1%上升到22.2%。亭头卫生院完成改造升级。文体事业亮点纷呈，荣获浙江省民间艺术之乡；新建百姓健身房2个、多功能场所1个。社会保障持续完善，城乡居民医保参保率不断提高，建成省级示范型居家养老服务中心，创成市四星级残疾人之家，建成市级儿童之家2家。社会治理大幅提升。乡镇“四个平台”完成建设，“东部和合调解团”获评“县域社会治理现代工作”创新项目最佳实践案例。疫情防控和经济社会发展取得“双胜利”，防汛救灾保卫战实现“零伤亡”，扫黑除恶专项斗争纵深推进，消防安全、交通安全、安全生产事故发生率均大幅下降。

【自身建设】2021年，旗帜鲜明讲政治。扎实开展党史学习教育，自觉增强“四个意识”、坚定“四个自信”、做到“两个维护”，守初心、担使命、干事业的热情更加高涨。依法行政深入推进。带头遵法学法守法用法，对政府规范性文件、招商引资合同和重大工程项目全覆盖开展合法性审查，自觉接受人大依法监督和社会监督，办理镇人大代表议案答复率100%。落实民生实事项目5个。坚决落实全面从严治党主体责任，严格遵守中央“八项规定”精神，从严惩治侵害群众利益的不正之风，力促干部清正、政府清廉、政治清明。各年度征兵工作保质保量，民兵队伍作战水平明显增强。与此同时，政协、工青妇、科协、残联、民宗、侨台、慈善、老干部、关心下一代等工作均取得亮眼成绩。

（三合镇）

洪畴镇

【概况】洪畴镇位于天台县东部，东与三门县接壤，南与临海市毗邻，西界三合镇，北连泳溪乡，距“上三”高速公路洋头出口5公里，60省道穿境而过。辖区总面积40.56平方公里，现有15个行政村。耕地面积7408亩，林地面积33989亩，其中公益林面积10854亩，森林覆盖率高达56%。境内植被类型较好，动物资源丰富。主要河流有界溪和逸溪，流域面积达188平方公里。全镇小型水库6座，万方蓄水量以上山塘6座，水资源较为丰富。洪畴镇是橡胶产品集散地，素有“橡胶之乡”美誉。曾在2005年、2006年分别被命名为台州市专业（橡胶）商标品牌基地、中国（天台）胶带工业城，2009年荣获浙江省橡胶专业商标品牌基地称号，是天台县的工业重镇之一。

【产业项目】2021年，我们坚持转型升级、效益优先，始终把产业作为经济发展的根基，持续推进转型升级，重塑橡塑产业核心竞争力。全镇实现工业总产值23.75亿元，同比增长11.35%；规上工业企业累计实现产值8.63亿元，同比增长12.9%；规下工业增加值增速14%，限额以上批发业销售额2.25亿元，同比增长55.2%；固定资产投资总额3.98亿元，同比增长51.36%；工业性投资2.05亿元，完成率124.88%。固定资产投资增速及工业性投资完成率两项指标均居全县第一。全年新培育上规工业企业5家，全县排名前列。持续保持环保高压态势，全面完成燃煤锅炉淘汰，完成两轮中央环保督察组交办任务，环保整治工作获人民日报头版报眼点赞。产业平台扩面提质，洪三功能区一期企业全部完成入园投产，二期基本完成投产，园区“污水零直排”提前一年完成创建。洪畴镇中小企业创业园全面建成，并入选2021年省数字化示范小微企业园，系天台唯一；建成运行数字化、服务标准化“一窗受理、全程代办”的天台首家园区“厂门口”企业服务中心；红石梁综合产业园、浙江红石梁集团热电有限公司天台胶带工业功能区集中供热耦合空分升级改造等项目进入尾声，台州市瀚佳环境技术有限公司年再生利用2万吨活性炭、浙江赤心实业有限公司50亩扩建等一批重点项目建成投产。招商引资提质增效，引进浙江三孚科技有限公司胶管生产线、万峰科技（云南）有限公司年产20万套烟机配件生产线项目等一批重大项目，产业层次更为丰富。

【镇村面貌】2021年，始终把新发展理念贯穿新型城镇化发展全过程，聚力打造宜居宜业的高品质生活空间，镇村一体化联动发展格局加快形成。集镇面貌日新月异，小城镇环境综合整治通过省级验收，美丽城镇创建工作全面铺开，地标建筑万魁“双塔”完成修缮。环境治理真抓实改，市级无违建乡镇创建成功，镇区“污水零直排区”建设通过市级验收，苍山污水处理厂洪畴段主管网工程全面竣工投用。交通体系不断完善，新60省道全线贯通，美丽公路东部环线建成投用，乡村公路管理站挂牌成立，获评市级“四好农村路”示范乡镇。乡村振兴步伐加快，联合全镇15个行政村、1个园区、64家企业，组建4个党建联盟，实施“四合四比”机制，以联盟之力攻坚乡村振兴重点项目5个，相关做法在《人民日报》刊发。以自然底色较好的明岙片区为重点，委托浙江农林大学规划设计团队进行整体规划编制，片区化、组团式打造共同富裕示范点。持续开展农村人居环境整治，积极推进垃圾分类、清洁家园、五水共治、彩色健康林等工作，逸溪村入选浙江省第一批低（零）碳村（社区）试点。

【社会事业】2021年，始终把高质量发展同满足人民美好生活需要紧密结合起来，切实保障和改善民生，群众获得感幸福感明显提升。社会保障水平不断提高，民生支出占年度公共财政支出比重稳定在45%以上。城乡居民养老保险参保人数1.3万余人，城乡医保参保率达到99%以上。低收入农户高水平全面小康攻坚行动圆满收官，“三个清零”目标顺利实现，相关做法在《浙江政务信息》专版录用刊发。公共服务提质升级，新便民中心建成投用，卫生院新楼顺利迁建，镇村3处多功能运动场完成建设，东新联村通过省级示范型居家养老服务中心验收。教育基础设施逐步完善，洪畴中学与县实验中学完成共建型义务教育共同体组建，新中心幼儿园扩建项目选址与征地工作全面完成。打赢打好新冠肺炎疫情防控阻击战，全面有序推动疫苗接种工作，顺利开展大规模人群核酸检测演练，牢牢守住天台“东大门”。健全基层综治机制，扎实推进矛盾纠纷大排查大化解行动，有力化解信访积案，县级交办国省重件化解率全县排名领先。高质量完成第七次全国人口普查。“扫黄打非”工作卓有成效，相关做法在《台州宣传》刊登，成功获评浙江省“扫黄打非”进基层示范点。扫黑除恶专项斗争三年行动圆满收官，群众安全感满意度测评居全县第一方阵。社会治安秩序持续向好，开展平安隐患等“百日清零”行动，消防、交通隐患应排尽排，未发生过较大以上安全生产事故，交通事故亡人数、火灾起数、刑事案件数均实现持续下降。

【党的建设】2021年，始终筑牢绝对忠诚“压舱石”，认真开展“两学一做”学习教育、“不忘初心、牢记使命”主题教育和党史学习教育，精心组织庆祝建党100周年重大活动，建成天台入党第一人——杨敬夔烈士事迹展陈馆，入选市级现场学习教育基地，党员干部得到了思想洗礼，夯实了信仰根基。切实扛起全面从严治党主体责任，圆满完成乡镇机构改革任务，先后两次高标完成村级组织换届，相关做法在《人民日报》刊登。基层党建创新提质，全面开展“双强”示范镇创建，建成洪三园区党建综合体，创建五星级村党群服务中心5个，“小板凳工作法”“区域党建综合体”等多项特色党建品牌获市县领导批示，基层党组织的战斗堡垒作用进一步增强。党管武装坚强有力，“双拥”工作卓有成效，洪畴镇退役军人服务站创成首批全国示范型退役军人服务站。全面压实“两个责任”，始终保持惩治腐败高压态势，持之以恒纠“四风”，圆满完成上级巡察反馈意见的整改落实，营造了风清气正的政治生态。人大监督有力有效，统一战线巩固壮大，群团、老干部、关心下一代等工作取得新进展，各方力量参与共建共治，做出了积极贡献。

（洪畴镇）

街头镇

【概况】街头镇位于天台县城西部，辖区东邻平桥镇，南连龙溪乡，西接磐安县，北界平桥镇和尚湖镇，素有“天台后花园”之称。全镇地域面积143平方公里，辖29个行政村。杭绍台高速公路在境内设置互通和服务区。境内风景秀丽，拥有九遮山、寒明岩、寒山湖、后岸等四大国家级景区。人文底蕴深厚，是和合文化主要发祥地、诗僧寒山子隐居地、亚父范增隐居地、胡则文化传播地、画家吴冠中写生地、白垩纪晚期恐龙骨及蛋化石发现地。2021年，现代农业提质增效，粮食生产保持平稳，全镇粮食种植面积突破3.7万亩，产量达到1.8万吨。创成省级规范化合作社1家、市级4家，省级示范性家庭农场1家、市级4家。“中黄1号”茶产业基地、寒山湖乌药基地入选国家农业标准化示范项目、荣获省森林康养旅游小镇。旅游配套提档升级，建有寒山古道等旅游项目，游步道23公里、游客中心27个。新增农家乐14家、省级民宿4家，后岸村办农家乐荣获省五星级农家乐。传统产业加速升级。新增规上工业企业1家、推进个转企16家、规范性股改2家，整改小微企业26家。2021年，节庆品牌持续打响，举办天台山桃花节，承办省市县生态运动会等赛事。传统产业加速升级。新增规上工业企业1家、八大企业14家，推进个转企16家、规范性股改2家，整改小微企业26家。橡塑、机械、泵业、工艺品等四大特色产业优化升级。

【镇村面貌】2021年，发展空间持续拓宽。农村综合改革稳步推进，全域土地综合整治成效明显，农民建房审批优化提速。新改建农村公路40公里，寒山和合环线入选全国“十大最美农村路”。城镇品质日益提升。杭绍台高速街头段、卫生院医技综合楼、镇便民中心大楼等项目建成投用，始丰溪全流域治理街头段、寒岩明岩景区游路系统等项目加快建设，马家田、浙酋、霞山、塘里、扁灯等安置区建设稳步推进。饮用水提标达标、垃圾分类基本实现全覆盖。创成省AAAA级景区镇、省“五水共治”工作考核优秀乡镇。美丽乡村绽放光彩。电影《长津湖》取景地寒山湖片区成为网红打卡点。寒山和合风景线荣获省美丽乡村风景线。累计建成A级景区村23个，后岸村荣获全国乡村旅游重点村，山头下自然村荣获国家AAA级旅游景区。

【民生福祉】2021年，社会事业加快发展，教育优质均衡发展，街头中学荣获省健康促进学校。新建新时代文明实践站所6个，荣获省文化强镇、省文化艺术之乡。全民健身深入开展，基层体育委员工作获省领导批示肯定。征兵工作高质量推进，荣获市征兵工作成绩突出单位。民生保障不断夯实。养老保险实现应保尽保，利民保参保1.3万人，医疗保险参保率居全县前列。落细落实常态化疫情防控措施，累计接种新冠疫苗44301剂次。新建儿童之家6家、农村家宴阳光厨房4家、居家养老照料中心6家。移风易俗深入人心，殡葬改革取得新突破。社会治理持续加强。“平安街头”建设全面推进，全科网格提质增效，寒山劝和工作室、平安村“三色预警”“道地长”等作用发挥明显。全民普法、社区矫正、禁毒、反邪教等工作深入开展，创成省级民主法治村1个、市级民主法治村9个。村级组织换届、安全整治、防汛抗旱、人口普查等工作圆满完成，荣获市平安乡镇。

【政治学习】2021年，常态化制度化推进党史学习教育，聚焦“两强三提高”全方位提升政府治理能力。严格落实意识形态工作责任制，搭建“云瞭望”平台，社会舆情平稳。后岸片区党建联盟入选长三角“三省一市”党建共建共育共享资源清单，被列入全省首批农业农村领域共同富裕典型案例。精准运用“四种形态”，狠刹“四风”问题，一体推进不敢腐、不能腐、不想腐。推进清廉村居建设，开展廉洁从政专题讲座、警示教育等活动，推动干部严守准则、勤廉履职。加强和改进党对人大工作的领导，创成市五星级人大代表联络站。统一战线发挥桥梁作用，“同心圆”主题活动深入开展。全面深化“互联网+政务服务”，持续推进“最多跑一次”改革，广泛应用“浙政钉”“浙里办”。完善《村级班子与村主职干部绩效考核办法》等制度，村级班子实现“立体式”考评、规范化管理。贯彻落实中央八项规定及实施细则精神，“三公”经费下降18.94%。同时，工会、共青团、妇联、残联、关工委、老协、老龄、老年体协、“第一书记”、农村工作指导员等各项事业都取得了新发展。

（街头镇）

石梁镇

【概况】天台石梁镇位于天台北部山区，镇域面积158.3平方公里，下辖21个行政村。全镇平均海拔为667米，境内名胜古迹遍布，拥有AAAAA级风景名胜区石梁景区，是天台县的重要旅游镇，天台山云雾茶、高山蔬菜、笋制品等为石梁镇农业主导产业。

【项目成果】2021年，重大项目推进有力，绿城·天台山雪乐园、星野集团·天台山嘉助酒店相继建成运营，被列入“美丽台州”现场考察交流点位。贞一苑、种猪生态养殖场等项目开工建设，玉霄书院等项目加快推进。加大项目招引力度，完成签约落地项目3个，其中5亿元以上2个，招商引资达10.5亿元。全年新入库项目14个，固定资产投资预计达5亿元。绿城2家分公司成功“分转子”，并纳入规上服务业和限上住宿业企业。全年财政预计总收入6468.16万元，同比增长20.13%。

【文旅产业】2021年，“微改造、精提升”试点工作全面推进，发现·艺家、大隐·云禅院等一批高端民宿建成营业，研学产业逐步壮大，麓莲书院、云端越野基地等一批新业态建成运营。星野集团·天台山嘉助酒店斩获2021年度中国最佳酒店大奖，天台山雪乐园入选省运动休闲旅游优秀项目。激发冰雪经济、夜经济发展活力，成功举办第13届天台山避暑节暨首届冰雪运动节，浙江省第二届生态运动会·冰雪嘉年华活动顺利举办。

【城镇建设】2021年，巩固美丽城镇建设成果，镇域基础设施进一步完善，污水处理厂开工建设，智慧供气站改造提升加快推进。交通路网不断完善，诗圣路全线建成通车，诗意休闲绿道（一期）建成投用，西部环线推进建设。提升镇区绿化品质，成功创建省级园林城镇。垃圾分类有效推进，全面推行“两定四分”模式，在全市率先完成镇区撤桶并点工作，创建省级示范镇街和省高标小区。

【乡村振兴】2021年，深化美丽乡村片区化组团发展模式，完成4个A级景区村创建，获评国家全域森林康养试点建设乡镇，入选省首批气候康养乡村。大力扶持高山蔬菜、茶叶、黄精中药材等特色产业，引进推广蔬菜新品种5个，超额完成“非粮化”耕地改种粮食任务。数字赋能纵深发展，双溪鳞甲电子商务平台建成运营。扎实推进全域土地综合整治工作，高质量完成9个垦造耕地项目共979.3亩整改任务。

【社会民生】2021年，常态化落实疫情防控工作，新冠疫苗接种率排名全县第二。高质量完成石梁学校装修工程，“云上空间”科技馆建成开放，加快推进石梁卫生院改造提升。文体事业繁荣发展，新增五星级文化礼堂2家，成功创建省文化礼堂示范乡镇。扎实开展“平安护航建党百年”安全生产大排查大整治专项行动，消防、食药、交通等安全形势持续稳定，全年重特大事故零发生。

（石梁镇）

南屏乡

【概况】南屏乡地处天台县九龙山麓地带，东临福溪、西接雷峰、北至始丰、南靠临海白水洋，距主城区7公里。全乡下辖14个行政村（35个自然村），总面积51平方公里。南屏乡自然环境优越，人文底蕴丰富，先后被评为国家卫生乡镇、国家AAAA级旅游景区、国家级环境优美乡镇、中国最具文化创意旅游乡村、全国百佳乡村旅游目的地、省休闲农业与乡村旅游示范乡镇、省老年养生旅游示范基地等荣誉。

【项目攻坚】2021年，聚焦项目“双进”，乡村经济持续向好。南屏乡通过配备“项目管家”，实施专班专人全程跟进、精准服务，助力项目推进跑出新速度。先后包装推出九龙古寺禅养中心项目、南屏景区开发项目、南山南休闲度假区等5个项目，依托商会协会、乡贤联谊会等平台，赴上海、昆山、宁波等地招商，招商引税100万元，内资到位累计5889万元，超额完成全年招商任务。2021年，共梳理旅游、交通、农业等领域项目50个，项目投资总额累计8417万元。

【全域旅游】2021年，聚焦绿色发展，全域旅游持续升温。做好景区提质，开展景区亮化美化提升工程，推进前杨村清风长廊周边区块、停车场区块及通村古道古街灯光互动项目建设，补齐“夜态”短板；加快8公里梯田绿道、南黄古道修复工程、水系连通等项目建设，完善南屏乡中心公园设施配备，提升景区吸引力。打造“一村一韵”，以文旅融合为抓手，实施新时代美丽乡村达标创建行动，推进山头郑、上杨等村传统古村落保护、历史文化名村等项目建设，加快前杨村省级美丽宜居示范村和上杨、永和、永福、板桥等村省级旅游景区村创建工作步伐，补齐旅游季节性短板。山头郑村历史文化保护和利用重点村项目验收通过，获评省第六批历史文化（传统）村落保护利用重点村优秀村。提升住宿品质，实施农家乐民宿提档升级工程，采用“村集体入股+乡贤投资”模式，完成南黄古道大酒店内部装修；按照谋划一批、建设一批、提升一批目标，加快打造省星级农家乐，争创精品农家乐（民宿）示范点。

【农业农村】2021年，聚焦乡村振兴，农业农村稳步推进。坚决遏制耕地“非农化”、防止“非粮化”，整合资金开垦耕种荒废田块300亩，全面完成上杨、下张、杜岙、双岩等村800余亩全域土地综合整治项目，启动上杨区块450余亩高标准农田暨耕地质量提升项目，进一步盘活闲置土地，提升农业产能。实施产业促共富行动，打造“一村一品”特色产业，扩大特色农产品种植规模，推广“党支部+农户+企业”产业发展模式，开展农特产品直播带货，打响“南屏山宝”区域公用品牌，杨梅、黄茶等特色农产品销售额超400万元，带动500余户农户增收，番薯粉面制作技艺被成功列入2021年台州市非物质文化遗产代表性项目名录。实施“一村一策”精准帮扶，深入推进低收入农户飞地抱团持股项目，推进九龙老茶厂、山头郑忆苦思甜大食堂等招商引资，增强村级集体经济造血功能，带动群众增收致富，全乡14个行政村集体收入均“双达标”，获得中国乡村振兴示范乡镇荣誉称号。

【乡村面貌】2021年，聚焦拆改革治，人居环境日趋改善。以美丽城镇建设为抓手，高标准开展村庄环境全域整治，启动美丽城镇智慧管理平台项目建设，持续深化垃圾、污水、厕所、庭院“四大革命”，扎实推进“六清”专项行动，“找茬”整治背街小巷等脏乱差场所260余处，提质乡村面貌，成功创建2021年度新时代美丽城镇建设达标乡镇。推进“三改一拆”工作，建立快速认定违建、快速处置违建机制，坚决依法拆除违建，并简化农村建房审批手续，逐步建立依法依规、有序管理的用地用房建设秩序。推进“五水共治”工作，开展“找寻查挖”专项护水行动，排查整治“三乱”突出问题，充分运用推广绿水币、掌上河湖App，数字赋能公众护河治水，实现河道“三无一有”。

【民生福祉】2021年，聚焦群众期盼，民生福祉切实增进。脱贫成果愈加巩固，坚持常态化走访慰问，全面推广使用低收入农户帮促系统，动态管理“两类”人员，实时监督服务情况，确保服务精准到位。2021年，全乡328户496名低收入农户均已录入帮扶系统，每月走访率、结对帮扶率均为100%。群众文化生活不断丰富，依托各村文化礼堂，常态化开展建党100周年文艺演出、党史学习教育宣讲、新时代文明实践志愿服务等活动125场次，不断丰富群众的业余生活。“最多跑一次”成效显著，探索打造“枫跑团”便民服务2.0版本，创新开展“三跑三最”活动，全面推广“浙里办”“企业码”“浙政钉”等数字政务应用，实现“跑最优”“跑最快”“跑最深”。2021年，共为留守老人、残疾人等特殊人群办理新农合参保、居保补缴、身后一件事等便民事项1965件，零跑率88.2%，群众满意率100%。民办实事如期推进，积极落实各类惠民政策，全面完成日新村文化礼堂主体结构建设、418名男性前列腺癌免费筛查、上杨村家宴厨房提升项目、板桥至双岩道路部分安全护栏安装、永和村农村四好公路即沙岗至杨家山错车道增设及边沟等民生实事项目，不断提升群众幸福感、获得感。

【**平安建设**】聚焦平安建设，社会大局和谐稳定。疫情防控常抓不懈，严格落实“硬核隔离+精密智控”，加快新冠疫苗接种步伐，确保群众应接尽接，实现全乡疫情防控“零感染、零输入、零传播”的阶段性胜利。矛盾纠纷妥善处理，全面推开“八五”普法，充实“南山表兄”和合调解团力量，做好矛盾纠纷网格化排查调解治理，“南山表嫂”调解机制分别得到县委副书记陈石秀、县长吕灵光两位领导批示肯定。全乡信访形势持续向好，日新、九龙、板桥等3个村创成2021年市级民主法治村。安全生产抓严抓实，全面加强道路交通、食品安全、危化品等重点领域的安全监管，纵深推进“扫黑除恶”“扫黄打非”专项斗争，抓好民转刑整治工作，强化禁毒、反邪宣传，全乡社会面平稳。

（南屏乡）

雷峰乡

【**概况**】雷峰乡位于天台县西南部，因境内大雷山而得名，区域面积79.9平方公里，下辖13个行政村（31个自然村）。全乡“九山半水半分田”，村庄依水而建、村民傍水而居。2021年是“十四五”开局之年，2021年成功创建国家级森林康养建设试点乡镇、浙江省文明乡、浙江省新时代美丽城镇达标乡镇、浙江省AAA级景区乡等荣誉称号。按照县委将雷峰乡作为现代化和合之城西部窗口的总定位，大抓项目促发展，振兴产业带共富，聚焦“三为”惠民生，力铸铁军勇争先。

【**项目双进**】全年完成社会固定资产投资9687万元；建立步坑文旅项目招商工作专班，与台州插花艺术非遗传承人苏群达成初步投资意向；顺利签约“朱莉的农场”农文旅综合项目，盘活黄家塘乡村休闲旅游基地。城镇框架逐步拉开，成功创成省级美丽城镇；将崔岙溪列入全县水系连通项目重点建设段。

【**乡村振兴**】2021年，祥和茶博园、崔一叶果两用基地和祥塘片区茶叶加工基地基本完工，中国早茶基地初具雏形；云露茶业荣获2021“浙茶杯”优质红茶金奖；柿文化节被列入2021年中国农民丰收节和浙江县市区100场特色庆丰收活动。

【**民生福祉**】2021年，王浪村水库移民年度项目高标完成；13个村经营性收入超10万元，总收入超20万元；雷峰中学再创中考佳绩，录取比例全县同类9所学校第一，被列为全国义务教育均衡发展县考察点；发呆谷景区获评省级森林氧吧；崔岙溪获评省级美丽河湖；乡残疾人之家顺利通过市级四星级复评；义务献血、国免、“两癌”筛查完成率超100%；新冠疫苗脱漏率排名全县第一，施打绝对数山区乡镇第一。

【社会治理】全年攻破疑难积案17起，源头化解矛盾纠纷30起；提出打造中国好人谷，4位“雷峰好人”被评为最美天台人；全天候筑牢疫情防控安全防线，保障了屡次疫情雷峰“零”输入；组建“包村领导+驻村干部+网格员”平安建设包抓团队，全年未发生重大安全事故和亡人事故。

【党的建设】2021年，乡十三届一次党代会胜利召开，乡党委委员、纪委委员全部满票当选；成功打造“双强”示范村5个，实现后进村整转1个。

（雷峰乡）

三州乡

【概况】三州乡位于天台西北部山区，因地处台州、金华（婺州）、绍兴（越州）三市交界而得名，东邻新昌县儒岙镇，西至磐安县尖山镇，北接新昌县回山镇，平均海拔400米。全乡总面积43.5平方公里，下辖11个行政村，森林覆盖率达90%以上，是一个九山半水半分田的山区乡镇，目前已形成了茶叶、休闲旅游、高山果蔬等主导产业，是天台西部农业发展的聚宝盆。2021年，成功创建浙江省新时代美丽城镇达标乡镇、浙江森林氧吧、浙江省美丽乡村示范乡镇、浙江省红色根脉打卡地等荣誉称号。2021年，三州乡坚持以习近平新时代中国特色社会主义思想为指导，在上级党委、政府和乡党委的坚强领导下，在乡人大和社会各界的监督支持下，聚焦现代化和合之城“红色窗口”建设，以党史学习教育为动力，以“深化三服务对标勇争先”讨论实践活动为载体，全面推动三州经济社会发展取得新成绩。

【产业发展】2021年，茶叶产业进一步发展，农业“数字管家”平台启用，三友茶叶收储中心项目开工建设，市级茶叶特色强乡创建工作持续推进，三州万亩茶园亮相上海进博会宣传片。特色产业发展迅速，竹笋生产、加工、配送一体化产业链加速成型，白酒质量安全追溯体系不断完善。粮食工作高质量推进，高标准农田项目加速建设，非粮耕地整治工作全县排名第三。

招商引资有力有效，组建招商专班，高频次开展对外招商、精准化招商。全年一把手带队外出招商12次，到乡考察客商10批20余次，新签约项目3个。要素保障有序有力，全面整顿“圈而不建”或中途停建项目，腾出资源。着力优化政务服务，实行“片内全包制”，统筹推进组团服务，蓝康生态庄园项目政策处理工作稳步推进。

【民生福祉】2021年，基础设施不断完善，竣工上坑村茶叶管理房扶贫项目，建成投用三州乡多功能运动场、三州联村水站，完成南园至五星道路路基修整、东坑至平桥双坑口道路拓宽硬化、尖天公路三州段提升改造，创成省三星级“残疾人之家”。“最多跑一次”改革全面深入，实现“零跑腿”事项13项，代办便民事项2000余件。全乡新冠疫苗接种7964人次，脱漏率 1.64%；医保电子凭证激活率 63.56%，全县第三、五个山区乡第一。城乡居民养老、医疗保险提质扩面，两性安康保险超额 10% 完成投保任务。

【社会治理】抓好食品安全工作，建成阳光厨房三家，建立农村厨师基本档案，与各村签订食品安全责任书，创成省四星级食安办。武装工作持续推进，创成省级红色退役军人服务站。片区网格联盟治理体系纵深发展，建立事前介入、全程跟踪、事后走访反馈机制，2021 年无上级交办重复信访事项，全县唯一未发生电信诈骗案件乡镇，全乡社会大局和谐稳定。

【重点工作】2021 年，红色文化研学基地项目落地开工，道士岩村红色文化博物馆建成开放，“红军岭”党史学习教育基地入选浙江省红色根脉打卡地、全县唯一，列入台州市“跟着红色地图学党史”基地名单，共接待超 50 批 2000 余人到乡学习体验。全域环境综合整治持续开展，集镇环境考核连续四季度位居全县前列，基本创成省 AAA 级景区村庄 1 个、A 级 1 个，成功举办 2021 年天台山茶文化旅游节，三州潭景区获评浙江省森林氧吧，三州乡创成省美丽城镇、获评省美丽乡村示范乡镇。三改一拆、危旧房改造工作持续推进，摸排整治危旧房 8 户，拆除违建 11 宗 9093 平方米。建成投用三州学校儿童之家、道士岩村“和合小屋”“和合姊妹”合议庭。上坑村、黄润坑村文化礼堂建成开放。坚定不移推进清廉从政，全面落实政府系统党风廉政建设主体责任和“一岗双责”，严肃纠治“四风”问题，队伍整体素质明显提升。

（三州乡）

泳溪乡

【概况】泳溪乡位于天台县东部，称为“台岳东门”，西倚苍山，东接宁海，南临三门。地势西高东低，呈畚斗形，全域面积 78 平方公里，平均海拔 610 米，离城区 29 公里。下辖 17 个行政村，基本上依溪而建。先后被授予国家级生态乡、全国一村一品示范乡镇、省级森林城镇、省级森林文化小镇、国家 AAA 级旅游景区、省级休闲农业与乡村旅游示范乡镇等称号十余项。2021 年，面对复杂多变的国内外经济形势、艰巨繁重的改革发展稳定任务，特别是决战决胜脱贫攻坚和克服新冠肺炎疫情影响的“双重”考验，坚持以习近平新时代中国特色社会主义思想为指导，坚决贯彻党的十九大和十九届二中、三中、四中、五中、六中全会精神，在县委、县政府和乡党委的正确领导下，在乡人大和社会各界的监督支持下，不忘初心、继续奋斗，较好完成了主要目标任务。经过全乡上下共同努力，经济社会发展取得新成效，荣获 2021 年度浙江省新时代美丽城镇建设达标镇、2020 年度弘扬大陈岛垦荒精神（平安台州）平安（综治）工作先进集体、浙江省 AAAA 级景区镇等荣誉。

【聚焦环境提质】2021 年，坚持“抓环境就是抓发展、抓发展必须抓环境”，从“塑形”入手，给驻点村“洗脸”，为偏远山村“洗脚”，山乡面貌焕然一新，老百姓获得感满满。蓝天更蓝。打好蓝天保卫战，完善垃圾分类“一心三团”制度，新增绿化节点470余处，严禁秸秆焚烧和森林用火，管控红岩石矿扬尘，全年空气质量优良天数达360天。青山更绿。清理松材线虫病枯死木500余米^{3}，清除加拿大一枝黄花1200余亩，组织义务植树8000余人次，新增绿化面积2000余亩，管好“一村万树”。加快土地整治和高标准农田建设，整治耕地抛荒430亩，流转土地520亩。山乡更美好。推进山乡路网建设，打通“断头路”，畅通“微循环”，里王至马家山新建道路竣工通车，霞客路（集镇环村线）路面完成硬化。筑牢“里子”，撑起“面子”，统筹推进“三改一拆”“家园清洁”“五水共治”，“拆清”违章建筑近5万平方米，“扫清”卫生死角2万余处，创建“无废河道”，山乡环境持续向好，不断积蓄发展势能。

【聚焦特色产业】2021年，坚持将特色资源打造成特色产业，把“特色”转变为市场优势和经济优势，进而鼓足老百姓腰包。香米产业“一枝独秀”。全乡香米种植面积突破3700亩，年产值超1500万元，定向与中石油台州分公司签订30万公斤香米订单，米农人均年收入跃升至3万元，走出了一条富有泳溪特色的实现脱贫致富、迈入共同富裕的新路子。特色产业“百花齐放”。以大志茶业、苍山顶茶园为代表，不断延伸茶产业链，提高“泳溪香茗”产业的附加值。放流香鱼60余万尾，保护好香鱼原产地。大力发展香榧、可食用玫瑰花、蓝莓等优质农业特色产业，深度开发莫奈花园一期二期项目，带动农户增收致富。优质产品“乘网出村”。大力发展农村电商和农产品直播经济，乡村两级干部纷纷“触网”跨界当“主播”，推动优质农产品乘网出村、接轨市场、打开销路，让更多“土味山货”成为“网红尖货”，进一步坚定老百姓共同富裕的信心和决心。

【聚焦乡村旅游】2021年，坚持转换思路，做优山水文章，激活自然风光、劳动力等要素，让绿水青山真正成为金山银山。以创建为题提设施。大力发展乡村旅游，完善旅游基础设施，累计完成13个A级景区村创建、旅游厕所20个、生态停车场7个、游客中心13个、新增游步道8公里。以节庆为媒旺市场。举办5届香米丰收节、3届徒步大赛，获得中央省市各级主流媒体竞相报道，进一步打响泳溪香米品牌，提高鎏金梯田的影响力，源源不断吸引游客、拍友前来打卡消费，进一步带动周边农家乐、民宿和农副产品零售业的发展。突出共富共享主题，成立共同富裕联合体，通过产业联盟引领村民实现共同富裕。以项目为引促民富。引进并落地山水穿越、惑者民宿、棉花地精品农家乐等项目，天台抽水蓄能电站临时营地主体动土开工，总投资4550万元的沐灵谷项目完成26幢旅游综合体主体建设。2021年国庆黄金周期间，柳溪高空玻璃漂流项目仅7天盈利超16万元。以招引为基兴乡村。抓好现有香米、素拓、漂流等产业项目，先后赴上海、杭州、温州等地招商引资，成功与大隐集团签约香米产业“数字化”平台项目，谋划争取省农业农村厅3000万元综合试点项目，助推乡村振兴。

【聚焦民生福祉】2021年，坚持以民为本、群众至上，提高服务群众能力，在解决群众“急难愁盼”的桩桩件件小事中筑起民心长城。乡村振兴有效衔接。多渠道促进消薄增收，17个行政村100%完成消薄任务，每村每年单凭物业项目一项即可获得固定收入3万元以上。新建家湖、三王岭、山里周、干坑等村办公楼，累计获得财政奖补400余万元。社会事业更有温度。各类社会保障持续提标扩面，民生兜底保障网不断织密织牢，农医保参保率达到99%以上；教育均衡发展，“双减”政策落实落细；医疗卫生服务水平持续提升，新冠肺炎疫情防控取得阶段性成果，疫苗接种有序开展；建成百姓健身房1家，小康体育村提升工程2个，农村文化礼堂实现全覆盖，“共建共享共创”奏响文化共富曲。幸福指数逐年递增。创新开发“扫码调解平台”，在线扫码反映解决矛盾纠纷、民生堵点、项目难点、干部投诉等困难。每年赴宁波帮助在外村民办理业务，切实提高群众办事幸福感。狠抓平安、综治、消防等工作，有效维护社会大局和谐稳定。

【聚焦效能提升】2021年，坚持强化责任、提升效能，打造人民满意的服务型政府。深入推进法治政府。有效开展法治政府建设，规范行政行为，政务公开回应群众关心、社会关切。领导干部带头尊法学法守法用法，强化法治工作队伍建设，不断培养壮大执法人才，推动政府工作迈入法治化、规范化、科学化轨道。持续优化政府效能。强化“数字政府”建设，加快推进“互联网+”政务服务。推广政务事项全程网办，网上办件4000余件，网办率100%。结合“我为群众办实事、我为企业解难题、我为基层减负担”专题活动，在线破解各类难题65件，不断提升政府治理能力和治理水平。不断加强廉政建设。严格落实中央八项规定精神，认真履行意识形态工作责任制要求，切实加强政府廉政建设。做好财政监督检查，加大对“三公”经费的管理监督，强化民生资金、农村“三资”的管理，严格执行政府采购制度，有效堵塞漏洞，节约财政资金，树立清廉政府形象。

（泳溪乡）

龙溪乡

【概况】龙溪乡九山半水半分田，因龙溪贯穿全境而得名。全乡行政总面积75.9平方公里，距离县城39千米。现辖7个行政村，22个自然村。2021年，全乡实现地方财政收入4853.09万元，其中经常性经费948.89万元，专项经费3904.2万元。成功创成台州市基层党建示范乡镇、2021年度新时代美丽城镇建设基本达标乡镇。《新台州》专刊：台州共同富裕“36法”中首条刊登龙溪构建片区党建联盟，推进共同富裕的做法。

【固本强基】2021年，全面完成县乡两级代表换届工作，代表结构比例进一步优化，参政议政建言献策水平和能力获得提升。组织14支党员志愿队参与卡点值守，常态化抗击新冠疫情，开展全民疫苗接种及大规模核酸检测演练，守好小门防止疫情渗透。探索建立和持续完善项目专员干部管理培养制度，推行“和合指数”考评。深入推进清廉龙溪建设，层层压实主体责任，强化权力监督制约，持之以恒整治“四风”，全面推进清廉村居建设。强化党管武装工作，完成征兵和民兵训练，完善乡贤联谊会、同心之家建设，乡贤带动效应日益明显。深化群团组织改革，工会、共青团、妇联、残联、老干部、关心下一代等工作取得新成效。

【招商引资】2021年，坚持招大引强，摒弃“等靠要”思想，把着力点落实到招商引资上。全年向上争取各类项目专项资金1.4亿元，引进民间资本0.9亿元，新增项目入库3个，被列入省乡村振兴“隐逸龙溪”人居环境提升集成创新示范项目创建试点、浙江省2021年度低收入农户同步基本实现现代化项目创建试点，招商引进浙江盈策文化产业有限公司在岐石山落地总投资8300万元的“语自在云顶”民宿项目，谋划和推进和合研学营地、黄水记忆民宿群、寒山子文化特色村、里石门记忆馆、龙溪书院等一批特色项目，研学旅行、书画写生、康养养生等产业集群初步形成。坚持通堵破难，通过深化“三服务”，持续全面优化营商环境，开展项目破难攻坚行动，破解了一批项目落地推进中的老大难问题，取得了良好进展。

【文旅融合】2021年，加快推进美丽城镇、美丽乡村建设，抢抓始丰溪全流域治理、寒明岩景区建设机遇，在全县率先实现A级景区村全覆盖。推进闲置资源整合，打造提升龙潭幽谷、银杏大道、星空馆等10余处“网红打卡点”，乡村面貌更靓。按照旅游产业化、产业旅游化目标，以片区化组团发展方式，大力发展乡村旅游，完成省级文旅型美丽城镇创建验收工作。深挖特色文化元素，启动黄水、寒岩省级历史文化（传统）村落保护利用建设，有序推进寒山子文化村、寒山讲堂、农耕草堂等建设，打造黄水记忆广场、龙溪传说等特色文化节点，促进农文旅深度融合。积极传扬红色建库精神，全面提升里石门记忆馆，被评为台州市党史学习教育现场学习教育基地、天台县爱国主义教育基地。浙江首部人大代表题材儿童电影《多彩田园》在乡开机。

【共同富裕】2021年，积极探索飞地抱团模式，加强寒山、天柱两大片区党建联盟利益链接，解决山区村消薄问题，通过“市场化代销”“上门收购”“定销定购”模式，将天柱片区农副产品用于寒山片区的游客接待和旅游产品开发，提升附加值，寒山片区党建联盟共富做法在浙江组工刊登。积极实施“两进两回”，探索市场化驱动共同富裕模式，将黄水、始丰源、寒岩、寒山4村现有的低收入农户、其他村民的闲置房屋流转到村集体进行修缮、装修，交社会工商资本负责经营，发展高端民宿、土灶屋、艺术工坊等特色点，抱团发展文旅扶贫项目。明确将使用扶贫资金的项目产生的收益部分由所有7个行政村共享，预计每村每年可分得项目收益30万元。

【民生福祉】2021年，全力推进全域土地综合整治，完成井坑、半山自然村下山移民45户。全年完成个人建房审批18户，不动产权登记33户，拆除存量违建5030平方米，并完成全乡经营性房屋安全鉴定。开展残疾人、军属、退伍军人等慰问35人次，发放慰问金24.5万元。扎实做好第七次全国人口普查工作，社保覆盖面持续扩大，下山移民后续帮扶扎实有效。继续开展暑期留守儿童乐园、关爱“空巢老人”等活动。深入实施农民持股计划，农民以土地入股项目获得分红，通过项目建设在全乡新增就业岗位88个，实现群众“房租+用工”双收益。移风易俗深入开展，殡葬改革取得新突破。深入开展“平安龙溪”建设，完成交通隐患点整改、台风防御、消防安全整治等工作，未发生重大安全事故。

【重大活动、事件】2021年4月20日晚，市委书记李跃旗到始丰源村文化礼堂与基层干群夜谈，鼓励大家朝着共同富裕的目标奔跑起来。

（龙溪乡）

光荣榜

国家级（集体）荣誉

和合之城·围棋名山

天台县

2021 年全国纳税人满意度

天台县（第 3 位）

2021 中国最具发展潜力百佳县市

天台县（第 67 位）

2021 年中国投资潜力百强县

天台县（第 75 位）

2021 年全国县域旅游综合实力百强县

天台县（第 22 位）

2021 中国最美乡村百佳县市

天台县（第 26 位）

2021 年 9 月 5A 级景区品牌 100 强

天台山景区（第 60 位）

全国首批绿色种养循环农业试点县

天台县

2021 年水系连通及水美乡村建设试点县

天台县

2021 年度全国“四好农村路”示范县

天台县

2021 年全国农民合作社质量提升整县推进试点单位

天台县

组织系统 2021 年度信息报送先进单位

县委组织部

2020—2021 年度全国“五好”县级工商联

天台县工商联

2020–2021 年度《中国劳动保障报》新闻宣传工作做得好的单位

天台县人力资源和社会保障局

2021 国家“一级馆”称号

天台县文化馆

2021 年全域森林康养试点乡镇

天台县石梁镇

天台县雷峰乡

2021 第三批全国乡村旅游重点村

天台县街头镇后岸村

交通运输部“十四五”综合客运枢纽项目库

杭台高铁天台山综合客运枢纽项目

2021 年度全国建设工程项目施工工地安全生产标准化学习交流项目

天台县站前广场及配套工程

2021 年度全国足球特色幼儿园示范园试点

天台县白鹤镇中心幼儿园

2021 年度中国现代医院管理典型案例

天台县人民医院（省—县—乡整合医疗体系建设）

国家级先进个人

2021 全国优秀河（湖）长

金仁善（天台县平桥镇）

2021 全国司法所模范个人

赵敏娇（天台县司法局白鹤司法所）

2021 全国公安机关信访工作成绩突出个人

王笑慧（天台县公安局）

2021 年乡村优秀青年教师培养奖励计划人选

夏蒙星（天台县三合镇中心小学）

省级（集体）荣誉

2021 年度浙江省水利工作综合绩效考评优秀单位

天台县（第 3 名）

2021 浙江文旅助力探索共同富裕新路径十佳县

天台县

2021 全省第一批大花园示范县

天台县

2021 年度浙江省山区 26 县结对帮扶考评优秀

天台县

2021 浙江省农村文化礼堂建设示范县

天台县

2021 年小微企业园建设提升重点县

天台县

2021 浙江省级森林休闲养生城市

天台县

浙江省新时代美丽城镇建设 2021 年度优秀县

天台县

2021 年度浙江省农村生活垃圾分类处理工作优胜县

天台县

2021 年度法治浙江（法治政府）建设优秀单位

天台县

2021 年度浙江省无信访积案县

天台县

2021 年度浙江省第二批“数字化改革”最佳应用

天台县摊有序（摊省心）

2021 年度改革创新成绩突出集体

中共天台县委办公室

2021 年度浙江省党委信息工作先进集体

中共天台县委办公室

2021 年度浙江省地方志成果转化应用十佳典型案例

以志辅政助力天台县和合之城建设（天台县地方志编纂室）

2021 年度全省劳动人事争议案件处理工作成绩突出集体

天台县人力资源和社会保障局

浙江省新时代美丽城镇建设 2021 年度成绩突出集体

天台县美丽城镇建设领导小组办公室

2021 浙江省生态文化建设突出贡献集体

天台县自然资源和规划局

2021 年度浙江省事业单位改革成效突出集体

天台县委编办

2021 年浙江省共青团和青年工作成绩突出集体

天台山中路消防救援站

2021 年全省“建设清廉机关，创建模范机关”工作先进集体

天台县人民法院

浙江省 2021 年度有辨识度有影响力法治建设成果

天台县打造“摊省心”应用场景探索“有温度”的执法模式

天台县构建预防性检察公益诉讼机制

2021 年度全省中小微企业公共服务绩效考评优秀

天台县经济和信息化局

2021 年浙江首批现代服务业创新发展区

天台数字文旅创新发展区

2021 浙江省市场监督系统“三比一讲”争先创优竞赛一等奖

天台县市场监督管理局

2021 全省市场监管系统“壮丽百年·监管同行”微视频优胜奖

天台县市场监督管理局

2021 年第二批浙江省近视预防特色学校

天台县赤城小学

2021 浙江省模范职工之家

国网天台县供电公司工会委员会

2021 浙江省电力系统红旗党委

国网天台县供电公司党委

2021 年“五小”供电所示范点

国网天台县供电公司平桥供电所

浙江省农分系统 2021 年度运营基础管理“三铁”单位

中国农业银行股份有限公司天台县平桥支行

2021 浙江民营企业 200 强

浙江银轮机械股份有限公司（第 193 位）

2021 浙江民营企业研发投入 100 强

浙江银轮机械股份有限公司（第 78 位）

2021 年度“浙江制造精品”

浙江天成自控股份有限公司“舒适性多功能电动座椅”

浙江银轮新能源热管理系统有限公司“四片式壳体水空中冷器”

浙江保尔力橡塑股份有限公司“耐屈挠包布农机 V 带”

2021 年浙江省政府质量管理创新奖

浙江银轮机械股份有限公司

2021 年新一代信息技术与制造业融合发展试点示范企业

浙江天成自控股份有限公司

2021 浙江省第一批数字农业工厂

天台县里田蔬菜数字农业工厂

天台县旺旺野生植物数字农业工厂

2021 浙江网上农博会金奖

台乌·乌药黄精颗粒（浙江红石梁集团天台山乌药有限公司）

宋红·红曲酒（浙江红石梁集团济公家酒坊有限公司）

2021 年省先进基层党组织

天台县平桥镇张思村党委

天台县人民法院机关党委

天台县赤城街道塔后村党总支

2021 年度浙江省先进基层武装部

天台县赤城街道武装部

2021 年度新时代美丽城镇建设山区县县城城镇省级样板

天台县始丰街道

2021 年浙江省第二批现代商贸特色镇

天台县平桥镇

2021 年度新时代美丽城镇建设省级样板

天台县平桥镇

2021 年度浙江省退役军人服务保障体系建设先进单位

天台县平桥镇退役军人服务站

2021 浙江省“枫桥式”司法所建设表现突出集体

天台县白鹤镇

首批“浙江省数字生活新服务特色镇”

天台县白鹤镇

2021 年度浙江省民间文化艺术之乡

天台县三合镇（亭头词调）

2021 浙江省农村文化礼堂建设示范乡镇（街道）

天台县石梁镇

2021 年度浙江省园林城镇

天台县石梁镇

2021 年度浙江省级高标准生活垃圾分类示范片区

天台县石梁镇

第二批浙江省职工疗休养基地

天台县石梁镇

天台县始丰街道安科新村

2021 浙江省新一批浙江省文化强镇（街道）

天台县街头镇

2021 年度省美丽乡村示范乡镇

天台县三州乡

浙江省红色根脉打卡地

天台县三州乡红军岭

2021 浙江省 4A 级景区镇

天台县南屏乡

天台县平桥镇

天台县白鹤镇

天台县泳溪乡

2021 年度新时代美丽城镇建设基本达标乡镇

天台县街头镇

天台县龙溪乡

天台县白鹤镇

天台县雷峰乡

天台县南屏乡

天台县泳溪乡

天台县三州乡

2021 年度浙江省森林康养基地

天台县南屏前杨森林康养基地

2021 年度“浙江森林氧吧”

天台县发呆谷森林氧吧

天台县三州潭森林氧吧

2021 年度浙江省高标准农村生活垃圾分类示范村

天台县平桥镇下王村

天台县龙溪乡寒岩村

省级先进个人

2021 年省优秀共产党员

王林辉（天台县平桥镇沓溪村）

2021 年省优秀党务工作者

蒋青海（天台县龙溪乡始丰源村）

柴中华（浙江银轮机械股份有限公司）

2021 浙江省“担当作为好支书”

王林辉（天台县平桥镇沓溪村）

柴中华（浙江银轮机械股份有限公司）

2021 年度浙江省事业单位改革成效突出个人

陈彩飞（天台县委编办）

陈邦信（天台县商务局）

2021 浙江省法院十佳新媒体小编

张梦瑶（天台县人民法院）

2021 浙江省法院司法警察信息宣传先进个人

龚熙熙（天台县人民法院）

2021 年度浙江省生活垃圾分类工作成绩突出个人

陈佩飞（天台县综合行政执法局）

浙江省新时代美丽城镇建设 2021 年度成绩突出个人

杨礼华（天台县美丽城镇建设领导小组办公室）

2021 年度全省劳动人事争议案件处理工作成绩突出个人

潘哲锋（天台县人力资源和社会保障局）

浙江省“十三五”实行最严格水资源管理制度成绩突出个人

朱银国（天台县水利局）

2021年度浙江省市场监管安全保障工作成绩突出个人

陈紫鹰（天台县市场监督管理局）

2021年度浙江省市场监管执法工作成绩突出个人

徐　棋（天台县市场监督管理局）

2021浙江省打赢蓝天保卫战成绩突出个人

史志强（台州市生态环境局天台分局）

2021年度全省中小微企业培育工作成绩突出个人

陈圣昊（天台县平桥镇）

2021浙江省公安系统二等功

许晓波（天台县公安局）

2021浙江省优秀工会工作者

余维泽（天台县总工会）

2021浙江省司法行政系统“红色华诞 党旗飘飘”微党课二等奖

王锦馨（天台县司法局）

2021年全省文化和旅游法律法规知识竞赛二等奖

戴梦娜（天台县文化和广电旅游体育局）

2021国网浙江省电力有限公司优秀共产党员

葛微微（国网天台县供电公司）

2021浙江省农行系统百名优秀客户经理

朱鹏超（中国农业银行股份有限公司天台县支行）

2021浙江省农行系统百名优秀柜面经理

周优鹏（中国农业银行股份有限公司天台县支行）

2021浙江省农行系统百名优秀党支部

张　洁（中国农业银行股份有限公司天台县支行）

2021年市场营销专业调考团体第一名

许周翔（国网天台县供电公司）

2021年度浙江省卫生创新人才

王军伟（天台县人民医院）

2021年度浙江省医坛新秀

陈英俊（天台县人民医院）

2021浙江省中医护理优秀人才

陈玲珍（天台县中医院）

2021年第七届浙江省道德模范

刘先松（天台县先松家电维修中心）

2021新时代浙江工匠

丁式掌（天台山木雕厂厂长）

丁淑雯（天台悦木茶业有限公司茶艺师）

刘存昶（天台温泉山庄厨师长）

王武骄（浙江银轮智能装备有限公司电气设计工程师）

奚天红（浙江红石梁集团济公家酒坊有限公司总经理助理）

谢先龙（浙江银轮机械股份有限公司装配钳工技师）

2021年省级文化示范户

袁丽敏（赤城街道和合艺术团）

田玉溪（三州乡一村三非遗）

金洪彪（街头镇街头文艺队）

2021年省级乡村文化能人

周金娥（龙溪乡戏剧曲艺）

王肖武（赤城街道综合表演）

王金良（白鹤镇综合艺术）

奚素珍（三合镇音乐舞蹈）

王水球（石梁镇舞蹈）

杨　益（雷峰乡综合艺术）

杨思思（南屏乡音乐舞蹈）

戴美芹（洪畴镇舞蹈）

蔡冬芬（平桥镇书法文学）

2021 年浙江省敬老养老助老模范人物（三年一周期）

裘先燧（天台县始丰街道落雁社区）

2021 年浙江省优秀教研员

金　隆（天台县教育局）

2021 年浙江省特教园丁奖

葛镔镔（天台县特殊教育中心）

2021 年浙江省“新时代好少年”称号

徐冰蕊（天台县赤城中学）

2021 年 3 月浙江好人（敬业奉献）

戴银杏（天台县外国语学校）

2021 年 5 月浙江好人（助人为乐）

陈彩炉（天台县实验小学）

2021 年 11 月浙江好人（助人为乐）

陈逢春（天台县白鹤镇左溪村）

市级（集体）荣誉

2021 年度台州市对县经济社会考核优秀

天台县（四连优）

2021 年度台州市对县党建工作考核优秀

天台县

2021 年度台州市社会主义现代化先行市建设先进集体

（一）中国民营经济示范城市建设先进集体

天台县发展改革局

天台县金融工作中心

（二）迈向工业 4.0 标杆城市建设先进集体

天台县经信局

天台县市场监管局

（三）国家创新型城市建设先进集体

天台县科技局

（四）“双循环”节点城市建设先进集体

天台县商务局

天台县文化广电旅游体育局

（五）省域开放型高能级中心城市建设先进集体

天台县人力社保局

（六）全国市域治理现代化示范城市建设先进集体

天台县司法局

天台县委宣传部

2021 年度弘扬新时代台州城市精神先进集体

（一）营商环境建设先进集体

天台县人民法院

天台县行政审批局

天台县税务局

（二）争先创优工作先进集体

天台县财政局

天台县自然资源规划局

天台县水利局

（三）数字化改革工作先进集体

天台县委办公室

天台县发展改革局

天台县综合执法局

（四）疫情防控工作先进集体

天台县始丰街道办事处

天台县公安局

天台县卫生健康局

（五）精神文明建设工作先进集体

天台县传媒中心（天台县广播电视台）

天台县精神文明建设指导中心

2021 年台州制造业高质量发展“一优两强”竞赛

（一）优秀乡镇（街道）

天台县福溪街道

（二）优胜乡镇（街道）

天台县始丰街道

天台县三合镇

（三）优胜企业

浙江银轮新能源热管理系统有限公司

浙江明筑新材料有限公司

森然杨帆控股集团有限公司

浙江银轮机械股份有限公司

2021 年台州市民营企业纳税 50 强

森然杨帆控股集团有限公司（第 10 位）

浙江银轮机械股份有限公司（第 18 位）

2021 年台州市纳税 100 强企业

浙江银轮机械股份有限公司（第 34 位）

百威（台州）啤酒有限公司（第 44 位）

森然杨帆控股集团有限公司（第 45 位）

浙江圣达集团有限公司（第 67 位）

浙江天台农村商业银行股份有限公司（第 73 位）

奥锐特药业股份有限公司（第 81 位）

浙江天铁实业股份有限公司（第 86 位）

浙江天皇药业有限公司天台分公司（第 90 位）

浙江明丰实业股份有限公司（第 100 位）

2021 年台州市先进基层党组织

天台县福溪街道幸福花苑社区党总支

天台县平桥镇岙溪村党总支

天台县龙溪乡始丰源村党总支

天台县泳溪乡大智村党支部

天台县始丰街道安科新村党总支

天台县在广东流动党总支东莞党支部

天台县外国语学校党总支

天台县发改局机关党支部

天台县赤城街道党工委

2021 年度平安台州工作突出贡献单位

天台县教育局

天台县公安局

天台县市场监督管理局

天台县综合行政执法局

天台县社会矛盾纠纷调处化解中心

天台县福溪街道办事处

天台县平桥镇人民政府

天台县三合镇人民政府

天台县三州乡人民政府

市级先进个人

2021 年台州市优秀共产党员

陈孝形（天台县赤城街道塔后村）

许再昌（天台县福溪街道小淡溪村）

胡余浪（天台县泳溪乡泳溪湖村）

丁金有（天台县洪畴镇逸溪村）

娄立武（浙江银轮机械股份有限公司）

吴武军（天台县在沪流动党委虹口党支部）

姜忠勤（天台中学）

徐　健（天台县公安局刑侦大队反诈中队）

陈　峰（天台县行政执法局城区环境卫生事务所）

叶挺强（天台县人民医院医共体始丰分院）

2021 年台州市优秀党务工作者

徐世瑶（天台县坦头镇五百村）

陈海地（天台县平桥镇后村村）

许尚欣（天台县石梁镇集云村）

王慧婷（浙江天台祥和实业股份有限公司）

谢孝江（天台县在南京流动党支部）

叶时明（天台县餐饮行业协会党支部）

林雪玲（天台县委组织部）

陈志委（天台县平桥镇）

夏　宇（天台小学党总支）

2021 年度台州市五一劳动奖章

汤　攀（浙江银轮机械股份有限公司）

徐云云（天台悦木茶叙）

娄蕴婷（浙江天皇国际旅行行有限公司）

陈忠艇（天台县人力资源和社会保障局）

徐昌桂（天台茗悠茶叶发展有限公司）

叶优静（天台县计量检定测试所）

齐　琳（天台县档案馆）

汤春甫（台州传统艺术博物馆）

丁式掌（天台山木雕厂）

2021 年度台州市社会主义现代化先行市建设先进个人

（一）中国民营经济示范城市建设先进个人

王　斌（天台县人民政府办公室）

蒋廷建（天台县发展改革局）

鲍人家（天台县市场监管局）

（二）迈向工业 4.0 标杆城市建设先进个人

林　巧（天台县人民政府办公室）

何乔立（天台县经信局）

奚　溧（天台县经信局）

（三）国家创新型城市建设先进个人

陈君来（天台县委组织部）

陈灵强（天台县科技局）

许央薇（天台县人力社保局）

（四）"双循环"节点城市建设先进个人

庞晓萍（天台县商务局）

张　琼（天台县商务局）

周文委（天台县文化广电旅游体育局）

（五）省域开放型高能级中心城市建设先进个人

胡锋洋（天台县人民政府办公室）

（六）全国市域治理现代化示范城市建设先进个人

姚俊俊（天台县委政法委）

陈　程（天台县教育局）

王莉燕（天台县农业农村局）

2021 年度弘扬新时代台州城市精神先进个人

（一）营商环境建设先进个人

张　岚（天台县发展改革局）

梅赞赞（天台县行政审批局）

（二）争先创优工作先进个人

陈天新（天台县人民政府）

陈骁杰（天台县委办公室）

蔡志强（天台县财政局）

陈　鹂（天台县市场监管局）

（三）数字化改革工作先进个人

张乾荣（天台县人民政府办公室）

徐蔚平（天台县委、县政府政研室）

陈立构（天台县综合执法局）

徐　勇（天台县行政审批局）

（四）疫情防控工作先进个人

齐赛华（天台县赤城街道党工委）

王　苍（天台县公安局）

王哲人（天台县卫生健康局）

芦　伟（天台县市场监管局）

陈　莉（天台县人民医院）

（五）精神文明建设工作先进个人

张珊珊（天台县委宣传部）

叶美球（天台县委宣传部）

陈子剑（天台县委网信办）

2021 年度平安台州工作突出个人

林程韬（天台县委办公室）

胡锋洋（天台县政府办公室）

卢雨晴（天台县委宣传部）

郑　胜（天台县委政法委）
庞宇峰（天台县信访局）
徐太慰（天台县应急局）
吴雄文（天台县住房和城乡建设局）
吴笑华（天台县卫生健康局）
卓建帮（天台县消防安全委员会办公室）
杨一潇（天台县交通集团有限公司）
朱　艇（天台县赤城街道办事处）
施琛国（天台县始丰街道办事处）
周威明（天台县白鹤镇人民政府）
陈　挺（天台县坦头镇人民政府）
王　榜（天台县洪畴镇人民政府）
潘晓萍（天台县南屏乡人民政府）

2021 年第一季度“台州好人”

助人为乐

陈秀鸳（天台县红心社）

见义勇为

金高贵（银帆机械有限公司）

2021 年第二季度“台州好人”（助人为乐）

季旭静（天台县社会志愿服务组织联合会）

2021 年第三季度“台州好人”（敬业奉献）

王　强（国网天台县供电公司石梁供电服务站）

2021 年第四季度“台州好人”（孝老爱亲）

谢　群（天台县雷峰乡崔家村）

名录

县级机构及其负责人名单

中国共产党天台县委员会

书　　记：杨玲玲（女）

副 书 记：崔　波（—2021.11）、陈石秀（2021.06—）、王欣东（2021.11—）

县委常委：曹蕉红（女，—2021.11）、曹智慧（—2021.11）、陈益军（—2021.11）、林　广（—2021.11）、何定宇、金声波、庞伟峰、项慧明、李欠勇（2021.11—）、王若嘉（2021.11—）、吴卫捷（2021.11—）、徐龙强（2021.11—）

县委委员：曹波明（女，—2021.12）、曹洁华（女，—2021.12）、陈　旻（—2021.12）、陈彩飞（女，—2021.12）、陈红霞（女，—2021.12）、陈少瑜（—2021.12）、陈政明（—2021.12）、褚人福（—2021.12）、戴敏华（—2021.12）、葛利江（—2021.12）、胡志平（—2021.12）、林　峰（—2021.12）、梅东晓（—2021.12）、庞　静（女，—2021.12）、庞　奎（—2021.12）、庞学品（—2021.12）、庞志刚（—2021.12）、裘国宏（女，—2021.12）、苏　健（—2021.12）、汤　京（—2021.12）、汪炜雄（—2021.12）、王燮蛟（—2021.12）、王永胜（—2021.12）、徐文华（—2021.12）、袁相伟（—2021.12）、周正伟（—2021.12）、陈立构、杜林锋、蒋朝永、金仁善、余忠海、袁继欢、鲍先壮（2021.12—）、陈加钱（2021.12—）、丁玲飞（女，2021.12—）、胡迎阳（2021.12—）、林　鼎（2021.12—）、林天华（2021.12—）、卢益民（2021.12—）、吕灵光（2021.12—）、潘行其（2021.12—）、潘敏佳（2021.12—）、庞学新（2021.12—）、庞永照（2021.12—）、施琛国（2021.12—）、汤坚志（2021.12—）、吴琳玲（女，2021.12—）、吴笑华（2021.12—）、夏积钢（2021.12—）、谢青孝（2021.12—）、徐　威（2021.12—）、杨　丹（女，2021.12—）、杨贤巍（2021.12—）、姚　峰（2021.12—）、俞益撑（2021.12—）、张　光（2021.12—）、张百罗（2021.12—）、张乾荣（2021.12—）、张圣明（2021.12—）、周忠伟（2021.12—）、周祖北（2021.12—）、朱良其（2021.12—）

候补委员：汪传烈（—2021.12）、张乾荣（—2021.12）、张树荣（—2021.12）、陈邦信（2021.12—）、陈孝彤（2021.12—）、潘晓萍（女，2021.12—）、庞利达（2021.12—）、王启俏（2021.12—）、杨　勇（2021.12—）、周连钢（2021.12—）、周正伟（2021.12—）

中共天台县委办公室

主　　　任：胡朝前（—2021.12）、姚　峰（2021.12—）
副　主　任：陈统江、丁天杰、洪　一、姜健伟、俞　超、周志灵、叶江强（2021.05—）
室务会议成员：丁玲飞（女，—2021.12）、齐赛华（—2021.12）、陈凯丽（女，2021.05—）、
　　　　　　庞军华（2021.12—）
台办主任：胡朝前（兼，—2021.12）、姚　峰（兼，2021.12—）
台办副主任：陈　汇
政研室副主任：陈健辉、闻贵国、徐蔚平（女）
党史研究室主任：张树荣（—2021.12）、俞　超（2021.12—）
党史研究室副主任：张兴斌（—2021.12）、杨文敏、齐元红（女，2021.12—）
档案局（馆）局（馆）长：陈统江
档案局（馆）副局（馆）长：徐文扬（女，—2021.12）
档案馆副馆长：施尚培（—2021.12）、叶赛美（女，2021.12—）
接待中心主任：齐赛华（—2021.12）

天台县人大常委会

党组书记：林　峰（—2021.12）、朱良其（2021.12—）
党组副书记：裘国宏（女）
党组成员：陈超群、丁庆银、庞志刚、汤　京、施亚东（2021.02—）
主　　　任：林　峰
副　主　任：褚夏芬（女）、丁庆银、庞志刚、裘国宏（女）、汤　京、施亚东（2021.03—）
委　　　员：曹波明（女）、陈　橙、陈　强、陈超群、陈海天、陈昕昳、戴小平、范顺美、
　　　　　　范正军、何天北、金学明、厉财正、林天华、庞军华、庞学品、汤　娇（女）、
　　　　　　王小军、王祖军、徐卫国、徐小敏、杨含聪、余　赞、郑志湖、周尚飞

人大常委会办公室

主　　　任：陈超群、谷　峰（2021.11—）、王家辉（2021.11—）、徐卫胜（2021.11—）、姚日耀（2021.11—）
副　主　任：陈敏丽（女）

监察和司法工作委员会

主　　　任：范顺美
副　主　任：王晓丽（女，—2021.11）

教科文卫工作委员会

主　　　任：王定中
副　主　任：章林玲（女）

财政经济工作委员会

主　　　任：陈　强

代表与选举任免工作委员会

主　　　任：王祖军
副　主　任：杨仁坚（2021.11—）

农业与农村工作委员会

主　　　任：王小军

城乡建设与环境资源保护工作委员会

主　　　　任：周尚飞

社会建设工作委员会

主　　　　任：余　赞

人大专门委员会/财政经济委员会

主 任 委 员：陈　强

副主任委员：陈海天、庞学品

监察和司法委员会

主 任 委 员：范顺美

副主任委员：金学明、王中辉

社会建设委员会

主 任 委 员：余　赞

副主任委员：陈齐扬

天台县人民政府

县政府党组书记：崔　波(—2021.12)、王欣东(2021.12—)

县政府党组副书记：陈益军(—2021.12)、项慧明(2021.12—)

县政府党组成员：倪海燕(女，—2021.01)、张成名(—2021.10)、娄宇飞(女，—2021.12)、梅东晓(—2021.12)、苏健(—2021.12)、徐文华(—2021.12)、何定宇、袁继欢(2021.02—)、杨贤巍(2021.10—)、林　鼎(2021.12—)、吕灵光(2021.12—)、徐龙强(2021.12—)、张乾荣(2021.12—)、夏益杰(挂职)、周志杰(挂职)

县　　　长：崔　波(—2021.12)、王欣东(2021.12—)

常务副县长：陈益军(—2021.12)

副　县　长：倪海燕(女，—2021.01)、何定宇(—2021.01)、张成名(—2021.11)、娄宇飞(女，—2021.12)、梅东晓(—2021.12)、陈天新、袁继欢(2021.01—)、杨贤巍(2021.11—)、吕灵光(2021.12—)、夏益杰(挂职)、周志杰(挂职)

天台县人民政府办公室

党 组 书 记：徐文华(—2021.12)、张乾荣(2021.12—)

党 组 成 员：陈仲旭、葛良斌、齐大圣(兼)、邱　耕、上官诚凯、邢增盛、袁继倩、郑　日、陈光辉(挂职，—2021.02)、陈　超(挂职)、

主　　　　任：徐文华(—2021.12)、张乾荣(2021.12—)

副　主　任：陈仲旭、齐大圣(兼)、邱　耕、上官诚凯、袁继倩、郑　日、陈光辉(挂职，—2021.02)、陈　超(挂职)、

大数据发展中心主任：汤文武

金融工作中心副主任：茅晓敏(女)

外事事务中心主任：陈福庭(—2021.09)、庞　静(2021.09—)

外事事务中心副主任：徐　亮(—2021.12)、袁凯成(2021.12—)

中国人民政治协商会议天台县委员会

党 组 书 记：陈政明（—2021.02）、卢益民（2021.02—）
党组副书记：褚人福
党 组 成 员：曹元新、陈达优、陈长瑶、许英雷
主　　　席：陈政明（—2021.03）、卢益民（2021.03—）
副　主　席：曹元新、陈达优、陈长瑶、褚人福、齐显移、张卫平
秘　书　长：许英雷

办公室

主　　　任：林国干
副　主　任：陈盼盼（女）

提案委

主　　　任：陈　燊
副　主　任：袁静丽（女）

经济委

主　　　任：夏祥广
副　主　任：徐华丽（女）

教科卫委

主　　　任：何元吉

文旅文史委

主　　　任：奚富强（—2021.05）、王明东（2021.05—）
副　主　任：陈远明（2021.02—）

社法民宗委

主　　　任：徐建平

港澳台侨委

主　　　任：叶永志

委员工作委

主　　　任：陈传飞

农资环委

副　主　任：陈统足

天台县纪律检查委员会

书　　　记：戴世勇（—2021.01）、金声波（2021.01—）
副　书　记：江明洋、汪炜雄
常　　　委：蔡彬威（—2021.12）、王　威、徐国强
办公室主任：许式琨（—2021.12）
干部室主任：庞学平（—2021.12）、曹锋华（2021.12—）
宣教室主任：范晓君（女）
党风室主任：徐　滢（女）
信访室主任：周良卫

案管室主任：曾才虎
审理室主任：裘凯斌（2021.12—）
第一纪检监察室主任：郑　能（—2021.12）
第二纪检监察室主任：裘凯斌（—2021.12）
第三纪检监察室主任：谢　贞（女，—2021.12）、叶隐青（女，2021.12—）
第四纪检监察室主任：彭钦委
派驻第一纪检监察组组长：丁玲飞（女，—2021.12）、庞军华（2021.12—）
派驻第一纪检监察组副组长：潘昌杰（—2021.12）、张玲燕（女）、庞学平（2021.12—）
派驻第二纪检监察组组长：邢增盛
派驻第二纪检监察组副组长：蒋鹏飞、杨周吉
派驻第三纪检监察组组长：蔡彬威（2021.12—）
派驻第三纪检监察组副组长：陈维挺、金仁逵
派驻第四纪检监察组组长：张　桦
派驻第四纪检监察组副组长：庞钦梁、余敏霞（女）
派驻第五纪检监察组组长：王宇靖
派驻第五纪检监察组副组长：卢　颖（女，—2021.12）、施尚领（—2021.12）、梁　杰
派驻第六纪检监察组组长：傅裕安
派驻第六纪检监察组副组长：张哲都
派驻法院纪检监察组组长：胡朝州
派驻检察院纪检监察组组长：吴　凯
派驻公安局纪检监察组组长：周则辉
县委巡察办主任：王　威
县委巡察办副主任：周昌满（—2021.12）、葛世领
县委第一巡察组组长：陈小平（女）
县委第一巡察组副组长：王清贵
县委第一巡察组副科级巡察专员：葛其广（—2021.12）
县委第二巡察组组长：周兆辉
县委第二巡察组副组长：袁金爱（女）
县委第二巡察组副科级巡察专员：陈燃标
县委第三巡察组组长：吴笑华（—2021.12）
县委第三巡察组副组长：郑菊青（女，—2021.09）、陈　华（—2021.12）
县委第三巡察组副科级巡察专员：吴文华（女）
县委第四巡察组组长：王丽阳（女）
县委第四巡察组副组长：陈海庆
县委第四巡察组副科级巡察专员：王桂珍（女）

县监察委员会

主　　任：戴世勇(—2021.01)、金声波(2021.01—)

副 主 任：江明洋、汪炜雄

委　　员：蔡彬威(—2021.12)、朱法雨

县委组织部

部　　长：林　广(—2021.11)、王若嘉(2021.11—)

常务副部长：林天华

副 部 长：胡迎阳(—2021.12)、鲍先佳、陈彩飞(女)、陈红霞(女)、施卫玲(女)、贾剑桦(2021.12—)

部务会议成员：贾剑桦(—2021.12)、林雪玲(女，—2021.12)、陈照华(女)、汪玲玲(女)、季维军(2021.09—)、蔡彬威(2021.12—)、陈君来(2021.12—)

公务员局局长：林天华

常任制工作中心主任：施卫玲(女)

常任制工作中心副主任：汪玲玲(女)

两新工委书记：施卫玲(女)

两新工委专职副书记：贾剑桦(—2021.12)

直工委常务副书记：施卫玲(女)

直工委专职副书记：林雪玲(女，—2021.09)、季维军(2021.09—)

人才办常务副主任：胡迎阳(—2021.12)

人才办专职副主任：陈君来(2021.12—)

县委宣传部

部　　长：曹蕉红(女，—2021.11)、李欠勇(2021.12—)

和合办常务副主任：张树荣(—2021.11)、奚晓星(2021.12—)

常务副部长：奚晓星(—2021.12)、胡迎阳(2021.12—)

副 部 长：姚　华(—2021.04)、王绍沪(2021.04—)、王太龙(—2021.09)、孙铭浩、余挺(2021.09—)

部务会议成员：王绍沪(2021.04—)、徐萍飞(女)、张桦

县新闻办主任：孙铭浩

县精神文明建设指导中心主任：王　巍(—2021.12)

县委统战部

部　　长：施亚东(—2021.02)、庞伟峰(2021.02—)

常务副部长：胡志平(—2021.12)、胡迎阳(2021.12—)

副 部 长：吴琳玲(女，—2021.04)、王永胜(—2021.12)、陈邦杰、奚　辉、苏　健(2021.12—)

部务会议成员：王宇靖

侨联党组书记：丁必裕

侨联党组成员：丁天兴、胡加健

侨联副主席：胡加健

民宗局局长：陈邦杰

宗教事务中心主任：赵斌斌(2021.12—)

县委政法委员会

常务副书记：张百罗

副　书　记：张云潮（—2021.09）、庞加根、汤朝晖、叶天鹏、胡达高（2021.09—）

防线办主任：庞加根

政治处主任：陈帮海

县信访局

局　　长：姜健伟（—2021.04）、叶江强（2021.04—）

副 局 长：林财宝（—2021.12）、褚天健（2021.12—）

督查专员：褚　旭

县 12345 政务咨询投诉举报中心主任：丁军华（—2021.12）、胡加健（2021.12—）

县委机构编制委员会办公室

主　　任：陈彩飞（女）

副 主 任：杨仁坚（—2021.09）、周永超、范琼英（女，2021.09—）

天台县委党校

校　　长：王若嘉

党委书记：张凯明（—2021.12）、丁玲飞（2021.12—）

党委委员：齐元红（女，—2021.12）、徐吉祥（—2021.12）、姚君萍（女）、张兴斌（2021.12—）、张云标（2021.12—）、王　禄（女，挂职，—2021.09）、高文倩（女，挂职，2021.10—）

常务副校长：张凯明（—2021.12）、丁玲飞（2021.12—）、张兴斌（2021.12—）、张云标（2021.12—）

副 校 长：齐元红（女，—2021.12）、徐吉祥（—2021.12）、姚君萍（女）、王　禄（女，挂职，—2021.09）、高文倩（女，挂职，2021.10—）

县人民法院

党组书记：葛利江（—2021.11）、杨　丹（2021.12—）

党组副书记：曹敏新

党组成员：胡朝州、王　卫、赵建都

院　　长：葛利江（—2021.12）、杨　丹（2021.12—）

副 院 长：曹敏新、王　卫、赵建都

审委会专职委员：陈忠飞、周方锐

平街法庭庭长：陈达楚

苍山法庭庭长：金碧霞

县检察院

党组书记：潘敏佳（2021.12—）

党组副书记：许良富

党组成员：丁双阳（女）、吴　凯、徐灵芝（女）、周渊翔

检 察 长：陈晓风（—2021.12）、潘敏佳（2021.12—）

副检察长：许良富、周渊翔

政治部主任：丁双阳（女）

检委会专职委员：周志强

平街检察室主任：吴天胜

县人民武装部

党工委书记：曹智慧（—2021.08）

党工委副书记：吴卫捷

党工委委员：潘　峰、秦敏华、袁玉伟

政　　委：曹智慧

部　　长：吴卫捷

副 部 长：潘　峰

天台县社会矛盾纠纷调处化解中心

常务副主任：徐台联

副 主 任：范　海、徐　亮、叶江强（兼，2021.04—）

县发展和改革局

党组书记：鲍先壮

党组成员：陈达峰（2021.09—）、丁忠超、蒋廷健、裘银委（2021.09—）、谢兴力（挂职）

局　　长：鲍先壮

副 局 长：陈达峰、丁忠超、蒋廷健、裘银委、谢兴力

县经济和信息化局

党委书记：袁继欢（—2021.04）、周祖北（2021.04—）

党委委员：石启红、吴慧强、谢慧敏（女）、何健锋（2021.12—）

局　　长：袁继欢（—2021.06）、周祖北（2021.06—）

副 局 长：鲍　鸣（—2021.03）、石启红、吴慧强

总工程师：谢慧敏（女，—2021.03）

县教育局

党委书记：许希利

党委副书记：赵国浪

党委委员：安良远、陈　峰、陈剑锋、梁建平、庞春华（女）、叶安逸

局　　长：许希利

副 局 长：陈剑锋、梁建平

专职副总督学：陈　峰

县科学技术局

党组书记：陈孝地

党组成员：陈灵强、奚天位

局　　长：陈孝地

副 局 长：陈灵强、奚天位、袁云芳（女）

县公安局

党委书记：梅东晓（—2021.12）、吕灵光（2021.12—）

党委副书记：叶红英（女）

党委成员：褚义浪、茅开设、庞华辉、王建荣、王伟峰、吴元飞、周则辉

局　　长：梅东晓（—2021.12）、吕灵光（2021.12—）

政　　委：叶红英（女）
副 局 长：茅开设、庞华辉、王建荣、吴元飞
政治处主任：褚义浪
交警大队长：王伟峰

县民政局

党组书记：徐世明（—2021.12）
党组成员：干文斌（—2021.09）、陈国锋、吴蔡敏、柴益军（2021.09—）、奚先会（2021.09—）
局　　长：陈　勇
副 局 长：干文斌（—2021.09）、徐世明（—2021.12）、吴蔡敏、奚先会（2021.09—）

县司法局

党组书记：朱　伟（—2021.12）、周连钢（2021.12—）
党组成员：丁回娟（女，—2021.12）、范　青（女）、厉忠献、叶连潮、林财宝（2021.12—）、徐　亮（2021.12—）
局　　长：陈展峰
副 局 长：丁回娟（女，2021.03—2021.12）、叶连潮
政治处主任：厉忠献

县财政局

党组书记：戴敏华
党组副书记：范永友（—2021.12）、金祖余（2021.12—）
党组成员：陈邦信（—2021.12）、丁伟生、庞尉杨、叶士南
局　　长：戴敏华
副 局 长：陈邦信、丁伟生、范永友、叶士南
总会计师：庞尉杨

县人力资源和社会保障局

党委书记：陈红霞（女）
党委委员：庞伟峰、齐建国、许淑芬（女）、许式琨（2021.12—）
局　　长：陈红霞（女）
副 局 长：齐建国、许淑芬（女）、许式琨（2021.12—）
县养老保险服务中心主任：庞伟峰

县自然资源和规划局

党委书记：汤坚志（2021.03—）
党委成员：何绍庆（—2021.03）、陈学军、张尚杰、张治飞
纪委书记：张尚杰
局　　长：汤坚志（2021.03—）
副 局 长：何绍庆（—2021.03）、袁伟强、张治飞
专职副督察：陈学军（2021.09—）
总规划师：王碧峰（2021.01—）
县不动产登记服务中心主任：庞炜镔

县住建局

党 委 书 记：庞　奎

党委副书记：夏宏亮（2021.09—）

党 委 委 员：胡惠文、滕肖夫、吴雄文、姚国祥

局　　　长：庞　奎（2021.12—）

副　局　长：梅千秋（女，—2021.03）、胡惠文、吴雄文、夏宏亮（2021.10—）

总 工 程 师：滕肖夫

县交通运输局

党 委 书 记：袁相伟

党 委 委 员：褚俊杰（—2021.12）、陈海威、戴以宪、葛良斌、许国瑞（2021.09—）

局　　　长：袁相伟

副　局　长：陈海威、褚俊杰、葛良斌

总 工 程 师：戴以宪

县交通运输行政执法队副队长：许国瑞（2021.09—）

县 公 路 事 务 中 心 主 任：张　舒

县水利局

党 委 书 记：周正伟

党委副书记：葛一青

党 委 委 员：庞春强、朱银国

局　　　长：周正伟

副　局　长：葛一青、朱银国

总 工 程 师：庞春强

县农业农村局

党 委 书 记：陈忠强（—2021.12）、余忠海（2021.12—）

党 委 委 员：曹伟强、陈委强、傅裕安、胡明天、蒋东辉、夏积钱、林　舜（2021.09—）

局　　　长：余忠海

副　局　长：曹伟强、蒋东辉、林　舜

总 农 艺 师：林方亮

县乡村振兴促进中心主任：夏积钱

县畜牧兽医渔业所所长：王海青

县商务局

党 委 书 记：周连钢（—2021.12）、陈邦信（2021.12—）

党 委 委 员：陈哲标、裘宏严、王鲁斌、徐慧棋、陈　琪（2021.09—）

局　　　长：周连钢（—2021.12）、陈邦信（2021.12—）

副　局　长：王鲁斌、徐慧棋、陈　琪（2021.09—）

总 经 济 师：陈哲标

县贸促会会长：裘宏严

县文化和广电旅游体育局

党 委 书 记：蒋朝永
党 委 委 员：范平伟、费卫元、齐大胜、徐有波、周文委
局长（主任）：蒋朝永
副　局　长：范平伟、徐有波、周文委
旅游事业发展中心总经济师：费卫元

县卫生健康局

局党委书记：张乾荣（—2021.12）、吴笑华（2021.12—）
局党委副书记：汪小云
党 委 委 员：曹岩宗（—2021.09）、陈邦军、范立新、汪小云、王朝阳、王哲人、陈　新（2021.09—）
局　　　长：张乾荣（—2021.12）、吴笑华（2021.12—）
副　局　长：曹岩宗、陈　新（2021.09—）、陈邦军、王哲人
计生协会秘书长：范立新

县退役军人事务局

党 组 书 记：姚日耀（—2021.09）、许式将（2021.09—）
党 组 成 员：柴大火、戴均帽、丁　琼（2021.09—）
局　　　长：姚日耀（—2021.11）、许式将（2021.11—）
副　局　长：柴大火、戴均帽、丁　琼（2021.10—）

县应急管理局

党 委 书 记：庞永照
党委副书记：范顺理（2021.09—）
党 委 委 员：叶江强（—2021.04）、许小锋（—2021.12）、陈晓珍（女）、朱敏河、罗平秀（2021.12—）
局　　　长：庞永照
副　局　长：叶江强（—2021.05）、陈晓珍（女）、朱敏河、范顺理（2021.10—）
总 工 程 师：施军林

县审计局

党 组 书 记：陈　旻
党 组 成 员：徐永茂、杨　嘉、叶丹华（女）
局　　　长：陈　旻
副　局　长：徐永茂、杨　嘉、叶丹华（女）

县市场监督管理局

党 委 书 记：姚　峰（2021.4—2021.12）、周祖北（—2021.04）
党委副书记：芦　伟（2021.09—）
党 委 委 员：鲍人家、陈华平、范　诩、洪呈港、丁　晨（2021.04—）、张　裕（2021.12—）
局　　　长：姚　峰（2021.4—2021.12）、周祖北（—2021.04）
副　局　长：鲍人家、范　诩、洪呈港、芦　伟（2021.09—）
总 工 程 师：陈华平
综合行政执法队副队长：丁　晨（2021.06—）

县统计局

党组书记：周忠伟

党组成员：陈仙芳（女）、金军华、王晓斌、张佩剑（女，2021.04—）

局　　长：周忠伟

副 局 长：陈仙芳（女）、金军华

社会经济调查队队长：王晓斌

总统计师：陈卫新

县医疗保障局

党组书记：徐卫胜（—2021.09）、张振华（2021.09—）

党组成员：何惠铭

局　　长：徐卫胜（—2021.09）、张振华（2021.09—）

副 局 长：何惠铭、周传扬

县综合行政执法局

党组书记：陈立构

党组成员：范爱锋、王钦煜、吴伟宗、余浩波

局　　长：陈立构

副 局 长：范爱锋、王钦煜、余浩波

政治处主任：吴伟宗

县行政审批局

党委书记：姚　峰（—2021.04）、姜健伟（2021.04—）

党委委员：金祖余（—2021.12）、卢　颖（女，—2021.12）、林江宝、潘岳鹤、芮明望、王　帮、洪才源（2021.12—）、许正伟（2021.12—）、戴大森（挂职）、

局　　长：姜健伟（—2021.05）、姚　峰、（2021.05—）

副 局 长：金祖余（—2021.11）、潘岳鹤、芮明望、王　帮、洪才源（2021.11—）、戴大森（挂职）

行政服务中心副主任：卢　颖（女，—2021.11）、林江宝、许正伟（2021.11—）

台州市生态环境局天台分局

党组书记：杜林锋

党组成员：陈胜利、庞彬福、余智能

局　　长：杜林锋

副 局 长：陈正华（—2021.12）、陈胜利、庞彬福

县体育事业发展中心

党组书记：袁卫卫（女）

党组成员：王　涛（—2021.09）、张华都、陈　斌（2021.09—）、

主　　任：袁卫卫（女）

副 主 任：王　涛（—2021.09）、张华都、陈　斌（2021.09—）

县机关事务中心

党委书记：王明东（—2021.04）、曹波明（女，2021.04—）

党组成员：郑志俊、叶隐青（女，—2021.12）、裘周旭、安红霞（女，2021.12—）

主　　任：王明东（—2021.04）、曹波明（女，2021.04—）
副 主 任：叶隐青（女，—2021.12）、裘周旭、郑志俊、安红霞（女，2021.12—）

县流动人口流动服务中心

党组书记：吴极明
党组成员：潘绍松、张春阳
主　　任：吴极明
副 主 任：潘绍松、张春阳

县始丰溪国家湿地公园开发保护中心

党组成员：齐浩男（2021.01—）、秦高军（2021.01—）、许一非（2021.01—）
副 主 任：齐浩男（2021.01—）、秦高军（2021.01—）

县经济开发区管理委员会

党工委副书记：苏　健（—2021.12）、徐　强（—2021.11）、王海峰
党工委委员：蔡咏建、戴来法、杨伟江、余福强
管委会主任：苏　健（—2021.12）
管委会副主任：厉忠献（—2021.02）、徐　强（—2021.11）、王海峰、杨伟江、余福强
纪工委书记：余启卫（2021.09—）
总 工 程 师：戴来法

县现代农业园区事务中心

党组成员：丁天华、徐考生、徐吉祥（2021.12—）
主　　任：兰爱伟（女）
副 主 任：徐台联（—2021.01）、丁天华、徐吉祥（2021.12—）

天台山旅游休闲集聚区事务中心

党组书记：俞德超
党组成员：曹荣耀、杨德华
主　　任：俞德超
副 主 任：曹荣耀、杨德华

县传媒中心（广播电视台）

党委书记：孙铭浩
党委副书记：徐　平
党委委员：王华华、王维军、王伟飞（女）
主任（台长）：孙铭浩
总 编 辑：徐　平
副主任(副台长)：王华华、王维军、王伟飞（女）
总 工 程 师：陈乐平

县供销合作社联合社

党委书记：张　光（—2021.12）、杨含聪（2021.12—）
党委委员：张晓明（—2021.12）、戴连续、王金海、许一身（2021.12—）
主　　任：张　光（—2021.12）、杨含聪（2021.12—）

副　主　任：张晓明(—2021.12)、戴连续、王金海、许一身(2021.12—)

县投资促进中心

党 组 书 记：夏积钢(—2021.12)

党 组 成 员：何健锋(—2021.12)、虞　震

主　　　任：夏积钢(—2021.12)

副　主　任：何健锋(—2021.12)、虞　震

县里石门水库事务中心

党 委 书 记：徐世伟

党 委 委 员：王　军、徐劲松

主　　　任：徐世伟

副　主　任：陈晓玲(女)、王　军、徐劲松

国家税务总局天台县税务局

党 委 书 记：罗海琦

党 委 成 员：葛一春、梁坚清、庞卫国、张　波、张俊华

局　　　长：罗海琦

副　局　长：葛一春、梁坚清、庞卫国、张俊华

中国人民银行天台县支行

党 组 书 记：张碧荣

党 组 成 员：刘鸿杰、吴新瑞

行　　　长：张碧荣

副　行　长：刘鸿杰、吴新瑞

中国工商银行股份有限公司天台支行

主持工作副行长：江维新

副　行　长：周衍钊(—2021.09)、龚飞美(女，2021.09—)、梁宗耀(2021.09—)

行 长 助 理：庞莹莹(女)

中国农业银行股份有限公司天台县支行

党 委 书 记：章小丽(女，—2021.08)、郑汝新(2021.09—)

党 委 委 员：彭　冲(女，—2021.09)、陈媛媛、丁远东、杨　笛、方国燕(2021.10—)

行　　　长：章小丽(女，—2021.08)、郑汝新(2021.08—)

副　行　长：彭　冲(女，—2021.09)、陈媛媛(女)、杨　笛、方国燕(2021.09—)

中国银行股份有限公司天台支行

行　　　长：张金伟

副　行　长：程立轩、瞿海江、许　颖(女)

中国建设银行股份有限公司天台支行

行　　　长：丁　雯

副　行　长：潘善龙、庞末静

浙江天台农村商业银行股份有限公司

党 委 书 记：许昌志

党 委 委 员：陈侃侃、陈志军、蒋万千、俞昌朋
董　事　长：许昌志
行　　　长：陈志军
副　行　长：陈侃侃、俞昌朋
监　事　长：蒋万千

中国邮政储蓄银行股份有限公司天台县支行

书　　　记：邵济军
支 部 委 员：姜亮亮、梁敏雅、张　磊
行　　　长：邵济军
副　行　长：姜亮亮、梁敏雅、张　磊

台州银行股份有限公司天台支行

行　　　长：王白云
副　行　长：洪　芳

浙江泰隆商业银行股份有限公司台州天台支行

行　　　长：杨伟青
副　行　长：王伟红

浙江民泰商业银行股份有限公司台州天台支行

行　　　长：程　琪
副　行　长：张佳娜(2021.05—)
行 长 助 理：金卫红(—2021.05)、方海翔(2021.03—)

浙江天台民生村镇银行股份有限公司

党 委 书 记：王　芳
党 委 委 员：陈伟娜、褚人大、戴以灯、梅淑娇
董　事　长：王　芳
行　　　长：褚人大
副　行　长：陈　洁
风 险 总 监：戴以灯
监　事　长：董　雷

上海浦东发展银行股份有限公司台州天台支行

行　　　长：王志勤
副　行　长：王郑星、王志坚

平安银行股份有限公司台州天台小微企业专营支行

行　　　长：俞　萍
副　行　长：徐　盛、徐天宇

浙商银行股份有限公司台州天台支行

副行长(主持工作)：王　敏
副　行　长：朱　静
行 长 助 理：陈　萍

浙江稠州商业银行股份有限公司台州天台小微企业专营支行
行　　长：郑建平
副 行 长：蔡天鹏
宁波银行股份有限公司台州天台小微综合支行
行　　长：陈玲莉
副 行 长：程文远、孙文恺
国网浙江省电力有限公司天台县供电公司
党委书记：余才阳（—2021.03）、周　密（2021.03—）
党委副书记：陈桑红、赵丹芬（女）
党委委员：陈　赞、柯　洋、柯如宾
总 经 理：陈桑红
副总经理：陈　赞、柯　洋、柯如宾、余才阳
台州市住房公积金管理中心天台分中心
党组书记：张树荣（2021.12—）
党组成员：奚　飚、张晓东
主　　任：陈东升（女）
副 主 任：奚　飚
天台县邮政管理局
局　　长：谢善庆（2021.09—）
副 局 长：陈　晔（—2021.09）、吴　华
中国电信股份有限公司天台分公司
党委书记：陈能文
党委委员：谢法政（—2021.05）、庞　炜、王宇卫
总 经 理：陈能文
副总经理：谢法政（—2021.05）、庞　炜、王宇卫
总经理助理：金　二（2021.05—）
台州市烟草公司天台分公司
局长（经理）：李　华
副 局 长：徐小兵
副 经 理：庞叶民（—2021.09）、张　波（2021.09—）
县气象局
党组书记：袁鸿生
党组成员：茅飘洋（女）、薛　伟
局　　长：袁鸿生
副 局 长：茅飘洋（女）、薛　伟
台州海关联络处
主　　任：冯　静（女）

县总工会

党组书记：杨含聪（—2021.12）、张　光（2021.12—）

党组成员：陈卫珍（女，—2021.12）、余卫珍、陈锦红（2021.09—）

主　　席：齐显移（—2021.12）、庞志刚（2021.12—）

副 主 席：陈卫珍（女，—2021.12）、杨含聪（—2021.12）、余卫珍、陈锦红（2021.10—）

共青团天台县委员会

书　　记：张康胜（—2021.12）、庞利达（2021.12—）

副 书 记：庞利达（—2021.12）、褚康枫

县妇女联合会

党组书记：曹波明（女，—2021.04）、吴琳玲（女，2021.04—）

党组成员：安红霞（女，—2021.12）、褚俊超（女）、王嫱薇（女，2021.12—）

主　　席：曹波明（女，—2021.05）、吴琳玲（女，2021.05—）

副 主 席：安红霞（女，—2021.12）、褚俊超（女）、王嫱薇（女，2021.12—）

科学技术协会

党组书记：娄文飞

党组成员：张云标（—2021.12）、朱法雨（2021.12—）

主　　席：娄文飞

副 主 席：张云标（—2021.12）、朱法雨（2021.12—）

县工商业联合会

党组书记：王永胜（—2021.12）、苏　健（2021.12—）

党组成员：许正伟（—2021.12）、陈卫珍（2021.12—）

主席（会长）：徐小敏

副 主 席：许正伟（—2021.12）、陈卫珍（2021.12—）

县社会科学界联合会

党组书记：谢文静（女）

党组成员：范伟锋

主　　席：谢文静（女，）

副 主 席：范伟锋

县文学艺术界联合会

党组书记：陈益明（—2021.12）、奚晓星（2021.12—）

党组成员：齐育富

主　　席：陈益明（—2021.12）、奚晓星（2021.12—）

副 主 席：齐育富

县残疾人联合会

党组书记：陈军云

党组成员：梁森将、庞琼扬

理 事 长：陈军云（—2021.12）、陈正华（2021.12—）

副理事长：梁森将、庞琼扬

县红十字会

党 组 书 记：庞军华（—2021.12）、周昌满（2021.12—）

党 组 成 员：范立新（—2021.12）、潘丽华（2021.09—）、张丽利（2021.09—）

常务副会长：庞军华（—2021.12）

副　会　长：范立新（—2021.12）、张丽利（2021.09—）

浙江天台山旅游集团有限公司

党 委 书 记：车道本（—2021.04）、姚　华（2021.04—）

党委副书记：王典磊

党 委 委 员：齐丽莎（女，—2021.12）、安志华、丁天沛、范金根、刘智军、齐毓红
施优文、戴豪世（2021.12—）、王祝平（2021.12—）

董　事　长：车道本（—2021.06）、姚　华（2021.06—）

总　经　理：王典磊

副 总 经 理：安志华、范金根、齐丽莎（女）

县水务集团有限公司

党 委 书 记：韩国磊

党委副书记：张兴龙

党 委 委 员：张　亮（—2021.01）、陈宪文、陈孝强、姜筱青、姚新颜、戴海红（2021.12—）

董　事　长：韩国磊

总　经　理：张兴龙

副 总 经 理：陈孝强、姜筱青、姚新颜

县交通集团有限公司

党 委 书 记：王永义

党委副书记：何财林

党 委 委 员：戴海红（女，—2021.12）、陈　宏、王　岳、徐　辉、齐丽莎（女，2021.12—）、
刘智军（2021.12—）

董　事　长：王永义

总　经　理：何财林

副 总 经 理：王　岳、徐　辉、齐丽莎（女，2021.12—）

县基础设施投资有限公司

党 委 书 记：徐朱佑（2021.09—）

党委副书记：王兆青

党 委 委 员：陈　义、丁仁慎、许高挺（2021.12—）

董　事　长：徐朱佑（2021.09—）

总　经　理：王兆青

副 总 经 理：陈　义、丁　涛、丁仁慎、张　亮、许高挺（2021.12—）

中国人民财产保险股份有限公司天台支公司

总　经　理：徐世慧

副 总 经 理：戴敏慧（女）、徐俊魁

中国人寿保险股份有限公司天台县支公司

经　　　理：林桂平

中国移动通信集团浙江有限公司天台分公司

总　经　理：郭彬彬

副总经理：何才标、周　憧

中国联合网络通信有限公司天台县分公司

总　经　理：朱壬生（—2021.08）、孙敏江（2021.08—）

中国铁塔股份有限公司台州市分公司天台分局

总　经　理：王郦辉（—2021.12）

副总经理：陈　卿（2019.02—）、张　浩（2021.06—）

天台县消防救援大队

党委副书记：何国平

大　队　长：何国平

政治教导员：潘　杰

县武警中队

中　队　长：蒋渊涛（—2021.08）、马伟洁（2021.08—）

指　导　员：丁　浩（—2021.08）、陈子文（2021.08—）

中国邮政集团有限公司浙江省天台县分公司

党委书记：王以伟

党委委员：李　强、史金威、周富来

总　经　理：王以伟

副总经理：李　强、史金威、周富来

街道 镇 乡负责人名单

赤城街道

党工委书记：曹洁华（女，—2021.11）、潘行其（2021.12—）

党工委副书记：陈　高（—2021.09）、张振华（—2021.09）、周永超（—2021.12）、赵　庆（2021.08—）、洪天兵（2021.09—）、齐赛华（2021.12—）

党工委委员：陈　华（—2021.09）、褚晓明（—2021.09）、丁金伟（女，—2021.09）、余　挺（—2021.09）、范庆杰（—2021.12）、许学威、王天平、范迎春（2021.09—）、葛顺利（2021.09—）、茅　蔚（2021.09—）、庞学洲（2021.09—）、朱　艇（2021.12—）

人大工委主任：戴小平（—2021.09）、许式统（2021.09—）

人大工委副主任：娄庆华、庞亚萍（女）

办 事 处 主 任：张振华（—2021.09）、洪天兵（2021.09—）
办事处常务副主任：余　挺（—2021.09）、庞学洲（2021.09—）
办 事 处 副 主 任：金天琼（—2021.12）、许一身（—2021.12）、叶赛美（女，—2021.12）、庞国栋（2021.09—）、王文桂（2021.09—）、陈海涛（2021.12—）、颜海伟（挂职，2021.10—）

始丰街道

党 工 委 书 记：庞　奎（—2021.01）、施琛国（2021.04—）
党 工 委 副 书 记：夏宏亮（—2021.09）、俞益撑（—2021.09）、丁回娟（女，2021.12—）、金天琼（2021.12—）
党 工 委 委 员：范顺理（—2021.09）、王昌印（—2021.09）、许迎霞（女，—2021.09）、郑晓升（—2021.09）、陈　斌（—2021.09）、丁晓宇（—2021.12）、陈志委（2021.09—）、庞剑坚（2021.09—）、王　挺（2021.09—）、周碧辉（2021.09—）、胡　盖（2018.11—）、潘建飞（2021.11—）、徐鋐侃（2021.12—）、吴玲燕（援疆）
人 大 工 委 主 任：吴裕明（—2021.09）、许迎霞（女，2021.09—）
人大工委副主任：潘丽华（女，—2021.09）、徐友胜（—2021.09）、陈　俊（2021.09—）、蒋亨锐（2021.12—）
办 事 处 主 任：俞益撑（—2021.09）、丁回娟（女，2021.12—）
办 事 处 副 主 任：陈　斌（—2021.09）、林启委（—2021.12）、王嫱薇（女，—2021.12）、裘红星、王　挺（2021.12—）、许　辉（2021.12—）、朱灵涛（挂职）

福溪街道

党 工 委 书 记：谢青孝
党 工 委 副 书 记：庞学新（—2021.09）、潘绍松（—2021.12）、姜肖红、林启委（2021.12—）、王春寒（2021.8—挂职）
党 工 委 委 员：奚先会（—2021.09）、徐志慧（女，—2021.09）、余启卫（—2021.09）、褚俊杰（—2021.12）、潘建飞（—2021.12）、余　彪、梁肖峰（2021.09—）、裘银委（2021.09—）、徐　俊（2021.09—）、奚真理（2021.09—）、朱婉娅（女，2021.09—）、陈亚奇（女，2021.12—）、丁晓宇（2021.12—）
人 大 工 委 主 任：吴昌黎（—2021.09）、张加强（2021.09—）
人大工委副主任：蒋亨锐（—2021.12）、吕存伟（2019.09—）、范庆杰（2021.12—）
办 事 处 主 任：庞学新（—2021.09）、姜肖红（2021.10—）
办 事 处 副 主 任：倪海松（—2019.09）、裘银委（—2021.09）、王　达（—2021.09）、王　盾（—2021.10）、范潮铸（2021.09—）、徐　俊（2021.09—）、叶俞华（女，2021.09—）、虞伟清（2021.12—）、吴　用（—2021.8 挂职）

平桥镇

党 委 书 记：金仁善
党 委 副 书 记：汤坚志（—2021.03）、芦　伟（—2021.09）、陈时斌、罗　轶（2021.09—）、余凌峰（2021.09—）

党　委　委　员：丁　琼(—2021.09)、范琼英(女，—2021.09)、罗　轶(—2021.09)、
茅　蔚(—2021.09)、倪寿贵(—2021.09)、徐朱佑(—2021.09)、齐正佳、
陈帮鹏(2021.09—)、孙　磊(女，2021.09—)、王　龙(2021.09—)、
吴文君(女，2021.09—)、邢　芬(女，2021.09—)、余启平(2021.09—)、
俞威锋(2021.09—)
人　大　主　席：何天北
人 大 副 主 席：徐剑峰(—2021.09)、朱婉娅(女，—2021.09)、王　洲(2021.09—)
镇　　　　　长：汤坚志(—2021.03)、余凌峰(2021.09—)
副　　镇　　长：王文桂(—2021.09)、徐朱佑(—2021.09)、许林超、赵　沾、
陈帮鹏(2021.09—)、范平伟(2021.09—)、王　鼎(2021.09—)、
俞威锋(2021.09—)、王　聪(挂职，2021.10—)

白鹤镇

党　委　书　记：徐　威
党 委 副 书 记：许式将(—2021.09)、王纯坚、许　琼(女)、杨永安(2021.09—)
党　委　委　员：柴益军(—2021.09)、陈达峰(—2021.09)、葛顺利(—2021.09)、
吴文君(女，—2021.09)、张丽利(女，—2021.09)、陈亦飞、朱逢麟、
陈赛萍(女，2021.09—)、范锦平(女，2021.09—)、王　达(2021.09—)、
叶倩文(女，2021.09—)、张式岭(2021.09—)
人　大　主　席：余凌峰(—2021.09)、夏祥高(2021.09—)
人 大 副 主 席：戴凌云、潘玲辉(女，2021.09—)
镇　　　　　长：许式将(—2021.09)、许　琼(女，2021.09—)
副　　镇　　长：陈达峰(—2021.09)、陈龙胤(—2021.09)、奚云川(—2021.09)、王　达(2021.09—)、
徐能平、吴　剑(2021.09—)、徐志伟(2021.09—)、姜娇娇(女，挂职，2021.10—)、
王　正(援川)

坦头镇

党　委　书　记：陈加钱(—2021.09)、张圣明(2021.09—)
党 委 副 书 记：胡达高(—2021.09)、张圣明(—2021.09)、陈　挺(2021.09—)、
胡　伟(2021.09—)、王　正(2021.09—)
党　委　委　员：季维军(—2021.09)、庞宏华(—2021.09)、项陈宇(—2021.09)、
徐畏芬(女，—2021.09)、许国瑞(—2021.09)、裘子统、范登荣(2021.09—)、
洪翊博(2021.09—)吕少卿(女，2021.09—)、潘日田(2021.09—)、
项陈宇(2021.09—)、叶娜汝(女，2021.09—)
人　大　主　席：王家辉(—2021.09)、陈　霞(女，2021.09—)
人 大 副 主 席：王剑鸣(—2021.09)、丁国强
镇　　　　　长：张圣明(—2021.09)、胡　伟(2021.09—)
副　　镇　　长：林鑫焕(—2021.09)、许国瑞(—2021.09)、张建辉(—2021.09)、陈　翔(2021.09—)、
何胜利(2021.09—)、洪翊博(2021.09—)、上官小烽(2021.09—)

三合镇

党　委　书　记：潘行其（—2021.09）、俞益撑（2021.09—）
党委副书记：许周武（—2021.09）、杨永安（—2021.09）、张　鹏（2021.09—）
张　晓（2021.09—）
党　委　委　员：戴晓华、洪才源、胡　伟（—2021.09）、奚真理（—2021.09）、徐　俊（—2021.09）、袁　铭（—2021.09）、郑　诚（—2021.09）、陈裴健（2021.09—）、潘海瑛（女，2021.09—）、王鹏飞（女，2021.09—）、徐剑峰（2021.09—）、许　翔（2021.09—）、朱正友（2021.09—）
人　大　主　席：谢善庆（—2021.09）、裘昌好（2021.09—）
人大副主席：何胜利（—2021.09）、许媚娜（女，—2021.09）
镇　　　　长：许周武（—2021.09）、张　鹏（2021.09—）
常务副镇长：胡　伟（—2021.09）、许　翔（2021.09—）
副　镇　长：范平伟（—2021.09）、王　龙（—2021.09）、陈　鑫（2021.09—）、崔伟彪（2021.09—）、谢远志（2021.09—）

洪畴镇

党　委　书　记：谷　峰（—2021.09）、许周武（2021.09—）
党委副书记：林　舜（—2021.09）、庞　静（女，—2021.09）、奚云川（2021.09—）、丁国华（2021.09—）
党　委　委　员：陈　琪（—2021.09）、戴君慧（—2021.09）、丁国华（—2021.09）、桂　芊、陈虹雯（女，2021.09—）、刘银霞（女，2021.09—）、王　榜（2021.09—）、徐神赐（女，2021.09—）、郑剑辉（2021.09—）、张建辉（2021.09—）
人　大　主　席：阮群胜（—2021.09）、褚晓明（2021.09—）
人大副主席：余晓敏（女，—2021.09）
镇　　　　长：庞　静（女，—2021.09）、奚云川（2021.09—）
副　镇　长：陈　琪（—2021.09）、陆德练（—2021.09）、齐　鹏（—2021.09）、张晓宇（—2021.09）、韩　勇（2021.09—）、林鑫焕（2021.09—）、姚端阳（2021.09—）、张建辉（2021.09—）、

街头镇

党　委　书　记：余忠海（—2021.09）、裴焦阳（女，2021.09—）
党委副书记：裴焦阳（女，—2021.09）、张　鹏（—2021.09）、许秋阳（2021.09—）、陈　高（2021.09—）、黄　毅（挂职）、胡　昊（挂职）
党　委　委　员：陈照委（—2021.09）、庞育萍（女，—2021.04）、谢法庆（—2021.09）、许秋阳（—2021.09）、张式岭（—2021.09）、赵帮梁、齐　鹏（2021.09—）、王昌印（2021.09—）、王哲林（2021.09—）、叶再敬（2021.09—）、赵攀奥（2021.09—）、王　盾（2021.10—）
人　大　主　席：夏祥高（—2021.09）、庞国标（2021.09—）
镇　　　　长：陈　高（2021.12—）

副　　镇　　长：陈　灵(—2021.09)、洪翊博(—2021.09)、邱润润(—2021.09)、谢法庆(—2021.09)、王昌印(2021.09—)、陈邦洋(2021.12—)、潘晶莹(2021.12—)、庞淑娇(2021.12—)

石梁镇

党　委　书　记：奚尊士(—2021.09)、庞学新(2021.09—)
党委副书记：蒋　挺、袁俊敏、岑超超(挂职，—2021.08)、杨　衡(挂职，2021.08—)
党　委　委　员：陈达新(—2021.09)、吕少卿(女，—2021.09)、庞剑坚(—2021.09)、庞学洲(—2021.09)、邱　玮(—2021.09)、王敏辉(—2021.09)、王哲锋(2018.07—)、范骄龙(2021.09—)、李　奔(2021.09—)、李　刚(2021.09—)、裘贤锋(2021.09—)、王萍萍(女，2021.09—)、奚湖滨(2021.09—)、许耀波(2021.09—)
人　大　主　席：陈逢雄(—2021.09)、王敏辉(2021.09—)
人大副主席：金从恩(—2021.09)
镇　　　　长：蒋　挺
副　　镇　　长：陈赛萍(女，—2021.09)、梁美萍(女，—2021.09)、裘贤锋(—2021.09)、余启平(—2021.09)、陈照委(2021.09—)、李　通(2021.09—)、李　奔(2021.09—)、余　蓉(女，2021.09—)

南屏乡

党　委　书　记：郑　浩(—2021.06)、潘晓萍(女，2021.09—)
党委副书记：潘晓萍(女，—2021.09)、张　晓(—2021.09)、陈江强(2021.09—)
党　委　委　员：陈灵筱(女，—2021.09)、叶俞华(女，—2021.09)、洪建华、叶江强、陈罗格(2021.09—)、陈腾耀(2021.09—)、梁美萍(女，2021.09—)、余　开(2021.09—)、余晓敏(女，2021.09—)
人　大　主　席：裘昌好(—2021.09)、王晓丽(女，2021.09—)
人大副主席：王哲林(—2021.09)
乡　　　　长：潘晓萍(女，—2021.09)、余　开(2021.09—)
副　　乡　　长：陈姚萍(女，—2021.06)、庞国栋(—2021.09)、奚湖滨(—2021.09)、蒋万飞(2021.09—)、王海涛(2021.09—)

雷峰乡

党　委　书　记：陈文侠
党委副书记：陈江强(—2021.09)、陈加雷、陈海鹏(2021.09—)
党　委　委　员：包　华(—2021.09)、陈海鹏(—2021.09)、潘日田(—2021.09)、邢　芬(女，—2021.09)、邱　玮(2021.09—)、邵显栋(2021.09—)、吴永强(2021.09—)、许跻凌(2021.09—)、姚森飞(2021.09—)、周学军(2021.10—)
人　大　主　席：吴人茂(—2021.02)、叶贵方(2021.02—)
人大副主席：张仁长(—2021.09)
乡　　　　长：陈加雷

副　　乡　　长：李　通(—2021.09)、徐神赐(女，—2021.09)、卢雷勇(2021.09—)、吴微珍(女，2021.09—)、姚森飞(2021.09—)

三州乡

党　委　书　记：王启俏
党 委 副 书 记：余　开(—2021.09)、张　峰、吕超龙(2021.09—)
党　委　委　员：陈　新(—2021.09)、范潮铸(—2021.09)、范锦平(女—2021.09)、朱正友(—2021.09)、包　华(2021.09—)、陈苏苏(女，2021.09—)、陈伟俊(2021.09—)、刘凌涛(2021.09—)、王昌边(2021.09—)、徐赛君(女，2021.09—)
人　大　主　席：庞国标(—2021.09)、庞宏华(2021.09—)
人 大 副 主 席：陈永刚(—2021.09)
乡　　　　　长：张　峰
副　　乡　　长：崔伟彪(—2021.09)、吕超龙(—2021.09)、周碧辉(女—2021.09)、陈定梁(2021.09—)、陈永刚(2021.09—)

泳溪乡

党　委　书　记：杨　勇
党 委 副 书 记：洪天兵(—2021.09)、张　峰、张康胜(2021.09—)
党　委　委　员：王　榜(—2021.09)、周林妍(女，—2021.09)、奚　梃、徐伟华(女)、范智敏(2021.09—)、姜　剑(2021.09—)、叶琼蕾(女，2021.09—)、张晓宇(2021.09—)
人　大　主　席：张加强(—2021.09)、丁金伟(女，2021.09—)
副　　乡　　长：陈苏苏(女，—2021.09)、王　挺(—2021.09)、郑剑辉(—2021.09)、齐文龙(2021.09—)、许周强(2021.09—)

龙溪乡

党　委　书　记：施琛国(—2021.04)、丁栩翔(2021.09—)
党 委 副 书 记：陈　挺(—2021.09)、丁栩翔(—2021.09)、陈龙胤(2021.09—)、谢法庆(2021.09—)
党　委　委　员：汪朝晖(—2021.05)、李　奔(—2021.09)、李　刚(—2021.09)、梁肖峰(—2021.09)、戴君慧(2021.09—)、刘存伟(2021.09—)、邱润润(2021.09—)、汤招斌(2021.09—)、周孝总(2021.09—)、干函亲(2021.10—)
人　大　主　席：许式统(—2021.09)、徐志慧(女，2021.09—)
人 大 副 主 席：蒋万飞(—2021.09)
乡　　　　　长：丁栩翔(—2021.09)、谢法庆(2021.09—)
副　　乡　　长：陈锦红(女，—2021.09)、陈罗格(—2021.09)、徐志伟(—2021.09)、范玲霞(女，2021.09—)、蒋家骅(2021.09—)

说明：以上2021年度在任负责人和部分企事业单位主要负责人，由各单位提供，不作为干部管理权限和职级依据。排列按日期和拼音顺序，挂职的另列其后，单位排列顺序参照了浙政钉。

文件选录

中共天台县委 天台县人民政府
关于印发《天台高质量发展建设共同富裕
标杆县行动方案（2021—2025年）》的通知

天县委发〔2021〕60号

各乡镇党委、政府，各街道党工委、办事处，县直属各单位：

现将《天台高质量发展建设共同富裕标杆县行动方案（2021—2025年）》印发给你们，请结合实际认真贯彻落实。

中共天台县委　天台县人民政府

2021年8月19日

天台高质量发展建设共同富裕标杆县
行动方案（2021—2025年）

为深入学习贯彻习近平新时代中国特色社会主义思想，全面落实《中共中央、国务院关于支持浙江高质量发展建设共同富裕示范区的意见》，深入贯彻落实省委十四届九次全会以及市委五届十二次全会精神，忠实践行“八八战略”、奋力打造“重要窗口”，牢牢把握坚持党的全面领导、以人民为中心、共建共享、改革创新、系统观念“五大工作原则”，紧紧围绕高质量发展高品质生活先行区、城乡区域协调发展引领区、收入分配制度改革试验区、文明和谐美丽家园展示区“四大战略定位”，紧扣省委“四率先三美”主要目标、市委“七个先行”具体目标和县委现代化和合之城建设的战略目标，按照到2025、2035“两阶段发展目标”，脚踏实地、久久为功，不吊高胃口、不搞“过头事”，尽力而为、量力而行，努力高质量发展建设共同富裕标杆县，在全省建设共同富裕示范区中提升天台的显示度、贡献度，特制定“十四五”时期行动方案如下。

一、高质量发展建设共同富裕标杆县的发展目标

浙江高质量发展建设共同富裕示范区，天台是重要板块、重要单元，理应在全省共同富裕示范区建设中扛起先行担当、作出天台贡献，以高质量发展建设共同富裕标杆县为浙江“重要窗口”增光添彩。建设共同富裕标杆县，要以现代化和合之城建设为统领，以高质量发展为主线，以满足人民日益增长的美好生活需要为根本目的，以解决地区差距、城乡差距和收入差距问题为主攻方向，更加注重向农村、基层、欠发达乡镇倾斜，向困难群众倾斜，在跨越式高质量发展中统筹好发展与富民、先富与后富、整体与局部、物质与精神、共建与共享关系，加快突破发展不平衡不充分问题，到2025年推动共同富裕标杆县建设取得明显实质性进展，形成阶段性标志性成果。

——努力成为经济绿色发展的县域范例。经济发展质量效益大幅提升，绿色工业样板区建设取得重大进展，人均生产总值达到中等发达经济体水平。以数字化改革撬动共同富裕机制创新，有效市场和有为政府更好结合，制约高质量发展的体制机制障碍有效破除，产业基础高级化、产业链现代化水平大幅提升，数字经济发展取得突破，形成具有天台特色和较强竞争力的现代产业体系。创业创新创造活力充分迸发，市场主体总量达到7万户，R&D经费占GDP比重达到2.6%。产业升级和消费升级协调共进、经济结构和社会结构优化互促的良性循环加快构建，在率先实现共同富裕进程中畅通经济良性循环。

——努力成为城乡协调发展的县域范例。基本形成以中等收入群体为主体的橄榄型社会，居民人均可支配收入达到6.1万元，劳动报酬占GDP比重超过51%，居民人均可支配收入与人均生产总值之比持续提高。中等收入群体规模不断扩大、结构持续优化、生活品质不断提升，家庭年可支配收入10万～50万元的群体比例达到70%、20万～60万元的群体比例力争达到45%。县域空间总体布局更加优化，人口集聚效应更加凸显，中心城区功能和品质全面提升，乡村更加美丽、让人向往，城乡融合示范区建设取得明显成效。城乡发展差距、城乡居民收入和生活水平差距显著缩小，常住人口城镇化率达到67.5%以上，城乡居民收入倍差缩小到1.9以内，城镇居民、农村居民内部高低收入人群收入差距持续缩小，低收入群体增收长效机制基本建立，低收入群体增收能力明显提升，发展均衡度走在全省前列。

——努力成为幸福民生共享的县域范例。基本公共服务均等化水平明显提高，更高水平推进幼有所育、学有所教、劳有所得、病有所医、老有所养、住有所居、弱有所扶，幸福民生先行区建设取得更多实质性成果。学前教育、公共卫生、养老照料、体育健身等“15分钟公共服务圈”建设加快推进，城乡公共服务更加普及普惠。婴幼儿照护服务体系更加完善，二级以上幼儿园、普惠性幼儿园在园幼儿占比分别达到75%、90%以上。高质量教育体系基本建成，县域义务教育校际差异系数持续缩小，儿童平均预期受教育年限达到15.5年，劳动年龄人口平均受教育年限达到11年以上，“学在天台”品牌进一步打响。劳动报酬与劳动生产率提高基本同步，技能人才占从业人员比例大幅提高到35%。健康天台基本建成，人群主要健康指标力争达到全省中上水平，人均预期寿命超过82.3岁，优质医疗资源供给更加充分、布局更加均衡，县域就诊率90%以上。社会保障和养老服务体系更加完善，实现法定人员社保应保尽保。共同富裕现代化基本单元建设加快推进，未来社区、乡村新社区全域推进，城镇住房保障收益覆盖率达到23%。分层分类、城乡统筹的新时代社会救助体系全面建成，低保标准增幅不低于人均可支配收入增幅，形成与共同富裕相适应的公共服务共享格局。

——努力成为人文精神高地的县域范例。新时代文化天台工程深入实施，文化自信不断增强，文化软实力全面提升，社会新风尚更加鲜明。文化物化活化产业化加快推进，和合文化、诗路文化、霞客文化等优秀传统文化的内涵和价值深入挖掘，天台山文化影响力不断扩大，打造和合文化国际交流基地。社会主义核心价值观广为践行，人文精神凝聚力显著增强，人文关怀体现到城乡每个角落。全域高品质现代文化供给更加丰富，城乡一体的现代文化服务体系全面覆盖，“15分钟品质文化生活圈”“15分钟文明实践服务圈”覆盖率100%，县、乡两级文化设施覆盖达标率100%。文明城市建设水平持续提升，全县人民思想道德素质、科学文化素质和身心健康素质明显提高，文明好习惯养成实现率达到90%以上，成为与现代化和合之城相适应的新时代文化高地。

——努力成为生态价值转化的县域范例。美丽天台建设取得新成效，自然生态之美、城乡宜居之美、水韵人文之美更加彰显，绿色生产生活方式广泛形成，基本建成“两山”实践标杆区。生态环境状况综合指数稳居全国前列，PM2.5平均浓度持续下降，地表水县控断面达到或优于Ⅲ类水质比例达到100%，公共生态环境获得感明显增强。实施碳排放达峰行动推动全面绿色转型取得明显成效，绿色产业发展、资源能源利用效率、清洁能源发展位居全省前列。文旅融合发展成效大幅提升，世界级旅游景区建设有效推进，“神山秀水心归处”品牌不断打响，基本建成诗画浙江引领区。绿水青山就是金山银山转化通道进一步拓展，生态产品价值实现机制全面推行。

——努力成为社会和谐和睦的县域范例。党建统领的整体智治体系基本建成，平安天台、法治天台达到更高水平，清廉天台建设纵深推进，政治生态显著优化，全面从严治党成效进一步彰显，基本形成活力和秩序有机统一的现代化社会。社会主义民主法治更加健全，社会公平正义充分彰显，公民法治素养大幅提升，社会团结向上。新时代“枫桥经验”持续深化，生产安全事故死亡率、万人犯罪率、万人成讼率逐年下降，网络空间更加清朗，和合文化加快融合基层治理，形成“和合智治”的治理体系。风险闭环管控大平安机制更加完善，防范化解重大风险机制不断健全，突发公共事件应急能力和自然灾害防御能力明显提升，高质量发展与高效能治理相互促进，群众获得感幸福感安全感满意度全市领先。

二、大力实施产业优化升级计划，在民营经济高质量发展上先行

1. 打造传统制造业改造提升2.0版。坚持“产业富民”，巩固壮大实体经济根基，对标台州市工业4.0标杆城市建设，推进制造业高质量发展，夯实共同富裕的产业基础。实施产业集群培育行动，加快培育先进制造业产业集群，推动机电、橡塑、汽车用品、产业用布、医药化工、食品饮料六大产业转型升级，打造六大百亿特色产业。实施制造业产业基础再造和产业链提升工程，建立产业链“链长制”，支持龙头企业以产业链关键环节和核心技术为重点整合上下游产业资源，重点打造“大车配”等标志性产业链。加快经济开发区整合提升，推进“万亩千亿”产业平台建设，完善重大基础设施和服务配套设施，高标准建设苍山产业集聚区和中德交通科技产业园，建成大车配创新服务综合体并投入使用，推进老工业园区改造提升。（县经信局、县发改局、县科技局、经济开发区、县“三改一拆”办）

2. 打造充满活力的市场主体。深化落实促进民营经济高质量发展“30条”，加快民营企业产权制度改革，深入实施市场准入负面清单管理制度，鼓励民营企业放心大胆发展，支持民营企业在培育中等收入群体、促进共同富裕上发挥更大作用。深入实施市场主体升级工程，深度参与“雄鹰行动”“凤凰行动”“雏鹰行动”，深化上市赋能行动，办好企业英雄汇，持续培育壮大龙头企业。滚动实施小微企业成长计划，建立企业减负长效机制，大力培育隐形冠军、专精特新小巨人、单项冠军和“链主”企业。深化“亩均论英雄”改革，完善“标准地”制度，构建更加完善的要素市场化配置体制机制。（县发改局、县经信局、县市场监管局、县金融工作中心）

3. 充分释放全社会创业创造潜能。大力弘扬企业家精神，实施“青蓝接力”“薪火传承”行动，加强新生代企业家教育培养，建立企业家学习培训制度，支持企业大力引进职业经理人和技术型高管，打造适应科技革命和产业变革的新时代企业家队伍。落实创业创造支持政策体系，做大“天台人经济”，探索让数字经济、创新经济、生态经济、现代服务经济成为新时代老百姓经济的有效路径，在大众创业万众创新中富民增收。加快商品市场发展，培育一批商品经营特色突出、产业链供应链服务功能强大、线上线下融合发展的商品市场示范基地。强化国有资本推动共同富裕战略功能，加快国有企业市场化转型，深化政府与社会资本多元合作，加大社会领域投入，促进国有企业发展成果全民共享。（县发改局、县经信局、县行政审批局、县市场监管局、县财政局〈国资办〉、县商务局）

4. 打造营商环境最优县。树立“营商环境就是生产力”的理念，以数字化改革为牵引，以“一件事”为抓手，深入推进优化营商环境“10+N”行动，完善企业直通服务长效机制，让“企业办事不求人”在天台成为一个习惯、一种风气、一项制度。深化商事登记制度改革，全面落实市场准入负面清单制度，深入实施“一业一证”改革，加大个性化智慧审批场景化的开发应用力度。积极参与台州市国家小微金融改革示范区建设，深化普惠金融体系建设，实施融资畅通升级版工程，推进金融产品和服务创新，支持“天民投”“天和联”等平台发展，畅通民营经济金融“活水”。构建亲清政商关系，促进非公有制经济健康发展和非公有制经济人士健康成长，依法平等保护民营企业产权和企业家权益。加强政务诚信建设，健全企业信用建设长效机制，深化行业协会、商会和中介机构改革，对新产业新业态实行包容审慎监管。（县行政审批局、县市场监管局、县发改局、县经信局、县金融工作中心、县商务局、县行政执法局、县人民银行、县工商联）

三、大力实施创新驱动计划，在做强现代产业上先行

5. 建设驱动引领强劲的创新型县域。以始丰溪为发展轴，加快开发赭溪历史文化街区，布局绿色科创走廊，建设百里和合唐诗廊、总部经济大楼，打造共富带。用超常规举措构建全域创新体系，营造一流创新生态，主动融入浙江创新策源地建设，打造区域科创高地。坚定不移走好科技新长征，基于现有科创基础与资源优势，大力引进大院、名校共建高水平新型研发机构和载体，建好南科大实体研究院。围绕省三大科创高地建设，实施“卡脖子”技术攻关项目，继续对接省科技创新尖峰、尖兵、领雁、领航四大计划，鼓励支持龙头企业和科研平台承接国家科技重大专项、重点研发计划等，在“互联网 +”、生物医药、新材料、先进制造等领域关键薄弱环节实施技术攻关，力争每年 1 个以上攻关项目列入省级以上重点研发项目。加速实施新一轮高新技术企业和科技型中小企业“双倍增”行动计划，支持企业协同科研院所、高等院校组建创新联合体、企业共同体和知识产权联盟，联合开展关键核心技术攻关，掌握一批关键核心技术和战略性标志产品。优化“产学研用金，才政介美云”联动创新生态，对接全省“科技大脑 + 未来实验室”为核心的重大应用场景，加快利用数字技术赋能科研管理，推动要素资源市场化流动。坚持以数字化手段构建现代科技创新治理体系，健全创新激励和保障机制，不断提高科技服务的科学化、精准化和协同化水平。（县科技局、县经信局、县委组织部、县发改局、县教育局、县市场监管局）

6. 构建更具特色的现代产业体系。坚持绿色发展理念，大力发展战略性新兴产业和未来产业，加快培育高端装备、生命健康、绿色环保、新材料等产业，引进一批技术含量高、带动能力强的新兴产业重大项目，打造绿色智造产业集群。大力发展高端化专业化的生产性服务业，提升现代物流、现代金融、信息服务、科技服务等发展水平。大力发展现代农业，加强农业科技创新，推动农村产业创新融合发展，大力发展休闲农业、乡村旅游、创意农业、电子商务等业态，打造一二三产融合的农业全产业链，丰富乡村经济业态。围绕美好生活新需求，推进现代商贸、教育培训、体育休闲等生活性服务业品质化精细化发展。充分发挥天台文化和生态资源禀赋优势，做大做强文化旅游和健康养生两大特色产业。贯彻落实质量强省、标准强省、品牌强省建设，一体打造名品名企名产业名产地，实施“品字标”拓面提质行动，打响“天台制造”“天台服务”品牌。（县经信局、县发改局、县农业农村局、县文广旅体局、县市场监管局）

7. 打造数字经济“一号工程2.0版”。聚焦数字经济总量翻番，推进数字经济与实体经济、生态经济融合发展，加快产业数字化、数字产业化，努力打造数字强县、云上天台。积极融入全省以“产业大脑＋未来工厂”为核心的数字经济系统，参与数字经济研发中心、大数据云平台等建设，参与制定数字贸易规则和标准。实施“5G+工业互联网”工程，打造行业级工业互联网平台，加快实现百亿以上产业集群产业大脑应用和工业互联网平台全覆盖。加快数字经济产业园建设，深入推进企业上云行动，推动中小微企业“上云用数赋智”，培育一批示范性云平台和云应用标杆企业。培育发展大数据相关产业，深入开展数字生活新服务行动，促进大数据在制造业、农业农村、创新创业等领域应用，形成数字经济特色优势。（县经信局、县委宣传部〈网信办〉、县发改局、县商务局、县府办〈大数据局〉、县市场监管局）

8. 培育新型消费示范型县城。主动落实国家和省市促消费政策，深入实施放心消费行动，全面扩大城乡商品和服务覆盖范围，力争消费环境指数达全省平均水平以上。培育现代商贸、健康养老、文化旅游、家政服务、托幼服务等消费新业态，鼓励拓展时尚消费、定制消费、信息消费、智能消费、体验消费、网红消费等新兴领域，大力培育直播电商、社交营销、无接触消费等新模式。深入开展数字生活新服务行动，引进培育数字生活开放平台，充实丰富在线教育、在线医疗、在线文体等线上消费业态。优化县域商业网点空间布局，完善综合体业态，改造提升传统商圈，适时引进高品质主题型购物中心和特色商场，大力培育夜间经济，打造智慧商圈。加快规划建设便民生活服务圈和社区邻里中心，完善农村社区综合性服务网点，深入实施国家电子商务进农村综合示范县工作，完善农村物流体系，持续培育农村消费热点。鼓励举办旅游节、美食节、音乐节等展会活动，建设一批高端文宿、网红打卡地等，促进消费扩容。（县商务局、县发改局、县农业农村局、县市场监管局、县文广旅体局）

四、大力实施开放融合计划，在畅通内外循环聚富上先行

9. 多渠道深化对外开放合作。积极融入“一带一路”建设，巩固好美国、欧盟、日韩等传统市场，大力开拓非洲、东盟、拉美等新兴市场，加快出口市场多元化发展。全面接轨大上海，深度参与杭州、宁波都市区发展，打造义甬舟大通道中间枢纽，推进跨境电子商务试验区合作，加强与浙江自贸区、台州联动创新区的合作联动，完善通关一体化贸易便利服务，全面融入长三角全域一体化发展。加快对外交通网络建设，建成杭台高铁，建设金台城际铁路、甬金衢上高速、通用机场等一批重大交通项目，实现市域、省城及周边地市1小时交通圈，融入长三角主要城市2小时交通圈。加强国际贸易投资博览会等重大国际会议的参与度和参展度，鼓励企业走出去拓展国际市场。优化境外投资服务，发挥银轮等企业境外投资成功案例的示范作用，引导有条件企业构建全球产业布局网络，支持海外并购项目回归建设。（县发改局、县商务局、县经信局）

10. 打造高端要素“集聚区”。加大人才引进力度，实施更加开放的人才政策，积极落实“鲲鹏行动”，深入推进“引才计划”“万人计划”、台州市“500 精英计划”等重大人才工程建设。建立“紧缺高精尖人才库”，持续高质量办好人才嘉年华、全球高端装备创新创业大赛，广泛集聚海内外高层次创新创业人才，累计引进高层次人才 300 名，实现顶尖人才、领军人才数量翻番。实施“青年英才聚天台”计划，大力招引青年人才和优秀高校毕业生，累计引进青年英才万名以上。深化人才体制机制改革，在人才市场化评价、增加知识价值、人才协同创新、人才服务一体化等方面先行先试，激发人才创新活力。全面推动要素全方位流通循环，破除妨碍生产要素市场化配置和商品服务流动的体制机制障碍，积极打造先进制造、消费市场、现代流通、金融服务的循环节点。进一步健全物流配送体系，推动现代物联网、大数据等信息技术在供应链中的集成应用，推进物流中心和东部物流园建设，打造仓配一体供应链物流体系，提高大宗货物进出能力。（县委组织部、县人力社保局、县科技局、县商务局、县邮政管理局、县交通运输局）

11. 大力推进项目投资。把项目投资作为稳定经济增长的重要抓手和促进共同富裕的重要支撑，大抓项目、抓大项目，以项目大突破不断扩大有效投资。持续开展项目谋划擂台比拼，谋划一批先进制造业、现代农业、大健康产业、文旅产业等大项目，承接一批产业溢出项目，布局一批社会事业、城镇建设、基础设施等民生项目。创新全域联动招商机制，发挥乡贤作用，大力推进天商回归投资，开展以商招商、驻点招商等新模式，实施产业链招商，加强税源型项目招引，积极引进一批高端产业项目。深入实施省市县长项目工程，健全落实项目全生命周期服务机制，开展破难攻坚等专项行动，推进“两新一重”项目建设，加快天台抽水蓄能电站等一批强基础、增功能、利长远的重大项目建设。强化对重大科创平台、现代化产业链投资，扩大企业设备更新和技术改造投资，扩大公共服务、农业农村等领域多元投入。积极拓展境内外融资渠道，研究建立“本土基金 + 外商投资”的融合模式，鼓励本地外资企业增资再发展。（县发改局、县投资促进中心、县农业农村局、县财政局、县经信局）

12. 积极融入山海协作。抢抓山区 26 县发展机遇，深入挖掘本地发展特色产业和生态优势，争取更大程度政策红利，持续增强内生发展动力。念好新时代“山海经”，积极参与陆海统筹、山海互济，加强产业链上下游协同配套、精准结对，建设一批产业链协作、公共服务合作的标志性工程。探索完善山海协作“产业飞地”建设机制，积极建设“双向飞地”，深化与路桥合作机制，持续推进消薄“飞地”建设，推行共享型飞地经济合作模式。创新协作机制，提速山海协作产业园建设，联合开发区域性旅游路线和产品。（县发改局、县农业农村局、县委组织部、县人力社保局）

五、大力实施文旅融合发展计划，在诗路文化带建设上先行

13. 打造富有文化底蕴的世界级旅游景区金名片。聚焦世界标准，以集成思维整合文旅资源，整体规划、逐步建设、科学运营，积极参与世界级旅游景区建设。有机串联国清、赤城、天台山大瀑布、石梁等北部文化旅游核心景群，加快天台山景区二期改造工程，谋划琼台二期和苍山顶旅游开发大项目，打造高能级旅游吸引物。开展旅游业“微改造、精提升”，全力推动旅游品质提档升级，加强生态保护和古道修复，不断提升全域旅游发展格局，创成国家全域旅游示范区。加强旅游综合服务体系建设，推广“家·天台”国家级服务业标准，提升智慧旅游服务水平，推进国家级文明旅游示范区创建。积极接轨国内外先进文旅经营理念，深化文旅市场化改革，借力大集团、大企业资源优势，探索建立合作新机制，引进优质社会资本，深度参与文旅项目开发建设。（县文广旅体局、县发改局、县委宣传部、县旅游集团）

14. 擦亮浙东唐诗之路目的地金名片。抢抓诗路文化带建设契机，聚焦“诗画、山水、佛道、名人”四大文化主题，挖掘先贤古韵，串珠成链，精准提炼文化符号，精心设计文化载体，着力彰显诗路文化的重大历史价值、文化价值、经济价值和时代价值。系统谋划推进一批标志性项目建设，加快“一心三苑”等一批诗路项目建设，推动数字诗路建设和应用，建成诗路文化博览馆、“数字诗路 e 站”。大力发展诗路研学、诗路康养、诗路文创，打造国家级、省级研学营地、研学基地、体验点、示范点，加快“游学合一”实现落地，把诗路文化带建设成为诗路经济带。（县文广旅体局、县委宣传部、县旅游集团）

15. 打造和合文化国际交流基地金名片。全面构建和合文化话语、标志、知行、标准、支撑五大体系，不断增强和合文化的包容性、影响力，推动和合文化走向海内外。深化和合文化国际化三年行动计划，积极创造条件参与国家级中外思想文化交流品牌、重大对外文化交流合作以及各类节展、推广等活动，畅通和合文化走出去渠道。完善提升国际传播与交流新模式，高水平高质量办好和合文化国际论坛，打造永久承办地，继续在海外设立和合文化研究会、海外工作驿站，最大限度发挥传播交流综合效应。加强文化和旅游对外交流，积极服务“一带一路”建设，探索推进沿线国家和城市在旅游宣传推广、旅游产品和线路开发等方面务实合作，打造“一带一路”旅游重要节点。运用系统集成的理念，策划和推出“天台印象”系列作品，充分发挥济公故居在两岸交流中的重要作用，办好中华济公文化节等系列特色节庆，讲好天台故事，不断增强知名度、美誉度。[县委宣传部、县文广旅体局、县委办（台办）、县旅游集团]

16. 推动文旅产业跨越式发展。依托本地资源，立足比较优势，推进文化产业数字化，打造以文化旅游业为支柱，以影视传媒业、文化创意业、文化会展业、文化养生业、文化工艺业、文化用品和装备制造业等六大产业为重点的独具天台特色的“1+6”产业体系。建设融合产业、文化、旅游、社区功能的和合文化传承发展示范区、时尚车品文创小镇、石梁云端养生基地、易筋经康养小镇、霞客文化体验度假区等文化产业发展平台，加快推进文化产业集聚、产业创新和产业升级。实施传统工艺振兴计划，建设天台山干漆夹苎技艺、“一根藤”等创意产品设计研发中心和产教融合实训基地。大力推进“百县千碗”工程，重点推出“百县千碗·和合天台”唐诗宴。（县委宣传部、县文广旅体局）

六、大力实施居民收入和中等收入群体双倍增计划，在协调收入分配改革上先行

17.实施中等收入群体规模倍增计划。健全扶持中等收入群体发展的政策体系和工作机制，激发技能人才、科研人员、小微创业者、高素质农民等重点群体增收潜力，依法保护合法收入，取缔非法收入，让更多普通劳动者通过自身努力进入中等收入群体。保障原有中等收入人群稳定增收，多措并举减轻中等收入家庭在教育、医疗、养老、育幼、住房等方面的支出压力，增强中等收入群体的自我认同感，强化中等收入群体的消费信心和心理预期，持续提升中等收入群体生活幸福感。完善党政机关、企事业单位和社会各方面人才顺畅流动的制度体系，规范招考选拔聘用制度，保障不同群体发展机会公平。提升中等收入群体综合素养，培育倡导文明新风尚、弘扬社会正能量的社会中坚力量。（县人力社保局、县发改局、县民政局、县委组织部）

18.推动实现更加充分更高质量就业。实施更加积极的就业政策，鼓励多渠道多形式就业，加快构建更高水平的公共就业服务体系，力争累计城镇新增就业3.75万人，城镇登记失业率控制在3.5%以下。充分发挥投资和产业带动就业效应，大力发展旅游、养老等生活性服务业，提高就业吸纳能力。完善促进创业带动就业、多渠道灵活就业的保障制度，探索完善快递小哥、外卖小哥、网约车司机等新业态从业人员劳动权益保障机制。创造公平就业环境，全面铺开劳动纠纷多元化解机制，加强应急联动和欠薪纠纷处置，持续推进“无欠薪天台”建设，探索具有天台特色的和合劳动关系。统筹推进城乡就业，做好下山移民后续就业帮扶工作，拓宽农民工就业创业渠道。完善大学毕业生、退役军人、农民工等重点群体就业支持体系，鼓励企业提供爱心岗位，加强就业困难人员培训、托底安置和帮扶，确保零就业家庭动态清零。（县人力社保局、县发改局、县退役军人事务局、县总工会）

19.实施居民收入十年倍增计划。深化收入分配制度改革，提高劳动报酬在初次分配中的比重，健全工资正常增长机制，不断优化收入结构，多渠道增加城乡居民收入，建立与经济发展相适应的最低工资标准调整机制，积极稳妥推行工资集体协商制度，推动居民收入与经济增长基本同步、劳动报酬与劳动生产率提高基本同步。全面拓宽城乡居民财产性收入渠道，规范发展财富管理行业，加快金融产品创新，为普通工薪阶层提供收益稳定、风险较小的投资品种，使拥有财产的工薪阶层有机会通过财产运营获取财产性收入。（县人力社保局、县发改局、县农业农村局、县总工会、县金融工作中心）

20.完善创新要素参与分配机制。加快探索知识、技术、管理、数据等要素价值的实现形式。积极对接技术交易市场3.0，开展企业关键技术“揭榜挂帅”活动，以企业需求倒逼科创平台能级提升。融入浙江省长三角科技成果交易体系，大力拓展与各类技术转移机构的合作深度与广度，推进科技成果转化为现实生产力。推进公共数据共享开放，提升社会数据资源价值。加强知识产权保护，构建知识产权数字化运营体系。积极发展科技金融，探索通过知识产权证券化等方式推动科技成果资本化。（县科技局、县经信局、县府办〈大数据局〉、县金融工作中心、县市场监管局）

21. 强化财政政策支持。加强财政资源统筹管理、财政预算绩效管理和中长期规划管理，提高县级财政对高质量发展建设共同富裕标杆县的中长期保障能力。坚持尽力而为、量力而行，坚持铁心过紧日子，进一步优化支出结构，持续增加民生投入力度，解决好民生“关键小事”，强化可持续的财力保障机制。创新完善乡镇财政体制，探索深化收入激励奖补，完善乡镇专项奖励办法。进一步完善土地出让金收支管理办法，优先支持乡村振兴，逐步提高用于农业土地开发和农村基础设施建设的比重。进一步落实好直达资金常态化管理制度，确保资金精准、高效直达惠企利民。（县财政局、县农业农村局）

22. 全面打造“善行天台”。传承弘扬和合文化和衷共济的精神内涵，加快慈善事业发展。建立健全回报社会的激励机制，实施“崇善行善、扶危济困”公益慈善先行计划，激励和引导高收入群体和企业家向上向善、关爱社会，兴办社会公益实体，参与公益慈善事业，落实和完善公益性捐资税收优惠政策，完善慈善褒奖制度。发扬“人人慈善”的现代慈善理念，大力弘扬慈善文化，畅通社会各方面参与慈善和社会救助渠道，开展“中华慈善日”等全民性慈善活动。推动发展“互联网＋慈善”，完善慈善组织监管制度，强化慈善信息公开，打造为民慈善、阳光慈善。（县民政局、县税务局、县慈善总会）

七、大力实施为民办实事计划，在公共服务优质共享上先行

23. 推进育儿友好型社会建设。多渠道降低生育、养育、教育成本，实施一对夫妻可以生育三个子女政策及配套措施，探索建立生育成本共担机制，加强生育妇女就业、工资待遇等权利保障，进一步完善落实生育保险制度。大力发展普惠托育服务体系，完善3岁以下婴儿照护服务政策制度和标准规范，就近托育服务覆盖城镇小区，乡镇（街道）婴幼儿照护服务机构基本全覆盖，支持幼儿园发展托幼一体化服务。实施学前教育发展三年行动计划，推动普惠性幼儿园扩容工程和农村幼儿园补短提升工程，深入实施“和合幼教”发展模式，全面建成覆盖城乡、布局合理、质量保证的学前教育公共服务体系，力争在全市率先创成全国学前教育普及普惠县。（县卫生健康局、县教育局、县委宣传部、县妇联）

24. 打响“学在天台”品牌。围绕“十四五”期间教育投入翻番目标，全域推行“教育大脑＋智慧学校”，迭代升级“互联网＋教育”，构建未来教育场景。推动新时代城乡义务教育共同体实现全覆盖，接续推进乡村名校建设，探索推行集团化办学，力争2022年创建成为全国义务教育优质均衡发展县，实现城乡孩子同标教育、一体成长。进一步减轻义务教育阶段学生作业负担，规范校外培训机构。推动普通高中多样化特色化发展，推动普职融通实现重大突破，建立健全普通高中与中职学校合作机制，实现中职毕业生升入高一级学校比例提升到50%以上。完善特殊教育、专门教育保障机制，提升教育品质，推进“融合教育”。加强与名校合作办学，打造始丰湖南岸义务教育靓丽风景线，推动老城区教育再添新动能。打造高水平终身学习型社会，提升基层社区学校、老年学校办学能力，健全“学分银行”制度，实现终身教育丰富便捷，满足人民

群众时时处处学习的需要。（县教育局、县残联）

25. 广泛提升劳动者职业技能水平。深入推进“技能天台”建设，实施新时代工匠培育工程和“金蓝领”职业技能提升行动，培育新时代工匠骨干队伍，全县技能人才总量达到6万人、高技能人才占比达到35%，开展职业技能培训5万人次、参加培训人员平均提升一个技能等级。实施技工教育提质增量计划，建成天台技师学院。完善技能人才培养、引进、评价、使用、激励机制，开展职业技能等级评审改革试点，提高技能人才政治、经济、社会待遇。有效运用全省智慧技能培训一体化平台，引导企业加强务工人员技能培训，统筹各类职业技能培训资金，合理安排就业补助资金，形成市场培训和政府补贴培训相结合的工作机制。加强对农村转移劳动力等重点群体和新业态新模式从业人员开展精准培训，加强“再就业”培训，全面提升劳动者就业创业能力。（县人力社保局、县委组织部、县教育局、县总工会）

26. 建设全民共享的“健康天台”。围绕“十四五”期间卫生投入翻番目标，大力推行“互联网+”医疗服务，建设全域联通的区域卫生健康信息云平台，完善“健康管家”等掌上服务应用，升级移动微诊室、健康集市等线上线下融合的一站式数字健康服务，打造可复制的健康数字化、医卫协同化、管理精细化的智慧健康服务新模式。健全卫生应急基地、疾病预防控制、医疗救治、物资储备和生物实验室安全等体系，推进疾病预防控制、卫生监督执法、分级诊疗和医保支付方式等体制机制改革，建设覆盖指挥决策、监测预警、实验室检测、流行病学调查、现场处置、医疗救治、资源调配和健康服务等的数字化治理平台，构建完善的突发公共卫生应急管理体系。着力完善“引、培、育”人才学科建设体系，加强本土人才制度化培育，进一步关心关爱医护人员，加快县级强院建设，多层次推进县乡学科差异化发展，加强跨区域项目合作，推进合作办医。加快推进中医院整体搬迁、人民医院医共体防控中心建设，全面落实新增政府办村卫生室建设任务，积极谋划推进乡镇卫生院迁建和财政保障力度。大力推进“中医名县”建设，加快中医药适宜技术推广，实现基层卫生院常态开展6类以上中医药适宜技术服务，全面提升基层中医药服务能力。加快家庭医生签约服务扩面提质，重点人群家庭医生签约覆盖率80%以上，配强县级全专科联合门诊力量，加强巡回指导、提高体检质量。积极开展结直肠癌、胃癌、肺功能等筛查，开展糖尿病家系调查、心血管疾病相关危险因素调查，推进重点疾病早筛早诊早治，持续开展老年人群的流感疫苗、肺炎疫苗接种免费服务，规范高血压、糖尿病“两慢病”管理，完善疾病预防与控制。加强重症精神障碍患者管理，建立县、乡、村三级社会心理服务平台，完善社会心理服务体系建设。（县卫生健康局、县发改局、县财政局、县医疗保障局、县文广旅体局、县残联）

27. 构建公平普惠的保障体系。坚持覆盖全民、统筹城乡、公平统一、可持续的基本原则，深化社保制度精准化结构性改革，动态关注适龄参保人员状况，大力提升推广网上办、掌上办，促进灵活就业人员、新业态从业人员参加社会保险，推动符合条件参保人员应保尽保，提高参保覆盖率。构建多层次、多支柱、可持续的养老保险体系，增加对低收入群体缴费补助，持续提高城乡居民基本养老金水平，鼓励发展商业性养老保险，促进养老保险基金长期平衡。规范执行全国统一的社保费率标准。完善城乡居民最低生活保障制度，实现低收入群体医疗政策性补充保险全覆盖，防止因病致贫、因病返贫。（县人力社保局、县医疗保障局、县财政局、县民政局、台州银保监分局天台监管组）

28. 构建幸福银龄服务体系。大力推进家庭养老支持政策，实施“养老机构跟着老人走”行动计划，大力发展健康养老新业态新模式，完善社区居家养老服务网络，办好老年食堂，探索设立家庭照护床位，发展普惠养老和互助养老，探索实施“公建民营”养老服务机构发展模式，加快建设居家社区机构相协调、医养相结合的养老服务体系。全面推进智慧养老，推广应用智慧技术，打造数字化养老服务场景。推进养老护理员教育培训，每万老年人口拥有持证养老护理员数提高至25人。探索建立长期护理保险制度，健全长期照护综合保障体系，探索解决失能失智人群护理难题，护理型床位占机构床位数的58%以上。全面建立以空巢、留守、失能、重残、计划生育特殊家庭老年人为主要对象的居家社区探访关爱制度，加大农村养老服务供给，健全农村留守老年人关爱服务体系。大力发展银发经济，建设老年友好型社会，丰富老年人精神文化活动，倡导养老孝老敬老，促进老有所乐。完善老年人优待制度，实现老年优待证全域通办通用。有效开发利用老年人力资源，促进老有所为。（县民政局、县人力社保局、县卫生健康局、县医疗保障局）

29. 构筑多层次多元化的住房保障体系。保持房地产市场平稳健康发展，持续加强对房地产市场的监管，积极防范化解房地产领域稳定风险。加快完善以公租房、保障性租赁住房和共有产权住房为主体的住房保障体系，坚持供需匹配，采取新建、改建、改造、租赁补贴和将政府的闲置住房用作保障性租赁住房等多种方式，切实增加供给，有效解决新市民、低收入困难群众等重点群体的住房问题。全面开展城乡房屋安全隐患排查整治，动态消除危房安全隐患。完善常态化长效治理改造机制，健全农村四类困难家庭基本住房安全保障机制。切实做好农房设计通用图集的更新、完善和推广工作，开展农村建筑工匠培训业务，探索形成具有地域特色的民居新范式。（县住建局、县发改局、县财政局、县自然资源局、县农业农村局）

30. 建立新时代社会救助体系。深化新时代社会救助综合改革，大力推进数字平台建设，切实推动社会救助精准高效。实施形式多样的帮扶行动计划，加强社会救助与社会保险、社会福利制度的衔接，健全以专项救助为重点、多元社会力量参与为补充的新时代社会大救助体系，推进各类救助政策综合集成。高水平开展贫困救助，健全统一的城乡低收入群体精准识别机制，推进实施“积极主动、精准高效”智慧救助先行计划，依托大救助信息系统，实现经济状况统一核对、救助对象精准认定、救助需求统一发布、救助绩效精准评估，确保“不落一人、不落一户”。进一步扩大社会救助覆盖人群，完善低收入群体救助帮扶和兜底保障机制，推进分层分类精准救助，确保老弱病残等特殊群体有基本保障。实现低保对象应保尽保，根据省市有关文件规定，做好低保标准调整工作，完善特困人员救助供养标准。进一步加大司法救助力度，拓展救助对象范围，实现应救尽救、应救即救。推进预防性、发展性救助服务体系建设，建立县级救助服务联合体，推进由物质型向“物质 + 服务”转型。实施人文关怀和社会救助幸福清单全覆盖行动计划，实现救助“一件事”惠民联办率 100%，救助家庭关爱率 100%，救助幸福清单问题联办解决率 100%。（县民政局、县残联、县妇联、县退役军人事务局、县人民法院、县人民检察院、县人力社保局）

八、大力实施城乡提能计划，在城乡统筹奔富上先行

31. 加快推动县域一体化发展。加快中心城区要素集聚、品质提升，加强城乡联动发展、特色发展，以更宽视野构建县域现代化城乡发展圈，深入推进空间规划一体化，部署建设覆盖县域的数字管理网络，健全完善“多规合一”国土空间规划体系，提高全县域资源统筹配置能力。建设现代公共服务体系，深入推进公共服务一体化，以标准化推动基本公共服务均等化，持续缩小城乡区域公共服务供给差距。推进基础设施一体化，推动城乡交通、供水、供电、通信、供气等基础设施统一规划、统一建设、统一管护。延伸交通运输服务覆盖面，推进城乡客运升级，提升城乡便捷出行和高效通勤水平，建设五纵八横的骨架路网体系，打造县内半小时交通圈。推动农村四好公路四大精品环线建设，争创国家“四好农村路”示范县。大力推进城乡水务一体化，实现城乡供水同标、同质、同服务。（县发改局、县自然资源局、县住建局、县交通运输局、县邮政管理局、县财政局〈国资办〉、县水务集团）

32. 推动以人为核心的新型城镇化。优化县域城镇化布局，深化城镇分工协作，发挥中心城区辐射带动作用，完善重点中心镇服务功能，带动毗邻地区、乡村地区发展，重塑新型城乡关系。全面推进新型智慧城市建设，高标准布局建设市政基础设施，加快推进下一代互联网建设，实现 5G 和千兆网络基站乡镇以上全覆盖，综合开发利用城市地下空间，提升城市地下空间感知能力和监测预警能力。深化城市综合治堵工程，推行数字治堵，健全“轨道 + 交通 + 慢行”绿色出行网络，推动职住更加平衡适宜、出行更加便捷舒适。推进以县城为重要载体的城镇化建设，推进空间布局、产业发展、基础设施等县域统筹，积极争取更多资源整合使用的自主权。积极参与“百镇样板、千镇美丽”工程，按照功能便民环境美、共享乐民生活美、兴业富民产业美、魅力亲民人文美、善治为民治理美的建设要求，统筹推进空间布局、生态保护、要素配置、产业发展、基础设施、公共服务、文化传承、社会治理等相互融合，探索由镇村到城、建设新型城市的新模式。（县住建局、县发改局、县自然资源局、县交通运输局、县公安局、县农业农村局、县财政局、县教育局）

33. 大力建设共同富裕现代化基本单元。全面推进以滨溪社区为代表的未来社区建设，积极探索“三化九场景”在天台的生动实践，迭代提升未来社区智慧服务平台。按照未来社区理念实施城市更新改造行动，加快推进城镇老旧小区改造，推动老旧小区“微更新”，打造多功能、复合型、亲民化社区精致生活场景。全域推进乡村新社区建设，实施“微改造”，推动农村基础设施、公共服务核心功能配套标准化建设。探索开展未来乡村建设试点工作，迭代升级未来邻里、现代产业、公共服务、乡村文化、绿色低碳、乡村善治等场景，建成一批引领服务品质生活体验、呈现未来元素、彰显江南韵味、体现天台文化特色的示范乡村。（县发改局、县农业农村局、县住建局、县文广旅体局）

34. 全面推进乡村振兴。加快农业农村现代化，推动农业全面升级、农村全面进步、农民全面发展，探索更具天台特色的乡村振兴新模式。全域实施新时代美丽乡村达标创建行动，开展诗画村落建设行动，优化村庄布局，打造推窗见绿、抬头赏景、起步闻香的美丽乡村，力争所有行政村实现新时代美丽乡村达标创建，创成省级新时代美丽乡村共同富裕示范带。积极探索数字赋能，加快推进乡村产业数字化、乡村治理数字化、便民服务数字化和乡村信息大数据化等，加快实现现代信息技术与农业农村的深度融合。全面落实藏粮于地、藏粮于技战略，大力发展粮食规模种植，提升粮食生猪综合生产能力。加强农业科技创新，加大农业龙头企业培育，高质量推进茶叶、中药材等农业主导产业发展，做大做强黄茶等特色优势农产品，打响“天台山云雾茶”“天台黄精”“天台乌药”等农产品品牌。大力发展乡村共享经济，加快畅通农产品流通体系，推动农村电商产业链升级。实施村级集体经济巩固提升、农户持续增收行动，打好飞地抱团、片区组团、农民持股组合拳，推动企业与集体经济组织、农户建立增收致富利益联结机制，实现集体经济年收入 20 万元以上且经营性收入 10 万元以上的行政村全覆盖，年经营性收入 50 万元以上的行政村占比达到 50% 以上。（县农业农村局、县委组织部、县委统战部、县供销社、县商务局）

35. 加快以要素为重点的乡村集成改革。深化“人地钱挂钩”激励性配套政策，构建“人钱挂钩、钱随人走”财政激励机制，完善“人地挂钩、以人量地”用地倾斜机制。大力推进农村转移人口市民化集成化改革，深化“三权到人（户）、权跟人（户）走”改革，加快农业转移人口市民化和外来人口本地化。科学有序实施“异地搬迁”工程，确保搬得下、稳得住、富得起。全面深化新型居住证制度，建立与居住证相挂钩的基本公共服务和便利提供机制，推进基本公共服务常住人口全覆盖，逐步实现流动人口随迁子女入学待遇同城化。积极探索农民权益价值实现机制，完善承包地“三权分置”制度，积极探索宅基地“三权分置”有效实现形式。实施产权改革深化行动，完善农村产权交易体系，实现县乡两级农村产权交易数字化平台应用全覆盖，高质量推进农村集体“数字三资”管理系统的运用，搞活农村集体产权权能。积极稳妥探索农房财产权更丰富的权能实现形式，推进闲置宅基地和闲置农房盘活利用。统筹整合涉农资金，健全涉农金融机构和涉农金融产品体系。探索建立农村集体经营性建设用地入市制度包，率先建立集体经营性建设用地入市增值收益分配机制，实现农村集体经营性建设用地与国有土地同等入市、同价同权。探索农业综合用地改革，全面推进乡村全域土地综合整治和生态修复建设。（县发改局、县农业农村局、县人民银行、县自然资源局）

36. 建立健全先富带后富的工作机制。实施新型富裕机制探索行动，打造新型帮共体示范区。加快打通城乡要素平等交换、双向流动的制度性通道，落实土地、资金、科技、文化等各类资源流动到乡村，落实土地、资金、贷款“三个不低于 10%”要素保障要求。健全村带户、企业带农村、单位结对帮扶等帮促机制，派强用好第一书记、农村工作指导员、科技特派员和驻村工作组，健全“两进两回”长效机制，完善社会资本、公益组织开放式共同帮促的激励机制。推广“后岸”共富模式，建立党建联盟引领共同富裕机制。持续加大低收入农户帮扶力度，深化落实“一户一策一干部”帮扶机制，对标“一同步二高于”目标，确保“两不愁三保障”突出问题动态清零。推动企业或社会团体定向招工，优先吸纳本地农民就业，鼓励农民就职本地农民专业合作社、开办家庭农场、兴办特色种植业和规模养殖业、从事农产品流通中介服务和经纪等活动。（县农业农村局、县发改局、县委组织部、县民政局、县科技局）

九、大力实施先进文化传承发展计划，在打造新时代文化高地上先行

37. 不断巩固团结奋斗的共同思想基础。深入实施铸魂工程，持续巩固深化“不忘初心、牢记使命”主题教育成果，优化中心组巡听旁听制度、重大决策前专题学习制度，打造学习宣传实践习近平新时代中国特色社会主义思想重要阵地。深入实施溯源工程，提升基础理论研究水平，系统构建理论溯源体系，加强理论研究成果转化平台建设。深入实施走心工程，健全党员领导干部理论学习、教育、宣讲体系，打造“青声代”新时代理论宣讲等一批具有影响力的基层宣讲品牌。实施传承红色基因薪火行动，持续开展党史、新中国史、改革开放史、社会主义发展史学习教育，提升爱国主义教育基地建设水平，构建天台红色精神谱系，守好“红色根脉”。（县委宣传部、县委组织部、县委党校、县委办〈党史研究室〉）

38. 传承弘扬优秀传统文化。加强优秀传统文化的创造性转化、创新性发展，深入挖掘和合文化、诗路文化、霞客文化、佛道文化等优势文化资源，推进天台山申报世界文化遗产，打造具有代表性的天台文化印记标识。加强文化遗产调查保护，系统梳理文化遗址遗迹，科学利用古建筑、碑刻、文献等资源，争取天台山摩崖石刻等列入国家级文保。加强非物质文化遗产保护，鼓励利用数字化等手段，推动非遗文化活态传承，讲好济公传说、刘阮传说、干漆夹苎技艺、天台山易筋经等国家非遗故事，争取“寒山拾得传说”列入国家非遗名录。加强文化研究，系统推进天台山文化基因解码工程，开展学术理论和实践应用类课题研究，推出一批有影响力的研究成果。深入实施和合文化“六进六创”活动，建设提升一批文化传承交流基地，加快创建天台山和合文化传承生态保护区。大力推进宗教中国化，积极引导宗教与社会主义社会相适应，重点推进古寺观修复建工程，办好浙江佛学院天台宗佛学院、浙江道教学院，争取世界天台宗大会、国际道教论坛在天台召开，打造佛道文化传承高地。（县委宣传部、县文广旅体局、县委统战部〈民宗局〉、县文联）

39. 全力创建全国文明城市。推动社会主义核心价值观深入人心，实施全民人文素养提升行动，深化婚丧礼俗、移风易俗整治，构建覆盖县乡村三级的新时代文明实践体系。深化群众性精神文明创建活动，大力推进文明单位、文明校园、文明家庭等创建，扎实推进新时代文明实践中心省级试点工作。倡导新时代文明生活方式，弘扬勤俭节约理念，广泛开展“反对浪费、崇尚节约”文明行动，建立“文明餐桌”指数定期测评机制，推动文明好习惯养成。推进公民道德建设，加强家庭家教家风建设，深化“育新人”德育，开展最美天台人、见义勇为英雄等系列评选表彰，建立完善关爱礼遇机制。建立完善志愿服务体系，健全志愿服务组织，引导社会公众参与文明建设，形成志愿服务政府＋社会“双轨道”运转机制，试行《天台县志愿者全生命周期管理办法》，打响“温暖有约”志愿服务精神帮扶品牌。（县委宣传部、县总工会、团县委、县妇联）

40. 完善公共文化服务体系。深入实施新时代文艺精品创优工程，加强重大主题作品创作的组织规划。深入实施“文体设施提升”计划，构建覆盖城乡、惠及全民的县乡村三级公共文体设施网络，推进博物馆、艺术馆、县文化艺术中心等文化场馆建设，全面建设乡镇（街道）综合文化站、农村文化礼堂。深入实施“文化品牌提升”计划，加强文化服务力度，创新文化走亲等文化惠民活动品牌，提高城乡基本公共文化服务均等化水平，创新公共文化服务供给机制，实施高质量公共文化服务标准。推进媒体深度融合改革，提高现代传播能力，打造影响力大、竞争力强的新型主流传播平台，构建精准触达的现代传播体系。（县委宣传部、县文联、县文广旅体局、县住建局、县传媒中心）

十、大力实施美丽天台育富计划，在生态文明建设上先行

41. 全力打好生态环境巩固提升持久战。以“不容一点瑕疵”的环保理念，一体推进蓝天、碧水、净土、清废“四大行动”，确保生态环境质量稳居全省前列。全面建立污染排放源清单，实现细颗粒物和臭氧的“双控双减”，创建“清新空气示范区”。持续开展“五水共治”碧水行动，推进天台综合立体水网建设，迭代升级河（湖）长制，全面落实“水十条”重点任务，开展美丽河湖建设和河湖水系综合整治，加强重要湖泊湿地生态保护治理，全面建成污水零直排区，保持地表水Ⅲ类以上，交接断面水质达标率100%。开展净土清废行动，推进无废城市建设试点，统筹“五废共治”，推动生活垃圾、建筑垃圾、农业废弃物等资源化利用，加强固体废物智能化、闭环式监管，科学治理新污染物，严格落实禁塑限塑制度，全面推动“垃圾分类+资源回收”两网融合，创建首批省级“无废城市”。（市生态环境局天台分局、县自然资源局、县水利局、县住建局、县行政执法局）

42. 构建山水林田湖生命共同体。实施以“三线一单”为核心的生态环境分区管控体系，严格落实生态保护红线、环境质量底线、资源利用上线，推进环境治理数字化转型，提高生态环境智能化监管水平，切实筑牢生态环境保护屏障。坚持最严格的耕地保护制度和最严格的节约用地制度，遏制耕地“非农化”、严格管控“非粮化”。统筹推进山林河湖整体保护和生态修复，实施系列生态系统修复重大工程，整合优化自然保护地，加强水系连通建设和湿地保护修复，推进城区岸线生态化改造，综合治理河湖水系，守护小微水体，创建一批省级森林康养基地、森林人家，修复一批森林古道，推进国家级森林城市创建和全国森林康养基地试点县建设，整治一批农村水系，推进国家级水系连通及水美乡村建设试点县建设。开展县域生物多样性保护基础调查，以濒危物种、特色动植物为重点，加强森林和流域生物多样性保护。严密防控生态环境风险，加强对重点区域、重点行业和产业布局的规划环评。（市生态环境局天台分局、县自然资源局）

43. 高标准实施碳达峰行动。制定实施碳达峰碳中和行动方案，综合运用相关政策工具和手段措施，统筹推动经济社会全面绿色低碳转型。加快推进能源消费总量和强度“双控”，优化调整能源结构，大力发展清洁能源，探索碳排放和大气污染物协同控制机制。深度调整产业结构，大力发展低碳高效行业，构建绿色制造体系，加快推进重点行业和重要领域绿色化改造，开展绿色工业园区、绿色工厂建设和“零碳”体系试点，构建绿色产业链，推动建筑、交通、农业领域绿色低碳发展。引导企业建立制造全生命周期绿色管理制度，推进绿色生产技术创新，积极开发绿色产品。大力开展绿色生活创建行动，倡导绿色消费、低碳生活，广泛形成绿色生活新风尚。（县发改局、市生态环境局天台分局、县经信局、县科技局、县交通运输局、县住建局、县农业农村局、县市场监管局）

44. 完善县域生态产品价值实现机制。深入开展生态产品价值实现机制试点，争创“绿水青山就是金山银山”实践创新基地。探索建立具有天台特点的常态化 GEP 核算和考核机制，完善 GEP 核算应用体系建设，推动 GDP 和 GEP 双核算、双评估、双增长，建立绿色发展财政奖补机制。探索建立数字化和绿色发展相融合的生态产品转化平台和市场交易体系，推动实施生态产品与用水权、用能权、排污权、碳排放权等环境权益的市场化交易。加快推进“两山银行”建设，培育发展“两山公司”等市场主体，探索生态产品抵押贷款、绿色金融债券发行，建立绿色资产证券化机制和生态基金池。（县发改局、市生态环境局天台分局、县财政局、县自然资源局、县水利局、县统计局、县人民银行、台州银保监分局天台监管组）

十一、大力实施社会治理创新发展计划，在县域治理现代化上先行

45. 建立以和合智治为核心的城乡基层治理体系。全面推进“县乡一体、条抓块统”县域整体智治改革，注重将数字技术、和合文化融入基层治理各方面、全过程，迭代升级“一中心四平台一网格”县域社会治理体系，完善“平安片区长”制，全面增强基层治理能力和服务群众的能力。创新发展新时代“枫桥经验”，完善领导干部接访下访制度，健全和合信访工作机制，深化矛盾纠纷“最多跑一地”改革，优化和合调处，发挥和合调解团等基层治理典型作用，把各类矛盾纠纷化解在萌芽、吸附在当地。注重发挥和合文化以文化人、成风化俗的作用，推进和合家庭、和合乡村等和合细胞创建，推动和合议事、和合成事。完善基层民主协商制度，推进民主法治村（社区）示范创建工作，深化民主决策“五步法”等机制，形成“和合善治同心圆”，全县50%以上的社区（村）达到“善治社区（村）”目标。持续深化党群服务中心（村级组织活动场所）建设提升行动，建强基层执政阵地。（县委组织部、县纪委县监委、县委政法委、县委改革办、县民政局、县农业农村局、县信访局）

46. 打造法治中国示范区天台样本。加强规范性文件备案审查工作，推进党的规范性文件备案审查全覆盖，实施行政决策能力提升工程。深入推进“大综合、一体化”行政执法改革，加强县乡两级全覆盖的行政执法协调监督工作体系建设，加快构建全覆盖的政府监管体系和全闭环的行政执法体系。加强智能法院建设，为切实解决执行难提供天台经验。加强数字检察建设，在数字赋能法律监督上率先突破。加快构建规范高效司法监督体系，加强司法权运行统筹协调，健全执法司法机关之间工作衔接机制，发挥行政争议调解中心作用，构建提升司法质量、效率和公信力。加快构建依法治网体系。深入推进法治社会建设，加快基层社会治理法治化建设，加快建成普惠均等、便捷高效、智能精准的公共法律服务体系，构建社会“大普法”格局。加强“信用天台”建设，深入实施信用工程，积极探索“信用+”应用场景，深化利企“一件事”集成改革，全力打造一流法治化营商环境。[县委依法治县办、县委政法委、县纪委县监委、县人大监察和司法工委、县发改局、县行政执法局、县委宣传部（网信办）、县人民法院、县人民检察院、县司法局]

47. 高水平建设平安中国示范县。把保护人民生命安全摆在首位，完善风险“监测、预警、处置、反馈”闭环管控大平安机制，有效防范化解重大风险挑战。建立消防、道路交通、危险化学品、食品、药品、生态环境和金融等全链条精准化的行业监管体系，建立完善“遏重大”工作机制，坚决遏制重特大安全生产事故。健全立体化、法治化、专业化、智能化的社会治安防控体系，健全“精密智巡”机制，推动扫黑除恶常态化，严厉打击各类违法犯罪活动。全面加强经济安全，坚决守住不发生区域性经济金融风险的底线，强化粮食、能源、资源安全保障。加快构建“大安全、大应急、大减灾”体系，完善自然灾害特别是台风洪涝灾害的科学防治体系，建立健全城乡防灾减灾体系，加强应急处置能力建设，发展社会救助力量，推广巨灾保险。构建网络综合治理体系，实施网络生态“瞭望哨”工程，推进网络空间社会共治。（县委政法委、县委宣传部〈网信办〉、县应急管理局、县发改局、县公安局、县人民检察院）

十二、构建高质量发展建设共同富裕标杆县的保障措施和推进机制

48. 坚持和加强党的全面领导。落实新时代党的建设总要求，以政治建设为统领，切实增强“四个意识”、坚定“四个自信”、做到“两个维护”，深化领导班子政治建设，不断提高政治判断力、政治领悟力、政治执行力。建立健全党总揽全局、协调各方的全面领导制度体系，完善“不忘初心、牢记使命”长效机制，落实“七张问题清单”亮晒整改机制，把党的领导贯穿推动共同富裕的全过程、各领域、各环节。（县委办、县委组织部）

49. 打造过硬基层组织。全面贯彻新时代党的组织路线，深入实施“十乡晋位、百村过硬”

工程，健全落实抓乡促村、包乡走村等制度，建设“和合好班子”“和合好搭档”。统筹推进机关、国有企业、学校、医院、两新组织等各领域基层党建，大力推动城市基层党建深化提质，充分发挥基层党组织战斗堡垒作用和党员先锋模范作用。从严抓好党员发展教育管理，深化流动党员“双重管理、双向服务”模式，保持党员队伍的先进性和纯洁性。加强干部队伍建设，提升领导干部领导推进现代化建设和共同富裕的能力，弘扬“三牛”精神，锻造唯实惟先、能谋善战的天台铁军。（县委办、县委组织部）

50. 深入推进清廉天台建设。坚定不移全面从严治党，按照“严硬清”要求，推动主体责任和监督责任同向发力，统筹推进重点清廉单元建设，打造清廉文化高地，营造风清气正的政治生态。深入贯彻落实中央八项规定及其实施细则精神，持之以恒正风肃纪反腐，一体推进不敢腐、不能腐、不想腐，以好作风保障高质量发展。健全大监督工作格局，完善纪律、监察、派驻、巡察“四项监督”统筹衔接制度，强化纪检监察与组织、司法、财会、审计、统计、群众等监督的贯通协同，构建权责透明、权责统一的体制机制。大力推动监督向基层延伸，全面提升基层监督能力，持续整治群众身边的腐败问题和不正之风，更高水平更高质量建设清廉村居，保障各项惠民富民、促进共同富裕政策有效落实。正确运用“四种形态”，落实“三个区分开来”，精准实施容错免责，常态化开展澄清正名，严查诬告陷害行为，最大限度激发保护党员干部干事创业热情。（县委办、县纪委县监委、县人民检察院、县委组织部〈县直工委〉）

51. 全面推进数字化改革。以数字化驱动制度重塑，在共同富裕场景下重塑政府、社会、企业和个人的关系，率先形成与数字变革时代相适应的生产方式、生活方式、治理方式，建设一体化、智能化公共数据平台，争取形成创新性、突破性成果。推进党政机关整体智治综合应用建设，构建全局一屏掌控、政令一键智达、执行一贯到底、服务一网通办、监督一览无余的数字化协同工作场景，建设整体智治、高效协同的现代化党政机关。推进数字政府综合应用建设，加快建设整体高效的政府运行体系、优质便捷的普惠服务体系、公平公正的执法监管体系和全域智慧的协同治理体系，全面建成“掌上办事之县”“掌上办公之县”“掌上治理之县”。推进数字经济综合应用建设，以“产业大脑 + 未来工厂”为核心业务场景，推动全要素、全产业链、全价值链全面连接，推动资源要素有效配置和产业发展高效协同。推进数字社会综合应用建设，以“城市大脑 + 未来社区”为核心业务场景，实现社会空间数字化、社会服务共享化、社会政策精准化。推进数字法治综合应用建设，全面提升立法、执法、司法、普法的科学性、高效性、整体性。构建数字化改革理论体系和制度规范体系，探索形成具有天台特色的数字治理体制机制。（县委改革办、县府办〈大数据局〉、县经信局、县发改局、县委政法委、县委宣传部〈网信办〉）

52. 建立健全抓落实机制。县委成立社会建设委员会，下设办公室。县委、县政府建立高质量发展建设共同富裕标杆县领导小组，县委主要领导任组长，领导小组办公室设在县发改局。建立健全清单化推进机制，制定重点任务清单、突破性抓手清单、重大改革清单，明确任务责任，实行闭环管理。建立健全大成集智机制，搭建多层次智库平台，聘任县委智库顾问，为推动共同富裕标杆县建设提供智力支持。各乡镇（街道）、各部门要增强主体责任意识，扛起使命担当，压实工作责任，形成系统集成、精准施策、一抓到底的工作体系。（县发改局、县委改革办）

53. 建立政策制度保障机制。按照共同富裕导向，构建相应的公共服务、社会保障、金融、土地等政策制度，形成以发展型政策为根本、以兜底型救助型政策为保障的共同富裕政策框架。聚焦重点领域，积极配合中央、省委、市委和上级有关部门制定出台若干专项领域的政策文件，研究出台县级相关配套政策。（县发改局、县委改革办、县人大监察和司法工委、县司法局）

54. 建立争先创优机制。立足自身优势，积极向上争取改革试点，努力在城乡一体化、美丽乡村建设、公共服务均等化、生态产品价值实现等方面先行先试，打造共同富裕最佳实践，以点带面推进整体突破。建立最佳实践总结推广机制，及时总结普遍性经验，形成标准体系，形成一批可复制可推广的成功经验。（县发改局、县委改革办、县委组织部、县纪委县监委）

55. 建立共同富裕评价考核机制。依据省市构建的高质量发展建设共同富裕示范区评价体系和目标指标体系，加强监测分析和贯彻落实。将推动共同富裕有关目标要求纳入党政领导班子和领导干部综合绩效考核，提高考核工作质量。建立定期督查机制，创新完善督查方式，完善问题反馈整改机制。（县发改局、县委改革办、县委组织部、县统计局）

56. 凝聚全社会共同奋斗共同富裕的强大力量。坚持群众主体，旗帜鲜明地鼓励勤劳致富、率先致富，旗帜鲜明地鼓励先富带后富、先富帮后富，激发实现共同富裕的内生动力。充分发挥人大、政协、工会、共青团、妇联、民主党派、工商联等各类组织作用，最大程度凝聚全社会推进共同富裕的共识和力量。加强共同富裕政策解读和宣传引导，充分激发全体人民促进共同富裕的积极性、主动性、创造性，让每一个人都成为共同富裕的直接参与者、积极贡献者、共同受益者，依靠全体人民的共同奋斗和团结互助，走好共建共治共享的共同富裕之路。（县委宣传部、县委统战部、县人大办、县政协办、县总工会、团县委、县妇联、县工商联）

附件：高质量发展建设共同富裕标杆县目标指标

附件：

高质量发展建设共同富裕标杆县目标指标

类别	序号	指 标	2022 年	2025 年	指标属性	责任单位
在民营经济高质量发展上先行	1	人均生产总值[1]（万元）	8	11	评价指标	县发改局
	2	居民人均可支配收入（元）	45000	61000	评价指标	县发改局 县人力社保局 县农业农村局
	3	民营企业数量（万家）	2.8	3.4	评价指标	县行政审批局
		民营企业营业收入增速[2]（%）	高于省均	高于省均	观察指标	县发改局 县经信局 县住建局 县商务局
	4	小微企业贷款余额占全部贷款余额比重（%）	18	20	评价指标	县人民银行
	5*	上市企业数（家）	11	16	评价指标	县金融工作中心
在做强现代产业上先行	6*	规上工业产值（亿元）	290	400	评价指标	县经信局
	7*	数字经济核心产业增加值（亿元）	5.8	10	评价指标	县经信局
	8	全员劳动生产率（万元 / 人）	13.4	16	评价指标	县发改局 县经信局 县农业农村局
	9	R&D 经费支出与 GDP 比重（%）	2.2	2.6	评价指标	县科技局
	10	数字经济核心产业增加值占 GDP 比重（%）	2	2.5	评价指标	县经信局
	11	高技术制造业增加值占规上工业比重（%）	17	20	评价指标	县经信局
	12	单位 GDP 能耗（吨标准煤 / 万元）	完成上级下达目标	完成上级下达目标	评价指标	县发改局
	13	单位 GDP 碳排放（吨 / 万元）	完成上级下达目标	完成上级下达目标	评价指标	市生态环境局天台分局
	14	单位 GDP 建设用地使用面积（平方米 / 万元）	28.11	20.96	评价指标	县自然资源局
	15	规上工业亩均税收（万元）	22	30	评价指标	县经信局
在畅通内外循环聚富上先行	16	居民人均消费支出（元）	26668	33594	评价指标	县商务局 县发改局
	17	恩格尔系数	稳步下降		观察指标	—
	18	社会消费品零售总额（亿元）	155	200	评价指标	县商务局
	19	外贸出口额（亿元）	65	80	评价指标	县商务局
	20	实际利用外资额（万美元）	2000	3000	评价指标	县投资促进中心

续表

类别	序号	指　标	2022 年	2025 年	指标属性	责任单位
在诗路文化带建设上先行	21*	旅游总收入（亿元）	30	46	评价指标	县文广旅体局
	22*	过夜游客量增长（%）	15%	15%	评价指标	县文广旅体局
	23*	游客总人数增长（%）	15%	15%	评价指标	县文广旅体局
在协调收入分配改革上先行	24	居民人均可支配收入与人均 GDP 之比	≥ 0.63	≥ 0.63	评价指标	县发改局 县人力社保局 县农业农村局
	25	劳动报酬占 GDP 比重（%）	50.88	51	评价指标	县人力社保局
	26	家庭可支配收入（按三口之家计算）：10 万～50 万元的群体比例（%）	58.2	70	评价指标	县人力社保局 县发改局 县农业农村局
		家庭可支配收入（按三口之家计算）：20-60 万元的群体比例（%）	29.4	45	评价指标	
	27	基尼系数	维持在合理区间		观察指标	—
	28	新增城镇就业人数（人）	7500	7500	评价指标	县人力社保局
在公共服务优质共享上先行	29*	教育投入（亿元）	18.9	25.1	评价指标	县教育局
	30	每千人口拥有婴幼儿照护设施托位数（个）	3	4.5	评价指标	县卫生健康局 县教育局 县市场监管局
	31	普惠性幼儿园在园幼儿占比（%）	≥ 90	≥ 90	评价指标	县教育局
	32	儿童平均预期受教育年限（年）	15.2	15.5	评价指标	县教育局
	33	高等教育毛入学率（%）	64	≥ 70	评价指标	县教育局
	34	技能人才占从业人员比例（%）	30.5	35	评价指标	县人力社保局
	35	每万老年人口拥有持证养老护理员数（人）	20	25	评价指标	县民政局
	36	人均预期寿命（岁）	81.8	82.3	评价指标	县卫生健康局
	37	每千人口拥有执业（助理）医师数（人）	4.05	4.10	评价指标	县卫生健康局
	38	最低生活保障标准（元）	11000	13000	评价指标	县民政局
	39	城镇住房保障受益覆盖率（%）	22.8	23	评价指标	县建设局
	40	公众食品安全满意度（%）	稳步提升		观察指标	县市场监管局
		公众药品安全满意度（%）	稳步提升			
	41*	卫生投入（亿元）	2.8	12.4	评价指标	县卫生健康局
	42	个人卫生支出占卫生总费用比例（%）	逐步下降		观察指标	县卫生健康局 县医疗保障局
	43	民生支出占一般公共预算支出占比（%）	75	75	观察指标	县财政局
	44	房价与居民人均可支配收入之比	逐步下降		观察指标	县建设局
	45	高峰时段公共汽电车平均营运时速（公里 / 小时）	19	21	观察指标	县交通运输局

续表

类别	序号	指 标	2022 年	2025 年	指标属性	责任单位
在城乡统筹奔富上先行	46	城乡居民收入倍差	1.92	≤1.9	评价指标	县发改局 县农业农村局
	47	常住人口城镇化率(%)	64.5	67.5	评价指标	县住建局 县发改局
	48	居民人均可支配收入与全市平均之比	0.77	0.78	评价指标	县发改局 县人力社保局 县农业农村局
	49	3 个“1 小时交通圈”人口覆盖率(%)	100	100	评价指标	县交通运输局
	50	城乡公交一体化率(%)	100	100	评价指标	县交通运输局
在打造新时代文化高地上先行	51	每万人拥有公共文化设施面积(平方米)	3740	4360	评价指标	县委宣传部 县文广旅体局
	52	文明好习惯养成实现率(%)	83	≥90	评价指标	县委宣传部
	53	居民综合阅读率(%)	91.3	93	评价指标	县委宣传部
	54	社会诚信度(%)	95	96	评价指标	县委宣传部
	55	人均文化娱乐消费支出占比(%)	9.3	15	评价指标	县委宣传部 县文广旅体局
	56	人均体育场地面积(平方米)	2.70	3	评价指标	县体育事业发展中心
	57	国民体质合格率(%)	94.2	≥95	评价指标	县体育事业展中心 县卫生健康局
在生态文明建设上先行	58	生活垃圾分类覆盖面(%)	100	100	评价指标	县行政执法局 县农业农村局
	59	PM2.5 平均浓度(微克/米^3)	完成上级下达目标	完成上级下达目标	评价指标	市生态环境局天台分局
	60	地表水达到或好于III类水体比例(%)	100	100	评价指标	市生态环境局天台分局
	61	县级以上城市公园绿地服务半径覆盖率(%)	85.2	90	评价指标	县住建局 县行政执法局
在县域治理现代化上先行	62	亿元生产总值生产安全事故死亡率(人/亿元)	0.016	0.01	评价指标	县应急管理局
	63	万人成讼率(件/万人)	≤90	≤80	评价指标	县人民法院
	64	律师万人比(人/万人)	2.5	3.0	评价指标	县司法局
	65	群众获得感幸福感安全感满意率(%)	稳步提升		评价指标	—
	66	整体智治实现率(%)	稳步提升		观察指标	县委改革办

1 按照第七次人口普查数据。
2 统计口径按照“四上”，指规模以上工业、有资质的建筑业和有开发经营活动的全部房地产开发经营业、限额以上批发零售业和住宿餐饮业、规模以上服务业。

注：* 号指标为我县增加的个性化指标

中共天台县委办公室　天台县人民政府办公室关于印发《天台县2021年“深化三服务 对标勇争先”攻坚比拼机制实施方案》的通知

天县委办通〔2021〕17号

各乡镇党委、政府，各街道党工委、办事处，县直属各单位：

为深入贯彻落实县党代会、县委经济工作会议暨“深化三服务对标勇争先”大讨论动员会工作部署，助推项目拔钉破难，持续推动全县投资增速稳定增长，决定在全县开展2021年项目攻坚行动，特制定项目攻坚比拼机制实施方案。

一、工作目标

按照“项目清单化、任务节点化、攻坚团队化、奖惩精准化”要求，倒排倒逼，挂图作战，以季为周期，以周为节点，全年破解难点堵点500个以上，推进滞后项目100个以上。

二、工作机构

项目攻坚比拼机制采取专班化运作，由县发改局牵头，会同县经信局、县财政局、县自然资源规划局、县住建局、县统计局、县行政审批局、县投资促进中心等单位组建项目全生命周期服务机制工作专班，围绕通堵破难四项机制，坚持“每周跟踪，每月督评，每季排名”，定期会商调度，强化全过程督考。

三、工作机制

（一）实行打擂比拼机制。以半月为节点，细化攻坚方案，开展每季攻坚擂台赛活动，在县行政中心门厅设立“擂台榜”，每两周晾晒各单位攻坚进度和节点完成率，对推进较好项目亮“绿灯”，对推进滞后项目亮“红灯”。在季度综合督评会上，评选最佳攻坚团队，对年度攻坚行动中涌现出的先进单位进行表彰；节点完成率排名末位的单位主要领导坐黄牌席并公开表态承诺。同时，开辟“通堵、破难”宣传专栏，县级新闻媒体全方位跟踪报道，聚焦关键节点，第一时间宣传典型、曝光后进，造浓抢干快干、争先进位、决战决胜的攻坚氛围。

（二）实行考核量化机制。按照“多做多得分、少做少得分、不做慢做倒扣分”的原则，设立攻坚专项考核，从节点、目标、督查三个维度赋分评价，得分与各单位全年考核评优捆绑。节点，考核攻坚过程，每季按攻坚节点完成率排名评价，分乡镇（街道）和部门排名，每组完成率排名末位的扣分，连续2次及以上排名末位的，翻倍扣分。目标，考核攻坚结果，按项目个数分类分档设置单位基准分，拉大基本分区间，完成的加设定分值，未完成的扣设定分值。督查，考核攻坚成效真实性，对虚报进度的单位进行扣分。（具体考核办法另行发文）

（三）实行奖惩问责机制。成立联合督查组，每月跟踪问效，亮牌警示；每季实地督查，挂牌销号；每季综合督评，晾晒实绩。同时，树立更加鲜明的选人用人导向，县委组织部全程开展专项调研，在破难攻坚一线考察识别干部，将攻坚成效作为干部年度考核、提拔使用时的重要依据；加大执纪问责力度，对攻坚不力、推进滞后、弄虚作假的，由县纪委县监委约谈责任单位主要领导和相关工作人员，以“不落实之事”倒查“不落实之人”。

（四）实行协同破难机制。坚持四套班子领导联系机制，县领导坐镇一线、靠前指挥。各单位“一把手”扛起总责、冲在一线。攻坚团队各司其职、聚力破难。项目牵头单位统筹协调，把重点目标分解到周、进度安排到日、责任落实到人，对标对表，跑表计时，以超常规举措清障通堵。配合单位捆绑攻坚，靠前服务，做到问题协调“事不过夜”，工作协同“事不避难”。县自然资源规划局、县供电公司等部门主动担当、全力提供要素支持；县委政法委、县公安局等部门强化保障，确保平安稳定。

四、工作要求

请攻坚任务节点落实单位在每月的14日、29日上午11时前，将节点完成情况反馈至邮箱ttxzdb@163.com，节点反馈的及时率、真实率将计入考核。

附件：天台县2021年每季攻坚比拼项目清单

中共天台县委办公室

天台县人民政府办公室

2021年4月7日

附件：

天台县2021年每季攻坚比拼项目清单

序号	项目名称	本轮擂台赛核心任务	3月1日—15日攻坚任务	3月16日—31日攻坚任务	4月1日—15日攻坚任务	4月16日—30日攻坚任务	5月1日—15日攻坚任务	5月16日—31日攻坚任务	6月1日—15日攻坚任务	6月15日—30日攻坚任务	节点落实单位	项目责任单位
一、政策处理类（共25个项目，121个攻坚任务）												
1	天台赭溪文化创意中心项目	完成政策处理	—	—	—	完成政策处理（完成拆除）	—	—	—	—	赤城街道	赤城街道
2	天桐路—寒山路夹角区块	完成政策处理	—	完成明丰经联社120亩土地款发放；完成协议签订	完成烟草公司政策处理；权证注销	完成畜产品公司、明丰三队集体房屋政策处理；权证注销	地表附着物拆除	建筑物拆除	—	—	赤城街道	赤城街道
3	天台县百花路东延西拓项目	禾丰橡胶厂拆除	—	—	—	签订征迁协议	—	完成腾空，权证注销	—	完成禾丰橡胶厂拆除	赤城街道	县住建局 赤城街道
			—	—	—	西拓 完成桩基施工	—	—	西拓完成南侧路基及桥梁盖梁施工	西拓完成桥梁主体施工	县住建局	
4	技师学院项目	完成农转用报批	—	完成安置区的选址	完成征收补偿安置方案报县审批；启动土地征收及房屋拆迁工作	完成村民代表大会征迁协议签订	完成房屋丈量评估；完成地户核对	完成房屋协议签订；完成征地协议签订	完成农转用组件；完成全部坟墓的搬移工作	—	始丰街道	县教育局 经济开发区 县人力社保局 始丰街道
5	天台新城精品家居产业园项目	完成周边区块征迁协议签订和前期征迁补偿款发放	—	建立一户一档基础资料库；完成家居市场90亩土地的规划调整	完成征收补偿费用5250万元足额到位、专户存储、专款专用	完成集体土地4164万元征收补偿款、坟墓迁移费发放到村	完成对被征收房屋的丈量、评估结果进行公示	—	签订房屋补偿安置协议；进行被征收区块房屋拆除单位招投标	完成被征收区块房屋拆除	始丰街道	始丰街道
6	天台县粮油物资应急储备中心项目	完成施工图设计及审批；完成政策处理	完成 锯板厂迁移	完成 地上附着物评估	完成沙场迁移	完成 临时围墙招标	完成西洞10千伏T463线砖瓦厂支线强电迁移	完成坟墓迁移	完成轮窑厂的股份纠纷处置；完成自留地遗留问题处置	完成清表、临时围墙合拢	始丰街道	县商务局 始丰街道
			完成 施工图设计	完成 施工图审查	完成预算编制	完成预算审核	发布工程施工和监理招标公告	完成工程施工和监理招标	完成招标公示并签订施工合同；办理工程施工许可证	开工建设	县商务局	
7	玉湖拆迁B1-B5区块105亩	出具补偿安置告知书，补偿安置决定书	—	组织召开听证会、组织召开评议会。	出具补偿安置告知书，补偿安置决定书	—	—	—	—	—	始丰街道	始丰街道
8	孵化园二期项目	完成项目政策处理遗留问题	—	完成遗漏地上附着物评估	完成遗漏地上附着物支付	—	完成遗漏土地款支付	—	—	临时围墙合拢	始丰街道	始丰街道

续表

序号	项目名称	本轮擂台赛核心任务	3月1日—15日攻坚任务	3月16日—31日攻坚任务	4月1日—15日攻坚任务	4月16日—30日攻坚任务	5月1日—15日攻坚任务	5月16日—31日攻坚任务	6月1日—15日攻坚任务	6月15日—30日攻坚任务	节点落实单位	项目责任单位
9	福溪街道拾得路以北（水南）区块改造二期项目（H、I安置区块）	完成政策处理遗留1户拆除	—	—	—	—	—	完成政策处理遗留1户拆除	—	—	福溪街道	福溪街道
10	福溪街道拾得路以北（水南）区块改造三期项目（S安置区块）	完成政策处理遗留1户拆除	—	—	—	完成政策处理遗留1户拆除	—	—	—	—	福溪街道	福溪街道
11	杭绍台高铁福溪安置区下车区块	完成安置区平整并开工建设	完成安置区规划公示	完成征迁协议签订	完成安置区安置方案；规划送自规局报批	完成规划审批，完成土石方平衡方案设计	完成安置区地基分配、宅基地审批	完成安置区平整	开工建设	—	福溪街道	福溪街道
12	杭绍台高铁福溪安置区友谊区块	完成安置区平整并开工建设	—	完成征迁协议签订	完成安置区规划公示	—	完成规划报批，完成土石方平衡方案招投标	完成安置区地基分配、宅基地审批	完成安置区平整	开工建设	福溪街道	福溪街道
13	数字经济产业园	规划设计方案定稿	—	—	—	—	—	完成3000万元土地征收费用发放	完成水域占补方案	完成城市设计方案定稿	平桥镇	县经信局 平桥镇
14	天台县圣爱安养院	完成坟墓迁移开工建设	完成供地材料报送；进行供地公示	完成土地划拨决定书和施工许可证办理	完成坟墓迁移；开工建设	—	—	—	完成基础工程	—	白鹤镇	白鹤镇
15	天台县天然气门站项目	完成土地政策处理	完成征地协议签订	完成土地丈量	完成土地面积公示校对工作	完成土地款拨付	完成农转用组件	—	—	—	白鹤镇	住建局 白鹤镇
16	中德产业园TSF08-0807-3地块	完成土地政策处理	确定征迁方案	—	召开村民代表会议	完成协议签订	—	完成土地丈量及地上附着物评估	—	完成土地款发放	白鹤镇	白鹤镇
17	白鹤镇天宫至上白岩通村道路工程	完成政策处理，加快推进建设	完成上宝相段地上附着物评估	完成上宝相段政策处理、完成上白岩至护国寺段清表	完成上宝相段坟墓搬迁（1穴），完成上白岩至安养院路段路基施工	完成上白岩至安养院段干砌挡土墙工程	完成安养院至下宝相段路基填筑	完成4座桥梁基础扩大工程	完成下宝相至张家岙60省道口段路基填筑	完成上白岩至安养院段浆砌片石护面墙工程	白鹤镇	白鹤镇 县山海协作管委会
18	永贵公司轨道交通与连接器产业园项目	完成农转用组件上报	—	完成13户地上附着物评估报告等	—	—	—	完成13户补偿款发放	—	完成农转用组件资料整理并上报	白鹤镇	白鹤镇
19	年产10000台套机械零部件制造项目	完成农转用组件上报	—	完成8户地上附着物评估报告等	—	—	—	完成8户补偿款发放	完成农转用组件材料	—	白鹤镇	白鹤镇

续表

序号	项目名称	本轮擂台赛核心任务	3月1日—15日攻坚任务	3月16日—31日攻坚任务	4月1日—15日攻坚任务	4月16日—30日攻坚任务	5月1日—15日攻坚任务	5月16日—31日攻坚任务	6月1日—15日攻坚任务	6月15日—30日攻坚任务	节点落实单位	项目责任单位
20	洪三园区F1区块土地征收	完成政策处理	完成土地测量，并确定苗木评估单位	完成坟墓迁移（25穴），启动征迁签约	完成征迁签约工作	—	—	—	—	—	三合镇	三合镇
21	后洋四期铁皮石斛种植基地	完成土地平整	完成流转土地款发放	完成鱼塘政策处理及款项发放	完成地上苗木附着物处理及款项发放	完成围墙合拢	完成坟墓迁移政策处理及款项发放	完成遗留坟墓迁移	—	完成土地平整	街头镇	街头镇
22	农商银行档案大楼建设项目	完成政策处理	完成总平设计并上报省行立项备案	完成规划上报	完成土地丈量工作	完成征迁协议签订	完成项目土地征收工作	完成拆除工作	完成管线迁移	完成地表附着物清理、土地平整	南屏乡	南屏乡
23	下山移民保留村综合开发——步坑康养文宿项目	完成土地摘牌	—	完成丈量，丈量表，红线图等	完成地上附着物评估	完成征迁协议签订	完成土地征收组件上报	—	挂牌	摘牌	雷峰乡	雷峰乡
24	黄水民宿集聚区项目	完成政策处理	完成周边配套100米道路硬化	签订投资协议	完成建设区块土地丈量	—	—	完成流转协议签订	—	完成地表清理和土地平整	龙溪乡	龙溪乡
25	市民中心	完成政策处理	—	—	—	—	—	—	—	完成遗留房屋拆除	县住建局	县行政审批局 县基投公司 县住建局 始丰街道

二、前期推进类（共43个项目，136个攻坚任务）

序号	项目名称	本轮擂台赛核心任务	3月1日—15日攻坚任务	3月16日—31日攻坚任务	4月1日—15日攻坚任务	4月16日—30日攻坚任务	5月1日—15日攻坚任务	5月16日—31日攻坚任务	6月1日—15日攻坚任务	6月15日—30日攻坚任务	节点落实单位	项目责任单位
1	天台山国际道学交流中心	完成道教学院初步布局方案	—	—	—	—	—	完成道教学院规划论证	完成道教学院初步布局方案	—	县委统战部（民宗局）	县委统战部（民宗局） 县文广旅体局 赤城街道
2	贞一苑	完成项目控制性详细规划与规划设计评审	完成项目林木砍伐审批	—	完成项目设计方案	完成村级配套基础工程方案设计	—	完成项目控制性详细规划与规划设计评审	—	完成坟墓迁移（14穴）	县委统战部（民宗局）	县委统战部（民宗局） 县文广旅体局 石梁镇
		完成坟墓迁移（14穴）										
3	证道苑	完成项目备案、选址、林地、环评、水保等审批	—	—	—	—	—	—	完成初步布局方案	完成初步设计方案	县委统战部（民宗局）	县委统战部（民宗局） 县文广旅体局 赤城街道
4	葛仙苑	葛仙苑	完成设计方案市自规局核准	—	—	—	完成省林业局选址方案核准	—	完成用地预审选址上报，发布设计方案招标	—	县旅游集团	县旅游集团 文广旅体局 赤城街道

续表

序号	项目名称	本轮擂台赛核心任务	3月1日—15日攻坚任务	3月16日—31日攻坚任务	4月1日—15日攻坚任务	4月16日—30日攻坚任务	5月1日—15日攻坚任务	5月16日—31日攻坚任务	6月1日—15日攻坚任务	6月15日—30日攻坚任务	节点落实单位	项目责任单位
5	天台众联科创产业中心项目	完成施工许可证	—	完成控规调整方案编制并县政府；确定出让地块红线图	完成出让地块出让公告发布	完成控规调整批前公示	完成土地出让	完成启动区块控规调整工作	—	完成施工许可证办理	县自然资源规划局	县自然资源规划局 经信局 县发改局 福溪街道
6	省级旅游度假区	完成创建省级旅游度假区申报书县内初审	—	—	完成文旅工作专班方案编制	召开文旅专班会议，明确创建主体及创建范围。启动申报书编制委托前期工作	完成申报书委托招标文件，发布招标公告。	—	完成申报书初稿编制	完成创建省级旅游度假区申报书县内初审	文广旅体局 旅游休闲集聚区	文广旅体局 旅游休闲集聚区
7	天台山养老学院项目	完成项目可行性研究报告编制	—	确定项目建设地块	—	—	—	完成项目可行性研究报告编制	—	—	县民政局	县民政局 街头镇
8	总部经济大楼	完成土地挂牌	—	—	发布土地挂牌出让公告	—	完成土地挂牌出让，确定投资主体	—	—	—	县住建局	县住建局 始丰街道
		完成临时围墙合拢	—	完成5户遗漏土地的丈量及地上附着物评估	—	完成5户遗漏土地的丈量及地上附着物支付	—	—	—	完成临时围墙合拢	始丰街道	
9	104国道天台响堂至至界岭段改建项目	完成工可批复	—	完成水保、环评等项目前期专项报告编制	—	完成稳评报告和土地预审资料编制	—	—	完成土地预审审批	完成工可批复	县交通运输局	县交通运输局
10	上三高速东互通项目及连接线工程	完成上三高速东互通与高铁连接线八都至梅坦段工程可研审批	—	完成上三高速东互通与高铁连接线八都至梅坦段工程工可编制	—	完成上三高速东互通与高铁连接线八都至梅坦段工程工可评审	—	—	完成上三高速东互通与高铁连接线八都至梅坦段工程项建书批复	完成上三高速东互通与高铁连接线八都至梅坦段工程工可批复	县交通运输局	县交通运输局
11	“四好农村路”东部环线项目	开展施工招标	完成年度工程施工图设计招标	签订合同	—	—	完成施工图设计文本审查	—	开展施工招标工作	—	县交通运输局	县交通运输局
12	甬金衢上高速公路	完成线位方案	—	—	—	—	—	—	—	完成线位方案	县交通运输局	县交通运输局
13	S207秀洲至仙居公路天台段工程	完成工可文本评审	—	—	—	完成工可文本初稿	—	—	完成工可文本评审	委托初步设计	县交通运输局	县交通运输局
14	水系连通及农村水系综合整治项目	申报方案上报省水利厅	—	—	—	完成申报方案编制	—	向省水利厅报送申报方案	—	—	县水利局	县水利局
15	天台县生活垃圾应急及固化飞灰填埋场工程	完成飞灰填埋库区地下导排系统铺设	—	—	—	完成调节池主体，副坝基础砌筑完成	完成管理房主体、完成截水沟建设	完成主坝砌筑、管理房二次结构	完成管理房装修，完成设备基础	完成飞灰填埋库区地下导排系统铺设	县行政执法局	县行政执法局

续表

序号	项目名称	本轮擂台赛核心任务	3月1日—15日攻坚任务	3月16日—31日攻坚任务	4月1日—15日攻坚任务	4月16日—30日攻坚任务	5月1日—15日攻坚任务	5月16日—31日攻坚任务	6月1日—15日攻坚任务	6月15日—30日攻坚任务	节点落实单位	项目责任单位
16	经济开发区幼儿园（14.9亩）	完成挂牌	—	—	—	完成政策处理	—	确定出让方案	—	完成挂牌	经济开发区	经济开发区
17	奥锐特苍山转型升级项目	启动土石方爆破工作	完成爆破振动监测委托	完成地块平整项目爆破方案编制和评估，完成施工便道修建	启动土石方挖填	启动地块平整项目土石方爆破工作	—	—	—	—	经济开发区	经济开发区
18	双箭年产5000万平方米输送带项目	启动土石方爆破工作	完成爆破振动监测委托	完成地块平整项目爆破方案编制和评估，完成施工便道修建	启动土石方挖填	启动地块平整项目土石方爆破工作	—	—	—	—	经济开发区	经济开发区
19	经济开发区TSF08-0303-2地块（45亩）	完成挂牌	—	农转用批准	—	完成政策处理	—	完成挂牌	—	—	经济开发区	经济开发区
20	职工活动中心	完成初步设计批复	—	完成设计招标	—	完成方案批复	完成初步设计及概算编制	完成初步设计及概算批复	完成施工图设计	完成施工图图审、发布施工招标	总工会	总工会
21	浙江天台抽水蓄能电站	完成工程安全预评价报告审查	—	完成水规总院对项目枢纽布置格局专题报告、正常蓄水位选择专题报告、施工总布置规划专题审查	—	完成建设征地实物指标调查工作大纲	—	完成水规总院对项目建设征地移民安置规划大纲审查	—	完成水规总院对工程安全预评价报告审查	县抽蓄指挥部	县抽蓄指挥部
22	诗路文化博览馆项目	完成内部装修EPC招标	签订内部装饰工程方案策划合同；完成内部装饰工程方案设计初稿	—	—	完成主体结构建设；完成内部装饰工程方案设计	—	—	发布内部装修EPC招标公告	完成内部装修EPC招标	县旅游集团	县旅游集团
23	天台县综合供能服务站建设项目	完成建设规划许可证办理	完成平桥站土地拍卖工作	签订成交确认书和土地出让合同	—	—	完成建设用地规划许可证，确定设计方案、交评、安评、环评等单位	—	完成设计方案、交评、安评、环评文本	—	县交通集团	县交通集团
24	百花路TCC04-0213地块（7.8亩）	完成挂牌	—	完成挂牌	—	—	—	—	—	—	赤城街道	赤城街道
25	玉湖B7地块（21亩）	完成挂牌	—	—	—	完成挂牌	—	—	—	—	始丰街道	始丰街道
26	玉湖B9地块（31亩）	完成论证方案	—	—	—	完成论证方案	—	—	—	—	始丰街道	始丰街道
27	玉湖B9地块（25亩）	完成建筑方案论证	—	—	—	完成论证方案	—	完成建筑方案论证	—	—	始丰街道	始丰街道

续表

序号	项目名称	本轮擂台赛核心任务	3月1日—15日攻坚任务	3月16日—31日攻坚任务	4月1日—15日攻坚任务	4月16日—30日攻坚任务	5月1日—15日攻坚任务	5月16日—31日攻坚任务	6月1日—15日攻坚任务	6月15日—30日攻坚任务	节点落实单位	项目责任单位
28	莪园区块（15亩）	完成挂牌	—	—	完成控规调整	完成挂牌	—	—	—	—	福溪街道	福溪街道
29	TFX01-0401、0402地块（75亩）	完成挂牌	—	—	—	完成建筑方案	完成政策处理	完成挂牌	—	—	福溪街道	福溪街道
30	TFX01-0407地块（49亩）	完成挂牌	—	—	—	完成建筑方案	完成政策处理	完成挂牌	—	—	福溪街道	福溪街道
31	福溪E地块（90亩）	完成政策处理及报批材料	—	—	—	—	—	—	—	完成政策处理及报批材料	福溪街道	福溪街道
32	东部核心区（阳光大道，97亩）	完成挂牌	—	—	—	—	—	—	—	完成挂牌	平桥镇	平桥镇
33	平桥镇城市商业综合体下街区块	完成土地挂牌	控规调整公示	—	控规调整报县政府批准	—	—	完成土地评估工作	完成拟定出让方案	完成土地挂牌	平桥镇	平桥镇
34	浙江超力环境科技有限公司年产7000吨丙纶、锦纶、涤纶单丝生产线项目	完成施工图图审	—	—	完成总平图审核	—	完成施工图设计	—	—	完成施工图图审	平桥镇	平桥镇
35	天台县章前智能综合供能站项目	完成建设用地规划许可证办理	完成土地挂牌、摘牌	签订成交确认书和土地出让合同	完成支付土地款	—	完成耕作层剥离工作	完成项目备案	完成土地证、建设用地规划许可证，确定设计方案、交评、安评、环评等单位	完成设计方案、交评、安评、环评文本	平桥镇	平桥镇
36	天台蓝城颐养度假小镇项目	申报项目用地局部土地利用空间调整（9月）	—	—	—	—	完成地块用地范围图	完成土规调整组件并申报	—	—	白鹤镇	白鹤镇
37	白鹤镇中心幼儿园下宅分园新建工程	完成施工许可证办理	完成修建性详规调整	进行修建性详规调整公示，完成设计方案评审	完成修建性详规审批、完成设计方案调整	完成建设工程规划许可证办理	完成总平图、施工详图设计及细节调整	完成施工图审查	完成预算审价，进行项目招标	完成施工许可证办理	白鹤镇	白鹤镇
38	白鹤供电所（6.7亩）	完成挂牌	—	完成控规批复	—	完成挂牌	—	—	—	—	白鹤镇	白鹤镇
39	坦头镇TTT02-0202地块项目（18.10亩）	完成挂牌	—	—	—	—	—	—	—	完成挂牌	坦头镇	坦头镇
40	杭绍台高速公路（街头段）扁灯安置区基础设施	完成施工招标	完成规划总评审查	—	完成用地组件上报	完成三通一平及配套基建项目立项	完成地基分配方案	完成基建项目的施工招投标	完成安置区土方平整	—	街头镇	街头镇
41	天台县石梁镇A-005地块（2亩）	完成挂牌	—	—	—	—	完成挂牌	—	—	—	石梁镇	石梁镇
42	青云度假村	完成项目签约	确定项目红线	完成项目初步设计方案	完成项目签约	—	—	—	—	—	石梁镇	石梁镇
43	三州乡红色文化研学基地	完成设计方案	—	完成协议签订	完成可行性报告	—	红色文化博物馆工程开工建设	完成周边红色游步道工程地表清理	—	完成红色文化博物馆主体建设	三州乡	三州乡

续表

序号	项目名称	本轮擂台赛核心任务	3月1日—15日攻坚任务	3月16日—31日攻坚任务	4月1日—15日攻坚任务	4月16日—30日攻坚任务	5月1日—15日攻坚任务	5月16日—31日攻坚任务	6月1日—15日攻坚任务	6月15日—30日攻坚任务	节点落实单位	项目责任单位
三、清障开工类（共16个项目，75个攻坚任务）												
1	民办高端幼儿园新建工程	开工建设	完成岭商项目部搬迁	完成土地出让	启动供水、供电施工；完成场地平整；完成设计方案评审	完成供水、供电施工；启动围墙基础施工	完成围墙施工	完成施工图审查	完成施工许可证办理，开工建设	完成地下水池建设	县教育局	县教育局 福溪街道
2	土地综合整治工作（宅基地复垦）	完成5个遗留村宅基地复垦工作；“二改一还”遗留的27个区块完成建设、建设用地复垦遗留的8个区块完成建设	—	—	洪畴镇龙鸣村继续完成复垦区块设计方案	洪畴镇龙鸣村进场施工；泳溪乡祐园村进场施工	泳溪乡周家山村继续完成未签约户宅基地审批工作，泳溪乡杨家岙村完成复垦招标工作	石梁镇三条村推进并完成遗留问题处理；泳溪乡周家山村进场施工，杨家岙村进场施工	石梁镇三条村进场施工；祐园村完成复垦任务	洪畴镇龙鸣村完成复垦任务；石梁镇三条村完成复垦任务；泳溪乡周家山村、杨家岙村完成复垦任务。“二改一还”遗留的27个区块完成建设、建设用地复垦遗留的8个区块完成建设	县全域整治办 县自然资源规划局 相关乡镇（街道） 县交通集团 县基投公司	县全域整治办 县自然资源规划局 相关乡镇（街道） 县交通集团 县基投公司
3	天台山东路道路、排污等基础提升改造工程	开工建设	完成施工期交通组织设计方案评审	开工建设	—	—	—	—	—	—	县住建局	县住建局
4	天桐路安置区建设项目	市政工程开工建设	完成土石方开挖外运及场地平整施工	完成市政工程施工图设计	完成市政工程预算编制	完成土方回填	完成市政工程预算审核	市政工程发布招标公告	—	完成市政工程招标并开工建设	旅游休闲集聚区	旅游休闲集聚区
5	寒明岩景区游步道系统建设工程	开工建设	—	完成全过程造价咨询、监理合同签订	—	—	签订施工合同	开工建设	—	—	县旅游集团	县旅游集团
6	天台县医共体公共卫生防控中心工程	开工建设	完成审批方案设计、总平和初步设计	发布EPC+O和全过程咨询招标公告	全过程咨询开标，EPC+O招标开标，完成建设工程规划许可证审批	发布中标通知书，并实现坦头和福溪分中心供地	签订施工合同	—	完成基础设计并评审，临时施工设施进场，办理施工许可证	坦头分中心、福溪分中心开工建设并完成平桥分中心供地	县交通集团	县卫生健康局 县交通集团
7	三星科创园项目	开工建设	完成规划许可证办理	完成施工图纸设计	完成施工图图审	完成施工许可证办理	—	开工建设	—	—	始丰街道	始丰街道
8	福溪街道农房改造集聚区（友谊花苑）项目	开工建设	完成项目预算编制、监理招标	完成项目财政预算审核	完成建设工程规划许可证办理，启动施工招标	完成工程施工招投标	签订施工合同，办理监督手续	完成施工许可证办理，签发开工令，开工建设	—	—	福溪街道	福溪街道

续表

序号	项目名称	本轮擂台赛核心任务	3月1日—15日攻坚任务	3月16日—31日攻坚任务	4月1日—15日攻坚任务	4月16日—30日攻坚任务	5月1日—15日攻坚任务	5月16日—31日攻坚任务	6月1日—15日攻坚任务	6月15日—30日攻坚任务	节点落实单位	项目责任单位
9	天成航空产业园建设工程(二期)	开工建设	完成建设工程规划许可证办理	完成施工许可证办理；开工建设	—	—	—	完成基础工程	启动结构主体工程	—	白鹤镇	白鹤镇
10	金招呼智造园建设工程	开工建设	完成建设工程规划许可证办理	确定施工单位	完成施工许可证办理、开工建设	—	完成挖基工程	进行主体工程施工	—	—	白鹤镇	白鹤镇
11	浙江新族汽车用品股份有限公司年产1100万套车载智能调控加热设备项目	开工建设	完成一期建设工程规划许可证办理	—	—	完成一期建设工程施工许可证办理	—	开工建设	—	—	坦头镇	坦头镇
12	浙江天台药业有限公司原料药产业升级制剂项目	开工建设	完成招投标确定施工单位	完成施工许可证办理，签订施工合同	全面开工建设	—	—	—	—	—	三合镇	三合镇
13	万峰年产100万套烟机配件生产线项目	开工建设	完成场地平整，临时水电建设	—	完成桩基工程完成统计入库	启动主体工程	—	—	—	—	洪畴镇	洪畴镇
14	天台玉霄书院项目	开工建设	签订施工合同	—	开工建设	—	—	—	—	完成主体工程	石梁镇	石梁镇
15	石梁镇种猪生态养殖项目	开工建设	完成场地政策处理遗留问题	完成场地平整	—	完成基础加固工程；启动主体开工建设；完成统计入库	完成隐蔽工程及附属设施工程	—	完成道路及绿化工程	—	石梁镇	石梁镇
16	石梁学校“乡村名校”三期工程	开工建设	完成设计方案	完成施工图编制及图审	—	完成预算编制及审核，发布施工招投标	签订施工合同，发布监理招投标	—	开工建设	—	石梁镇	石梁镇
四、建设实施类(共9个项目，28个攻坚任务)												
1	台州市椒江治理工程(天台始丰溪段)	完成浙西堰坝、梅坦坑人行栈桥主体工程	—	霞山堰坝主体工程	—	完成浙西堰坝、梅坦坑人行栈桥主体工程	—	—	—	—	水利局	水利局
2	杭绍台高铁天台山站站前广场及配套基础设施项目	完成地下室顶板混凝土建筑，启动交通枢纽主体工程	—	—	—	—	完成交通枢纽地下室顶板混凝土浇筑	完成站前广场地下室顶板混凝土浇筑完成	启动交通枢纽主体工程	—	县交通集团	县住建局 县交通集团
3	天台县始丰溪文化休闲项目	主体结构工程完工	—	—	—	—	—	—	—	完成主体结构工程施工	县基投公司	县基投公司 县文广旅体局 福溪街道
4	天台县赤城街道C5-1区块(局部)移民安置项目	完成桩基工程	—	启动工程桩基工程	—	—	完成工程桩基工程	启动地下室基础工程施工	—	—	赤城街道	赤城街道

续表

序号	项目名称	本轮擂台赛核心任务	3月1日—15日攻坚任务	3月16日—31日攻坚任务	4月1日—15日攻坚任务	4月16日—30日攻坚任务	5月1日—15日攻坚任务	5月16日—31日攻坚任务	6月1日—15日攻坚任务	6月15日—30日攻坚任务	节点落实单位	项目责任单位
5	天台县赤城街道螺溪村村庄整体改造项目	完成A1地块竣工验收，完成中央资金支付1220万元	—	A2地块临时办公及仓储堆场开始施工，百花路临街进行招拍卖程序	—	启动A1地块竣工验收工作及B地块旧房评估工作	—	完成A1地块竣工验收	—	开展A1地块不动产证手续办理，确定A2区块房屋、道路、绿化、亮化等设计单位	赤城街道	赤城街道
6	天台智能橡胶产业项目	完成整体项目建设工程规划许可证办理	—	完成项目红线内剩余土地挂牌	—	完成项目红线内剩余土地出让	启动厂房主体建设	—	完成项目建筑总平面图调整	完成项目建设工程规划许可证办理	坦头镇	坦头镇
7	石梁镇冰雪主题乐园至唐诗研学营地（小路口外至察岭脚）道路建设工程	完成沥青混凝土道路工程	完成路基检测	—	完成稳定层浇筑完成边沟浇筑	完成沥青混凝土铺设	—	—	—	—	石梁镇	石梁镇
8	琼台仙谷创建国家AAAA级旅游景区	完成预算核对，完成玻璃吊桥建设	玻璃吊桥钢箱梁油漆基本完成；竖井、平洞滑模方案上报	—	吊桥玻璃安装完成；竖井二次系统改造完成。	—	玻璃吊桥抗风索安装完成。	—	桥梁安全检测、安全评估完成。	—	县旅游集团	县旅游集团

五、竣工投产类（共12个项目，39个攻坚任务）

序号	项目名称	本轮擂台赛核心任务	3月1日—15日攻坚任务	3月16日—31日攻坚任务	4月1日—15日攻坚任务	4月16日—30日攻坚任务	5月1日—15日攻坚任务	5月16日—31日攻坚任务	6月1日—15日攻坚任务	6月15日—30日攻坚任务	节点落实单位	项目责任单位
1	坦头镇中心幼儿园迁建工程	竣工	完成主体工程	完成主体工程验收	—	—	—	—	—	—	教育局	教育局
2	苍山产业集聚区一期一标项目	竣工验收	—	—	完成行道树种植	完成路灯安装	—	—	完成边坡防护、绿植喷播和市政道路修复清理	完成竣工验收	经济开发区	经济开发区
3	苍山产业集聚区苍山大道（二标段）工程	竣工验收	—	—	—	完成市政道路修复清理	完成竣工验收	—	—	—	经济开发区	经济开发区
4	浙江严牌过滤技术股份有限公司高性能过滤带生产基地项目	竣工验收	—	完成市政工程建设	—	完成外墙涂料粉刷	—	完成厂房竣工材料整理	完成绿化工程	完成厂房竣工验收	平桥镇	平桥镇
5	天台华统现代化生猪养殖场建设项目	完成主体建设	—	完成综合楼主体建设	—	完成仓库主体建设	完成育肥一、三主体建设	—	完成育肥二主体建设	完成育肥四主体建设	坦头镇	坦头镇
6	宏地众创产业园	完成主体工程	完成10#厂房主体建设	—	完成3#4#9#厂房主体建设	—	—	完成15#厂房主体建设	—	完成全部主体工程	坦头镇	坦头镇
7	浙江环能传动年产1000万平方米节能型输送带项目	竣工投产	—	完成两条硫化设备安装	—	完成两条压延线基础线施工	完成环保设备安装	启动生产线试投产	—	—	三合镇	三合镇

续表

序号	项目名称	本轮擂台赛核心任务	3月1日—15日攻坚任务	3月16日—31日攻坚任务	4月1日—15日攻坚任务	4月16日—30日攻坚任务	5月1日—15日攻坚任务	5月16日—31日攻坚任务	6月1日—15日攻坚任务	6月15日—30日攻坚任务	节点落实单位	项目责任单位
8	台州市瀚佳环境技术有限公司厂房建设项目	完成主体工程	—	—	—	—	—	—	—	完成主体工程	洪畴镇	洪畴镇
9	九正堂黄精项目	完成300亩黄精种植	—	—	完成300亩黄精种植	—	—	—	—	—	石梁镇	石梁镇
10	万胜智能仪表及信息采集系统生产基地建设项目一期	完成主体工程	—	完成主体工程	完成市政工程预算	—	完成竣工验收	—	—	—	始丰街道	始丰街道
11	万胜智能仪表及信息采集系统生产基地建设项目二期	完成主体工程	—	完成地坪工程	完成一层框架	完成二、三、四层框架	完成五层框架	—	完成主体工程	—	始丰街道	始丰街道
12	智能电气智慧制造产业能力建设项目（炬源物联网公司）	完成主体工程	—	—	完成50%主体工程建设	—	—	—	—	完成主体工程	始丰街道	始丰街道

天台县人民政府办公室 关于印发《天台县生态环境保护 “十四五”规划》的通知

天政办发〔2021〕17号

各乡镇人民政府、街道办事处，县政府直属各单位：

《天台县生态环境保护“十四五”规划》已经县政府第四十五次常务会议研究通过，现印发给你们，请认真贯彻落实。

天台县人民政府办公室

2021年7月31日

天台县生态环境保护“十四五”规划

前　言

“十四五”时期（2021—2025年），是我国“两个一百年”奋斗目标历史交汇期，是全面开启社会主义现代化强国建设新征程的重要机遇期，也是我省建设展示人与自然和谐共生、生态文明高度发达的重要窗口期。省委十四届七次全会把生态文明建设作为“建设十方面重要窗口、形成十三项标志性成果”的重要内容之一，赋予了生态环境保护全新的历史使命。天台县作为浙江省最早一批致力生态文明建设的领头县市，一直坚持新发展理念，以“现代化和合之城”为总目标，发挥自身的生态和文化优势，为浙江建设“重要窗口”做出天台贡献。

“十四五”时期也是天台开创生态环境保护工作新局面、推进生态环境保护工作历史性转变的重要时期。为应对“十四五”时期生态环境保护的新任务和新挑战，高标准打赢升级版污染防治攻坚战，高品质提升生态服务功能，高水平推进生态保护水平、污染防治能力和现代化治理体系“三大提升”，确保天台生态环境质量稳步提高，根据国家、省、市要求，编制本规划，作为天台县“十四五”时期生态环境保护领域的纲领性规划，同步推动美丽天台和“绿水青山就是金山银山”实践创新基地建设。

第一章 “十三五”生态环境保护回顾

一、“十三五”生态环境质量改善情况

“十三五”期间天台生态环境质量稳步提升。2019年成功创建国家级生态文明建设示范县。

水环境方面，2016—2020年县级以上水体达到或优于Ⅲ类水比例均保持100%，集中式饮用水源地水质达标率保持100%，出境水质稳定保持为Ⅱ类水，连续五年获得全省“五水共治”优秀县，获“大禹鼎银鼎”。

大气环境方面，天台县2020年空气质量优良天数比例为99.4%，与2015年91.9%相比，提升了7.5个百分点；2020年可吸入颗粒物（PM2.5）年均浓度为22微克/米^3，与2015年39微克/米^{3}相比，降低了17微克/米^3；2020年二氧化硫（SO_2）、二氧化氮（NO_2）、可吸入颗粒物（PM10）、可吸入颗粒物（PM2.5）、一氧化碳（CO）、臭氧（O_3）等6项常规监测指标年均浓度均达到或优于国家二类标准。2018年建成首批浙江省清新空气示范区。

土壤环境方面，“十三五”期间土壤环境质量监测尚处于起步阶段，2017年，根据省级统一部署开展了农用地土壤污染状况详查、种植利用现状调查和农产品协同调查，根据调查结果，天台县总体土壤环境质量良好。

声环境方面，2020年天台县区域环境噪声为51.6dB(A)，相比2015年49dB(A)，略有上升。2015—2020年县功能区噪声超标率均为0，保持良好。影响天台县城区声环境质量的主要噪声源仍是道路交通噪声，2020年平均等效声级为67.3dB(A)，相较2015年的66.1dB(A)略有上升，路长超标率为5.05%，2015年为18.6%，下降了13.55%，下降趋势明显。

生态保护方面，2020年天台县森林覆盖率达70.44%，相比2015年的70.21%，稳中有升。“十三五”期间天台县国家重点保护野生动植物保护率达100%。加拿大一枝黄花、松材线虫等外来物种入侵得到有效防治和监管。始丰溪国家湿地公园的全面建设促进了重要河湖岸线的保护，极大地提高了湿地生物多样性保护的力度。始丰溪2018年获评长江经济带美丽河流（湖泊）称号，是全市唯一一条、全省仅二条获此荣誉的河流。

二、“十三五”生态环境保护工作进展

（一）水环境

1. 全面深化“河湖长制”

天台县委、县政府高度重视“河长制”的推进落实，自2014年出台《天台县“五水共治”

三年行动方案和天台县“河长制”实施方案》以来，在全省率先实现整县域推进河长制工作。由主要领导担任全县总河长，县四套班子所有领导担任全县33条县级河道和重点河道河长，各乡镇党委及政府主要负责人担任本辖区总河长，形成了县、乡镇、村三级“河长”管理网络。目前全县共设置县、乡、村三级河长863名，其中县级河长33名、乡镇（街道）级河长218名、村级河长612名，创新设置4030个小微水体的“十米河长”。

2017年，按照国家、省要求对河长制工作进一步完善扩面，制定出台《天台县全面深化河长制工作方案（2017—2020年）》，河长职责进一步拓展，除了履行巡河、协调、监督、检查等职责外，还承开展“清河、净河、美河”集中月大行动担水污染防治、水环境治理、水资源保护、水域岸线管理、水生态修复、执法监管等6方面任务。2018年开展了“清河、净河、美河”集中月大行动和“一线查源、万人护河”百日大巡河活动，不断完善一河（湖）一档、一河（湖）一策，促进河湖生态修复。

2. 严守饮用水水源安全

天台县全面推进县级集中式饮用水源地环境保护，建立健全水源地保护长效监管机制，编制印发了里石门水库、黄龙水库“一库一册”，科学划定并优化完善饮用水水源保护区，依法于饮用水水源保护区边界设立明确的地理界标和明显的警示标志。为推进三处县级集中式饮用水源地（里石门水库、黄龙水库、龙溪水库）的环境保护，制定出台了《天台县县级集中式饮用水源地生态补偿机制实施办法》，对县级集中式饮用水源地集雨面积范围内的村庄及水库管理单位进行补助。配合台州市开展饮用水水源地环境保护专项行动，全面排查饮用水水源保护区内违规项目，以中央环保督察和长江经济带专项督查等问题整改为抓手，定期公布饮用水水源地专项督查交办问题整治进展情况，并全部清理到位。组织开展“千吨万人”（日供水千吨或服务万人）以上农村饮用水水源地调查评估并开展规范化建设，大力推进农村饮用水达标提标行动。

3. 加强水环境综合整治

“十三五”期间，天台县统筹谋划河湖系统治理与管理保护，深入推进流域水环境治理和重点河道整治工作，基于水质监测和隐患排查，研究制定了《天台县沙段断面水质保持方案》《天台县里石门断面水质保持方案》，落实相关重点工程，确保“水十条”考核断面水质稳定达标。2017年出台《全面推进天台工业园区工业企业污水“零直排”整治工作实施方案》，持续推进地表水降磷行动，全面整治提升小微水体。开展年度涉水特色行业整治工作，完成涉水企业整治10家，其中关停1家、搬迁1家、整治备案8家。2018年开展“始丰秀水”专项行动，全面提升水环境质量。完成了平桥镇花前工业园区和企业内部雨污分流改造，并通过“污水零直排区”建设验收。完成苍山和平桥污水处理厂提标改造、城市污水处理厂三期扩建、垃圾填埋场渗滤液处理设施建设并投入试运行。2019年开展以截污纳管、源头管控、规范排水为重点的工业园区“污水零直排区”建设，在全市率先实施工业园区“污水零直排”通报工作制度，截至目前已完成经济开发区108家企业问题排查。通过引进第三方机构，从源头设备提升、末端设备整治、优化管理制度等方面对涉水企业进行全面整治，目前1家已完成整治，其余36家企业已形成问题清单，进入全面整改阶段。

（二）大气环境

1. 强化组织领导

天台县上下高度重视大气污染防治工作。县政府基于大气污染防治工作领导小组，成立了五气共治工作领导小组，明确了相关部门的工作职责。严格落实《天台县大气污染防治工作计划（2014—2017年）》以及2018—2020年年度大气污染防治工作计划。同时强化执法震慑力，根据台州市部署，上下联动，开展了“蓝天行动”专项执法检查、“重点行业专项执法检查”“秋冬季大气污染防治专项督查”等系列环保专项行动，强势倒逼转型。

2. 坚持规划引导

天台县坚持“精准施策，科学治理”。根据台州市统一部署，我县建立了较高精度的天台县大气污染源排放清单，编制印发了《天台县大气环境质量持续改善规划》，为后续有关部门对污染物排放制定针对性控制措施提供了依据。根据台州市最新修订的重污染天气应急预案，编制印发了《台州市重污染天气应急预案天台县执行预案》，明确政府、部门及企业的应急责任，以及重污染期间管控措施。

3. 狠抓源头治理

天台县重点关注大气污染物源头减量。大力推进锅炉清洁排放改造和燃煤锅炉淘汰工作，完成了石梁热电超低排放改造项目，全面淘汰10蒸吨／小时以下燃煤锅炉，基本淘汰10蒸吨／小时以上35蒸吨以下燃煤锅炉。通过煤改气、煤改电等强势推进燃煤“五炉”淘汰，控制并减少煤炭消费。经多部门联合努力，“十三五”期间全县共淘汰燃煤锅炉777台，完成洪三园区湖塘线、百花复线等热网建设，实现两个工业园区集中供热。抓老旧车淘汰和加油站油品质量升级，严格实施国家第六阶段机动车污染物排放标准，淘汰黄标车1503辆，淘汰老旧车1296辆；严格落实油气回收长效管理机制和油气回收操作规程，全县加油站均已完成二次油气回收治理；在全市率先完成非道路移动机械清查工作，共清查出非道路移动机械2898台，率先安装重型柴油车OBD，目前已完成220辆OBD安装，超额完成市定任务。抓城市扬尘和烟尘控制，将餐饮业油烟治理工作作为项目审批的前置，确保餐饮业油烟净化装置安装运行到位；成立扬尘治理专项行动工作领导小组，对全县在建工地进行地毯式检查及不定时抽查。

4. 精准废气减排

突出重点逼整治，制定并实施天台县年度VOCs重点区域和重点行业污染整治及“散乱污”企业整治实施方案，全面开展了县域内涉VOCs排放的“散乱污”企业排查工作，主要针对县域内医化、橡胶和涂装等重点行业，共完成238家企业关停或拆除，102家企业整治备案，其中医化重点行业6家全部完成整治备案，印刷行业3家全部完成整治，在全市率先完成了医化、涂装、橡胶三大区域销号整治工作。强化服务推整治，做好多渠道的企业技术服务工作，积极组织企业参加各类省市举办的“VOCs减排技术进企业活动”以及橡胶、医化、包装印刷、涂装等一系列重点区域重点行业整治技术推介会，有力推动我县VOCs整治减排工作。

（三）土壤环境

1. 推进治土体系构建

天台县上下一直高度重视土壤污染防治工作，2017年成立土壤污染防治工作领导小组，并印发了《天台县土壤污染防治工作方案》，明确责任主体和职责分工，为工作的顺利推进提供了组织保障。每年制定工作计划和任务书，明确时间、任务和责任单位，对天台县土壤污染综合防治工作进行了全面部署。全面落实企业土壤污染防治主体责任，发布并定期更新土壤污染重点监管企业名单。有效推进土壤环境重点监管企业新改扩建项目土壤和地下水环境现状调查、土壤污染隐患排查、自行监测、拆除活动污染防治等制度落实。

2. 开展土壤状况详查

根据台州市部署，严格落实土壤污染状况详查工作，县农业农村局、市生态环境局天台分局分工牵头负责农用地土壤污染状况详查和重点行业企业用地土壤污染状况调查工作。完成全县农用地土壤污染状况详查和耕地土壤质量类别划定，并制定实施农用地分类管控方案和受污染耕地安全利用方案。编制重点行业企业用地土壤污染状况调查实施方案，制定年度工作任务和目标要求。目前，完成农用地详查采样，对201个表层土样、3个表层+深层无机土壤样和38个农产品样开展采集和化验。开展工业企业土壤详查，在2018年完成重点行业68家企业现场调查和资料收集的基础上，2019年已完成21个疑似污染地块布点方案编制。

3. 加强土壤管控治理

编制印发了《天台县污染地块治理修复规划》，提出总体要求、工作目标、主要任务、保障措施等要求和措施。针对天台县医药化工、电镀、印染等重点行业进行环境风险排查，完成全部8家历史遗留关停企业地块的风险排查。另外，委托第三方对天台县坡塘及八都区块地下水及土壤开展调查，2018年完成了坡塘及八都区块总体场地风险评估工作，针对坡塘及八都区块工业企业生产过程中涉及的污染物种类多、企业生产时间较长等问题，明确天台药业等3家企业为重点关注对象，率先在全市对在产企业开展土壤详查工作。

4. 加快落实保障措施

加强政策保障。配合台州市开展《台州市土壤污染防治条例》编制工作，严格实施监督管理办法。完善监测网络。初步建立了农业“两区”土壤环境监测网络，布设耕地土壤污染监控点位19个，初步形成了全县农用地土壤环境监测网络。加强监察监测。优先安排专项资金，落实县级监测机构常规土壤环境监测设备配备，有效提升了土壤监测能力，目前环境执法机构已配备土壤快速检测仪。

（四）固废防治

1. 加强固废源头防控

加强工业污染源头控制。“十三五”期间，一般工业固体废物综合利用率均在 97% 以上。加强农业污染源头控制。“十三五”期间，规模化畜禽养殖场（小区）整治达标率达 100%，粪污贮存设施配套率达 100%。建立畜禽养殖长效治理机制，生猪养殖乡镇网格化巡查，实现全覆盖。加强生活污染源头控制。推动生活垃圾分类制度，开展“垃圾革命”，成立垃圾分类工作领导小组，发布生活垃圾分类实施方案和垃圾处理设施建设三年行动方案。2020 年城镇生活垃圾分类覆盖面达 97.3%、农村生活垃圾分类覆盖面达 85%，无害化处理率达 100%。

2. 加强危废全过程监管

2018 年开始制订出台了《天台县危险废物规范化管理考核工作方案》，目前共 44 家企业纳入规范化管理，完成 60 余家企业危险废物转移计划备案工作，累计办理危险废物转移联单 300 余家。通过浙江省固体废物监管平台和视频监控平台，实现对企业产废、转移、利用处置的“全过程”监管，以及危废转移事项备案“最多跑一次”目标。首创驻点“环保管家”制度，逐一对危废企业进行一对一指导，同时组织开展小微企业统一签订危废处置合同，解决企业危废处置出路难题。对重点固废产生单位，实行按季委托第三方检查，帮助指导企业规范固废管理工作。开展危险废物“动态清零”行动，完善危险废物监管信息系统，提升危险废物规范化管理水平，确保危险废物规范化管理考核抽查合格率达到 90% 以上，2018—2020 年累计合法转移处理危废 5000 余吨。

（五）生态保护

1. 严格划定并落实生态保护红线

2017 年 7 月，天台县按照《关于全面落实划定并严守生态保护红线的实施意见》文件要求，积极开展生态保护红线划定工作，在原环境功能区划划定的自然生态红线区基础上，根据《生态保护红线划定指南》，完成了生态保护红线的划定。根据生态保护红线上报审核方案，天台县共划定生态保护红线 16 个，面积共 358.29 平方千米，占天台国土面积的 25.03%。主要包括水源涵养生态保护红线、湿地公园生物多样性维护生态保护红线、生态公益林水土保持生态保护红线、风景名胜区生态保护红线和恐龙遗址保护区生态保护红线五类生态保护红线。严格执行国家、省下发的关于生态保护红线管理的政策文件。

2. 加强重要自然保护地保护修复

严格执行《国家湿地公园管理办法（试行）》《湿地保护管理规定》《浙江省湿地保护条例》及相关法律法规实施保护管理，保护始丰湖湿地生态系统。加快始丰溪国家湿地公园建设，开展安科、鼻下许等区块的湿地修复，进一步改善始丰溪湿地生态环境。

全面实施森林生态效益补偿基金制度，有序推进公益林“阳光工程”平台建设。围绕“森林天台”建设，开展绿化造林和林业资源保护工作。结合绿化造林，在公益林区积极开展林分改造、抚育、生物防火林带建设等项目，以封育改造为主，实施低效公益林的阔叶化改造。2016—2020年，完成平原绿化扩面11269亩，绿化造林18361亩。贯彻落实省委、省政府推进珍贵彩色森林建设和“新植1亿株珍贵树”的意见。成立了珍贵彩色健康林建设领导小组和实施小组，切实加强对珍贵彩色森林建设的珍贵树种造林的领导。2017年编制完成省内首个县级珍贵彩色健康森林建设规划即《天台县珍贵彩色健康森林建设规划（2016—2020）》，2016—2020年完成彩色健康森林建设191739万亩。

3. 加强重点生物物种资源保护

“十三五”期间，天台县严格落实天台县林地保护规划、天台县生物多样性保护规划、天台县湿地保护规划、始丰溪国家湿地公园总规、天台县古树名木保护方案等一系列重要规划设计，全面开展各项重点动植物保护工作。根据天台县重点动植物的分布特点，建立了华顶常绿阔叶林自然保护小区和华顶云锦杜鹃自然保护小区。开展珍稀濒危动植物保护，开展了大雷山区夏蜡梅现状调查，顺利完成濒危野生植物天台鹅耳枥种苗培育和异地扩种工程。加强对古树名木的保护，成立了天台县古树名木保护工程领导小组，完成天台县古树名木“一树一策”的普查工作，公布古树名木保护名单，明确管护责任。2017年按照上级部署，在全县范围内组织开展清网行动、利剑行动等专项排查活动，严肃查处破坏森林资源和野生动植物资源案件。

（六）应对气候

工作机制日臻完善。根据结合机构改革文件要求，承接了发改局的应对气候变化职责，并调整完善局内部科室的工作职责，由环境影响评价与综合规划管理科负责归口管理天台县应对气候变化工作。碳减排工作稳步推进。严格落实《台州市“十三五”应对气候变化规划》《台州市“十三五”控制温室气体排放实施方案》。开展温室气体清单编制工作，全面掌握我县温室排放气体排放总量与构成情况，以及主要行业、重点企业和区域温室气体排放分布状况，通过分析研究，把握关键排放源，为我县分解落实碳排放强度下降目标提供基础性依据。目前已完成2016—2018年度台州市各领域温室气体清单报告编制，并在浙江省气候变化研究交流平台完成填报和通过审核，2019年编制工作已委托开展。截至2018年底，“十三五”碳强度累计下降4.29%。积极开展低碳试点工作，在全县选择一批具有良好的低碳工作基础、减碳潜力较大、有一定示范带动作用的主体积极开展低碳示范创建工作，其中桥南社区成功创建省级低碳示范试点。

（七）能力建设

1. 生态环境监测水平稳步提升

抓好环境监测站规范化建设，提升环境监测能力。建设完成负氧离子监测站2个，定期对陈旧在线监测设备进行更新，目前拥有监测仪器设备61台。全面推进环境自动监测站建设，2个环境空气质量监测站均已实现24小时连续自动监测；加强自动站管理和建设。督促第三方运维公司做好空气、水质自动站运维管理，及时做好自动监测数据有效性审核和质量控制制度。完成国控断面里石门水质自动站和始丰湖清新空气自动站建设并投入运行。完成黄龙水库水质自动站升级改造工作（增加生物毒性仪、采水系统改造）。完成华顶公益林生态定位站建设并投入运行。

2. 生态环境执法能力不断提高

以中央环保督察问题整改和省环保督察之机，严厉打击各类环境执法行为，“十三五”期间开展了“零点行动”“铁拳”专项行动、“清废行动”“蓝天保卫战”等一系列专项行动，涉及各类环境违法犯罪行为打击，环保违法违规建设项目全面清查，企业环境安全风险检查、传统污染产业整治提升等各个方面。不断完善环境信访快速反应机制，切实提高信访调处的效率和质量，高质量完成中央生态环保督察迎检各项工作任务，实现信访交办件全市最少（天台共 24.2 件，占全市 4.67%）目标。辖区内未发生因环保问题引发的群体性事件及赴京进省上访事件。

3. 企业污染监管水平不断提升

加强污染源在线监测监控。对 19 家重点污染源排放企业安装在线监测监控设备，推进重点企业自行监测及环境信息公开，督促、指导企业及时全面进行自行监测信息公开，省厅自行监测信息公开平台上企业自行监测信息公开率均达 96% 以上。严格落实台州市排污单位自行监测监督检查方案相关要求，以排污单位自行监测方案制订、自行监测开展和自行监测信息公开情况为重点，组织环境监察大队、环境监测站及相关专家对全县共 22 家取得排污许可证及台州市重点排污单位开展排污单位自行监测监督检查工作，目前其中 21 家均满足检查要求，剩余 1 家已在积极完善。

（八）“十三五”期间生态环境保护大事记

1. 台州市生态环境局天台分局正式成立

根据《台州市机构改革方案》要求，天台县于 2019 年撤销了天台县环境保护局，组建台州市生态环境局天台分局，作为台州市生态环境局的派出机构，统筹天台县生态保护与污染防治，统一行使生态和城乡各类污染排放监管与行政执法。2019 年 4 月 9 日，台州市生态环境局天台分局正式成立并举行揭牌仪式。

台州市生态环境局天台分局除了原有天台县环境保护局的职责外，还增加了发改局的应对气候变化和减排职责、国土局的监督防止地下水污染职责、水利局的编制水功能区划、排污口设置管理、流域水环境保护职责等与环保相关的职责，把原分散在不同部门的同一领域或相关领域的事务进行了合并，职能范围再次扩大。本次机构调整既是推进生态文明建设中体制机制上的创新，也是对创新、协调、开放、绿色、共享五大新发展理念的落实。

2. 开展第二次全国污染源普查

根据《全国污染源普查条例》（国务院令第 508 号）、《国务院关于开展第二次全国污染源普查的通知》（国发〔2016〕59 号）、《浙江省人民政府关于开展第二次全省污染源普查的通知》（浙政发〔2017〕10号）等相关精神要求，天台县普查办在台州市普查办的领导和部署下，从2017年起开始开展第二次全国污染源普查工作，至2019年完成，为期两年。主要工作包括普查准备、宣传发动、全面入户普查、数据审核上报和初步汇总分析等，本次普查范围包括工业源、农业源、生活源、集中式污染治理设施，移动源等，调查有效掌握了天台县各类污染源的数量、行业和地区分布情况，了解了主要污染物的产生、排放和处理情况，建立健全了重点污染源档案、污染源信息数据库和环境统计平台，为制定社会经济发展和环境保护政策、方案打下了坚实的底层数据基础。

3. 成功创建国家级生态文明建设示范县

天台县于2019年正式获得第三批国家生态文明建设示范市县荣誉称号。

十八大以来天台以习近平生态文明思想为指导，坚持绿水青山就是金山银山的发展理念，以“八八战略”为指引，基于自然禀赋、文化特色以及传统优势产业转型和三产融合发展要求，坚持全域大花园建设是发展之基，扬自然生态之长，全面提升城乡颜值；坚持美丽经济带建设是富民之本，机制创新科技引领，推进优势产业绿色发展；坚持文化示范区建设是自信之源，大力提升和合文化软实力，弘扬生态文明理念；把生态文明建设融入经济、政治、文化、社会建设各方面和全过程，逐步走出了一条适合天台特色的生态文明建设之路。

三、“十三五”环保重点项目完成情况

天台县“十三五”环境保护规划共设重点项目30项，涉及治污水、治气治霾、土壤治理、生态保护、风险防控、监控能力建设等6个方面，截至2020年12月，已完成重点项目22项，剩余无法完成的8项项目中，原因涉及资金人员影响的有4项，涉及项目可行性有待分析的2项，涉及项目取消的2项。

天台“十三五”环境保护规划重点项目完成情况表

类别	序号	名称	建设内容	预计能否完成	备注
治污水	1	里石门水库饮用水源保护工程	1. 根据里石门水库泥沙分布规律展开清淤工程，在里石门库尾、田芯村、寒山湖村建设河漫滩湿地净化系统 1700 亩； 2. 编制《里石门水库库区道路运输应急预案》和《里石门水库渡轮运输应急预案》并配置必备的应急物资、器材以及应急实验仪器设备设施； 3. 建立水库三维水动力学一水质模型； 4. 建立库区农业面源模型； 5. 实施底泥污染物释放模拟实验； 6. 每年两次开展两县交接断面的水质、底泥、土壤、环境生物的特征污染物检测； 7. 建立覆盖库尾、陆域一级保护区分界线、大坝取水区域、左右岸主要支流汇入区五个月度监测点位； 8. 开展天台县供水一体化工程二期建设	否	里石门水库已成为天台县主供水源地，为避免影响水质，底泥污染物释放模拟实验，水库三维水动力学一水质模型，库区农业面源模型等项目开展的合理性科学性有待分析。
	2	杨柳河河道综合整治	清淤、生态修复	已完成	—
	3	东坑河道综合整治	清淤、生态修复	已完成	—
	4	梅坦坑流域综合治理	清淤、拆违、截污、绿化、生态修复	已完成	—
	5	长湖坑河道综合整治	生态修复、截污纳管	已完成	—
	6	苍山污水处理厂	一期占地 17 亩，处理能力 5000 吨 / 天，主要为三合镇、坦头镇、洪畴镇的部分村庄和苍山产业集聚区内的企业提供服务	已完成	—
	7	天台污水处理厂三期扩建	处理能力提升 4 万吨 / 天	已完成	—
	8	天台污水处理厂提标改造工程	出水标准提升到地表水水质准Ⅳ类标准	已完成	—
	9	世行贷款城乡生活污水处理设施及管网建设	165 个行政村实施分散式生活污水处理系统的建设；进一步完善小城镇污水处理厂和管道的建设	已完成	—
	10	新建生猪屠宰场	年处理量暂定 20 万头，初步选址位于赤城街道 104 国道原收费站附近	已完成	—
	11	生态养殖小区建设	平桥镇养殖小区、雷锋乡养殖小区、福溪街道养殖小区、白鹤镇养殖小区、龙溪乡养殖小区已经在建，街头镇养殖小区目前正在规划阶段，规划用地面积约 208 亩	已完成	—
	12	畜禽配套公共设施建设	病死动物无害化处理设施。	已完成	—
治气治霾	13	浙江金丰生物科技有限公司余能利用热电联产项目	2×0.3 万千瓦燃煤背压热电新建	否	因投资计划变更，项目已取消
	14	橡胶园区热源点建设	2×0.6 万千瓦燃煤背压热电新建	已完成	—
	15	热电在役机组烟气超低排放改造	天台石梁热电机组烟气超低排放改造	已完成	—
	16	坡塘化工区内医化企业整体搬迁	主要搬迁企业天新药业、天台药业	已完成	—
	17	电镀企业整体搬迁	整合目前全县 6 家电镀企业为天台振华表面处理有限公司，落户在福溪街道新龙园村，占地约 48 亩。	已完成	—
	18	天台县重点行业 VOC 治理	主要涉及医化、表面处理、塑料制品、橡胶制品、汽车零部件等行业，约 48 家企业	已完成	—
	19	天台县大气污染源调查	污染源类涵盖电厂、工业锅炉、炉窑、工艺过程、移动源、生活源、扬尘源、储运源、废弃物处理源、农业源等，并且十三五期间每年进行一次大气源清单的数据库更新工作	否	经费有限，2018—2019 年已完成第二次全国污染源普查工作

续表

类别	序号	名称	建设内容	预计能否完成	备注
土壤治理	20	固废处理设施	建设垃圾焚烧发电及配套工业固废处理设施，处理生活垃圾 600 吨 / 日	已完成	—
	21	天台县危险废物调查	对天台县危险废物的产生、收集、运输和处置过程进行全面调查，调查包括工业园及服务行业，如 4S 店、医疗机构等	已完成	—
	22	医化及电镀企业对土壤污染问题的研究及修复	医化及电镀企业整治搬迁后对土壤污染问题的研究及修复	否	项目可行性需要再探讨
生态保护	23	天台县国家级生态文明示范区建设	1. 国家级生态文明示范区规划编制； 2. 国家级生态文明示范镇创建，15 个； 3. 国家级生态文明示范村创建，8 个； 4. 连续三年指标核算和支持台账整理	否	国家层面关于国家级生态文明示范村、镇创建申报工作在 2018 年已暂停
	24	始丰溪国家湿地公园生态建设提升工程	按国家湿地公园保护和建设要求规划和建设，改善水环境及生态环境，种植彩色健康林、修建滨江休闲道	已完成	—
风险防控	25	应急物资储备体系	建立县应急物资、设备储备中心，并与社会应急物资、应急设备互为补充的体系，规模：具备处置区最大石化企业较大突发环境事件能力	已完成	—
	26	专业化应急救援队伍	针对天台县行业特点，建立种类相对齐全的社会化、专业化应急救援队伍和专家队伍，规模：具备处置较大突发环境事件能力	已完成	—
监管能力建设	27	始丰溪数字化模拟	在水文、气象、污染源排放发生重大变化时对始丰溪水质变化及趋势做出精准判断，为决策提供科学依据	否	资金影响，暂未启动
	28	环境监察标准化能力建设	根据全县环境监察标准化建设标准建设要求，配足配强环境监察人员；配齐暗管探测仪、车载 GPS 卫星定位仪等装备设备；建立和完善相关制度，完善办公设施设备	否	人员受编制影响配置不足
	29	环境监测站标准化建设	根据全县环境监测标准化建设标准建设要求，配足环境监测人员；完善监测设施设备	已完成	—
	30	智慧环保管理平台	天台大环保信息管理平台建设	否	资金影响，暂未启动

四、“十三五”规划指标体系评估

天台县“十三五”规划指标体系含 26 项指标，分为约束性指标 8 项和预期性指标 18 项两大类。根据 2020 年数据核算，8 项约束性指标均已完成“十三五”目标值要求。18 项预期性指标中，15 项指标已完成“十三五”目标值要求，剩余 5 类重金属污染物排放量下降比例指标，国家未下达明确任务；国家级以上生态文明示范镇创建比率，因国家层面关于国家级生态文明示范镇创建工作在 2018 年已暂停，该指标无法推进完成；饮用水源地建立水质生物毒性预警监测系统指标，因饮用水源地标准化建设中未要求建设该工程，且天台水源地从未爆发有关藻类的相关水质污染，故目前除县级以上饮用水源地外无相关建设计划。

天台“十三五”环境保护规划约束性指标体系评估情况

指标类别	序号	指标名称	2015 年指标值		2020 年现状值			2020 年目标值	评估情况
水环境	1	地表水省控以上断面水质好于III类的比例(%)	100		100			100	完成
	2	地表水交接断面水质平均达标率(%)	100		100			100	完成
	3	劣V类水质断面比例(%)	0		0			0	完成
	4	合格饮用水源地的创建比例(%)	100		100			100	完成
大气环境	5	细颗粒物(PM2.5)浓度(ug/m3)	39		W22			35	完成
	6	全县AQI优良率(%)	91.9		99.4			≥92	完成
土壤环境	7	耕地土壤环境质量达标率(%)	未获取		98.13%(台州市)			90	完成
总量控制	8	按照浙江省“十三五”总量控制指标执行	COD	12.4 吨	减排率	COD	34.54%	15%	完成
			氨氮	9.26 吨		氨氮	25.03%	15%	完成
			SO_2	13.34 吨		SO_2	28.75%	15%	完成
			NO_X	4.62 吨		NOx	25.65%	15%	完成
						VOCs	820.71 吨	500 吨	完成

天台“十三五”环境保护规划约束性指标体系评估情况

指标类别		序号	指标名称	2015 年指标值	2020 年现状值	2020 年目标值	评估情况
放射源		1	废旧放射源收贮率(%)	100	100	100	完成
污染源管理	大气	2	天台县控重点废气污染源监督性监测达标率(%)	100	100	100	完成
	水	3	天台县控重点废水污染源监督性监测达标率(%)	100	100	100	完成
		4	集中式污水处理厂达标率(%)	100	100	100	完成
		5	城市生活污水集中处理率(%)	86.7	98.86	93	完成
		6	农村生活污水治理行政村覆盖率(%)	80	100	95	完成
		7	规模化畜禽养殖场整治达标率(%)	未获取	100	90	完成
	噪声	8	城市区域环境噪声等效声级(dB(A))	50.1	44.7	＜55	完成
	固废	9	农村生活垃圾无害化处理率(%)	98	100	≥98	完成
		10	工业危险废物无害化利用处置率(%)	100	100	100	完成
		11	城市污水处理厂污泥无害化处置率(%)	未获取	100	90	完成
		12	医疗废物规范收集和处置率(%)	100	100	100	完成
	重金属	13	5 类重金属污染物排放量下降比例(%)	未获取	铬减排 38kg	未下达	——
环境风险防控		14	建立环境应急物资储备体系	—	基本建成	基本建成	完成
		15	饮用水源地建立水质生物毒性预警监测系统	—	未建成	基本建成	未完成
生态保护		16	受保护国土面积占天台县国土面积比率(%)	35	40.47	≥35	完成
		17	国家级以上生态文明示范镇创建比率(%)	0	创建工作已暂停	80	创建工作已暂停
		18	公众对生态文明建设的满意度(%)	未获取	88.08	≥80	完成

第二章 “十四五”生态环境保护形势

一、存在的机遇

（一）领导政府高度重视

习近平总书记和党中央对“十四五”生态环境保护和规划编制高度重视，亲力亲为，亲自关心，在多次会议和讲话中，作出重要批示，要求系统谋划好“十四五”生态环境保护规划。天台县国民经济和社会发展第十四个五年规划和二〇三五年远景目标纲要已基本完成，天台发展要把生态环境保护摆在突出位置，充分挖掘生态优势和文化底蕴。这都为天台县“十四五”生态环境保护提供有力的决策支持。

（二）环境多方共治格局将加快形成

2020 年 3 月初，中办国办联合印发了《关于构建现代环境治理体系的指导意见》，是在部门领域，党中央审议印发的第一个关于治理体系的指导意见，同年浙江省委、省政府办公厅紧跟印发了《关于加快推进环境治理体系和治理能力现代化的意见》。意见不但体现了中央对生态环保的重视，而且首次明确界定了环境治理体系中各主体的职责定位，即“党委领导、政府主导、企业主体、社会组织和公众共同参与”，进一步明确各主体的权责利，为“十四五”天台生态环境保护制定相关的配套制度措施，充分发挥各主体作用提供了有力的制度保障。

（三）天台生态环境保护基础扎实

天台生态环境本底优良，目前境内Ⅴ类小微水体已全部剿灭，地表水环境功能区达标率稳定在100%，百步交接断面水质达到Ⅱ类水标准，集中式饮用水水源地水质达标率稳定在 100%；2020 年环境空气质量优良率为 99.4%，PM2.5 浓度为 22 微克／米^3，空气质量明显提升；固废污染防治切实加强，废弃物综合利用及处置比例达 95% 以上，不存在矛盾突出的全域性环境问题。

近几年，随着生态文明思想的深入和环保督察的深入，天台各级干部和群众的生态文明意识有较大提高，县域跨部门联动配合有较大改善，生态环境治理体系和治理能力不断提升，环保队伍不断壮大，监测、执法能力手段不断升级。这都为天台县“十四五”生态环境保护重点协调解决局部环境问题和防范环境风险提供有力的基础保障。

（四）“两山”转化改革助推绿色发展

当前国际国内形式复杂多变，党中央提出构建以国内大循环为主体、国内国际双循环相互促进的新发展格局，强大内需特别是消费需求，将大大促进我县绿色产品需求和绿色产品供给能力的提升。我国已经向国际社会作出了 2030 年前二氧化碳排放达到峰值的目标与努力争取于 2060 年前实现碳中和的愿景。浙江省是“两山”理论的发源地，天台生态环境优美，文化底蕴深厚，绿色发展优势明显，潜力巨大。“十四五”是天台不断拓宽“两山”转化通道，推进文化、旅游、健康深度融合，全面落实美丽中国、乡村振兴战略和全省大花园建设行动部署，推进全域大花园建设，推动生态产品价值转化和高质量绿色发展，将碳达峰、碳中和纳入生态文明建设整体布局，把“美丽风景”变成“美丽经济”，建设展示人与自然和谐共生、生态文明高度发达“重要窗口”示范样板的一个良好契机。

二、面临的挑战

习近平提出要以辩证思维看待新发展阶段的新机遇新挑战，生态环境保护亦是如此。天台“十四五”环境保护的新形势、新机遇也必将带来新挑战。

（一）生态环境保护整体形势依然严峻

天台传统行业以机电、橡塑、汽车用品、产业用布、医药健康等为主，能源结构以煤炭消耗为主，运输结构以公路运输为主，与大多数地区一样，产业结构、能源结构和运输结构目前未发生根本转变，生态环境结构性、根源性、趋势性的压力仍未得到充分缓解，资源环境承载能力正逐步接近上限的趋势没有根本改变。虽然三产比重逐年上升，但经济发展和资源能源消耗以及污染物排放间尚未实现实质性的脱钩。

（二）生态环境改善潜力空间不断缩窄

天台“十三五”期间，已完成全域Ⅴ类小微水体剿灭工作，环境空气质量优良率从91.9%提高到99.4%，PM2.5浓度从39微克/米^{3}下降到22微克/米^3，成效巨大。“十四五”期间是全面推进结构调整和绿色发展的关键时期，一方面末端治理、环境监管和减排潜力变小，边际效应下降，生态环境改善潜力空间不断缩窄，生态环境质量持续改善将更加有赖于结构调整和绿色发展。另一方面，构建新发展的格局也存在潜在不确定因素，新技术新产业的发展，也可能对生态环境带来新的潜在压力。

（三）治理体系和治理能力无法适应现状环境问题

“十三五”期间，天台的整体环境保护工作对固定源和集中排放的管控有了较大提升，取得了较好成效，如污水处理终端的提标扩容，燃煤锅炉的淘汰和清洁化改造等。但随着VOCs、臭氧等新环境问题的不断出现，现有的治理体系和治理能力与环境问题和解决问题的手段和要求产生了较大差距，也侧面反映出了政府、企业、公众全社会齐抓共管的环境管理格局尚不够成熟，各级各部门的责任体系有待健全，全县各环境要素的监测网络有待完善，数字赋能提升智治水平有待深入等不足。如何有效管控VOCs、臭氧等非固定源，有效遏制“跑冒滴漏”，采取行政和经济相结合的有效管理手段，是“十四五”期间天台生态环境治理体系和治理能力现代化推进过程中，要重点解决的问题。

第三章　规划总则

一、指导思想

以习近平新时代中国特色社会主义思想为指导，全面贯彻落实党的十九大、十九届二中、三中、四中、五中全会精神和浙江省重大战略部署，发挥浙江“三地一窗口”的优势，面向美丽中国建设目标，保持战略定力，坚持新发展理念，以建设“现代化和合之城”为总目标，以生态优先、绿色发展为导向，建立可持续生态产品价值实现机制，高标准开展生态环境保护，高质量构建绿色转化通道，高水平推进治理体系和治理能力现代化，为全面开启彰显天台特色的社会主义现代化建设新征程奠定生态环境基础，为浙江“努力成为展示习近平生态文明思想和美丽中国建设成果的重要窗口”作出天台贡献。

二、基本原则

坚持绿色发展。以碳达峰目标和碳中和愿景为引领，把生态环境保护主动融入经济社会发展全过程，科学合理布局生产、生活和生态空间，加快构建绿色低碳的产业体系、能源体系和综合交通体系，有效控制重点领域温室气体排放，推动生产生活方式绿色低碳转型。

坚持全域推进。要以国家级生态文明建设示范县、国家森林城市、国家卫生城市、全域“无废城市”等全域示范创建为抓手，从全局出发，全域统筹规划、全域合理布局、全域集中整合资源、全域推进治理工作。使生态环境保护从部门行为向政府统筹推进转变，从局部环境问题应对向全域生态环境短板提升转变，全面改善整体生态环境质量。

坚持精准施策。要结合各乡镇（街道）不同的经济社会发展特点、自然地理本底特征及差异化的生态环境问题，改变过去“一把尺子量到底”“一个措施插到底”的做法，对不同区域、不同行业，针对性地开展污染防治研究和出台有针对性的措施。进一步突出精准治污、科学治污、依法治污，完善落实生态环境保护的责任机制，形成分级负责、齐抓共管的生态环境保护格局。

坚持协同治理。要强化生态环境统筹保护和协同治理，既要在前期做好生态环境保护规划与各部门规划统筹编制推进，也要在实施中做好生态环境保护治理与经济社会治理相统筹，生态保护修复与环境治理相统筹，城市治理与乡村建设相统筹，环境治理、生态修复、应对气候变化相统筹，做到预防和治理结合，减污和增容并重，合理安排好温室气体减排与水体污染、大气污染、土壤污染和固体废弃物等减排工作的协同推进。将生态环保工作与和谐社会建设更加密切地结合起来。

坚持社会共治。构建党委领导、政府主导、企业主体、社会组织和公众共同参与的现代环境治理体系。明确党委领导职责，建立科学合理的考核评价体系和责任追究机制；加强政府政策引导力和决策科学性，加强生态环境保护干部队伍建设；加强相关制度安排，促进企业绿色转型，提高企业履行治污减排主体责任的内生动力，充分运用市场化手段，鼓励企业主动参与环境治理和生态建设；利用新技术新手段，畅通社会组织和公众参与环保监督的机制，不断提高公民的环境保护意识，引导公众向绿色低碳、文明健康的生活方式转变。

第四章　规划目标和指标体系

一、规划目标

规划到 2025 年，天台生态环境质量持续改善，生产生活实现生态良性循环，经济增长和污染物排放逐步“脱钩”，环境风险得到全面管控，山水林田湖草的服务功能稳定恢复，美丽城市、美丽乡村、美丽田园、美丽河湖的空间形态基本形成，基本满足人民对优美生活的环境需要，县域生态环境治理体系和治理能力现代化取得重大进展，生态文明建设水平与基本实现社会主义现代化建设目标相适应。

二、指标体系

天台生态环境保护“十四五”规划指标体系，坚持面向美丽中国的建设目标，指标选取以改善生态环境质量为核心，在与“十三五”环境保护规划及相关污染防治行动计划、生态文明建设规划保持衔接的同时，充分衔接“十四五”国家、省、市层面的各项指标。指标选取基本实现生态环境各个要素，各个领域全覆盖，按照可监测、可评估、可分解、可考核原则，确保工作安排、任务落实和技术环节无缝对接。

天台县生态环境保护“十四五”规划指标

指标性质	指标类别	序号	指标名称	2020年值	“十四五”目标	评估情况
约束性指标	环境质量	1	县控以上断面达到或优于III类水质比例(%)	100	100	延续
		2	细颗粒物(PM2.5)平均浓度(ug/m3)	22	≤20	延续
		3	空气质量优良天数比例(%)	99	≥97	延续
		4	受污染耕地安全利用率(%)	95.96(台州市)	≥95	延续
		5	污染地块安全利用率(%)	100(台州市)	≥95	延续
	污染减排	6	化学需氧量排放量五年下降比例(%)	34.54	完成上级下达任务	延续
			氨氮排放量五年下降比例(%)	25.03		延续
			氮氧化物排放量五年下降比例(%)	25.65		延续
			挥发性有机物削减量	820.71吨		延续
	生态保护	7	森林覆盖率(%)	70.44	70.49	新增
	绿色发展	8	单位GDP二氧化碳排放(吨/万元GDP)	0.55(2019年)	完成上级下达任务	新增
		9	单位地区生产总值能耗(吨标准煤/万元)	/	完成上级下达任务	新增
预期性指标	环境质量	10	“千吨万人”饮用水水源地水质优良比例(%)	100	100	新增
		11	水环境功能区水质达标率(%)	100	100	新增
		12	省控地表水交接断面水质达标率(%)	100	100	延续
		13	地下水质量达到或优于IV类水比例	100	100	新增
		14	中度污染天数比例(%)	0	基本消除	新增
		15	一般工业固体废物综合利用率(%)	97(2019)	≥98	新增
		16	危险废物安全处置率(%)	100	100	新增
	生态保护	17	新增“美丽河湖”数量(个)	—	完成上级下达任务	新增
		18	生态保护红线	358.29平方公里	功能不降低、面积不减少	新增
		19	河湖岸线保有率(%)	—	完成上级下达任务	新增
	环境风险防控	20	重、特大突发环境事件	未发生	不发生	新增
		21	县控以上地表水环境质量自动监测覆盖率	11.1	100	新增
	绿色发展	22	非化石能源占一次能源比例(%)	—	完成上级下达任务	新增
		23	“零碳”单位建设数量	—	完成上级下达任务	新增

注：指标18生态保护红线的面积，目前自然资源部门正在调整完善中，最终根据自然资源部门正式批准实施后的面积为准

第五章 重点任务

一、绿色低碳发展，推进应对气候变化工作

以绿色低碳发展为导向，全面加强应对气候变化、经济高质量发展和生态环境高水平保护工作统筹融合。持续推动产业结构和农业投入结构调整，倡导绿色低碳生活方式，探索生态价值转化，实施碳达峰行动，有效控制温室气体排放，不断增强生态环境质量改善的内生动力。

（一）构建产业绿色发展格局

将“三线一单”作为产业布局和结构调整、城乡建设、重大项目选址的重要依据，充分发挥生态环境功能定位在产业布局结构中的基础性约束作用。大力推动产业数字赋能，深入实施“5G+ 工业互联网”，重点培育智能仪表、通信系统设备、智能装备等数字经济核心产业，努力建设台州“中国工业 4.0 标杆城市”的绿色增长极。整合机电、橡塑、汽车用品、产业用布四大汽车配件产业资源，做强做大“大车配”产业。发挥中药制造优势，打造高端中药制造基地。扎实推进生物医药产业发展，加快中药新药、生物化学新药研发生产，做强医疗器械产业，大力发展以医药保健为龙头的医药健康保健制造业，做精做优“大健康”产业。深入实施循环经济“991”行动计划升级版，深化天台经济开发区及乡镇工业园区循环化改造。深化小微企业园省级试点建设，以亩均效益和结果导向推进平桥、白鹤、坦头和三合等镇街工业区和老旧工业点转型优化，打造“一园一业”特色鲜明的主题小微园体系。

（二）提升现代生态农业发展

严守永久基本农田保护红线，推进高标准农田建设和土地整理，持续改善生产条件，强化农业综合生产能力，到 2025 年，高标准农田面积比重达到 80% 以上。优化农业结构，抓好抓实“肥药双控”，大力发展生态农业、绿色养殖。完善绿色导向的现代农业标准体系建设，推动绿色农产品加工业质量管控，建成全域无公害、绿色、有机农产品生产基地。推进养殖生产清洁化和产业模式生态化，严格执行畜禽养殖环境准入与退出制度，优化调整畜禽养殖布局。加强农业面源污染治理和农产品产地环境监测，推进农业循环利用体系构建。构建现代智慧型农业产业体系，加快推进农业“机器换人”，大力推广高效植保、肥水一体化等设施装备，大力推进现代农业数字化转型，提升农业生产管理手段。

（三）倡导绿色低碳生活方式

以《“美丽中国我是行动者”提升公民生态文明意识行动计划（2021—2025）》为指引，加强生态环境保护宣传教育，建立健全以生态价值观念为准则的和合生态文化体系。推动建立绿色产品标准、认证、标识体系，推进企业开展节能低碳产品认证和标识，提高衣、食、住、行、用、游等重点领域绿色低碳产品的有效供给。倡导绿色装修，优先选用成型装饰材料，建筑装饰、室内装修使用水性涂料和胶黏剂。倡导低碳生活，推广普及节水、节能器具，强化阶梯水价、阶梯电价、阶梯气价的运用，引导居民自觉减少能源和资源浪费。推行绿色包装，限制商品

过度包装。倡导绿色低碳出行方式，积极推进绿色低碳综合交通网络建设，大力发展城市公共交通、自行车和步行等绿色出行方式，提高绿色出行比例。充分发挥好新闻媒体传播作用、先进典型示范作用、文明行为准则约束作用，用好重大环保主题纪念活动、绿色系列创建载体，营造绿色生活氛围。

（四）控排温室气体推进碳达峰

围绕碳达峰目标和碳中和愿景，根据上级要求，严格落实能源、工业、交通、建筑等重点领域的达峰专项行动方案。推进能源低碳转型，稳步控制煤炭消费总量，大力发展清洁能源和绿色建筑，持续推进企业低碳化改造，提高能源利用效率。探索分行业率先达峰，持续推进能源、交通、废弃物处理等领域碳减排工作，鼓励大型企业，特别是大型国有企业制定二氧化碳达峰行动方案。继续推进天台温室气体清单核算，加强氢氟碳化物等非二氧化碳温室气体排放管理，构建重点区域、重点行业温室气体监测体系，提升大气二氧化碳、甲烷等主要温室气体监测、污染源温室气体排放量核算、燃料元素分析等能力，研究制定温室气体排放达峰方案。开展重点领域低碳技术科技攻关和推广应用，鼓励推进碳捕集利用和封存技术等示范工程。到2025年，单位国内生产总值二氧化碳排放完成上级下达的任务。以桥南社区等省级低碳示范试点为基础，开展“零碳”政府机关、“零碳”社区、低碳工业园区等多层级“零碳”体系建设。探索建设碳中和示范区。鼓励推广应用“碳标签”，争取列入低碳认证永久会址。

（五）提高应对气候变化能力

根据台州市应对气候变化总体布局，加强气候变化风险评估，强化市政、水利、交通、能源等基础设施气候韧性，重点提高农林牧渔业、城市管网、水利设施等领域应对气候变化的适应能力。加大生态系统保护修复力度，提升地质灾害易发、水土流失等气候敏感区、生态脆弱区的气候适应能力。建立健全气候防灾减灾体系，加强气候灾害的监测评估和预测预警，完善气候灾害应急预案体系和响应工作机制。结合天台山国家森林公园、始丰溪湿地公园等天台优质生态系统，提升区域内森林、土壤、湿地等生态用地的碳汇功能，探索生态系统碳汇试点建设。争取建设联合国气候大会交流实践考察基地。

（六）探索生态价值转化通道

深度融合一、二、三产业，协调彰显生产、生态、生活功能，发挥天台山、浙东唐诗之路等文化在生态价值转化中的助力作用，打造生态系统产品价值、生态调节服务价值和生态文化服务价值实现示范点。全域开展生态系统生产总值GEP核算评估，绘制生态产品价值底图，建立GEP核算定期评价、校验和发布机制。强化核算结果进规划、进决策、进项目、进交易、进监测、进考核“六进”应用机制。将生态产品价值量纳入政府年度考核目标和领导干部自然资源资产离任审计制度内容。推动建立跨市、县生态补偿机制，建立与“绿色指数”挂钩的生态环保财力转移支付制度，根据经济社会发展进度动态调整补偿标准，重点完善里石门水库流域、始丰溪湿地等生态补偿机制。完善市场化、多元化生态补偿，探索“谁污染谁治理、谁破坏谁恢复”的市场化生态补偿机制。探索建立生态产品交易机制，大力推进生态资产、生态产品交易。推动实施生态产品与用水权、用能权、排污权、碳排放权等环境权益的兑换机制，拓宽市场化实现路径。积极开展“两山银行”试点，培育发展“两山公司”等市场主体。探索生态产品抵押贷款、绿色金融债券发行，建立绿色资产证券化机制和生态基金池。

二、加强“三水”统筹，持续改善流域生态环境质量

严格落实《天台县“十四五”水生态环境保护规划》，按照“一点两线”有效统筹水资源、水生态、水环境，以水生态环境质量改善为核心点，污染减排和生态扩容两手发力，统筹水资源利用、水生态保护和水环境治理。

（一）切实提高水资源保障能力

明确天台境内始丰溪、慈圣溪、大同溪、泳溪、界溪等流域干流及主要支流的生态流量（或生态水位）底线，并严格执行水资源开发利用控制红线和水功能区限制纳污红线。在传统水文学方法核算生态流量阈值的基础上，在部分生物群落退化的河段，选择合适的微生物类群作为生态流量保护目标，探索建立基于河流生态功能逐步恢复的水文—生态响应模型，构建与生态流量适应性管理技术体系，并开展了生态效果评估。保障河道生态用水需求，推动部分被挤占的河流生态用水逐步得到恢复，联通小微水体，推进流域内水系连通，进一步优化里石门水库等水利枢纽工程调度，维持始丰溪生态基流，提高水体流动性和自净能力。根据天台县节水型社会建设要求，实行水资源消耗总量和强度“双控”，开展工业节水、农业节水、生活和城镇公共节水、节水型载体创建等节水工作。逐步推广中水回用和分质供水，推动水资源循环利用。

（二）加快推进水生态修复建设

以始丰溪国家湿地公园为重点，严格落实始丰溪国家湿地公园生态保护红线管控要求，尽可能减少始丰溪两岸工程建设对水体环境的影响，同时根据“三线一单”管控要求，完善流域水源涵养区内的空间管控。开展里石门水库等重点流域生态缓冲带划定与生态修复建设，逐步提高河湖岸线保有率，构建氮磷养分拦截沟渠、生态围堰、植草沟等多梯度生态缓冲拦截区。推进污水处理厂尾水末端等重要节点生态湿地建设，探索始丰溪苍山倒溪汇入处建设人工湿地可行性，有效削弱城市污水处理厂和苍山污水处理厂污水排放对始丰溪水质影响，提升交界断面水质达标率。开展重要流域水生态健康评估，恢复河岸草地、灌丛，建立良好的河岸生态系统缓冲带；推进水域水生植被恢复，构建健康的水下“森林”生态系统，恢复水生生物完整性，强化渔政管理执法，禁止非法捕捞，逐步推动重要流域生物多样性恢复。全面推进美丽河湖建设。实施“细胞蝶变”建设，开展沟道、坑塘、池塘等水系末端的“毛细血管”小微水体环境综合治理。力争到2025年，构建完善始丰溪流域良性的自然生态系统，始丰溪湿地公园基本满足老百姓景观、休闲、娱乐等亲水需求。

（三）保障饮用水源地生态安全

推进里石门水库、黄龙水库饮用水源地安全保障达标建设，开展里石门水库生态安全评估，结合特征性污染物监测有效防范里石门水库饮用水源安全风险。深入实施农村饮用水达标提标行动，做好“千吨万人”饮用水水源地规范化建设，逐步加强水源地水质自动监测能力建设，有效保障饮用水安全。根据饮用水水源一、二级保护区划分范围，深入开展饮用水水源保护区内各类违法违规污染源的整改工作，加强农业面源的污染治理，严控饮用水水源保护区内开发建设活动，加强农村生活污水治理扩面和提标改造，到 2025 年，饮用水水源保护区内村庄污水处理设施排放标准均达到浙江省农村生活污水处理设施水污染物排放一级标准，

（四）深入开展水环境污染控制

根据天台县实际情况，重点针对交界断面和响岩断面水质稳定达标开展工作，巩固提升工业、农业、城乡各类污染物减排成效，探索补齐面源污染防治短板。强化环保基础设施建设，重点实施二三级污水管网建设、污水泵站建设、区块截污纳管、雨污分流等工程，到 2025 年，城镇污水处理率达到 98% 以上，污水收集率达到 85%，建成与经济社会发展相匹配的污水收集处理系统。全面推进“污水零直排区”建设。加强污水处理厂运行管理和污水源头管控。强化城市、平桥、苍山污水处理厂进水浓度稳定率、出水水质达标率、污水处理厂运行负荷率、污水处理率“四率”考核，健全污水接入服务和管理制度，强化生活污水应接尽接、六小行业等“小散乱”规范管理及沿市政管网私搭乱接溯源执法制度，从源头规范污水接入管理。到 2025 年，所有乡镇级及以上工业园区、所有生活小区达到“污水零直排区”建设标准，全县基本达到其他类“污水零直排区”建设标准。强化工业企业污染管控，建立完善酿酒、表面处理、橡塑、医化等重点行业废水长效监管机制。规范工业园区环境管理，完善工业功能区内雨污收集系统。推进农业农村污染防治，全面提升农村生活污水治理水平，推动城镇污水处理设施和服务向农村延伸，城镇周边平原地区的农村生活污水尽量纳管处理。分批对早期建设的不能稳定达标排放的污染治理设施实施提标改造，开展 30 吨及以上农村生活污水治理设施标准化运维工作，到 2025 年，30 吨及以上设施标准化运维比例达到 100%。深入推进入河排污口排查整治，确保排查范围排污口和暗管应查尽查，整治与建设规范化入河排污口，推进排污水体、入河排污口、排污管线、污染源的全链条管理。重点加强生态保护红线及各类保护区中农家乐、民宿等污水治理力度，规范餐饮含油污水隔油处理，深入推进种植业氮磷生态拦截沟建设，削减农业面源污染。

三、强化协同治理，持续深化大气污染防治

严格落实《天台县大气环境质量持续改善规划》，有效推进 PM2.5 和臭氧的协同防治，聚焦 PM2.5 和臭氧共同的前体物，氮氧化物和 VOCs 的治理管控。在秋冬季大气污染防治行动的基础上，在夏秋季开展针对臭氧的专项行动。有效控制轻度污染天气，稳步提升全县环境空气质量，到 2025 年，主要环境空气污染物浓度全面稳定达到国家空气质量二级标准，其中 PM2.5 年均值

稳定 20μg/m3 及以下，臭氧 8 小时滑动平均值稳定达到二级标准，空气质量优良天数比例保持在 97% 及以上。

（一）推进大气污染综合整治

深化 VOCs 污染专项治理，强调精细化的管理。大力推动低（无）VOCs 原辅材料的使用，重点推进橡塑、机械制造、汽车用品涂装过程中原辅物料的替代，推进工业园区和产业集群集中喷涂、溶剂集中回收、活性炭集中再生等，加强资源共享，提高治理效率，到 2025 年，全部实现金属器材涂装源头替代，基本实现木质器材涂装源头替代，探索开展塑料器材涂装源头替代。加强城市装修和干洗业废气排放规范化整治，严格执行挥发性有机溶剂含量限值标准。根据产业用布、表面处理、橡塑、医化等 VOCs 重点行业的自身产业特点，有序推进 VOCs 综合治理和设施的升级改造，有效提高废气排放企业废气处理设施安装使用率及有效去除率。全力落实“十百千”工程，重点强化天台县医化、涂装、橡胶 3 个重点区域 VOCs 整治“销号”成果。继续深化汽车维修行业整治，加快推进 4S 店及规模较大的（含喷漆工序）汽修厂 VOCs 综合治理，“十四五”期间根据台州市要求加快“钣喷中心”建设。贯彻落实《消耗臭氧层物质管理条例》及其配套制度，深入开展消耗臭氧层物质（ODS）淘汰工作，大幅减少 ODS 的使用量。加强工业炉窑深度治理，全面推进工业炉窑超低排放改造。开展重点领域臭气异味治理，开展城区和工业集聚区块的医化、汽修、废旧塑料再生利用及橡胶加工以及信访投诉企业等臭气异味源的排查工作，全面开展工业臭气异味整治。加强污水处理厂、生活垃圾填埋场、生活垃圾焚烧厂、餐厨垃圾处理厂等集中式污染治理设施的臭气异味控制。

（二）推进细颗粒物和臭氧“双控双减”

不断完善大气联防联控机制，提升相关管控措施的应急响应和落实能力。强化夏秋季臭氧污染应对，建立健全臭氧污染天气预警响应机制，加强 VOCs 分级管控和绩效评估，紧盯重点行业和重点时段，实施分类分区、精准精细的强化减排措施，强化激励和约束并举，引导企业污染源头削减和有序错峰排放，切实减轻臭氧污染天气 VOCs 排放负荷。基于环境绩效，科学制定落实年度秋冬季专项整治行动方案和差异化错峰生产方案。

（三）优化调整能源结构

加强能源消费总量和能源消费强度双控。按照国家省市最新政策措施，严把耗煤新项目准入关，实施煤炭减量替代。按照煤炭集中使用、清洁利用的原则，重点削减非电力用煤，继续推进电能替代燃煤和燃油。实施低硫、低灰分配煤工程，到 2025 年，洁净煤使用率达到 95% 以上。开展燃煤锅炉综合整治和燃气锅炉低氮改造，到 2025 年，全面淘汰 35 蒸吨 / 小时及以下燃煤锅炉和中小型煤气发生炉。大力实施“十四五”期间，国家省市有关清洁能源发展规划和行动计划，按照“宜气则气、宜电则电”原则，积极引导用能企业实施清洁能源代替，提高电力在终端能源消费中的比重。到 2025 年，电力在终端能源消费中的比重完成上级下达任务。着力提高天然气利用水平。在完成辖区内天然气干线管网建设的基础上，重点加强支线管网建设。到2025年，天台城乡居民天然气覆盖率达到60%，加快推进太阳能、风能等可再生能源利用，到2025年，天台清洁能源消费占比提高到45%。推行园区集中供热，配合天台中心城区及周边区域产业布局规划，完善供热基础设施建设，扩大热力供应范围，逐步提高供热质量，完善东西部产业园、莪园、花桃·波楞、坦头、洪三等工业功能区的热网工程建设，逐步消除工业园区（集聚区）集中供热盲点。充分利用园区内工厂余热、焦炉煤气等清洁低碳能源，加强分质与梯级利用，提高能源利用效率。促进形成清洁低碳高效产业链。

（四）完善优化运输结构

积极推广清洁能源和新能源车辆。推广应用节能和以天然气汽车、电动汽车为主的清洁能源运输装备，到2025年，城区公交车全部替代为新能源或清洁能源车辆。加强新生产车辆环保达标监管和在用车排放管理，实现柴油车注册登记前排放检验全覆盖。大力推进国三及以下排放标准营运柴油货车提前淘汰更新，加快淘汰采用稀薄燃烧技术和“油改气”的老旧燃气车辆。到2025年，全面淘汰营运的国三柴油。完善非道路移动源污染排放管控，严格执行非道路移动机械高排放控制区制度。调整优化运力结构，推进运输方式绿色转型，优化铁路－公路－水运相结合的运输模式。强化落实加油站、储油库及油罐车油气回收长效管理机制。提升油品质量，加强对油品销售企业的质量监督管理，严厉打击生产、销售、使用不合格油品和车用尿素行为，加大黑加油站的打击力度。

（五）强化烟尘臭气治理

有效管控建筑施工扬尘，积极推进绿色工地和“阳光施工”创建，严格落实“七个100%”施工扬尘防控制度标准，构建过程全覆盖、管理全方位、责任全链条的建筑施工扬尘治理体系。加强道路扬尘控制，强化重点道路扬尘防治，强化道路工程完工后场地原貌恢复。加强渣土以及砂石、水泥等运输车辆封闭运输的监督管理，建立城乡一体的道路路面保洁机制，提高城镇道路机械化清扫率。到2025年城市主次干道机械化清扫达到100%。深化堆场扬尘治理，工业企业堆场料场应按照“空中防扬散、地面防流失、底下防渗漏”的标准控制扬尘污染。落实建设单位和施工单位扬尘防控责任，加强自动冲洗、自动喷淋、雾炮、洒水等扬尘防控作业。加强露天矿山扬尘综合治理，开展绿色矿山建设质量再提升行动。强化秸秆焚烧卫星遥感监控和高空瞭望，依法严禁秸秆、垃圾等露天焚烧。加强3控制城市餐饮油烟，强化餐饮服务企业油烟排放规范化整治，所有餐饮企业、单位油烟净化装置高效稳定运行，安装率和运行率达到100%。加强恶臭、有毒有害大气污染物防控，加强工业臭气异味治理，推进垃圾处理、污水处理各环节和畜禽养殖场臭气异味控制，提升垃圾、污水处理设施等的恶臭治理水平。

四、建设无废城市，健全固废环境监管体系

严格落实《天台县“无废城市”建设实施方案》，以创建浙江省全域“无废城市”为抓手，推进各类固体废物全过程管理与多部门协同治理，基本实现产废无增长、资源无浪费、设施无缺口、监管无盲区、保障无缺位、固废无倾倒、废水无直排、废气无臭味，努力形成资源节约、环境友好的生产方式和简约适度、绿色低碳的生活方式。打造各类固体废物减量化、资源化、无害化综合管理的“无废天台”新模式。

（一）全面推动固体废物源头减量

按照“布局优化、企业集群、产业成链、物质循环、集约发展”的要求，持续推进行业整治提升和整合入园工作，实现工业园区深度整合、企业高度集聚，提高产业关联度和循环化程度。发挥天台县省级经济开发区引领性作用，加快推进园区绿色循环化改造。深入实施工业转型升级“七化”行动，做好产业减量提质与集聚发展，实现固废产生量的大幅减少。“十四五”期间工业固体废物产生强度逐年下降。绿色生活促进生活垃圾源头减量。星级饭店、大型酒店和连锁餐饮店倡导限制使用一次性消费用品，购物中心、农贸市场等商品零售场所严格落实“限塑令”，减少使用塑料购物袋。开展“净菜进城”“光盘”行动、过度包装等专项整治行动。大力推动装配式建筑，促进建筑垃圾源头减量。“十四五”期间力争实现全县生活垃圾总量零增长。

（二）加快健全固体废物收储体系

加快构建农业废弃物收集贮运体系，全面建立畜牧业与种植业、林业对接的消纳模式，形成畜禽粪污等农业有机废弃物收集、转化、利用网络体系；培育秸秆收集打捆队伍，构建政府扶持、企业主体、专业合作经济组织为骨干、农户参与、市场化运行的秸秆收储运体系；建立健全农药经营环节全过程监管，优化农药废弃包装物回收网点设置，加强全县农药废弃包装物回收归集主体收储仓库的标准化建设；积极构建由政府、农户、企业、社会共同参与的废旧农膜回收利用体系，到 2025 年基本实现废旧农膜回收利用或无害化处理。推动危险废物全过程规范化管理与全面安全管控，充分落实危险废物申报登记、转移联单、经营许可、应急预案备案等各项管理制度，严格落实《天台县小微企事业单位危险废物集中收集试点工作方案》，加强医疗废物监管能力建设，全面推进实验室废物收集处置工作，加快废铅蓄电池、废酸、废油等社会源危险废物收集能力建设，规范收集网络。

（三）提升强化固体废物分类收集

推进一般工业固废收运体系建设，建立健全精准化源头分类、专业化二次分拣、智能化高效清运、最大化资源利用、集中化统一处置的工作模式。提升生活垃圾分类投放体系建设，规范设置分类收集容器和投放点。创新垃圾回收模式，探索“互联网 + 再生资源回收”模式，形成垃圾回收的协同机制和集成效应。逐步扩大强制垃圾分类范围，稳步推进宾馆、饭店、购物中心、超市、农贸市场等相关企业强制分类工作。强化示范引领，推进生活垃圾分类示范片区建设，高标准完成省、市级高标准分类示范小区创建任务。到 2025 年天台生活垃圾分类收集覆盖率城区、农村均达到 100%。健全垃圾收运模式，科学制定垃圾分类收运方案，明确垃圾收运环节各相关部门职责，落实垃圾分类收运责任。完善建筑泥浆、建筑垃圾管理机制，鼓励建筑废弃物现场分类回收。

（四）全面推进固体废物资源化利用

以汽车内饰边角废料、金属废料、橡胶废料、塑料废料等主导工业企业产生的主要工业废弃物为重点，督促各工业企业严格按环境影响评价要求，开展工业固废的综合利用。建立政府监督、企业付费、第三方运营的工业垃圾资源化利用机制。到2025年基本实现工业企业一般固废趋零填埋和全量资源化。推广养殖废弃物处理和资源化利用新技术，促进畜禽粪污就近就地还田利用。到2025年，畜禽粪污综合利用率达到98.5%以上，化肥使用量负增长。鼓励种植业集中的乡镇以秸秆机械化粉碎还田和能源化利用为重点，推进燃料化、饲料化、基料化等多途径利用，到2025年，秸秆综合利用率达到97%以上。以产业化为导向，以企业为主体，实现可回收物回收利用全覆盖。研究制定财政、土地等政策，支持企业建设再生资源回收利用信息化平台，健全再生资源回收利用网络，合理布局回收网点和分拣中心，建成1个大件垃圾拆解、再生资源分拣中心。全面培育再生资源回收利用企业，培育1～3家龙头企业。加快园林垃圾、建筑（装修）垃圾处置中心的可回收物利用综合体建设。

（五）加快补齐固体废物处理缺口

落实固体废物处置设施建设的主体责任，按照产生情况与处置能力相匹配的原则，统筹推进一般工业固废和危险废物处置设施建设。针对天台县工业垃圾处理能力不足的问题。推进天台县一般工业固废焚烧发电综合处理项目（市政污泥60吨/天、一般工业废物45吨/天）。加强生活垃圾处置终端建设，进一步提升末端处置能力。在完成天台县生活垃圾焚烧项目建成投运的基础上，同步推进飞灰处理场建设和存量垃圾清理工作。2021年底前完成生活垃圾填埋场生态化改造。确保县餐厨垃圾处理站稳定运行，实现生活垃圾焚烧处理设施和餐厨垃圾处理设施全覆盖，形成全流程闭环。到2025年年底，全县生活垃圾回收利用率达到60%以上。继续完善小微企业和乡镇医疗机构危险废物统一收集工作，进一步规范危废运输，解决小微产废企业危险废物和医疗固废收集转运不及时、处置出路不通畅问题，统筹分析论证在县域内建设危废经营处置单位的可行性，并做好相关调研论证工作。

五、实施分类防治，有效保障土壤环境安全

坚持预防为主、保护优先和风险防控，加快构建土壤和地下水污染“防控治”体系，完成台州市“十四五”期间下达的，有关土壤安全利用和风险管控的相关工程项目，着力消除突出污染风险隐患，有力保障“吃得放心、住得安心”。

（一）加强土壤污染源头综合防治

稳步实施土壤污染防治行动计划，从源头控制新增土壤污染，推进土壤污染状况调查，进一步摸清家底，配合台州市加快推进土壤环境监管体系建设。2021年年底前，将土壤污染重点监管单位全部纳入排污许可证统一监管，督促企业全面落实有毒有害物质排放报告、污染隐患排查、用地土壤和地下水自行监测、设施设备拆除污染防治等法定义务。全县各重点工业园区按要求制定土壤风险管控和地下水污染分区防治指导意见，持续推进重点企业、重点园区“四化四架空三隔离”和防渗改造试点建设。

（二）实施农用地土壤分类管理

根据全省耕地土壤环境质量类别划定结果，分类落实农用地土壤优先保护、安全利用和严格管控。将优先保护类耕地纳入永久基本农田，实行严格保护，确保“十四五”期间优先保护类耕地面积不减少。对安全利用类耕地，全面实施以“水肥调控、阻隔剂施用、低累积作物培育”为主要模式的安全利用措施。推进轻中度污染耕地安全利用工作，深入开展轻中度污染耕地安全利用技术研究，不断提高农产品合格率；继续探索生物修复等措施，逐步降低土壤中污染物浓度；对拟开垦为耕地的土壤，提出污染状况调查和分类管理任务。

（三）落实建设用地风险管控和修复

严格执行《台州市重点行业企业用地土壤环境监督管理办法》《台州市污染土壤治理修复类项目实施管理评估办法》等文件要求，推动实施一批污染地块管控和修复重点工程，坚决杜绝“毒地”开发。推动建设用地土壤环境监管与国土空间规划监管的衔接，严格落实管控和修复名录制度，整合疑似污染地块、污染地块和用途变更为敏感用途地块，统一纳入建设用地土壤污染风险管控和修复名录进行分类管理。严把建设用地开发利用环境安全准入关，推动现行“净地开发”向“净地收储”转变，将土壤环境保护目标和土壤污染防治要求纳入各级规划、建设工程规划和施工许可证全过程监管流程。

（四）推进土壤和地下水污染协同防治

持续推进重点工业园区、企业土壤地下水环境风险隐患排查工作，制定隐患排查方案，对废水收集管网、处理设施、固废及危废贮存场所等土壤及地下水环境风险隐患点位进行全面排查，针对问题提出整改方案。开展重点区域地下水环境状况调查，根据调查评估结果实施风险管控或治理修复工程，对存在风险的安全利用类和严格管控类农用地，联合农业农村和自然资源部门共同制定污染防治方案。推进重点区域防渗改造试点区建设，到2025年，完成垃圾填埋场、医化园区等重点地下水污染防治试点的示范建设工作。

六、坚持底线思维，统筹防范生态环境风险

加强底线思维，进一步加强重金属、有毒有害化学物质、噪声、辐射、危险化学品管控等方面的环境风险管控，重点关注生产、生活中的环境风险和高危物质，建立环境安全隐患排查网络与风险监测评估体系。

（一）严控重点领域环境风险

强化区域开发和项目建设的环境风险评价，对涉及有毒有害化学品、重金属和新型污染物的项目，实行严格的环境准入把关。完善涉重金属重点行业企业清单，持续推动重点区域重金属污染减排。深化提升尾矿库污染整治，建立健全尾矿库污染防治长效机制。强化环境安全隐患排查治理，完善重大环境风险源企业名录，完善隐患问题录入、督办、销号的全过程管理。以企业监管为落脚点，做好始丰溪、三茅溪、苍山倒溪等主要河流周边工业企业、工业集聚区环境和健康风险的调查和评估工作，建立重大问题发现机制，实施动态预警，加强医化等重点行业企业环境风险防控和预警，推进重大环境风险企业投保环境污染责任险。

（二）加强重点区域噪声污染防治

全面落实《天台县声环境功能区划》，严格执行各类声环境项目准入要求。加强交通噪声污染控制，合理划定建筑物与交通干线的噪声防护距离，推进高速公路、铁路等重要交通干道两侧噪声敏感点隔声设施建设，针对等效声级超标的路段，可通过低噪声路面材料及技术的应用、提升路面平整度、种植绿化带等综合措施降低道路交通噪声。提高绿色建筑发展要求，强化声环境质量控制，大型公共建筑需严格落实绿色建筑相关规范允许的噪声级和隔声标准。完善施工噪声、工业企业噪声高效管理机制，重点强化高噪声设备管理，规范生产作业时间管理要求，加强安全文明施工生产信用管理机制，严格落实噪声污染执法。严格控制加工、维修、餐饮、娱乐等社会生活噪声污染，制定公共场所噪声控制规范、加强宣传，防止社会生活噪声扰民。

（三）强化核与辐射环境安全监管

强化工业企业及医院放射源和放射性废物的安全管理，实现放射源安全监管目标，确保不发生放射源丢失、被盗等安全事故。加强放射性废物和废旧放射源监管，保障城市放射性废物库安全运行，确保废旧放射源收贮率100%。加强移动基站、高压输变电系统的电磁辐射检测管理，落实上级关于5G通信、电力等行业的监督性监测任务，确保电磁相关设施设备达标合法运行，促进全县电磁辐射项目合法、健康发展。

（四）有效加强危险化学品管控

有效管控储存场所安全风险，加强库存安全管理，杜绝私自改造专用仓库、储罐等违法行为，建立危险化学品出入库核查、登记制度，严禁在危险化学品超量储存、违规混存、违规装卸等现象。督促企业切实落实安全生产主体责任，按照危险化学品企业安全风险隐患排查相关标准规范，全面开展自查自改，确保紧急切断、安全联锁、消防设施等安全设置正常。落实危险化学品安全生产风险监测预警，加大对危险化学品企业罐区、仓库等储存场所的监控。由应急管理局牵头，全面开展危险化学品领域安全风险排查和隐患治理，重点加强涉及重大危险源的危险化学品企业罐区、仓库等储存场所安全监管，有效防控危险化学品系统性安全风险。

（五）健全突发环境事件应急机制

严格落实《天台县突发环境事件应急预案》，切实做好全县突发环境事件防控和处置工作。

进一步完善重要饮用水源地、医化等重点工业园区的突发环境事件应急预案，做到三年一更新，构建完善的突发环境事件应急管理机制。推进企业应急预案管理，做到应编尽编。建立健全环境安全隐患排查治理制度，完善建立隐患排查治理档案，积极开展各类突发环境事件应急演练，进一步提高防范和处置突发环境污染事故的实践能力。依托台州市环境应急指挥管理平台，统筹推进环境应急处置规范化建设，建立健全环境应急预案动态管理机制，加强环境应急队伍和装备专业化配置。完善应急、公安、消防、水利、交通运输、生态环境等跨部门环境应急协调联动机制，有效整合和共享应急资源，提高联合协调行动和快速处置能力，真正实现统一调度、单位联动、资源共享、快速响应、高效处置。加强与周边市及市内各区域间的应急管理工作交流与合作，共同提升应对和处置跨区域突发环境事件的整体水平。

七、加强生态修复，提高生态环境承载能力

统筹环境治理和生态保护，加强生态监管。强调自然生态环境整体性、系统性保护，重点强化生态空间分区管控，加大生物多样性保护力度，逐步扩大环境容量，提升承载力。

（一）强化生态空间分区管控

加快推进生态保护红线划定落实工作，充分应用生态保护红线勘界定标成果，确保生态保护红线精准落地，为生态保护红线长效管理奠定基础。严格落实《生态保护红线管理办法（试行）》和“三线一单”为基础的生态环境空间管控。坚决打击违法违规挤占生态空间行为。加快自然保护地体系建设，配合自然资源部门做好自然保护地和生态保护红线调整工作，完成自然保护地整合归并优化，按照统一规划政策标准制定，统一监测评估，统一执法监督，统一追责问责的“四个统一”要求，深入推进自然保护地监管，持续开展监督检查专项行动，制定自然保护地生态环境监管制度，完善自然保护地人类活动遥感监测和实地核查，建立健全自然保护地问题台账系统。加强现有各类法定保护地的规范化建设，严格按照相关法律法规对保护地内的人类活动进行监管，实现生物资源的就地保护。

（二）扩大自然生态承载容量

加强自然生态安全空间建设，根据天台县域自然社会条件、森林植被分布状况、城市空间现状与规划布局、森林廊道现状等特点，构建以始丰溪两岸生态绿带为核心，东北、西南水源涵养为重点，县城及主要乡镇外围连续环形森林绿地为屏障的景观生态安全格局。完善城乡绿地系统建设，以始丰溪为主脉络，重点建设始丰湖公园，加快城市绿道建设，着力打造沿溪景观带；扎实推进森林天台建设，深入推进珍贵彩色健康森林建设、平原绿化和森林扩面提质；加强生态公益林保护与建设，实施生态公益林示范提升工程，改善大气扩散条件，增加森林、湿地的碳汇功能，提升自然生态承载力。坚持保护优先、自然恢复为主，统筹山水林田湖草系统治理，因地制宜实施自然生态修复工程。积极推进废弃矿山修复、水生态修复、垦荒复绿等自然生态修复工作，遏制生态空间破碎和孤岛化趋势。

（三）加强生物多样性保护

不断强化生物多样性保护工作，配合台州市编制《台州市生物样性保护行动指南》并严格落实，开展县域动植物本底资源调查，掌握本底资料。以濒危物种为重点开展生物遗传多样性保护；以天台特有野生动植物为重点开展森林生物多样性保护；以始丰溪流域，特别是始丰溪国家湿地公园为重点，开展流域水生生物多样性保护工作，推进形成点线面有机结合的生物多样性保护网络。对具有极大保护价值动植物分布的区域，制定科学合理的保护计划。推进生物多样性监测，逐步完善生物多样性数据库。通过大数据和物联网技术的应用，逐步构建天台重要自然保护地的生物多样性监测与预警体系，对区内珍稀动物的数量和活动状况进行远程监控，严厉打击非法盗猎行为。加强入侵有害生物防控和转基因生物安全管理。加强宣传教育，增强主人翁意识，加强共管机制，激发广大群众参与保护野生动植物资源的热情，提升人与自然和谐相处的良好城市形象。

（四）加强生态文明示范创建

加强生态文明示范创建和“绿水青山就是金山银山”转化典型示范培育，巩固国家生态文明建设示范县创建成功，加强创建动态管理，形成生态创建的长效机制和品牌效应。加大“绿水青山就是金山银山”实践创新基地创建力度，在古村落、特色小镇、高新企业和园区等重点区域和单位，培育一批“绿水青山就是金山银山”转化示范点。“十四五”期间，成功创建成为“绿水青山就是金山银山”实践创新基地。

八、深化改革创新，推进生态环境治理能力现代化

加快推进生态环境治理体系和治理能力现代化，把制度优势转化为治理效能，形成全社会共同推进环境治理的良好格局。“十四五”期间，天台县以“最多跑一次”改革和生态环境机构监测监察执法垂直管理制度改革为牵引，以数字化转型为重点，开展生态环保“绿网”数字治理工程建设，有效提高环保管理水平。到2025年，环境治理体系和治理能力现代化取得明显进展。

（一）提升生态环境监管监测能力

以垂改为契机，明确落实部门、乡镇、企业间的环保职责，增加环保人员编制，加强乡镇（街道）、工业集聚区等基层环境执法监管队伍建设。加大基层关于水生态、大气污染、土壤和固体废物移动检测设备配备，充分发挥在线监控、卫星遥感、无人机、无人船、走航车、声呐、红外等科技手段的支撑作用，提升环境执法监管能力及效率。加快建设覆盖全域的全方位水气声自动监测系统，完善饮用水源地水质自动监测站建设，推动县控以上地表水环境自动监测和预警系统建设，以始丰溪为重点构建国控断面的智慧水质预警系统，加强对臭氧、VOCs等新型污染物的监测，旅游景区和部分乡镇加大清新空气（负氧离子）监测网络建设，推进工业园区及乡镇级环境空气监测站建设，建立橡胶、医化等重点行业企业智能化环保监管系统。探索建立土壤与地下水环境监测数据库和预测预警系统。构建区域生态环境资源共享数据库，实现各级各类监测数据互联共享，加强生态环境在线监测数据分析利用，初步建立天地一体、上下协同、信息共享的现代化生态环境监测体系。

（二）推进生态环境治理数字化转型

以政府数字化转型为契机，建设天台县生态环境保护综合协同管理平台。建立健全跨部门跨区域协同机制，将生态环境相关监测数据归集于“一张网”，建立污染源数字化档案库。构建“1+N”的业务应用层体系，建立固废污染源重点名录全过程监管、企业“环保码”信用评价、企业自巡查、环保管家、环境应急预警、生态环境空间管控、生态文明建设等模块，设置始丰溪流域数字治理、企业数字监管、“两山”实践生态价值转化等特色应用场景。整合“一张图”展示环境质量、污染源排放、环境执法、环境应急、固体废物转移、环境信访等业务专题。建立数字化应用辅助决策系统，完善大数据辅助决策长效机制，持续提升及时感知、智能预警、精准溯源、协同管理的生态环境智慧治理能力。

（三）建立健全环境问题发现机制

拓宽线索发现渠道，通过政策激励、法制宣传等，鼓励和引导群众发现并通过电话、信函和网络等方式反映环境违法行为，促进环境问题社会共治。健全举报奖励制度，制定实施生态环境违法行为举报奖励办法。构建以环境信用评价为基础的分级分类差别化“双随机、一公开”监管模式，切实提升问题检出率，推进问题导向环境污染防治。强化现场巡查机制，落实乡镇（街道）和各工业园区管委会环境污染问题发现职责，发挥网格员环境污染问题巡查管理作用，开展网格员生态环境保护业务培训。提高污染源监控覆盖率，到2022年年底前，实现所有工业园区污水雨水总排口水质、周边主要河道水质和园区空气质量监控设施安装联网全覆盖，实施监控信息分级分类预警管理。加强环境质量、监测监控、举报投诉，以及排污单位用水、用电、用能等数据资源关联分析，制定污染线索排查、污染问题识别的指标与规则，强化环境污染风险分析研判。

（四）创新生态环境污染防治模式

大力推行环保数字化转型和集成式改革。持续推进环境治理领域“最多跑一次”改革，逐步扩大“区域环评 + 环境标准”改革覆盖面，建立以亩产排污强度为基础的环境准入制度，加快推进排污许可证“一证式”管理改革。建立排污企业环境信用评价管理平台，根据信用评价等级对失信企业实行全覆盖的诚信约束，对守信企业采取激励性措施，进一步激发企业自我环境管理意识。规范环境治理市场秩序，推行环境污染第三方治理，探索环境综合整治托管服务模式改革试点，实行按效付费。加大环境治理金融扶持，创新绿色信贷、绿色保险、绿色发展基金等金融产品，进一步推行排污权交易制度。加强环境保护财税激励，完善主要污染物排放财政收费制度，建立与“绿色指数”挂钩的生态环保财力转移支付制度，完善里石门水库流域等生态补偿机制。持续深化“三服务”活动，完善企业环保咨询日制度，建立健全生态环境技术帮扶机制。

第六章 保障措施

一、强化组织领导，推进规划实施

加强组织领导，落实责任，重点任务层层分解到年度计划，认真实行生态环境保护和美丽天台建设年度考核目标责任制。强化生态环境保护工作的统一监督管理，全面形成政府负责、部门联动、企业主体、公众参与、环保统一监管的工作氛围和工作机制，加强部门协调，明确部门职责和任务，全面落实生态环境保护各项工作任务。

二、加大资金投入，拓宽融资渠道

把生态环境保护作为公共财政支出的重点，健全生态环境财政预算支出制度，改革节能环保财政账户，全面建立生态环境质量改善绩效导向的财政资金分配机制，切实提高财政资金的使用效益。完善绿色金融政策。探索建立绿色债券融资奖励制度绿色产业企业上市奖励制度，在重污染高风险行业推行环境污染强制责任保险。深化绿色税费价格政策改革。深化生态补偿制度改革。

三、加强科技支撑，提高治理能力

大力支持生态环境科研，探索培育建设环保科技创新平台。加大污染防治技术研发和推广力度，加强生态环境保护人才交流协作全面对接高校和科研院所，引进人才和教育资源，推动科研资源共享、人才培养、技术成果转化等合作，进一步提高环境治理能力。

四、健全考核机制，实施规划评估

建立规划实施评估考核机制，及时评估总结规划确定的目标指标、重点任务和重点项目等落实情况。在2023年年中和2025年年底，分别对规划执行情况开展中期评估和终期考核，对评估考核结果进行通报，并向社会公开。规划实施进展成效和考核结果作为对党政领导班子和领导干部综合考核评价的重要依据。

五、加强宣传引导，倡导公众参与

完善绿色传播网络，多渠道、多媒体宣传生态环境保护规划，定期公布环境质量、项目建设资金投入等规划实施信息，确保规划实施情况及时公开。面向不同社会群体加强环境宣传教育和培训，开展各类生态环境保护公益活动。积极营造全社会共同关注与监督生态环境保护的良好氛围。完善环境新闻发布制度，建立重大事项舆情发布评估制度。

第七章 重点项目

坚持问题导向，以问题带任务、任务定项目，项目定责任；坚持质量导向，根据环境质量改善目标设定项目，“十四五”期间主要在八大领域实施35项重点任务。其中绿色低碳发展工程类8项（详见附表7-1），共计109.695亿元；水生态环境保护工程类共11项（详见附表7-2），共计25.4152亿元；大气环境保护工程类3项（详见附表7-3），共计2.86亿元；土壤污染防治工程类 1 项（详见附表 7-4），5500 万元；固废污染防治工程类 6 项（详见附表 7-5），共计 2.2975 亿元；自然生态环境保护工程类 3 项（详见附表 7-6），共计 1.98 亿元；生态环境保护能力建设类 1 项（详见附表 7-7），8000 万元；生态环境保护制度创新类 2 项（详见附表 7-8），共计 2500 万元。

绿色低碳发展工程项目清单

序号	项目名称	项目内容	项目类别	计划投资	“十四五”目标	评估情况
1	天台抽水蓄能电站项目	蓄能电站项目由 4 台单机容量 42.5 万千瓦机组组成，总装机容量 170 万千瓦	温室气体协同减排	1020000	县水利局 县发改局	2021—2026
2	现代农业园区产业化、数字化建设项目	以大棚农业、物联网农业(数字农业)、现代农机设备等技术手段为依托，围绕园区企业发展、园区基础设施建设与环境绿化和园区加工业发展，建设高效、优质、安全的现代农业园区，包括园区数字种植基地和智能温室(大棚)建设、园区部分基地数字化提升工程、园区产业化转型项目以及园区配套基础设施建设与环境绿化工程等	低碳产业发展重点工程	10000	现代农业园区管委会	2021—2025
3	天台大琼台景区建设项目	含天台山大瀑布景观工程和天台大琼台景区配套设施项目。其中天台大瀑布景观工程包括瀑布恢复、水系改造、生态修复、绿化工程及景区游步道等工程建设。天台大琼台景区配套设施项目包括排污管道铺设、绿化工程、生态停车场建设、服务用房建设等	低碳产业发展重点工程	17900	文广旅体局 县旅游集团	2021—2025
4	乡镇特色农文旅融合发展项目	包括平桥镇易筋经旅游风情小镇建设项目，洪畴镇明岙区生态旅游建设，三合镇宝华田园综合体建设，三州乡石岭产业特色片区建设，田辽及上坑区域生态农业综合体建设，泳溪乡绿色香米产业和香茗、香榧观光旅游，南屏乡七彩梯田建设，龙溪乡笔架山田园综合项目等子项目	低碳产业发展重点工程	24500	文广旅体局 各有关乡镇（街道）	2021—2022
5	和合文化、诗路文化品牌建设工程	和合文化艺术园建设项目：在现在九九回归林公园里增添一个现代和合艺术园，开发部分天台山文化主题雕塑，改造公园内和合坛，征集设置全国反映和合主题的当代文创作品，包括建设影视孵化园，开发旅游演艺。 和诗路文化博览馆项目：装修布展主体博览馆，新建露天诗路长廊、浙东唐诗之路文化展示、唐诗文化学习体验、VP 体验、“穿越时空、重走诗路 7D 体验”等项目	低碳产业发展重点工程	5500	和合办	2021—2025
6	国土绿化和森林康养产业发展项目	包括国土绿化珍贵彩色健康森林建设、国土绿化和森林康养景区建设、国土绿化和森林康养基地建设、国土绿化和森林康养古道建设等	森林碳汇工程	2050	自然资源和规划局	2021—2025
7	新能源汽车短时租赁项目	建设内容包括：购置 400 辆新能源汽车用于短时租赁及网络配套设施建设	温室气体协同减排	5000	县交通集团	2023—2030
8	天台县全域智能充电系统建设工程	建设内容为在天台县全县范围内建设由公共快充场站、中型场站、小型及微型场站共同构建成为天台全县域的智能充电网络	温室气体协同减排	10500	县交通集团	2021—2030

绿色低碳发展工程项目清单

序号	项目名称	项目内容	项目类别	计划投资	"十四五"目标	评估情况
1	天台县石梁镇污水处理厂项目(一期)工程	建设规模包括:新建污水处理厂1座,处理能力1500吨/日,新建建筑面积176平方米;新建污水一体化成品泵站2座;污水重力流输送管道d400—d600,2.6km;污水压力流输送管道dn160,0.52km等。建设内容包括进水泵房、调节池、一体化MBR设备、磁混凝沉淀池、污水一体化成品泵站、污水输送管道及配套用房建设	污水处理厂建设和改造	3000	石梁镇人民政府	2021—2025
2	天台苍山污水处理厂二期扩容项目	二期扩建扩容至1.5万吨/天,拟建工业废水预处理设施,生化处理综合池,尾水深度处理设施建设,以及配套污泥处理设施等内容建设。达到河道清洁排放标准	污水处理厂建设和改造	7000	住建局 天台经济开发区管委会 市生态环境局天台分局 国资事务中心 水务集团	2021—2025
3	西部污水一体化项目	天台、磐安两地联动,共同确定污水治理方案。天台拟扩建平桥污水处理厂二期工程,新建51公里一、二级排水主干管和2座污水提升泵站	污水处理厂建设和改造	15000	住建局 水务集团 各有关乡镇(街道)	2021—2025
4	农村生活污水处理设施提标改造项目一期工程	对30个村的农村生活污水处理设施管网以及终端进行提标改造	农村生活污水治理提标改造	2900	住建局 水务集团	2021—2025
5	农村生活污水处理设施标准化运维建设工程	对所有日处理量30吨及以上的设施进行标准化运维设施建设,包括211个设施周边通道、护栏、设备房、标识牌等附属设施的新建或提升改造	农村生活污水治理标准化运维	420	住建局 水务集团	2021—2025
6	重点污染企业及低效企业有序退出项目	对洪畴镇内所有企业进行评估分类,对效益低下并污染严重企业一律进行关停,并对原有工业用地进行改造提升,吸引优质企业入驻	工业企业整治工程	600	市生态环境局天台分局 洪畴镇人民政府	2021—2025
7	天台农田生态沟渠系统建设项目	新建或改造5条农田氮磷生态拦截沟渠,通过实施沟渠清淤和湿地化改造、堤岸迎水面立面复绿、绿色防控植物、透水石笼护坡湿地、布设抗冲刷型生态浮床、沉水植物、相应环保设施、智能在线水质监测设备等工程措施	农业面源污染治理工程	500	农业农村局	2021—2025
8	天台华统年出栏10万头生猪规模养殖场粪污治理专项建设工程	包括污水处理、有机肥发酵罐及排污纳管管网建设三部分。计划建造粪污处理设施8000平方米,购置有机肥发酵罐17只,污水管网3000米,污水处理设备1套	畜禽养殖污染治理工程	2200	农业农村局	2021—2025
9	农村饮用水提标工程	在三洲乡新建一座联村水站用于东坑村、牌门村、黄润坑村(黄润坑村、寺家山)、五星村(水澎村、柿树岗、岭脚王村)、下屋村、州丰村(蒋家店 村、上眠犬村、下施村)、柘溪村(市罗村、白岩山)、三友(柿树湾)村的饮用水,水源为洋磨坑水库	饮用水水源保护工程	734	水利局	2021—2025
10	天台县重要河道生态改造和流域综合治理项目	1、台州市椒江治理工程天台始丰溪段包括治理河道、新建加固堰坝、建设引水入村工程、建设巡查绿道、新建引水入村水闸、修复滩地、新建水位站、水质监测站、信息管理系统等; 2、赭溪生态提升改造项目,赭溪沿线景观带,南起寒山路西侧三角绿地,北达国赤路。 3、秀溪流域综合治理工程,总长约1.6公里,包括河道治理、堤防加固、绿道景观、亮化、沿岸房屋立面改造等建设; 4、始丰溪流域平桥段环境综合治理工程:计划投资1.6亿,包含始丰溪南岸休闲滨江绿道工程、王里溪友谊路以北河道整治、平镇街村双湖公园和咨溪滨江道路建设工程。 5、香鱼基地河道修复工程,包括泳溪村-灵坑村河道修复和大智外溪-岩下蒋河道修复; 6、琼台景区水源地综合整治工程,包括浪水溪水库道路修建、清淤、堤坝及周边河岸生态修复等工程,白沙溪人工湖、绿道及周边河岸生态修复等基础设施项目	河湖岸线修复工程	207548	水利局 湿地管理中心 天台山旅游休闲集聚区管委会 各有关乡镇(街道)	2021—2030
11	农村水利和美丽河湖建设项目	开展水库除险加固、山塘综合整治、河道综合整治等,打造生态水系、美丽水景、亲水空间。计划完成19座水库除险加固,完成21座山塘整治,完成县级河道整治6km,打造美丽河湖3条	水生态修复	14250	水利局	2021—2025

大气环境保护工程项目清单

序号	项目名称	项目内容	项目类别	计划投资（万元）	责任单位	建设年限
1	红石梁综合供汽改造提升项目	将现有20吨供汽炉改造提升为75吨，以满足企业用汽需求，淘汰弱后且污染严重的小锅炉	产业结构调整	20000	发改局	2021—2025
2	天台县洪畴镇橡胶企业污染整治"一企一策"实施方案	对天台县洪畴镇区域内所有橡胶企业进行现场调查，编制环保再提升"一企一策"方案，并根据整改落实情况，补充相关资料，完善"一企一策"档案资料	工业废气治理	800	市生态环境局天台分局 洪畴镇人民政府	2021—2025
3	医化行业环境保护与资源节约综合利用项目	重点实施废气、废水、废渣处理系统、视频监控系统、自动化控制系统、固废仓库改造等环保整治提升改造工程	工业"三废"治理	7800	市生态环境局天台分局	2021—2025

土壤污染防治工程项目清单

序号	项目名称	项目内容	项目类别	计划投资（万元）	责任单位	建设年限
1	全域土地综合整治与生态修复工程	推进园地还耕地、旱地改水田、中低产田暨高标准农田建设、建设用地复垦等项目，建设实施农用地综合整治与建设用地复垦	土地整治	5500	自然资源和规划局 农业农村局	2018—2025

固废污染防治工程项目清单

序号	项目名称	项目内容	项目类别	计划投资（万元）	责任单位	建设年限
1	瀚佳活性炭建设项目	在天台县洪三橡塑工业功能区建设活性炭再生利用项目和废催化剂再生利用项目，其中建设2条10000吨/年的活性炭再生线及1条年产5000 吨的蜂窝炭及颗粒炭生产线，年处理废活性炭2万吨，年产再生活性炭8640吨；再生利用废催化剂300吨/年	危险废物处置设施建设	6700	市生态环境局天台分局	2021—2025
2	再生资源回收项目	在岩头旺填埋场区域建立一个再生资源回收项目	一般工业固废处置设施建设	3500	商务局	2021—2025
3	天台县生活垃圾应急及固化飞灰填埋场工程	在天台县三合镇亭头村仰遮山建设总用地面积91950平方米的应急生活垃圾填埋区和飞灰填埋区，设计总库容为12.5万㎥，飞灰填埋区设计使用年限为10年。建设内容包括填埋库区工程、挡坝工程、边坡处理工程及道路等附属工程	飞灰处置能力建设项目	6470	行政执法局	2021—2025
4	隔水江生活垃圾填埋场生态修复工程	填埋场封场建设内容包括垃圾堆体整形、封场覆盖与防渗系统、地表水导排系统、渗滤液导排系统、浓缩液回灌系统、填埋气体导排处理系统、封场绿化、垂直防渗帷幕等	生活垃圾处置设施建设项目	4000	行政执法局	2021—2022
5	第四垃圾中转站建设工程	在平桥镇建设第四垃圾中转站，项目规划总用地面积约1805平方米，建造垃圾处理用房一幢，建筑面积约168平方米	生活垃圾处置设施建设项目	305	平桥镇人民政府	2021—2023
6	分拣加工中心建设项目	建设1 家大件垃圾拆解、再生资源分拣中心	生活垃圾处置设施建设项目	2000	商务局	2021—2025

自然生态环境保护工程项目清单

序号	项目名称	项目内容	项目类别	计划投资（万元）	责任单位	建设年限
1	天台县森林系统保护工程	1. 森林城市建设：开展天台县国家森林城市建设，达到国家森林城市创建标准； 2. 古树名木保护：对全县范围古树，开展保护工作； 3. 一村万树行动：建设一村万树示范村 10 个，推进村 95 个； 4. 松材线虫病防治：清理全县范围松树病死木，对重点区块松林注射免疫剂	森林系统保护工程	11850	自然资源和规划局	2021—2025
2	天台县生物多样性调查	1. 天台县野生动物资源本底调查：全面查清天台县域范围内野生动物种类，国家重点保护野生动物数量与分布以及野生动物资源保护及受威胁情况。在野外调查的基础上，形成调查报告、野生动物名录、野生动物(尤其是重点保护物种)影像资料； 2. 天台县野生植物资源本底调查：全面普查区域范围内高等植物的种类，其中高等植物具体包括苔藓植物、蕨类植物、裸子植物和被子植物。开展重点物种调查，清查区域内有重要保护价值的野生植物资源，包括种群数量、分布、生境状况、生长状况，以及受胁情况和保护现状等； 3. 天台县水生生物调查：调查里石门水库和始丰溪国家湿地公园浮游植物、浮游动物、底栖动物、水生植物等种类和结构	生物多样性保护工程	650	自然资源和规划局 市生态环境局天台分局	2021—2025
3	始丰湖工程(含始丰溪综合治理一期工程)	市政道路约 151600 平方米，硬质铺装约 105500 平方米，景观及配套设施建筑面积约 18425 平方米，绿地 931075 平方米，水工驳岸约 6000 米；始丰溪新 104 国道大桥至始丰二桥段河道综合治理 2.89 公里，建设 50 年一遇防洪堤 5.54 公里、护岸 6.84 公里	湿地系统保护工程	7300	住房和城乡建设局 始丰溪国家湿地公园开发保护中心	2021—2025

生态环境保护能力建设项目清单

序号	项目名称	项目内容	项目类别	计划投资（万元）	责任单位	建设年限
1	生态环保“绿网”数字治理建设工程	包括覆盖全域的全方位水气声自动监测系统建设、综合协同平台建设(含生态环境大数据网络建设、PC 端系统及手机 APP 的双端软件建设、平台业务应用开发运行项目)、环境地图和特色应用场景建设(含环境监管、在线监控、环境质量、生态文明建设成果、“两山”实践示范基地建设成果等专题图和多维度数据分析图)三大模块	环境治理能力现代化建设	8000	市生态环境局天台分局	2021—2025

生态环境保护制度创新项目清单

序号	项目名称	项目内容	项目类别	计划投资（万元）	责任单位	建设年限
1	生态产品价值转换和治理能力现代化实现机制研究	1、出台开展 GEP 核算的相关政策； 2、探索出台生态产品市场化交易相关政策； 3、探索出台县级以上饮用水源生态补偿相关政策； 4、其他推进生态资产保值增值和社会多元共治的相关政策等	生态价值转化政策研究	1000	发改局 市生态环境局天台分局 自然资源和规划局	——
2	自然资源统一确权登记项目	包括开展自然保护区、自然公园等自然保护地确权登记，开展江河湖泊等水流自然资源确权登记，开展湿地自然资源确权登记，开展探明储量的矿产资源确权登记，开展森林自然资源确权登记。天台县华顶国家森林公园、黄龙水库、宝华林场、苍山顶林牧场、里石门水库、始丰溪(主干水域)、龙溪水库、天台山国家风景名胜区、龙穿峡省级森林公园、始丰溪国家湿地公园等区域	自然资产确权	1500	自然资源和规划局	2021—2023

天台县人民政府办公室
关于印发《天台县始丰溪绿色科创走廊规划（2021—2025 年）》的通知

天政办发〔2021〕36 号

各乡镇人民政府、街道办事处，县政府直属各单位：

《天台县始丰溪绿色科创走廊规划（2021—2025 年）》已经县政府第四十八次常务会议研究通过，现印发给你们，请认真贯彻落实。

天台县人民政府办公室

2021 年 11 月 15 日

天台县始丰溪绿色科创走廊规划
（2021—2025 年）

前 言

天台县位于浙江省中东部，自然风光绮丽，生态环境优美，以佛宗道源、山水神秀著称，是“和合文化”的发源地之一，拥有国家级风景名胜区、国家 AAAAA 级旅游景区、国家级生态县、中国绿色发展与生态建设优秀城市等国字号“金名片”。近年来，天台县科技事业快速发展，科技企业、创新平台、创新载体等以始丰湖为中心，沿始丰溪、常台高速和 S323 集群集聚，形成了“L”字形分布的空间格局。

当前，新一轮科技革命和产业变革加速演进，在双循环新发展格局和长三角一体化战略深入实施等背景下，天台迈入高铁时代黄金期、科创驱动提速期、上市赋能高峰期、诗路文化建设期和绿色发展关键期，“十四五”期间亟须在创新驱动、产业培育、开放合作、项目攻坚等领域集中力量干好一批大事要事。

建设天台县始丰溪绿色科创走廊，是天台县发挥生态优势和人文优势，加速创新人才集聚、科技企业培育、创新成果转化、高技术产业和战略性新兴产业发展的重大战略举措。天台县始丰溪绿色科创走廊以整合后的天台经济开发区和平桥镇工业功能区块为重点，涵盖赤城街道、始丰街道、福溪街道三个街道和平桥镇、白鹤镇、坦头镇、三合镇四个乡镇，构建“一城、三区、多点”的总体格局，通过实施“六链融合”创新提升工程，力争到2025年，企业研发能力、科创资源集聚、新兴产业培育、创新创业环境等方面工作取得明显突破。

为贯彻省市关于科技创新的最新部署，加快形成天台县科技创新引领高质量发展的新局面，根据《天台县国民经济和社会发展第十四个五年规划和二〇三五年远景目标纲要》《天台县制造业高质量发展“十四五”规划》《天台县科技创新发展“十四五”规划》等精神，特编制本规划。

一、建设意义和现状分析

“十四五”时期是天台县经济转型的关键时期，是天台迈入高铁时代黄金期、科创驱动提速期、上市赋能高峰期、诗路文化建设期、绿色发展关键期，科技创新的重要性被空前提高。因此，建设始丰溪绿色科创走廊，对天台县而言具有十分深远的战略意义和现实意义。

（一）建设意义

1. 建设绿色科创走廊是落实创新首位战略的重要举措。

党的十九届五中全会提出“坚持创新在我国现代化建设全局中的核心地位，把科技自立自强作为国家发展的战略支撑”，省委十四届八次全会将努力打造“互联网+”“新材料”“生命健康”三大科创高地列入未来五年规划的主要目标，将创新强省作为首位战略，加快建设高水平创新型省份，充分彰显科技创新在推动全社会发展中的重大作用。在此背景下，天台县谋划建设始丰溪绿色科创走廊，大力发展“6+6”产业体系，是对建设“生命健康”和“新材料”科创高地的有益探索，有利于天台县凝聚科技第一生产力共识，以更高能级的平台集聚县内县外各类科创要素资源，推动全县科技事业取得快速突破，因此是落实创新首位战略的重要举措。

2. 建设绿色科创走廊是融入区域创新格局的重要途径。

2021年天台县人民政府工作报告指出，“十四五”期间要大力实施开放融合计划，开创合作共赢新局面，全面接轨大上海，加速融入长三角，积极承接产业溢出，支持企业参与长三角产业分工，推动一批产业项目落户天台。建设始丰溪绿色科创走廊，通过整合平台资源，全面提高天台县的平台能级，增强高新产业项目的承载能力，有助于推动天台更好地融入长三角合作。同时，天台县位于杭州都市圈、温州都市圈和宁波都市圈的中间位置，建设始丰溪绿色科创走廊，优化域内创新环境，将助推天台在区域融合发展中导入大城市科创资源，成为增强科创资源沿常台高速向天台流动吸引力的重要途径。

3. 建设绿色科创走廊是“台州湾科创走廊”的重要支点。

随着长三角G60科创走廊、广深科创走廊、杭州城西科创大走廊、武汉光谷科技走廊、曹娥江科创走廊、嵊州剡溪创新带等科创走廊不断涌现，省市县三个层面都将科创走廊建设作为提升科技创新的重要抓手。在此背景下，台州市将科创走廊建设作为县市区重点考核指标，并提出要高起点定位建设台州湾科创走廊，形成“一区一谷一带一圈”创新布局，打造成为服务主导产业转型升级、服务未来产业培育的区域科创高地。作为台州市重要组成部分，天台县谋划建设始丰溪绿色科创走廊，是对台州市科创走廊政策的有力回应，也是对台州湾科创走廊的补充，将对台州市创建“科创中国”试点城市和国家知识产权示范市提供有力支撑。

4. 建设绿色科创走廊是推动产业绿色转型的重要抓手。

当前，以劳动密集型的汽车零配件、橡塑等为主的传统产业仍然占据天台工业经济的主导地位，经济发展带动作用强、知识技术高度密集、有效节约能源资源的战略性新兴产业占比较低，高新技术企业发展数量还不多；碳达峰碳中和目标的提出，既给天台绿色发展带来重大机遇，也为橡塑制品、汽车用品、产业用布等产业绿色转型带来空前压力。今后一段时间亟需精准发力，将提高科技创新能力作为引领全县产业转型升级的核心动力，加快推动新旧动能转换。建设天台始丰溪绿色科创走廊，将显著提高全县科技创新对产业发展的支撑作用，有助于加快培育生命健康新兴产业，推动橡塑、产业用布等传统产业向新材料提升，构建绿色产业体系，实现天台经济发展的质量变革、效率变革和动力变革。

（二）选址分析

全面摸底天台县科技企业、研发机构、科创平台分布情况，划定始丰溪绿色科创走廊创建范围、明确科创走廊建设基础，为制定发展目标、优化空间布局和提出主要任务提供科学依据。

1. 科技企业分布。

天台县高新技术企业和省科技型企业集中分布在常台高速沿线和始丰溪北岸的S323省道沿线。赤城街道和福溪街道是全县科技企业分布的核心区，2020年集聚了21家国家高新技术企业和53家省科技型中小企业，分别占全县的33.9%和24%。始丰街道和平桥镇是全县科技型企业分布的第二梯队。其中始丰街道2020年拥有国家高新技术企业10家、省科技型中小企业29家；平桥镇2020年拥有国家高新技术企业10家、省科技型中小企业45家，占全县的16.1%和20.4%。此外，全县其余科技企业大致分布在南北两个条带状区域，北部是白鹤镇，科技型企业沿常台高速分布，2020年拥有国家高新技术企业7家、省科技型中小企业28家；南部包括坦头镇、三合镇和洪畴镇，科技型企业沿常台高速、326省道呈带状分布，2020年共有国家高新技术企业14家、省科技型中小企业66家。

表 1　天台县 2020 年科技企业分布情况

所在区域	有效国家高新技术企业		省科技型中小企业	
	绝对值（家）	占全县比（%）	绝对值（家）	占全县比（%）
赤城街道	12	19.35%	25	11.31%
福溪街道	9	14.52%	28	12.67%
始丰街道	10	16.13%	29	13.12%
平桥镇	10	16.13%	45	20.36%
白鹤镇	7	11.29%	28	12.67%
坦头镇	4	6.45%	21	9.50%
三合镇	4	6.45%	22	9.95%
洪畴镇	6	9.68%	23	10.41%
合　计	62	100.00%	221	100.00%

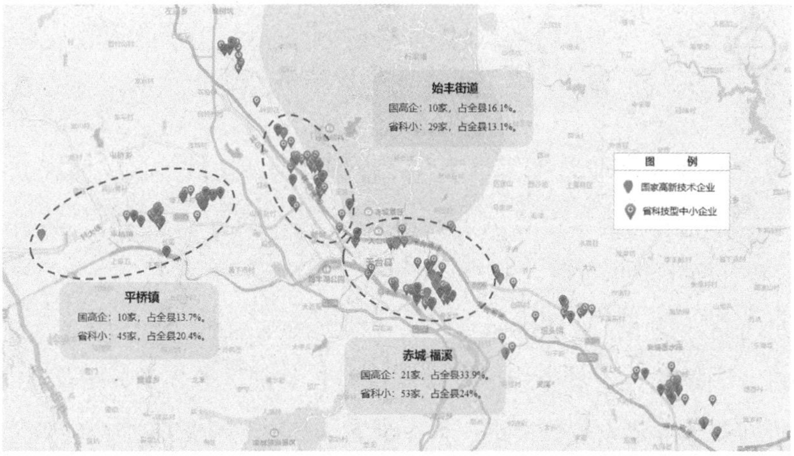

图 1　天台县科技型企业分布图

2. 研发机构分布。

2020 年全县共有省级重点企业研究院 3 家、省级企业研究院 10 家、省级高新技术企业研发中心 21 家、市级高新技术企业研发中心 65 家。从全县范围看，全县企业研发机构呈现出赤城街道—福溪街道、始丰街道、平桥镇为核心的集聚式分布，北部白鹤镇为主体的组团式分布和南部坦头镇、三合镇、洪畴镇为主体的条带式分布三类分布特征。赤城街道和福溪街道是企业研发机构最集中的地区，银轮热管理研究院、浙江永贵连接器研究院、新银象生物食品保鲜技术研究院三家省级重点研究院坐落在此，拥有省级研究院 7 家，占全县 77.8%；省级高新技术企业研发中心 9 家，占全县 42.9%；市级高新技术企业研发中心 18 家。始丰街道和平桥镇是仅次于赤诚街道—福溪街道的研发机构集聚点，其中始丰街道拥有省级企业研究院 1 家，省级高新技术企业研发中心 5 家，市级高新技术企业研发中心 10 家；平桥镇拥有省级高新技术企业研发中心 2 家，市级高新技术企业研发中心 15 家。北部白鹤镇研发机构呈组团状分布，拥有省级企业研究院 1 家、省级高新技术企业研发中心 1 家、市级高新技术企业研发中心 7 家；南部坦头镇、三合镇和洪畴镇的企业研发机构沿常台高速呈条带状分布，共有省级企业研究院 1 家，省级高新技术企业研发中心 4 家，市级企业研发中心 15 家。

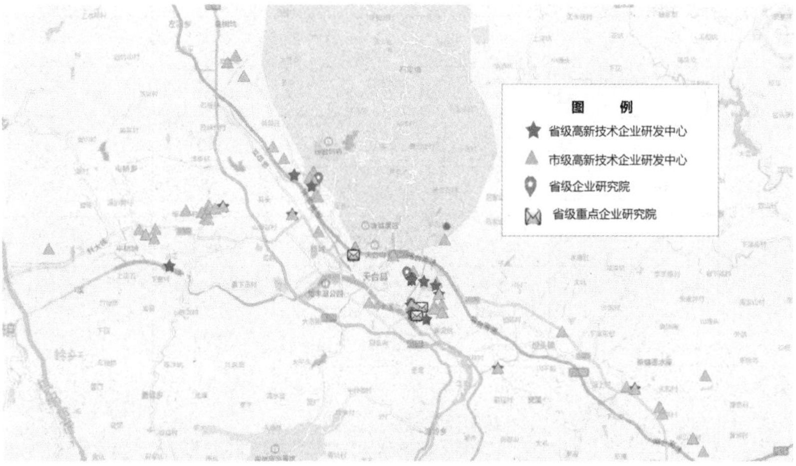

图 2 天台县企业研发机构分布图

3. 园区平台分布。

天台经济开发区是全县产业发展的主平台。根据《台州市开发区（园区）整合提升总体方案》，整合后的经济开发区包含中德科创产业核心区（27.44 平方公里）、高新技术产业发展区（3.79 平方公里）和苍山产业集聚区（8.72 平方公里）三个片区。其中中德科创产业核心区整合了天台交通装备制造高新技术产业园区始丰区块、西部产业基地、浙江中德（台州）产业合作园天台交通科技园区、高铁新区、城市新区、南北协作多功能区（二期）等园区。随着孵化中心、三星科创园等创新创业载体建设加快推进，大车配省级产业创新服务综合体效能不断发挥，中德科创产业核心区将成为“十四五”时期全县科技创新和高新产业发展的主阵地。城东高新技术产业发展区以莪园区块、八都区块为主，形成了以“大车配”“大健康”为核心的产业体系，拥有全县最多的省级高新技术企业和省级企业研究院，是高新技术产业发展高地。苍山产业集聚区位于坦头镇和三合镇，是全县产业东进的主平台，重点发展生物医药、汽车及轨道交通零部件、绿色橡塑三大产业，目前已有圣达药业、三力士、天台药业、奥锐特等 4 家行业龙头企业入驻集聚区，园区产业集聚效应逐步显现。

除开发区外的工业功能区主要包括平桥镇的南部新区、产业用布功能区、数字经济产业园，白鹤镇的南北协作区块（一期）、模具产业园，福溪街道的电镀园区、生态高新功能区和三合镇的胶带功能区等平台，是全县产业发展平台的重要组成部分。其中，平桥镇三个工业功能区规模相对较大，是全县产业基础较好的区块。平桥镇产业用布功能区的主体花前工业园区规划总占地面积 2500 亩，可供土地 1279 亩，形成了以产业用布为主、电器、机械、新型建材、医疗保健等产业为补充的产业体系，2020年产业用布企业达到35家，占园区的68.2%。南部产业新区南至紫凝公路，北至始丰溪，西至上庞村，东至下曹村，规划用地面积800亩，建设周期2023—2028年，总投资20亿元，园区建成后将重点招引新材料、高端装备制造等高新技术产业项目，是平桥镇高新技术产业发展重点平台。平桥数字经济产业园位于天台县经济开发区、平桥花前工业园区、中德科创产业核心区所形成的产业集聚的金三角核心区域，占地面积1500亩，总投资50亿元，建成后将形成“一心两轴四片区”的空间布局，成为全县计算机通信业、电子信息机电制造业、软件和信息技术服务业等数字经济核心产业集群集聚发展高地。

小微企业园是乡镇的主要发展平台，是经济开发区、工业功能区等平台的重要补充。2020年，全县拥有省级认定小微企业园8家，占地面积739.8亩，在建小微企业园6个，占地面积480.85亩。

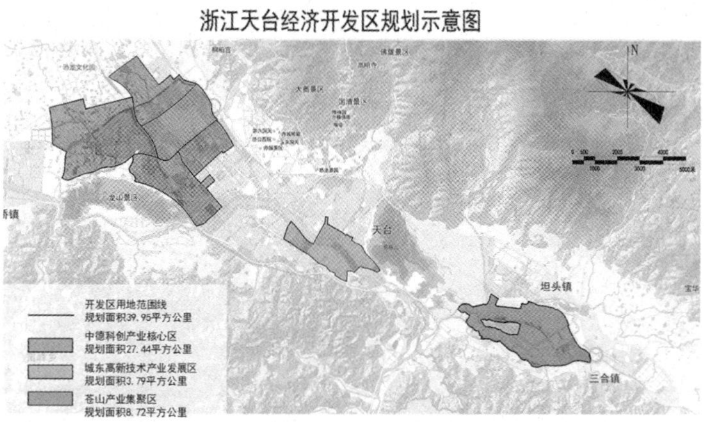

图3　浙江天台经济开发区规划示意图

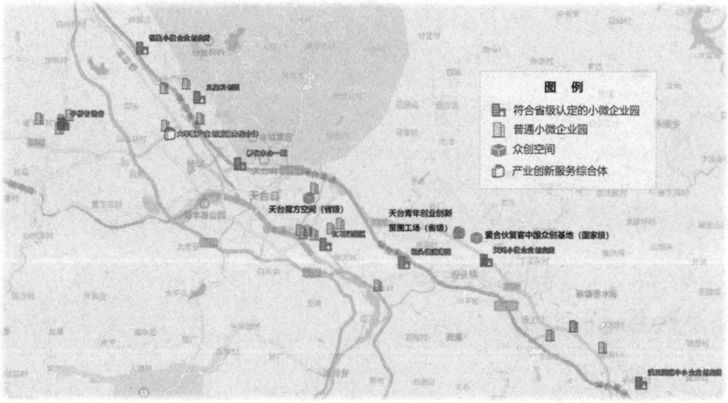

图4 天台县科创平台分布图

结合全县科技企业、研发机构及主要平台分布情况，明确天台县始丰溪绿色科创走廊范围：以中德科创产业核心区为中心，向西沿S323省道向平桥数字经济产业园、平桥镇南部新区和产业用布功能区延伸，往南沿常台高速向高新产业发展区、苍山产业集聚区拓展，涉及始丰街道、赤城街道、福溪街道三个街道和平桥镇、白鹤镇、坦头镇、三合镇四个乡镇，整体呈现倒“L”型分布。区域内 2020 年拥有 56 家国家高新技术企业、198 家市级高新技术企业、10 家省级企业研究院、20 家省级高新技术企业研发中心和 58 家市级高新技术企业研发中心，分别占全县的 90.32%、89.59%、100%、95.24% 和 89.23%。形成了以产业用布、机电、医药化工、食品饮料、橡塑等为核心的产业体系，并拥有 8 家 A 股上市企业、4 家浙江省隐形冠军企业、13 家浙江省隐形冠军企业培育企业、1 家国家制造业单项冠军培育企业，产业基础扎实，企业实力强劲，辐射带动作用强，为科创走廊的建设打下坚实的基础。

表 2　始丰溪绿色科创走廊创新资源一览表

科创资源类别	2020 年绝对值	占全县比重（%）
有效国家高新技术企业（家）	56	90.32%
省科技型中小企业（家）	198	89.59%
省级重点企业研究院（家）	3	100%
省级企业研究院（家）	10	100%
省级高新技术企业研发中心（家）	20	95.24%
市级高新技术企业研发中心（家）	58	89.23%
省级以上众创空间（家）	3	100.00%

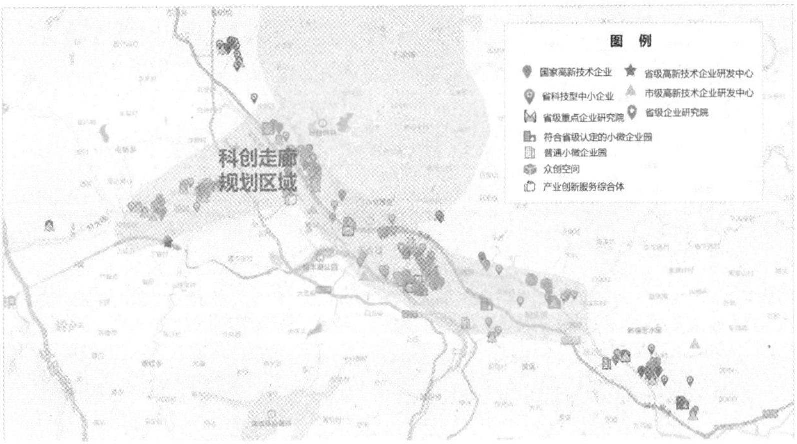

图 5　天台始丰溪绿色科创走廊科创资源分布图

二、总体思路和发展目标

（一）总体思路

以习近平新时代中国特色社会主义思想为统领，全面贯彻党的十九届五中全会精神和习近平总书记考察浙江重要讲话精神，把科技自立自强作为重要战略支撑，聚焦新时代“重要窗口”的新目标新定位，按照共同富裕示范区建设要求和省委、市委全面创新的决策部署，深入实施创新驱动发展战略，以创新型城市建设为主抓手，把创新平台体系建设作为产业发展的战略支撑、推动产业集聚区转型升级的重要举措，以省级开发区（园区）整合提升为契机，立足于高技术产业和战略性新兴产业，构建“一城、三区、多点”的空间走廊，加快推动产业链、创新链、人才链、资金链、服务链、政策链“六链融合”，打造成为全省创新驱动绿色产业发展示范区和长三角创新转化基地，为全县打造“重要窗口”的魅力县域和精彩篇章贡献科技力量。

（二）基本原则

坚持以打造全县“重要窗口”的魅力县域、服务全县高质量发展为出发点，加快整合和引进集聚各类优质科创资源，强化示范引领，带动多元主体共建共赢共享，抢占区域发展制高点。

——主体多元化：应当发挥市场作用，积极构建以企业为主体，高校、科研院所、政府部门及中介服务机构共同参与的创新体系。积极引导企业发挥科技创新主体作用，利用政产学研合作加快科技成果转化，不断提高自主创新能力。

——功能集成化：坚持产业联动、空间联结、功能贯通，充分整合优化资源，加快建设多功能的创新服务平台，实现人才、资金、服务的高效集成，积极为政府、企业、院校、科研机构等创新主体提供优质高效、便利实用的服务。

——效用协同化：充分激发各类主体参与科创走廊建设热情，激励相关主体积极参与创新平台的建设和运行，使创新平台真正能够发挥优化创新资源配置、推动产业协同创新的作用。

（三）发展目标

瞄准在全省范围内建成具有影响力和示范引领力的科创走廊目标努力奋斗，力争到 2025 年，企业研发能力、科创资源集聚、新兴产业培育、创新创业环境、绿色低碳发展等方面工作取得明显突破。

——企业研发能力明显提高。到 2025 年，区域研发投入强度达到全市平均水平，企业研发经费支出相当于营业收入比重达到 3.2%，万人发明专利拥有量达到 18 件。

——科技创新资源加快集聚。到 2025 年，拥有国家、省级引才计划等高层次人才 30 人以上。有效国家高新技术企业达到 90 家、省科技型中小企业达到 315 家，市级以上研发机构达到 108 家。

——新兴产业快速发展。高端装备、新能源汽车、生物医药、电子信息、新材料、绿色环保等六大新兴产业规模明显壮大。到 2025 年，高新技术产业投资年均增速高于固定资产投资增速，高新技术产业增加值占规上工业增加值比重达 75%。

——创新创业环境显著改善。创新中心、孵化中心等科创载体建成投用，支撑创新创业的平台体系不断完善，到 2025 年，拥有省级以上众创空间、孵化器 6 家。

——绿色低碳发展取得明显成果。到 2025 年，空气质量优良天数比例不低于 96%，地表水达到或优于Ⅱ类水质比例维持在 100%，“双碳”工作取得明显进展，单位 GDP 碳排放强度持续下降，圆满完成上级下达任务。

表 3　始丰溪绿色科创走廊主要指标

序号	指标名称	2020 年	2025 年
1	全社会 R&D 经费支出占 GDP 比重(%)	2.05	3.3
2	规上工业企业 R&D 经费支出占营业收入比重(%)	2.52	3.2
3	每万人发明专利拥有量(件)	11	18
4	高新技术企业数(家)	56	90
5	科技型中小企业数(家)	198	315
6	市级以上企业研发机构(家)	58	108
7	高新技术产业增加值占规上工业增加值比重(%)	71	75
8	省级以上科技孵化器、众创空间等平台(家)	3	6
9	空气质量优良天数比例(%)	99	≥ 96
10	地表水达到或优于II类水质比例(%)	100	100
11	单位 GDP 碳排放(吨 / 万元)	0.55 (2019 年)	完成上级 下达任务

三、构建“串珠成链”的空间走廊

按照“突出重点，分块提升；共建共享，辐射带动；蓝绿为底，产城融合”布局思路，构建“一城、三区、多点”总体格局。

(一)布局思路

按照“产业联动、空间联结、功能贯通”原则，结合科创走廊各个区块产业基础和创新资源优势，确定始丰溪绿色科创走廊布局思路。

1. 突出重点，分块提升。

整合后的天台经济开发区包含中德科创产业核心区、高新技术产业发展区和苍山产业集聚区三个区块，其中，中德科创产业核心区面积最大，且位于城市区域，未来应重点聚焦科创资源导入和高新项目招引，做大做强科技创新主核；高新技术产业发展区是全县产业基础最好的区域，经济总量占全县的 30%，上市数量、股改数量、亩均产值、亩均税收均在乡镇（街道）排名第一，下一步，应顺应城市发展规律，通过“数字化改革”“腾笼换鸟”等举措，逐步推动制造业转型升级；苍山产业集聚区是台州现代化湾区建设六大省级“万亩千亿”产业主平台之一，天台建设名县美城的主战场，下一步，应以“建设”为主要方向，加快建设各类基础设施，完善各类功能配套，为全县“产业东进”提供承载空间。平桥镇是天台的工业重镇，产业基础十分扎实，拥有平桥数字经济产业园、南部新区等新兴产业平台，下一步立足产业基础，通过高新项目招引和发展环境改善，打造成为高新技术产业发展高地。生态高新功能区、胶带功能区等乡镇功能区块主导产业集中，拥有较好的产业基础，下一步，应立足主导产业，转型提升为特色创新创业园，成为科创走廊创新创业功能的主要承载地。

2. 共建共享，辐射带动。

科创走廊是全县科创板块最精华的部分，涵盖了全县 90.32% 的高新技术企业、89.59% 的科技型中小企业以及全县最重要的产业区块，是引领全县产业科技创新的极核。因此，应集全县之力，鼓励全县企业通过在科创走廊建设研发机构等多种途径参与到始丰溪科创走廊建设，形成全县共建始丰溪绿色科创走廊的发展局面。同时，始丰溪绿色科创走廊应发挥科创极核辐射带动作用，通过建设科创飞地、完善要素保障、营造良好环境等途径，吸引大城市科创要素落地天台，支持全县企业利用科创走廊科创资源开展研发活动，鼓励龙头企业整合科创走廊要素资源和县内企业，组建创新联合体，开展共性技术攻关，攻克掣肘全县企业发展的“卡脖子”难题，推动科创走廊建设成果全县共享。

3. 蓝绿为底，产城融合。

始丰溪绿色科创走廊要紧扣“科创”和“绿色”两大主题，将科创的“蓝”和生态的“绿”有机结合，既在“科创引领”上重点突破，更在“绿色发展”上有所作为。“科创引领”意味着科创走廊需要谋划建设一个能够引领全走廊乃至全县科技事业发展的核心平台；“绿色发展”意味着要促进科创走廊“生产、生活、生态”三生融合，努力实现产城融合发展局面。因此，始丰溪绿色科创走廊建设应在发挥生态资源优势的基础上，围绕“科创”核心板块，充分考虑生产、生活功能布局，形成产、城、人融合发展的良好局面。

（二）总体布局

立足科创走廊发展基础、发展目标，按照“突出重点，分块提升；共建共享，辐射带动；蓝绿为底，产城融合”布局思路，依托常台高速、S323 省道交通通道，构建“一城、三区、多点”的总体格局。

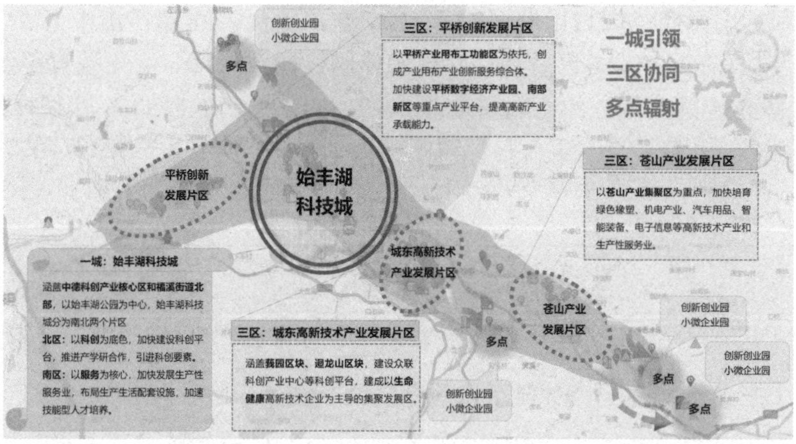

图 6　天台始丰溪绿色科创走廊总体布局

1. 一城引领。

“一城”指始丰湖科技城，涵盖中德科创产业核心区和始丰溪南岸的福溪街道北部地区，以始丰湖公园为中心，始丰湖科技城分为南北两个片区。其中，北区以科创为底色，以中德科创产业核心区的高铁新区和城市新区为重点，加快建设天台创新中心、研发中心、孵化中心、三星科创园等平台，持续加大与北京化工大学、浙江工业大学等高校合作，推动大院名校在始丰湖科技城设立分支机构和科技成果转化基地，探索“揭榜挂帅”等产学研合作模式，开展核心技术攻关；加强企业与科研院所、专家人才的深入对接合作，建设实体研究院，转化一批科技创新成果，打造成为全县高新技术产业发展的桥头堡。南区以服务为核心，以福溪街道北部为重点，加快培育总部经济、人力资源、知识产权保护、检验检测、科技服务、智慧物流等现代服务业，谋划布局汽车 4S 店、商业综合体、购物中心等生活配套场所，加快建设天台技师学院，加速全县技能型人才培养。将始丰湖科技城建设成为以科创为核心，总部经济、人力资源、检验检测、知识产权等生产性服务业快速发展，产城深度融合的科技新城，成为带动全县高新技术产业发展的创新极核。

专栏一：始丰湖科技城重点建设项目简介

天台创新中心：位于始丰街道，是省市县长项目，规划用地面积 738 亩，总投资 20.5 亿元，项目周期为 2018-2025 年，包括研发中心、孵化中心、技师学院、人才公寓、休闲绿地五个项目。

高铁新区：东起云锦路，南起玉龙路，西至规划新镇路，北至 62 省道，总用地约 3000 亩，总投资约 100 亿元，将打造新型城镇化最佳实践区、天台特色的城市活力区、高效集聚的枢纽服务区和生态文明的发展先导区，规划建设商务办公、教育医疗、商业住宅、高端养老、休闲旅游等内容。

天台总部经济大楼：位于天台县唐兴大道和玉龙路交叉路口，靠近玉湖社区、始丰溪，紧邻在建设中的农商银行大楼，规划用地面积 21.277 亩，是天台总部经济中心、金融服务中心、商务活动中心，具有总部办公、商务活动、旅游休闲、商业购物、文化教育等多种功能。

天台多功能智能物流综合园：位于天台新城南区，占地 16 万平方米，由浙江银轮机械股份有限公司和上海普天物流有限公司共同投资建设。项目于 2020 下半年建成投用，预计实现年货物储运配送 300 万吨，实现年营业收入 5 亿元，将有效满足全县制造业、商贸业日益迫切的物流需求。

2. 三区协同。

城东高新技术产业发展片区。主要涵盖莪园区块、八都区块。加快建设众联科创产业中心等科创平台，提高科创项目承载能力。鼓励和引导区内还不是高新技术企业的企业加大研发投入，成为高新技术企业，培育一批高新技术产业领域的“隐形冠军”，发挥大企业对科技创新的引领作用。持续深化“亩均论英雄”改革，通过“腾笼换鸟”等形式，为高新产业项目腾足空间。聚焦食品饮料等领域，重点发展特色中医药、医疗及健康器械、特色健康食品、医药原料药等产业，形成以生命健康高新技术企业为主导的集聚发展区。

苍山产业发展片区。以苍山产业集聚区为重点，加快完善水电、交通、绿化等基础设施建设，完善区内城市功能、强化服务功能，为高新技术产业发展提供良好的环境。加快培育绿色橡塑、机电产业、汽车用品、智能装备、电子信息、生物技术、新材料等高新技术产业和生产性服务业，建成以智能装备制造产业为先导、以品牌化汽车用品、绿色橡塑等制造业为基础，以电子信息、新能源、新材料等高新技术为突破、以商贸、物流等现代服务业为支撑的产业体系。

平桥创新发展片区。以平桥产业用布工功能区为依托，创成产业用布产业创新服务综合体，大力推进企业数字化改造，组织企业申报高新技术企业，提高企业效率。加快建设平桥数字经济产业园、平桥镇南部新区等重点产业平台，提高高新产业承载能力。其中，数字经济产业园以数字经济产业为核心，生产、生活、生态三位一体联动发展，致力打造业态综合、环境优美的园企和谐共生示范园和创新示范、活力多元的数字经济创新发展试点区。平桥镇南部新区聚焦高端装备制造、新材料等领域，加快产业集群培育，构建绿色现代产业体系。

3. 多点辐射。

“多点”指分布科创走廊外的各类创新创业园、小微企业园。充分发挥创新创业园、小微企业园对创业的支撑作用，全面实施乡镇工业功能区（园区）改造提升工程，推动小微企业园向众创空间、孵化器转型，构建从“苗圃—孵化器—加速器—专业园区”的孵化平台体系。建设特色型创新创业园，强化对企业入园、运行管理、数字化建设、亩均绩效、园区党建、公共服务等方面政策扶持，提升创新创业园建设管理水平，为承接科创走廊科创溢出和产业溢出提供良好环境。

四、实施“六链融合”创新提升工程

加快实施产业链、创新链、人才链、资金链、服务链、政策链“六链融合”创新提升工程，集聚高端创新资源要素，推动天台县“十四五”期间产业升级、科技创新、人才引育、平台建设等方面取得重大突破。

（一）构建“绿色低碳”的产业链

以绿色化、低碳化为方向，全力做强机电产业、橡塑制品、汽车用品、产业用布、医药化工、食品饮料等六大优势产业，加快培育高端装备、新能源汽车、生物医药、电子信息、新材料、绿色环保等六大新兴产业，加速推广绿色制造方式，构建“6+6”产业链，为科创走廊建设提供强劲动力。

1. 加快六大优势产业绿色升级。

以机电产业、橡塑制品、汽车用品、产业用布、医药化工、食品饮料六大优势产业为重点，落实土地、用能、排污权等要素分配与企业“亩均效益”绩效挂钩的激励约束与退出机制，加快推动企业绿色升级，提高要素利用效率、增强绿色制造水平的内生动能。

——机电产业。充分发挥天台汽配产业优势，重点打造“整零”协同示范点，鼓励和支持龙头企业整合产业链资源，围绕新能源汽车配套和轨道交通零部件两大细分领域，加快强链延链补链，形成以关键零部件为重点的产业集群。以高新化、智能化、绿色化、服务化为导向，加快提升在电子通信、铸造加工、精密加工、高端冲压、模具加工、表面处理等领域的专业化水平，推动机电产业生产工艺和产品绿色化转型。

——橡塑制品。瞄准耐高温、高强度、耐腐蚀等精细化、专业化橡塑材料，合作开发新技术新产品，实现橡胶制品与技术升级。积极发展新型日用塑材、高端医用塑材等新型塑材，加快提升产品设计水平，推动塑料制品向功能化、轻量化、绿色化发展。加快建设橡胶制品产业园区，完善炼胶中心和检验检测中心，引导一批中型企业向特色化转型。加快研发废气治理技术，助推橡塑产业绿色发展。

——汽车用品。加快创建天台汽车用品产业创新联盟，强化龙头企业的引导和示范作用，带动中小企业技术创新。加大天台汽车用品产业推介力度和宣传力度，鼓励企业开展产品创新，提升产品时尚化水平，打响天台汽车用品品牌。以绿色化、低碳化为方向，大力发展汽车用品定制化和 TPE、玉米纤维材质等新型环保产品，建成新材料汽车用品研发与规模化生产基地。

——产业用布。依托平桥产业用品基础，推进技术创新和装备更新，加快改进复合、覆膜、涂层、混制、混织、多组分等方面的工艺技术，扩大纤维材料和过滤终端设备产能，提高滤料产品的质量。鼓励有能力的龙头企业积极拓展业务范围，延长、完善产业用布产业链，向军用、橡胶骨架、军工用、卫生用、土工织物等产业用的织品延伸发展。引导企业建立制造全生命周期绿色管理制度，鼓励龙头企业整合供应链资源，构建采购、生产、回收、物流等环节的绿色供应链。

——医药化工。发挥天台中药制造优势，积极开发中药饮片加工，大力开发中药提取物产品，培育天台道地药材品牌，打造具有天台特色的中医药产业基地。积极推进现有原料药产品更新换代，重点开发心血管系统、抗感染（抗生素）、甾体类、抗病毒、抗艾滋病类等系列化学原料药及中间体产品。加快推动医药化工企业生产工艺和生产装备的绿色化改造，攻关废气废水处理技术，实现绿色发展。积极培育康养产业，加快生物医药企业搬迁升级，大力推进医旅融合，培育一批医药与旅游完美融合的品牌企业。

——食品饮料。加快数字技术在食品饮料产业的应用，促进食品饮料产业与市场需求紧密结合，提高产品定制化、品牌化水平，满足消费者个性化、差异化、精细化需求。充分利用天台生态优势，加快推动营养靶向设计技术、精准营养供给技术、智能健康管理技术、天然添加剂提取技术等技术产业化，重点发展营养靶向食品、天然添加剂、特殊膳食配方食品等新型食品。

2. 绿色引领六大新兴产业发展。

立足天台六大百亿产业基础，以绿色化、低碳化为方向，积极推动六大百亿产业向六大新兴产业转型升级。围绕强链补链延链环节，积极拓展产业发展方向，加快招引一批投资规模大、技术含量高、带动能力强的战略性新兴产业和未来产业项目，大力培育高端装备、新能源汽车、生物医药、电子信息、新材料、绿色环保等战略性新兴产业。鼓励本地传统制造企业高起点谋划一批重大创新项目，以技术创新和产品创新加速向新兴产业领域转型。加快推进军民融合深度发展，大力发展军民融合新兴产业。前瞻布局人工智能、前沿新材料、生物工程等未来产业。

（二）部署“量质齐升”的创新链

围绕各主导产业发展，强化创新链的支撑，打造以企业为主体、政府，政府高校各方共同参与的创新链，强化企业技术创新主体地位，完善成果转化和激励机制，不断提升自主创新能力。

1. 加快培育科技创新主体。

着力打造“微成长—小升高—高壮大”科技企业培养链，完善“微成长、小升高、高壮大”的梯次培育机制，形成大中小企业融合发展的产业生态。

——大力培育科技型领军企业。深入实施“雄鹰行动”“雏鹰行动”等大企业培育计划，加快培育“专精特新”“隐形冠军”和头部企业。深入实施“凤凰行动”升级版，支持科技企业通过股改上市，鼓励上市公司并购重组、再融资，做大资本市场天台板块，为企业裂变发展注入新动能。着力提升重大科技计划项目承接能力，鼓励和引导企业承担国家、省级科技重大专项和重点研发计划项目。引导龙头骨干企业主动对标全球领先企业，强化核心技术研发，成为全球细分领域的领军者。

——加速壮大高新技术企业队伍。健全高新技术企业培育对象库建设和结对帮扶机制，甄选一批技术优势明显、具有较强自主创新能力和扩张能力的高成长企业纳入高新技术企业培育库，加速高新技术企业发展壮大。协调推进国家高新技术企业在绿色科创走廊范围内落户，推动高新技术产业集群成为产业创新发展主力军、经济转型升级的驱动力。

——推动科技型中小企业不断涌现。大力推进科技企业“双倍增”行动，深化中小微企业培育壮大工程，每年挑选一批创新能力较强、成长性良好的小微企业，以“精确指导”的方式，给予政策辅导、发展规划、项目牵引、专家帮扶、投资跟进、平台支持等全方位扶持，推动中小微企业发展成为科技型中小企业。加强政策引导与扶持，激发传统产业和新兴产业中小企业创新活力，引导中小微企业走专精特新之路。

2. 完善政产学研合作机制。

以高校科技创新资源导入为重点，加快搭建政产学研合作平台，建设一批新型研发机构，积极探索产学研合作模式，推动科技成果转化。

——建设新型研发机构。按照“一个主导产业一个高校创新研究院”的建设思路，持续推进中国航天科技集团第十二研究院天台研究所、北京化工大学天台产学研合作中心、浙工大天台研究院、杭州电子科技大学天台数字经济研究院、浙江理工大学天台产业用布研究所等平台建设，推动大院名校来天台设立分支机构和科技成果转化基地。实施产业技术研发平台升级行动，建立以高校院所地方研究院为龙头、企业研发中心（技术中心、实验室、研究院等）为主体、共性技术研发平台为支撑的县域技术研发平台体系。

——积极探索合作模式。实施产学研服务活动，推动企业与现有合作高校院所的对接联系，鼓励骨干企业与高校院所组建技术研发平台和产业技术创新联盟，构建创新利益共同体。加快实行“揭榜挂帅”制度，形成企业出题、政府立题、院校专家团队揭榜攻关的协同机制。加快技术市场建设，打造集成果需求发布、展示、交易、竞拍、服务于一体的技术交易平台，鼓励高校和企业通过技术市场开展合作。

3. 不断提升自主创新能力。

充分发挥科技企业在科技创新中的主体作用，加快推动企业建设企业研发机构，鼓励企业牵头开展共性技术攻关，不断提高企业自主创新能力。

——鼓励企业建设研发机构。全面推广实施《规上工业企业研发机构全覆盖三年行动计划》，加快推进规上工业科技型企业研发机构全覆盖，支持有实力企业创建省级（重点）研究院、研发中心、实验室等高水平研发机构。鼓励有实力企业在上海、杭州等中心城市建立创新研发飞地、技术研发中心，通过并购、合资、参股等方式，在海外、县外、高校院所内建立异地研发机构，与相关优势企业开展合作开发项目，引入高端技术人才。

——开展共性技术攻关。积极落实“尖峰计划”“尖兵计划”“领雁计划”“领航计划”四大科技攻关计划。重点围绕“6+6”产业，全面梳理区域内企业技术需求和产业链技术难点，建立天台县产业技术路线图。充分发挥天台丰富的生态资源优势，围绕3060碳达峰碳中和目标，加快实施一批大气重污染、水污染成因与治理集中等环保科技研发项目，强化科技创新对绿色发展支撑作用。

专栏二：绿色环保技术
大气污染防治：大气细颗粒物污染防控技术、燃煤发电，热电厂以及工业锅炉脱硫脱硝技术，工业有机废气和恶臭气体治理技术，室内空气污染治理技术，垃圾焚烧烟气、移动源尾气、挥发性有机物废气的净化处置技术等。 **水污染防治：**中水回用技术，高效固液分离技术，厌氧氨氧化技术，电解催化氧化、超临界氧化等氧化技术，生物强化和低能耗高效率的先进膜处理技术，饮用水微量有毒污染物处理技术等。 **固体废弃物处理处置：**生活垃圾分类与无害化处理技术，危险废物无害化利用处置技术，土壤污染修复技术，建筑垃圾湿法分选、垃圾高效厌氧消化、焚烧烟气二噁英与重金属高效吸附、垃圾焚烧飞灰资源化处理等技术。 **资源循环利用：**基于物联网与大数据的智能型综合利用技术，污染物末端治理相融合的综合利用技术，废塑料、废橡胶的改性改质技术，以及废脱销催化剂、废动力电池、废太阳能板的无害化、资源化、成套化处理利用技术等。

（三）强化“引培并举”的人才链

围绕产业链、创新链部署人才链，加快建立“原始创新人才—产业技术人才—创新服务人才”全方位人才链条，不断强化人才对产业发展和科技创新的支撑作用。

1. 加快引进原始创新人才。

大力实施“鲲鹏行动”，深入推进海外高层次人才引进计划、领军型团队计划等人才项目，深化台州市“500精英计划”，谋划实施始丰英才计划，引进自带关键技术、创业项目的海内外高层次创业创新人才，力争更多人才入选国家高层次人才计划。优化“以赛引才”模式，通过高层次人才创业创新大赛与人才中介机构、高校院所开展深度合作，以人才带项目，宣传推广“500好产品”，让高层次人才落地成长。加强国外智力服务引进和外国专家队伍的建设管理，推进海外工程师、跨境人才项目孵化器等工作，推动海内外优势创新资源向天台集聚。加快建设一批天台特色产业工程师协同创新中心，集聚一批海内外科研院所、高校、企业等相关领域的工程师，破解企业的技术痛点难点问题。

2. 不断引育产业技术人才。

加快创建天台技师学院，优化和完善天台现代技工教育体系。深化产教融合，依托天台县职业中等专业学校等院校，通过“订单式”“学徒式”等模式为企业培育急需的高质量技能人才，形成产教训融合、政企社协同、育选用贯通的高技能人才培育体系。以“金蓝领”职业技能提升行动为抓手，开展定岗定向精准培训。以“6+6”产业需求为导向，联合行业协会、企业精密组织劳动竞赛、技能比武等职业技能大赛，提升职工技能。

3. 积极培育创新服务人才。

围绕“6+6”产业体系，引进和培养一批懂技术、懂市场、懂管理的复合型科技服务人才。鼓励当地教育培训机构、学术咨询机构、协会学会等社会组织，联合开展科技服务人才专业技术培训，提高科技服务业从业人员的专业素养。完善科技从业人员资格认定与考评体系。政府加强引导行业协会建立和完善技术经纪人、科技咨询师、评估师等专业科技服务人才的培训和资格认定体系。

（四）优化“支撑有力”的资金链

强化科技金融对产业发展的“四两拨千斤”作用，建立“政府－投资机构－银行－科技平台”紧密合作的金融支持体系，形成“项目筛选－金融支持－评价反馈－科技反哺”的良性循环，助力科技企业发展。

1. 充分利用科创基金。

积极争取和利用国家科技成果转化引导基金及省科技成果转化基金，探索与合作高校名所共同设立科技成果转化创投基金。围绕“6+6”产业发展需求，加快建立科创走廊产业发展引导基金，发挥政府基金的撬动作用，支持和引导本地民间资金创立各类风险投资基金，引导社会资本加大高端装备、新能源汽车、生物医药、电子信息、新材料、绿色环保等新兴产业领域投资力度，加速壮大6大战略性新兴产业。紧扣碳达峰要求，加快制定绿色低碳产业发展专项资金扶持计划，构建政府及市场“搭台”、企业与大众“唱戏”的资本运作机制，创新财政资金支持方式，引导、吸引社会资本参与绿色科技研发。

2. 推动金融产品创新。

鼓励银行与基金、证券、保险、信托等机构合作，探索“商行+投行”经营模式，创新金融产品，不断完善支持创新创业的金融服务体系。鼓励开展专利权、商标权质押评估管理，推动专利权、商标权质押融资和专利保险工作常态化规模化发展。开展股权出质和出资登记、动产抵押登记，推进专利、商标等无形资产评估质押工作，改善融资条件。开展高新技术企业科技保险试点，支持发展科技再保险。

3. 借力多层次资本市场。

大力提升科技型中小企业运用资本市场的能力，为不同规模、不同行业、不同发展阶段的科技型企业拓宽多样融资渠道。以主板、新三板、创业板、中小板为重点，加强科技型上市企业培育，加快股份制改造，推进科技企业上市。发挥区域性股权市场、柜台市场的积极作用，鼓励科技型企业在浙江股权交易中心挂牌和融资，支持科技型企业上市、并购和转让。

（五）健全“优质高效”的服务链

坚持将提升科技创新服务能力作为构建良好创新生态的重要抓手，着力构建“政府管理服务—专业市场服务—科技人才服务”三联动的科技服务链，加速服务链与产业链及创新链的融合，为重点发展产业提供坚实的保障，不断提升科技创新服务水平。

1. 提升政府科技服务水平。

深入落实“数字化改革”有关部署，加快建设“整体智治、唯实惟先”现代政府，提高政府科技创新管理服务能力。围绕科技创新“卡脖子”问题，集成和提升科技、企业、人才等系统，建设技术创新、装备制造、企业服务、人才服务、知识产权运营、科技成果转化等模块，加快科技创新资源一体化配置。构建适应科技管理工作需要的天台“科技大脑”，深化“最多跑一次”改革，持续推进天台县科技创新云服务平台的改造提升，完成与政务2.0对接，充分应用大数据、人工智能等技术，提升科技管理工作的精准性和便利性。

2. 提升科技服务支撑水平。

加快培育县域科技发展和产业发展亟需的知识产权服务、检测检验服务和节能环保服务业态，为科创走廊内企业科技创新提供专业的市场化服务。

——知识产权服务。在“6+6”产业领域开展专利导航，构建产业知识产权联盟。创新知识产权投融资产品，完善知识产权信用担保机制，不断强化特色优势产业在全国乃至全球的知识产权优势地位。针对重点行业、重点领域开展知识产权执法专项行动，对扰乱市场经济秩序、侵犯知识产权行为进行重拳打击；推进行刑衔接，围绕建设知识产权大保护格局，加强知识产权相关部门间的统筹协调，会同县公安局、县人民检察院、县人民法院联合推进行政保护与司法保护有机衔接。

——公共检验检测服务。围绕“6+6”产业共性需求，建设公共检测服务机构，将优质质检机构的信息准确地传达给走廊内有需要的企业，为产品设计、生产和检测提供准确、可靠的技术支持，提升检验检测认证对经济转型升级的先行带动作用。加快开展“互联网＋检验检测认证”虚拟应用，构建检验检测认证工作质量检测和进出口商品质量安全风险预警网络，支持检验检测认证机构通过互联网开设虚拟检验检测平台，全面提升公共检验检测平台的服务能力。

——节能环保服务。针对现有化工、食品等高耗能行业，大力实施循环化改造，重点招引补链企业，围绕“企业小循环、产业中循环、区域大循环”体系构建，完善“政府为主导、园区为平台、企业为主体、科技为支撑”的循环发展机制。积极引导生产性企业实现资源、能源综合利用，建立再生资源回收利用体系。加快推进合同能源管理，推行环境污染第三方治理，积极招引第三方专业节能服务公司。

3. 提升科技人才管理水平。

立足人才链和服务链融合发展，加快提高政府服务人才水平，探索灵活的用才机制，构建适应科技创新需求的人才服务体系。

——改革政府管理人才职能。深入实施天台人才新政2.0版，健全并落实各类高层次人才来天台创新创业的教育、医疗、交通、落户等方面的配套政策。落实好创业扶持、人才房票、安家补贴、生活补贴等相关政策兑现。推行“企业人才工作积分制”，将人才引育留用绩效情况量化积分，与工业企业亩均效益综合评价联动，与信贷融资、长效财政激励、人才公寓入住、子女教育入学、体检、疗休养等资源要素优化配置挂钩。

——探索灵活的用才机制。鼓励引导科研人员、企业高管、海外人才精英在天台创办科技型企业。完善科研人员成果转化收益分享机制，探索股权激励、科技项目销售分成等激励模式，释放科研人员创业创新活力。实行灵活的事业单位用人制度，针对自愿全职到天台工作且符合条件的科研型、紧缺型高层次人才采用“事业身份、民企薪资”用人方式，由新组建事业单位为聘用人才办理聘用入编手续，解决社会保险、住房公积金等问题；由企业与聘用人才签订相关协议，按市场化解决聘用人才的薪酬福利待遇等问题。

（六）完善“点面协同”的政策链

突出政策的引领和支撑作用，加快出台“补链”功能的政策，实现创新链与产业链的精准对接，既强化点上精准发力，也注重面上联动协同，加快形成政策合力。

1. 健全科创资源分配机制。

进一步深化科技创新管理体制改革，健全资源配置市场化机制，发挥市场对技术研发方向、路线选择和各类创新资源配置的导向作用，推广要素差别化定价、企业分类指导、企业投资高效审批等制度，强化产业政策对创新的引导作用，增强市场主体的创新动力。从科技资源配置的全链条出发，加强科技计划的系统谋划，推动重点领域项目、基地、人才、资金一体化高效配置。

2. 出台新一轮科技创新政策。

对标 G60 科创走廊、杭州城西科创大走廊等政策环境，立足天台县科技创新发展需要，整合现有创新创业生态培育、平台建设、特色小镇、投融资、引才激励、知识产权保护系列政策，完善天台科技创新政策支撑体系，制定天台始丰溪绿色科创走廊支持政策。整合现有创新创业生态培育、平台建设、特色小镇、投融资、引才激励、知识产权保护系列政策，完善天台科技创新政策支撑体系，加大对研发机构和创新团队引进、创新平台建设、高新技术企业培育等重要创新活动的扶持。强化科技、教育、人才、投资、产业、金融、城市建设与规划、财政等各项政策协同，充分发挥政策最大效应，逐步形成具有地方特色和比较优势的创新创业政策环境。

3. 制定支持绿色发展政策。

加快构建科技支撑绿色发展的政策保障体系，围绕“6+6”产业体系，制定绿色发展优惠政策和激励政策，激发企业绿色转型发展活力。重点加强科技支持碳达峰碳中和政策研究，在电力、能源、产业、建筑、交通等涉及碳达峰中和目标的领域形成完善的行动计划。加快制定绿色信贷倾斜政策，引导金融机构重点支持新能源、新材料、绿色环保等绿色产业和绿色科技项目。

五、保障措施

（一）加强组织领导

由县主要领导牵头成立绿色科创走廊专项行动领导小组，并确定专项工作联席会议制度，由党委、政府分管联系领导定期召开碰头会议，交流情况，完善政策，协调工作，推动落实。建立天台绿色科创走廊建设管理专班，由县主要领导负责，统筹做好协作和管理，全力保障天台科创高地的培育和建设。各镇街、平台要发挥建设主体作用，具体推进走廊建设工作，保障各项目标顺利完成。建立科创走廊专家咨询委员会，对天台县绿色科创走廊建设中的重大问题、重大项目、发展规划提供决策支撑。

（二）统筹双招双引

树立全域“一盘棋、一张图”意识，强化走廊范围内各个平台、各个镇街联动，开展联合招商，重点承接杭州、上海等发达地区的产业溢出。建立重大项目共商共建机制，统筹推进重大项目及其配套项目引进落地。统筹实施“线上 + 线下”引才模式，设立大学生招引“三级站”，打响“百校引才”品牌，线上线下同步开展巡回引才活动，深入宣传、贯彻落实人才新政 2.0，加大高校毕业生、青年高层次人才的引进力度。通过平台搭建，让企业能跟高校建立长期合作关系，巩固河南、西安、“长三角”等片区引才成效。

（三）加强宣传引导

加强宣传引导，充分调动社会各方面参与科创走廊建设的积极性。充分利用重大赛事、巡回宣讲等形式，加大天台县始丰溪绿色科创走廊推介力度，打响科创走廊品牌。在走廊范围内营造尊重劳动、尊重知识、尊重人才、尊重创造的创新文化和浓厚氛围，加大科技奖励力度，每年重点奖励典型创新人才和创新企业，进一步弘扬科学家精神、劳模精神和工匠精神，激励引导广大科技人员追求真理、勇攀高峰，营造劳动光荣的社会风尚和精益求精的敬业风气。

（四）压实工作责任

建立以创新驱动为核心的评价体系。加强对绩效目标与实施效果进行动态监测和跟踪评估。各部门要实施全过程目标管理，建立年度责任清单，逐项分解目标任务、细化工作举措、明确责任人员，挂图作战、倒排进度抓落实。

附件：1. 始丰溪绿色科创走廊重大项目清单

2. 天台县小微企业园建设情况一览表

附件 1

始丰溪绿色科创走廊重大项目清单

序号	项目名称	建设规模和内容	起止年限	总投资（亿元）	十四五计划投资（亿元）	项目业主	责任单位	项目类别
1	银轮众联科创产业中心项目	项目用地总面积495亩，建筑总面积69.5万平方米，形成辅助驾驶及智能驾驶关键零部件、智慧灯杆、量子安全产品生产线，生产能力721万台/年	2021—2025	30.00	29.05	浙江银轮机械股份有限公司	福溪街道	实施类
2	天台创新中心项目	天台创新中心项目规划用地约738亩，包括研发中心、孵化中心、技师学院、人才公寓、休闲绿地五个项目	2018—2025	20.50	14.00	天台经济开发区建设有限公司	经济开发区教育局	实施类
3	天台县模具数字智造产业园项目	规划占地面积420亩，拟引进模具行业技术先进、发展前景广阔的企业入园，形成资源、信息等共享，降低生产成本，提升模具上下产业链等竞争力	2021—2025	15.00	15.00	—	白鹤镇	实施类
4	天台县平桥镇蓝天科创产业园工程	用地面积22.6亩，总建筑面积33174平方米，建设5幢厂房(5层)、一幢科创中心大楼，蓝天大桥及蓝天大道建设	2019—2023	2.25	1.65	平桥镇人民政府	平桥镇	实施类
5	平桥镇数字经济产业园	约1500亩花前四期数字经济产业园建设	2020—2029	30.00	20.00	—	平桥镇	谋划类
6	三星科创园项目(天台2025PARK高新小微企业创业园)	总建筑面积约196840平方米，其中生产性用房建筑面积140550平方米，建设18幢5层标准厂房，非生产性用房建筑面积53290平方米，主要用于办公、员工宿舍、检测室等辅助用房。三星科创园区聚焦新材料、五金机电产业，集聚技术研发、产品检测、仓储物流、电商平台、人才服务、创投金融等上下游新型服务业(技术创新项目)，打造产业链整合型创业创新平台	2021—2023	20.0	1.0	浙江三星特种纺织股份有限公司	始丰街道	谋划类
7	平桥镇南部产业新区	用地面积约800亩，产业功能集聚发展新区建设。蓝天大道长1075米，宽40米；经十路长500米，宽16米；经十一路长800米，宽16米；经十二路长700米，宽16米；纬七路长1750米，宽16米；纬八路长1970米，宽16米及排水排污等配套设施建设	2021—2029	20.00	10.00	平桥镇人民政府	平桥镇	谋划类
8	红石梁洪三产业园项目	新增建设用地91亩，建设现代化、数字化智慧型小微企业园区	2020—2022	5.00	5.00	浙江红石梁房地产开发有限公司	洪畴镇	实施类
9	大健康产业园区项目	园区位福溪街道境内，项目占地255160平方米，政策处理已完成，地理位置优越，拟招引企业入园	2021—2025	20.00	20.00	—	福溪街道	谋划类
10	奥锐特苍山转型升级项目	计划总投资10亿元，总用地面积320亩，计划一期用地180亩，二期再计划用地140亩	2021—2025	10.00	10.00	奥锐特药业股份有限公司	经信局三合镇	谋划类
11	中德产业园TSF0807-3区块项目	中德产业园TSF0807-3区块约20亩	2021—2023	0.52	0.52	—	白鹤镇	谋划类

附件 2

天台县小微企业园建设情况一览表

序号	行政区域	小微园名称	主导产业	占地面积（亩）	建设面积（万平方米）	入驻企业数
1	福溪街道(1家)	红石梁园区	食品行业、轻工业	270	14.6	55
2	始丰街道(2家)	孵化中心一期	机械制造	40	7.2	在建中
3		三星科创园	纺织和机械制造	108	19	在建中
4	平桥镇(2家)	平桥智造谷	过滤布	66.93	10.5	53
5		强盛产业园	过滤布	65.85	7	在建中
6	白鹤镇(1家)	恒盈小微企业创业园	机械制造	46.95	3.64	16
7	坦头镇(6家)	天鸿小微企业创业园	汽车用品	53	4.95	23
8		大力小微企业创业园	汽车用品	22.42	1.98	16
9		金恒德·纳车品电商双创园	汽车用品	165	11.5	61
10		天台县集体经济薄弱村物业园	汽车用品	60	10	在建中
11		坦头镇汽车用品小微园	汽车用品	67.8	9.05	51
12		宏地众创产业园	汽车用品	112	18.5	在建中
13	洪畴镇(2家)	洪三园区中小企业创业园	橡塑	47.7	6	28
14		红石梁洪三产业园	橡塑	95	11.76	在建中
总计				1220.65	135.68	308

文件目录（部分）

2021年部分文件目录（县委）

天县委办

序号	标题	文号
1	关于公布天台县2020年度在基层组织建设和新时代美丽乡村建设中作出突出贡献村党组织“第一书记”的通报	天县委办〔2021〕1号
2	关于印发《2021年县领导“条抓块统”工作联系安排表》的通知	天县委办〔2021〕3号
3	关于印发《天台县2021年乡镇（街道）党建工作责任制考核办法》的通知	天县委办〔2021〕4号
4	关于印发《天台县2021年度县级机关单位工作目标责任制考核办法》的通知	天县委办〔2021〕5号
5	关于印发《天台县2021年度乡镇（街道）经济社会目标责任制考核办法》的通知	天县委办〔2021〕6号
6	关于印发《2021年天台县党委系统信息工作考核办法》的通知	天县委办〔2021〕7号
7	关于印发《2021年度乡镇（街道）和县级机关单位目标责任制考核调整办法》的通知	天县委办〔2021〕9号

天县委办通

序号	标题	文号
1	关于组织开展2020年度各乡镇（街道）和县级机关单位目标责任制考核的通知	天县委办通〔2021〕1号
2	关于印发《县四套班子领导及法、检两长督查疫情防控工作方案》的通知	天县委办通〔2021〕2号
3	关于要求推荐2020年度县表彰表扬项目先进名单的通知	天县委办通〔2021〕3号

续表

序号	标题	文号
4	关于开展2021年春节前走访慰问活动的通知	天县委办通〔2021〕4号
6	关于印发《天台县巩固深化“不忘初心、牢记使命”主题教育成果工作责任分解表》的通知	天县委办通〔2021〕6号
7	关于加强春节期间疫情防控值班工作的通知	天县委办通〔2021〕7号
8	关于印发《县四套班子2021年2月份主要工作安排》的通知	天县委办通〔2021〕8号
9	关于召开县委经济工作会议暨“深化三服务　对标勇争先”大讨论动员会的通知	天县委办通〔2021〕9号
10	关于印发《天台县“深化三服务　对标勇争先”行动方案》《天台县重点工作专班化运作方案》的通知	天县委办通〔2021〕10号
11	关于严肃县“两会”会议纪律的通知	天县委办通〔2021〕11号
12	关于印发《县四套班子2021年3月份主要工作安排》的通知	天县委办通〔2021〕12号
13	关于印发《天台县靶向督查机制工作方案》的通知	天县委办通〔2021〕13号
14	关于做好2021年党代表提案、人大代表建议、政协委员提案办理工作的通知	天县委办通〔2021〕15号
15	关于印发《县四套班子2021年4月份要工作安排》的通知	天县委办通〔2021〕16号
16	关于印发《天台县2021年“深化三服务　对标勇争先”攻坚比拼机制实施方案》的通知	天县委办通〔2021〕17号
17	关于印发《天台县新时代文明实践志愿服务政府+社会“双轨道”运转工作实施方案》的通知	天县委办通〔2021〕18号
18	关于印发《天台县全民防范电信网络诈骗专项行动工作实施方案》的通知	天县委办通〔2021〕19号
19	关于设立《新闻聚焦》栏目的通知	天县委办通〔2021〕20号
20	关于印发《县四套班子2021年5月份主要工作安排》的通知	天县委办通〔2021〕21号
21	关于开展安置房项目建设提速专项行动的通知	天县委办通〔2021〕22号
22	关于印发《天台县2021年二季度重点攻坚行动方案》的通知	天县委办通〔2021〕23号
23	关于印发《县四套班子2021年6月份主要工作安排》的通知	天县委办通〔2021〕24号
24	关于“七一”前组织开展走访慰问活动的通知	天县委办通〔2021〕27号
25	关于印发《天台县2021年平安假期倒计时行动实施方案》的通知	天县委办通〔2021〕28号

续表

序号	标题	文号
26	关于印发《县四套班子2021年7月份主要工作安排》的通知	天县委办通〔2021〕29号
27	关于切实做好第6号超强台风“烟花”防御工作的紧急通知	天县委办通〔2021〕31号
28	关于举办天台县第六届老年人运动会的通知	天县委办通〔2021〕32号
29	关于召开县委十四届十五次全体（扩大）会议的通知	天县委办通〔2021〕33号
30	关于印发《县四套班子2021年8月份主要工作安排》的通知	天县委办通〔2021〕34号
31	关于印发《天台县2021年三季度重点攻坚行动方案》的通知	天县委办通〔2021〕35号
32	关于印发《天台县改革创新公办幼儿园办园体制完善公办幼儿园机构编制人员管理的实施办法》的通知	天县委办通〔2021〕36号
33	关于印发《天台县志愿者全生命周期管理办法（试行）》的通知	天县委办通〔2021〕37号
34	关于开展“中华慈善日”公益活动的通知	天县委办通〔2021〕38号
35	关于印发《县四套班子2021年9月份主要工作安排》的通知	天县委办通〔2021〕39号
36	关于印发《天台县县直有关单位生态环境保护责任清单》的通知	天县委办通〔2021〕40号
37	关于印发《县四套班子2021年10月份主要工作安排》的通知	天县委办通〔2021〕41号
38	关于举办天台县第六届职工运动会的通知	天县委办通〔2021〕42号
39	关于印发《天台县林长制工作方案》的通知	天县委办通〔2021〕43号
40	关于印发《天台县2021年四季度重点攻坚行动方案》的通知	天县委办通〔2021〕44号
41	关于印发《县四套班子2021年11月份主要工作安排》的通知	天县委办通〔2021〕45号
42	关于开展新一届乡镇领导班子“到任即奔跑”五项活动的通知	天县委办通〔2021〕46号
43	关于切实做好2022年度党报党刊发行工作严格规范报刊发行秩序的通知	天县委办通〔2021〕48号
44	关于全面开展安全隐患整治百日攻坚大行动的通知	天县委办通〔2021〕49号
45	关于印发《县四套班子领导及法、检两长督查疫情防控工作方案》的通知	天县委办通〔2021〕50号
46	关于召开县委、县政府工作务虚会的预备通知	天县委办通〔2021〕51号

续表

序号	标题	文号
47	关于印发《县四套班子 2021 年 12 月份主要工作安排》的通知	天县委办通〔2021〕52 号
48	关于印发杭绍台铁路（天台山站）通车仪式筹备工作方案的通知	天县委办通〔2021〕53 号
49	关于召开县委、县政府 2022 年工作务虚会的通知	天县委办通〔2021〕54 号
50	关于组织开展 2021 年度各乡镇（街道）和县级机关单位目标责任制考核的通知	天县委办通〔2021〕55 号

天县委发

序号	标题	文号
1	关于公布 2020 年度优秀党代会代表、县十四届四次党代会优秀代表提案和代表提案办理先进单位的通报	天县委发〔2021〕1 号
2	关于报送《天台县 2020 年度县委常委会民主生活会方案》的报告	天县委发〔2021〕3 号
3	关于提议补选邹伯若等同志为台州市第五届人民代表大会代表的通知	天县委发〔2021〕4 号
4	关于建立县委定期召开村（社区）党组织书记工作交流会制度的通知	天县委发〔2021〕5 号
5	关于制定天台县国民经济和社会发展第十四个五年规划和二〇三五年远景目标的建议	天县委发〔2021〕6 号
6	关于袁继欢等同志职务任免表决结果的报告	天县委发〔2021〕7 号
7	关于王哲平同志退休的通知	天县委发〔2021〕8 号
8	关于印发《中共天台县委 2021 年工作要点》的通知	天县委发〔2021〕9 号
9	关于同意给予汤克演开除党籍、开除公职处分的批复	天县委发〔2021〕10 号
10	关于上报《中共天台县委关于 2020 年度县委常委会民主生活会情况的报告》的报告	天县委发〔2021〕11 号
11	关于 2020 年度法治政府建设情况的报告	天县委发〔2021〕12 号
12	关于公布天台县 2020 年度基层组织建设突出贡献村社及“十佳”两新组织党组织的通报	天县委发〔2021〕13 号
13	关于 2020 年度乡村振兴战略实施情况的报告	天县委发〔2021〕14 号
14	关于公布 2020 年度乡镇（街道）党建工作责任制考核优秀单位的通报	天县委发〔2021〕15 号

续表

序号	标题	文号
15	关于公布2020年度乡镇（街道）、县级机关单位经济社会发展、扩大有效投资和招大引强工作目标责任制考核优秀单位的通报	天县委发〔2021〕16号
16	关于表扬在2020年度天台县民营经济高质量发展工作中作出突出贡献集体和个人的通报	天县委发〔2021〕17号
17	关于表扬在2020年度天台县推进县域治理现代化工作中作出突出贡献集体和个人的通报	天县委发〔2021〕18号
18	关于表扬在2020年度天台县攻坚创新工作中作出突出贡献集体和个人的通报	天县委发〔2021〕19号
19	关于在全县开展“深化三服务 对标勇争先”讨论实践活动的实施意见	天县委发〔2021〕20号
20	关于建立天台县第十六届人民代表大会第五次会议和政协第十届天台县委员会第五次会议临时党委、天台县第十六届人民代表大会第五次会议临时党组织及杨玲玲等同志任职的通知	天县委发〔2021〕21号
21	关于天台县十六届人大五次会议和天台县政协十届五次会议选举结果的报告	天县委发〔2021〕23号
22	关于调整天台县关心下一代工作委员会组成人员的通知	天县委发〔2021〕24号
23	关于陈豪杰同志退休的通知	天县委发〔2021〕25号
24	关于王银膺同志退休的通知	天县委发〔2021〕26号
25	关于张成名同志拟兼任社会团体领导职务的请示	天县委发〔2021〕27号
26	关于聘请天台县招商大使的通知	天县委发〔2021〕29号
27	关于聘请天台县营商环境督察专员的通知	天县委发〔2021〕30号
28	关于公布2019-2020年度天台县优秀招商项目的通知	天县委发〔2021〕31号
29	关于同意给予王高阳开除党籍、开除公职处分的批复	天县委发〔2021〕34号
30	关于纵深推进清廉天台建设的意见	天县委发〔2021〕35号
31	关于王鹤庭同志退休的通知	天县委发〔2021〕36号
32	关于陈浦江同志退休的通知	天县委发〔2021〕37号
33	关于同意庞育萍辞去公职的批复	天县委发〔2021〕38号
34	关于同意夏积跃辞去公职的批复	天县委发〔2021〕39号

续表

序号	标题	文号
35	关于同意给予何绍庆开除党籍处分的批复	天县委发〔2021〕40号
36	关于周金区同志退休的通知	天县委发〔2021〕41号
37	关于林青杨同志退休的通知	天县委发〔2021〕42号
38	关于给予2018—2020连续三年考核优秀的公务员记三等功及2020年度考核优秀的公务员嘉奖的决定	天县委发〔2021〕43号
39	关于调整县委常委分工的通知	天县委发〔2021〕44号
40	关于表彰县优秀共产党员、优秀党务工作者和先进基层党组织的决定	天县委发〔2021〕45号
41	关于同意召开中国共产党平桥镇第十三届代表大会第一次会议的批复	天县委发〔2021〕46号
42	关于同意召开中国共产党白鹤镇第十三届代表大会第一次会议的批复	天县委发〔2021〕47号
43	关于同意召开中国共产党坦头镇第十三届代表大会第一次会议的批复	天县委发〔2021〕48号
44	关于同意召开中国共产党三合镇第十四届代表大会第一次会议的批复	天县委发〔2021〕49号
45	关于同意召开中国共产党洪畴镇第十三届代表大会第一次会议的批复	天县委发〔2021〕50号
46	关于同意召开中国共产党街头镇第十三届代表大会第一次会议的批复	天县委发〔2021〕51号
47	关于同意召开中国共产党石梁镇第十二届代表大会第一次会议的批复	天县委发〔2021〕52号
48	关于同意召开中国共产党南屏乡第十三届代表大会第一次会议的批复	天县委发〔2021〕53号
49	关于同意召开中国共产党雷峰乡第十三届代表大会第一次会议的批复	天县委发〔2021〕54号
50	关于同意召开中国共产党三州乡第十三届代表大会第一次会议的批复	天县委发〔2021〕55号
51	关于同意召开中国共产党泳溪乡第十届代表大会第一次会议的批复	天县委发〔2021〕56号
52	关于同意召开中国共产党龙溪乡第十三届代表大会第一次会议的批复	天县委发〔2021〕57号
53	关于印发《天台高质量发展建设共同富裕标杆县行动方案（2021—2025年）》的通知	天县委发〔2021〕60号
54	关于同意召开中国共产党赤城街道党员代表会议的批复	天县委发〔2021〕61号
55	关于同意召开中国共产党始丰街道党员代表会议的批复	天县委发〔2021〕62号
56	关于同意召开中国共产党福溪街道党员代表会议的批复	天县委发〔2021〕63号

续表

序号	标题	文号
57	关于徐燕萍同志退休的通知	天县委发〔2021〕64 号
58	关于余其标同志退休的通知	天县委发〔2021〕65 号
59	关于调整浙江天台经济开发区管理委员会党组织的通知	天县委发〔2021〕66 号
60	关于印发《天台县贯彻落实第二轮中央生态环境保护督察报告反馈问题整改工作方案》的通知	天县委发〔2021〕68 号
61	关于中共平桥镇第十三届委员会委员和纪律检查委员会委员候选人预备人选的批复	天县委发〔2021〕70 号
62	关于中共白鹤镇第十三届委员会委员和纪律检查委员会委员候选人预备人选的批复	天县委发〔2021〕71 号
63	关于中共坦头镇第十三届委员会委员和纪律检查委员会委员候选人预备人选的批复	天县委发〔2021〕72 号
64	关于中共三合镇第十四届委员会委员和纪律检查委员会委员候选人预备人选的批复	天县委发〔2021〕73 号
65	关于中共洪畴镇第十三届委员会委员和纪律检查委员会委员候选人预备人选的批复	天县委发〔2021〕74 号
66	关于中共石梁镇第十二届委员会委员和纪律检查委员会委员候选人预备人选的批复	天县委发〔2021〕75 号
67	关于中共南屏乡第十三届委员会委员和纪律检查委员会委员候选人预备人选的批复	天县委发〔2021〕76 号
68	关于中共三州乡第十三届委员会委员和纪律检查委员会委员候选人预备人选的批复	天县委发〔2021〕77 号
69	关于中共泳溪乡第十届委员会委员和纪律检查委员会委员候选人预备人选的批复	天县委发〔2021〕78 号
70	关于中共街头镇第十三届委员会委员和纪律检查委员会委员候选人预备人选的批复	天县委发〔2021〕79 号
71	关于中共雷峰乡第十三届委员会委员和纪律检查委员会委员候选人预备人选的批复	天县委发〔2021〕80 号
72	关于中共龙溪乡第十三届委员会委员和纪律检查委员会委员候选人预备人选的批复	天县委发〔2021〕81 号
73	关于杨家强同志退休的通知	天县委发〔2021〕82 号
74	关于陈少华同志退休的通知	天县委发〔2021〕83 号
75	关于中共平桥镇第十三届代表大会第一次会议和中共平桥镇第十三届委员会、纪律检查委员会第一次全体会议选举结果的批复	天县委发〔2021〕84 号
76	关于中共白鹤镇第十三届代表大会第一次会议和中共白鹤镇第十三届委员会、纪律检查委员会第一次全体会议选举结果的批复	天县委发〔2021〕85 号
77	关于中共坦头镇第十三届代表大会第一次会议和中共坦头镇第十三届委员会、纪律检查委员会第一次全体会议选举结果的批复	天县委发〔2021〕86 号

续表

序号	标题	文号
78	关于中共三合镇第十四届代表大会第一次会议和中共三合镇第十四届委员会、纪律检查委员会第一次全体会议选举结果的批复	天县委发〔2021〕87 号
79	关于中共洪畴镇第十三届代表大会第一次会议和中共洪畴镇第十三届委员会、纪律检查委员会第一次全体会议选举结果的批复	天县委发〔2021〕88 号
80	关于中共街头镇第十三届代表大会第一次会议和中共街头镇第十三届委员会、纪律检查委员会第一次全体会议选举结果的批复	天县委发〔2021〕89 号
81	关于中共石梁镇第十二届代表大会第一次会议和中共石梁镇第十二届委员会、纪律检查委员会第一次全体会议选举结果的批复	天县委发〔2021〕90 号
82	关于中共南屏乡第十三届代表大会第一次会议和中共南屏乡第十三届委员会、纪律检查委员会第一次全体会议选举结果的批复	天县委发〔2021〕91 号
83	关于中共雷峰乡第十三届代表大会第一次会议和中共雷峰乡第十三届委员会、纪律检查委员会第一次全体会议选举结果的批复	天县委发〔2021〕92 号
84	关于中共三州乡第十三届代表大会第一次会议和中共三州乡第十三届委员会、纪律检查委员会第一次全体会议选举结果的批复	天县委发〔2021〕93 号
85	关于中共泳溪乡第十届代表大会第一次会议和中共泳溪乡第十届委员会、纪律检查委员会第一次全体会议选举结果的批复	天县委发〔2021〕94 号
86	关于中共龙溪乡第十三届代表大会第一次会议和中共龙溪乡第十三届委员会、纪律检查委员会第一次全体会议选举结果的批复	天县委发〔2021〕95 号
87	关于开展 2021 年武装工作“双争”活动的通知	天县委发〔2021〕97 号
88	关于余光同志退休的通知	天县委发〔2021〕98 号
89	关于做好 3 个街道、县直属各单位选举出席中国共产党天台县第十五届代表大会代表工作的通知	天县委发〔2021〕99 号
90	关于做好第十五届县委委员、县纪委委员推荐提名工作的通知	天县委发〔2021〕100 号
91	关于同意给予张式祥开除党籍、开除公职处分的批复	天县委发〔2021〕101 号
92	关于辞退余锦涛的决定	天县委发〔2021〕102 号
93	关于调整中共浙江天台经济开发区工作委员会组成人员的通知	天县委发〔2021〕103 号
94	关于陈圣祥同志退休的通知	天县委发〔2021〕104 号
95	关于同意政协专门委员会配置调整的批复	天县委发〔2021〕106 号

天县委发

序号	标题	文号
1	关于印发《县四套班子领导及法、检两长下访工作方案》的通知	天县委发〔2021〕1号
2	关于专题会议会风会纪情况的通报	天县委发〔2021〕2号
3	天台县关于李跃旗书记2021年第32号批示办理情况的报告	天县委发〔2021〕3号
4	关于公布2020年度天台县工业“百强”企业名单的通知	天县委发〔2021〕5号
5	关于做好2021年版《天台年鉴》编纂工作的通知	天县委发〔2021〕6号
6	关于成立天台县电信网络新型违法犯罪打击治理工作领导小组的通知	天县委发〔2021〕8号
7	关于调整“绿水青山就是金山银山”理论实践创新基地建设工作领导小组的通知	天县委发〔2021〕9号
8	关于成立天台县水系连通及水美乡村建设试点项目领导小组的通知	天县委发〔2021〕10号
9	关于进一步做好清理规范创建示范活动工作的通知	天县委发〔2021〕11号
10	关于开展2021年度全县党政机关办公用房专项巡检工作的通知	天县委发〔2021〕12号
11	关于做好“五一”假期期间安全防范工作的通知	天县委发〔2021〕13号
12	关于加强2021年“五一”假期文化旅游安全工作的通知	天县委发〔2021〕14号
13	关于天台县高质量发展英雄汇会议企业困难问题集中交办会议纪要	天县委发〔2021〕15号
14	关于开展对加强检察机关法律监督工作落实情况的督查通知	天县委发〔2021〕17号
15	关于建立县委县乡换届工作领导小组的通知	天县委发〔2021〕19号
16	关于进一步梳理完善党政机关整体智治系统综合应用“重要窗口”模块的通知	天县委发〔2021〕20号
17	关于开展庆“六一”县领导慰问活动的通知	天县委发〔2021〕22号
18	关于李跃旗书记2021年第130号批示办理情况的报告	天县委发〔2021〕23号
19	关于推进党政机关整体智治系统建设若干事项的通知	天县委发〔2021〕24号
20	关于调整天台县社会主义学校领导班子成员的通知	天县委发〔2021〕25号
21	关于征订2021年《高管信息·浙江领导专供》的函	天县委发〔2021〕28号
22	关于传达学习贯彻省委十四届九次全会精神情况的报告	天县委发〔2021〕30号

续表

序号	标题	文号
23	关于调整议事协调机构领导职务的通知	天县委发〔2021〕33 号
24	关于组织收听收看庆祝中国共产党成立 100 周年大会情况的报告	天县委发〔2021〕34 号
25	关于取消休假做好第 6 号台风“烟花”防御工作的通知	天县委发〔2021〕38 号
26	关于组织征订《中国共产党党内法规汇编》的通知	天县委发〔2021〕39 号
27	关于天台县学习贯彻习近平总书记在庆祝中国共产党成立 100 周年大会上重要讲话精神情况的报告	天县委发〔2021〕40 号
28	关于做好 2021 年度全国社会工作者职业水平考试组织工作的通知	天县委发〔2021〕42 号
29	关于全县平安稳定工作紧急部署会会风会纪督查情况的通报	天县委发〔2021〕44 号
30	通知	天县委发〔2021〕46 号
31	关于组织县级领导干部人大代表进代表联络站开展主题活动的通知	天县委发〔2021〕47 号
32	关于防御 14 号台风“灿都”工作视频连线情况的通报	天县委发〔2021〕48 号
33	关于进一步做好中秋国庆节日期间安全生产工作的通知	天县委发〔2021〕49 号
34	关于做好《内参选编》订用工作的通知	天县委发〔2021〕50 号
35	关于成立天台县始丰湖夜游项目开发建设工作领导小组的通知	天县委发〔2021〕54 号
36	通知	天县委发〔2021〕55 号
37	关于全县平安工作例会会风会纪督查情况的通报	天县委发〔2021〕56 号
38	关于成立天台县县乡换届选举依法处置领导小组的通知	天县委发〔2021〕58 号
39	关于成立县乡人大换届选举工作指导组的通知	天县委发〔2021〕59 号
40	关于印发《“人人都是天台形象代言人”全民文明素养提升行动实施方案》的通知	天县委发〔2021〕61 号
41	关于建立天台县重大督查问题清单工作专班的通知	天县委发〔2021〕63 号
42	关于公布第二批乡镇（街道）“属地管理”事项责任清单的通知	天县委发〔2021〕64 号
43	关于做好 2022 年度《中办通讯》《内参选编》征订续订工作的函	天县委发〔2021〕65 号
44	关于省委“民政 30 条”督查整改落实情况的报告	天县委发〔2021〕67 号

续表

序号	标题	文号
45	关于建立县十五届党代会第一次会议筹备工作办公室的通知	天县委发〔2021〕69 号
46	关于市委常委（扩大）会议通报会风会纪相关情况的说明	天县委发〔2021〕70 号
47	关于调整县领导联系乡镇（街道）、部分重点项目的通知	天县委发〔2021〕71 号
48	关于印发《县四套班子领导及法、检两长下访工作方案》的通知	天县委发〔2021〕77 号

2021年部分文件目录（县政府）

天政办发

序号	题名	文号
1	关于印发天台县化工园区产业发展指引和禁限控目录的通知	天政办发〔2021〕2号
2	关于印发天台县农村饮用水县级统管办法的通知	天政办发〔2021〕3号
3	关于印发2021年政府工作报告重点工作责任分解的通知	天政办发〔2021〕5号
4	关于印发天台县自然资源统一确权登记工作方案的通知	天政办发〔2021〕6号
5	关于公布2021年度天台县人民政府重大行政决策事项目录的通知	天政办发〔2021〕7号
6	关于印发天台县危险化学品事故应急预案、天台县地震应急预案、天台县自然灾害救助应急预案、天台县矿山事故应急预案、天台县突发地质灾害应急预案、天台县森林火灾应急预案（2021年修订）的通知	天政办发〔2021〕8号
7	关于印发天台县丰裕路周边区块项目国有土地上房屋征收补偿安置实施方案的通知	天政办发〔2021〕9号
8	关于印发天台县小型病险水库（山塘）除险整治三年行动方案（2021—2023）的通知	天政办发〔2021〕10号
9	关于印发天台县企业投资建设项目竣工联合验收实施方案的通知	天政办发〔2021〕11号
10	关于印发天台县森林防灭火能力建设三年行动实施方案的通知	天政办发〔2021〕12号
11	关于公布第七批天台县非物质文化遗产代表性项目的通知	天政办发〔2021〕13号
12	关于废止部分规范性文件的通知	天政办发〔2021〕14号
13	关于张侠任职的通知	天政办发〔2021〕15号
14	关于陈星星等任职的通知	天政办发〔2021〕16号
15	关于印发天台县生态环境保护“十四五”规划的通知	天政办发〔2021〕17号
16	关于印发天台县“十四五”水生态环境保护规划的通知	天政办发〔2021〕18号
17	关于印发天台县促进全域旅游高质量发展扶持奖励办法的通知	天政办发〔2021〕19号

续表

序号	题名	文号
18	关于印发天台县城市道路两侧退让地管理规定的通知	天政办发〔2021〕20 号
19	关于印发推进黄精产业高质量发展意见的通知	天政办发〔2021〕21 号
20	关于印发天台县县级专项规划管理办法的通知	天政办发〔2021〕22 号
21	关于印发天台县水事纠纷事件应急预案的通知	天政办发〔2021〕23 号
22	关于印发天台县房屋建筑和市政基础设施工程生产安全事故应急预案的通知	天政办发〔2021〕24 号
23	关于印发进一步加快建筑业高质量发展的若干意见的通知	天政办发〔2021〕25 号
24	关于印发天台县城镇燃气突发事故应急预案的通知	天政办发〔2021〕26 号
25	关于印发天台县深入推进企业对接多层次资本市场五年行动计划（2021—2025 年）的通知	天政办发〔2021〕27 号
26	关于印发天台县重大行政决策清单和年度目录管理办法等重大行政决策相关制度的通知	天政办发〔2021〕28 号
27	关于加快推进 2021 年天台县政务公开工作的实施意见	天政办发〔2021〕29 号
28	关于印发天台县农村生活污水处理设施运行维护管理办法的通知	天政办发〔2021〕30 号
29	关于公布 2021 年度行政规范性文件清理结果的通知	天政办发〔2021〕31 号
30	印发关于科技赋能天台跨越式高质量发展若干意见的通知	天政办发〔2021〕32 号
31	关于印发天台县数字经济发展“十四五”规划的通知	天政办发〔2021〕33 号
32	关于印发天台县制造业高质量发展“十四五”规划的通知	天政办发〔2021〕34 号
33	关于印发天台县科技创新发展“十四五”规划的通知	天政办发〔2021〕35 号
34	关于印发天台县始丰溪绿色科创走廊规划 2021—2025 年）的通知	天政办发〔2021〕36 号
35	关于印发天台县“十四五”服务业高质量发展规划的通知	天政办发〔2021〕37 号
36	关于印发天台县测绘与地理信息应急保障预案（2021 年修订）的通知	天政办发〔2021〕38 号
37	关于印发天台县地质灾害防治“十四五”规划的通知	天政办发〔2021〕39 号

续表

序号	题名	文号
38	关于印发天台县水系连通及水美乡村建设试点县项目管理办法的通知	天政办发〔2021〕40 号
39	关于印发天台县和合文化传承生态保护区总体规划的通知	天政办发〔2021〕41 号
40	关于印发天台县乡村振兴发展“十四五”规划的通知	天政办发〔2021〕42 号
41	关于印发天台县农村集体资产财务管理制度的通知	天政办发〔2021〕43 号
42	关于印发天台县粮食安全应急预案的通知	天政办发〔2021〕44 号
43	关于推进高质量气象现代化和防灾减灾救灾“第一道防线”建设的实施意见	天政办发〔2021〕45 号
44	关于建立健全环境污染问题发现机制的实施意见	天政办发〔2021〕46 号

天政发

序号	题名	文号
1	关于调整县政府领导工作分工的通知	天政发〔2021〕1 号
2	关于对拒服兵役青年进行处罚的通报	天政发〔2021〕2 号
3	关于印发天台县人民政府重大行政决策工作规定的通知	天政发〔2021〕3 号
4	关于严禁林区野外用火和禁止非法销售燃放烟花爆竹的通告	天政发〔2021〕5 号
5	印发关于建立预防性检察公益诉讼制度的若干意见（试行）的通知	天政发〔2021〕6 号
6	关于印发天台县突发事件总体应急预案的通知	天政发〔2021〕7 号
7	关于进一步加强国有土地使用权出让支出管理的通知	天政发〔2021〕8 号
8	关于下达 2021 年天台县国民经济和社会发展计划的通知	天政发〔2021〕9 号
9	关于印发天台县国民经济和社会发展第十四个五年规划和二〇三五年远景目标纲要的通知	天政发〔2021〕10 号
10	关于天台县自然资源和规划局弄虚作假问题的通报	天政发〔2021〕11 号
11	关于批准公布“十四五”期间年森林采伐限额的通知	天政发〔2021〕12 号

续表

序号	题名	文号
12	关于调整县政府领导工作分工的通知	天政发〔2021〕13 号
13	关于公布天台县第六批历史建筑名录的通知	天政发〔2021〕14 号
14	关于印发天台县妇女发展“十四五”规划和天台县儿童发展“十四五”规划的通知	天政发〔2021〕15 号
15	关于印发天台县开发区（园区）整合提升实施方案的通知	天政发〔2021〕16 号

统计公报

天台县统计局关于2021年全县经济和社会发展的统计公报

2022年3月2日

天台县统计局

2021年是中国共产党成立100周年，是“十四五”开局之年，也是全面建设社会主义现代化国家新征程的开启之年。在县委、县政府的坚强领导下，在县人大、县政协的监督支持下，全县上下坚持以习近平新时代中国特色社会主义思想为指导，认真落实上级决策部署，积极拥抱高铁时代，统筹疫情常态化防控和社会经济发展，科技、教育、文化、卫生、体育等各项社会事业取得新成果，城乡居民收入稳步增长，人民生活水平持续提高。

一、综合

2021年，据初步核算，全县实现地区生产总值（GDP）339.55亿元，按可比价格同比增长9.8%。其中，第一产业实现增加值16.12亿元，增长5.7%；第二产业实现增加值137.52亿元，增长11.0%；第三产业实现增加值185.91亿元，增长9.3%。三次产业比重由2020年的5.4 ∶ 39.8 ∶ 54.8调整4.7 ∶ 40.5 ∶ 54.8。人均生产总值（常住口径）71862元，增长9.3%。

二、农业

2021年，全县实现农林牧渔业增加值16.19亿元，同比增长5.7%，实现总产值25.49亿元，同比增长7.9%。经济作物播种面积21.63万亩，增长5.3%，其中蔬菜播种面积12.70万亩，中草药材播种面积2.61万亩，油料作物播种面积2.30万亩。畜牧业生产保持平稳增长，2021年年末生猪存栏7.57万头；家禽存栏195.89万羽，出栏783.28万羽；肉类总产量22523吨。农业生产条件得到改善，抵御自然灾害能力进一步增强。全县水土流失治理面积4.19平方公里。水利总投入5.71亿元，同比增长159.9%，有效灌溉面积22.31万亩。年末拥有农业机械总动力13.6591万千瓦，增长0.4%。全年化肥施用量（折纯）6661吨，增长9.1%。农村用电量2908.07万千瓦时。

2021年主要农产品产量

产品名称	计量单位	绝对数	增长（%）
油　料	吨	4439.9	10.9
茶　叶	吨	3011.6	2.9
蔬菜及果用瓜	吨	177660.3	3.7
水　果	吨	31911.4	1.9
肉　类	吨	72409.3	9.0
禽　蛋	吨	22523	21.8
牛　奶	吨	3151	-7.5
淡水产品	吨	9	-30.8

三、工业、建筑业

2021年工业实现增加值113.68亿元，同比增长11.8%。全年月度新增及年底小升规纳入工业企业37家，退出14家。截至12月底，全县拥有规模以上工业企业总计194家，合计实现增加值77.98亿元，同比增长13.3%。从七大支柱行业看，纺织业实现增加值3.68亿元，增长1.3%；铁路、船舶、航空航天和其他运输设备制造业实现增加值7.06亿元，增长17.3%；文教、工美、体育和娱乐用品制造业实现增加值6.48亿元，增长14.8%；汽车制造业实现增加值17.88亿元，增长17.6%；医药制造业实现增加值6.85亿元，下降6.0%；橡胶和塑料制品业实现增加值12.89亿元，增长28.8%；酒、饮料和精制茶制造业实现增加值3.29亿元，增长14.4%。规模以上工业高新技术、高端装备、战略性新兴、健康产品、时尚制造业、文化制造业等六大新兴产业工业增加值分别比去年同期增长10.3%、13.3%、6.2%、-3.5%、6.2%、10.9%。规模以上大中型工业企业合计实现增加值45.66亿元，同比增长15.1%；“20强”工业企业合计实现增加值44.30亿元，同比增长13.4%。

创新转型升级加速。全年全县规模以上工业企业研发费用支出10.36亿元，同比增长26.8%，占营业收入的比重达3.7%。实现新产品产值130.03亿元，增长17.9%；新产品产值率47.7%，比上年提高0.7个百分点。新兴行业加快发展，规模以上工业中高新技术产业、战略性新兴产业、高端装备制造业分别实现增加值58.10亿元、24.67亿元、31.23亿元，分别比上年增长10.3%、6.2%、13.3%。规模以上工业劳动生产率达25.36万元/人，劳动生产率提高率4.8个百分点，人均创利税11.48万元。数字经济较快发展，规模以上工业企业数字经济核心产业制造业实现增加值5.66亿元，占规模以上工业增加值的7.3%。

2021年年末，全县有资质的建筑单位36家，累计实现建筑业总产值41.45亿元，同比增长9.4%。建筑企业房屋施工面积167.86万平方米，其中新开工面积55.5万平方米；竣工房屋建筑面积37.02万平方米。

四、固定资产投资和房地产业

2021年全县固定资产投资比同比增长0.3%，其中交通投资下降38.8%，民间投资下降9.5%，生态环境和公共设施投资增长14.8%，高新技术产业投资增长28.1%，制造业投资增长32.0%。工业性投资增长40.7%。房地产开发投资实现投资48.63亿元，下降

23.8%，房地产销售面积63.19万平方米，增长3.2%。

五、交通、邮电通信业

交通运输业、邮电通信业平稳发展。2021年末，全县汽车保有量为104362量，其中载客汽车94335辆，私人汽车拥有量97489辆。全县营运客车拥有量为373辆，总客位3931座。全县营运货车拥有量为577辆，总吨位为7468吨。全年营运性客运量114.3万人，同比下降70.6%，旅客周转量10006万人公里，下降4.9%。全县营运性公路货运量629万吨，增长4.0%，货物周转量52811万吨公里，增长26.7%。

2021年，全县实现邮电业务收入5.98亿元。年末城乡固定电话用户5.60万户，移动电话用户达到54.04万户，互联网宽带接入用户数19.27万户。

六、国内外贸易、旅游

2021年，全县实现社会消费品零售总额144.59亿元，同比增长11.3%。从贸易分行业来看，全年批发业实现销售额90.45亿元，增长37.7%；零售业实现销售额179.60亿元，增长19.1%；住宿业实现营业额2.81亿元，增长12.0%；餐饮业实现营业额24.51亿元，增长35.7%。

2021年，全县累计自营进出口76.1亿元，同比增长30.4%。其中，自营出口72.7亿元，增长30.3%，进口3.43亿元，增长32.1%。从出口行业看，橡塑行业出口22.65亿元，增长27%；生物医药行业出口10.67亿元，下降8.4%；其他产品出口10.3亿元，增长164%；汽车用品行业出口11.7亿元，增长20.5%；机电行业出口12.07亿元，增长40.8%；产业用布行业出口3.97亿元，增长29.5%。

旅游业加速发展。天台连续四年获评中国县域旅游综合竞争力百强县，入选2021年全国县域旅游综合实力百强县位列第22位，精彩亮相央视《中国地名大会》和《中国诗词大会》，天台山上榜AAAAA级景区品牌100强。全年旅游总人数402.98万人次，同比增长32.6%，旅游总收入41.76亿元，增长36.1%。全域旅游建设获评全省A档（优秀），浙东唐诗之路建设入选省争先创优“最佳实践”案例，入选省级公共文化场馆服务功能拓展先行先试单位和旅游业“微改造、精提升”行动试点县，“诗路e站”入选全省文化和旅游数字化改革试点项目，天台山易筋经被列入第五批国家级非遗代表性项目名录。

七、金融、财政

2021年年末，金融机构存款余额（人民币）566.56亿元，同比增长13.6%。金融机构各项贷款余额（人民币）637.44亿元，同比增长20.8%。其中，短期贷款202.25亿元，增长14.6%；中长期贷款223.15亿元，增长12%。消费贷款合计186.32亿元，增长10%。经营贷款合计239.09亿元，增长15.8%。金融机构不良贷款余额3.45亿元，比去年末减少0.44亿元，不良贷款率0.54%，比去年末下降0.2个百分点。居民储蓄362.12亿元，增长12.6%，工业性贷款185.85亿元，增长19.2%。

2021年财政保持平稳增长。全年，财政总收入实现56.72亿元，比去年同期增长

24.2%。地方财政收入实现39.93亿元，增长16.5%。其中税收收入实现19.88亿元，增长13.5%，增值税增长4.0%，企业所得税增长40.8%。地方财政支出56.72亿元，增长24.2%。其中，民生支出52.42亿元，占总支出比重为79.3%。节能环保增长106.3%，社会保障和就业增长100.2%，文化教育与传媒增长12.6%。

八、科学技术和教育

科技创新不断进步。根据2020年度浙江省科技进步统计监测评价报告显示，全县实现全社会R&D经费支出6.18亿元，同比增长16.2%，R&D经费占GDP比重2.05%；拥有R&D活动人员2857人，同比增长6.1%。2020年度企业创新动能有效激活，全县企业R&D经费支出占主营业务收入2.52%；企业R&D人员占企业从业人员比重12.56%；全县拥有开展R&D活动企业127家，同比增长11.4%；开展R&D活动企业占规上工业企业比重66.49%。高新产业和战略性产业规模不断扩大，高新技术产业增加值占工业增加值比重76.45%。2021年度新增国家高新技术企业16家、省级科技型中小企业71家。申报省级重点实验室1家、省级高新技术企业研发中心4家，新增市级重点实验室6家，市级高新技术企业研发中心14家。

目前与11家高校院所设立产学研合作平台，其中研究院有4家，技术转移中心6家。共签订产学研合作项目42项，合同金额约2500万元。深入实施《人才新政三十三条》，大力引进一批海内外高层次人才，新增省青年引才计划3人、省级海外工程师1名、市级海外工程师2名。

教育事业全面发展。全县有小学学校数40所，小学在校生2.98万人，义务教育学龄人口入学率100%。普通中学学校数28所，在校生2.95万人，入学率100%。职业高中学校数3所，在校7517人。小学专任教师数1811人，普通中学专任教师数2592人，中职教育专任教师数418人。

九、文化、卫生和体育

文化事业健康发展。天台山易筋经被列入第五批国家级非遗代表性项目名录，天台饺饼筒、九大碗、够周馃等7个项目被列入第八批台州市非遗代表性项目名录。春节期间，天台登上央视《中国地名大会》《中国诗词大会》，浙江卫视《还有诗和远方》节目，县委书记亲自推介天台山文旅资源。全年完成各类文化活动2169场，送书下乡2万多册，线上文化服务活动300多场。完成浙江省第七次乡镇（街道）综合文化站评估定级，免费提供书报刊借阅、展览展出、艺术培训、文体活动等公益服务。实现文化馆乡镇分馆、图书分馆全覆盖，新增和合书吧2家，新增文化礼堂40家。发展和壮大文化志愿者队伍。建有各类文艺团体2091支，文化志愿者5800人。

广播电视事业稳步发展。调频广播节目1套，全年共播出公共节目5900小时，制作广播节目4120小时；公共电视节目1套，全年共播出公共节目4350小时，制作电视节目360小时；广播电视无线发射基站6座，有线广播电视传输干线网络总长2130公里，数字电视用户数128024户。“台报网端微视”全媒体平台开设“奋斗百年路 启航新征程”“深化三服务对标勇争先”等专题专栏50多个，采编发相关稿件1100余篇（条），在上级媒体刊播报道1000多条次，央视播出8条，浙江日报、浙江卫视头版或头条（前三条）刊播10多条。官方发布“神秀天台”发布信息1099条，新闻客户端“和合天台”发稿1万余篇，“学习强国”学习平台录用200多条。

卫计事业不断进步。年末全县有卫生机构275个，其中医院7家，妇幼保健计划生育服务中心1家，村卫生室59家，卫生院12家，社区卫生服务站63家。全县有卫生技术人员3586人，其中医生（师）1677人，注册护士1421人，年末实有床位2277张。

群众体育、竞技体育、体育产业协同发展。在全运会上获2银4铜，突破历史，“体育委员”数字应用入围省级“揭榜挂帅”榜单，举办县级以上赛事35场，其中省级以上赛事3场。构建乡镇（街道）体育委员工作阵地，成功搭建1个三星，7个一星体育委员工作站。构设委员之家、赛事活动、服务超市、健身场地、健身百科等8个版块。构建城乡“15分钟健身圈”，人均体育场地面积达到2.72平方米以上。完成9个多功能运动场、6个百姓健身房、13个微型便民体育公园、1个村级全民健身广场，1个足球场、1个体育设施进公园建设。完成国民体质监测2500多例，城乡居民达到《国家体质监测标准》合格以上人数达到94.5%以上。成功承办浙江省第二届生态运动会（天台站），中国体育报、新华网、中新网等主流媒体点赞报道。承办了“中国·天台山体彩杯”全国女子围棋公开赛，中国围棋协会授予天台县人民政府“和合之城 围棋名山”荣誉牌匾，该项荣誉系浙江省唯一。

十、环境保护

环境执法力度不断加大，生态环境持续改善。2021年全县共承办案件数44件，移送公安机关1起，罚没款总额591多万元。获批全省首个“无废城市”数字化改革项目试点，完成全国“两山”实践创新基地申报，进入省备选名单，获2021—2023年省级绿色转化资金3亿元。在全市首创“包办制”，促环评审批平均提速50%以上，累计为300余家企业环评减费超1000万元。超额完成市定年度主要污染物减排目标，完成1家省级、2家市级绿色创建任务。

全县空气质量优良率99.5%，PM2.5均值21微克/米^3。“水十条”考核断面（里石门）水质达Ⅱ类，出境断面（百步）水质达Ⅱ类，集中式饮用水源水质达标率100%。生态环境公众满意度居全市第一，再夺五水共治“大禹鼎”银鼎。

十一、行政区域、人口、人民生活和社会保障

2021年年末，全县土地面积1431.66平方公里。辖3个街道、7个镇、5个乡，374个村委会、21个社区居委会。年末全县总户数192551户，户籍总人口598882人，其中男性311603人，女性287279人，性别比为108∶100。年末全县常住人口为47万人，城镇化率为53.9%。全年出生人口3859人，出生率6.43‰；死亡人口3826人，死亡率6.37‰；人口自然增长率0.055‰。

劳动就业工作得到加强，全民社保水平持续提高。2021年年末，全县参加企业职工基本养老保险208131人，同比增长4.15%，其

中在职职工137020人，增长7.26%，离退休人员71111人，减少1.39%；参加工伤保险150011人。全年实现城镇新增就业15249人，登记失业率低至0.73%。

城乡居民收入水平稳步提高。全体居民人均可支配收入43152元，同比增长8.3%；农村常住居民人均可支配收入28909元，增长9.6%；城镇常住居民人均可支配收入54800元，增长8%；城乡居民收入差距倍数1.896倍。全体居民人均消费支出26227元，增长14.7%；城镇常住居民人均消费支出31416元，增长14.2%；农村常住居民人均消费支出19882元，增长16.1%。

社会福利事业继续发展。2021年末全县国有收养性单位1个，床位40张，收养30人，特困人员救助机构5家，床位689张，入住五保特困老人241人。养老公寓等各类养老机构及社区照料机构共28家，床位3582张，入住老人1126人。全县国有收养性单位1个，床40张，收养30人。

社会救济正常开展。2021年，县慈善总会实际得到各界捐款4156.69万元，合计救助支出3619.23万元。

备注：

1. 天台县生产总值按现价计算，增幅按可比价计算。

2. 金融机构存贷款余额统计口径为人民币。

3. 城乡居民收入水平，不考虑物价因素。

4. 除非特别说明，增长数均以上年为基数。

5. 本公报所列各项数据部分为年度快报数据，如与年报数据有出入，以年报为准。